Rudolf Wachter

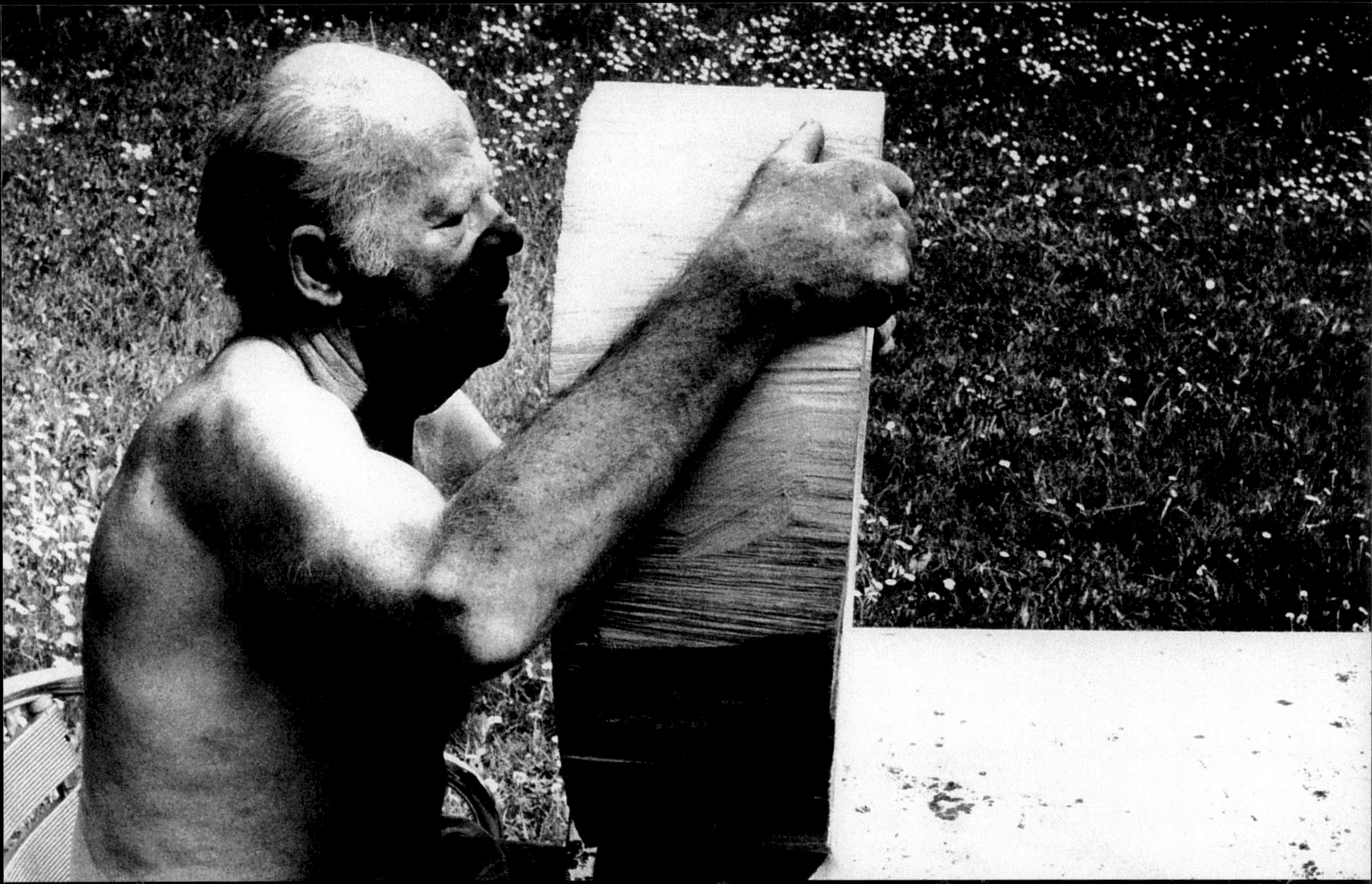

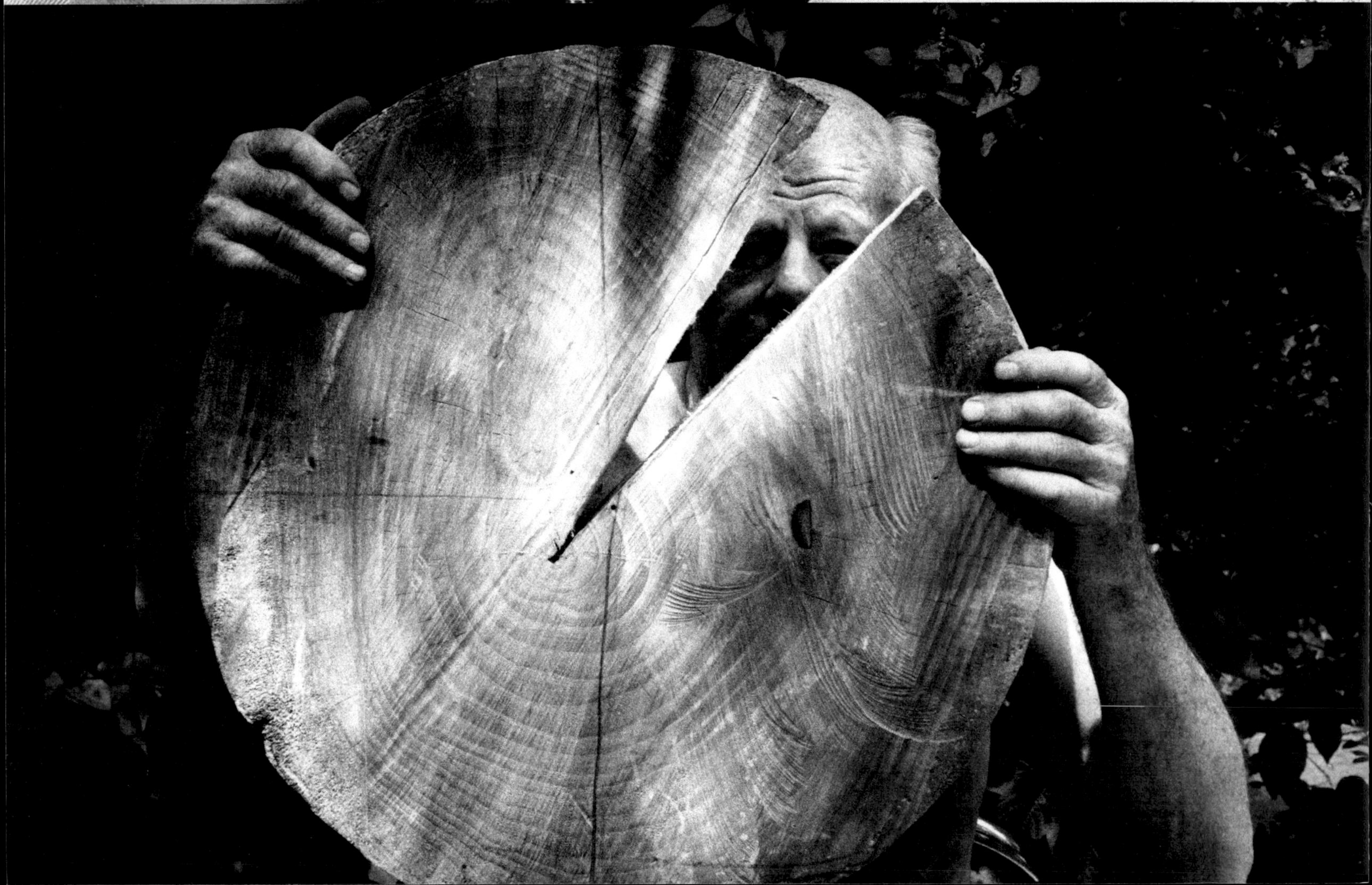

Rudolf Wachter

Ich arbeite mit Holz
Das Holz arbeitet mit mir

Werkmonographie und wissenschaftliches
Werkverzeichnis der Holzskulptur

Stefanje Weinmayr

HIRMER

Inhalt

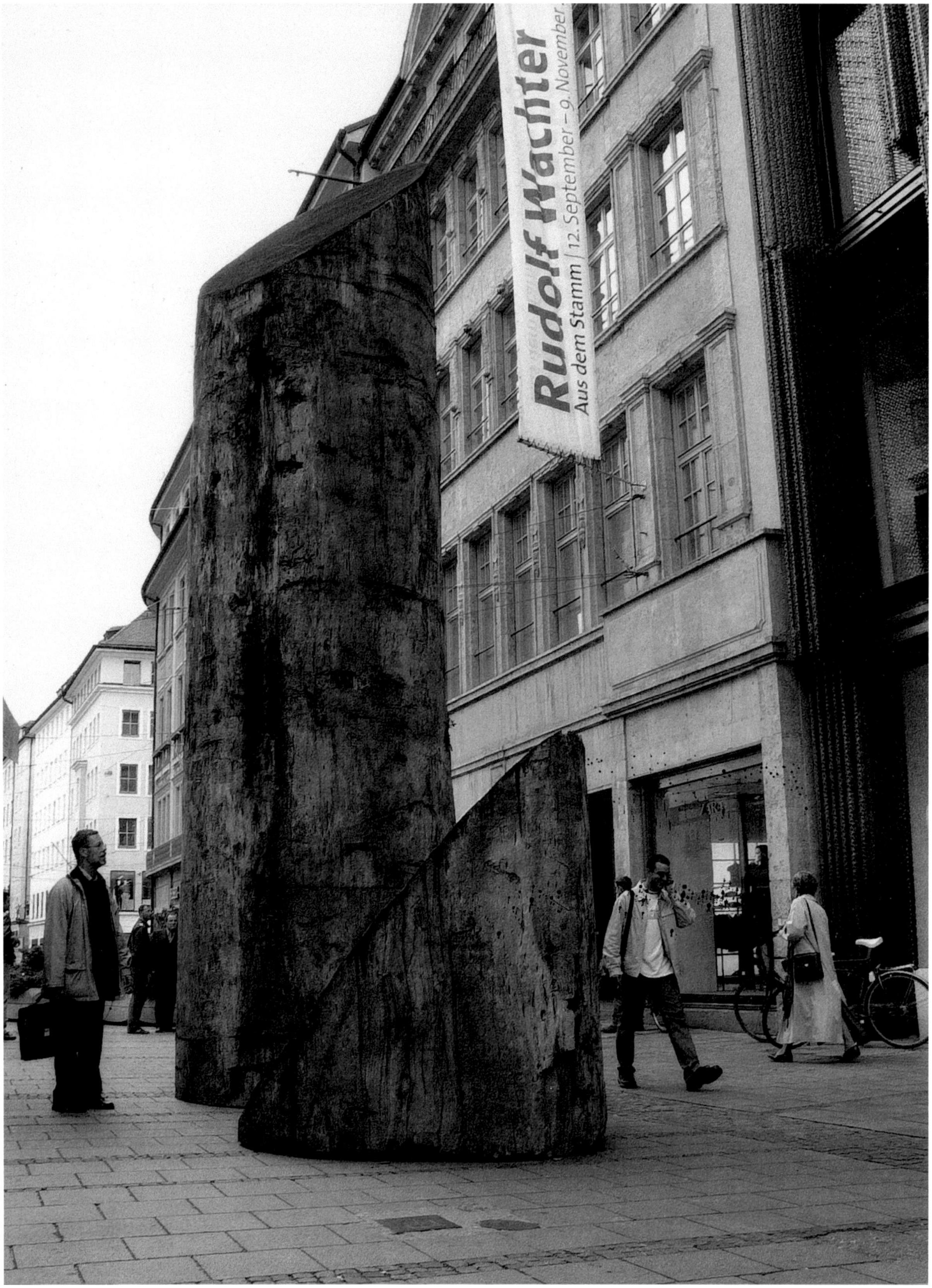
Rudolf Wachter
Aus dem Stamm | 12. September – 9. November

Ulla Wachter
1924–2018

Rudolf Wachter
1923–2011

In Verehrung
und Dankbarkeit

Geleitwort

Selbst als München schon lange zu Rudolf Wachters Lebens- und Schaffensmittelpunkt geworden war, pflegte der aus Bernried im Bodenseekreis stammende Künstler weiterhin eine besondere Beziehung zu Oberschwaben.

Von 2005 bis 2018 beherbergte das „Museum Rudolf Wachter im Neuen Schloss Kißlegg" (Landkreis Ravensburg) einen Kernbestand aus seinem künstlerischen Œuvre. Das Museum war Präsentationsort für rund 40 Werke, die Rudolf Wachter gemeinsam mit seiner Ehefrau Ursula als „Stiftung Sammlung Rudolf Wachter" dem Landkreis Ravensburg überantwortet hatte. Heute sind diese Werke an zahlreichen Orten im Bodenseekreis sowie in den Landkreisen Ravensburg und Sigmaringen zu sehen. „Rudolf Wachter: Stationen" nennt sich der lockere Verbund von rund ein Dutzend Einrichtungen, in denen die Werke des Künstlers öffentlichkeitswirksam präsentiert werden.

„Rudolf Wachter hat mit seinem über Jahrzehnte gereiften Werk maßgeblich zu einer Erneuerung der Holzbildhauerei in Deutschland beigetragen." So formulierte es der Verwaltungsrat des Zweckverbands Oberschwäbische Elektrizitätswerke (OEW) in seinem Beschluss, den Oberschwäbischen Kunstpreis im Jahr 2007 an den Bildhauer Rudolf Wachter für sein Lebenswerk zu vergeben: an einen Künstler, der zeitlebens eng mit Oberschwaben verbunden war, dessen Gesamtwerk aber weit über die Grenzen des OEW-Verbandsgebiets hinaus bekannt wurde. Der Verwaltungsrat würdigte das Schaffen Wachters weiter mit den Worten, dass er „im virtuosen Umgang mit der Kettensäge [...] gezielte Trenn-, Kern- und Schwundschnitte in das rohe Stammholz als künstlerisches Prinzip entwickelt" habe. „Die im charaktervollen Wuchs des Baumes angelegten Strukturen dienen ihm als Ausgangspunkt seiner monumentalen Bodenarbeiten, Wandreliefs und Großskulpturen, in denen Natur- und Kunstform eine symbiotische Verbindung eingehen."

Als Verbandsvorsitzender der Oberschwäbischen Elektrizitätswerke vertrete ich eine Energie-Holding, die sich neben ihrem Kerngeschäft seit den 1950er Jahren in wachsendem Umfang für die regionale Kunst- und Kulturförderung engagiert. Seit 1977 vergeben wir den bereits 1951 gegründeten Oberschwäbischen Kunstpreis, und seit den 1970er Jahren haben wir eine der bedeutendsten regionalen Kunstsammlungen im deutschen Südwesten aufgebaut, in die auch Rudolf Wachter mit mehreren Werken Eingang gefunden hat.

Es ist vor diesem Hintergrund selbstverständlich, dass die OEW die Drucklegung des Werkverzeichnisses dieses bedeutenden, aus Oberschwaben stammenden Künstlers mit einem namhaften Betrag finanziell unterstützen. Das Werkverzeichnis soll aber kein Schlusspunkt in der Beschäftigung mit dem Werk des Künstlers sein; vielmehr ist der zehn Jahre nach dem Tod von Rudolf Wachter nun vorliegende Catalogue raisonné als hilfreiche Handreichung für Kuratoren, Galeristen und Sammler gedacht. Und mehr noch: Er soll der Rezeption und Fruchtbarmachung des Œuvres von Rudolf Wachter in den kommenden Jahren und Jahrzehnten dienen.

Diesen nachhaltigen Erfolg wünsche ich dem gelungenen Band, in dem viel Forschungsarbeit steckt.

Lothar Wölfle, Landrat
Verbandsvorsitzender des Zweckverbands
Oberschwäbische Elektrizitätswerke (OEW)

Zum Geleit

„Saxa loquuntur" – „Die Steine sprechen", lautet eine lateinische Redewendung, die sich im Lucas-Evangelium findet (19,40), und deren Ursprung im Dunkel der Geschichte liegt. Im Werk des Bildhauers Rudolf Wachter sind es weniger die Steine als die „Hölzer", die aufgrund ihrer besonderen Materialität „sprechen". „Ligna loquuntur" – könnte deshalb ein Motto sein, das er nicht selbst geprägt hat, aber einem wesentlichen Teil seines Œuvres gerecht wird. Tatsächlich ist es ja nicht „das Holz", sondern dessen Vielzahl – darunter das Holz der Buche, Eiche, Esche, Pappel, Tanne, Kiefer und einer Reihe exotischer Bäume, – dem er mit seinen Werkzeugen, d. h. vor allem der Kettensäge – Form und Gestalt verliehen hat.

„Magister de vivis lapidibus" – „Meister der lebendigen Steine" nannte das Mittelalter einige seiner bedeutenden Bildhauer und Baumeister. Rudolf Wachter, dessen Leben und Werk das vorliegende Buch behandelt, ist ein „Magister de vivis lignis", ein Meister der lebendigen Hölzer gewesen.

Der Künstler, der zu den wichtigsten Holzbildhauern in der zweiten Hälfte des 20. Jahrhunderts zählt, hatte vor seinem Studium an der Münchner Akademie der Bildenden Künste in Oberammergau das Handwerk eines Bildschnitzers erlernt (1946) – ein meisterhafter Schreiner war er schon zuvor – doch erst seit den 1970er Jahren fand er, und dann mit Obsession und Unermüdlichkeit, zur „Sprache des Holzes" in der Kunst. Mit diesem Material schuf er weder „nützliche Geräte" noch Bilder von Menschen und Tieren. Zumindest in seinem späteren Werk bilden seine Skulpturen nichts Gegenständliches oder Figürliches ab, und sie erzählen keine Geschichten.

Kennengelernt habe ich Rudolf Wachter zu Beginn der 1990 Jahre in seinem aus einem Kubus geformten Haus im Münchner Stadtteil Fröttmaning. In diesem Haus, das Refugium, Werkstatt und eine wenig praktische Wohnung zugleich war, begann ein von gelegentlichen Missverständnissen unterbrochenes, langes und intensives Gespräch, das bis zu seinem Tod fortdauerte. Bei diesen Begegnungen habe ich Wesentliches über die Bildhauerkunst, wenig über ihre Geschichte, aber viel Erhellendes über die Praxis eines plastisch arbeitenden Künstlers gelernt. Anhand von noch unfertigen, im Werden begriffenen Skulpturen – er arbeitete immer parallel an mehreren – erläuterte er seine jeweils nächsten Arbeitsschritte. Es war, als sei man für einen Moment in die künstlerische Arbeit unmittelbar mit einbezogen worden.

Neben der schmalen Wendeltreppe, die aus der Wohnung zu seinen Werkstatträumen führte, stand der Gipsabguss des „Münchner Kouros" aus der Glyptothek am Königsplatz, einer 2 Meter hohen archaischen Marmorstatue eines nackten Jünglings aus Attika, die im 6. Jahrhunderts v. Chr. geschaffen wurde.

Große Kouroi aus Holz gab es wahrscheinlich auch, aber sie haben sich nicht erhalten. Diese Statue, deren Kopie sich in den 1950er Jahren noch relativ unkompliziert anfertigen ließ, diente Rudolf Wachter nicht nur als stete Erinnerung an seinen prägenden Griechenland-Aufenthalt (1965-1967) mit seiner schon damals großen Familie, sondern war zugleich ein steingewordenes Denkmal mediterranen Geistes und mediterraner Form, an dem er seine eigenen Arbeiten maß.

Mit seinen verschiedenen Werkgruppen, den „Säulen", den „Spiralen" und den „Reliefs", ist es Wachter gelungen, den Wachstums- und Schwundprozess des Holzes zu einem integralen Bestandteil seiner Skulpturen werden zu lassen. Der „Tangentialschnitt" und der „Schwundschnitt" sind zentrale Begriffe, die seine Arbeitsweise beschreiben. Der „Kernschnitt", der in einen Stamm bis zu dessen „Herz" schneidet, ist ein Ausdrucksmittel, das in der vormodernen Holzplastik unbekannt war. Dieser Schnitt, der die Jahresringe zerteilt, erlaubt es dem Holz, sich zusammenzuziehen, sodass eine keilförmige Öffnung entsteht. Der Holzschwund, bei dem sich die Jahresringe erheblich verkürzen, arbeitete so an der Formung mit. Durch das Öffnen und Verändern des Materials entsteht am Ende eine Form, die kein Produkt der Natur ist, ihr aber nahe bleibt.

Die anfänglichen, sparsam und präzise auf die vorgegebene Materialstruktur reagierenden Eingriffe prägten die spätere Form eines Werkes derart, dass sich alle weiteren formgebenden Schnitte diesem Initiationsakt mit der Kettensäge unterordnen mussten. Die Form unterstützend und verstärkend wirkt es, wenn Bearbeitungsspuren, insbesondere auf der Außenhaut eines Stammes, sichtbar bleiben. Nur in den seltensten Fällen blieb die Baumrinde erhalten, denn Wachter ging es ja gerade nicht darum, die Natur zu imitieren oder *objets trouvés* geringfügig zu verändern, sondern darum, das Verhältnis von Kunst und Natur zu reflektieren. Dessen ungeachtet sollte während des Arbeitsprozesses bis zum fertigen Werk immer ablesbar bleiben, dass es sich hier um ein Material handelt, das Feuchtigkeit anzieht, das trocknen kann, dessen Poren sich öffnen und schließen und dessen Oberfläche als angenehm empfunden wird. Mit anderen Worten: es sollte nicht verdeckt, übermalt oder verfremdet werden, dass es sich beim Holz um einen natürlichen Werkstoff handelt, dessen Eigenschaften allerdings einen engen Bezug zur menschlichen Kultur besitzen – bis hin zu deren frühester Geschichte.

Mehrfach hat mich Rudolf Wachter davor gewarnt, mich seinem Werk durch die Verwendung von Metaphern zu nähern: den Spiralen durch die Spiralsteine der irischen Megalithkultur von „New Grange", den geschlossenen Doppelspiralen durch die altgermanische Midgardschlange, den „Zwieseln" durch antike und mittelalterliche Säulenordnungen. Solche „Metaphern" konnten hilfreich sein für nachschaffende und interpretierende verbale Paraphrasen, bargen aber auch die Gefahr, am Wesen und der Autonomie seiner Arbeiten vorbeizugehen.

Viele Werke von Rudolf Wachter befinden sich im öffentlichen Raum. Angefangen beim „Heiligen Winthir" – einer frühen Bronzeplastik, die er 1955 zusammen mit seiner Frau Ursula im Auftrag der Stadt München geschaffen hat. Am Münchner Rot-Kreuz-Platz stehend, ist der Heilige mit seinem Esel zu einem volkstümlichen, nicht mehr wegzudenkenden Teil des Platzes geworden – ganz unabhängig davon, ob die Betrachter die Heiligenlegende und ihre Formwerdung kennen oder keinen Bezug dazu haben. Alle späteren Skulpturen im öffentlichen Raum – von ungleich größeren Dimensionen – sind aus dem Material Holz geformt, so die „Langohr"-Skulptur von 1979 vor der Universität Freiburg im Breisgau, die auf die monumentalen Bildwerke der Osterinsel anspielt. So die eindrucksvollen, heute bereits stark verwitterten „Zwei Diagonalschnitte" (1983) im Münchner Westpark oder die „Woodhenge"-Skulptur von 2000 im Stadtpark von Weingarten. Von besonderer künstlerischer Bedeutung sind die späten Holzreliefs, von denen fünf in der Apsis der Münchner St. Pauls-Kirche einen würdigen Platz gefunden haben. Sowohl die Architektur der Kirche als auch die noch vorhandenen historistischen Ausstattungsstücke bilden ein wirkungsvolles, Kontraste schaffendes Gefäß für Wachters Reliefs. Einen Ort, an dem sich die vitale Kraft der Skulpturen mit der spirituellen Bedeutung des Raumes glücklich verbindet. Im wechselnden Licht des Altarraumes rufen sie zur Kontemplation auf und spenden Energie, die aus dem Material und seiner Formung erwächst.

Nach dem künftigen Schicksal seiner Holzskulpturen befragt, gab Wachter zur Antwort, dass die unter freiem Himmel aufgestellten wohl nicht mehr als ein oder zwei Generationen überdauern würden. Und schulterzuckend ergänzte er, das wäre auch gut so, denn künftige Generationen sollten ja auch die Chance haben, ihre Werke an öffentlichen Plätzen zu präsentieren.

Vor diesem Hintergrund ist es doppelt verdienstvoll, dass Stefanje Weinmayr im vorliegenden Buch, das aus eine Dissertation hervorgegangen ist, das Leben und Werk von Rudolf Wachter dokumentiert hat. Durch Texte und Fotografien sorgfältig beschrieben bleiben auch diejenigen Werke, die nicht erhalten werden können, vor dem Vergessen bewahrt.

München, im Juni 2021 **Andreas Kühne**

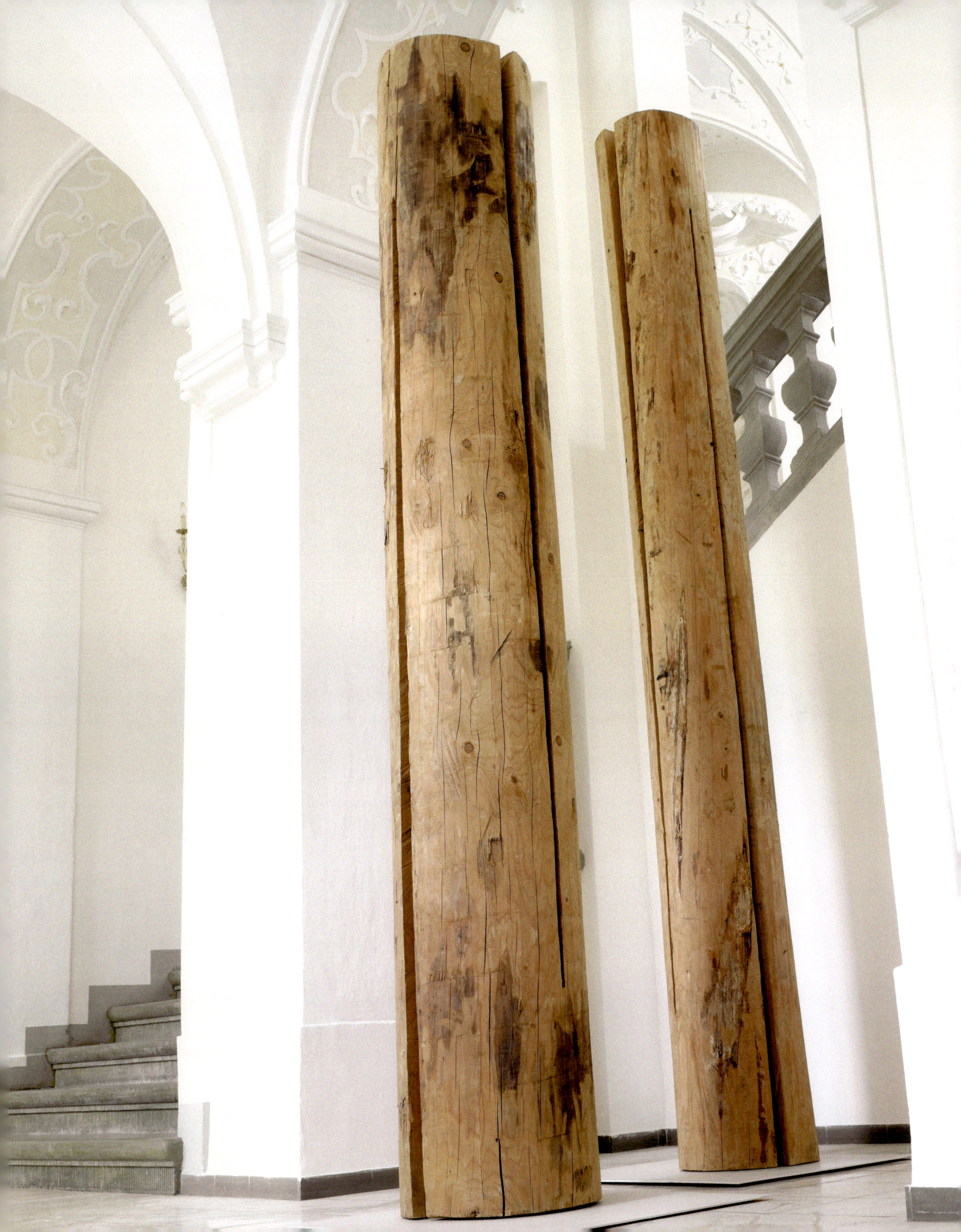

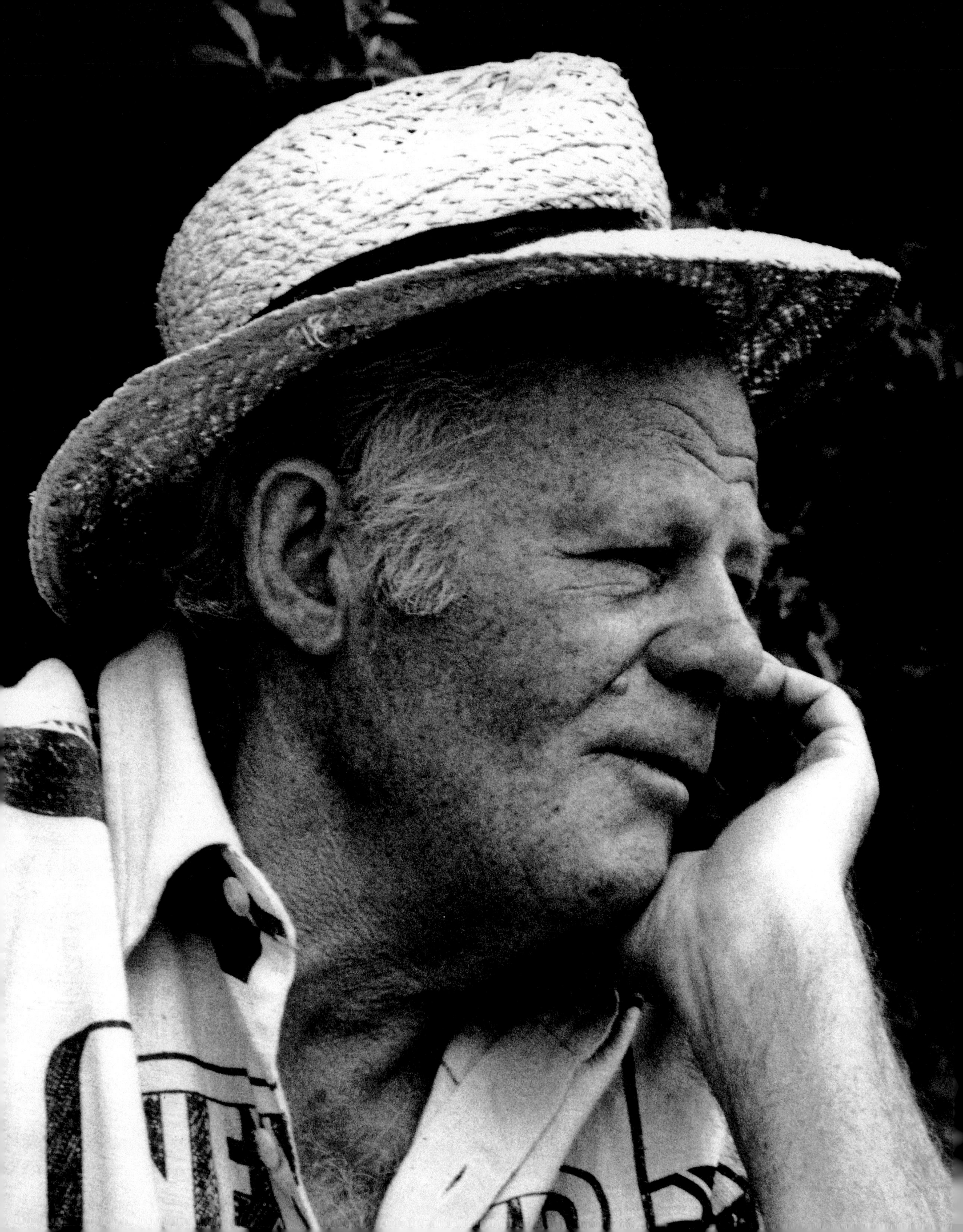

Person, Werk, Methode – eine Einführung

auch nach dem sturz
stirbt der baum im baum
nur langsam

wie im menschen der mensch

ihm den
kern nehmen,
aushöhlen ihn

das
macht brauchbar

Reiner Kunze[1]

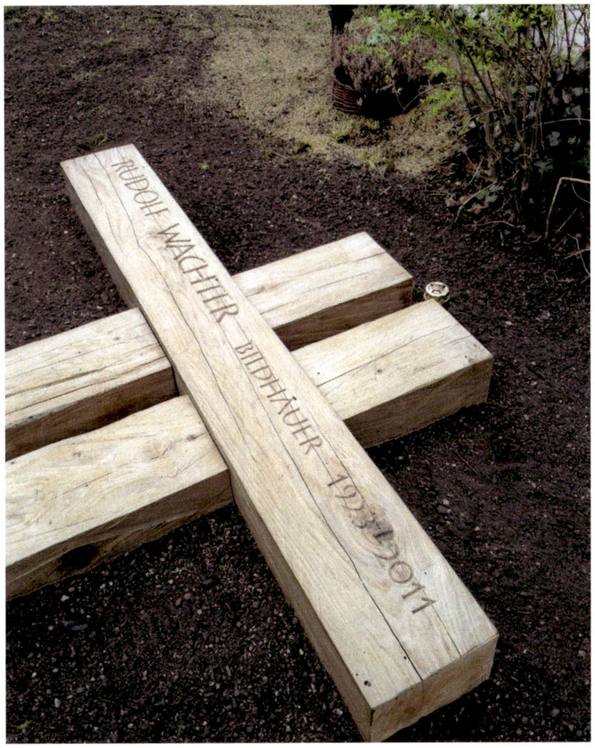

Grab Rudolf Wachter

„Geschichte wird nach vorne gelebt und nach rückwärts verstanden, schreibt Kierkegaard".[2]

Im Juni 2011 ist Rudolf Wachter, der große deutsche Holzbildhauer, gestorben. Er war ein hochgeehrter, vielfach ausgezeichneter Bildhauer, Mitglied der Bayerischen Akademie der Schönen Künste und Träger zahlreicher Auszeichnungen. Als „wichtigsten Holzbildhauer unserer Zeit" hat ihn der Kunstkritiker Gottfried Knapp bezeichnet.[3]

Schon zu Lebzeiten wurde ihm 2005 in seiner Heimat im Allgäu mit dem Museum Rudolf Wachter im Neuen Schloss Kisslegg ein überdauerndes Denkmal oder, besser, ein Ort dauerhafter Begegnungsmöglichkeit geschaffen. Wachters Skulpturen stehen kontrapunktisch und autonom in den noblen Spätbarockräumen des Schlosses Kisslegg; Martin Heideggers Äußerung, dass im Begriff *Gegenstand* auch ein *DagegenStehen* steckt, hat Peter Anselm Riedl 2007 als wesentliche Eigenart des Werkes Wachters definiert, den er als „echten Revolutionär der Holzskulptur" charakterisiert.[4]

Ich selbst durfte Rudolf Wachter um 2004 kennenlernen. In diesen Jahren hatte ich an der Veröffentlichung der wissenschaftlichen Werkverzeichnisse der Zeichnungen wie der Skulpturen Fritz Koenigs mitgearbeitet. Vor diesem Erfahrungshintergrund schlug ich Rudolf Wachter nach einiger Zeit vor, ein wissenschaftliches Werkverzeichnis seiner Holzskulptur zu erarbeiten. Der Bildhauer und seine Frau Ulla Wachter, die sich bei ihrem gemeinsamen Studium der Bildhauerei an der Akademie der Bildenden Künste in München kennengelernt hatten, stimmten dem Vorhaben zu. In der Folge entwickelte ich nach den Kriterien der Arbeitsgemeinschaft Bildhauermuseen[5] eine Systematik für diese Datenerhebung und damit auch ein Erfassungsformular, das im Laufe der Jahre mehreren Hundert Institutionen und Sammlern übermittelt wurde. Dem voran gingen umfangreiche Recherchen in öffentlichen und privaten Sammlungen und dem Kunsthandel. Die über diesen Zeitraum ermittelten Daten wurden in eine HIDA-Datenbank eingepflegt; diese Datenbank mündete in dem vorgelegten wissenschaftlichen Verzeichnis der Holzskulptur mit insgesamt 613 Einzelwerken bzw. Ensembles mit etwa 335 Einzelbesitzern.

Leider haben Ulla und Rudolf Wachter den Abschluss dieses Projektes nicht mehr erlebt. Im Sinne Kierkegaards mag man nun auf dieses Werk blicken, mit dem Rudolf Wachter der Holzbildhauerei neue Möglichkeiten erschlossen hat wie kaum ein anderer Künstler seiner Generation.

„Ich arbeite mit Holz und das Holz arbeitet mit mir."

Dieser programmatische Satz des Künstlers selbst umreißt Werk wie Persönlichkeit.

Mit beiden verbindet sich eine Kategorie bildnerischen Schaffens, die heute, in einer Zeit künstlerischer Beliebigkeit – die oft als Flexibilität verbrämt wird – sehr rar und darum doppelt kostbar ist: eine konsequente Entwicklung im Ringen um die Formfindung nämlich, die verbunden ist mit einer von Respekt geprägten Haltung gegenüber der Materie. Deren Gesetze und Eigenschaften werden im schöpferischen Prozess nicht vergewaltigt, sondern sind wesentlicher Motor allen bildnerischen Handelns.

,Aus dem Stamm' war der programmatische Titel der wohl umfangreichsten Werkschau des Bildhauers Rudolf Wachter. 2003 bespielte er im Jahr seines 80. Geburtstages die Ausstellungsräume der Kunsthalle der Hypo-Kulturstiftung in München. Erstmals in der Geschichte dieser international renommierten Institution wurde dort nicht nur einem lebenden Künstler eine monographische Schau gewidmet, sondern auch der Schritt in den öffentlichen Stadt-Raum hinein vollzogen: Eine monumentale Stammskulptur war dort kontrastreich vor den noblen Geschäften auf der Theatinerstraße aufgestellt.

Andreas Kühne schreibt 2003 anlässlich der großen Retrospektive in der Kunsthalle der Hypo-Kulturstiftung zur kunsthistorischen Einordnung:

„Einer der zentralen Topoi [...] ist die Feststellung, dass sich sein Werk nicht als Gegenentwurf und Kontrapunkt zur Natur, sondern immer im Dialog mit ihr entwickelt hat. Dieser Dialog verbietet es, sich bei einem Deutungsversuch naheliegender literarischer und historischer Metaphern zu bedienen. [...] Ungeachtet der intellektuellen Neugier des Künstlers ist sein Werk kein Kind der Theorie, sondern das Resultat einer kontinuierlichen [...] Praxis."[6]

Der Ursprung der Beschäftigung mit dem Holz liegt in der Familientradition Wachters und der eigenen Ausbildung zum Schreinermeister. Hier sind die Grundlagen des reifen Werkes, das Wissen um Eigenart, Möglichkeiten und Grenzen des Werkstoffes Holz zu finden. Die frühe Vertrautheit mit dem Holz in der Werkstatt des Vaters erweist sich in seiner Bildhauerlaufbahn eher als Blockade: Über Jahrzehnte hinweg versucht er, eine Distanz zu dem ihm nächsten, tradierten Werkstoff zu erringen, arbeitet in Bronze, Aluminium, Zement und anderen Materialien, bevor er über Kombinationen aus Zement oder Stein mit Holz zum ursprünglich zu Vertrauten zurückfindet: Erst in den 1970er Jahren beginnt er, ausschließlich in Holz zu arbeiten – dem Material, das heute untrennbar mit seinem Namen verbunden fest in der zeitgenössischen Skulptur verankert ist.

Ausgangspunkt der bildhauerischen Arbeit Rudolf Wachters ist seit den 1970er Jahren der frisch gefällte Baumstamm, der das Potenzial jeder Form in sich birgt.

Wachter greift direkt ein in die morphologische Erscheinung der Natur – genauer gesagt in die Form des Stammes - und verlässt damit radikal den Weg einer künstlerischen Angleichung, wie sie sich seit der Mitte des 20. Jahrhunderts im Werk vieler Bildhauer manifestiert. Er operiert mit den Lebensprozessen des Baumes selbst.

Mit der Motorsäge erschließt sich der Bildhauer den Weg durch die Schichten der Jahresringe ,mitten ins Herz': Er selbst spricht dabei von einem ,Wandern durch den Stamm'. Das Prinzip des ,Schwundschnittes' wird von ihm in die zeitgenössische Bildhauerei eingeführt und wird zum prägenden Mittel seiner Arbeit am Holz.

Wachter nimmt den Baum im Wesen seiner natürlichen und kulturellen Bedeutung wahr, was zur Basis und zum Ausgangspunkt seines schöpferischen Umgangs mit der Materie wird. Das werk- und werkstoffgerechte Verarbeiten des Holzes fällt dabei mit der Imaginationsfähigkeit des Bildhauers zusammen; erst, wenn beides zu einer Einheit verschmilzt, ist das Werk gelungen. So mündet das Streben nach einer Einheit von Material, Form und Technik nach seinen eigenen Worten in jedem Werk in ein „Glaubensbekenntnis".[7]

Das vorliegende Werkverzeichnis wurde mit größtmöglicher Sorgfalt erarbeitet. Da es sicherlich trotzdem irrtümliche Angaben enthalten und auch Lücken aufweisen wird, bitte ich die Leser und Nutzer dieses Verzeichnisses, mir jedwede Berichtigung oder Ergänzung mitzuteilen.

Ich danke der Familie Wachter für Ihre große Geduld, mit der Sie auch lange Pausen ertragen haben. Besonderer Dank gilt dabei Veronika Wachter, die das Projekt stets wohlwollend begleitet und tatkräftig unterstützt hat.

Ich danke meiner Familie, die mich in diesem Vorhaben immer bestärkt und begleitet hat. Sie ist der Leitstern meines Lebens.

Besonders zu danken habe ich Werner Wohlhüter, der dieses Projekt engagiert und umsichtig gefördert hat bis hin zu den letzten Korrekturdurchgängen des Werkverzeichnisses.

Marta Wilke hat mir beim Einpflegen der Daten in eine Datenbank sehr geholfen. Das hatte eine wichtige disziplinierende Wirkung. Martina Pahr hat in einem finalen Korrekturdurchgang manch stilistische Unebenheit geglättet.

Die Strecke dieser Dissertation war lang. Den entscheidenden Impuls am Ende gab Professor Christoph Wagner, der mich gezielt und konstruktiv über die letzten Klippen führte. Dafür wie für die lebendige und hilfreiche Debatte der Kollegen im Colloquium meinen tiefen Dank.

Für die finanzielle Unterstützung der Drucklegung dieses Buches danke ich dem Zweckverband Oberschwäbische Elektrizitätswerke OEW und der Stiftung Sammlung Rudolf Wachter.

Dass dieses Buch so gelungen ist, ist das Verdienst von Lucia Ott und Jürgen Kleidt, die beim Hirmerverlag feinsinnig und umsichtig dieses Projekt betreut haben.

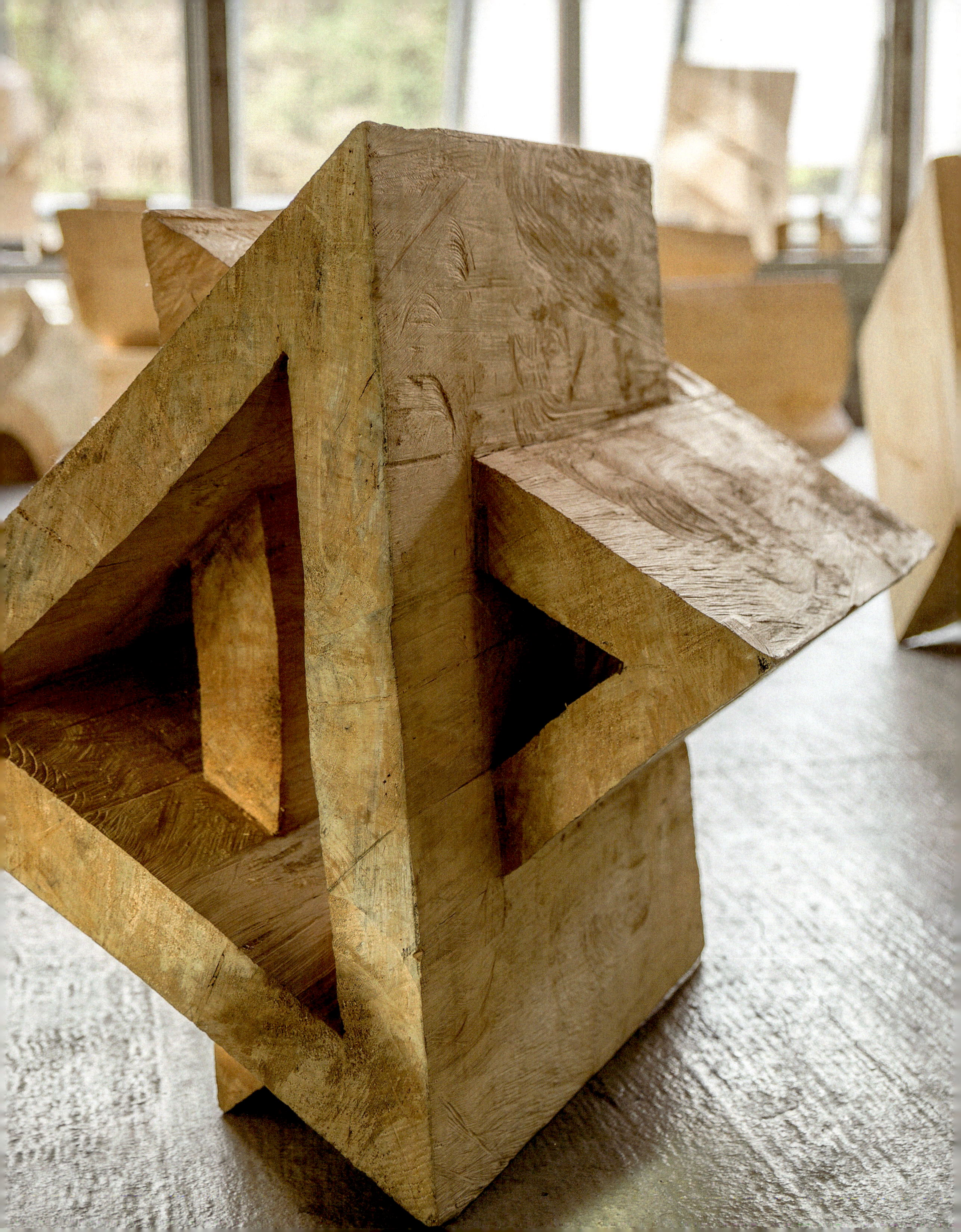

Wege vom Holz und zurück. Werkbiographische Anmerkungen

Jugend und Kriegserfahrung

Die Konsequenz, mit der sich Wachter dem Werkstoff Holz vehement ab- und dann ebenso radikal wieder zugewandt hat, wurzelt vor allem in den tradierten Berufen seiner Familie und der Prägung, die er dadurch erfuhr. Ein Gemälde aus Schloss Achberg, das sich vermutlich aus dem Besitz des Deutschen Ordens dort erhalten hat, zeigt einen seiner Vorfahren. Ein an der Grenze zum Grotesken klein gewachsener – eigentlich verwachsener – Mann steht an der Säge. Die Inschrift lautet:

Michael Wachter aus Tirol bin ich genannt. Als treuer Diener meines Herren wohl bekannt. Mit 40 Jahren hoffte ich gescheit zu werden. Aber nein, ich bleib' ein Narr auf dieser Erden.[8]

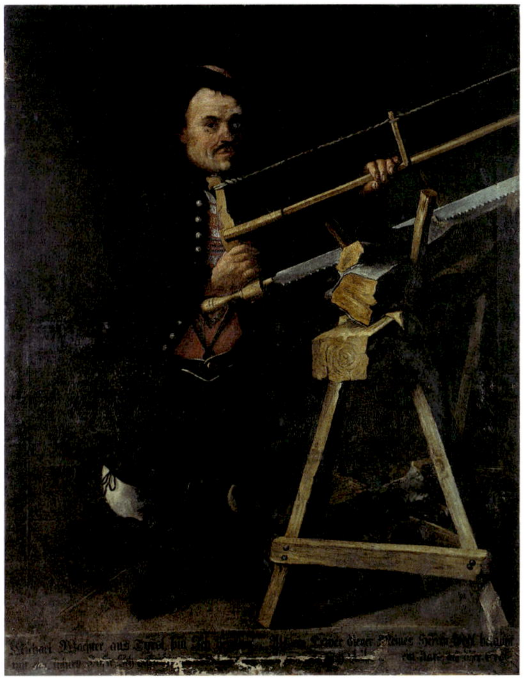

Portrait Michael Wachter,
18. Jahrhundert, Schloss Achberg

Wachter selbst bezieht sich 1982 auf diesen Vorfahren:

„Mit einer Säge trat das Geschlecht in die Geschichte ein – Dieser Hofnarr, der bei Tag harte Arbeit verrichtete und am Abend beim Kamin seinen Witz versprühte, diente im Schloss Achberg. In eben dieser Landschaft, verklemmt zwischen Hügeln und Weihern, zwischen christlicher Moral und Weltschmerz, schwängerte er einige Bauernmägde. Ich selbst verzog mich nach München."[9]

Rudolf Wachter selbst wird 1923, drei Jahrhunderte später, in Bernried/Bodensee als Sohn eines Schreiners geboren – zwölf Kilometer entfernt von Schloss Achberg, wo sich das Porträt seines Vorfahren, des Tischlers Michael Wachter, erhalten hat. Schon als Kind begeistert er sich für den Gedanken, Bildhauer zu werden. Eine aussichtslos scheinende Idee, für die er zeitlebens in der Enge des streng katholischen Milieus seines Elternhauses kein Verständnis finden wird. Bereits mit 13 Jahren tritt er als Lehrling in die Schreinerwerkstatt seines Vaters ein. Die Welt seiner oberschwäbischen Heimat empfindet er als eng und bedrängend.

1936 baut er, dem Vorbild des ‚Schneiders von Ulm' folgend, in zweijähriger, heimlicher Arbeit ein Flugzeug: ein Hängegleiter nach einem Bauplan Otto Lilienthals (1848–1896), mit dem er tatsächlich einige wenige Meter fliegt.[10]

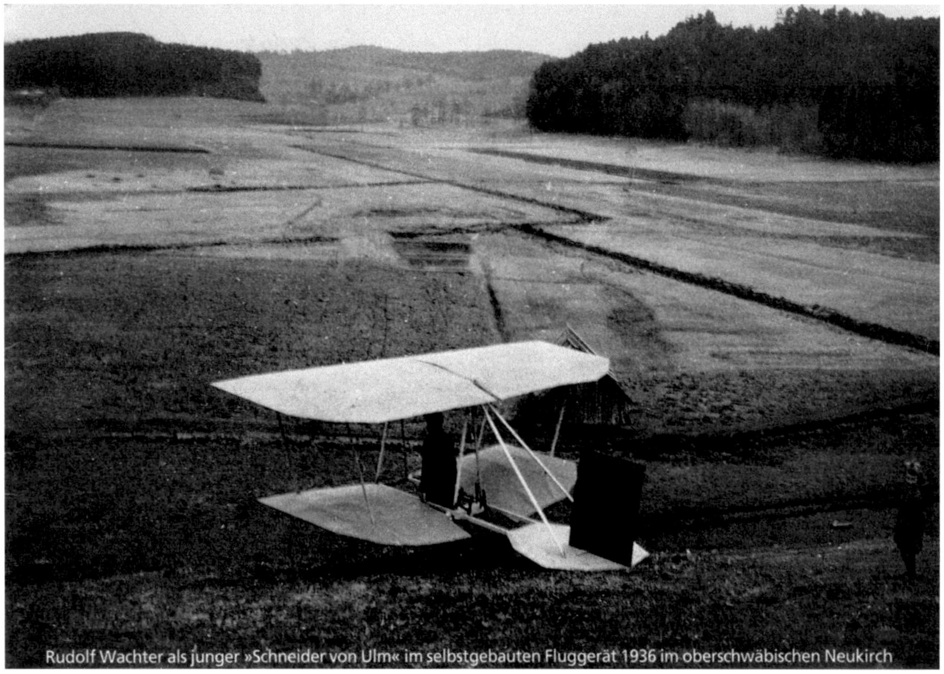

Rudolf Wachter als Dreizehnjähriger mit seinem heimlich selbst gebauten Hängegleiter

Traditionell römisch-katholisch sozialisiert, hält er im Nationalsozialismus Abstand zu den Jugendorganisationen des Dritten Reichs. 1943 wird er als Soldat eingezogen. Den Dienst in der Deutschen Wehrmacht im Zweiten Weltkrieg erlebt er als junger Mann wie viele seiner Zeitgenossen zunächst auch als Befreiung von allen sozialen Zwängen. An der Ostfront findet er im Kaukasus eine andere, gänzlich unbekannte Welt. Der Krieg unterbricht aber auch jäh den Werdegang des angehenden Künstlers, der zu diesem Zeitpunkt die Bildhauerei in unerreichbare Ferne rücken sieht.

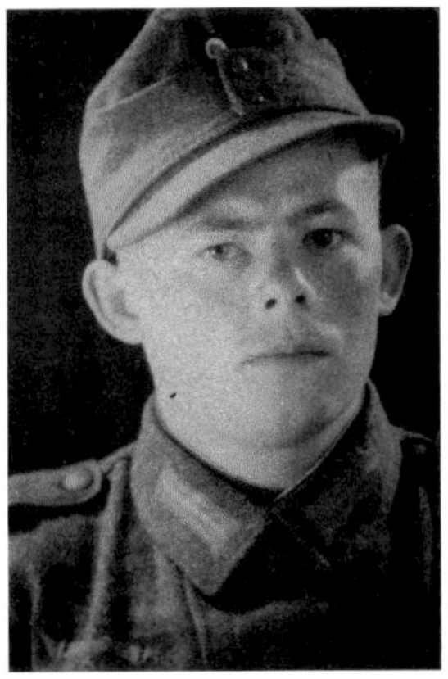

Rudolf Wachter
als Soldat 1941

1943 wird ihm in Stalingrad das Knie zerschossen; die medizinische Versorgung an der Front ist so schlecht, dass sein ganzes Bein amputiert werden muss. Bis zu seinem Tode kämpft er gegen diese Einschränkung seiner Beweglichkeit an. Erst viele Jahre nach dem Verlust des Beines ist der Stumpf so verheilt, dass ihm eine Prothese angepasst werden kann. Der Verlust seines Beines entbindet ihn letztlich aber von der Verpflichtung, die elterliche Schreinerei verantwortlich zu übernehmen und wird damit zu einer zentralen Weichenstellung seines Lebens.

Wachter verfolgt sein Ziel, Bildhauer zu werden, weiter, obwohl diese Berufswahl mit ihren schweren Anforderungen an die Physis unmöglich scheint. 1944 schließt er zunächst als Kriegsinvalider eine Ausbildung an der Heeresfachschule Eselsberg mit dem Titel eines Schreinermeisters ab. In seiner Ausbildung zum Schreiner ist handwerkliche Perfektion das erklärte Ziel. Er erkennt, dass darin für ihn auch eine Gefahr liegen kann: dann nämlich, wenn sich die Kunst „in dieser Perfektion zu erschöpfen" droht.[11]

Akademie der Bildenden Künste München

Im Anschluss besucht Wachter von 1946 bis 1949 die Holzschnitzerschule Oberammergau, wo er in der klassischen figürlichen Bildschnitzerei ausgebildet wird. Wie sehr er zu diesem Zeitpunkt in tradierten ikonographischen und kulturgeschichtlichen Mustern verhaftet ist, zeigt sein Gesellenstück, eine Prozessionsstange mit der vollplastischen Figur des heiligen Georg, die heute als verschollen gilt.

In Oberammergau lernt er seine spätere Frau Ursula Fonk kennen. Gemeinsam mit ihr nimmt er 1949 sein Studium der Bildhauerei an der Akademie der Bildenden Künste, München, auf. Dort wird er Meisterschüler bei Josef Henselmann.

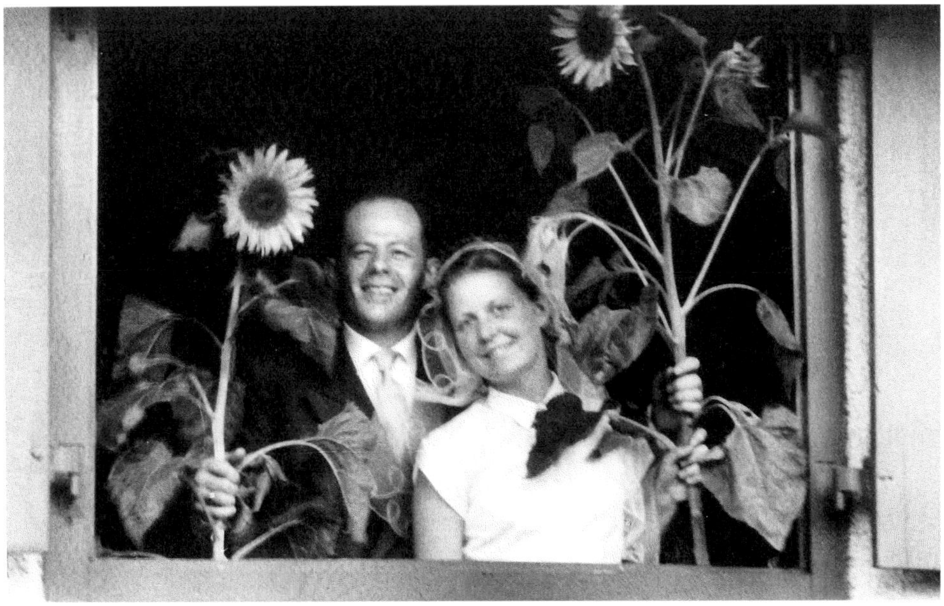

Ulla und Rudolf Wachter
an ihrem Hochzeitstag,
dem 24. August 1954

In dieser Zeit meidet er Holz als Werkstoff. Die Fertigkeiten und Kenntnisse, die sich Wachter in der väterlichen Schreinerei und der Ausbildung angeeignet hatte, begreift er über Jahrzehnte hinweg als schier unüberwindbares Hindernis, wenn es gilt, den Werkstoff Holz als Künstler zu nutzen. „Fertigkeiten sind das Gegenteil von Kunst", schreibt Wieland Schmied treffend in einem Essay anlässlich der Eröffnung des Museum Rudolf Wachter in Kisslegg 2005.[12]

Er selbst erzählt davon in einem Interview 2011: „.... Dass ich zum Holzbildhauer geworden bin, die Ursachen lagen viel tiefer und viel früher. Ich komme ja aus der Schreinerei heraus. Und dann habe ich die ganze Akademiezeit hindurch das Holz gemieden, weil ich ja ein Schreiner war. Das war Gift für Kunst mit Holz".[13]

Wieland Schmied zitiert den Bildhauer 2005 ähnlich: „Können aufgeben, [das] ist schwieriger, als etwas zu lernen".[14]

Das Studium bei Josef Henselmann an der Münchner Akademie der Bildenden Künste in den Jahren 1949 bis 1955 bringt Wachter in Berührung mit der Münchner Bildhauertradition und deren wichtigstem Repräsentanten Adolf von Hildebrand. Das frühe Holzrelief ‚Relief (Akt)'[15] aus dem Jahr 1960 zeigt eine weibliche Aktfigur, die in ihrer Statuarik eine Nähe zu dem an der Akademie gelehrten ‚Münchner Klassizismus' zeigt, gleichzeitig aber auch zu abstrahierender Verknappung neigt.[16]

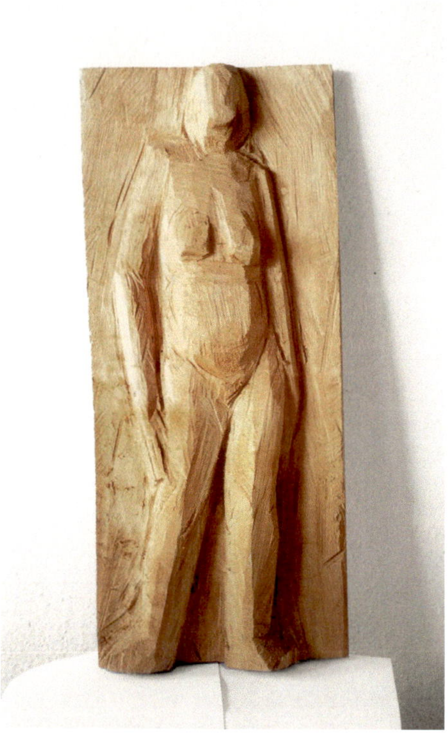

Akt, Holzrelief, 1958/60, WVZ 3

Das klassische Akt- und Naturstudium in der Tradition Adolf von Hildebrands und Herrmann Hahns sieht Wachter in der Rückschau kritisch: „Meine neoklassizistische Ausbildung hat mich zwar gelehrt, wie man den menschlichen Körper in Massen und Achsen zerlegt, aber nie, dass es Lichtakzente sind, die die Wirkung machen."[17]

Wachters Verhältnis zu seinem Lehrer Henselmann verschlechtert sich; der an dessen Lehrstuhl vertretene Neoklassizismus bereitet ihm während des Studiums zunehmend Schwierigkeiten. Eine künstlerische Heimat findet er dort nicht. Die bahnbrechende Schrift Adolf von Hildebrands ‚Das Problem der Form in der bildenden Kunst',[18] die 1897 in Straßburg erschien, wird für ihn allerdings nach eigenem Zeugnis zum ‚Brevier'.

2009 erzählt Wachter im Interview:

„Für mich war das sehr schnell klar, dass ich das ganz Abstrakte gesucht habe [...]. Das hat mich auch befreit von den ganzen ‚Schulen'.

[...] Als Handwerker war ich ja bestens geschult [...] Technisch hatte ich keine Probleme und konnte alles machen [...] Eigentlich war die Beherrschung des Materials auch das Schlimme [...] Lange Zeit habe ich nur modelliert, [...] bis ich wirklich wieder zurück gefunden habe zum Holz.

Da hat mir immer ein bisschen was gefehlt: Weil das Holz war auch meine Liebe. Es war auch meine Erziehung von Kindheit an. Aber es war halt so gefährlich im künstlerischen Bereich. [...] Das perfekte Handwerk, das war sehr schwer das zu überwinden."[19]

Innerhalb der akademischen Ausbildung wirkt einzig das Zeichnen und Modellieren im Aktsaal nachhaltig in die spätere Arbeit hinein: Nach eigenem Zeugnis bildet sich dort der Sinn für die Tektonik, für die tragenden Achsen eines Körpers heraus – bis zum Ende seines Lebens ein wesentliches Element von Wachters Formfindung. Der Bildhauer selbst erzählt Wilhelm Warning 2008 von der Akademiezeit: „Ich habe also zehn oder zwölf Semester lang Akt modelliert und so weiter. Und das Naturstudium war eigentlich nur gut zur Befreiung vom handwerklichen Denken."[20]

Rudolf Wachter gehört zu der Generation der im Dritten Reich Aufgewachsenen, die ausgeschlossen von den internationalen Kunstströmungen der 1930er und 1940er Jahre nach 1945 überwältigt waren von der im Nationalsozialismus verfemten internationalen Moderne, die sie gar nicht oder lediglich als ‚entartet' kennengelernt hatten.

Was seine Begeisterung in dieser Zeit in einer lebenslangen Leidenschaft entzündet, ist der Kubismus.[21] Dessen Idee, Formen zu analysieren, zu ordnen und zu reduzieren und seine Methode, Formen zu klären, indem man Flächen setzt, um Raumwirkungen zu schaffen, haben Rudolf Wachter in seiner Entwicklung weg von der Figuration der Hildebrand'schen Münchner Schule in die internationale Abstraktion geführt.

Er begeistert sich für Cézanne, für Picasso, vor allem für Henri Laurens, den er zeitlebens verehrt.[22] Laurens setzte seine ersten Konstruktionen um 1915/1916 ausschließlich aus den von Paul Cézanne empfohlenen geometrischen Formen Kegel, Zylinder und Kugel zusammen. Dieses Prinzip übt auf Wachter starke Wirkung aus, der in seinem späteren Werk stets versucht, die Naturform in vergleichbarer Weise zu klären, zu ordnen und zu systematisieren.[23]

1955 wird eine große Ausstellung zu Pablo Picasso in München gezeigt. Der Kritiker Carl Georg Heise schreibt dazu in der ZEIT: „Die Picasso-Ausstellung in München ist auf dem Gebiet der bildenden Kunst eine der erregendsten der Nachkriegszeit; darin sind sich alle einig, Widersacher und Bewunderer".[24] Wachter spricht davon, dass diese Ausstellung ihm „die Augen geöffnet" habe.[25]

Er verlässt die Akademie 1955 als Meisterschüler und gründet mit seiner Frau, der Bildhauerin Ulla Wachter, eine rasch wachsende Familie.

Atelierhaus

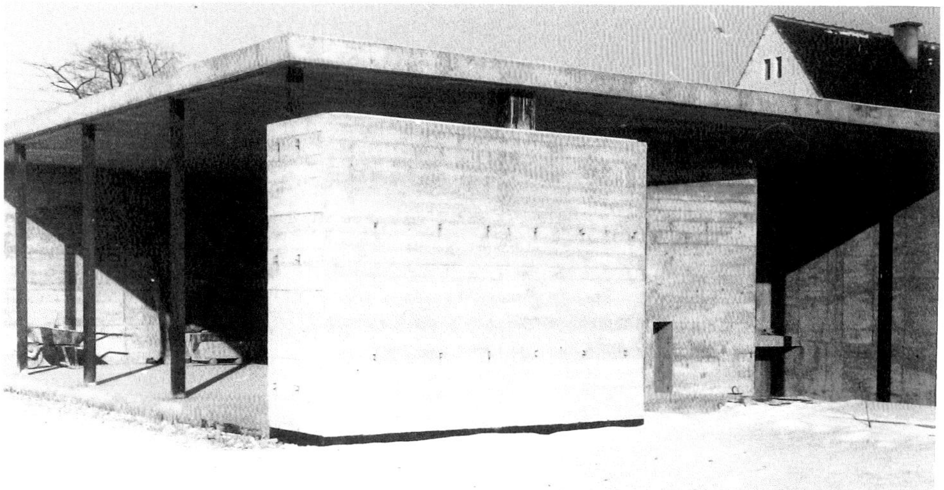

Rohbau, Winter 1956

1956 beginnt er damit, ein Haus am nördlichen Stadtrand von München zu errichten. Es ist ein puristischer, transparenter, ganz von der Ästhetik des Bauhauses geprägter Pavillon mit flachem Dach, erbaut aus Beton, Glas und Stahl.

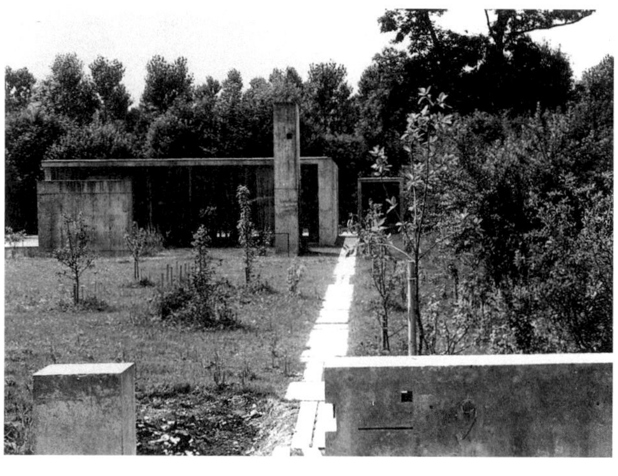

Haus Wachter zur Straßenseite, 1961

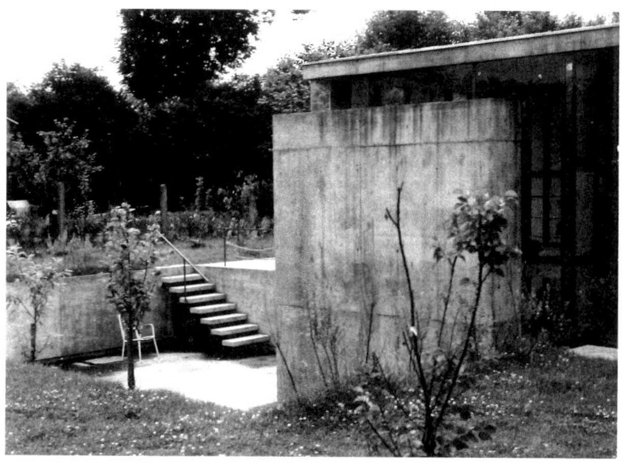

Haus Wachter, Atelierhof, 1961

Der Entwurf sieht für Arbeiten und Wohnen der siebenköpfigen Familie einen einzigen großen Raum vor.

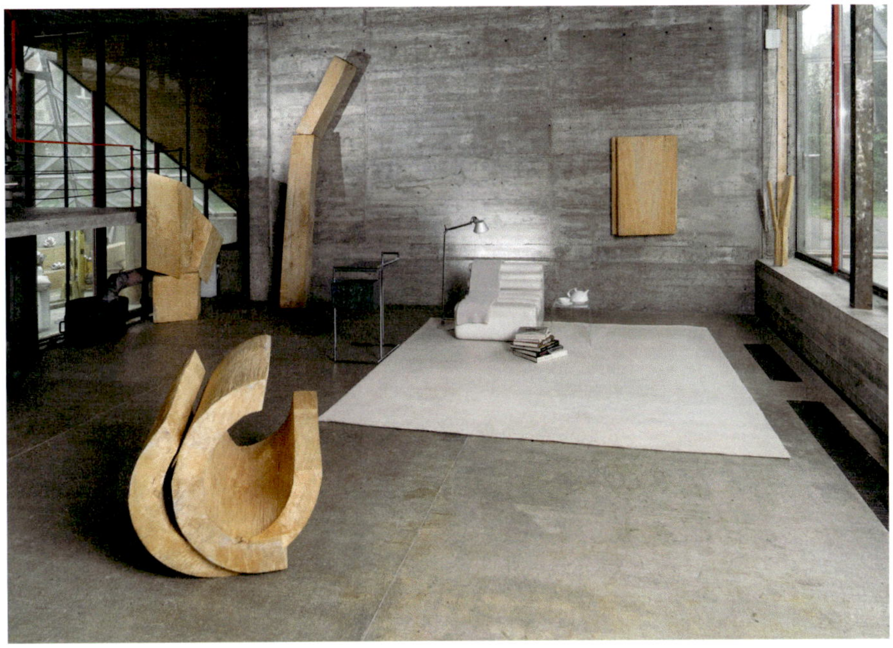

Haus Wachter, Zentralraum 2019

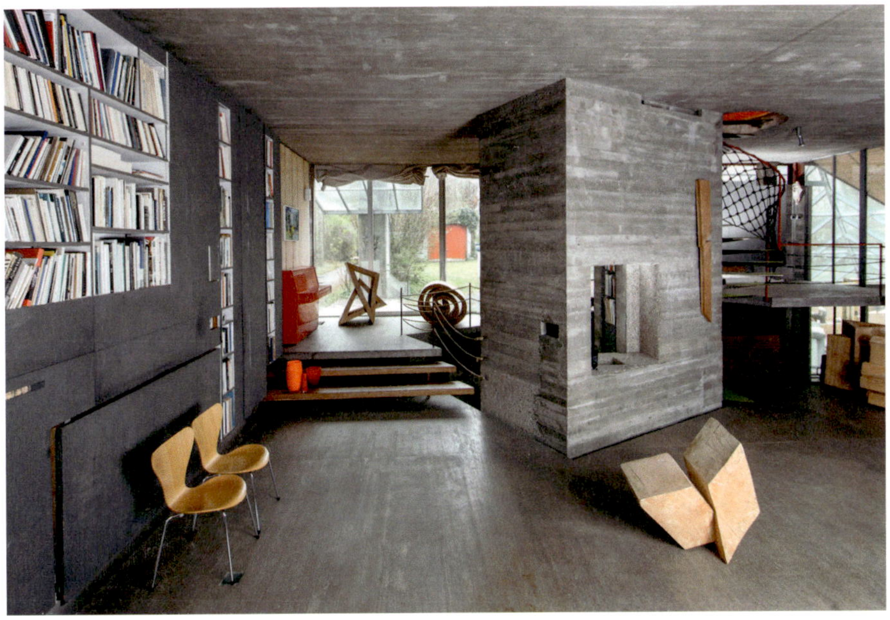

Haus Wachter, Zentralraum 2019

Dieses Architektur gewordene Konzept spiegelt einen radikal umgesetzten Lebensentwurf. Kein Mitglied der Familie verfügt über einen Rückzugsraum. Gelebt, geschlafen und gearbeitet wird gemeinsam. Letztlich handelt es sich bei diesem Bau um eine große, bewohnbare Raumskulptur, in der sich vielfach formale Prinzipien seiner bildhauerischen Arbeit wiederfinden.

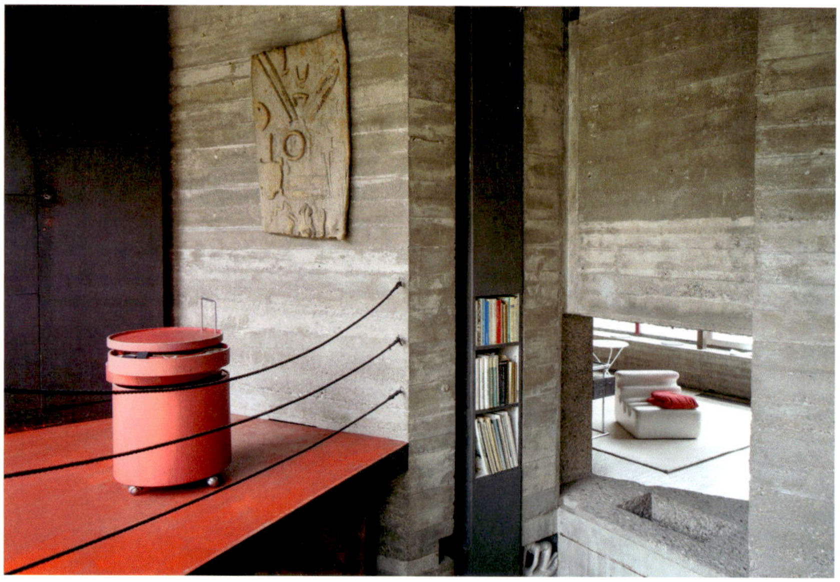

Haus Wachter, Durchblick durch den zentralen Monolith, 2019

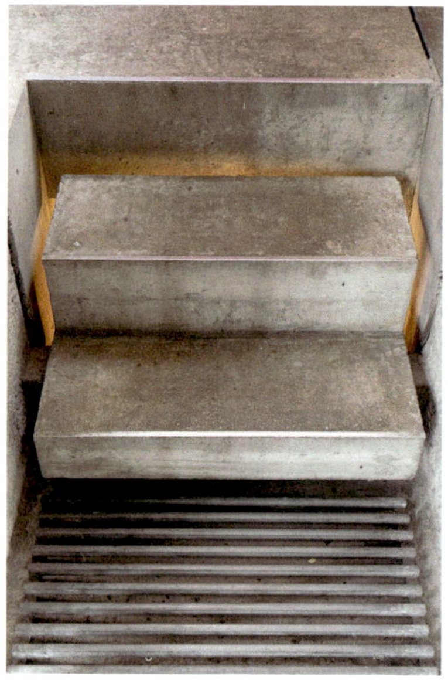

Haus Wachter, Treppe, Detail

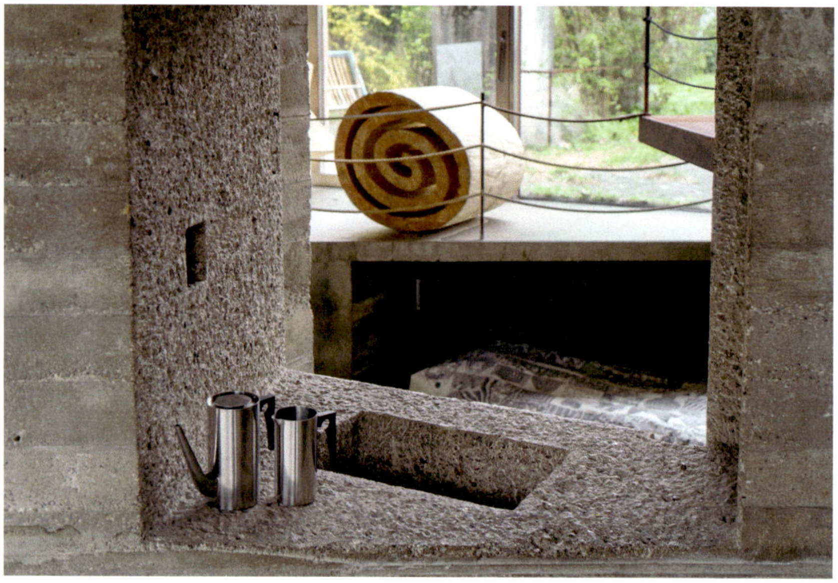

Haus Wachter, Durchblick durch den zentralen Monolith, 2019

Ulla und Rudolf Wachter bauen die Verschalungen bzw. Hohlformen aus Holzkonstruktionen selbst und gießen sie Stück um Stück mit Beton aus. Die Oberflächen der nur grob gesägten Schalungsbretter zeichnen sich an allen Betonoberflächen deutlich ab. Große Glasfronten ermöglichen weit ausgreifende Sichtachsen und verbinden Innen und Außen, Natur und Architektur. Die Gestaltung in rohem Sichtbeton ist zu dieser Zeit, den 1950er Jahren, als Bauwerk des damals avantgardistischen Brutalismus nicht nur in München ohne Vergleich.[26]

1970, nach der Rückkehr von einem zweijährigen Studienaufenthalt in Griechenland, wird über diesen Pavillon eine pyramidenförmige zweite Struktur aus einer komplett verglasten Holzkonstruktion gelegt. Erst zu diesem Zeitpunkt entstehen mehrere kleine abgeschlossene Räume.

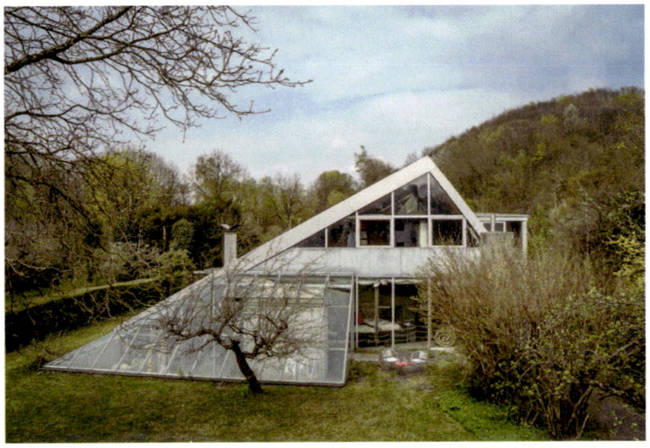

Haus Wachter mit Glaspyramide, Frontseite, 2012

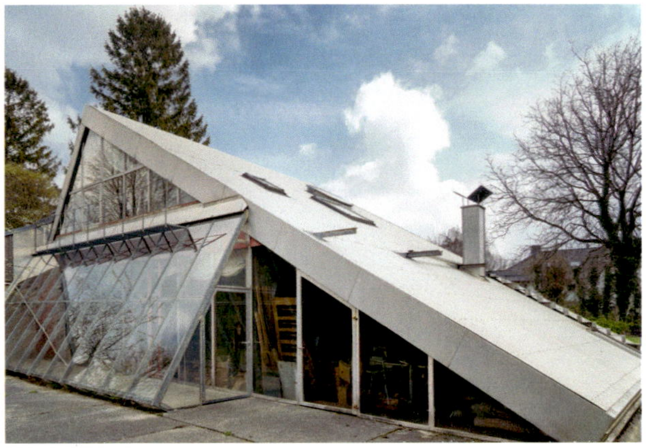

Haus Wachter mit Glaspyramide, Rückseite, 2012

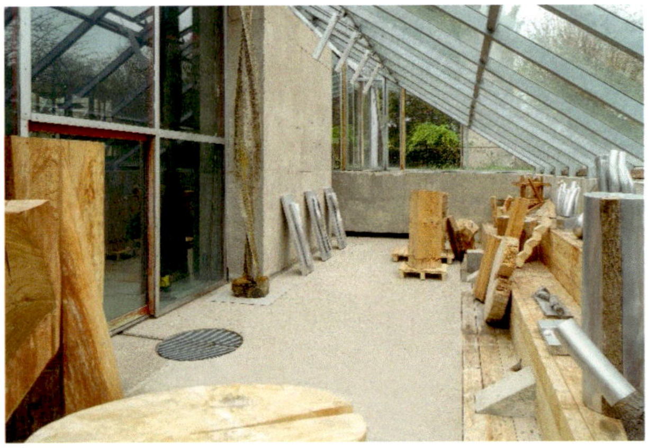

Haus Wachter, Überglaster Atelierhof, 2012

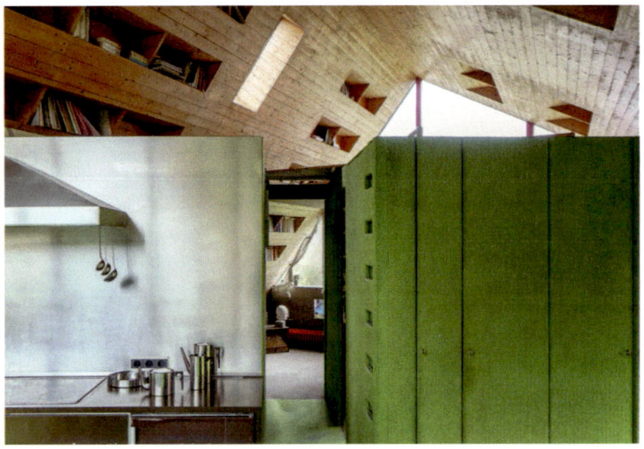

Haus Wachter, Obergeschoss, um 2005

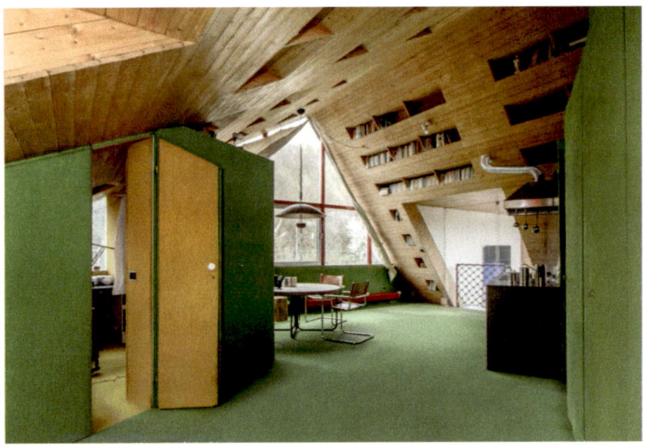

Haus Wachter, Obergeschoss, um 2005

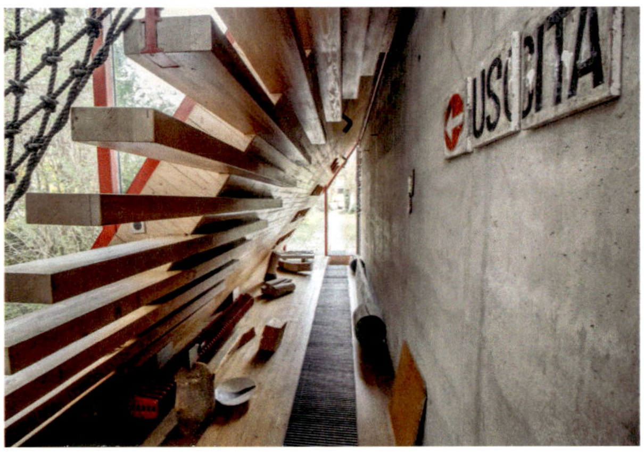

Haus Wachter, Eingangsbereich, um 2005

Uwe Rüth charakterisiert dieses Heim der siebenköpfigen Familie als „eigenwillige, ja trotzige" Architektur und „funktionelle Skulptur".[27] Die schrägen Linien der Hauserweiterung, die den gesamten ursprünglichen Bau überspannen und somit in starkem Kontrast zu diesem stehen, machen deutlich, wie sehr Wachter diesen Bau als Bildhauer, nicht als Baumeister angelegt hat.[28]

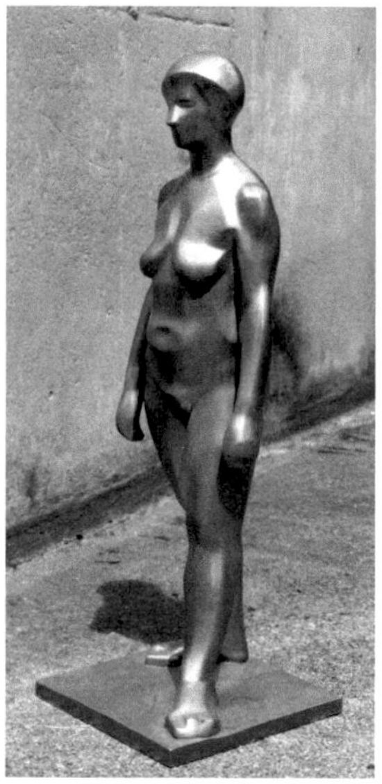

Stehender Akt, 1965, Aluminium

Erste Werke – Figur

In seinen ersten Jahren als freier akademischer Bildhauer arbeitet Wachter vorwiegend figürlich. Als Beispiel kann hier der stehende Akt von 1965 gelten, der exemplarisch die formalen Prinzipien der Lehre der Münchner Schule durchdekliniert.

In einem erweiterten Sinne gilt dies auch für ein frühes Werk im öffentlichen Raum, den St. Winthir-Brunnen, den das junge Bildhauerpaar Ursula und Rudolf Wachter 1955 gemeinsam für den Rotkreuz-Platz in München gestaltet: Die Bronzefigur auf dem steinernen Brunnensockel zeigt den heiligen Winthir von Neuhausen auf einem knienden Maultier sitzend. Die neoklassische Formensprache bezeugt noch den Einfluss des Lehrers Henselmann.

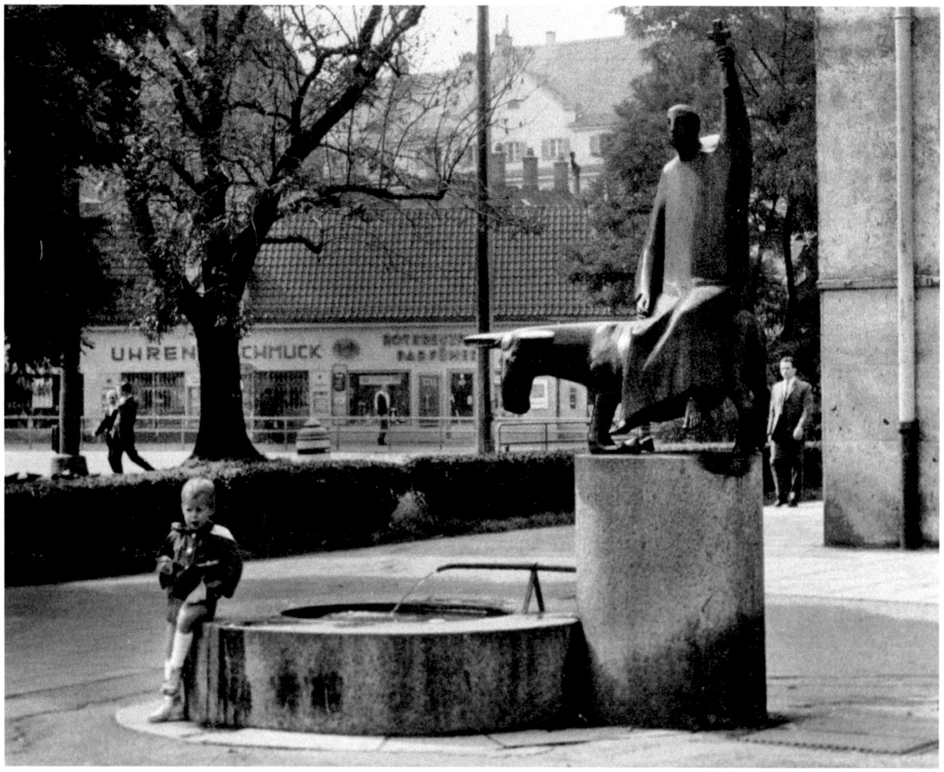

Ulla und Rudolf Wachter, Winthirbrunnen, 1955, Bronze, Stein

Eine entschiedene Wendung zur Abstraktion deutet sich in dem ‚Reliquienkopf' von 1965 an. Zwischen beiden Werken liegen zehn Jahre, in denen sich eine zunehmende Hinwendung zu abstrahierenden, kubistischen Formen vollzieht.

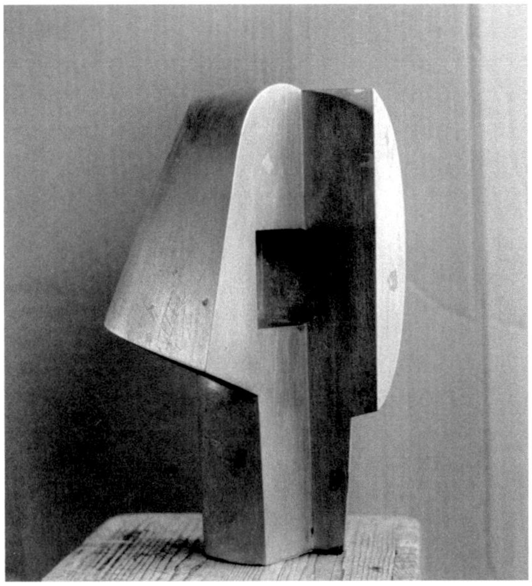

Reliquienkopf, 1965, Aluminium

Ziel von Wachters bildnerischen Bemühungen dieser Jahre ist nicht eine „Creatio ex nihilo", wie Gercke schreibt.[29] Vielmehr widmet er sich immer mehr den Grundstrukturen eines Materials oder einer formalen Idee - auch in einem analytischen Sinn.

Zäsur: Griechenland

1966 geht der Bildhauer mit seiner gesamten siebenköpfigen Familie für zwei Jahre nach Griechenland.

Dieser Aufenthalt vor allem im Raum Athen dient auch einer intensiven Auseinandersetzung mit Architektur und Skulptur der archaischen wie der klassischen Antike. Er sucht dort die ursprüngliche Klassik, die über Jahrhunderte hinweg durch den Klassizismus in ihrer Rezeption verändert – und für Wachter damit verfälscht und negiert wurde.

Die handwerkliche Präzision bewundert er ebenso wie den Umgang mit tektonischen Gesetzen. Er entdeckt in Griechenland auch die Säule für sich und die ihr innewohnenden formalen Möglichkeiten als Grundlagen bildnerischen Schaffens. Zu diesem Zeitpunkt stellt er sich erstmals der konsequenten Auseinandersetzung mit Analyse und Synthese der Form.

Es ist bemerkenswert, dass dieser Studienaufenthalt weniger das Erbes Hildebrands bestätigt, als vielmehr Wachters Sinn für die eigenartige Schönheit antiker Steinfragmente weckt. Diese Begegnung hilft ihm, sich endgültig aus der Münchner Tradition zu lösen und ein neues Verständnis für skulpturale Klassizität zu erlangen.[30] Wachters Rezeption der Antike bringt ihn zu der Erkenntnis der Schönheit des Imperfekten, der ästhetischen Wirkung von Ruinen und der Überlegenheit der Natur gegenüber allem Streben nach Vollkommenheit durch strenge Ordnung.[31]

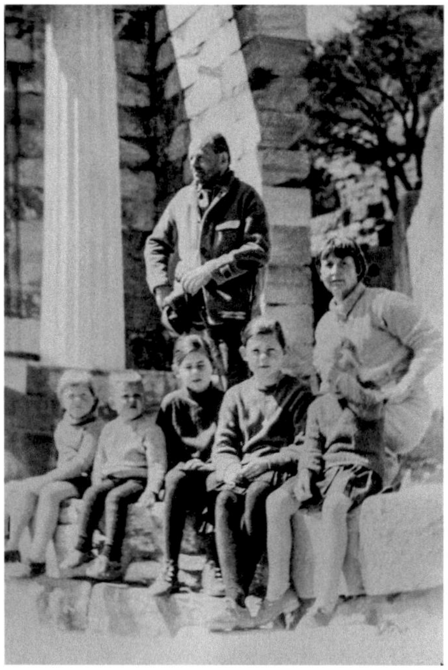

Ulla und Rudolf Wachter
mit ihren fünf Kindern auf
der Akropolis, 1966

1967 zeigt das Goethe-Institut in Athen während seines Aufenthaltes dort die erste Einzelausstellung Wachters. 2011 wird es eine seiner letzten zeigen ...[32]

Wolfger Pöhlmann schreibt im Katalog zu dieser Ausstellung: „Er war ja sicher eine auffällige Erscheinung, ein kriegsversehrter beinamputierter junger deutscher Künstler, der beinahe zwei Jahre lang unter heute geradezu abenteuerlich anmutenden Bedingungen zusammen mit seiner Frau und seinen fünf kleinen Kindern in Athen wohnte, um tagein und tagaus, von eine produktiven Unruhe getrieben, die antike Kultur und ihre Kunstschätze im Einklang mit der so andersartigen griechischen Landschaft und Natur zu studieren".[33]

Dieses Faszinosum teilt Wachter mit Kollegen wie Hans Wimmer, der 1961 unter dem Eindruck einer Reise nach Athen schreibt:

„Denn Bronzeplastik und Tongefäß sind dasselbe. Beide schließen das entscheidende plastische Element, den Raum, mit ein. Schon der Apoll von Tenea ist als Gefäß zu verstehen. Als Stein steht er am Ende der orientalischen, als Raum am Anfang der abendländischen Figur. In der ägyptischen Plastik waltet der Stein, die Schwere; in der griechischen der Hohlraum, die Leichtigkeit des Gefäßes. Die ägyptischen Figuren sind Steinfiguren, auch wenn sie aus Holz oder Bronze sind; die griechischen sind Bronzefiguren, auch wenn sie aus Stein sind. Auch die Standbilder von Samos sind Tongefäße."[34]

Für Wimmer, den figuralen Bildhauer, verkörpert die griechische Figur die „Idee des Räumlichen schlechthin". Nicht aus einer Beziehung zur Umgebung sei sie entstanden, schreibt Wimmer, „sondern sie hat ihre absolute Körperlichkeit, unabhängig vom Raum, der sie umgibt. Diese Körperlichkeit ist geradezu Träger des Göttlichen: Die griechische Figur existiert absolut, ganz gleich, wo sie steht. Diese Souveränität im Bereich des Dreidimensionalen ist die eigentliche Kraft der griechischen Figur".[35]

Wimmer umkreist, als Protagonist der Münchner Schule ganz der Figur verschrieben, dieselbe, während Wachter bereits zu diesem Zeitpunkt seine Präferenz auf die stereometrischen Formen der Bauplastik legt. Wimmer sieht sich also im HildebrandErbe bestätigt, während sich Wachter ganz auf die eigenartige Schönheit antiker Steinfragmente fokussiert.

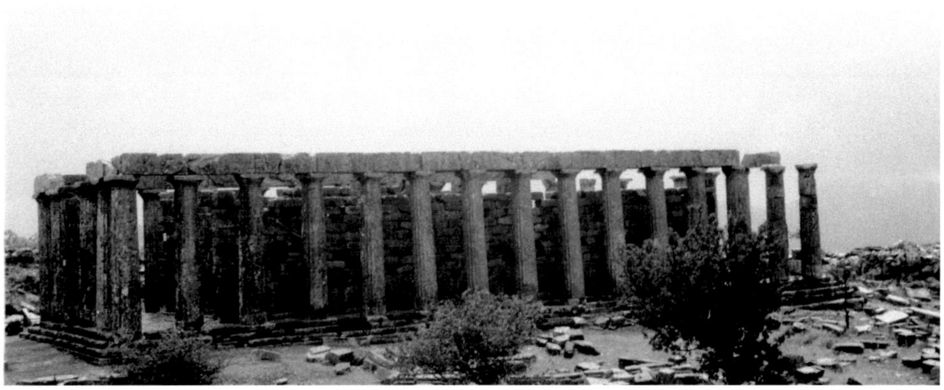

Aufnahme eines griechischen Tempels, 1966/67

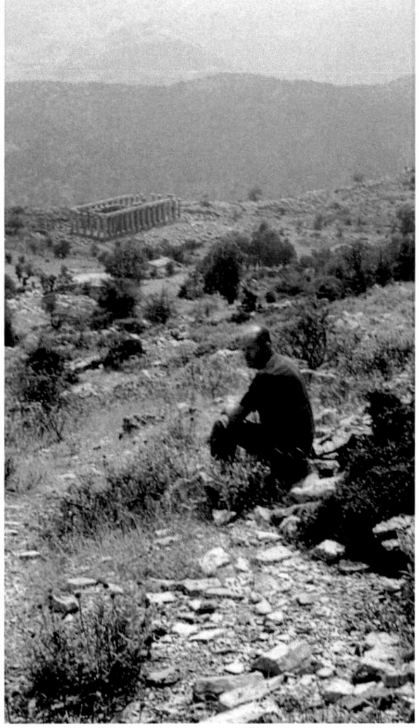

Rudolf Wachter in Griechenland, 1966/67

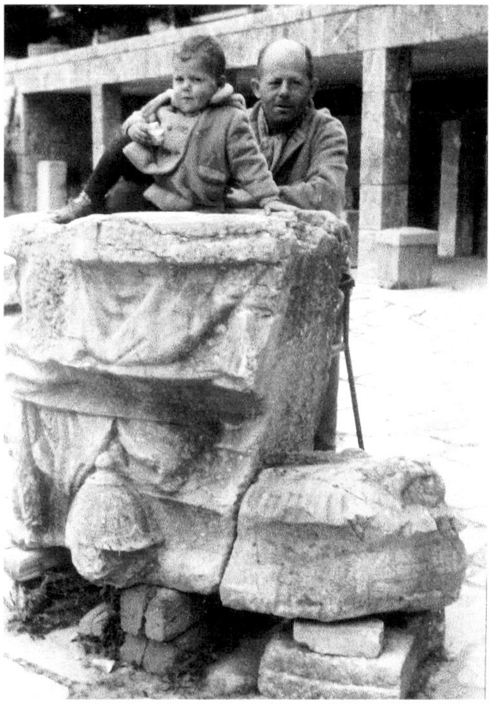

Rudolf und Jonas Wachter, 1966

Dieser Studienaufenthalt wird für Wachter eine Initialzündung und bewirkt die eindeutige Hinwendung zur Abstraktion. Erst zu diesem Zeitpunkt stellt sich der bereits über Vierzigjährige der konsequenten Auseinandersetzung mit der Analyse und Synthese der Form.

In nunmehr abstrakten Aluminiumarbeiten der späteren 1960er Jahre deutet Wachter die Teilungsstrukturen solcher Bruchstücke als ein prägnanzbetontes Schnittsystem aus. Hier werden die entscheidenden Weichen für seine dann in den 1970er Jahren erfolgende Wiederentdeckung des Materials Holz – die eigentlich eine Neuentdeckung ist – gestellt: „Ich habe meine Holz-Anfänge vergessen müssen, um wieder frei zu sein für das Holz".[36]

Auch in Athen arbeitet Wachter weiter an seinen Aluminiumplastiken. In einem klassischen plastischen Prozess wählt er sich Ton als Ausgangsmaterial, aus dem ‚Würste' gerollt und Bündel geformt werden. Diese werden mitunter in Scheiben zerlegt und letztlich in Aluminium gegossen. Die technoide Glätte des hochpolierten Werkstoffes, der in den 1970er Jahren von vielen Zeitgenossen aufgegriffen wird,[37] steht dabei im Kontrast zu der amorphen organischen Gestalt und den Oberflächen mit ihrer sichtbaren Knetstruktur.

Aus Griechenland zurückgekehrt, zerstört Wachter nahezu alle bis zu diesem Zeitpunkt entstandenen Werke.

Aluminium, Bronze, Stein

Die Aluminiumarbeiten der 1970er Jahre gewinnen zunehmend an Klarheit; die gerollten Einzelelemente werden präzise geordnet, säuberlich geschnitten und aneinandergereiht, so dass sich erste Assoziationen an Baumstämme ergeben. Deutlich wird dies an der Aluminiumplastik ‚Chalamykopto',[38] die 1969 im Arabellapark in München aufgestellt wird.

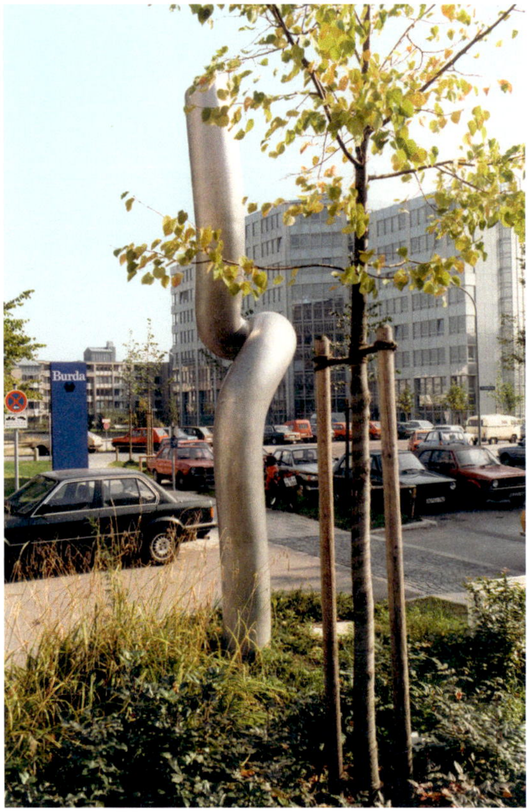

Chalamykopto, 1969, Aluminium, Arabellapark München

Der später sein holzbildhauerisches Werk so entscheidend prägende ‚Schwundschnitt' scheint in einer fünf Meter hohen Marmorstele auf, die 1976 vor dem Augenoptischen Zentrum in München aufgestellt wird.[39]

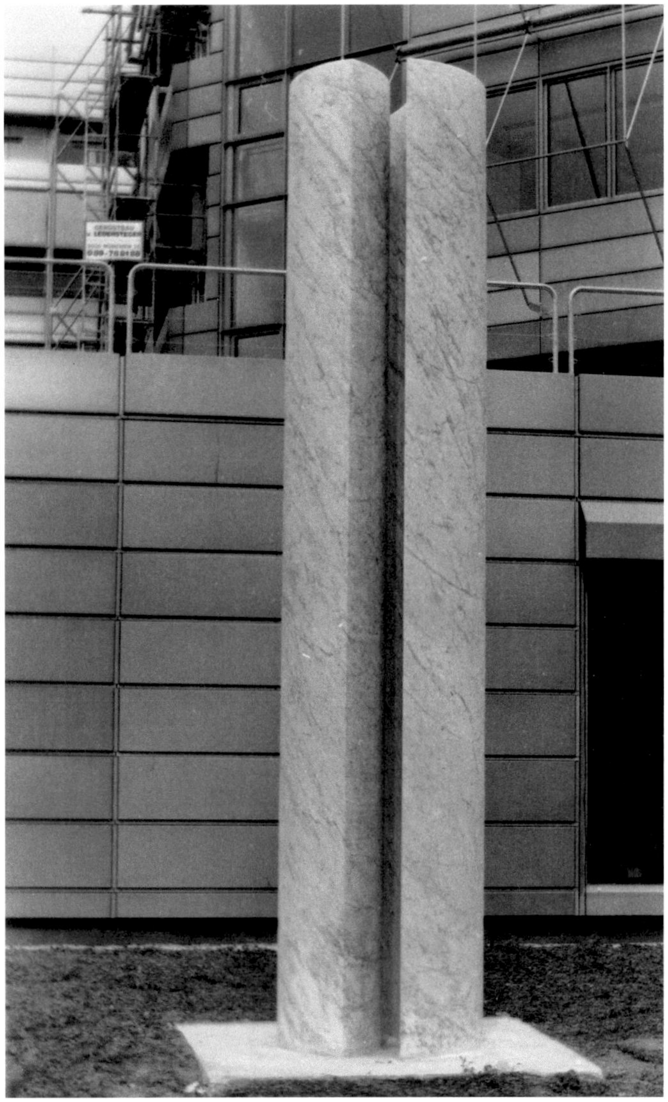

Schwundschnitt, 1976, Marmor, München

Entscheidendes Merkmal der Gestaltung ist hier ein präziser, vertikal geführter Schnitt, der die in ihrem Durchmesser runde Säule in zwei sehr verschieden große Teile trennt. Die beiden ungleichen Säulenhälften definieren drei Radien, die so ins Verhältnis zueinander gesetzt werden, dass sie den gängigen Linsenformen der Augen entsprechen. Die Skulptur steht dadurch in direktem Bezug zu ihrem Aufstellungsort.[40] Optisch fügen sich die beiden Säulensegmente in der Betrachtung wieder zu einer Einheit zusammen, so dass der „entmaterialisierte Zwischenraum"[41] als integrativer Bestandteil des Ganzen begriffen werden kann.

Rudolf Wachters Entwicklung ist in den Anfängen lange von der Suche nach einem autonomen Stil und Experimenten mit unterschiedlichsten bildhauerischen Materialien geprägt. Erst in den 1970er Jahren beginnt er vorsichtig, sich dem Holz wieder zu nähern.

Mischformen. Auf dem Weg zur Holzskulptur

Wieland Schmid zitiert den Bildhauer 2005: „Ich bin der geborene Holzbildhauer geworden".[42]

Die frühe Vertrautheit mit dem Holz in der Werkstatt des Vaters erweist sich in Wachters Bildhauerlaufbahn eher als Blockade. Nach seiner Ausbildung an der Holzschnitzer-Schule in Oberammergau entstehen – wohl als Aufgabe im Lehrbetrieb der Akademie der Bildenden Künste – lediglich drei Holzreliefs,[43] die sich nicht erhalten haben.

In der Folgezeit versucht er – wie oben schon angesprochen – über Jahrzehnte hinweg, Distanz zu dem ihm nächsten, tradierten Werkstoff zu erringen. Er arbeitet in Bronze, Aluminium, Kalkstein, Zement und anderen Materialien. Erst in den frühen 1970er Jahren beginnt der Bildhauer, sich dem ursprünglich allzu vertrauten Holz als Materie und dem Stamm als Erscheinungsform wieder anzunähern. In den Werken dieser Jahre spielt er auf vielfältige Weise mit der Ambivalenz von Material und Erscheinung. Dabei werden die Skulpturen wesentlich bestimmt von dem Anliegen, den Zusammenhang zwischen Organischem und Technischem durch die Kombination von Materialpolaritäten aufzuzeigen.

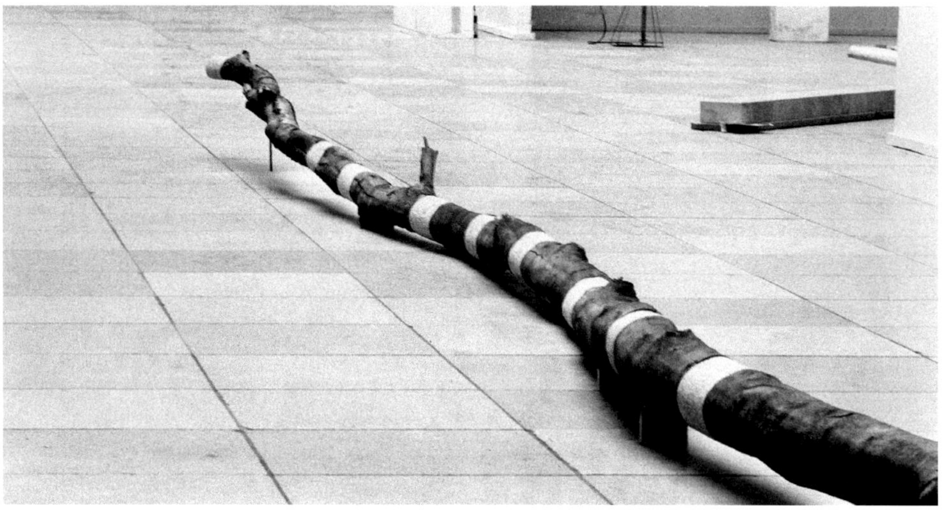

Stamm, 1970er Jahre, Holz, Kalkstein, Verbleib unbekannt (hier Haus der Kunst)

In einem ersten Schritt dieses Annäherungsprozesses greift Wachter das Motiv von Stämmen bzw. Stapeln von Stämmen in Werken auf, die plastisch in Gips aufgebaut und in Aluminium oder Bronze gegossen oder in Stein gehauen werden. In diesen Arbeiten lotet er die formalen Charakteristika des Stammes in seiner singulären Erscheinung wie seiner Vielzahl aus. Indem er die organischen (Stamm-)Formen im wesensfremden Material nachbildet, umkreist er die Abhängigkeiten von Material, Form und Erscheinung des Stoffes, der als Determinante seines Lebens als Bildhauer verstanden werden darf.

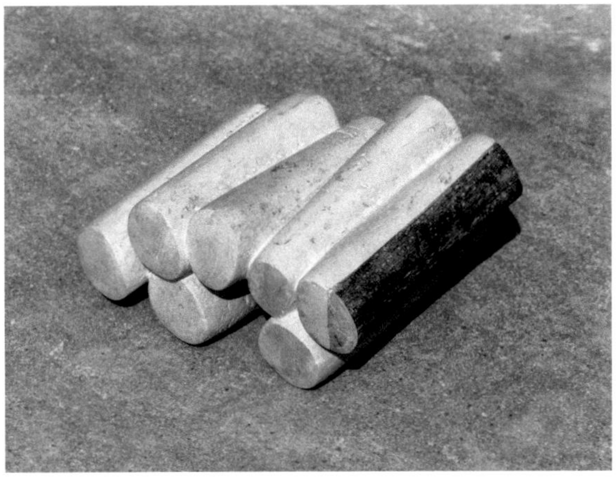

Stämme, 1970er Jahre, Holz, Gips, Verbleib unbekannt

In einem nächsten Schritt bildet er Anfang der 1970er Jahre die organische Form nicht nur in Plastiken aus Bronze und Aluminium nach, sondern beginnt sich auch dem Werkprozess nach dem Holz anzunähern. In der ‚Metamorphose' von 1977 wird ein Teil der normgerecht geschnittenen Stämme eines Papierholzstapels durch nahezu gleich dimensionierte steinerne Bohrkerne ersetzt.[44]

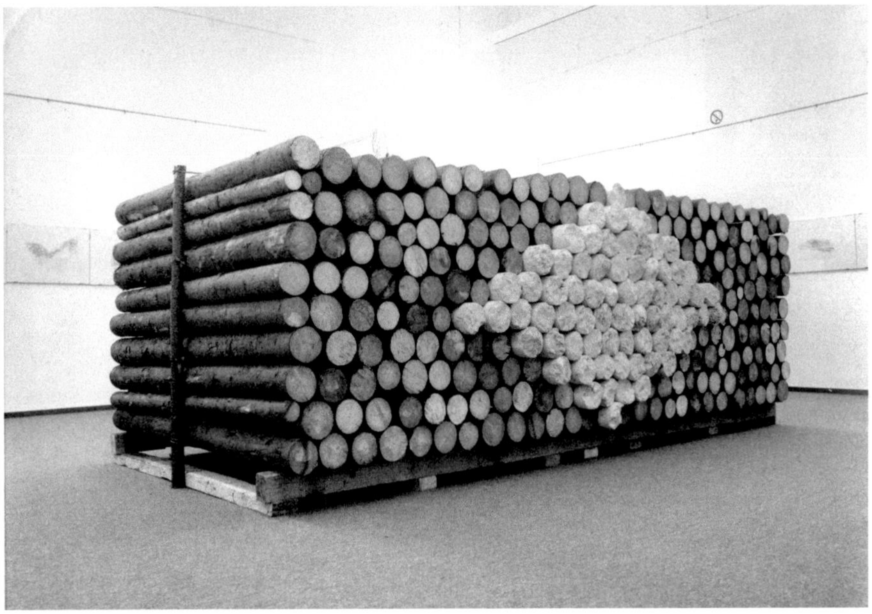

Metamorphose, 1977, Holzstämme, Bohrkerne Kalkstein, Verbleib unbekannt

Reliquien eines Waldes

Mitte der 1970er Jahre entstehen einige wegweisende Arbeiten, die mit ‚Reliquie eines Waldes' betitelt sind. Diese „explizit christliche Dedikation"[45] findet sich in der bildenden Kunst der zweiten Hälfte des 20. Jahrhunderts nur vereinzelt. Bei Rudolf Wachter, der mit dem Verlassen der Enge seines Elternhauses auch den Katholizismus hinter sich gelassen hat, folgt sie keinem religiösen Impetus. Die Benennung verdeutlicht vielmehr die Kostbarkeit des Materials. Entsprechend der Bildtraditionen des europäischen Reliquienkultes wird in Wachters ‚Reliquien eines Waldes' das Fragment in einen schützenden, dieses rahmenden und ergänzenden Kontext gebracht.

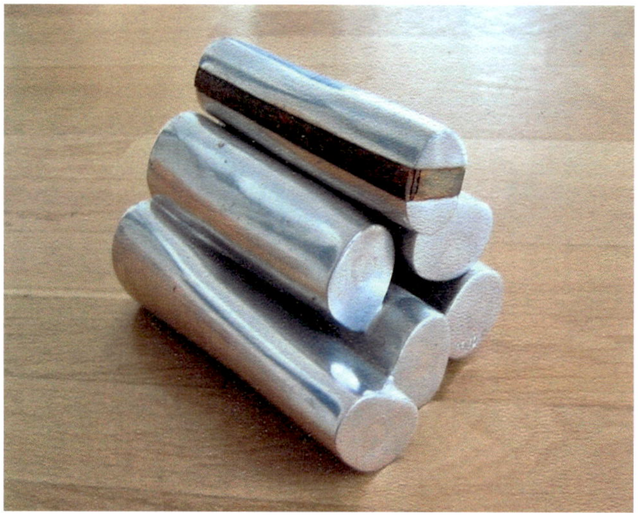

Reliquie eines Waldes, Aluminium, Holz, 1973, Verbleib unbekannt

Die Werkgruppe ‚Reliquie eines Waldes' markiert einen wichtigen Schritt auf dem Wege einer vorsichtigen Annäherung an den zu vertrauten Werkstoff.

In der abgebildeten ‚Reliquie eines Waldes' von 1973 fügt der Bildhauer dem in Aluminium gegossenen Holzstapel ein Holzsegment ein. In der Folge entsteht eine Serie von an Stamm und Ast orientierten Steinskulpturen, denen substituierend ein Stück Holz eingefügt wird.

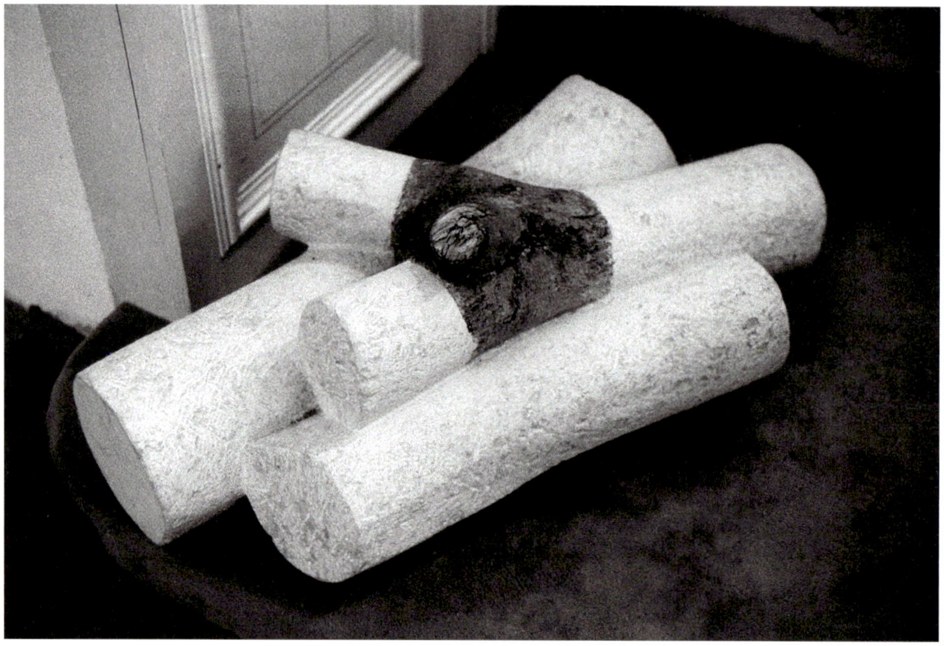

Reliquie eines Waldes, Kalkstein, Holz, 1970er Jahre, Verbleib unbekannt

Offenkundig fasziniert Wachter in dieser Zeit die Verwandtschaft und der gleichzeitige Gegensatz zwischen Organischem (Holz) und Anorganischem (Aluminium und Kalkstein). Erst später, in der Arbeit an den reinen Holzskulpturen, wird das anorganische Element durch die Wahl des Werkzeuges in den Produktionsprozess verlagert.[46] In diesen Arbeiten wird die gewachsene Substanz von Stamm und Ast bruchlos mit anorganischem Material ersetzt. Das Material selbst wird zum Thema und ist nicht länger nur Ausdrucksträger.

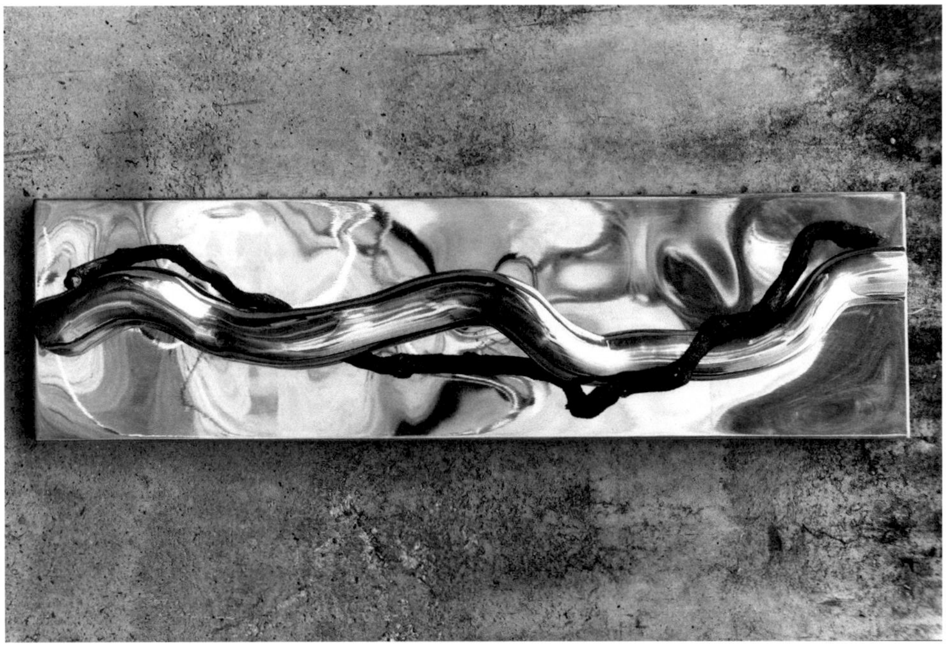

Reliquie eines Waldes, 1978, Aluminium, Holz

Zur gleichen Zeit erproben Künstler etwa der ‚arte povera' die künstlerischen Möglichkeiten vorgefundener, natürlicher Materialien. So kombiniert Michelangelo Pistoletto in seiner Arbeit ‚Tronco-Divisione-Moltiplicazione dello specchio' von 1976–1996 Holz mit verspiegeltem Glas, indem er aus einem Stammsegment einen Keil herausschneidet und an den offenen Stellen Spiegelglas einsetzt. Diese Spiegelungen mit ihren multiplen Brechungen sollen eine Reflexion über Lebensprozesse und das Leben selbst in Gang setzen.[47]

Monika Wagner beschreibt in ihrem Essay ‚Das Gedächtnis des Materials' Naturmaterialien, die ja gleichsam überzeitlich in ihrer Entstehung häufig weit vor ihrer Verwendung durch den Künstler liegen, als „profane Reliquien", weil sie „Vergangenes bezeugen, als sei es in ihnen gespeichert."[48] Diesen Gedanken umkreist Wachter in dieser Werkgruppe.

Die Betitelung ‚Reliquie eines Waldes' zeugt von der ins Religiöse überhöhten Bedeutung des Werkstoffes Holz und des Raumes, in dem dieser heranwächst. Wachter sagt selbst dazu: *Ich wollte ein Behältnis schaffen für das kostbare Holz, so wie man früher für die Reliquien Reliquiare in Gold und Edelsteinen schuf zum Andenken und zur Verehrung ....*[49]

Er versteht das Material zu diesem Zeitpunkt also nicht als Werkstoff, der dazu dienen kann, figurale oder abstrahierende Kompositionen entstehen zu lassen. Stattdessen umkreist er Form und Materie über viele Jahre – und findet erst sehr spät, als fast Fünfzigjähriger, mit der Materie des Baumstammes und dem Werkzeug Kettensäge zu seiner ausdrucksstarken, bisweilen auch mystisch verklärenden Ausdrucksform.

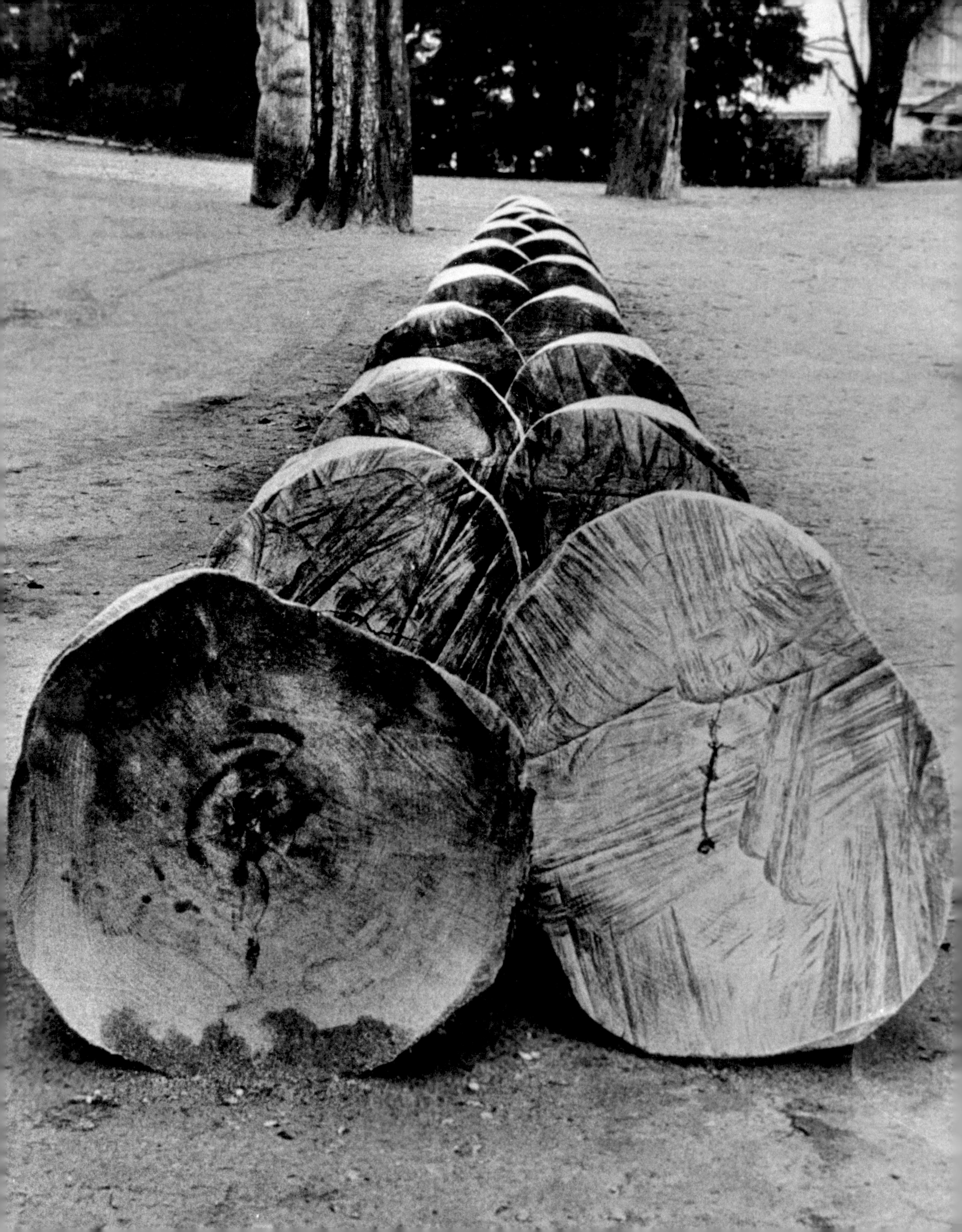

Stamm und Baum

Exkurs: Zur Ikonographie des Baumes

Der Baum verkörpert in seiner vertikalen Ausrichtung das erdverwurzelte, aufstrebende, sich zum Licht richtende Leben. Seine Veränderungen im Laufe eines Jahres, das Blühen, Frucht tragen, scheinbare Ersterben und Wiedererstehen liefern vielfältige Analogien zum Leben des Menschen und zu seiner Hoffnung auf ein Leben über den Tod hinaus – ‚arbor vitae'.

Die Verehrung des Baumes durch die Germanen wurzelt in deren Vorstellung einer Wesensgleichheit von Mensch und Baum. Die Überzeugung, der Baum habe wie der Mensch eine Seele, ist die Grundlage zahlreicher germanischer Mythen und Legenden.[50] So schaffen etwa drei Gottheiten aus dem Geschlecht der Asen aus einer Esche ‚Ask' und einer Ulme ‚Embla' die ersten Menschen.[51] Dieser Baumkult gipfelt, wie bei vielen anderen Völkern, in der Vorstellung vom ‚Weltenbaum'. Die Germanen glaubten, dass das Weltall durch einen mächtigen Baum, die immergrüne Weltesche Yggdrasil, zusammengehalten werde.[52]

In der christlichen Bildtradition gibt es im Paradies zwei wichtige Bäume: den Baum der Erkenntnis ‚Arbor Cognitionis' und den Baum des Lebens ‚Arbor Vitae'.[53] Beide stehen im Garten des Paradieses, das seit der frühchristlichen Kunst als eine vegetabile Landschaft mit Bäumen dargestellt wird.

Im Alten wie Neuen Testament werden Prophezeiungen oder Äußerungen Gottes selbst über Bäume vermittelt.[54] Aus dem Baum spricht in unterschiedlichen kulturellen Zusammenhängen vielfach die ‚Stimme der Wahrheit'.

Die Kunstwissenschaft unterscheidet bei der Darstellung des Baumes in diejenige als Naturobjekt und die als Symbolträger.[55] Jenseits dieser Differenzierungen gehört der Baum über alle Menschenalter und Kulturräume hinweg zu den großen Archetypen der Menschheit. Viele Mythen kreisen um die frühe Verbindung zwischen Baum und Mensch. Begriffe wie ‚Abstammung' oder ‚Stammbaum' belegen diese bis heute bestehende Bedeutung.[56]

Ein Topos gerade im mitteleuropäischen Raum ist der ‚Weltenbaum', dessen Krone in den Himmel hineinragt, während seine Wurzeln tief in die Unterwelt reichen. Er ist ein Vermittler zwischen den kosmischen Zonen. Ein anderer mythologischer Strang verweist auf den Baum als heiligen Ort. In vielen antiken Kulturen waren Wälder, Haine und einzelne Bäume Wohnorte höherer Wesen.

Die Parallelität zwischen dem Wachsen, Werden und Vergehen des Baumes und des Menschen evoziert die Vorstellung einer Wesensgleichheit. Paracelsus (1494–1541) schreibt über die Ähnlichkeit zwischen Menschen und Bäumen: „Dieses Gewächs […] gleicht dem Menschen. Es hat seine Haut, das ist die Rinde; sein Haupt und Haar sind die Wurzeln; es hat seine Figur und seine Zeichen, seine Sinne und seine Empfindlichkeit im Stamme […]. Sein Tod und sein Sterben sind die Zeit des Jahres."[57]

Ein anderer Strang tradierter Symbolik ist der blühende, immergrüne oder sich stets nach dem Winter erneuernde Baum als Sinnbild von Leben und unzerstörbarer Vitalität.

Im Buch Genesis 2,9 steht der Baum als göttliche Schöpfung, als Baum des Lebens wie der Erkenntnis von ‚gut' und ‚böse' im Zentrum des Garten Eden. In der Offenbarung des Johannes kehrt er als ‚Lebensbaum' wieder.[58]

Das Holz des Kreuzes, an dem sich Christi Opfertod vollzieht, schenkt den Menschen die Erlösung und wird antitypisch zum Lebensbaum. In der christlichen Ikonographie verbildlicht sich dies unmittelbar im Typus der Baum- oder Astkreuze.

Wechselfälle der Rezeption: Notizen zur Geschichte der Holzbildhauerei

Holz ist nicht nur ein universelles Material für die lebendigen Grundbedürfnisse des Menschen, sondern neben Ton und Bein der älteste existente Werkstoff allen künstlerischen Arbeitens. Besondere Bedeutung kommt ihm schon in der frühesten Architekturgeschichte zu:[59] Die Nachahmungstheorie der klassischen Archäologie postuliert, dass alle Architekturformen auf den ursprünglichen Holzbau zurückzuführen sind. Ein schlüssiges Beispiel für diese These sind die Triglyphen-Metopen-Friese im dorischen Tempelbau, bei denen man die konstruktiv bedingte Erscheinung auch später in der Umsetzung in den Steinbau beibehalten hat.[60]

Im Bereich der Skulptur gibt es vor allem in der abendländischen Kunstgeschichte eine weit ins Mittelalter zurückreichende Tradition der Holzbildhauerei, die vor allem nördlich der Alpen fruchtbar war und ist. Kirchentüren und erste Bildwerke sind in aller Regel erst aus dem 11. Jahrhundert erhalten geblieben.[61]

Die holzgeschnitzten Figuren und Figurengruppen für sakrale Räume, die Statuen, Kruzifixe und Altäre werden lange stets farbig gefasst. Erst gegen Ende des 15. Jahrhunderts verzichten die ersten Bildschnitzer wie Tilman Riemenschneider (1460–1531) auf diese Fassungen auf Kreide- oder Gipsgrund und lassen das Material sichtbar.[62] In dieser Zeit, der deutschen Spätgotik, erreicht die abendländische Holzbildhauerei ihren Höhepunkt. Mit deren Ende beginnt ein jahrhundertelanger Niedergang, in dem sich die Holzskulptur lediglich in Nischenbereichen behaupten kann.

Erst zu Beginn des 20. Jahrhunderts erlebt Holz als bildnerisches Material wieder eine verstärkte Wertschätzung. Einerseits eröffnet die Entdeckung der Zeugnisse außereuropäischer Kulturen und ihres archaischen Formenvokabulars durch die Generation der Expressionisten, Kubisten und Dadaisten dem Werkstoff neue Perspektiven.[63] Andererseits akzeptieren expressionistische oder expressionistisch gesonnene Holzbildhauer das, was man Zufallsmitgift des Werkstoffes nennen könnte.[64]

Auch die Mittelalterrezeption zu Beginn des 20. Jahrhunderts, bei der die Künstler den Dialog mit den Arbeitsweisen der mittelalterlichen Bauhütten suchen, eröffnet einen neuen Blick auf das tradierte Material. Ernst Barlach (1870–1938), ein wichtiger Protagonist dieser Strömung, bekennt: „Gotische Holzskulpturen sind einfach Offenbarungen für mich."[65] Im französischen Raum gehört Paul Gauguin (1848–1903) zu den Künstlern, die das Holz als Werkstoff wieder aufgreifen. In Deutschland sind es vor allem die Expressionisten der ‚Brücke', die auch durch die Faszination afrikanischer und ozeanischer Artefakte und Kultobjekte das Holz neu entdecken. Sie schätzen es als organischen Werkstoff, dessen materialimmanente Gesetze nahezu synästhetisch aufgegriffen werden können. Zentrales Motiv der deutschen Expressionisten ist die menschliche Figur, die sie im Stamm ‚wiederfinden'. So schreibt Ernst Ludwig Kirchner (1880–1938) im Jahr 1909: „Es ist ein sinnlicher Genuss, wenn Schlag auf Schlag die Figur aus dem Stamm herauswächst. In jedem Stamm steckt eine Figur, man braucht sie nur herauszuschälen."[66]

Diese Wahl eines ‚unmodern' gewordenen Werkstoffes entspringt auch dem Bedürfnis, sich von der als ausgelaugt empfundenen akademischen Plastik des 19. Jahrhunderts klar abzusetzen. Man sucht in dem Material Holz – wie auch in den Zeugnissen außereuropäischer Kulturen oder der traditionellen sogenannten Volkskunst – das Unverfälschte, ‚Wahre', das die Kraft zur Erneuerung in sich bergen könnte. In diesem Sinne charakterisiert Karl Knappe (1884–1970) das vom Künstler gewählte Material als „natürlichen Träger des Echos unseres Geistes."[67]

Gleichzeitig halten viele abstrakt arbeitende Bildhauer der frühen zweiten Hälfte des 20. Jahrhunderts Abstand zu diesem Werkstoff. Die Verwurzelung des Holzes in historischen, als überkommen empfundenen Zeiten mag ein Grund dafür sein, es als wenig zeitgemäßes Material zu betrachten. Lieber experimentieren diese Künstler mit neuen Werkstoffen, mit Kunststoff, Aluminium, Edelstahl, für neue Ausdrucksformen eines progressiven Zeitgeistes.[68]

Zwischen den Weltkriegen verliert das Holz wieder an Bedeutung; dennoch widmen sich wichtige Protagonisten wie Constantin Brancusi (1876–1957), aber auch Vertreter der Moderne wie Barbara Hepworth (1903–1975) und Henry Moore (1898–1986) diesem neuen, uralten Material. Die Arbeit an Holzskulpturen bleibt aber im Werk der genannten Bildhauer immer eine Randerscheinung.[69]

Erst seit den 1970er und 1980er Jahren erlebt die künstlerische Auseinandersetzung mit Holz eine regelrechte Renaissance. Ein wichtiger Impuls ist hier die von Klaus Gallwitz kuratierte Ausstellung mit Werken von Georg Baselitz und Anselm Kiefer im deutschen Pavillon auf der 39. Biennale in Venedig.[70] Petra

Kipphoff schreibt 1980 in der Wochenzeitung DIE ZEIT: „Baselitz schlug der Publikumserwartung ein Schnippchen und machte einen großen taktischen Zug, indem er keine Bilder ausstellte, weder kopfüber gemalte [...], noch fußunter, sondern eine einsame Skulptur. [...] Im mittleren Raum die im Liegesitz hingestreckte Figur von Baselitz, aus Holz herausgehauen und mit roten und schwarzen Pinselstrichen hier und da grob bemalt, einen Arm steif zum Gruß".

Im Resümee zu der von ihr kritisch hinterfragten Schau im deutschen Pavillon kommt sie noch einmal auf diese erste skulpturale Arbeit des Malers Baselitz zu sprechen und schreibt: „Die Skulptur von Baselitz ist in ihrer Anspielung auf primitive Figurationen und damit verbundene Rituale weiter angelegt als die enge flache Lesebuchwelt von Kiefer."[71]

Kipphoff zielt in der Besprechung direkt auf den Aspekt der Inspiration durch die frühen Expressionisten wie Ernst Ludwig Kirchner und die Schnitzwerke außereuropäischer Kulturen. Baselitz' ‚Modell für eine Skulptur' von 1979/1980[72] wird zur Inkunabel und zum „Katalysator einer Bewusstseinsveränderung",[73] die in den kommenden Jahrzehnten eine innovative neue Auseinandersetzung mit dem Holz in Gang setzt.

Vor allem in Deutschland beginnen Bildhauer, sich zunehmend mit dem Holz, seinen dem Material innewohnenden dynamischen Kräften, seinen Strukturen und seinem unmittelbaren Bezug zum Kreislauf der Natur auseinanderzusetzen. Dabei kreist diese Auseinandersetzung häufig um die konkrete, greifbare Realität ‚Baum' – sowohl mit dem noch verwurzelten, ‚lebenden' als auch dem gefällten. Bei vielen dieser Diskurse geht es – gerade in Deutschland – auch um den semantischen Gehalt, zumal Baum und Wald seit der deutschen Romantik in hohem Maße die Aufmerksamkeit der Künstler auf sich ziehen. So steht auch der Zauber des Waldes als romantisches Erbe im Vordergrund. In der Fondation Beyeler, Basel, spürt man diesem Erbe in der Ausstellung ‚Magie des Waldes' 1998 nach.[74] Das Ausstellungsprojekt ‚Waldeslust' 2012 in der Sammlung Würth beleuchtet den Mythos des deutschen Waldes in Malerei und Skulptur und umkreist die mythische, spirituelle und gesellschaftliche Bedeutung des Waldes.[75]

Auch der Begriff der Materialgerechtigkeit findet Eingang in das bildnerische Schaffen dieser Zeit. Die Bedeutung des Materials für die Form und die ästhetische Wirkmächtigkeit skulpturaler Werke wird seit den 1980er Jahren immer wichtiger.[76]

Ein wesentlicher Impuls ist hier auch die neue gesellschaftliche Debatte um die zunehmende Technisierung, den Wert und die Gefährdung der Natur. Die künstlerischen Auseinandersetzungen mit dem Material Holz sind geprägt von neuen Formen bildender Kunst, von Assemblagen, Installationen und Interventionen auch im Naturraum.

Diese Künstler, die sich vom tradierten Rollenverständnis des Bildhauers oft gänzlich lösen, beziehen sich vielfach auf die Kreisläufe der Natur – auch auf die Endlichkeit des Werkstoffes und damit ihrer Werke. „Sie verlängern das Lebensalter eines gefällten oder abgestorbenen Baumstammes, eines bereits ausgedienten [...] Holzstückes, wohlwissend, dass auch sie den Verfall nur um eine begrenzte Zeit hinauszögern können."[77] Der organische Kontext und die Einbindung künstlerischer Äußerung in die ewigen, unveränderlichen Kreisläufe der Natur stehen im Fokus. Diese Künstler entwickeln häufig ein neues Verhältnis zur Verletzlichkeit und der Vergänglichkeit des von ihnen gewählten Materials.

Eine Reihe von Symposien zur Holzbildhauerei tragen zu dieser Wiederentdeckung und Neudeutung des Werkstoffes bei: 1977, 1979 und 1983 veranstaltet der Kunstverein Freiburg drei Symposien, bei denen Bildhauer direkt in der Freiburger Innenstadt ihre Holzskulpturen schaffen.[78]

Auch eine Reihe von wichtigen Ausstellungen kreisen um das Thema ‚Holz' und ‚Stamm'':

In Saarbrücken widmet man sich 1985/1986 entsprechend den gesellschaftlichen Diskursen dieser Zeit mit dem Ausstellungsprojekt ‚Der Baum in Mythologie, Kunstgeschichte und Gegenwartskunst' auch Bereichen der Naturwissenschaft, Politik und Literatur.

Wegweisend werden die Landeskunstwochen ‚Hölzer. Stämme. Körper. Holzplastik in Baden-Württemberg' 1991 in Reutlingen oder die steirische Landesausstellung ‚Holzzeit: Natur, Mythos, Technik' 1995 in Graz. Die Wanderausstellung ‚Der ausgehöhlte Stamm. Kunst- und Kultobjekte aus Europa, Afrika und Ozeanien' knüpft 1998 an die deutschen Expressionisten an, während eine andere Wanderausstellung 2009/2010 unter dem Titel ‚Aus dem Stamm – Die Sinnlichkeit des Materials – *Holzskulptur* heute' einen Überblick über holzbildhauerische Positionen der Gegenwart gibt. In all diesen Gruppenausstellungen ist Wachter als bedeutender Protagonist der deutschen Holzskulptur vertreten.

In vielen der in diesen Ausstellungen gezeigten und Wachter verwandten Positionen rücken die dem Material innewohnenden Charakteristika, Strukturen und Kräfte ins Zentrum der bildnerischen Überlegungen. Aus dem Bewusstsein der Materialgerechtigkeit heraus entstehen Werke, die das Material zum „Ausgangspunkt des plastischen Konzeptes"[79] machen.

Im Laufe dieser Entwicklungen des 20. Jahrhunderts hat sich das Holz als Werkstoff von seiner Tradition als Material vor allem sakraler Skulptur emanzipiert. Die religiöse Tradition lebt aber nach wie vor weiter in Zentren wie Oberammergau, wo Rudolf Wachter als junger Kriegsheimkehrer erst den Beruf des Bildschnitzers erlernte, bevor er an die Akademie der Bildenden Künste München ging.

Andreas Kühne, der sich immer wieder mit dem Werk Wachters befasst hat, bezeichnet die Renaissance der Holzbildhauerei im 20. Jahrhundert als überraschend, weil die „Moderne häufig mit reduzierten, klaren und technoiden Formen assoziiert wird, die die Verwendung ‚kühler', möglichst wenige Stimmungswerte transportierender Materialien nahelegen." Die expressiven Strömungen der Moderne mussten dagegen nahezu zwangsläufig auf das Holz als tradierten Werkstoff stoßen.[80]

Zu Beginn des 21. Jahrhunderts hat sich die Rezeption des Materials Holz gegenüber den Aufbrüchen gerade der 1980er Jahre noch einmal nachdrücklich gewandelt. Das tradierte Material wird nicht nur wiederentdeckt und mit neuen Instrumenten bearbeitet, sondern auch phänomenologisch betrachtet und analysiert. Die expressiven Tendenzen eines ‚Maler-Bildhauers' wie Georg Baselitz, der das Material Holz auf tradierte Weise für figurative, auch farbig gefasste Skulpturen nutzt, werden kontinuierlich auch von den folgenden Künstlergenerationen weitergeführt. Daneben gewinnen zeichenhafte, metamorphe Arbeiten an Raum, die „zwischen Verdichtung und Auflösung", zwischen offener und geschlossener Form wechseln.[81]

Traditionslinien und Diskurs? Ausgewählte Positionen

In einem Gespräch 2010 erklärte Wachter:
„Ich war nie sehr berührt von der Arbeit meiner Kollegen."[82]

In der Tat ist es auf eigentümliche Weise unergiebig, bei der Beschäftigung mit dem Werk Rudolf Wachters nach Traditionslinien zu suchen, nach einem konkreten Bezug auf aktuelle oder historische Diskurse. Er hat sich vielmehr nachdrücklich gegen derartige Sinnbezüge ausgesprochen:

„Epigonen sind in ihrer Dreistigkeit und Anmaßung unausstehlich. In der Kunst gilt daher als erstes Gebot, sich selbst zu suchen, zu finden und sich auszudrücken, alles Gelernte, das Wissen und die Schulung zu verlieren. Das Wenige, das die Eigenständigkeit erlaubt, musst Du als gegeben hinnehmen. Dann wird sich zeigen, dass es eine ungeheure und ungeahnte Fülle bietet und mehr als alles Können und Wollen befriedigt. Kunst entsteht ohne Rückgriff auf Kunstgeschichte und Tradition. Du kannst Kunst nicht machen. Sie bleibt bei der Bildung und nicht beim Können."[83]

Als Rudolf Wachter von 1949 bis 1955 an der Akademie der Bildenden Künste in München studiert, gehört der Kubismus – gerade in Deutschland – noch zur Gegenwartskunst. Um diese Zeit hat Wachter wie so viele andere junge deutsche Künstlerinnen und Künstler, die im Dritten Reich davon gänzlich abgeschnitten waren, die internationale Moderne für sich entdeckt.

„Ich war", so sagt er es selbst, „immer verliebt in den Kubismus". Erst durch die Entdeckung des Kubismus habe er sehen gelernt.[84] Dieser gehörte durch die Verleumdung und Negierung während des Dritten Reiches nach 1945 zur unmittelbaren Gegenwartskunst. Die Ideen des Kubismus, Formen zu analysieren, zu ordnen und zu reduzieren, und seine Methode, Formen zu klären, indem man Flächen setzt, um Raumwirkungen zu schaffen, haben Rudolf Wachter in seiner Entwicklung weg von der Figuration der Hildebrand'schen Münchner Schule in die internationale Abstraktion geführt. Dem Œuvre Henri Laurens' (1885–1954) gilt dabei auch in seinen späten biomorphen Formen Wachters besondere Zuneigung.

Die Leidenschaft für das Werk Henri Laurens' teilt Wachter mit Toni Stadler und dessen Schülern Herbert Peters, Hans Steinbrenner oder Michael Croissant.[85] Auch das Werk Fritz Wotrubas (1907–1975) hat Wachter tief beeindruckt. Dessen

Kirche ‚Zur Heiligsten Dreifaltigkeit' in Wien, 1974-1976 entstanden, hat ihn als ‚begehbare Plastik' immer wieder beschäftigt.[86] Wotruba schichtete „auf dem Weg von der Skulptur zur Architektur"[87] 152 Betonkuben unterschiedlicher Größe und Dimensionierung aufeinander. Pawlitschko charakterisiert die Kirche nicht als ‚skulpturale Architektur', sondern als ‚architektonische Skulptur' im Sinne einer monumentalen begehbaren Plastik.[88] Der Grund für die Faszination für Wachter mag im Tektonischen liegen, sicher aber auch in der souveränen Weise, wie Wotruba die kubistischen Formen aus Beton aufeinanderschichtete. Wachter goss sein Atelierhaus rund zehn Jahre vor dem Wiener Sakralbau ausnahmslos in Beton und setzte es additiv zusammen.

Dagegen befragt er in seinem Werk das Material in intuitiver und materieimmanenter Weise, ähnlich wie es sein Kollege Ulrich Rückriem (* 1938) mit dem Stein tut. Kühne schreibt davon, dass beide einander in der Art der Behandlung ihres jeweiligen Werkstoffes sehr verwandt sind; auch Rückriem lässt den Stein „sprechen".[89]

Das Werk Wachters kann schwerlich in eine Schule integriert oder anderweitig definitorisch gefasst werden. Dennoch gibt es einige Tendenzen, die für ihn von Bedeutung waren. Daher werden im Folgenden einige ausgewählte Positionen kurz vorgestellt.

Die *Land Art*, die Wachter erst spät, in den 1980er Jahren erstmals wahrnimmt,[90] ist ihm eine echte Entdeckung.[91] Künstler wie Richard Long beziehen sich auf der Suche nach neuen Ausdrucksmöglichkeiten in hohem Maß auf die Natur und die ihr innewohnenden Phänomene von Bewegung, Raum und Zeit, Entstehen und Vergehen - was Wachter fasziniert. Sie greifen allerdings meist nicht unmittelbar transformierend in das Material ein, sondern nutzen die Zeugnisse der Natur in ihrer gegebenen morphologischen Erscheinung.

David Nashs (* 1945) Werk, den Wachter schätzt, umfasst Arbeiten im Sinne der *Land Art* wie auch klassische skulpturale Werke. Charakteristisch für Nash sind Baumgruppen, die er in Wales, wo er lebt, angepflanzt und verschiedenen Gestaltungsprozessen unterzogen hat. Sein ‚Ash Dome' von 1977 gehört dabei zu den prägnantesten Schöpfungen: 1977 pflanzt er 22 Eschen in einem Kreis und führte die einzelnen Stämme durch Beschnitt und Führung derart, dass ihre Kronen zu einem Kuppelraum zusammenwachsen. Derartige Arbeiten, von Nash selbst als „heranwachsend" bezeichnet, stehen im Werk „vergehenden" gegenüber: Der ‚Wooden Boulder' ist eine grob aus einem 200-jährigen Eichenstamm geschnittene Kugel mit etwa einem Meter Durchmesser. Vom 1978 bis 2003 dokumentiert Nash den Weg dieser Holzkugel aus den Bergen des walisischen Nationalparks Snowdonia über Bäche und Flüsse bis ins Meer. In diesen Jahren hat der ‚Wooden Boulder' zehn Meilen zurückgelegt; immer wieder muss Nash nachhelfen, wenn er etwa in einem Bachbett stecken geblieben war. Zurück bleiben von diesem Werk, das im Laufe dieser Zeit zunehmend zerfällt, Zeichnungen, Fotos und ein Film.[92] Dieses kalkulierte Einbeziehen des Vergänglichen findet sich auch in den frühen Großskulpturen Wachters wieder - auch wenn er sich später davon abwendet.

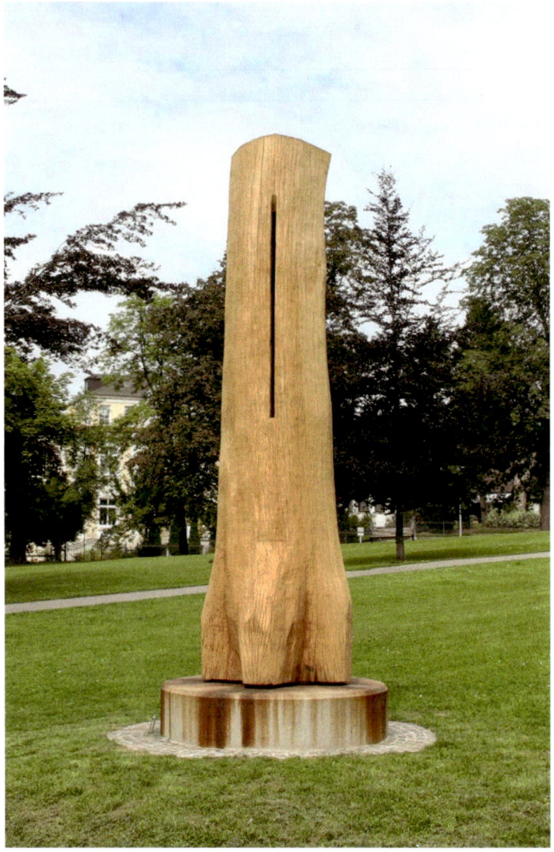

David Nash, Noon Column,
2007, Eiche, Hofgarten Coburg

Daneben entstehen im Œuvre Nashs Skulpturen, die sich auf die Natur beziehen, sich aber formal von der organischen Naturform absetzen. Würfel, Kugel oder Pyramide als stereometrische Grundformen oder Boot, Thron und Tisch als archetypische Formen menschlicher Kulturgeschichte. Mit diesem „Zwingen des Holzes in geometrische Grundformen" setzt Nash „Künstlichkeit gegen Natürlichkeit".[93] Auch hier spiegelt sich der konterkarierende Umgang Wachters mit der Naturform des Baumstammes gerade in späteren Fassungen der Werkgruppe ‚Newgrange' wider.

Protagonisten wie Jannis Kounellis (1936-2017) dagegen setzen das Holz äußeren Einflüssen wie Feuer aus und thematisieren damit den Prozess einer Transformation im Zusammenhang mit der Menschheitsgeschichte: Die Verwandlung von Holz in Kohle und schließlich in Asche dient der Gewinnung von Energie. Auf dieser Materialtransformation durch Feuer beruht letztlich alle Kultur. „Der verkohlte Rest einstiger Bäume ist so zu einem Signum industrieller Entwicklung geworden".[94]

Horst Egon Kalinowski (1924-2013), den Wachter an der Bayerischen Akademie der Schönen Künste kennenlernt,[95] experimentiert früh mit der Kombination unterschiedlicher, meist organischer Materialien – auch mit Teilstücken von Stämmen, die er additiv mit Bronze oder Leder zusammenfügt. In Werken wie ‚Baummark II' von 1978/79 quellen aus der Höhlung eines Stammes bronzene wulstförmige Gebilde, die im Gegensatz zu den ‚Reliquien eines Waldes' von Rudolf Wachter aber eher an Wucherungen erinnern, die in den Bereich der Wundschließung und Selbstheilung verweisen.[96]

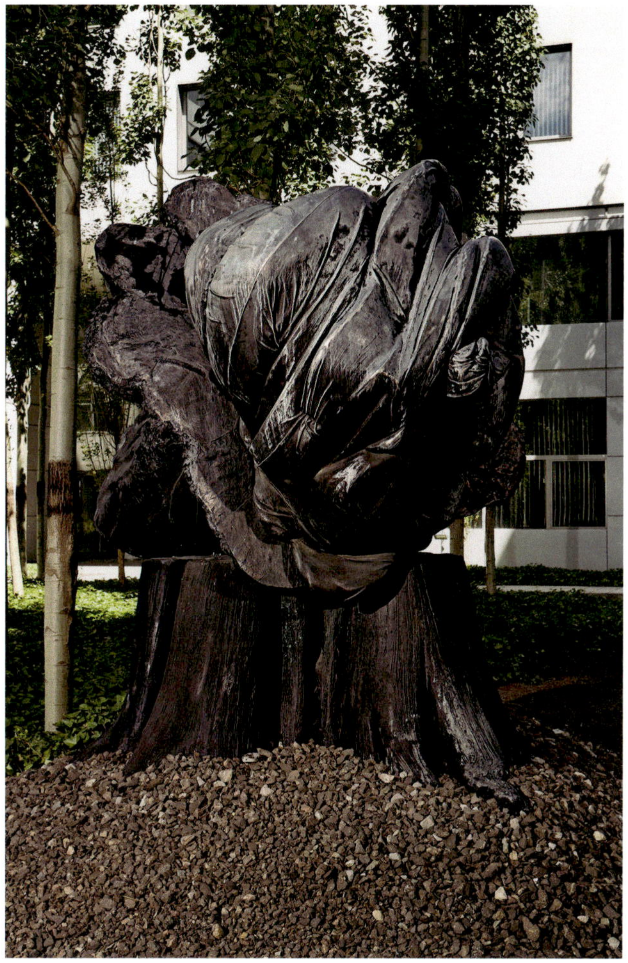

Horst Egon Kalinowski: La moelle de l'arbre II / Baummark II, 1978/79, 1993, 1997 (Standort: EnBW AG, Karlsruhe)

Der italienische Bildhauer Guiseppe Penone (* 1947) dagegen umkreist Baum und Stamm und untersucht deren Wirkungsmächtigkeit wie deren Wandel. „Das Werk ist auf die Zukunft hin entworfen, an das Wachstum des Baumes, an seine Existenz gebunden. Es ist ein Werk im Werden; um es zu besitzen, müsste man sich neben seinem Protagonisten, dem Baum, niederlassen. Die Mutation, der Wachstumsprozess des Baumes, ist die Erfahrung des Kunstwerkes."[97]

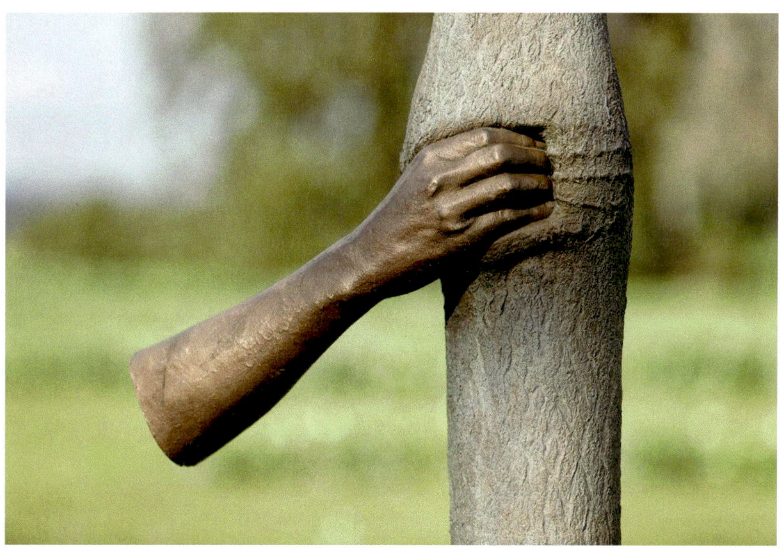

Giuseppe Penone, Trattenere 8 anni di crescita, 2004-2012, Holz, Bronze

Penone lässt den Baum als Zeitspeicher erfahrbar werden: In einer 2004 entstandenen Arbeit umfasst der Bildhauer zunächst einen noch jungen Baumstamm mit seiner Hand, die er in dieser Geste abformt, in Bronze gießt und wieder dem Stamm anfügt. In den folgenden Jahren hat der wachsende Baum diese Hand, als Irritation begreifend, überwachsen; einzelne Finger sind gänzlich verschwunden. Dieser poetische Eingriff in die Wachstumsvorgänge macht deutlich, wie sehr sich Penone in seinem Werk mit dem Verstreichen der Zeit beschäftigt.[98] Penone selbst schreibt dazu: „Wenn ich einen Baum berühre, wenn ich ihn angehe, dann hat der Baum eine andere Lebenszeit als ich. Er hat einen sehr viel langsameren Rhythmus, und deshalb kann er wie ein festes Element erscheinen. In Wirklichkeit aber müsste man ihn als flüssiges Element begreifen, denn wenn man ihn mit einem Gegenstand konfrontiert, dann umschließt er ihn, umwächst ihn, reagiert also genauso wie ein Wasserlauf, der einen Stein umspült und umströmt, wenn er in einem Flussbett liegt. Der Baum hat also eigentlich ein fließendes Verhalten [...] ich bemerke, wie der Baum um meine Hand herumfließt, während ich sie an seinen Stamm gepresst halte. Das verschobene Zeitverhältnis macht das Feste flüssig und macht das Flüssige fest. Die Hand versinkt im Baumstamm, der wegen der Geschwindigkeit im Wachstum und wegen der Formbarkeit seiner Materie ein ideales flüssiges Element ist, um gestaltet zu werden".[99]

Werner Mally (* 1955) gehört vor allem in seinen frühen Arbeiten zu den Holzbildhauern, die sich sehr eng an die optischen Strukturen und das innere Verhalten des Materials annähern. Seine Formensprache ist determiniert durch Magdalena Jetelova (* 1946), als deren Assistent er 1989 während der Salzburger Sommerakademie arbeitet. Ihr freies und unorthodoxes Herangehen an große Holzskulpturen überzeugt ihn ebenso wie ihre technische Experimentierfreudigkeit.

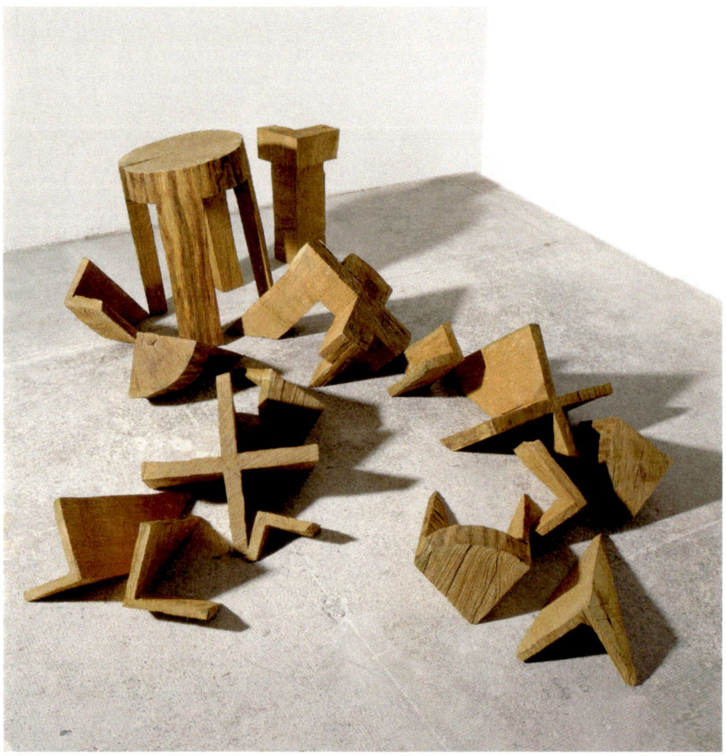

Werner Mally,
+ Kreuzaggregat,
1993, Holz

Auch Mally untersucht formal den Stamm, dessen Volumen und Raumbezug. Er ‚entleert' das Volumen des Stammes; die Materie wird in skulpturale Einzelteile im Raum aufgelöst. Diese einzelnen Elemente können aber wieder zur geschlossenen Form zusammengesetzt werden.[100] Für Mally steht der Baum nicht als Individuum im Zentrum. Vielmehr geht es ihm darum, das Material durch Zerlegung zu durchlichten, wie es etwa in der zwölfteiligen Arbeit ‚+ Kreuzaggregat' von 1993 deutlich wird. Über das Formale hinaus reflektieren Mallys Hölzer „wesentliche existentielle Erfahrungen".[101]

Klaus Hack (* 1966) folgt als Holzbildhauer gleichfalls dem Prinzip des Entfernens von Materie. Er öffnet das Holz und macht es durchlässig. Im Unterschied zu Mally folgt er in seinem Werk figuralen Traditionen. In seinen Skulpturen gibt er die Figur dem Raum anheim, indem er sie zunehmend filigran aufbricht und mit einer stupenden handwerklichen Technik nahezu transparent wirken lässt. In mühsamer Feinarbeit wird die Oberfläche mit dem Stechbeitel Reihe für Reihe durchfenstert. So bekommen die Figuren einerseits ein luftiges Gewand, durch das man Körper und Volumen ahnt; andererseits wird die Skulptur zu einem abstrakten Gebäude von geheimnisvoller Architektur. Auch die kompakteren Körper sind oft extrem aufgebrochen und in den Raum hinein geöffnet.

Werner Pokorny (* 1949), der immer wieder mit Rudolf Wachter ausgestellt wird, bezieht sich in seinem holzbildhauerischen Werk kontrapunktisch immer auf konkrete elementare Formen. Seine Themen sind das „Schützen, Umschließen, Bewahren, Beherbergen und Behaustsein" als universelle und existentielle Grunderfahrung.[102] Die Metapher des Hauses ist daher zentral in all seinen bildnerischen Überlegungen. Er schneidet aus dem Stamm Werke heraus, die Urbilder menschlicher Zivilisation sind: Neben dem Haus auch Leiter, (Acker-) Gerät, Gefäß, Boot.... Oft setzt er diese bergenden, schützenden ‚Umhausungen' menschlichen Daseins labilen Gleichgewichtszuständen aus – ein spannungsvolles Bild existentieller Balance und Gefährdung.

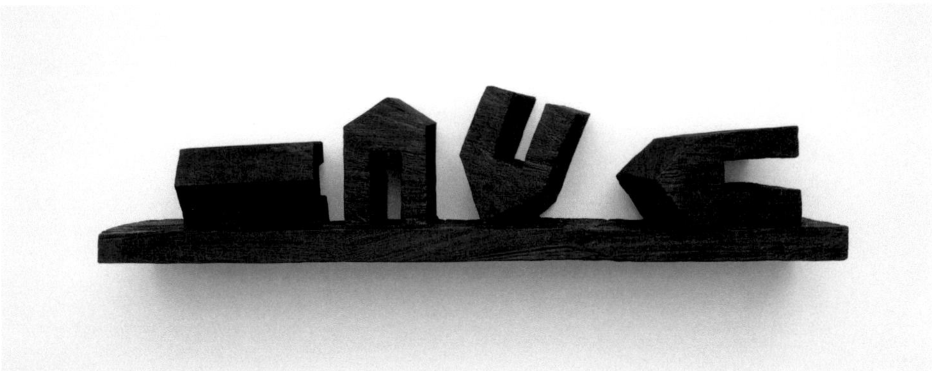

Werner Pokorny, „Regal VIII" (nicht VII), 2008, Ajus Holz, schwarz gebrannt, 255 x 58 x 48 cm, (WVZ 773), Sammlung Biedermann, Donaueschingen

In Pokornys Werk gehen Ast und Stamm direkt in stereometrische Formen über.[103] Er arbeitet parallel, formal eng den Hölzern verwandt, auch in Cortenstahl. Die Orientierung an den natürlichen Wuchsprozessen und den materialimmanenten Charakteristika ist bei weitem weniger ausgeprägt als im Werk Wachters. Seine Holzskulpturen sind – bei aller scheinbar rohen Materialität – Werke der konkreten Kunst.[104]

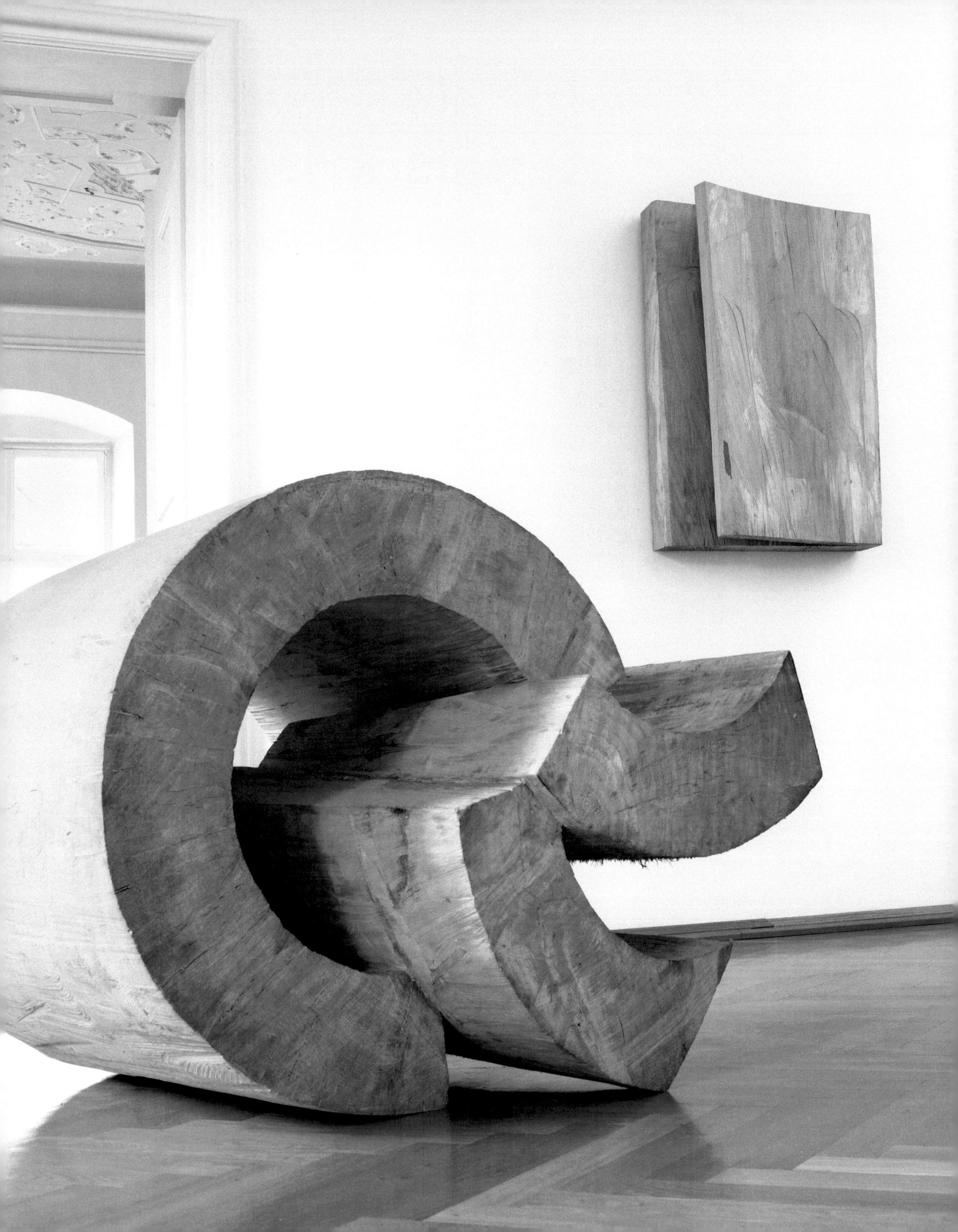

Natur als Thema. Natur als Prinzip

„Naturerkenntnis als menschliche Bemühung ist sicher so alt wie die menschliche Bemühung um Erkenntnis überhaupt, hat ihren Anfang in Zeiten, die von der Geschichtswissenschaft nicht mehr erreicht werden und ist für die Anfänge menschlicher Zivilisation als eigener Teil wohl kaum von anderen teilen menschlichen Erkennens abzutrennen". So zitiert Ivo Kranzfelder 1995 den Philosophen Peter Janich in seinem Aufsatz ‚Naturerkenntnis als menschliche Bemühung'.[105]

Das Leitmotiv, ‚wie die Natur' zu arbeiten – beziehungsweise aus den Erkenntnissen über ihre Prozesse heraus zu schaffen –, lässt sich in der Kunst der Moderne vor allem auf das Werk eines Malers zurückverfolgen: Paul Klee (1879–1940). Dieser beruft sich in seiner Rezeption intensiv auf die Morphologie Johann Wolfgang von Goethes (1749–1832),[106] die auch für Wachter wichtig wird.[107]

Natur als Thema der plastischen Kunst ist ein Phänomen der jüngeren Geschichte der Skulptur. Die Darstellung des Menschen galt stets als vornehmste und fraglos vorrangige Aufgabe der Skulptur. Naturdarstellung existierte entweder als Kulisse oder als allegorische menschliche Darstellung – wie Giovanni da Bolognas (1589–1608) ‚Appenin' von 1580. Auch Auguste Rodin (1840–1917) „spricht noch in menschlichen Gleichnissen, wenn er der Natur in seinem symbolistischen Spätwerk" eine immer größere Bedeutung einräumt.[108]

Natur als Thema und Natur als Werkprinzip sind Themen, die erst mit Constantin Brancusi (1876–1957) und Hans Arp (1866–1966) immer größeren Raum in der europäischen Plastik gewinnen; eine nächste Generation mit Protagonisten wie Henry Moore (1898–1986), Naum Gabo (1890–1977), Barbara Hepworth (1903–1975) und Hans Steinbrenner (1928–2008) geht diesen Weg der Behandlung und Erschließung der Natur weiter. Dabei bliebt immer die Duplizität von Thema und Prinzip gewahrt. Allen diesen Künstlern gemeinsam ist der Impetus, aus den Bildungsprozessen der Natur heraus ihr Werk zu schaffen.[109]

Obgleich die bildhauerischen Positionen der Genannten sehr unterschiedlich sind, eint sie ein elementares Charakteristikum: In ihrem Werk verbinden sich „kristalline, vegetabilische oder [...] biomorphe Formen mit einem präzise aus der Natur geschöpften Strukturwissen. Formerfindung und morphologisches Studium durchdringen sich. Aus wissender Einfühlung gehen [...] sie den Wachstums- und Bewegungsgesetzen von Pflanzen und Tieren nach und schließen sich derart den morphogenetischen Prozessen an".[110]

Hans Arp (1886–1966) formuliert 1954: „Wir wollen nicht die Natur nachahmen. Wir wollen nicht abbilden, wir wollen bilden, wie die Pflanze ihre Frucht bildet, und nicht abbilden. Wir wollen unmittelbar und nicht mittelbar bilden."[111] Es geht hier also um einen nicht rein instrumentalen Umgang mit dem Phänomen Natur und deren Materialien.

Die Vertreter der *Land Art* gehen einen Sonderweg, indem sie mit Naturmaterialien einer bestimmten Idee, einem Konzept Gestalt geben.[112] Sie realisieren seit Mitte der 1960er Jahre ihre konzeptuellen Werke in der Natur, in einem bestimmten Landschaftsraum oder mit Materialien, die der Natur entstammen. Sie konstruieren geschlossene oder offene Raumzusammenhänge, die sie über- oder unterirdisch in einer bestimmten Landschaft ansiedeln, sei es, um die Wahrnehmung von Raum oder von psychischen, existentiellen Bedingungen, sei es, um einzelne Naturgegebenheiten wie Zeit oder Licht erfahrbar zu machen.[113]

Rudolf Wachter beruft sich in seinem Naturbegriff anders als seine Zeitgenossen auf Hans Arp oder Constantin Brancusi, der seine Forderung nach einer Entsprechung von Kunst und Natur formuliert: „Wenn die Natur sich mit der Kunst verbinden muss, um deren Prinzipien zum Ausdruck zu bringen, so muss sie auch dem Beispiel ihrer Tätigkeit folgen. Das Material muss sein natürliches Leben behalten, wenn es durch die Hand des Bildhauers verändert wird. Dem Material eine andere Rolle zu geben als jene, welche die Natur vorgesehen hat, bedeutet, es zu töten."[114]

In Rudolf Wachters Werk behält die Möglichkeit, aus der Natur Kunst zu schöpfen, kraftvolle Gültigkeit. Seine Sehnsucht nach dem Ursprünglichen, dem Elementaren lässt Wachter dabei immer konsequenter nach der Verschmelzung des „Naturschönen mit dem Kunstschönen" suchen.[115] Den von Künstlern wie Moore, Brancusi, Hepworth oder Steinbrenner gewählten Weg einer Angleichung an kreatürliche Prozesse verlässt Wachter radikal, indem er direkt in die natürlichen Wuchsprozesse des Stammes eingreift.

Wachter operiert mit den Lebensprozessen des Stammes selbst. Lichtenstern schreibt 2004 davon, dass er „realiter mit dem Holz" denkt.[116] In seinen Arbeiten spürt er stets den im Holz angelegten Strukturen und Bewegungen nach. Er präpariert die dynamischen Wachstumsverläufe, die Drehungen und Teilungen von Ästen und Stämmen durch seine Eingriffe heraus. Seine absolute künstlerische Freiheit ordnet er der Natur seines Werkstoffes unter.[117]

Dennoch ist der Bildhauer in seinem Umgang mit der natürlichen Materie weit von einem Kult des Organischen entfernt, wie er sich in der Kunst der 1970er und 1980er Jahre immer wieder ausdrückt. Seine Holzskulpturen sind weder mimetische Nachahmung noch ‚Gegenentwurf'. Eine nachempfindende Parallelschöpfung zur Natur ist das Ziel seiner Arbeit am Stamm. Durch diese Arbeit entsteht eine neue Form – die aber stets abhängig von der eigentlichen Naturform bleibt. „Trotz des weitreichenden Transformationsprozesses ist diese Nähe zur Naturform von Wachter als künstlerisches Credo unbedingt gewollt."[118]

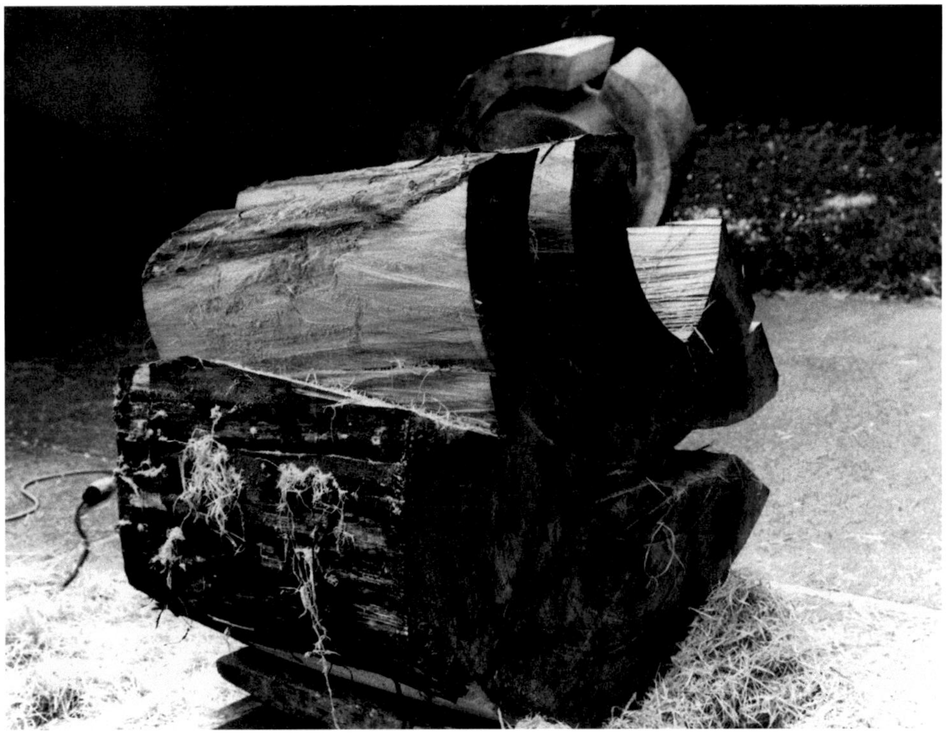

Arbeit an Gebrochener Raum 4, 2006, Pappel, WVZ 53

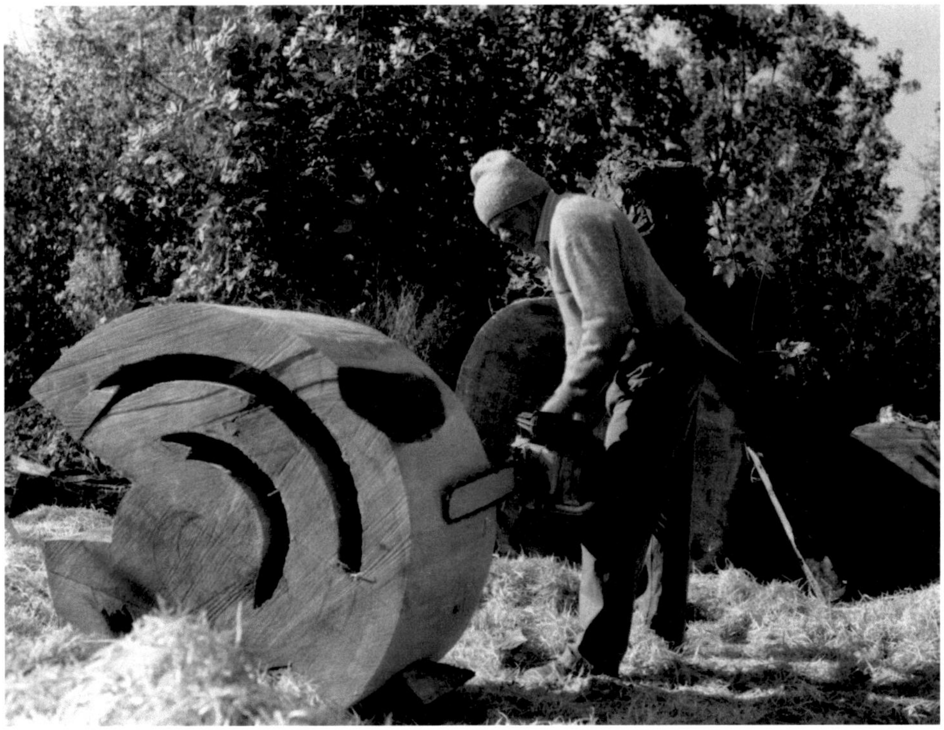

Arbeit am Stamm, 1990er Jahre

Daher können seine Eingriffe in das Innere des Baumstammes als „Taten des suchenden Menschen in der Natur“ gelten.[119] Die mit der Kettensäge geführten Schnitte bewirken eine Abstrahierung der Naturformen, ohne der Materie eine Form aufzuzwingen, die nicht aus deren „spezifischer Stofflichkeit“ entwickelt ist. So entsteht mit der Skulptur eine neue Form, die abhängig von der Natur ist, diese aber nicht mimetisch nachahmt.[120]

Wieland Schmied zitiert den Bildhauer 2005: „Ich habe die Natur angeschaut. Ich habe das Holz nicht mehr als Material für eine abstrakte Form genommen, sondern die Natur war für mich Ausgangspunkt für die Form". Wachter entscheidet sich zu diesem Zeitpunkt, die dem Holz innewohnenden Naturphänomene nicht einem Formwillen unterzuordnen, sondern die Formen zu ergründen, die darin angelegt sind. „Das Holz war für ihn Synonym der Natur. Ihm konnte er alles an Anregung entnehmen, was er brauchte. Endlich war er der ‚geborene Holzbildhauer' geworden".[121]

Als junger Bildhauer erkundet er die Erkenntnisse des Kubismus als wichtige Anregung zur Reduktion und Abstraktion, zu Analyse und Synthese. In diesem Sinne bedeuten seine Eingriffe auch die Zerstörung des natürlich gewachsenen Innenraumes und die Freilegung neuer, unbekannter Räume.[122]

1997 erklärt Wachter im Gespräch mit Andreas Kühne: „Ich habe das Holz nicht mehr als Material für eine abstrakte Form genommen, sondern die Natur war für mich Ausgangspunkt für die Form. Ich habe nicht mehr komponiert, wie wir es in der Akademie gemacht hätten, sondern die Natur angeschaut und darin einen Balken oder eine Plastik gesehen."[123] So erfindet Wachter seine individuelle Bildsprache weniger aus der Beschäftigung mit der Theorie, sondern aus der jahrelangen Praxis im Umgang mit dem Material.

Durch den Eingriff in Materie und Volumen des Holzstammes entsteht eine neue, autonome Form, die kein mimetisch nachahmendes Produkt der Natur ist, aber ohne diese nicht möglich wäre. Wachter verlässt zu keinem Zeitpunkt die spezifische Eigenart seines Werkstoffes. Dieses Vorgehen bedeutet dennoch gleichzeitig eine Abstraktion dieser Naturform, die sich in den verschiedenen Werkzyklen mehr oder weniger deutlich manifestiert. „Während die materialimmanenten Form- und Bewegungsstrukturen in den Kernschnitt- und Stammskulpturen zum Ausgangspunkt des schöpferischen Gedankens werden",[124] ordnet Wachter die natürliche Wuchsform des Stammes zum Beispiel in den ‚Stationen' nachdrücklich seinem Formwillen unter.

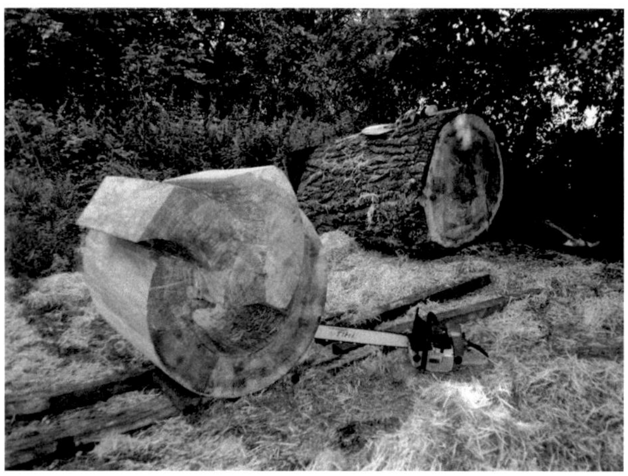

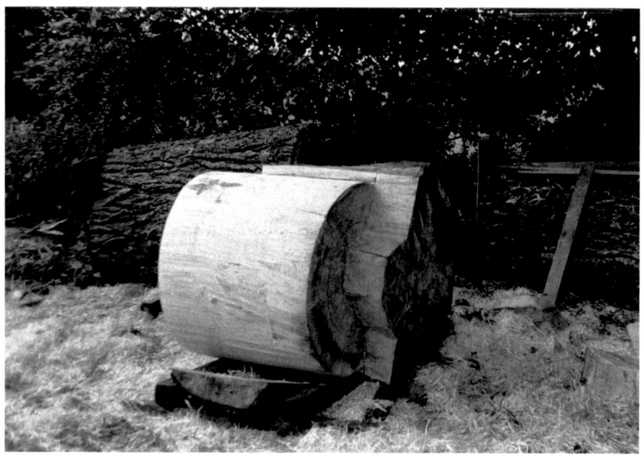

Die Aneignung der Natur in ihrer Materialerscheinung durch das skulpturale Bearbeiten bedeutet für Wachter niemals eine selbstverständliche Vereinnahmung. Der Übergang vom dem, was die Natur hervorgebracht hat, hin zum Artefakt ist ein progressiver, zugleich aber auch reflexiver Abstraktionsvorgang, der auch in der endgültigen skulpturalen Fassung erkennbar bleibt. Diese präpariert die Struktur der organischen oder besser: energetischen Kräftebeziehungen im bildhauerischen Prozess erst heraus.

Dazu erklärt er selbst 2010 anlässlich der Ausstellung ‚Raum Schnitte':

„Wenn ein Stamm geschlossen ist, gibt es immer Risse. Die Jahresringe werden immer kürzer und kleiner, da muss der Stamm reißen, deswegen säge ich so, dass die Jahresringe Luft kriegen. [...] So ist mein Grundbedürfnis bei der Arbeit mit Holz, dass es weiterleben kann, ohne kaputt zu gehen [...]. Die Eingriffe im Stamm sind gefordert von der Lebendigkeit und von der ewigen Arbeit, die das Holz, dieses Material, selber in sich trägt. Es gibt ein Zentrum und dieses Zentrum ist im Holz, in der Natur auch drin. Ich verdeutliche nur, was die Natur eigentlich macht.'[125]

Wachters Kunst verweist immer auf den Baum als das lebendige Ausgangsmaterial seiner Arbeit. Die individuelle Struktur der Bäume macht dieses Kunstwerk erst möglich und verdeutlicht Wachters Vorstellung von einer Einheit aus Kunst[126] und Natur.

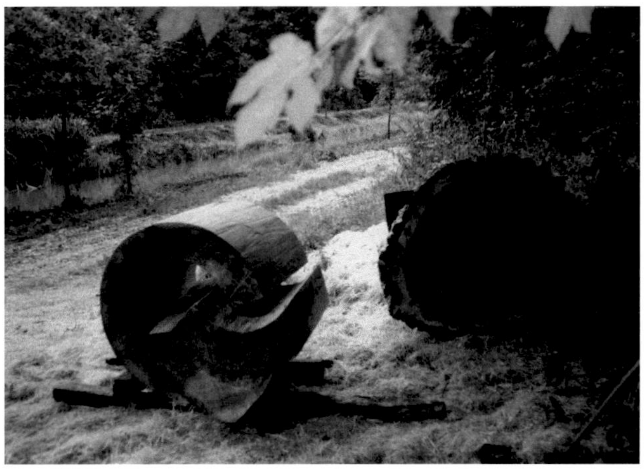

Arbeit an ‚Gebrochener Raum, 1996, Pappel, Museum Rudolf Wachter. Schloss Kißlegg, WVZ 313

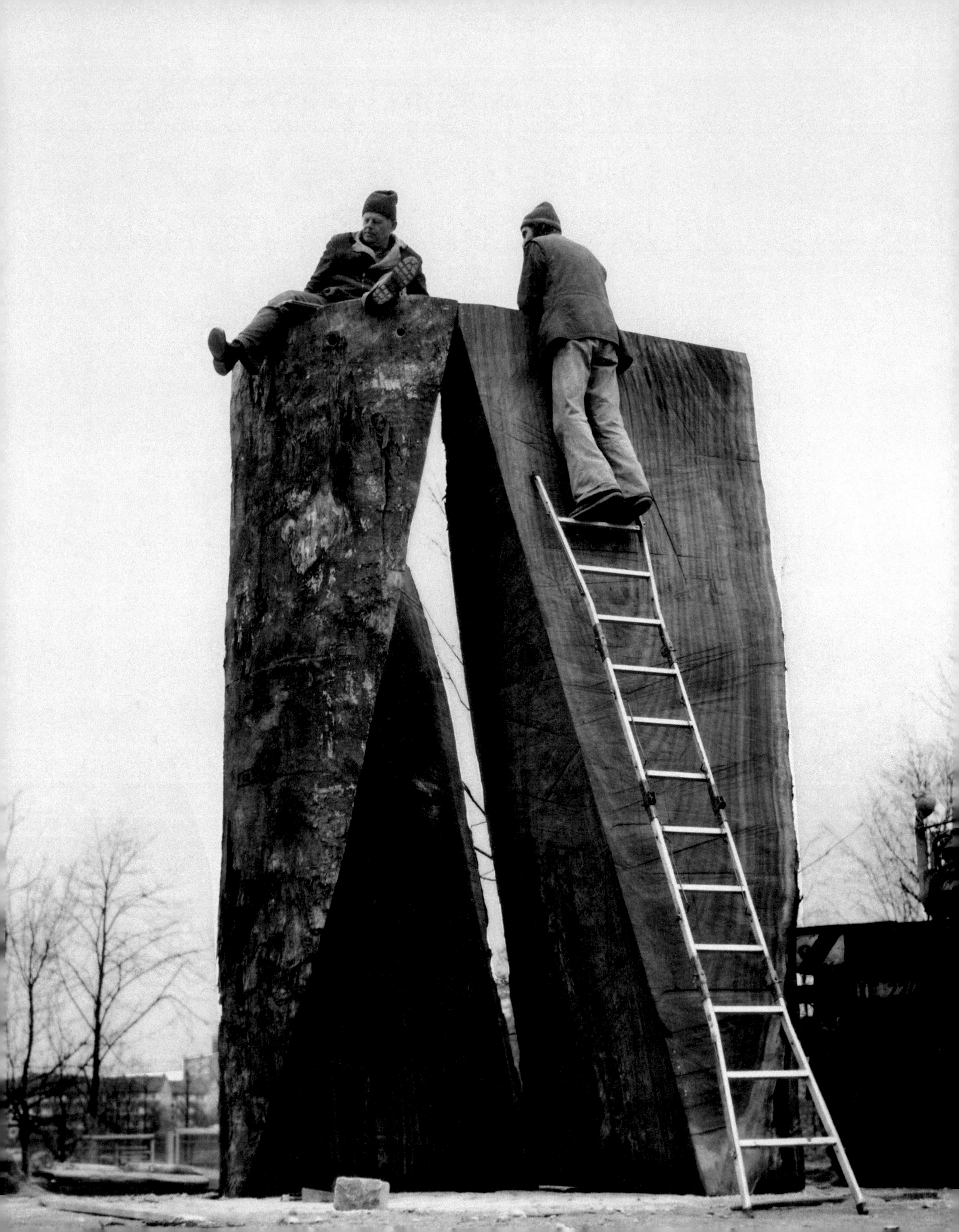

„Ich arbeite mit Holz und das Holz arbeitet mit mir.“[127]

Holz! Materialeigenschaften

Bevor ein Material zum Objekt eines ästhetischen Zugriffs wird, ist es zunächst Subjekt.[128] Dies gilt für das Material Holz in besonderem Maße. Dessen spezifische Eigenart, seine physischen Eigenschaften, seine ausgeprägte Eigendynamik und die ihm stets immanente Möglichkeit der Veränderung sind gerade im Verlauf des 20. Jahrhunderts ein stetes Faszinosum für Bildhauer.

„Jede Materie hat ihr eigenes Tempo [...]. Der Porphyr oder zum Beispiel Lindenholz im Gegensatz zur Eiche, all diese naturgegebenen Materien, lassen nur ein jeweils ihrem Wesen entsprechendes Tempo zu“, schreibt der Bildhauer Karl Knappe (1884–1970) in einem Essay.[129] Und Josef Beuys (1921–1986), der ab den 1960er Jahre eine polarisierende, aber einflussreiche Position vertritt, bemerkt im Hinblick auf eine „Autonomie der Artefakte“:[130] „Was das Holz oder der Stein will, dem spüre ich nach.“[131]

Holz kann wie jedes organische Material technisch und formal konsequent nur seinen strukturellen und technologischen Eigenschaften gemäß bearbeitet werden.[132]

Es ist physiologisch betrachtet ein inhomogenes und anisotropes[133] Material. Das bedeutet, es ist aus verschiedenen Elementen aufgebaut und besitzt unterschiedliche Eigenschaften bezüglich der Faserrichtung, der ‚Marktstrahlrichtung‘ und der Jahresringrichtung. Die Zellen, aus denen sich das Material aufbaut, variieren hinsichtlich ihrer Zahl, ihrer Anordnung und ihres Aussehens. Sie charakterisieren die verschiedenen Holzarten.

Die Dendrochronologie bestimmt das exakte Alter von Holz. Bereits Leonardo da Vinci hat einen Zusammenhang zwischen der Witterung eines Jahres und der Breite des zugeordneten Jahresringes eines Baumes beschrieben.[134]

Holz ist über die Jahrtausende der Menschheitsgeschichte hinweg mit seinen schier unendlichen Nutzungsaspekten zu einem unverzichtbaren Material geworden. Kein anderer Werkstoff ist so eng mit dem Menschen und seiner Geschichte verbunden.

In Holz steckt Zeit. Die Zeit des Keimens des Samens, bis er als Sprössling die Erde durchbricht. Die Zeit des Wachsens des Baumes, bis man ihn fällt. Die Zeit des Reifens und Trocknens, bis man das Holz als Werkstoff weiterverarbeiten kann. Die Zeit, in der der Mensch etwas daraus fertigt. Und die Zeit, in der dieses Werkstück dem Menschen dient. Holz behält über seine ganze Lebensdauer hinweg die Fähigkeit des Umweltaustausches. Es ‚arbeitet', so lange es existiert.[135]

So war eine Hauptschwierigkeit der Holzbildhauerei immer die Überlistung der dem Naturstoff eigenen Tendenz zur Veränderung in Abhängigkeit von Alter, Temperatur, Luftfeuchtigkeit und anderen Umweltbedingungen. Die Schnitzer beispielsweise des Mittelalters oder des Barocks wenden raffinierte Strategien an, um das Material durch Aushöhlen von Figurenrückseiten oder durchdachte Verleimungen an unerwünschtem Verziehen zu hindern und es damit in gewisser Weise zu neutralisieren. Hingegen akzeptieren expressionistische oder expressionistisch gesonnene Holzbildhauer das, was man Zufallsmitgift des Werkstoffes nennen könnte.[136]

Zur Frage nach der Materialgerechtigkeit

Holz besitzt unterschiedliche Wertigkeiten: Zunächst ist es ein lebendes und lebendiges Material, das in seiner Struktur und seinem Verhalten auch nach dem Fällen des Baumes noch eine eigene Dynamik zeigt. Darauf bezieht sich auch der amerikanische Minimal-Künstler Carl Andre (* 1935), wenn er schreibt: „Holz ist die Mutter der Materie".[137]

Holz birgt aber auch die gesamte Kulturgeschichte menschlicher Naturbezogenheit in sich: Von seiner Abhängigkeit von ihm als Werkstoff des täglichen (Über-) Lebens bis hin zur göttlichen Verehrung der Natur im heiligen Baum, die sich durch die gesamte Menschheitsgeschichte zieht. Damit hat Holz im Vergleich zu anderen Materialien eine exponierte Stellung.

Nach einer Blütezeit in der mitteleuropäischen gotischen Skulptur wird das Holz als Material in der akademischen Bildhauerei über Jahrhunderte als rückständig und unzeitgemäß beiseitegelegt und von Stein und Bronze vollständig abgelöst. Nach einem absoluten Tiefpunkt im europäischen Klassizismus verändert sich erst allmählich das Materialverständnis. Johann Wolfgang von Goethe (1749-1832) befasst sich mit Fragen der Materialgerechtigkeit, wenn er schreibt, dass „derjenige Künstler der trefflichste" sei, „dessen Erfindungs- und Einbildungskraft sich gleichsam unmittelbar der Materie verbindet, [...] in welcher er zu arbeiten hat". Jene Künstler verdienen „unsere größte Verehrung, welche nicht mehr machen wollten, als die Materie ihnen erlaube. Die Einfühlung in die Eigenschaften und Möglichkeiten des Materials erscheinen als Bedingung für das Gelingen des Werkes."[138]

In den Auseinandersetzungen des 19. Jahrhunderts treffen die Meinungen aufeinander. So verneint Hegel den künstlerischen Wert des Werkstoffes - sich hier auf Plato und Aristoteles berufend - kategorisch, da „die Idee aller Dinge in ihrem vollkommenen Zustand stofflos ist. Zu ihrer individuellen Verwirklichung und Veranschaulichung bedarf sie zwar der Materie, doch wird sie mehr oder weniger auch hierdurch verunklärt."[139] Der Architekt Gottfried Semper antwortet der „unpraktischen" Ästhetik Hegels mit einer „praktischen", aber ebenso apodiktischen: „Der Stil ist abhängig vom Stofflichen und von der Bearbeitung der Stoffe, Stile müssen als Materialstile verstanden werden, sollen Materialstile sein", resümiert Lützeler Sempers Meinung.[140]

Sempers Haltung führt schließlich zum Gedanken des materialgerechten Einsatzes der Werkstoffe und zur Achtung des Werkstoffs selbst - wie es später im Deutschen Werkbund und im Bauhaus gefordert und gelehrt wird.

Dieses Bewusstsein einer Materialgerechtigkeit hat bis heute Einfluss. Die gesellschaftlichen Tendenzen hin zu einer sinnlichen Betrachtung der Natur und deren Stoffe hat diese Position noch weiter gestärkt.

Im Verlauf der Entwicklung des Materialbewusstseins rückt das Holz gegen Ende des 19. Jahrhunderts langsam in seinen Möglichkeiten als künstlerischer Werkstoff wieder ins Bewusstsein. Die Suche nach dem bildnerischen Ideal der ‚Materialgerechtigkeit' motiviert nach den vorbereitenden Strömungen des 19. die Bildhauer des 20. Jahrhunderts, mit ihrem jeweils ausgewählten Werkstoff neue Wege des Umgangs zu suchen.

In der beginnenden Moderne ist Holz zunächst in akademischen Kreisen verpönt; Ernst Barlach (1870–1938) etwa wird als junger Bildhauer vor der Gefahr gewarnt, mit der Materialwahl Holz als „Genrebildhauer" zu gelten.[141] Die Kubisten und Konstruktivisten hatten sich vielfach nicht aus ideologischen, sondern pragmatischen Gründen für Holz entschieden. Pablo Picasso (1881–1973) oder Georges Braque (1882–1963) integrieren „außerkünstlerische Verwendungsformen"[142] des Materials in Collagen oder Assemblagen. In Deutschland arbeiten zu dieser Zeit Kurt Schwitters (1887–1948) wie auch Hans Arp (1886–1966) in verwandter Weise.

Die Suche nach dem Ideal der Materialgerechtigkeit ist für viele Künstler des 20. Jahrhunderts eine wesentliche Motivation dafür, eine neue Haltung den Werkstoffen gegenüber zu entwickeln. Das Material ist damit nicht länger nur beliebiger Werkstoff als generelle materielle Grundlage künstlerischer Äußerung, sondern entwickelt sich zunehmend zu einem autonomen Ausdrucksträger. Damit wird es zum integralen Faktor für die Entstehung und das Ergebnis des künstlerischen Prozesses.[143]

Selbst Künstler der 1920er Jahre, die für ihre Raumplastiken gänzlich neuartige Materialien wie etwa Kunststoffe benutzen, akzeptieren die wichtige Rolle des Materials in der Werkgenese. Naum Gabo schreibt dazu: „Das Material bildet die emotionale Grundlage einer Plastik, es gibt ihr den Grundakzent und bestimmt die Grenzen ihrer ästhetischen Wirkung."[144]

Ab den 1930er Jahren arbeitet Henry Moore (1898-1986) mit den ‚vital forms' bevorzugt in Holz und erkundet den skulpturalen Raum zwischen Innen und Außen.[145]

Nach der Zäsur des Zweiten Weltkrieges arbeiten Künstler wie Louise Nevelson (1899–1988) und Jannis Kounellis (1936–2017) weiter nach dem kubistischen Prinzip, hölzerne objets trouvés in ihre Werke zu integrieren, wobei der semantische Hintergrund der Elemente immer stärker in den Fokus gerückt wird.[146] Dabei hat das Material Holz immer eine Sonderstellung, weil es wie wenig andere Werkstoffe den Gesetzen des Kreatürlichen folgt.[147]

Begründer dieses Prinzips, sich eng an optischen Strukturen und innerem Verhalten des Holzes zu orientieren, ist Constantin Brancusi (1876-1957), der Oberfläche und Struktur dieses Materials wohl als Erster unverfälscht zeigt. Die roh behauenen und aufrechtstehenden Stämme der frühen Entwürfe seiner ‚Endlosen Säule' sind die eindrucksvollsten Beispiele seiner Holzskulptur. Die Methode, die Struktur des Holzes in die Skulptur einzubeziehen, wird jedoch erst in den 1960er Jahren – also erst fünf Jahrzehnte nach den ersten Werken Brancusis – ernsthaft wieder aufgegriffen. Es ist die Zeit der Entdeckung der einfachen Materialien für die Kunst, der Künstlersymposien in der Natur, der *Land Art* und der *Minimal Art*, die hierfür das Sensorium wiederentdecken.

War Materialgerechtigkeit vor Jahrzehnten eines der wichtigsten Kriterien der Bildhauer, so ist heute der Zwang, dem benutzten Material blindlings zu folgen, aufgegeben. Der englische Bildhauer Henry Moore (1898–1986) hat die Notwendigkeit eines Umdenkens schon 1951 deutlich gemacht: „Vor dreißig Jahren, als ich meine ersten Skulpturen schuf, war es notwendig, die Lehre von der Materialgerechtigkeit zu verfechten [...] Damals neigte mancher von uns dazu, daraus einen Fetisch zu machen [..] Das strenge Befolgen der Doktrin bringt den Bildhauer unter die Herrschaft des Materials. Der Bildhauer sollte Meister des Materials sein, jedoch kein harter Meister."[148]

Nun kann das Material für den Künstler auch heute noch eine zentrale inhaltliche Funktion besitzen. Vor allem das Material Holz gewinnt dadurch neue Bedeutung; seine organische Struktur und sein starkes Eigenleben stehen im Zentrum, es sind also autonome Gesetze des Materials, die Form und Ausdruck des Werkes entscheidend bestimmen.

Henry Moore verweist darauf, dass das Holz noch weiter‚arbeitet', selbst wenn der Baum abgestorben ist. Moores Auffassung von Materialgerechtigkeit wird in der Nachfolge im Laufe des 20. Jahrhunderts im Sinne von ‚Die Natur ihren Weg gehen lassen' kultiviert. Das Material wird zum Ausgangspunkt des plastischen Konzepts und übernimmt einen Teil der Autorenschaft.[149] In der modernen Holzbildhauerei beziehen sich Künstler essenziell auf die natürlichen Eigenschaften des Materials – sei es durch „Affirmation oder Negation".[150]

„Die Werkstoffe bringen ihre individuelle ‚Gestimmtheit' in den Prozess des Gestaltens hinein" schreibt Heinrich Lützeler zu der Frage, inwieweit das Material für das Kunstwerk von entscheidender Bedeutung sei.[151] Ähnlich argumentiert auch Barbara Hepworth (1903-1975), wenn sie sagt: „Ich glaube, dass das Verhältnis für das Material und die Bedeutung der herausgearbeiteten Form in vollkommenem Gleichgewicht sein müssen."[152] Dem folgt, dass Material und Form im Raum sich im künstlerischen Werk gleichwertig verbinden.

Dennoch werden zu diesem Thema unterschiedliche Haltungen eingenommen: Ansgar Nierhoff (1941–2010) postuliert: „Der Werkstoff spielt für die Kunst keine unwesentliche, aber eine untergeordnete Rolle. Bei meiner Skulptur benutze ich ihn, um eine tragfähige Idee als Handlungsprozess erkennbar zu halten."[153] Die Balance zwischen der Autonomie des Materials und der Legitimation des künstlerischen Eingriffs beschreibt Carl Andre (* 1935): „Ich realisierte, dass das Holz schöner war, bevor ich es bearbeitet hatte",[154] nachdem ihn sein Freund und Bildhauerkollege Frank Stella (*1936) darauf hingewiesen hatte, dass eigentlich auch die unbearbeiteten Oberflächen der als ‚Rohstoff' verwendeten Holzsäulen ‚Skulptur' seien.[155]

Inhalt und Form. Anmerkungen zur Materialikonographie

„Olim truncus eram ficulus, inutile lignum,
cum faber, incertus scanum facetne Priapum,
maluit esse deum. deus sinde inde ego ..."

„Einst war ich ein Feigenbaum, ein wenig nützliches Holz, als ein Zimmermann, unschlüssig, ob aus mir ein Schemel oder ein Priapus zu machen sei, zum Gott mich lieber machen wollte. Darum bin ich nun ein Gott."[156]

Der Frage nach der Materialgerechtigkeit eng verwandt ist die nach der Materialikonographie. Diese befasst sich mit dem materiellen Aspekt der bildeigenen Ausdrucksmittel. Das Material ist von entscheidender Bedeutung als Träger des Gehaltes – oder sogar als Gehalt selbst.[157]

Die Moderne hat nicht nur die Form vom Gegenstand gelöst, sie hat auch für eine Emanzipation des Materials von der Unterordnung unter die Form gesorgt. Vor allem nach dem Neuanfang nach 1945 erlangen die Materialien auch programmatische Bedeutung. Form wird zunehmend als Resultat spezifischer Materialeigenschaften inszeniert und verstanden. Neben Monika Wagner, die seit 1996 ein ‚Archiv zur Erforschung der Materialikonographie' am Kunsthistorischen Seminar der Universität Hamburg aufgebaut hat, hat sich vor allem Thomas Raff mit der Ikonographie des Materials befasst: „Kunstwerke sind weder rein geistige noch rein ästhetische Gebilde. Sie bestehen immer aus Materie, denn ein Gedanke allein ist noch kein Kunstwerk. Das Material, das ein Künstler auswählt, ist nicht nur für dessen ästhetische Wirkung und praktische Funktion von Bedeutung, es trägt in vielen Fällen auf die eine oder andere Weise auch zur inhaltlichen Aussage des Kunstwerkes bei."[158]

Das Material sollte in der Kunst gerade im Deutschland der zweiten Hälfte des 20. Jahrhunderts nicht länger nur materielle Grundlage der Form sein, sondern mit seinen individuellen, spezifischen Eigenschaften selbst zugleich Gehalt und Form des Kunstwerks. Dieser Anspruch geht vielfach weit über eine reine Materialgerechtigkeit hinaus. „Nicht die Forderung nach ‚materialgerechter' Form [...] steht im Vordergrund, sondern jene Materialien, die Künstler heute als Medien mit eigener semantischer Qualität nutzen".[159]

Theodor W. Adorno befasst sich in seiner unvollendet gebliebenen ‚Ästhetischen Theorie' um 1970, als sich die bildenden Künstler verstärkt natürlichen Materialien widmen, mit der Frage nach der Historizität.[160] „Material ist auch dann kein Naturmaterial, wenn es den Künstlern als solches sich repräsentiert, sondern geschichtlich durch und durch".[161] Diese Geschichtlichkeit, der Adorno auch alle Naturmaterialien unterordnet, folgt unterschiedlichen Aspekten: Zunächst sei jeder Stoff auch Ergebnis oder Ausfluss der Naturgeschichte. Entscheidend aber ist für Adorno, dass die Verwendung unterschiedlicher Naturstoffe zeitgeschichtlichen Bedingungen unterworfen sei.[162]

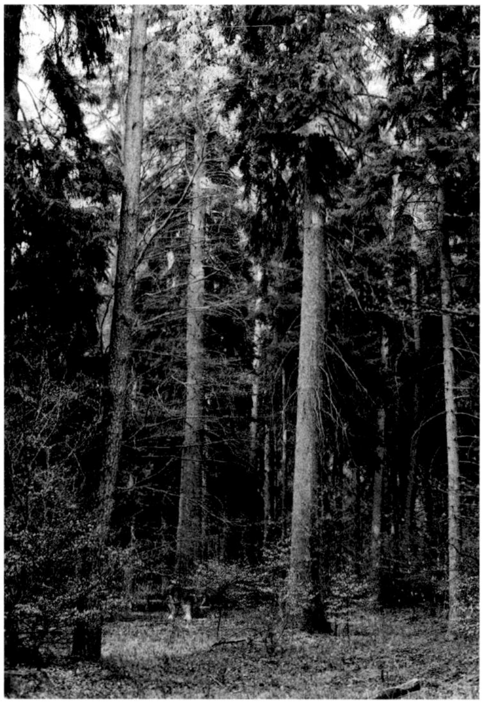

Fällen und Schneiden Aposynthese II, 1978, Fichte, nicht erhalten, WVZ 24

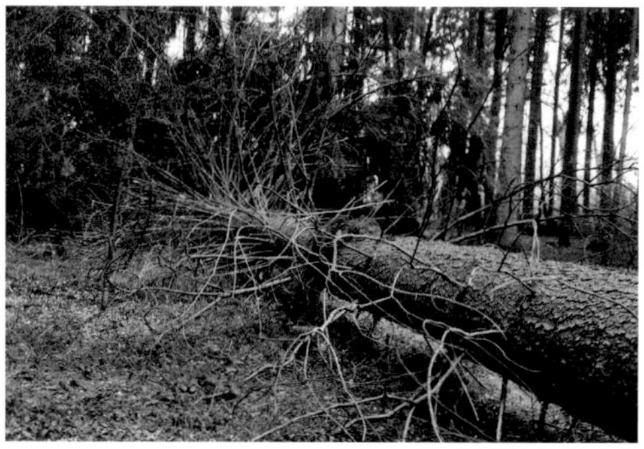

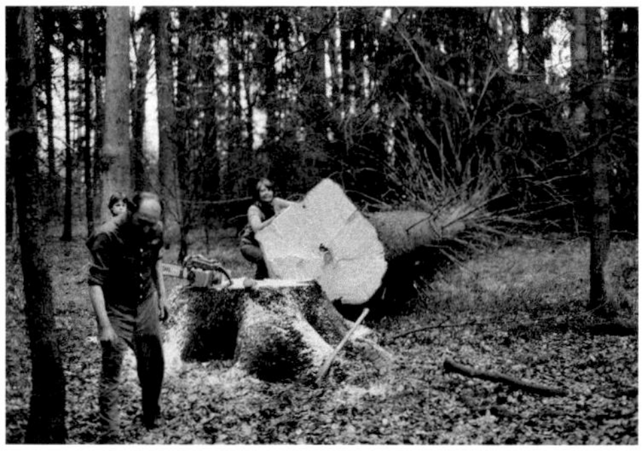

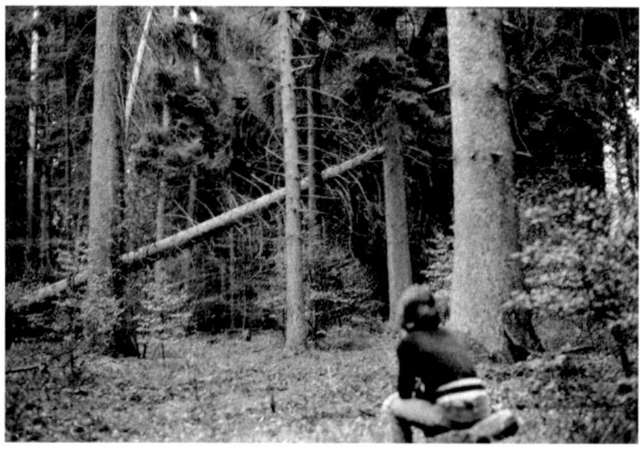

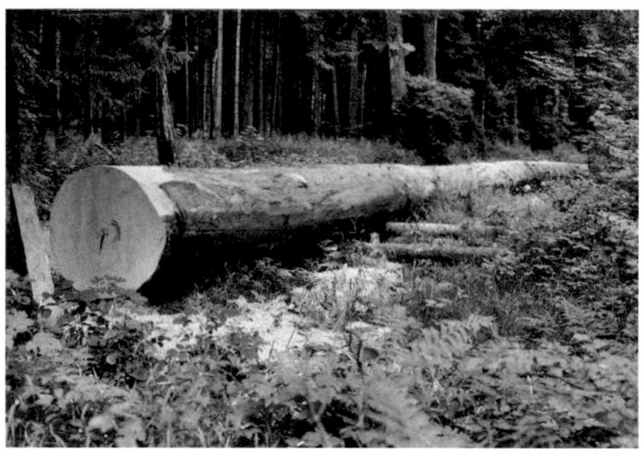

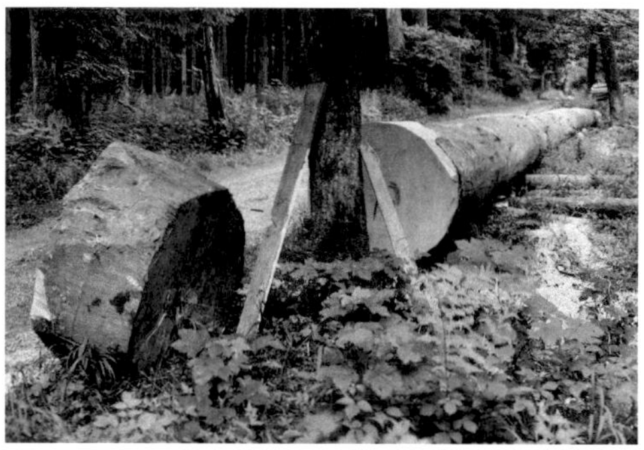

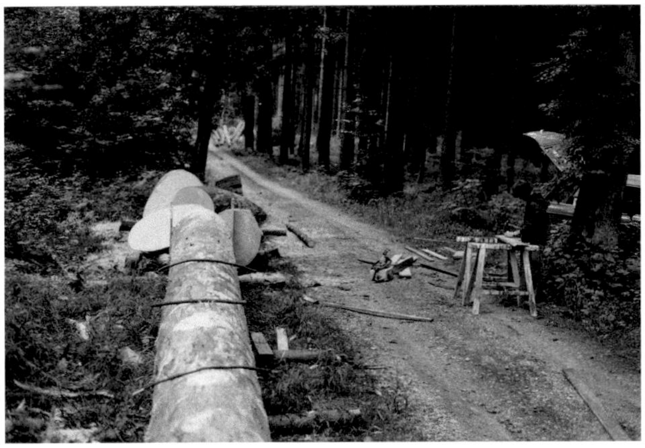
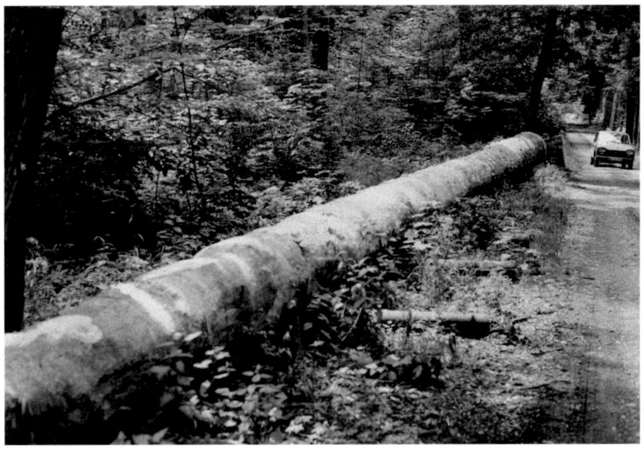
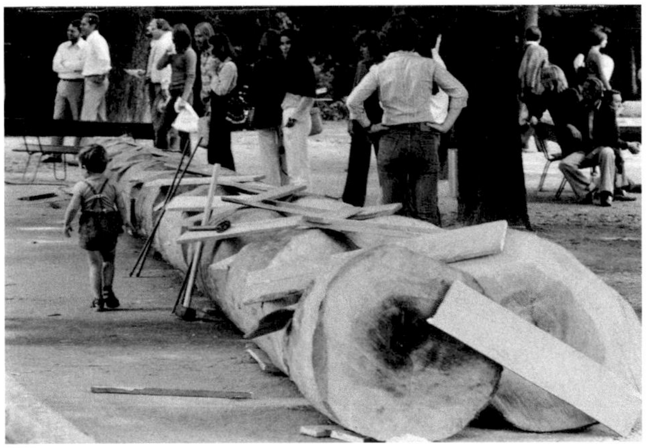
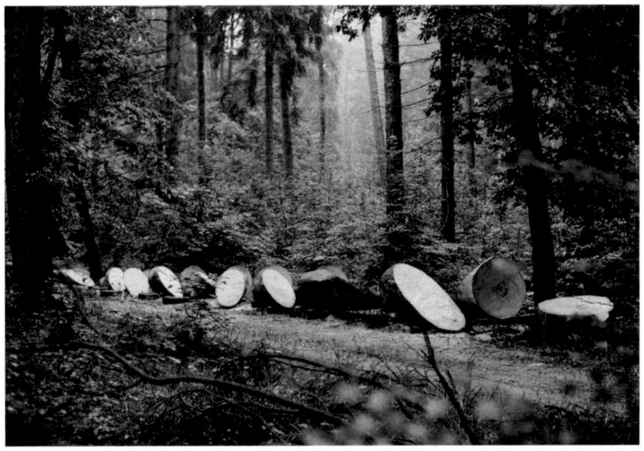
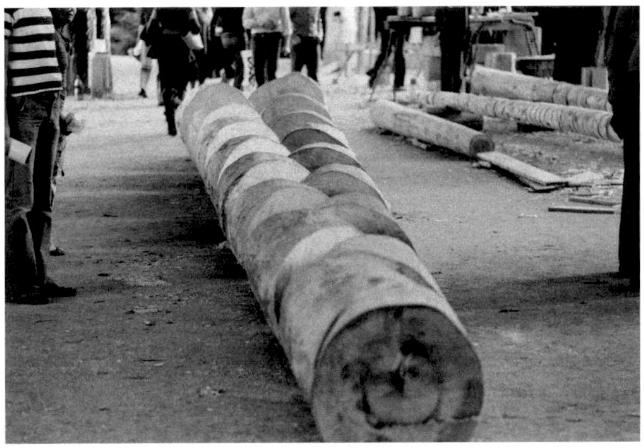
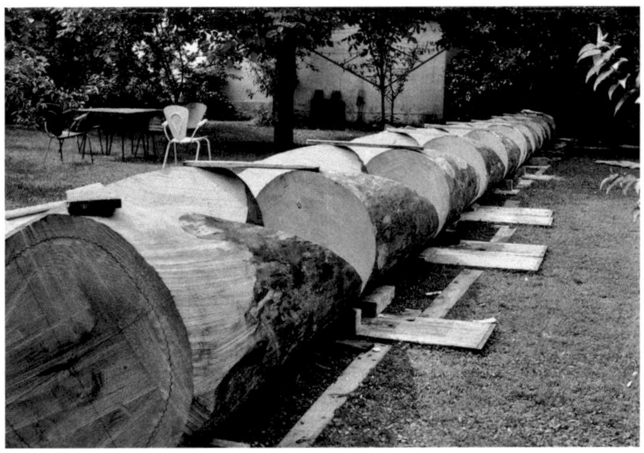
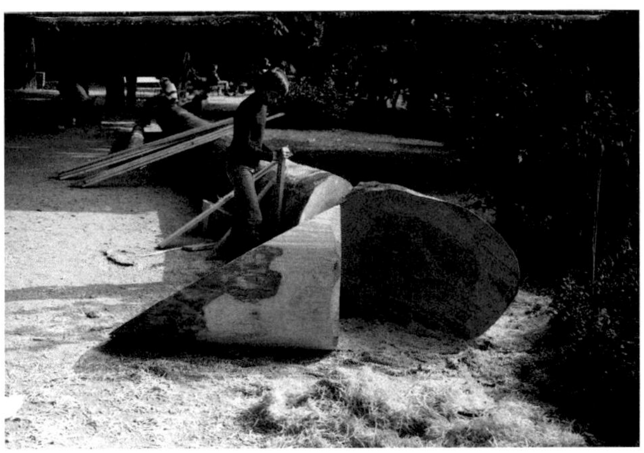
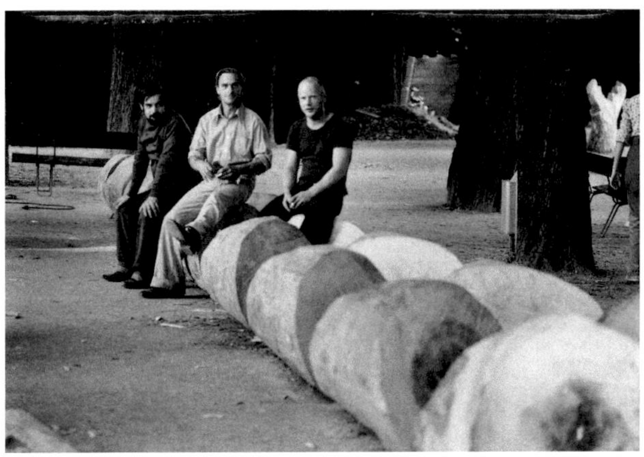

Rudolf Wachter. Holz. Umgang und Haltung

Rudolf Wachter schreibt lakonisch über sich selbst:
„Als Aprilscherz neunzehnhundertdreiundzwanzig geboren
Auf einer Hobelbank aufgewachsen
Den Krieg mit Ach und Krach überlebt
Akademie, Stipendium und griechische Klassik hinter sich gelassen
Mit fünfzig zum Holz zurückgekehrt
Und mit ihm unzertrennlich verwachsen."[163]

Ivo Kranzfelder, der Wachter hier zitiert, bescheinigt Wachter ein „obsessives Verhältnis" zu seinem Material, dem Holz.[164]

Die Suche nach den Traditionslinien führen in die Kindheit und Jugend zurück, in der Wachter zunächst eine Lehre in der elterlichen Schreinerei absolviert, die er mit der Meisterprüfung abschließt. Hier sind die Grundlagen des reifen Werkes, das Wissen um Eigenart, Möglichkeiten und Grenzen des Werkstoffes Holz zu finden. In dem Bedürfnis, sich von den engen Traditionen seiner Herkunft zu befreien, meidet er über Jahrzehnte das Holz als bildnerisches Material.

Erst in den 1970er Jahren beginnt er, ausschließlich in Holz zu arbeiten. In der Folgezeit erarbeitet er sich in diesem Werkstoff eine singuläre Position in der zeitgenössischen Skulptur.

Ausgangspunkt der bildhauerischen Arbeit Rudolf Wachters ist dabei der frisch gefällte Baumstamm, der für ihn das Potenzial jeder Form in sich birgt. In seinen Skulpturen offenbart sich eine enge Verwandtschaft seiner künstlerischen Denkweise mit dem Wesen des Holzes.[165] Die Form entsteht primär aus dem Materialdenken, sie „erzwingt sich aus dem einmal beschrittenen Weg."[166]

Für den Bildhauer ist der Holzstamm sein „künstlerischer Partner".[167] Seine gewachsene Natur wird zum Ausgangspunkt allen skulpturalen Schaffens.

Wieland Schmied schreibt 2005, dass das Holz Wachter, dem Einzelgänger, auch im Atelier ein ständiges „Gegenüber" sei. „[U]nd wie auch ein Schachspieler nicht nur über die eigenen Züge nachdenkt, sondern sich auch in den Gegner zu versetzen sucht, so denkt Wachter mit dem Holz."[168]

Nach Schmied denkt Wachter in der Materie des lebenden Baumes. Er fühlt sich ein und paart eine hervorragende handwerkliche Methodik mit dem sensiblen und behutsamen Bearbeiten ganzer Stämme oder Stammsegmente. So nennt er selbst seine Arbeitsweise „Aufschlüsselung der Natur".[169] Damit verortet er sich künstlerisch in einer transformatorischen Übergangsposition zur konstruktiven Holzskulptur, in der dieses Material ausschließlich baulich-konstruktiv bearbeitet wird.

Rudolf Wachter nutzt den Werkstoff Holz also weder in der technischen Tradition der mittelalterlichen Bildschnitzer, also der Beherrschung der Natur, noch in einem expressionistischen Sinn des totalen Zufalls: Er lässt den Werkstoff

Holz mitgestalten, indem er ihm „so etwas wie eine Willensbekundung nach dem physiologischen Tod entlockt".[170]

Das Holz ‚dient' damit nicht als Werkstoff, um Gebilde entstehen zu lassen. Es ist Subjekt in einem Werkprozess, der zu allen Zeiten Wesen und Eigenart des Materials als dem Gestaltungswillen des Bildhauers zumindest gleichberechtigt begreift. Die individuelle Struktur der Bäume macht das Kunstwerk erst möglich und verdeutlicht Wachters Vorstellung von einer Einheit aus Kunst[171] und Natur.

Er bevorzugt für viele Werke Pappelholz, arbeitet aber auch in anderen heimischen Holzarten wie Fichte, Esche, Weide, Kiefer und Obsthölzern. Die monumentalen Skulpturen im öffentlichen Raum werden nach ersten Versuchen mit heimischen Holzarten in tropischen Hölzern ausgeführt. Mit den naturbelassenen Tropenhölzern, die lediglich entrindet sind und oft noch die Spuren des Schlagens und des Transportes tragen, vermittelt er auch durch ihre Inszenierung im öffentlichen Raum eine Vorstellung von Wuchs, Farbe und monumentaler Dimension der vielfach gefährdeten tropischen Bäume. Der Tropenbaum verliert trotz seiner Größe nie den Bezug zum Menschen – beziehungsweise dieser zu ihm. „Der Gigantismus der Technik ist ihm fremd. Seine Grenzen sind vom natürlichen Wachstum bestimmt."[172]

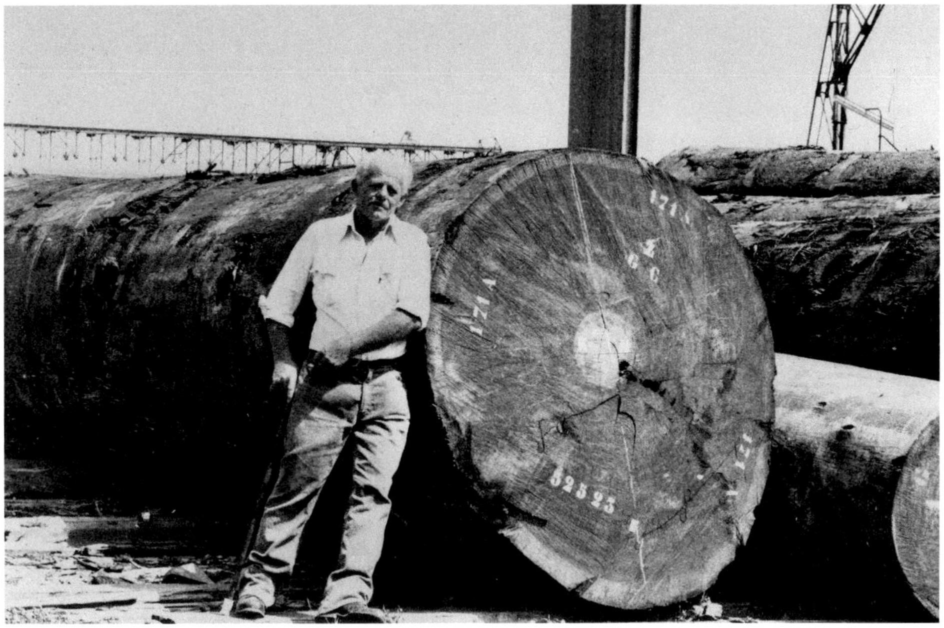

Rudolf Wachter vor einem monumentalen Tropenstamm, 1990er Jahre

Wachter hat sich immer wieder mit der Frage der Verantwortung bei der Materialwahl tropischer Hölzer auseinandergesetzt und die Herkunft der von ihm gewählten Stämme nachverfolgt. 2003 erklärt er im Interview mit Christiane Lange:

„Es sind halt Denkmale. Wenn wir zum Beispiel Fensterrahmen sehen, wissen wir gar nicht, von was für einem Stamm die kommen. Deshalb ist es ganz gut, wenn man so einen Stamm vor eine Häuserfront stellt, bei der die Fensterrahmen aus demselben Holz sind, so wie ich es in Giesing gemacht habe. Da hab' ich dann gesagt: Schaut rauf, da seht Ihr, das ist dasselbe Holz, das Ihr kaputt gemacht habt. Das ist doch idiotisch, Fensterrahmen aus Mahagoni. Ich habe damit ein Denkmal gesetzt."[173]

Pappelholz, aus dem der weit überwiegende Teil der Skulpturen entsteht, wächst schnell und ist damit langfaserig und relativ leicht. Der Wasseranteil ist verhältnismäßig hoch, so dass das Schwinden des Materials im Trocknungsprozess entsprechend stark ausgeprägt ist und damit formbildend wird.

Generell ist die Hygroskopizität[174] als wesentliche Eigenschaft des Materials elementar für den Wachterschen Werkprozess: Bei geschlagenem Holz ist der Fasersättigungspunkt erreicht, wenn das freie Wasser aus den Zellhohlräumen geschwunden ist, die Zellwände hingegen noch feuchtigkeitsgesättigt sind. Jede weitere Abgabe von Feuchtigkeit bewirkt ein Schwinden (analog dazu bewirkt eine Feuchtigkeitsaufnahme ein Quellen: Man spricht vom ‚Arbeiten' des Holzes). Dieses ‚Arbeiten' löst Spannungen in der Masse aus: Bei kleiner dimensionierten Werken verzieht sich die gesamte Form, bei größeren bilden sich Risse, da die inneren Schichten langsamer trocknen als die äußeren. Dabei schwanken Elastizität, Härte und Sprödigkeit je nach Holzart erheblich.

Nicht das abgelagerte, in der Bearbeitung weniger riskante Holz ist der gewählte Werkstoff: Nein, Wachter nimmt sich Holz zum ‚Partner', das imstande ist, „letzte biokinetische Energien" freizusetzen.[175] Es ist dabei eine eigentümliche Paradoxie, dass die Holzmasse jeweils erst durch eine absichtsvolle Störung bildnerisch aktiviert wird.[176]

Wachter begreift im Werkprozess seine Skulpturen immer als integrales Element des Baumstammes. Dieser Stamm wird aus dem Kontext seiner Entstehung herausgelöst und in einen neuen Zusammenhang gestellt. Was folgt, ist ein „tiefgreifender Transformationsprozess",[177] der dennoch immer den Rückbezug auf das originäre Wesen des Stammes offenlegt. Er operiert – und diese Differenzierung ist entscheidend! – mit den Lebensprozessen des Baumes selbst.

Wachter greift direkt in die morphologische Erscheinung der Natur ein und verlässt damit radikal den Weg einer künstlerischen Angleichung, wie sie sich seit der Mitte des 20. Jahrhunderts im Werk vieler Bildhauer manifestiert. Er lässt das Holz mitgestalten, indem er ihm so etwas wie eine Willensbekundung nach dem physiologischen Tode entlockt. Es entfaltet letzte biokinetische Energien – auch wenn diese Energien nur noch „Umkehrantworten auf den natürlichen Wuchsvorgang sind."[178]

1979, anlässlich des II. Symposions ‚Holz + Kunst' in Freiburg, schreibt Wachter in einem programmatischen Text über sein Materialverständnis:

„Was ist Material? Chemische Formel – Masse – Gewichte – Strukturen – Analysen – Zellaufbau – Festigkeit – Statik – Gewebe – Dichtigkeit – Leitfähigkeit – Wärme – Kälte – Analysen mehr und mehr bringen uns nicht weiter. Nur rational soweit definierbar. Als Erfahrungsgrundlage nutzen sie dem Menschen nichts. Sie dienen dem technischen ‚Missbrauch' des Materials.

Ein Schlag auf Eisen, auf Holz, Stein oder Glas ist erfahrbar und jeweils ein anderes Erleben. Das Individuum schafft Beziehungen, stellt Verbindungen her. Es kommt etwas Irrationales dazu, Unerklärbares. Eigenschaften werden erkannt. Daraus resultiert Brauchbares, Bestimmbares. Das Material wird geliebt.

Holz ist gewachsen, ein Organismus in einer bestimmten Form. Es besitzt Eigenschaften, die woanders nicht zu finden sind."[179]

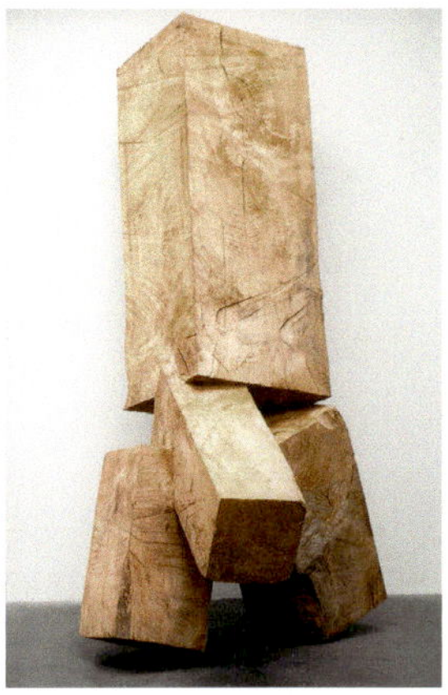

Großer Torso, 1989, Pappel, Ernst-Reuter-Schule München, WVZ 211

Großes Faszinosum ist für Wachter das Moment der Verzweigung von Stamm und Ast, das er in unterschiedlichen Werkgruppen wie den ‚Torsi', den ‚Figurationen' oder auch ‚Omaggio a Piero' präzise herauspräpariert. Die Verzweigung ist ein Urprinzip der organischen wie der anorganischen Welt: Fluss- und geologische Adersysteme, Nervenstränge, Blitze, Blattwerk und: Stamm.

Gercke schreibt davon, dass Entfaltung so erfahrbar wird – diese Entfaltung dabei aber stets endlich ist. „Dass sie nicht ins Uferlose wuchert, sondern, zumindest im Falle des Baumes [...] doch in einer klar umgrenzten, individuellen Kontur ihren Abschluss findet."[180]

Man könnte die These wagen, dass Wachter systematisch nach einer dem Stammholz innewohnenden Form „in romantischem Geist",[181] nach einer neuen Einheit beider sucht und damit letztlich auf vormoderne philosophische Anschauungen zurückgreift.

Diese Überlegung führt auf Aristoteles' Lehre des Hylemorphismus zurück, „nach der die endlichen Substanzen aus zwei verschiedenen Prinzipien bestehen, nämlich dem Stoff oder der Materie [...] und der Form."[182] Aristoteles benennt die Materie mit dem Namen von Nutzholz: „Hyle". Für ihn ist damit Holz das als exemplarisch empfundene Material, an dem der Charakter „bloßer Materialität" deutlich gemacht werden kann.[183] Nach Aristoteles muss alles, was entsteht oder sich verändert, Materie in sich haben. Wenn zu dieser Materie das zweite Prinzip, die Form, hinzukommt und sich mit der Materie verbindet, entsteht ein Ding. Konkret existieren beide daher nur in der Verbindung miteinander. Diese Verbindungen untereinander aber sind dem steten Wandel unterworfen.

Wachter nun erkundet in seiner unablässigen, beharrlichen Arbeit an der Materie deren Gesetzmäßigkeiten; man könnte postulieren, dass er dabei auf der bildnerischen Suche nach der *einen* Form ist, die dem Prinzip Materie eingeschrieben scheint.[184] Die fertiggestellte Skulptur ist nie eine reine Schöpfung des Bildhauers, sondern das Ergebnis einer Kooperation von Künstler und naturgegebener Materie. Das aristotelische „Selbsthafte der Natur", das dadurch gekennzeichnet ist, dass alles Natürliche Eigentendenzen verfolgt,[185] verdeutlicht sich hier beispielhaft.

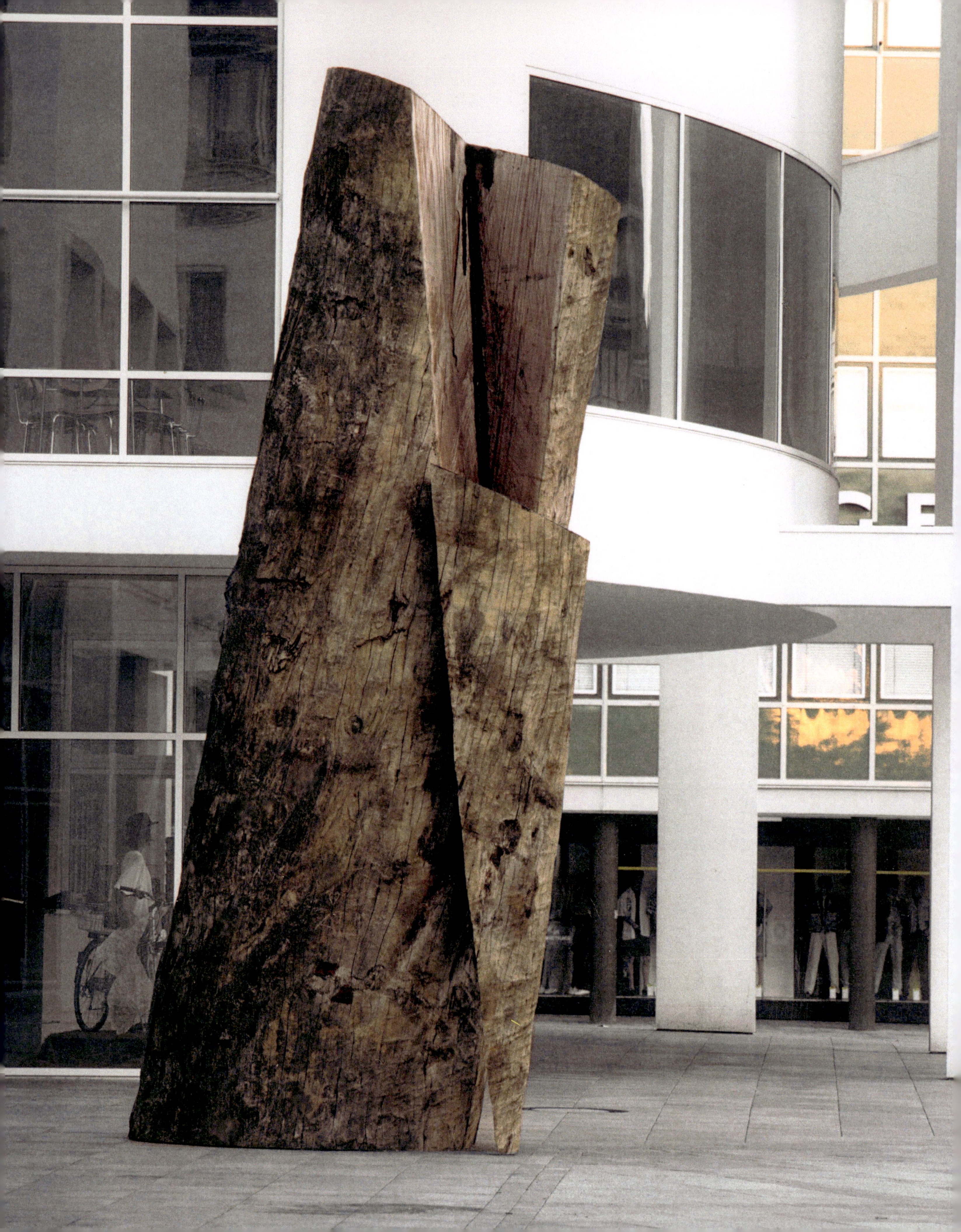

Den Stamm entlang. Zur Technik

In den Schaffensjahrzehnten, in denen Rudolf Wachter Stamm und Baum umkreist, hat er sich für autonome Wege der Annäherung an seinen Werkstoff entschieden und auch spezifische Methoden für diese Prozesse der Annäherung, Durchdringung und Formfindung entwickelt. Wachter bevorzugt einen „unmittelbaren gestalterischen Zugriff", dem allerdings ein „durchdachtes Prinzip zugrunde liegt".[186] Der Werkprozess ist als ein dezidiert dialektischer zu verstehen, weil Wachter stets versucht, eine Balance herzustellen zwischen dem Eingriff des Menschen (also seiner eigenen Hand) und dem, was die Natur aus sich heraus in Form gebracht hat.

Das werk- und werkstoffgerechte Verarbeiten des Holzes fällt dabei mit der Imaginationsfähigkeit des Bildhauers zusammen; erst, wenn beides zu einer Einheit verschmilzt, ist das Werk gelungen. Die Hölzer verdanken sich – bei aller Differenziertheit der technischen Methoden – einem einzigen, immer gleichbleibenden Gestaltungsprinzip: dem Schnitt.

„Gegeben ist ein Stamm. Er birgt das Potenzial zur Form.
Der Schnitt holt sie ans Licht und gibt ihr die Freiheit, sich zu entfalten.
Wachter bezieht seine Inspiration einzig aus dem Stück Holz, das vor ihm liegt."[187]

Bildhauerarbeit bedeutet in der Regel immer Werkstattarbeit, zu der wegen ihrer Komplexität viele beitragen müssen; Rudolf Wachter, der Einzelgänger, erträgt während des Entstehungsprozesses seiner Werke niemanden um sich. Mit äußerster physischer Anstrengung widmet er sich – vom Fällen des Stammes einmal abgesehen – jedem einzelnen Schritt der Bearbeitung selbst.

Der Bildhauer schreibt dazu 1977:

„Der gefällte Stamm wird befreit von seiner ihm unweigerlich aufgezwängten Verwertung, die einer Entwertung gleichkommt und wird zu einer Bewertung geführt, die ohne Utilismus existiert. Existenzwechsel durch Eindringen des Negativraumes. – Das Auseinanderklaffen des Stammes lässt zwei neue Achsen entstehen, wobei die Grundachse als imaginäre erkennbar bleibt. Die beim Schrägschnitt entstehenden Teile verstärken durch Übergreifen die Zusammengehörigkeit sowohl der Länge als auch der Breite nach. Die Maßeinteilung wird bestimmt von der jeweiligen Stärke des Stammes. Naturobjekt und Arbeitsprozess bleiben sichtbar."[188]

Seine Skulpturen arbeitet er immer aus dem vollen Material. Peter Anselm Riedl führt für sie den Begriff ‚Monoxyle' ein.[189] Nach seiner Auffassung beschreibt dieser Begriff sehr genau die physische Qualität der Skulpturen, auch wenn man weder optisch noch durch den ersten Augenschein die in diesem Begriff beschlossene Behauptung der materiellen Einheitlichkeit nachvollziehen könne.

Die Unwägbarkeit des natürlichen Materials birgt aber auch für den erfahrensten Bearbeiter Risiken, die letztlich nicht beherrschbar sind. So ist das natürlich vorgegebene autonome Arbeiten des Holzes fester Bestandteil der Entwicklung des Werkes. Das Material ist nicht nur Objekt der Bearbeitung, sondern zugleich Subjekt der Formfindung. Dabei zwingt Wachter dem Holz keine Form auf; strenge, konkrete Stereometrie stünde der Materie diametral entgegen. Obgleich in den Arbeiten kubistisch geprägte Formen vorherrschen, steht die sinnliche Erfahrung des Materials immer im Vordergrund. Das Umgehen, Betasten und immer auch spekulative Abwägen der dem Holz immanenten Strukturen und Bewegungen beginnen und begleiten die Arbeit an der Skulptur. Die eigenen Gesetze des Stammes stellen den Bildhauer manchmal noch während der Arbeit mit der Motorsäge vor große Überraschungen: So werden der Zufall und das intuitive Reagieren darauf zum wichtigen Mitarbeiter im skulpturalen Prozess.

In der „Berücksichtigung und Ermöglichung, der Beschleunigung und Lenkung der im organischen Material angelegten Veränderungsprozesse"[190] macht der Bildhauer nicht nur die spezifische Eigenart seines Werkstoffes wahrnehmbar; vielmehr inszeniert er den schöpferischen Entstehungsprozess der Skulptur als unendlich perpetuierendes Wechselspiel zwischen Mensch und Natur.

Konstruktion und Schnitt

In ersten, frühen Werken greift der Bildhauer in die Form des Stammes auch dadurch ein, dass er diesen vollständig zerlegt. Für die 1977 anlässlich eines Bildhauersymposions in Freiburg entstandene ‚Aposynthese I'[191] wird zunächst der 17 Meter lange Stamm gleichmäßig in einzelne Stammabschnitte unterteilt. Diese Einzelsegmente werden wiederum in einem steilen Schrägschnitt geschnitten und dann korrespondierend zusammengelegt. Die Betitelung verweist auf diesen Prozess des Auseinandernehmens und erneuten Zusammenfügens.[192]

Wachter selbst schreibt dazu: „Der gefällte Stamm wird befreit von seiner ihm unweigerlich aufgezwängten Verwertung [...]. Existenzwechsel durch Eindringen des Negativraumes. – Das Auseinanderklaffen des Stammes lässt zwei neue Achsen entstehen, wobei die Grundachse als imaginäre erkennbar bleibt. Die beim Schrägschnitt entstehenden Teile verstärken durch Übergreifen die Zusammengehörigkeit sowohl der Länge als auch der Breite nach. Die Maßeinteilung wird bestimmt von der jeweiligen Stärke des Stammes. Naturobjekt und Arbeitsprozess bleiben sichtbar."[193]

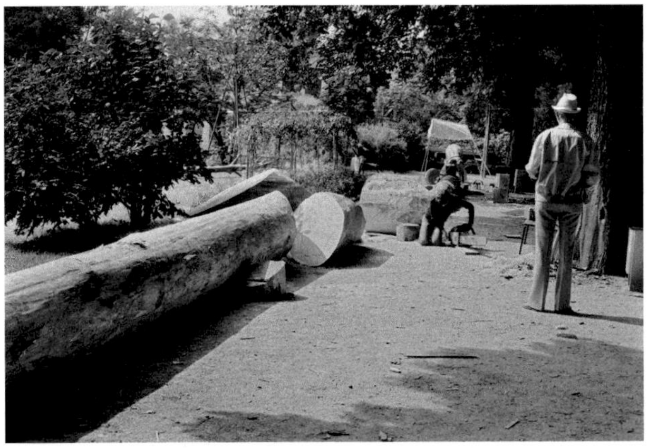
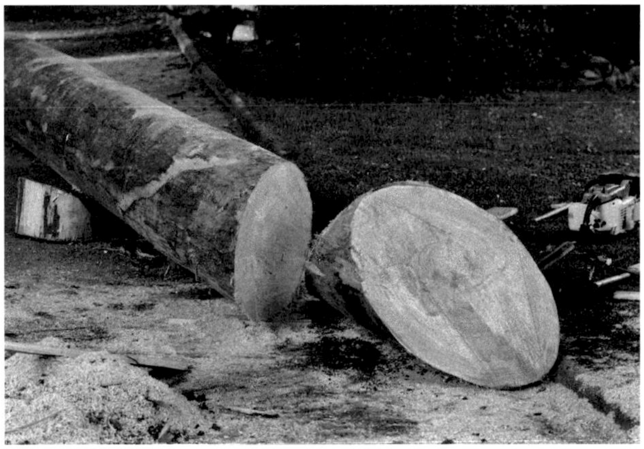
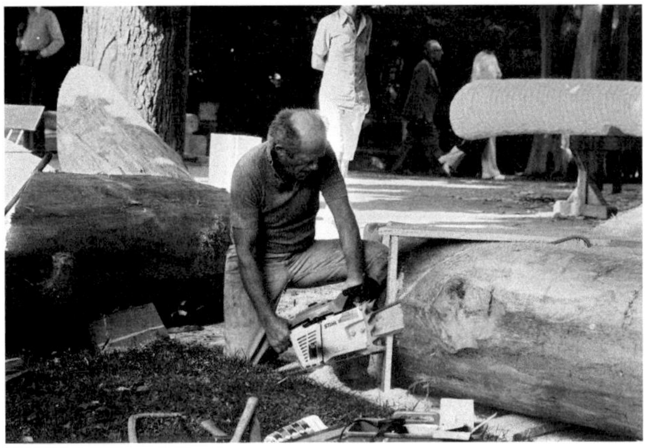
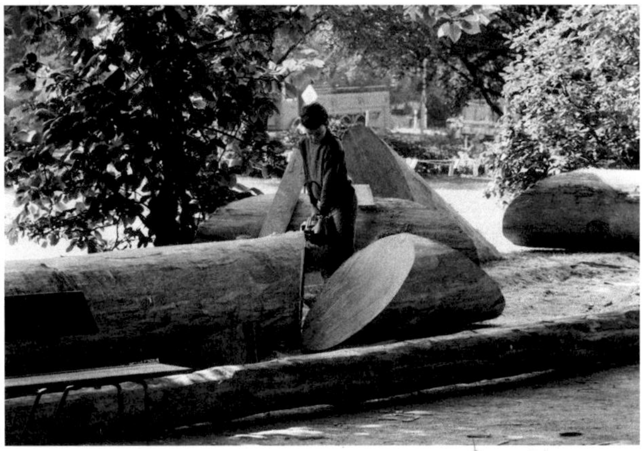
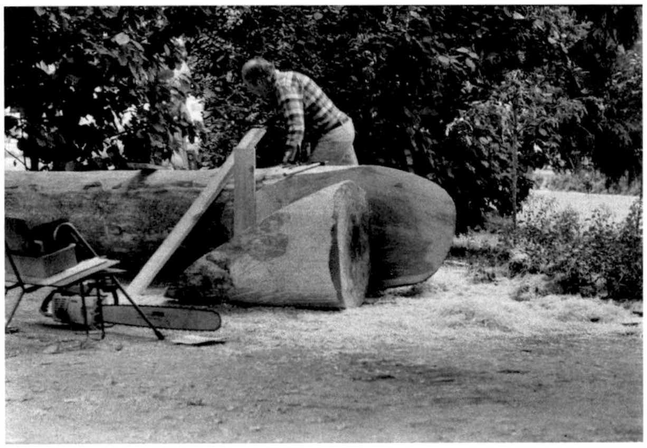
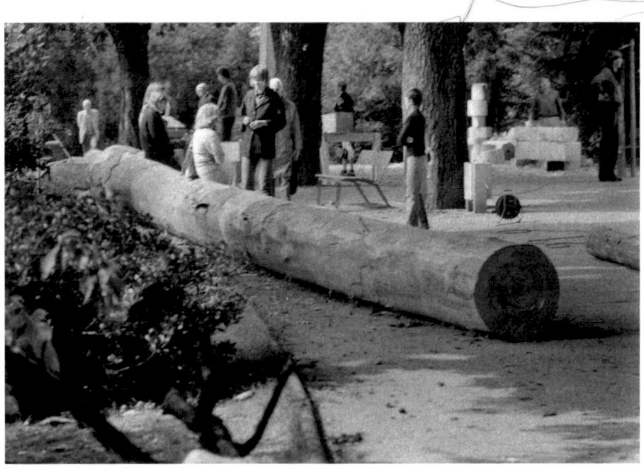
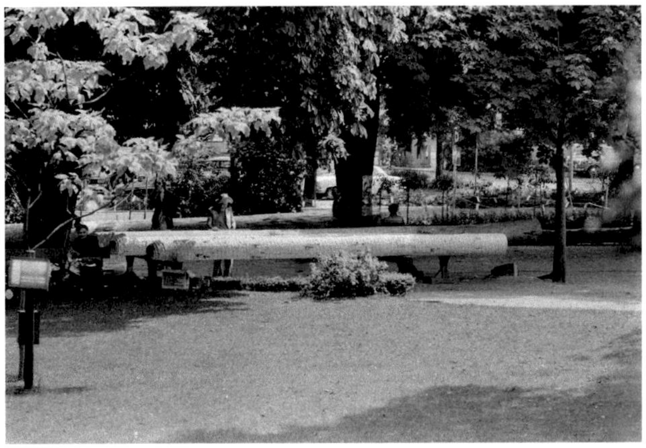
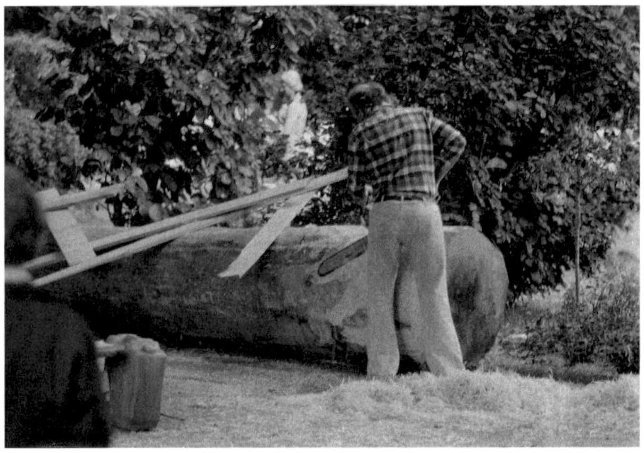

Arbeit an der Aposynthese I, 1977, Fichte, verrottet, WVZ 17. Entstanden während eines Bildhauersymposiums in Freiburg 1977.

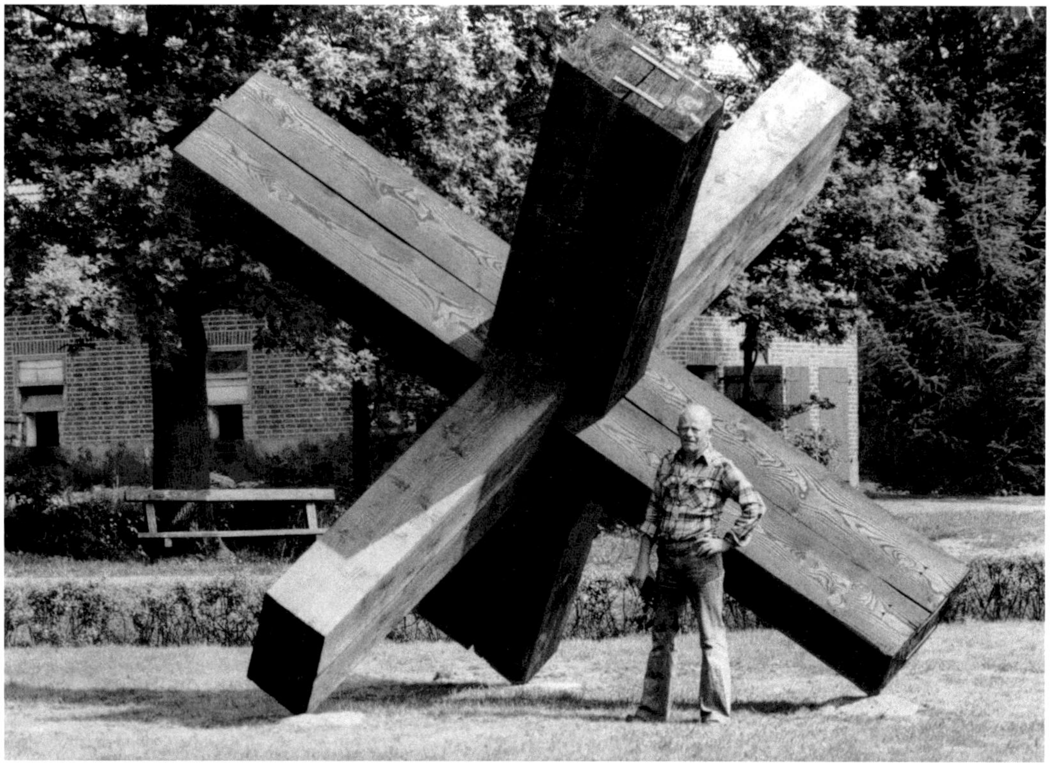

Rudolf Wachter vor seinem ‚Fachwerkknoten', 1978, Fichte, verrottet, WVZ 21, Brockdorf, 1978

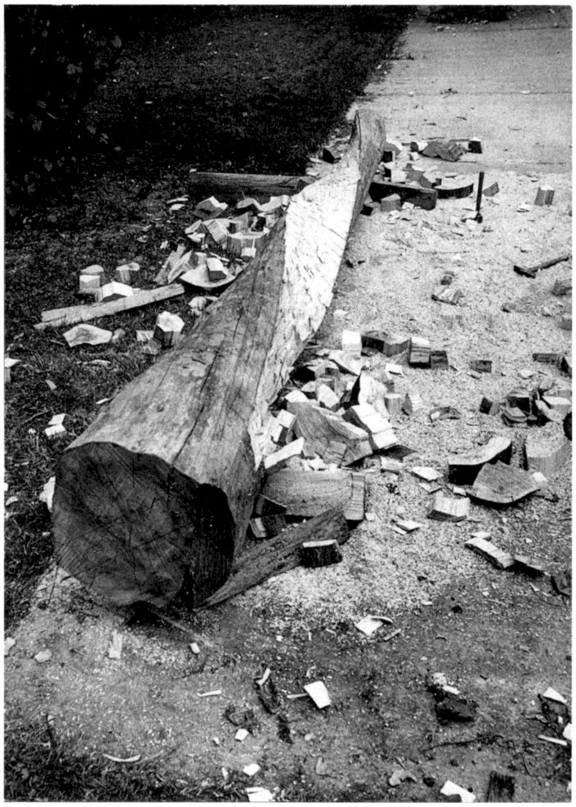

Arbeit an ‚Drehwuchs', 1980/1981, Fichte, Sammlung Wachter, WVZ 43

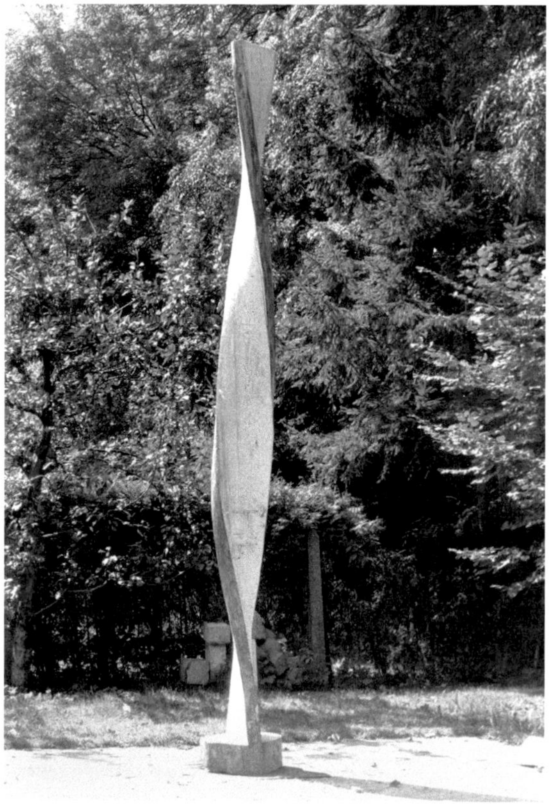

Drehwuchs, 1980/1981, Fichte, Sammlung Wachter, WVZ 43

Eine andere Methode der Bearbeitung vor allem in den 1980er Jahren sind Verbindungen verschiedener Stämme, bei denen diese zu stereometrischen Balkenformen geschnitten, miteinander verkeilt und verbunden werden. Dieses an das architektonische - bzw. im Zimmereihandwerk fußende - Fachwerk erinnernde Konstruktionsprinzip weist zurück auf die Kenntnisse, die sich der Bildhauer als Kind und Jugendlicher erworben und verinnerlicht hat.

In frühen Werken kann der Eingriff graduell und kinetisch höchst unterschiedliche Ergebnisse bewirken: In der ‚Aposynthese' setzen die Schnitte durch die Verlagerung des Schwerpunktes eine Eigentätigkeit der Materie frei.[194]

In der frühen Stammskulptur ‚Drehwuchs'[195] entfernt Wachter von außen zum Kern hin auf zwei gegenüberliegenden Seiten das gesamte Holz mit Tangentialschnitten, so dass nur noch eine zentrale vertikale Scheibe übrigbleibt. Einzig die Bodenplatte verweist auf die ursprüngliche Ausdehnung des Stammes. Nach dem Schnitt ergibt sich dadurch eine stereometrische Form. Erst der Trocknungsprozess fördert eine propellerartige Form zutage, von der Wachter selbst schreibt: „*[...] ich* löse eine Bohle aus einem Drehwuchs heraus. Der Lauf der Fasern macht offensichtlich, was Windbewegungen und Erdstrahlen am Baume bewirkt haben."[196]

In den frühen 1980er Jahren erprobt Wachter verschiedenste Schnitte. In der ‚Stammskulptur'[197] aus dieser Zeit teilt er einen Stamm von einer ursprünglichen Länge von drei Metern der Länge nach diagonal versetzt. Die entstehenden vier Einzelelemente werden zu einem horizontal geführten, nahezu zwölf Meter langen Wandrelief zusammengeführt.

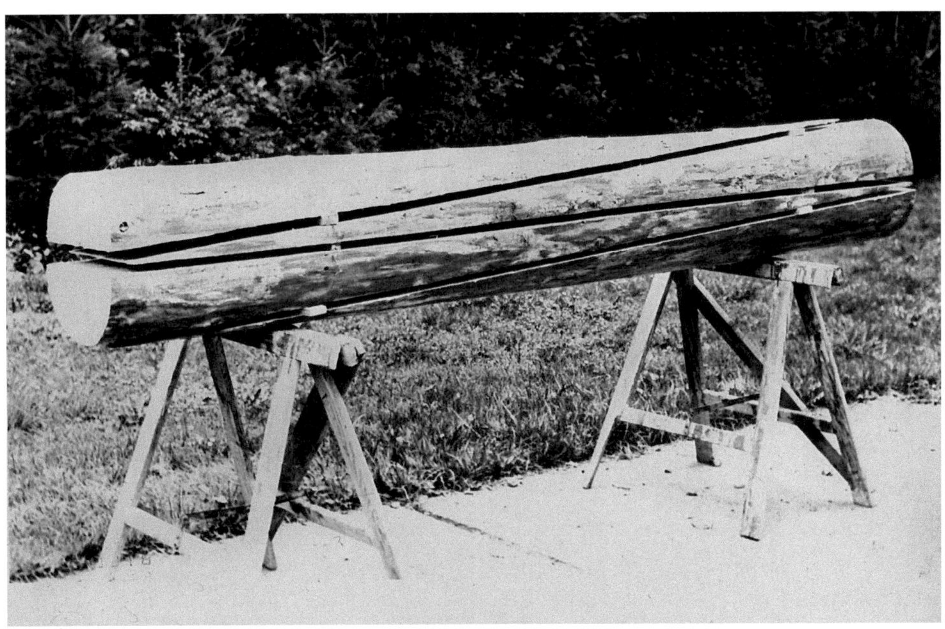

Der fertig geschnittene Stamm der ‚Stammskulptur', 1980, Fichte, Museum Rudolf Wachter. Neues Schloss Kißlegg, WVZ 37

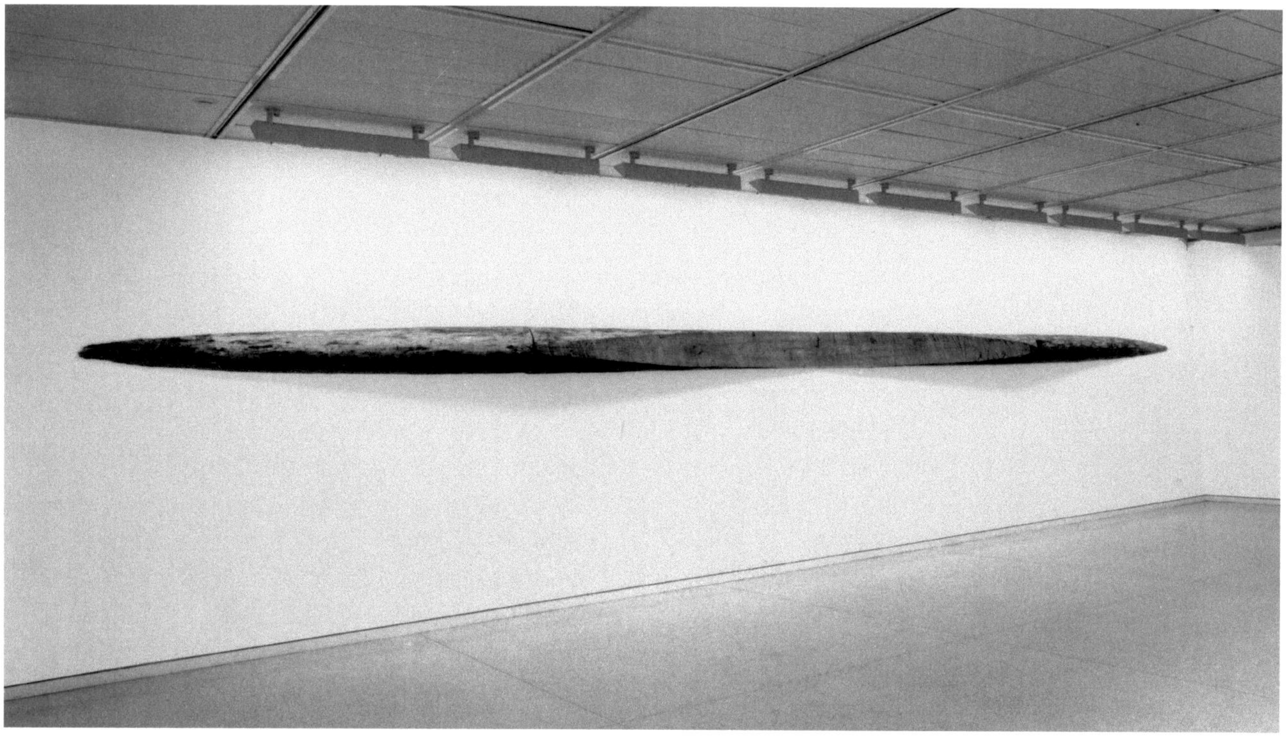

‚Stammskulptur', 1980, Fichte, Museum Rudolf Wachter. Neues Schloss Kißlegg, WVZ 37

Diese Arbeiten verdeutlichen exemplarisch, wie überlegt und analytisch der Bildhauer sich im Prozess der Formfindung mit der Materie auseinandersetzt. Conditio sine qua non sind stets eingehende Form- und Materialerkundungen. Die Gestalt und Struktur der Baustämme – seien es ebenmäßige zylindrische Wuchsformen oder Abknickungen und Verwachsungen – werden exakt analysiert.

In einem nächsten Schritt wird die Natur mit präzisen und gezielten Eingriffen in ein autonomes Kunstwerk transformiert. Diese Eingriffe mit der Kettensäge bedeuten einmal mehr, einmal weniger großen Materialverlust, sind aber stets von enormer Bedeutung in der Genese der Gestaltfindung.[198]

Zur Vorbereitung des Stammes

Jeder Werkprozess beginnt mit dem Auswählen und Fällen des Baumes, der grundsätzlich entrindet wird, um keinem vordergründigen Romantizismus Vorschub zu leisten. In einem nächsten Schritt umkreist Wachter im wörtlichen Sinn den Stamm bzw. das Stammsegment, um die Gesetze des Materials – das Wachstum des Baumes und die individuellen Ausprägungen und Störungen seiner Struktur – zu erfassen. Darauf folgen Vorzeichnungen mit dem Zimmererbleistift, die vielfach auf den fertigen Skulpturen noch erkennbar sind. Sie sind stets im Stirnholz der Stammsegmente zu finden und dienen der strukturellen Analyse und Planung der Form. Diese Vorzeichnungen werden auch bei den vollendeten Skulpturen niemals entfernt.

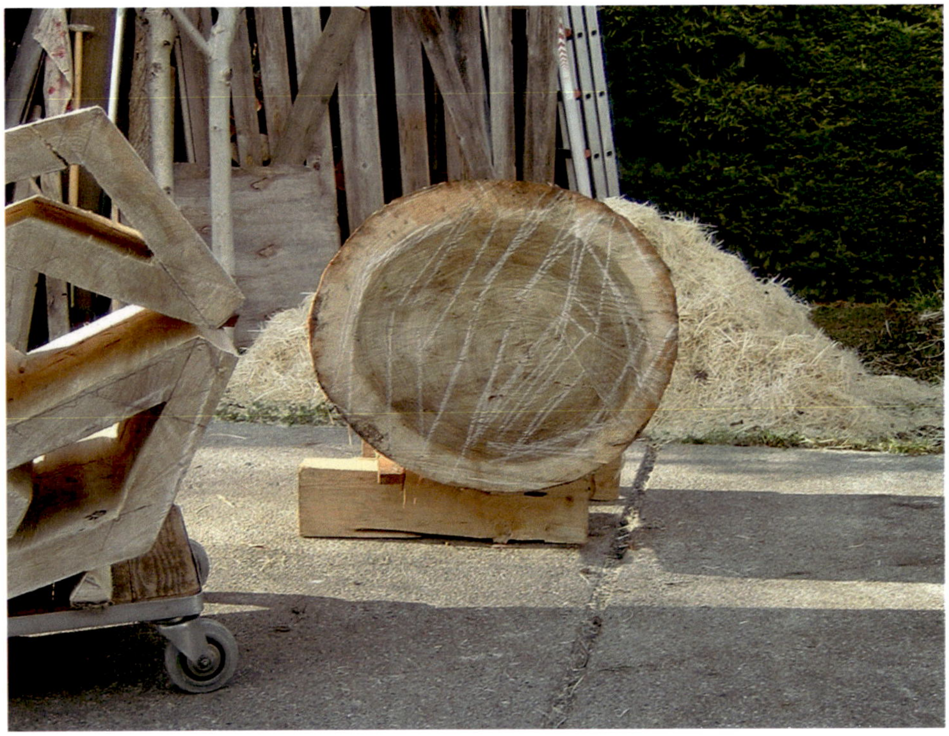

Ein Stammsegment im Atelier Wachter, auf dem erste Kreideskizzen angebracht sind.

Entlang dieser vorgezeichneten Markierungen setzt der Bildhauer zunächst substraktive erste Schnitte, mit denen er die Außenform der Skulptur umreißt. Diese Schnitte dienen nicht der Formung im Sinne traditioneller Holzbildhauerei. Sie aktivieren vielmehr die dem Werkstoff innewohnenden Energien. Wachter schneidet stets in den grünen, nassen Stamm. Einzig dieses Holz ist imstande, mit seinen letzten biokinetischen Fähigkeiten am Werkprozess mitzuwirken.

Wachter setzt die Säge also nicht im Sinne einer Verletzung oder eines unwiederbringlichen Abtragens von Materie ein. Wolfger Pöhlmann, der 1984 eine der ersten Ausstellungen zu seiner Arbeit in Holz mit dem Titel ‚Rudolf Wachter. Stammskulpturen' kuratiert, nennt diese Eingriffe in das Stammholz „notwendige und heilsame Operationen".[199]

Das Instrument: Kettensäge

Eine Besonderheit ist auch die Technik, mit der Wachter aus Stämmen Objekte gewinnt, die gleichsam aus dem Holz heraus gedacht sind, ohne sich in irgendeiner Weise abbildhaft zum Holz zu verhalten.

Wachter hat sich als einer der ersten Künstler eines Instruments bedient, das in den 1990er Jahren in der Holzbildhauerei sehr populär werden sollte, weil der als archaisch geltende Zugriff in die Zeit passte: der Kettensäge, die in Sägeblattlängen von bis zu unglaublichen zwei Metern an den Wänden seiner Atelierwerkstatt hing.

Kranzfelder nennt Wachters Entscheidung, sich mit dieser des „fortgeschrittensten und am besten geeigneten Produktionsmittels zu bedienen", konsequent für eine Kunst, die auf der „Höhe ihrer Zeit agiert. Insofern ist Wachters Kunst im besten Sinne modern."[200]

Die Kettensäge ist ein Motorwerkzeug, das mechanisch nach dem Prinzip der Hobelabspanung arbeitet. Man muss es selbst in den Händen halten, um eine Vorstellung von der Kraftanstrengung zu bekommen, die nötig ist, um sich mit ihr dem Werkstoff auch nur halbwegs kontrolliert zu nähern.[201] Hatte man die kostbare Gelegenheit, Rudolf Wachter bei der Arbeit zu beobachten, war man immer wieder überwältigt davon, mit welcher Sicherheit er sein Werkzeug zu führen wusste.

Die Manövrierfähigkeit des starren (Säge-)Blattes reizt er bis zum Äußersten aus, so dass Kurven, Spiralen und Winkel entstehen, die in ihrer Dynamik ihren Ursprung aus dem Arbeiten mit der starren Säge geradezu konterkarieren.

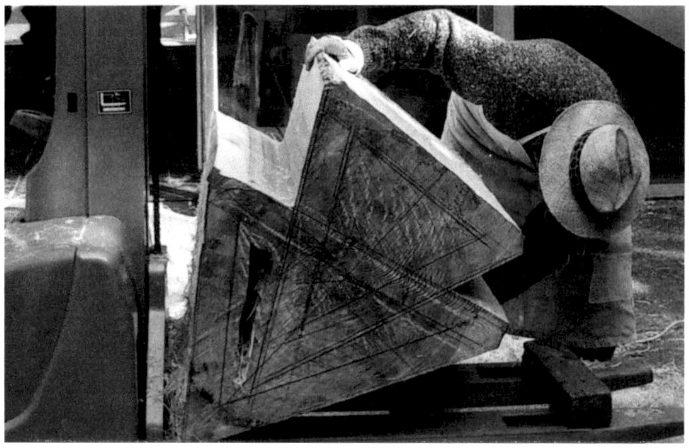

Rudolf Wachter bei der Arbeit an Newgrange XXXXXI, 2004, Pappel, Stiftung für Bildhauerei, Berlin, WVZ 494

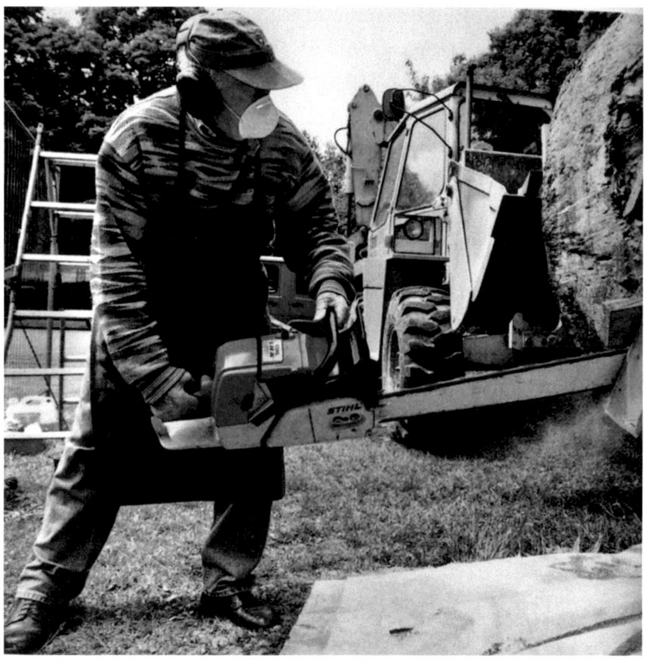

Rudolf Wachter mit der Kettensäge, um 1995

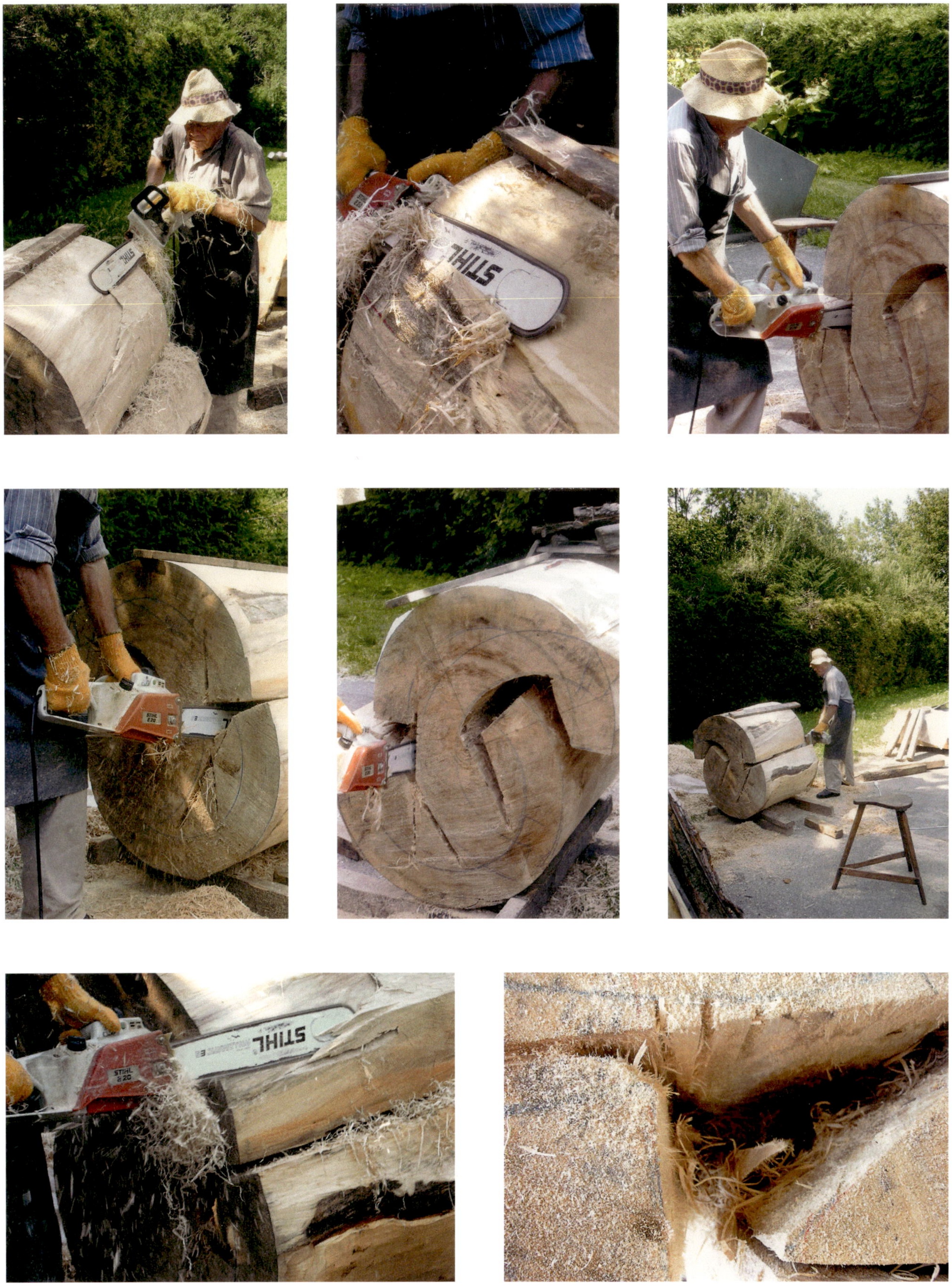

Rudolf Wachter bei der Arbeit mit der Kettensäge, 2007

Er arbeitet mit seinem Instrument immer aus dem vollen Material, was nicht weniger bedeutet, als dass die Werke ‚Monoxyle' sind. Anders als der vielverwendete Begriff ‚Monolith' für ein Objekt, das aus einer in sich zusammenhängenden Steinmasse herausgehauen ist, ist die Bezeichnung ‚Monoxyl' allenfalls Prähistorikern und Völkerkundlern geläufig (so als Terminus für Einbaumboote oder für aus einem Stück geschnitzte Möbel). Für Wachter beschreibt er sehr genau die physische Qualität der Skulpturen, auch wenn Auge und Verstand die im Begriff beschlossene Behauptung der materiellen Einheitlichkeit oft kaum nachvollziehen können.[202]

Der Bildhauer selbst erläutert 2008 im Gespräch mit Wilhelm Warning:

„Die Einmannkettensäge, das gab es vor dem Krieg nicht.
Man hätte diese Arbeiten, die ich heute machte, vor dem letzten Krieg nie machen können. [...] Ich habe kein Schnitzeisen, ich habe keine Axt. [...] Ich habe nur die Kettensäge und ich habe nur den Stamm. Und was sich daraus entwickeln lässt, das ist meine Plastik[203] geworden und das ist meine Auffassung geworden."[204]

Walter Benjamin schreibt, dass „zur Rettung [...] der feste, scheinbar brutale Zugriff" gehöre.[205] In diesem Sinne liegt auch Wachters Holzskulpturen immer zunächst auch ein destruktiver Akt zugrunde. Die Bezeichnung leitet sich vom lateinischen ‚sculpere', also schnitzen, schneiden, meißeln her und begreift damit das Abschlagen, das gewaltsame Entfernen von Materie als notwendigen Akt jeder bildnerischen Gestaltwerdung. Nur und gerade durch die vermeintliche Negativität der Destruktion, also die tiefe Verletzung des Baumes, gelingt es dem Bildhauer, das Holz zu einer Reaktion zu bringen, die wiederum aktiv und autonom gestaltbildend wirken kann. Und so gelingt die Transformation der Destruktion in eine abstrakte, künstlerische Form.[206]

Zur Schnittführung

1985 wird Rudolf Wachter eingeladen, in der Ausstellung ‚Der Baum in Mythologie, Kunstgeschichte und Gegenwartskunst' in Heidelberg seine aktuellen Arbeiten zu zeigen. Im Katalog zu der Ausstellung beschreibt er präzise seine technischen Methoden, mit denen er seine Skulpturen entstehen lässt:

„Ich schneide einen Stamm bis zum Kern rein. Damit sind die Spannungen gelöst, die beim Trocknen des Holzes einsetzen. Der Schnitt unterbricht das geschlossene Kreissystem der Jahresringe, in dem der Hauptschwund erfolgt. Der Einschnitt weitet sich zu einer keilförmigen Öffnung, der erste Schritt zu einer materialgerechten Plastik in Holz ist getan.
Die Form entsteht im Prozess und bildet mit der Technik des Sägens eine Einheit: Skulptur.
Das Weiterleben des Stammes nach dem ‚Sturz' wird als mitwirkendes Element ausgewertet.
Oder ich schneide eine Bohle tangential aus einem Stamm. Sie wird notgedrungen auf der linken Seite hohl werden. Dieses ‚Verziehen' lässt mich zu einer neuen Gruppe von Arbeiten kommen.

Oder ich löse eine Bohle aus einem Drehwuchs heraus. Der Lauf der Fasern macht offensichtlich, was Windbewegungen und Erdstrahlen am Baume bewirkt haben. Oder ich suche krumme Stämme, betone ihre Richtungsänderung noch durch eine Kerbe an der Knickstelle und erreiche eine Gleichwertigkeit zweier Massen, die im Stand durch ihre optische Labilität den Baum in seiner ursprünglichen Bewegung und Elastizität konkretisiert.
Die Individualität des Baumes steht mir – als Individuum – gegenüber, ich fühle mich als Partner und gefordert, meine Kräfte mit ihm zu messen."[207]

Damit benennt Wachter selbst seine beiden wesentlichen Prinzipien der Schnittführungen: den Tangentialschnitt und den Radialschnitt. In seinen frühen ersten Hölzern dominieren noch Tangentialschnitte, mit denen er den Stamm in einzelne Teile der Vertikalen nach zerlegt oder entmaterialisiert. Später konzentriert er sich zunehmend auf den Radialschnitt, der als Schwundschnitt zu einem prägenden Gestaltungsprinzip wird.

Der Schwundschnitt und seine Folgen

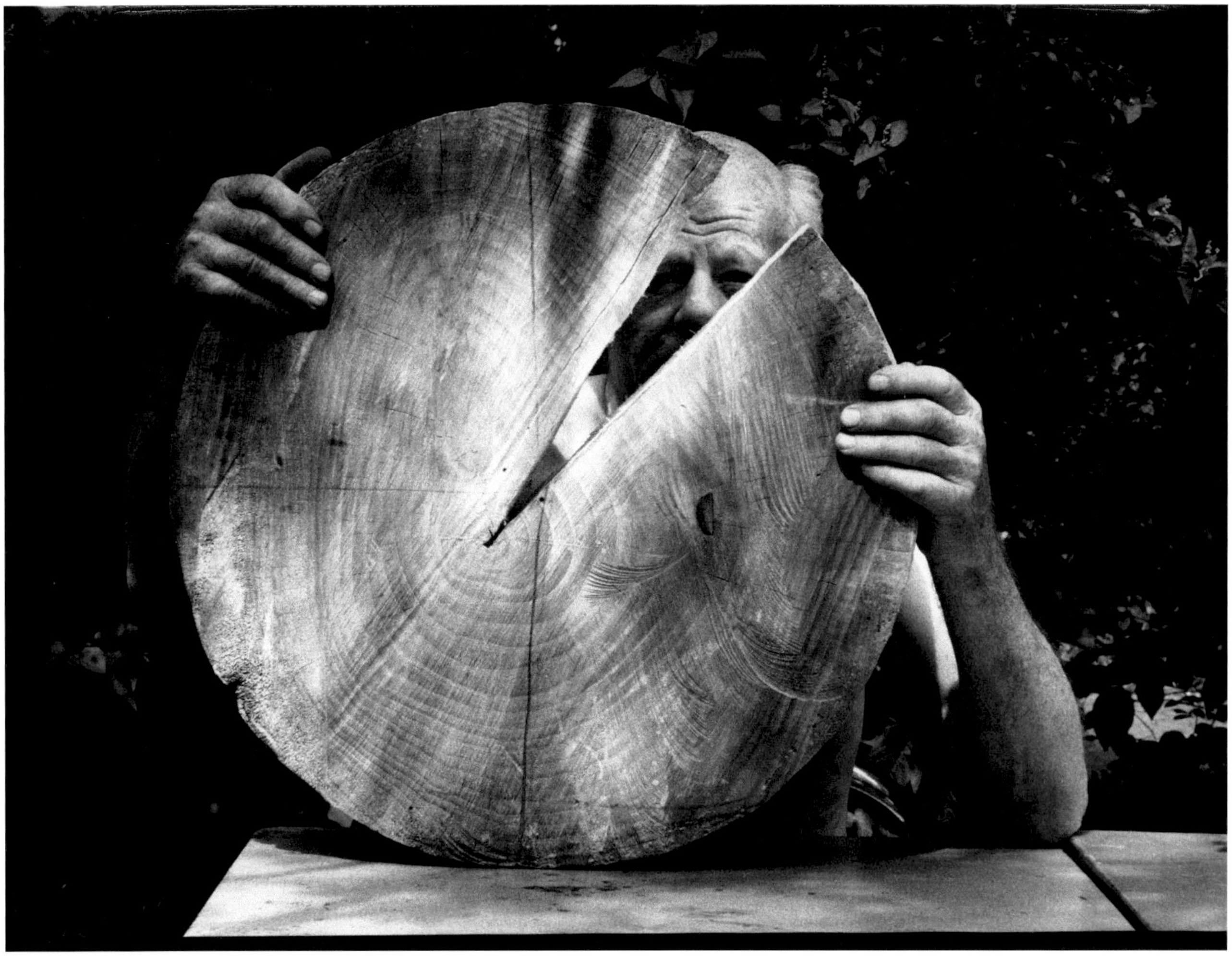

Stefan Moses portraitiert Rudolf Wachter mit einer Baumscheibe, die den für ihn charakteristischen Schwundschnitt exemplarisch demonstriert.

Charakteristisches Gestaltungsmoment im Werk Rudolf Wachters ist der von ihm geprägte und in die Bildhauerei eingeführte Begriff des Schwundschnittes: Ein einziger, präzise gelenkter Radialschnitt wird bis in den Kern des Stammes geführt. Durch ihn wird der Schwund gelenkt; die keilförmige Öffnung ist das Ergebnis des Austrocknens. Die äußeren, jüngeren Jahresringe enthalten mehr Wasser und verdichten sich während des Trocknens stärker. In dem Maße, in dem sich das trocknende Holz zurückzieht, wird der Schnitt zur teils klaffenden Öffnung. Es ist dabei eine eigentümliche Paradoxie, dass die Materie erst durch eine Störung künstlerisch aktiviert wird.

Das Setzen eines einzigen, gestaltbildenden Schnittes ist ein scheinbar einfacher, in seiner Wirkung aber überaus mächtiger Eingriff. Als Schwund- oder Kernschnitt steht er im Zentrum von Wachters Formfindung und -entwicklung. Wachter selbst spricht immer von einem „Schnitt ins Herz des Stammes".[208] Mit diesem Ansatz hat der Bildhauer in den vergangenen Jahrzehnten maßgeblich zu einer Neuformulierung der Holzskulptur beigetragen.

An einer frühen Skulptur lässt sich dieses Prinzip besonders gut nachvollziehen: dem zweiteiligen Ensemble ‚Schwundschnitte gegenläufig'[209] von 1981 aus Fichtenholz, das seine dauerhafte Aufstellung kontrastreich im barocken Treppenhaus von Schloss Kisslegg gefunden hat.

Zwei aufrecht aufgestellte geschälte Fichtenstämme werden jeweils durch kreuzförmig zueinanderstehende Sägeschnitte vertikal geöffnet. Diese Kernschnitte öffnen das vorher geschlossene Volumen der drei bzw. dreieinhalb Meter hohen Stammschäfte. Der erst nach der Bearbeitung der nassen Stämme einsetzende Trocknungsprozess, der die äußeren, feuchteren und natürlich im Verhältnis längeren Jahresringe stärker beeinflusst als die innenliegenden, bewirkt in diesem Falle ein konisches ‚Aufspreizen' der Stämme. Nach Riedl lässt sich dieser Prozess als „künstlich generierte Eigenmodellierung verstehen".[210]

Der erste, entschieden geführte Schnitt mit der Kettensäge in das Herz des Baumes stabilisiert die Materie oder, um mit Rüth zu sprechen, „gibt dem Holz Bestand": Es reißt nicht mehr unkontrolliert an anderer Stelle. Auf diese Weise ermöglicht dieser Eingriff dem Bildhauer, seine Skulpturen sozusagen gemeinsam mit dem Stamm weiter zu erarbeiten.[211]

In späteren Arbeiten kombiniert Wachter diesen Schnitt in den Stamm mit dem Entkernen des Stammes, indem er den Kern bzw. das Herz vollständig aus dem Stamm(-Segment) herauslöst.

In der tradierten Holzbildhauerei hat das Aushöhlen des Stammes einen technisch bedingten Grund. Das Aushöhlen verhindert das Reißen des Materials. Für Altarfiguren etwa werden die Stämme gesägt, in ihrer Länge geschnitten und die Rinde abgeschält. Diese Segmente werden in einem weiteren Schritt vertikal gespalten. Die entstandene flache Ebene bildet die Rückfront der Altarfiguren. In einem nächsten Schritt wird der Kern weitestgehend entfernt.[212]

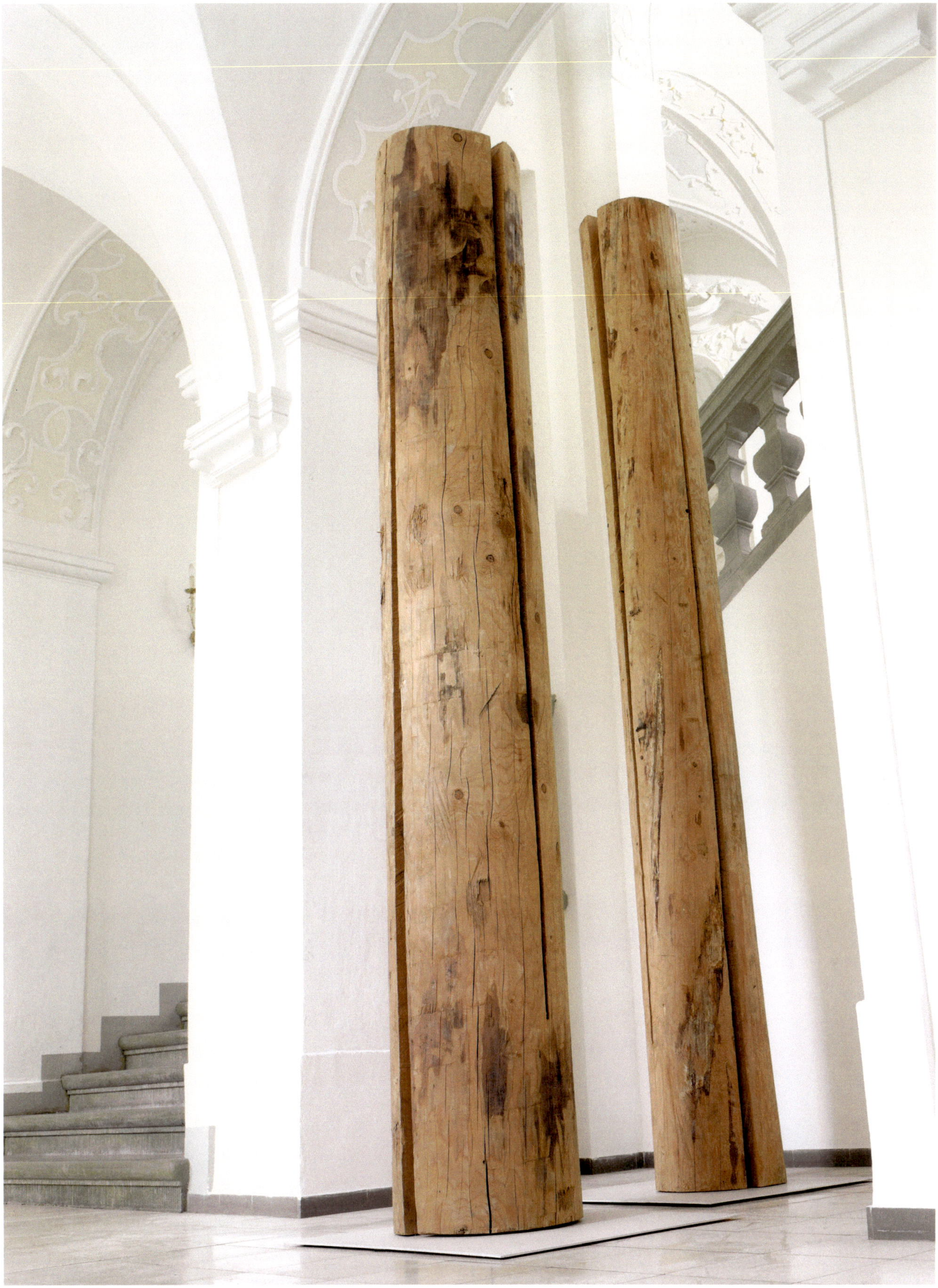

Schwundschnitte gegenläufig, 1981, Fichte, Museum Rudolf Wachter. Neues Schloß Kißlegg, WVZ 48

Durch den Schnitt in den Kern, das Herz des Baumes, fokussiert Rudolf Wachter den durch Trocknung entstehenden Schwundverlust gezielt auf eine Stelle. Wachter macht damit sichtbar, was die Holzbildhauer früherer Zeiten verhindern oder verbergen wollten.

Ist dieser archaische, für den Betrachter fast gewaltsame Schritt der Formgebung abgeschlossen, beginnt das zweite, ebenso wesentliche Stadium in der Genese einer Skulptur: Wachter integriert weitere lineare, parallel oder schräg entlang der Faser geführte Kern- oder Schwundschnitte. Sie dringen von der Außenhaut des Holzstammes in sein Inneres vor und initiieren materialimmanente formbestimmende Veränderungen.[213]

Holz zieht sich beim Trocknen auf ein geringeres Volumen zusammen, wobei sich die Jahresringe verkürzen. Vor allem die äußeren radialen Schichten trocknen und schrumpfen rascher als der Kern. Aus diesem Grund reißt der Stamm von außen nach innen. Wachter nutzt die physikalischen Gesetze, die zur Substanzveränderung des Holzes während des Trocknens führen, als „integratives Gestaltungs- und Ausdrucksmoment".[214] Häufig wird diese Trocknung zusätzlich gesteuert, indem einzelne Partien unterschiedlich intensiv der Sonnenwärme ausgesetzt werden. Keile, die beständig in ihrer Wirkung beobachtet und nachgesetzt werden, unterstützen die natürlichen Bewegungen des Holzes. Dieses ‚Assistieren' des Trocknens ist entscheidend für die spätere Gestalt des Werkes. Ohne das behutsame, aber nachdrückliche Eingreifen und Steuern der Richtungen gelingt die intendierte Formfindung nicht. Der „Bequemlichkeit der Materie", wie es Rudolf Wachter selbst nennt, wird die sanfte Unnachgiebigkeit des überlegt benutzten Keils entgegengesetzt.

Wachter greift nach diesen formgebenden Prozessen nicht mehr weiter in die Skulpturen ein. Vorzeichnungen bleiben sichtbar, aus der Oberfläche herausstehende Fasern werden nicht entfernt. Einzige Ausnahme bilden die bei der Trocknung vor allem von Pappelholz entstehenden Haarrisse, die er gelegentlich mit Holzspänen schließt.

Die ‚Affäre Fath'

Die Bedeutung dieses Schwundschnittes für seine individuelle Entwicklung und die Eigenart seines Werkes ist Wachters zentrales Anliegen, das er nicht nur stets von Neuem realisiert, sondern zu dem er sich auch immer wieder programmatisch äußert. Besonders deutlich macht Wachter seine Haltung in einem Brief an den Landrat des Landkreises Ravensburg Dr. Wolfgang Schürle 2004. Dieser hatte Rudolf Wachter eine Publikation zu Skulpturen aus dem Besitz der Landkreise Baden-Württembergs zugesandt,[215] in der der Kunsthistoriker Manfred Fath Rudolf Wachter folgendermaßen vorstellt:
„Unter den Bildhauern, die mit Holz arbeiten, nimmt Rudolf Wachter eine besondere Stellung ein. [...] Die Skulptur *Schwundschnitt* aus dem Jahr 1990 kann hier als beispielhaft gelten. Der Künstler schneidet mit der Kettensäge eine Keilform aus der Baumscheibe aus, die an einen Schwundschnitt erinnert, wie sie bei Hölzern häufig zu finden sind. Damit schafft der Künstler eine neue Form, die abhängig ist von der Natur, sie aber nicht nachahmt."[216]

Rudolf Wachter schreibt als Reaktion am 17. August 2004:
„Leider muss ich feststellen, dass von Herrn Dr. Fath eine völlig irreführende und falsche Darstellung meines Denkens und in Folge meiner Arbeiten gemacht wurde. Das Entscheidende ist, dass der Keil nicht herausgeschnitten wurde, sondern ich habe durch einen einzigen Sägeschnitt von außen ins Zentrum den Schwund gelenkt. Die Öffnung ist nämlich das Ergebnis des Austrocknens.
Das Holz muss nämlich grün bearbeitet werden, damit das funktioniert! [...]
Der Schwund, was nicht allgemein bekannt ist, findet am stärksten in den Jahresringen statt.
Mit anderen Worten: Die Jahresringe verkürzen sich (ein Masseverlust). Die Verkürzung im Stammesinneren ist wenig und steigert sich nach außen durch die vielfache Verlängerung der Ringe.
Ich lege größten Wert darauf, dass dies richtig verstanden wird, weil meine Arbeit darauf aufbaut. Sonst ist sie wertlos. Ich dachte, deswegen haben Sie gerade diese Arbeit gewählt, die als Exempel für alles Weitere steht.
Warum ein Dr. Fath es nie für notwendig gehalten hat, mit mir ein Wort zu wechseln, ist mir unerklärlich!
Ich müsste eigentlich den Katalog verbieten wegen falscher Darstellung und Zerstörung der geistigen Grundlage meiner Arbeit.“[217]

Am Beispiel: ‚Newgrange‘ und ‚Gebrochener Raum‘

An den einander eng verwandten Werkgruppen ‚Newgrange‘ und ‚Gebrochener Raum‘ zeigt sich exemplarisch das Vorgehen Wachters bei Skulpturen, die das Stammesrund bewahren. Materielle Grundlage dieser Skulpturen sind Stammholzabschnitte, die in der maximalen Ausdehnung ihres annähernd kreisförmigen

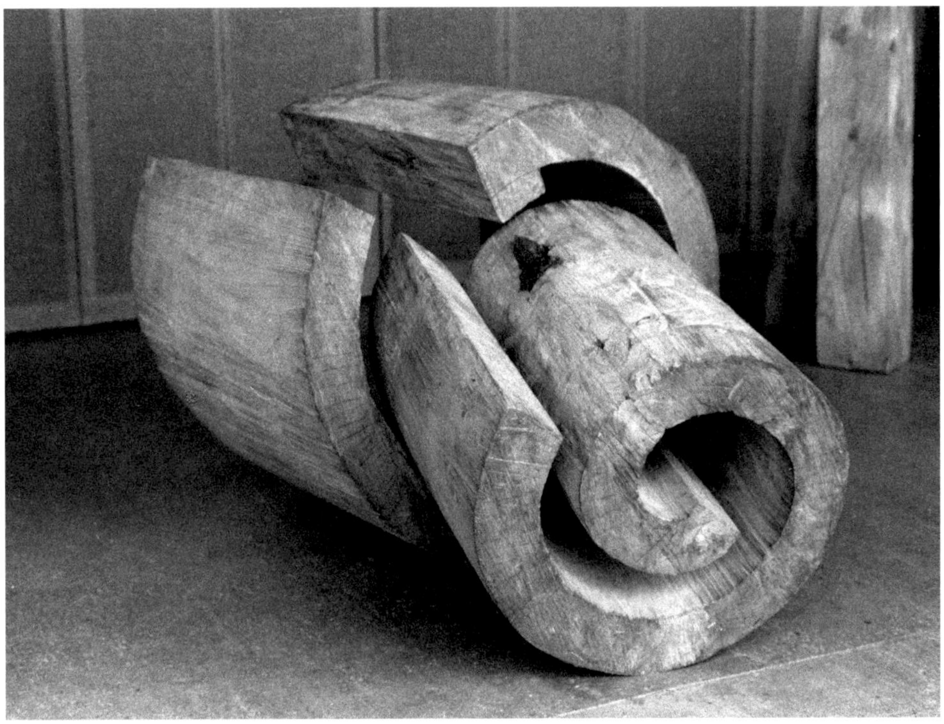

Newgrange III, 1990/1991, Pappel, Museum Rudolf Wachter. Neues Schloss Kißlegg, WVZ 235

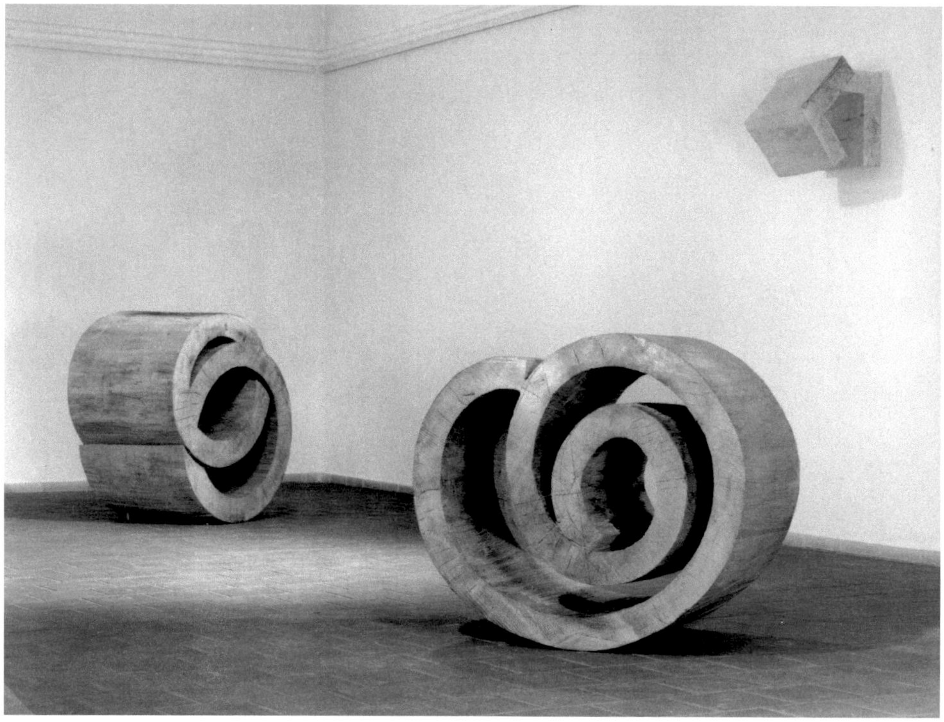

Newgrange IV, 1991, Pappel,
Institutionssammlung,
WVZ 240

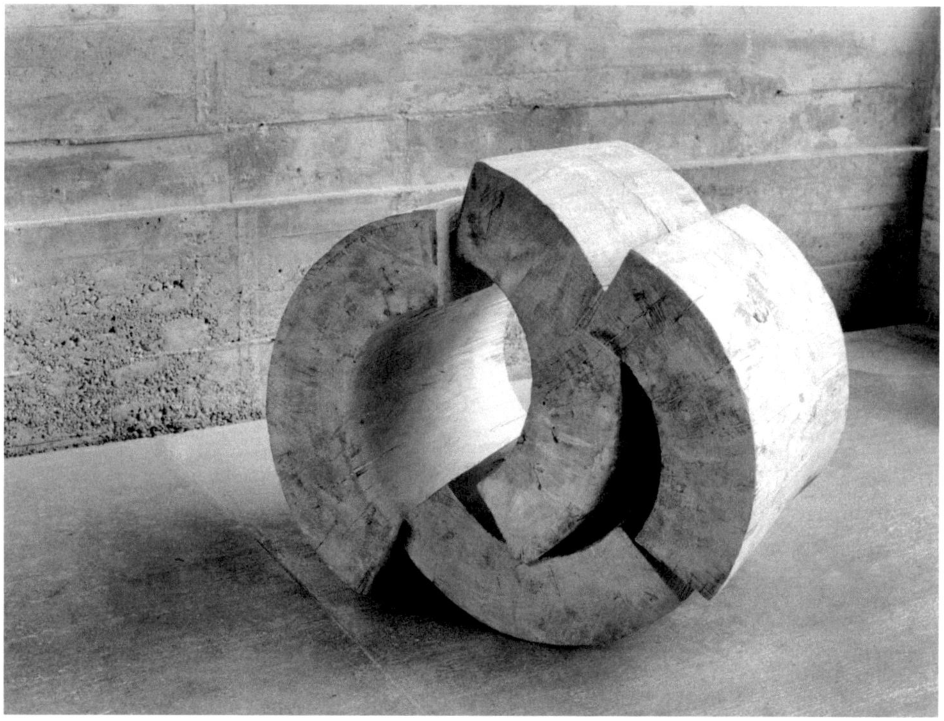

Gebrochener Raum o.N.,
1997, Pappel, WVZ 338

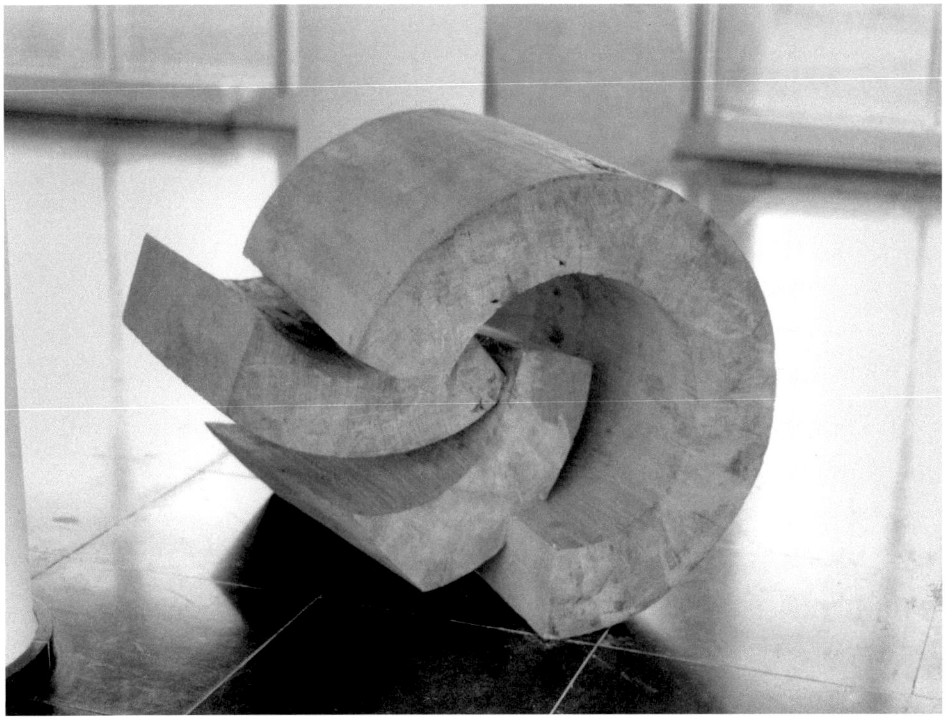

Gebrochener Raum, 1998, Pappel, WVZ 347

Durchmessers belassen werden. Die Abmessungen korrespondieren mit der Schwertlänge der verwendeten Kettensägeblätter. Auch auf den vollendeten Werkstücken sind immer wieder die Vorzeichnungen im Stirnholz zu erkennen, die dem Bildhauer zur Orientierung dienen, wenn er seine Sägeschnitte setzt.

Entlang der Jahresringe werden die Stammabschnitte kreisförmig ausgehöhlt. In diesem Prozess wird die substantielle Masse auf wenige Zentimeter starke, sich oft zylindrisch fortführende Wandungen reduziert. Entsprechend der Richtungen des organisch gewachsenen Materials beschreibt die entstehende Form Kreis- oder Spiralbewegungen. Zuweilen bleibt einzig der walzenförmige Hohlkörper bestehen. In anderen Fällen wird das ausgelöste Kernstück selbst wiederum ringförmig ausgehöhlt und im Inneren platziert. Es entstehen Schleifen, mitunter auch konzentrische Einrollungen; bei anderen Skulpturen greifen zwei Ringe seitlich ineinander. In ‚Gebrochener Raum' wird die Form eines geschlossenen Hohlzylinders in drei oder mehr Bogensegmente aufgeklappt.

Mit diesen gerundeten Hohlformen entwickelt Wachter nach eigener Aussage eine neue „kernplastische Denkweise".[218] Die Säge dringt in das Herz des Stammes ein und verändert dabei nachdrücklich sein statisches Gleichgewicht. Bildnerisch konzentriert sich Wachter hier auf das Bewegungsmoment und die Beziehung zwischen Hülle und Kern. Dieser manifestiert sich als imaginäres Kraftzentrum.[219]

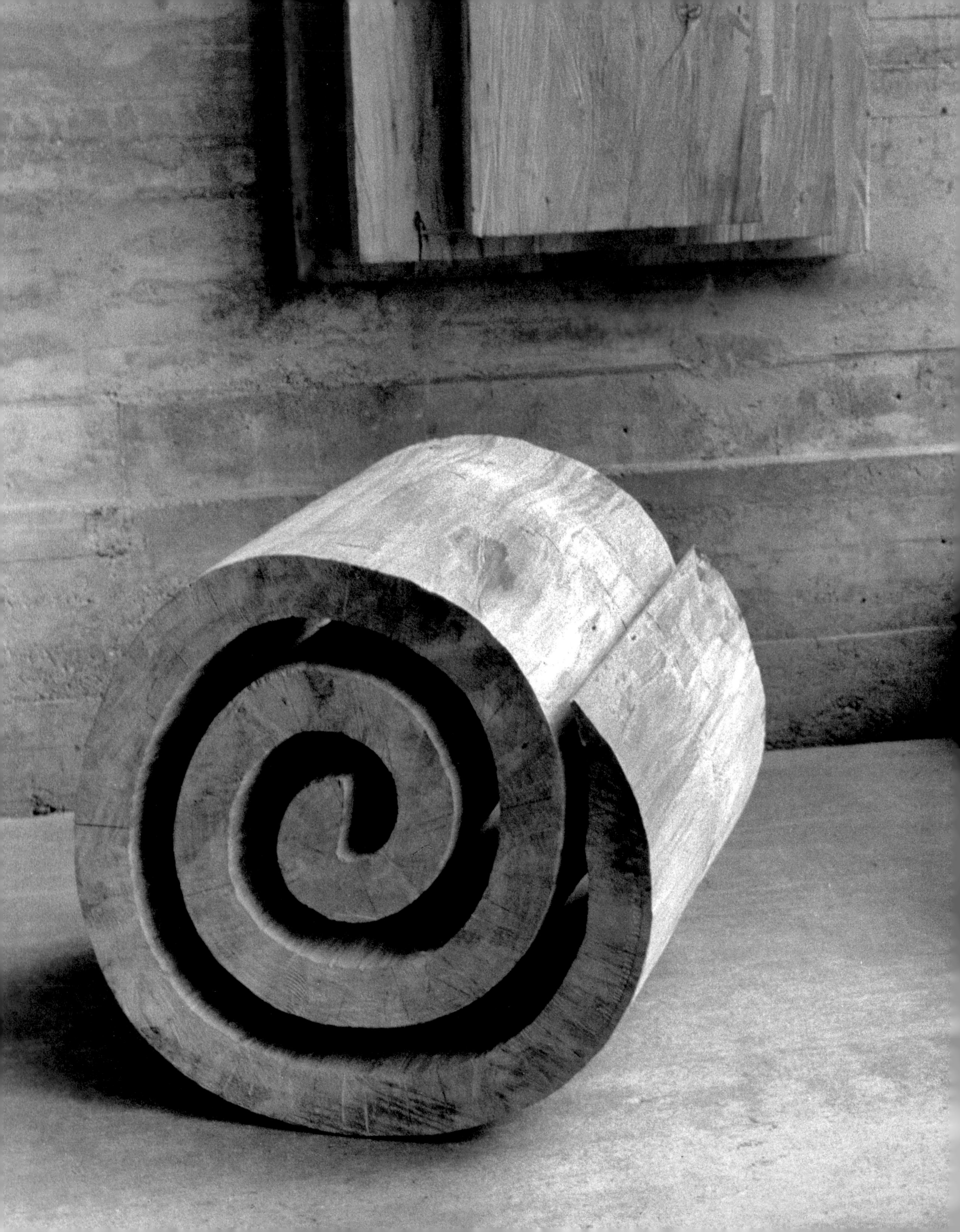

Zur Form

Form und Raum

„Wenn ein Stamm schwindet und kleiner wird, gibt es halt Risse und dann ist die Form kaputt.
Das ist nicht in meinem Sinne, weil ich die Vollkommenheit der Klassik brauche.
Die Form muss sein.
Das Beständige kommt durch die Form und das habe ich mit dem Stamm und dem Schnitt erreicht.
Der Stamm reißt nicht mehr.
Die Form geht in den Schnitt hinein und der Schnitt gehört zur Form."[220]

Der konkrete Rückbezug auf die „Vollkommenheit der Klassik" fußt im Werk Wachters auf seiner Ausbildung an der Akademie der Bildenden Künste in München. In einem Gespräch mit der Autorin geht es ihm um den Primat der Form, wie es Friedrich Schiller programmatisch 1795 schreibt:

„In einem wahrhaft schönen Kunstwerk soll der Inhalt nichts, die Form aber alles tun; denn durch die Form allein wird auf das Ganze des Menschen, durch den Inhalt hingegen nur auf einzelne Kräfte gewirkt. Der Inhalt, wie erhaben und weitumfassend er auch sey, wirkt also jederzeit einschränkend auf den Geist, und nur von der Form ist wahre ästhetische Freiheit zu erwarten."[221]

Wachters Klassikbegriff ist geprägt von Adolf von Hildebrand, den er seit seiner Studienzeit verehrte und auf den er sich vielfach bezieht. Hildebrands Modernität besteht darin, dass er eine formalistische Auseinandersetzung mit dem ‚Problem der Form' anregt. Er tritt dem Naturalismus der wilhelminischen akademischen Schule kontrapunktisch mit einem Bekenntnis zu einer streng statuarischen und tektonischen Komposition entgegen.

Wesentlich ist Hildebrand die Forderung nach der Gestaltung aller plastischen Arbeiten als einheitlich flach wirkendes Fernbild. Er geht von einer Hauptansicht aus und begreift damit den Raum als in Schichten gestaffelt, den sich der Betrachter von vorne nach hinten erschließen sollte. Diese Betonung einer Hauptansicht im Sinne eines reliefhaften Fernbildes präferiert das visuelle Erleben gegenüber dem haptischen.

Wachter entscheidet sich in seinen Hölzern mit Nachdruck gegen diese Hildebrand'sche Auffassung einer Reliefstruktur vollplastischer Werke. Für ihn gilt als conditio sine qua non, dass eine Skulptur von allen Seiten ihre Wirksamkeit entfalten müsse. So sind seine Holzskulpturen ausdrücklich auf Mehransichtigkeit hin konzipiert, sogar ihre Positionierung ist in vielen Werkgruppen wie etwa den ‚Torsi' variabel.

Newgrange 49, 2003, Pappel, Landkreis Ravensburg, WVZ 480

Eine andere grundsätzliche Entscheidung Wachters in der Auseinandersetzung mit der Münchner Schule ist die Negation des Abbildhaften. Wachters Skulpturen sind kein Abbild der Wirklichkeit, sondern autonome, einzig auf sich selbst bezogene Schöpfungen. Die individuelle Naturform ist dabei nicht etwas, das es zu tilgen gilt zugunsten der abstrahierten skulpturalen Form; sie ist vielmehr ursächlicher Anlass ihrer Entstehung.[222]

Die formale Verwandtschaft des Baumstammes mit der Säule ist ihm – vor allem seit seinem Griechenlandaufenthalt 1965–1967 – ein zusätzliches Faszinosum. So gewinnt Wachter aus den Stämmen Werke, die gleichsam aus dem Holz heraus gedacht sind, ohne sich in irgendeiner Weise abbildhaft dazu zu verhalten. Wachter setzt der Natur und den ihr innewohnenden organischen und kinetischen Prozessen eine stereometrische Form entgegen. „So macht er zweierlei sichtbar: Zum einen die Natur, zum anderen die Intervention. Wachter antwortet ‚auf die Anregungen der Natur mit der Logik künstlerischen Tuns. [...] Aus purer Grammatik wird ein Gedicht".[223]

Es entstehen ineinandergreifende kubische Formen, die an den Wachstumsrichtungen des Holzes orientiert sind. Die Kombination der stereometrischen Formelemente legt auf den ersten Blick den Vergleich mit Konzepten konstruktiver Plastik nah. Wachters Methode ist es allerdings, die finale Form aus einem Stück herauszuarbeiten – oder besser: herauszupräparieren. Damit unterscheidet sich seine Arbeitsweise grundlegend von konstruktivistischen Verfahren, die stets additiv angelegt sind. Diese Haltung findet sich auch in seinen früheren Werken wieder. 2011 erzählt er in einem Interview von dem tiefen Eindruck, den die Akropolis und andere antike Stätten auf ihn während seiner Zeit in Griechenland gemacht haben:

„Die Teile der antiken Plastiken waren oft durch Passsteine aneinandergefügt. Diese Passsteine sah man herumliegen und das hat mich angeregt [...]. ich habe meine Plastiken in Gips modelliert und später dann gegossen. Sie sind in dieser Zeit runder, geschlossener, kubischer. Es geht in ihnen – und da ist der Bezug zur Antike – um die scheinbare Gegensätzlichkeit des Organisch-Antropomorphen und der Stereometrie kubischer Sockel, die ich zum integrierenden Bestandteil der Skulptur habe werden lassen."[224]

Form und Raum bedingen sich in den Hölzern Rudolf Wachters auf unauflösliche Weise. Aristoteles definiert Raum als die Summe aller Orte, die von Körpern eingenommen oder ‚besetzt' werden. Er spricht vom Raum als „Grenze des umfassenden Körpers".[225]

Zentrale Bestandteile des Raumes sind also seine materielle Begrenzung und ein immaterieller Kern. „Es ist notwendig, dass in einer Skulptur den leeren Räumen ebenso viel Bedeutung zugemessen wird wie den gefüllten. Die Skulptur ist vor allem eine Besitzergreifung des Raumes, eines Raumes, der durch Formen begrenzt wird"[226] schreibt Henri Laurens (1885-1954), an dessen Werk sich Wachter zeitlebens orientiert.

„Raum ist in unserer Sicht nicht der Abstand zwischen fern und nah, nicht zwischen oben und unten, auch nicht der Ort, der hier und da ist; er dringt ein und ist in unserer bewussten Seherfahrung allgegenwärtig. Wir sind nicht an einer materiellen Substanz interessiert, oder an seiner Konfiguration als verallgemeinerte Verkörperung, die das Universum umfasst. Raum ist eine immer gegenwärtige Realität der visuellen Erfahrung unserer Welt, ohne die kein volles Bild von irgendetwas entstehen kann".[227] Der russische Bildhauer Naum Gabo (1890–1977) formuliert hier ein Kunstverständnis, das bis in unsere Tage Gültigkeit hat. Über lange Zeit haben sich die Bildhauer der oft figurativen kompakten Form gewidmet. Die Entdeckung des Raumes als integrales skulpturales Element ist auch eine Entdeckung der Abstraktion, die für den jungen Wachter nach 1945 zu einem fundamentalen Erlebnis wird.

Betrachtet man Wachters Beziehung zu Form und Raum bzw. zu dem bildnerischen Verhältnis beider, führt dies erneut zurück zu seinem Studium an der Akademie der Bildenden Künste in München und damit zu Adolf von Hildebrand, der 1893 in seiner Abhandlung ‚Das Problem der Form in der Bildenden Kunst'[228] seine theoretischen Anschauungen niedergelegt hatte, die Wachter nach eigenem Zeugnis zum ‚Brevier' wird.[229] Hildebrand beschäftigt sich darin mit dem Raum im Kontext der Bildhauerei. Er erkennt in Anlehnung an Wölfflins Architekturtheorie[230] im ‚Raumganzen' das Wesen bildnerischen Schaffens als Möglichkeit räumlicher Ausdehnung von Materie, wenn er schreibt: „Alle unsere Erfahrungen über die plastische Form der Objekte sind ursprünglich durch Abtasten zustande gekommen. Sei es nun das Abtasten mit der Hand oder mit dem Auge."[231] Johan Frederik Hartle weist darauf hin, dass für Hildebrand die Kombination visueller und taktiler Aneignung entscheidend sei, die der Bildhauer mit dem Begriff ‚Form' definiert. „Erst taktil erfassen wir den Unterschied von zweiter und dritter Dimension, weil wir ‚Raum' so als konkreten Leibraum erfassen, in den wir selbst ‚eingreifen' können".[232]

Hans Wimmer (1907–1992), eine Generation vor Wachter ein gleichfalls durch Hildebrand geprägter Bildhauer, bemerkt in seinen Aphorismen: „Die Griechen sind unerhörte Töpfer gewesen. Nur von der Töpferei her ist ihre Plastik zu verstehen. Bronzeplastik und Tongefäß sind dasselbe. Beide schließen das entscheidende plastische Element, den Raum, ein."[233]

Für Rudolf Wachter ist es ein zentrales bildnerisches Anliegen, den Hohlräumen einer Skulptur (die man in der Bildhauerlehre als tote Form bezeichnet) den gleichen formalen Rang zuzubilligen wie den plastischen Volumina. So entwickelt er für sich die fruchtbaren Felder des Wechselspiels zwischen geschlossener und offener Form, also jener Strukturformel, die spätestens seit den Entdeckungen der Kubisten zum Selbstverständnis der Bildhauerei gehört.

Um 2004 äußert er sich zu dieser Frage: „Es geht um ein anderes Raumdenken. Der Stamm ist ein eigenes Raumgebilde. Durch den Schwundschnitt, der sich zum Keil öffnet, wird der Raum ein anderer. Es wirkt nämlich auf einmal der Umraum mit. Jetzt steht der Stamm, bzw. die Skulptur, im Raum. Vorher war der Stamm der Raum".[234]

Gaertner macht 2001 „die merkwürdige Entdeckung, dass diese Skulpturen trotz vielfältiger ausgesägter Hohlräume kein Innen haben. Noch so tiefliegende und eingeschlossene Flächen haben nichts von einem bergenden Innen, es gibt hier keine wirklichen Einblicke, auch die für dimensionalen Raum charakteristische Leere fehlt."[235]

Nach den Überlegungen Albert Einsteins reagiert der Raum auf angesammelte Masse, um die herum er sich strukturiert. So relativiert sich auch der Raumbegriff: Ändert sich die Masse bzw. ihr Volumen, verändert sich auch die Raumstruktur. Nach dem Prinzip wechselseitiger Durchdringung von Raum und Masse ist die Kraft der Skulpturen Wachters stets nach innen zum Kern des Stammes gewandt. Durch die Verbindung von Innen und Außen, durch das Raum schaffende wie auch das den Raum integrierende Aushöhlen der Stammformen kreist Wachter immer wieder um die gegenseitige Durchdringung von Raum und Körper. Dieses Leitmotiv der Dualität von innerer und äußerer Form taucht in der Bildhauerei der Klassischen Moderne im Werk von Alexander Archipenko (1887–1964) und Jaques Lipschitz (1891–1973), etwas später bei Henry Moore (1898–1986) und Barbara Hepworth (1903–1975) auf. Um die von ihnen geschaffenen Figuren transparenter zu gestalten, behandeln diese Bildhauer den Raum als dem plastischen Material gleichberechtigt und ebenbürtig. „Die Anerkennung des Hohlvolumens als Äquivalent zum geschlossenen Volumen"[236] wirkt auch im Werk Wachters nach. Diesen Bildhauern gilt es, die Geschlossenheit der skulpturalen Masse auch im Sinne maximaler Lichtdurchlässigkeit aufzulösen.

Bei Wachter wandelt sich das Leervolumen zum bedeutungsvollen Innenraum. Seine Leitmotive sind nicht Transparenz und Licht, sondern die unauflösliche gegenseitige Abhängigkeit von Hülle und Kern. Die äußere Erscheinung vor allem seiner ringförmigen Skulpturen ist als das Ergebnis einer aus dem innersten Kern des Stammes herauswirkenden Schubkraft zu lesen.[237] Wenn Wachter „... mit den eindrucksvollen, rauen, in ihrer Fülle belassenen Monumentalwerken den Akzent auf die Darstellung des Objektes in seiner physischen Beziehung zum Raum setzt, wird mit den leeren Räumen der kleineren Werke die spielerische Seite der Natur sichtbar; es ist die Öffnung eines barocken Risses im inneren der minimalistischen Berufung des Stammes, eine Laune des Holzes, Späne aus der Werkstatt eines Tischlerriesen".[238]

Der Ornamentcharakter, der sich in den Spiralen, Bögen und Wellen manifestiert, ist nur eine Momentaufnahme. Ihre eigentliche Wirkungsmacht erringen die Skulpturen aus dem Verhältnis ihrer substantiellen Masse zu Raum und Hohlraum; der Eindruck des Monumentalen überlagert so gänzlich den ornamentalen Gestus.

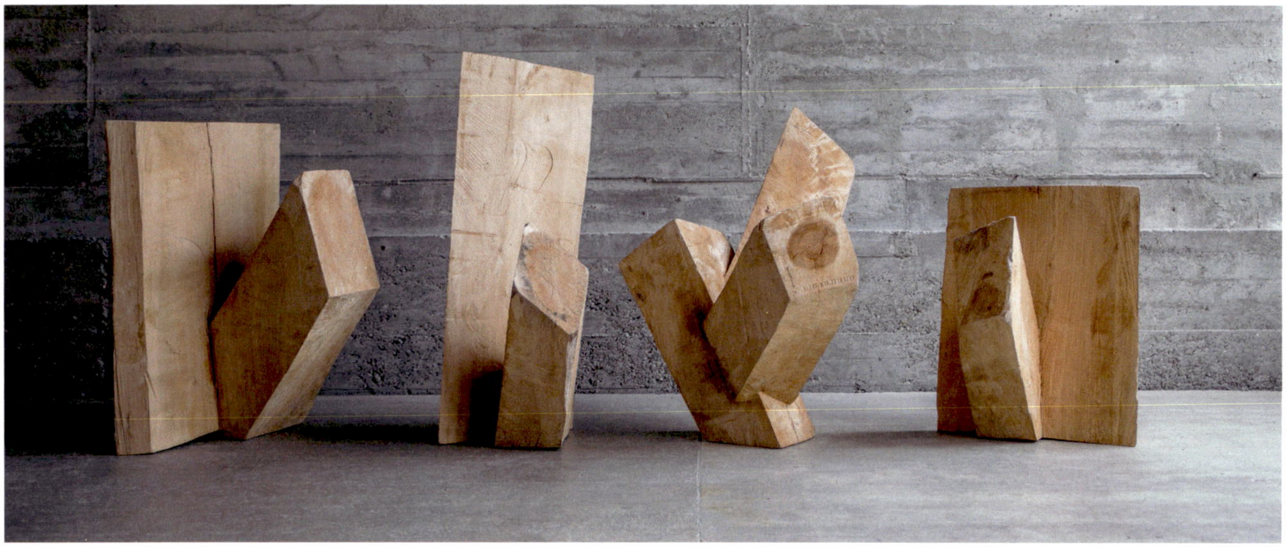

Im Atelier, Skulpturen in variabler Positionierung, um 2014

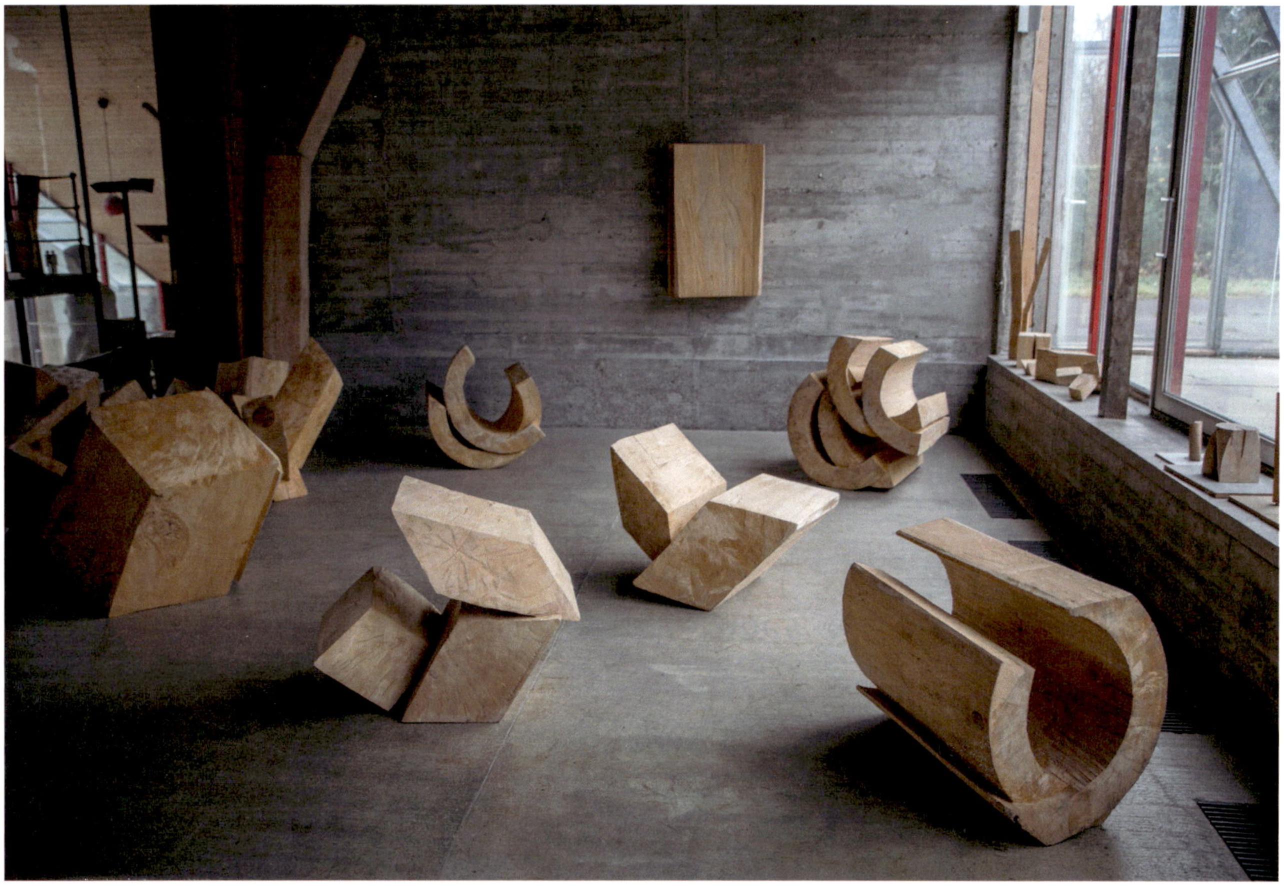

Im Atelier, Skulpturen in variabler Positionierung, um 2014

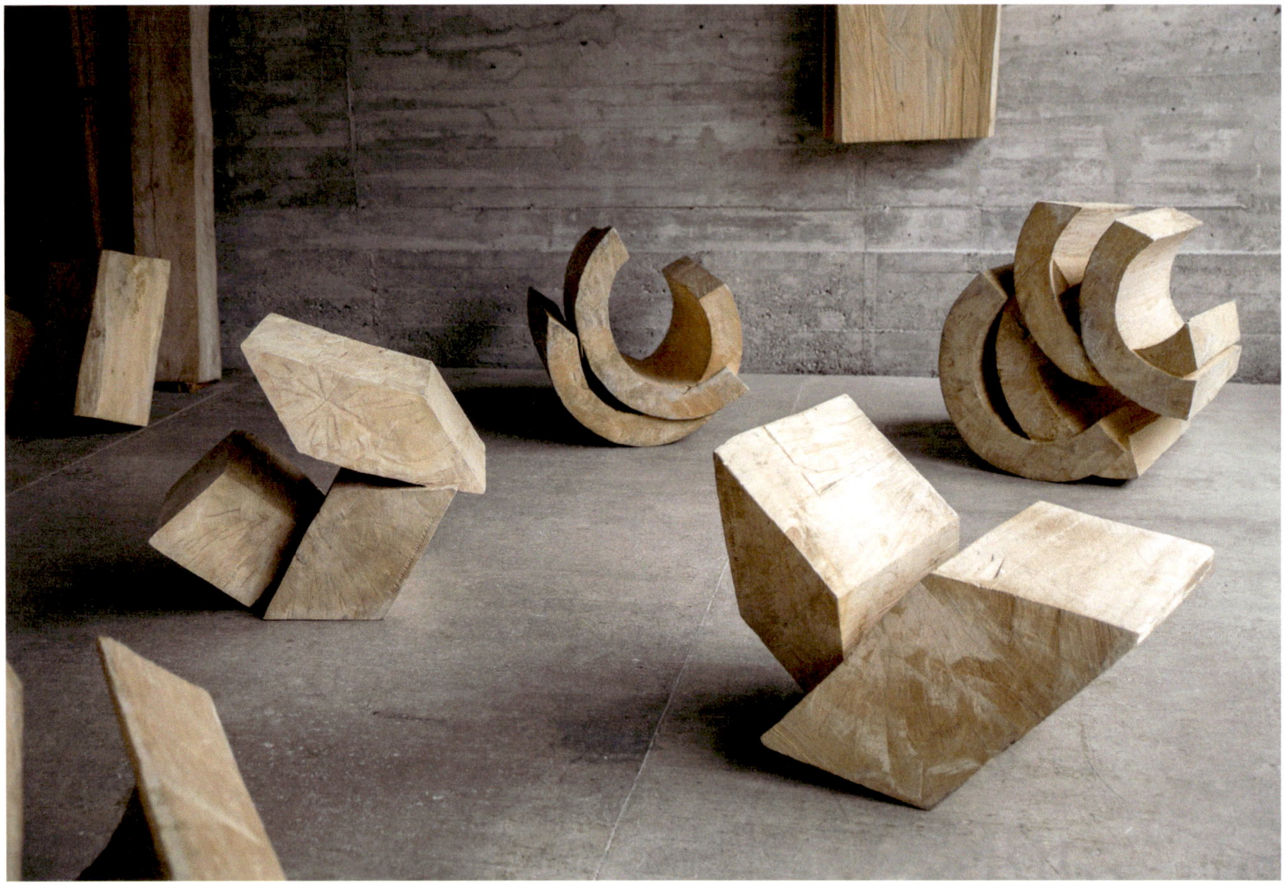

Im Atelier, Skulpturen in variabler Positionierung, um 2014

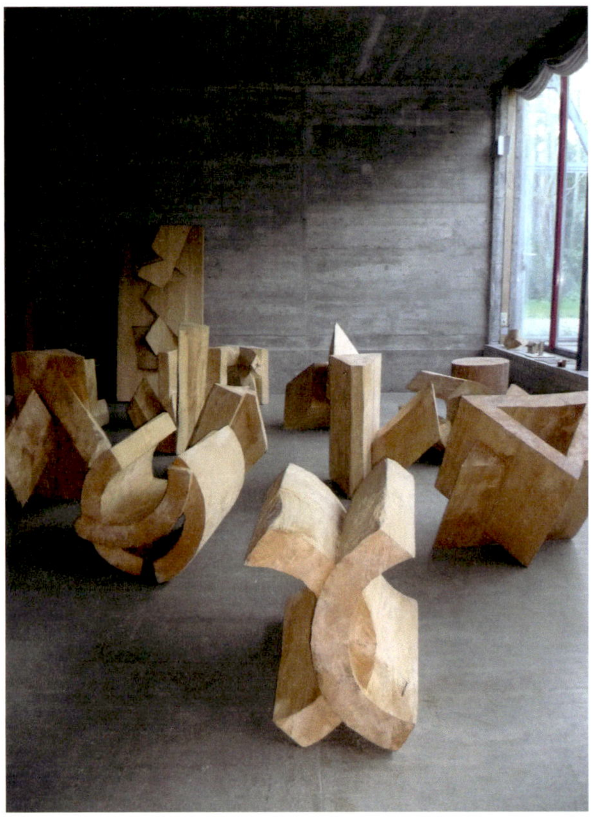

Im Atelier, Skulpturen in variabler Positionierung, um 2014

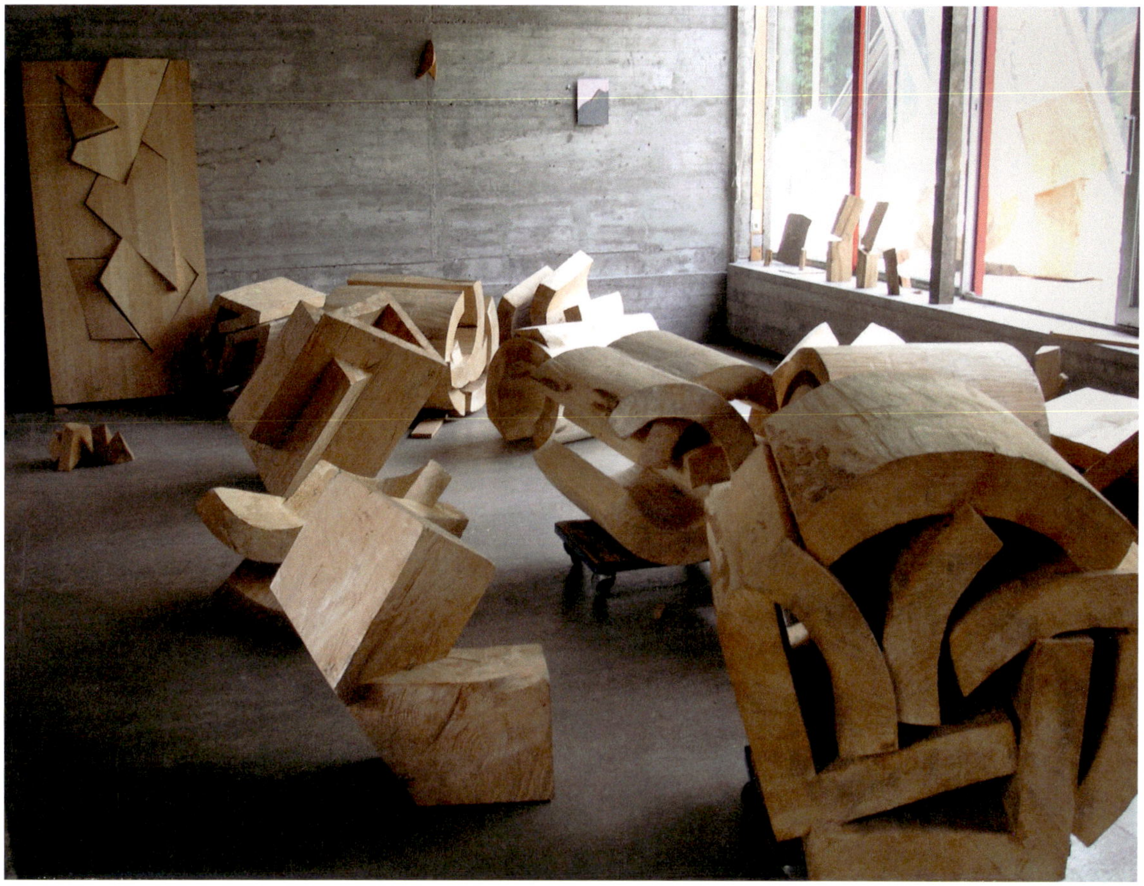

Im Atelier, Skulpturen in variabler Positionierung, um 2007

Setzen. Stehen. Liegen. Zur Positionierung

In der Ausstellung ‚Das Fundament der Kunst. Die Skulptur und ihr Sockel in der Moderne'[239] wird die Transformation des Sockels von der rein dienenden Funktion zum integralen oder sogar autonomen Element in der Moderne ausgeleuchtet. Wachter verlässt die tradierten Wege auch in dieser Hinsicht: Seine Holzskulpturen sind – unabhängig von ihrem Format – vom Künstler ausnahmslos für eine Aufstellung direkt auf dem Boden vorgesehen. Sie sind stets sockellose, raumgreifende Gebilde, was auch ein Blick ins Atelier verdeutlicht. Nur widerwillig ließ sich Wachter bei Ausstellungen dazu bewegen, bei kleineren Formaten Ausnahmen zuzulassen. Der unmittelbare Bezug zur Oberfläche des Bodens war ihm ein wesentlicher Faktor bei der Präsentation seines Werkes.

Diese dezidierte Weigerungshaltung, sich tradierten Formen der Präsentation bzw. solchen der generellen Wahrnehmung unterzuordnen, findet sich auch auf anderer, elementarer Ebene wieder: Grundsätzlich sind alle Arbeiten auf Mehransichtigkeit hin konzipiert.

Die Überwindung des traditionellen Konzeptes einer Hauptansicht in der Bildhauerei war eine der wichtigen Errungenschaften vor allem der italienischen

Renaissance, deren Protagonisten Wachter seit seinem Studium an der Akademie der Bildenden Künste München bewundert. Auch die von ihm seit dieser Zeit so verehrten Kubisten befördern Wachters Suche nach einer Befreiung der Perspektive durch die Erkundung kubistischer Raumkonzepte[240] und ihre Umsetzung in seinen späteren Hölzern.

Wachters Skulpturen – die ‚Stationen' als Wandrelief ausgenommen – weisen keine definierte Schauseite auf. Daraus folgt, dass es auch keine qualitative Hierarchie der Ansichten und Perspektiven des Werkes gibt. Es gibt kein Vorne, kein Hinten ... Sehr häufig haben sie darüber hinaus auch keine klar fixierte und definierte Standfläche. Sie können über ihre Achsen gedreht immer wieder variabel und damit polyperspektivisch aufgestellt werden. Matthias Gärttner schreibt dazu anlässlich der großen Werkschau im Maximiliansforum 2001: „Konkreter und spezifischer für diese Skulpturen sind zwei Momente. Einmal, dass Raum an ihnen ohne Fundament ist, ohne Grund, ohne fest gegebenen Ausgangspunkt, von dem ausgehend das Erstrecken der drei Dimensionen gedacht und erfahren werden könnte".[241]

Diese Polyperspektive ist absichtsvoll inszenatorisch angelegt. Dabei darf nicht übersehen werden, dass sie gleichzeitig auch eine ästhetische Mitgift des Entstehungsprozesses ist: Ein Bildhauer, der modelliert, ist immer auf die Statik seines Werkstückes angewiesen. Eine innere zusätzliche Tektonik bewahrt die Plastik während der Entstehung vor dem Zusammensinken. Beim Skulpieren im klassischen Sinne – also dem Schnitzen von Holz oder dem Behauen von Stein – braucht das Werkstück einen festen Stand und wird häufig zusätzlich fixiert.

Beim Arbeiten mit der Kettensäge am Stammsegment verhält es sich gänzlich anders: Die Standfestigkeit wird immer wieder von Neuem infrage gestellt. Während der Entstehung des Werkstückes wird die Positionierung stets geändert, um einen Zugang bzw. Zugriff zu den Bereichen zu ermöglichen, die gerade im Fokus stehen.

„Freie Perspektive" nennt Wachter selbst die Multiperspektivität und Variabilität der Positionierung. Er selbst versucht beständig, durch immer wieder neue Aufstellungen den Raum neu zu besetzen und damit die Wahrnehmung der Skulptur wie des Raumes zu verändern. So ergeben sich immer neue Betrachtungsmöglichkeiten, bei denen sich die Formen zu einem kontinuierlich anders wahrgenommenen auch plastischen Gefüge ausbilden. Gleichzeitig verändern sie dabei gleichfalls den sie umgebenden Raum. Wäcker-Babnik schreibt 2011 in diesem Zusammenhang treffend, dass „die Skulpturen die Vereinzelung ebenso wie die Häufelung" vertragen.[242]

Besonders deutlich wird die Wirkmächtigkeit dieses Aufstellungs- und Wahrnehmungsprinzips an einer für Wachtersche Begriffe monumentalen Skulptur von 1989:

Der ‚Große Torso'[243] entsteht neben anderen Werken im Zusammenhang mit dem Auftrag zur Ausstattung der Ernst-Reuter-Schule. Vor der endgültigen Platzierung in der Schule wird die Skulptur unter dem Titel ‚Stammskulptur' einen Sommer lang auf dem italienischen Landsitz eines befreundeten Sammlers aufgestellt. Die simple vertikale Umkehrung dieser Stammskulptur vom

‚Kopf' zur Basis (und wieder zurück) bedeutet eine radikale inhaltliche wie formale Umdeutung des Werkes.

Eine grundlegende Determinante der Ausrichtung – wenn auch im semantischen Sinne – ist dennoch allen Werken zu eigen: Wachters Skulpturen sind immer auf den Betrachter als Gegenüber ausgerichtet: „Ich kann ein Kunstwerk zu nichts gebrauchen. Ein Kunstwerk ist nutzlos. Es kann nur erfahren werden. Das ist sein Zweck und seine Berechtigung."[244]

Der Rezipient ist es also, der den Dialog zwischen Technik, Mensch und Natur sowie Stamm nachvollzieht – durch die Betrachtung, durch Wahrnehmung des Geruchs, aber auch durch Berührung, taktiles Erfahren, das sich der Bildhauer ausdrücklich wünscht.

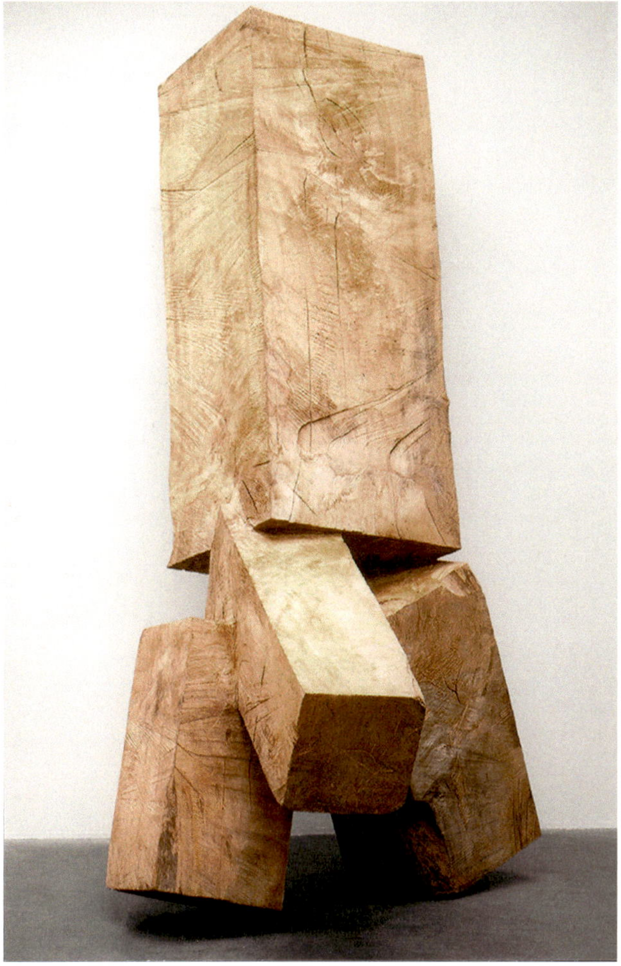

Großer Torso, 1989, Pappel, Ernst-Reuter-Schule München, WVZ 211

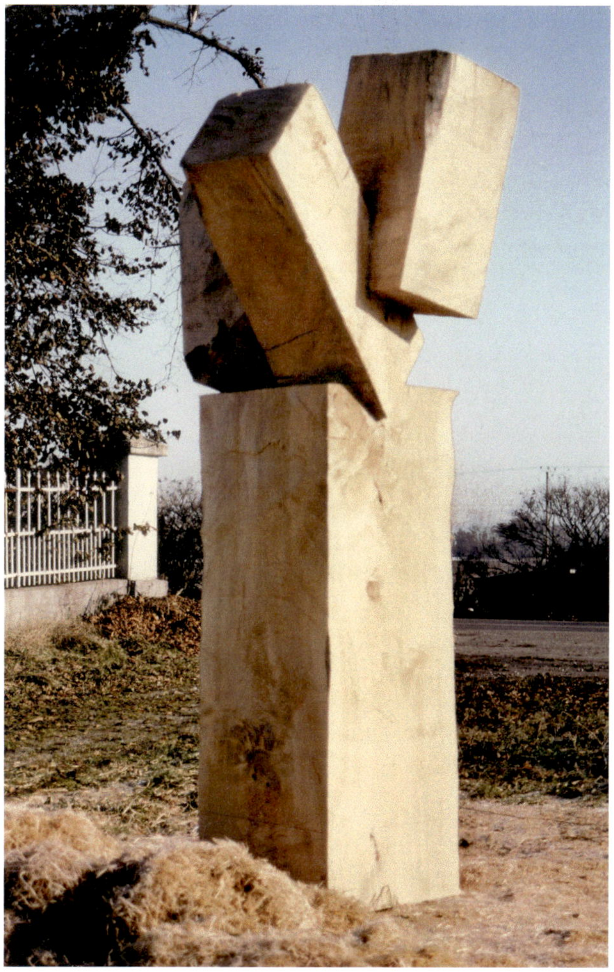

Großer Torso, 1989, Pappel, WVZ 211

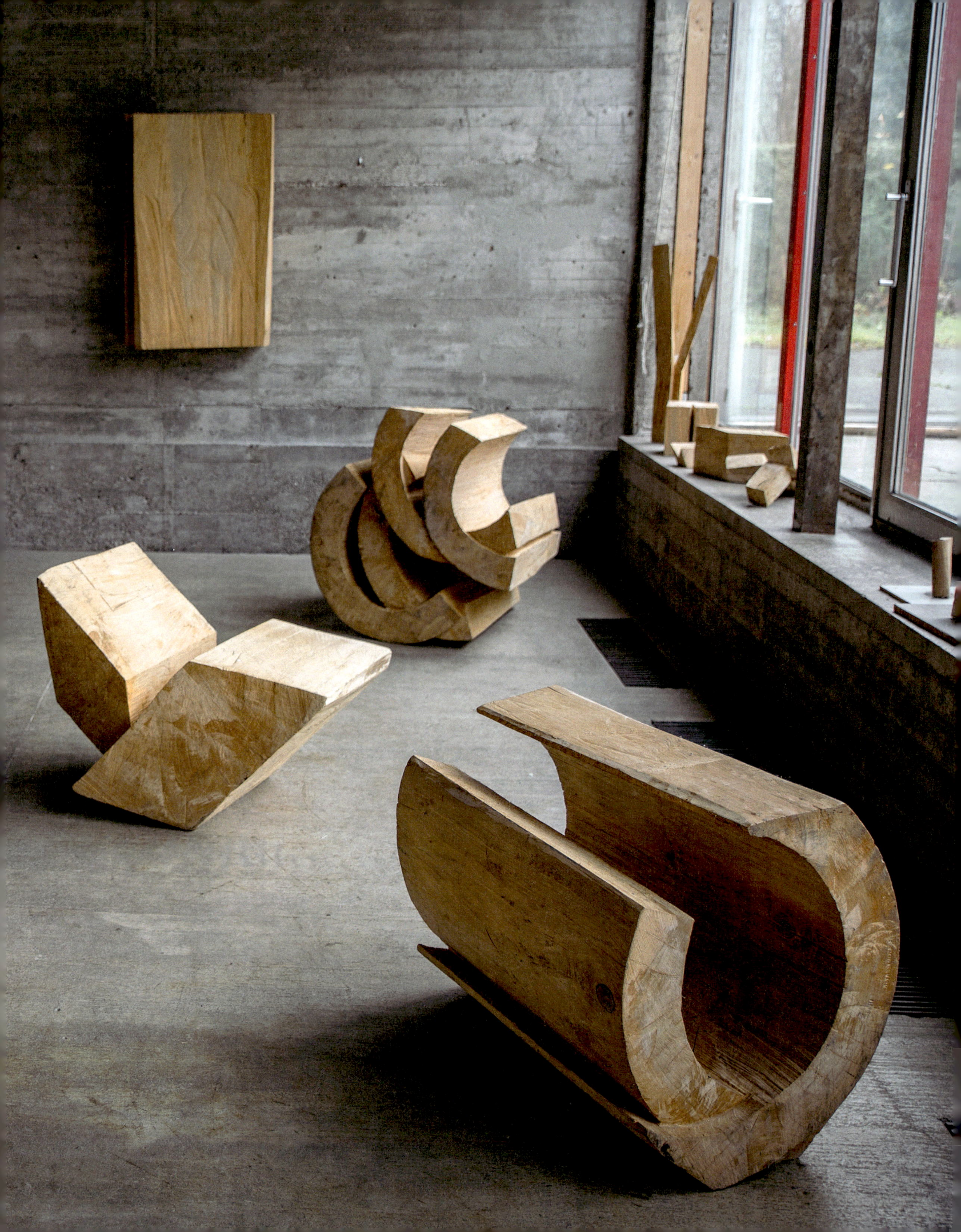

Zu den Werkgruppen

Auf seiner Suche nach einer Einheit von Materie und Form im Sinne der aristotelischen Lehre des Hylemorphismus arbeitet Rudolf Wachter bevorzugt in Serien bzw. in Werkfolgen.[245] Das Arbeiten in langen Serien ist für ihn auch eine Methode der analytischen Untersuchung von Möglichkeiten und Grenzen von Materie und Form.

Serien sind auch Ordnungsmuster. Im Werk Rudolf Wachters dienen sie unter anderem dazu, bildnerische Optionen und Materialerkundungen stets neu auszuloten. In zyklischen Umkreisungen versucht der Bildhauer immer wieder, stereometrisch reduzierte Form mit der Komplexität des Organischen zu verbinden, durch die sich ‚gewissermaßen Naturkraft zurückmeldet'.[246]

Wachters Serien, Zyklen oder Werkgruppen bauen häufig chronologisch und werkimmanent schlüssig aufeinander auf. Bisweilen stehen sie aber auch komplementär korrespondierend zueinander in Beziehung. Der Erkenntnisgewinn der Arbeit an einer Werkgruppe führt immer wieder dazu, dass in folgenden Gruppen das Zusammenwirken von Form, Raum und künstlerischem Eingriff komplexer angelegt wird.

Rudolf Wachter hat sich in seiner Entwicklung seit seinem Studium an der Akademie der Bildenden Künste München bereits früh dezidiert vom dort gelehrten akademischen Kanon und seinem zwingenden Bezug auf die menschliche Figur distanziert und seit den 1960er Jahren bewusste Gegenpositionen eingenommen. So ist es ein spannungsvolles Paradoxon, dass man in Wachters ungegenständlichen, niemals mimetisch angelegten Holzskulpturen bei aller Abstraktion den klassischen Themen der Bildhauerkunst immer wieder begegnet:[247] dem Stehenden in seinen Stammskulpturen, dem Liegenden in Werken wie ‚Windbruch', dem menschlichen Körper als Fragment in den ‚Torsi' und letztlich auch dem Kopf, der in Arbeiten wie der Serie ‚Omaggio a(l) Piero' aufscheint. Vor allem seine späten Reliefs verweisen zwar nicht motivisch auf tradierte ikonographische Modelle, greifen ihrer Erscheinung nach in formaler Hinsicht allerdings deutlich kanonische Vorbilder auf.

Das Ausmaß der Bearbeitung und die Massivität des Eingriffes in den Stamm bzw. das Stammsegment verlaufen zyklisch. Ein zunehmend komplexer Kanon an Eingriffen in die organische Struktur lässt sich vor allem in den Serien ‚Entwicklung einer Kiste', ‚Gebrochener Raum' oder ‚Newgrange' konstatieren. Minimale Eingriffe – zum Teil nur ein einziger Schnitt durch den Stamm –

Im Atelier, um 2014

bestimmen dagegen frühe Werke wie die ‚Schwundschnitte', in denen er sich den dynamischen Bewegungsrichtungen des Stammes analytisch nähert.

Später entstehen konstruktive tektonische Formanordnungen und ornamental ausgehöhlte Rundformen. Letztere interpretieren nicht wie die frühen Werke die originäre Gestalt des massiven Stammes, sondern abstrahieren die ihm immanente Kraft in einer stereometrisch determinierten Bildsprache.[248]

Die frühen Stammskulpturen und Figurationen umschreiben ein geschlossenes plastisches Körpervolumen. In den späteren Zyklen ‚Newgrange' und ‚Gebrochener Raum/Broken Space' wird die Höhlung im Sinne einer nach innen konzentrierten Artikulation des Raumes bestimmender.[249] Damit geht vielfach ein zunehmend komplexer angelegter, vielfältiger Kanon an sich überschneidenden oder verschränkten Formelementen einher.

Gemeinsam ist sämtlichen Werkgruppen das Moment „potentieller Kinetik",[250] als wäre die visuell und haptisch wahrnehmbare Präsenz jeder Skulptur nur eine Momentaufnahme in einem Prozess unaufhörlicher, ständiger Veränderung.

Einige Werkzyklen wie ‚Newgrange', ‚Gebrochener Raum' oder ‚Entwicklung einer Kiste' entstehen in enger zeitlicher Abfolge nacheinander. Andere Motive wie ‚Windbruch', ‚Figuration' oder Torso dagegen ziehen sich über mehrere Jahrzehnte hinweg durch die Genese des holzbildhauerischen Werkes.

Zentrale bildnerische Prinzipien wie die Kern- und Schwundschnitte, die am Anfang des geschlossenen holzbildhauerischen Werkes bei Wachter stehen, werden über Jahrzehnte umkreist und gewinnen im Spätwerk in einer Form der Rückbesinnung auf formal einfachste Eingriffe in die Materie noch einmal große Bedeutung.[251]

Mehreren Werkgruppen eigen ist das Prinzip des präzisen Herausarbeitens der Verzweigungen von Stamm und Ast. Es findet sich in den ‚Torsi', den ihnen verwandten ‚Zwieseln', den Arbeiten ‚Windbruch' oder der Serie ‚Omaggio a(l) Piero', die alle Rückbezüge zur menschlichen Gestalt ermöglichen. Werkgruppen wie ‚Entwicklung einer Kiste', ‚Newgrange', ‚Gebrochener Raum' oder die monumentalen Stammskulpturen sind in ihrer konzeptionellen Eigenart klar definiert – was sich auch in der Titelgebung widerspiegelt.

In den übrigen Werkgruppen sind die formalen wie semantischen Grenzen vielfach fließend, was sich immer wieder auch in unterschiedlichen Betitelungen desselben Typus zeigt. Ein ‚Torso' kann ebenso den Titel ‚Figuration' tragen. Diese Bezeichnung wiederum wird für Werke benutzt, die später wieder zum ‚Windbruch' werden.

Viele dieser Werke sind Kleinplastiken, bei denen Wachter Astabschnitte bearbeitet. Diese Kleinplastiken bilden keine eigene Gattung innerhalb des Gesamtwerkes. Sie sind aber in aller Regel nicht wie die ‚Bozetti' der akademischen Bildhauerei kleinformatige Studien zur Großform. Rudolf Wachter sieht in seinen Kleinplastiken vielmehr Übungen, um mit der Natur in Einklang zu kommen und ihre gewachsenen Formen in ein Artefakt zu verwandeln.

„Wachters Arbeiten stehen zwischen Stofflichkeit und Personalität. Sie wirken, als hätte man Wesen vor sich. Was sie jeweils zu Wesen macht, ist ihre eigene Ausstrahlung, ist die Tatsache, dass sie selbständigen Raum und eine Atmosphäre der Eigenheit und Selbstbekundung um sich schaffen.
Früher hat man das ‚Aura' genannt. Daher haben die vordergründigen Assoziationen nicht Vertrautheit zur Folge, sondern eher Fremdheit. Solche Wesen hat man bisher nicht gekannt."[252]

Frühe Kern- und Schwundschnitte

In seinen frühen Skulpturen seit den 1980er Jahren erhält Wachter in aller Regel die morphologische Gestalt des Stammes. Sie veranschaulichen besonders deutlich die archetypische Arbeitsweise Wachters in dieser Zeit.

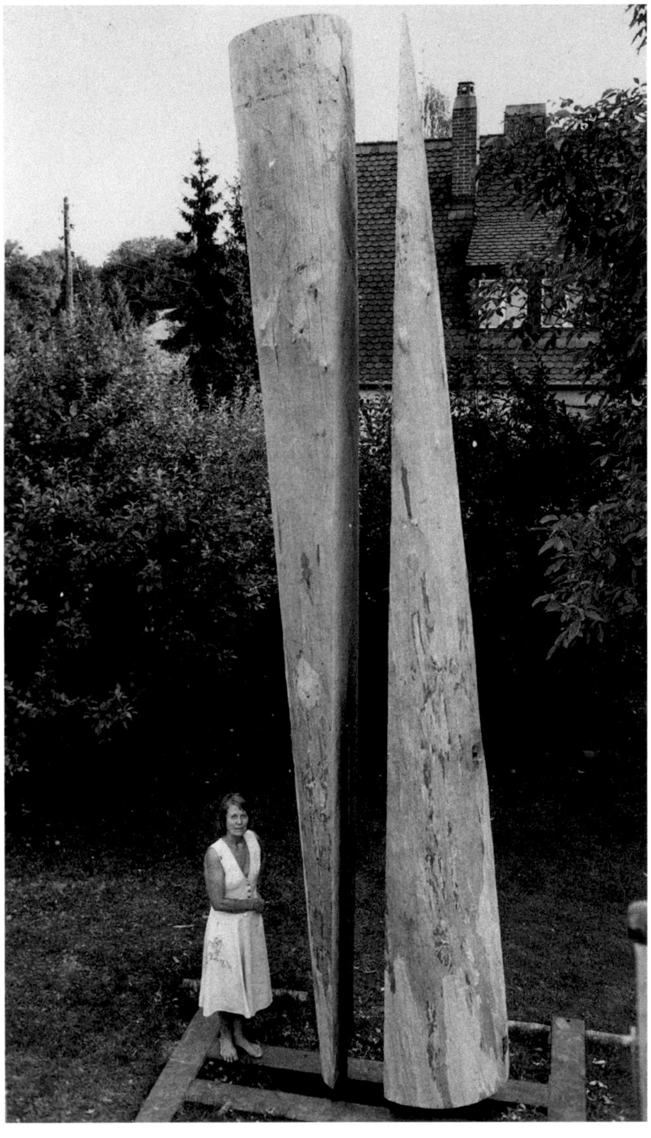

Ulla Wachter im Garten des Atelierhauses vor Diagonalschnitt II, 1977, Fichte, heute Fröttmaninger Berg, WVZ 2

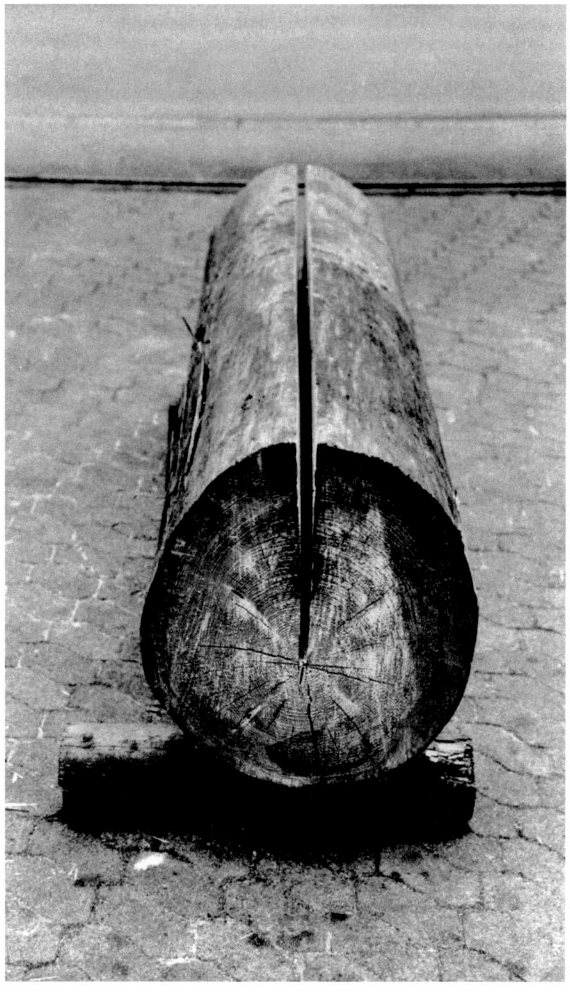

Schwundschnitt, 1981, Fichte, zerstört, WVZ 46

Kulturgeschichtlich betrachtet hat der einmal gefällte Stamm die Funktion einer Stütze – im architektonischen wie metaphorischen Sinne. Der Schnitt durch die hermetische Oberfläche in den Kern des Stammes ist eine massive Verletzung und Störung der substantiellen Masse. Mit diesem Schnitt nimmt der Bildhauer dem Stamm seine Stabilität. Es entsteht eine Form, die kein reines Produkt der Natur ist, sich aber weiter in den entscheidenden Aspekten ihrer Erscheinung auf diese beruft.

Der Bildhauer untersucht in seinen frühen Kern- und Schwundschnitten, welche Effekte ein möglichst reduziert gesetzter Eingriff bewirkt. Zumeist ist es ein einziger Schnitt – ein formal einfacher, in seiner Wirkung aber außergewöhnlich eindrücklicher künstlerischer Eingriff. Die gewaltsame Öffnung erzwingt eine Reaktion der organischen Materie. Einer letztlich minimalistischen Bildidee folgend, wird der Stamm zur „geometrisierten, mit sich selbst identischen Kunstform".[253]

Eine unspektakulär wirkende, kleinformatige Skulptur von 1980, ein ‚Schwundschnitt'[254] aus Apfelholz, mag dies beispielhaft zeigen: An einem entrindeten Stammsegment wird vertikal ein Schnitt bis zum Zentrum des Querschnitts geführt. Die Trocknung der sich stärker zurückziehenden äußeren Jahresringe bewirkt eine keilförmige Öffnung.

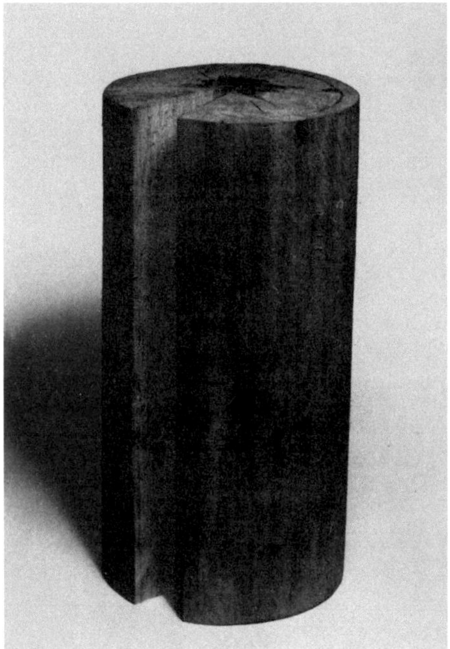

Schwundschnitt, 1980,
Apfel, ohne Maße,
Verbleib unbekannt,
WVZ 35

Bei der Skulptur ‚Kernschnitt doppelt'[255] hat Wachter bei einem massiven hochrechteckigen Formstück mit einer Seitenlänge von nahezu 140 Zentimetern an den beiden äußeren Schmalseiten jeweils einen tiefen, senkrechten Schnitt parallel zu den Außenkanten gesetzt. Durch die Trocknung des Holzes – also dem bewusst in den Entstehungsprozess einbezogenen Einwirken der Naturgesetze – haben sich diese beiden einander gegenüberliegenden Schnitte zu aufgewölbten keilförmigen Öffnungen erweitert. Der Schwund an Materie wird so zu einem wesentlichen „Ausdrucksmoment" der Skulptur.[256]

Im barocken Treppenhaus des Museum Rudolf Wachter in Schloss Kisslegg steht heute das Ensemble ‚Schwundschnitte gegenläufig' von 1981,[257] bei dem zwei Fichtenstämme mehrfach vertikal bis zum Kern geschlitzt sind. Dem Trocknungsprozess, der, wie an anderer Stelle geschildert, die äußeren, wasserhaltigeren Jahresringe stärker als die inneren beeinflusst, verdankt sich eine konische Aufspreizung der Stämme.

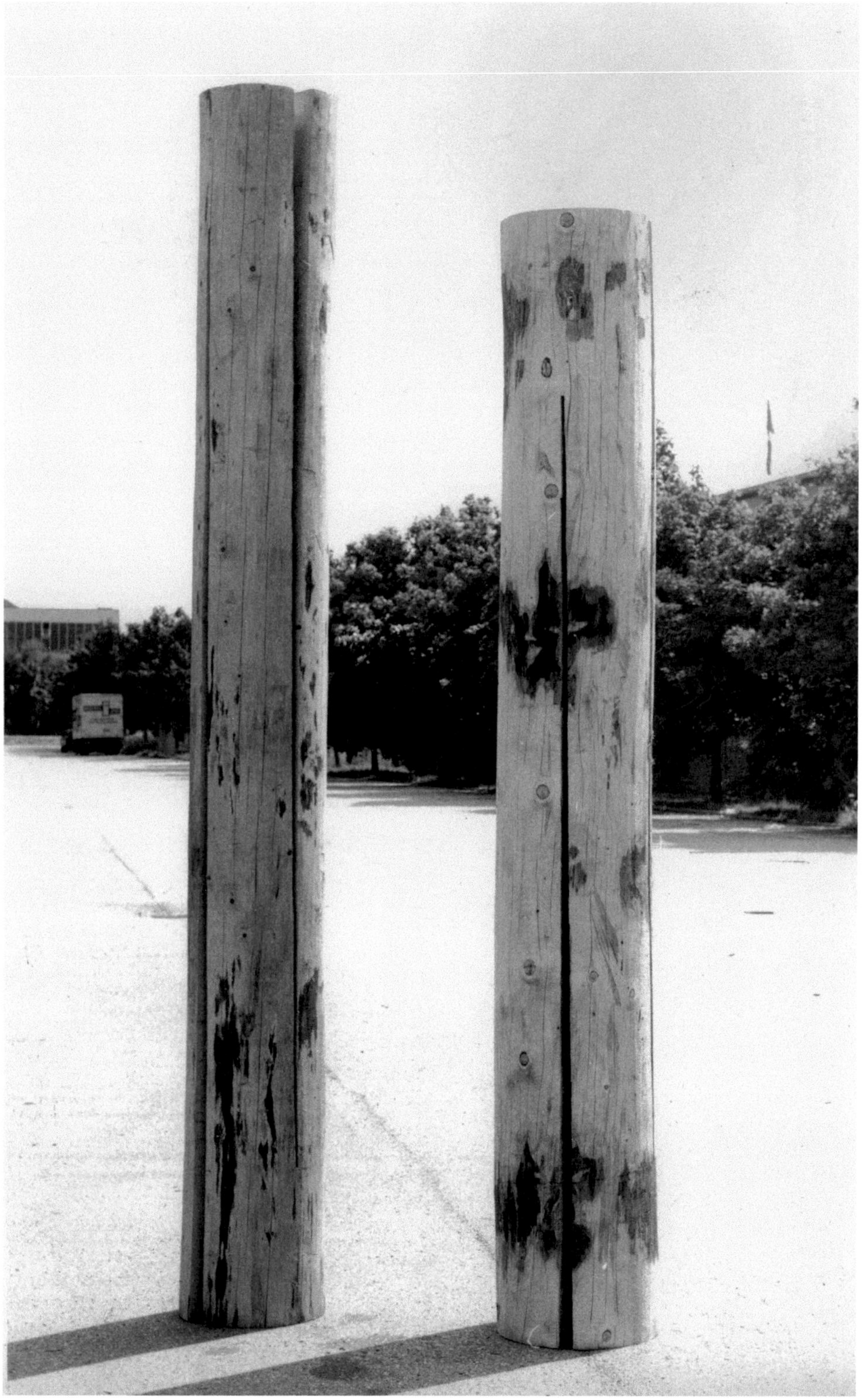

Schwundschnitte gegenläufig, 1981, Fichte, WVZ 48

Im ‚Drehwuchs-Schwundschnitt'[258] aus dem Jahr 1984 öffnet ein einziger diagonal verlaufender Kernschnitt das Volumen des zwei Meter langen schlanken Kiefernschaftes. Auch in diesem Werk hat sich der durch den Schnitt angelegte Spalt im Trocknungsprozess keilförmig aufgespreizt. Die am geschlossenen Stamm nicht sichtbaren spiraligen Wuchsbewegungen wurden durch die Öffnung desselben sichtbar.

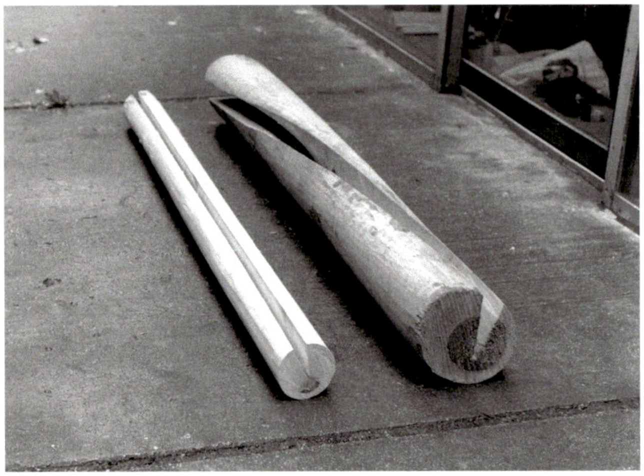

Drehwuchs - Schwundschnitt, 1984, Kiefer und Esche, Privatsammlung, WVZ 90

Gegen Ende seiner bildhauerischen Arbeit kommt Wachter wieder zurück auf die Prinzipien seiner ersten frühen Schnitte in den Kern des Stammes. In der Skulptur ‚Zentral geschnitten'[259] aus dem Jahr 2000 setzt er an einer Baumscheibe strahlenförmig regelmäßig gesetzte Schnitte an. Die Vielzahl der Schnitte verringert allerdings die gestaltbildende Qualität und Wirkungsmacht, die ein einzelner, markant gesetzter Schnitt hätte.

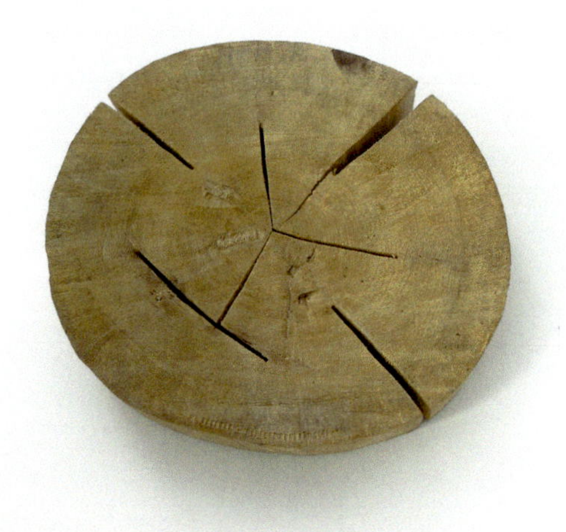

Baumscheibe. Schwundschnitt I, 2009, Pappel, Sammlung Fedder

2009, kurz vor Wachters Tod, entstehen dann mit den drei aufeinanderfolgenden Arbeiten ‚Baumscheibe. Schwundschnitte'[260] Skulpturen, bei denen er jeweils drei Schnitte in den Kern setzt. Mit diesen Zentralschnitten korrespondieren drei weitere, außen angesetzte Schnitte. Diese Behandlung der Materie wirkt, wie auch bei der Arbeit ‚Zentral geschnitten', merkwürdig unentschieden.

Windbruch. Stammskulptur. Figuration

Skulpturen aus den Serien ‚Figuration', ‚Windbruch' oder die ersten Stammskulpturen präsentieren sich als frühe, vielteilige Gestaltkombinationen kubischer Formen.

Um 1970 entsteht mit den ‚Stammskulpturen'[261] ein heute vierteiliges Ensemble von Stammabschnitten einer Fichte mit einer Länge von 160 bis 250 Zentimetern. Aus den einzelnen Elementen werden unterschiedliche stereometrische Formen geschnitten. Gemeinsam ist ihnen, dass die ursprüngliche Gestalt des Stammes immer ablesbar bleibt.

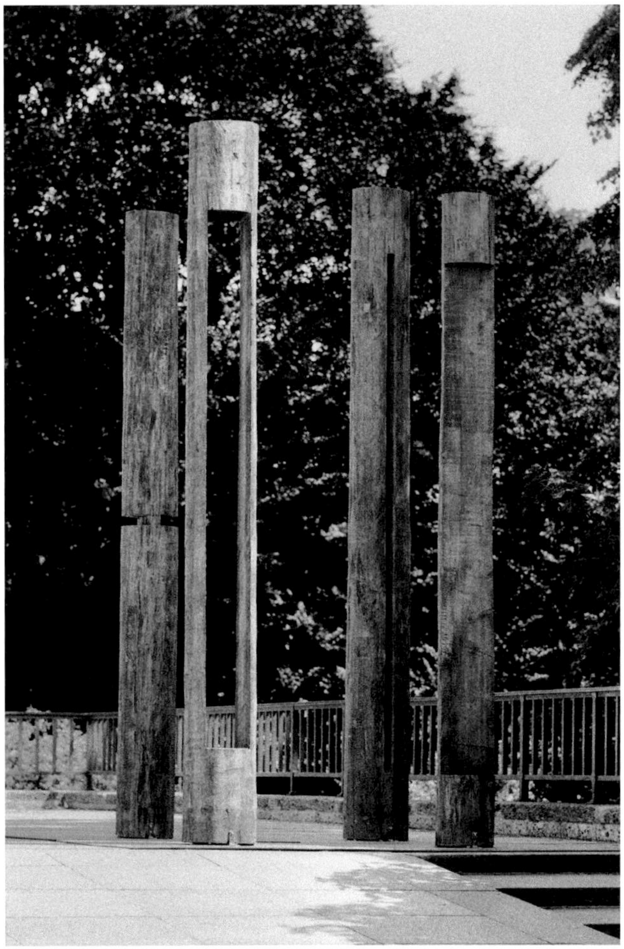

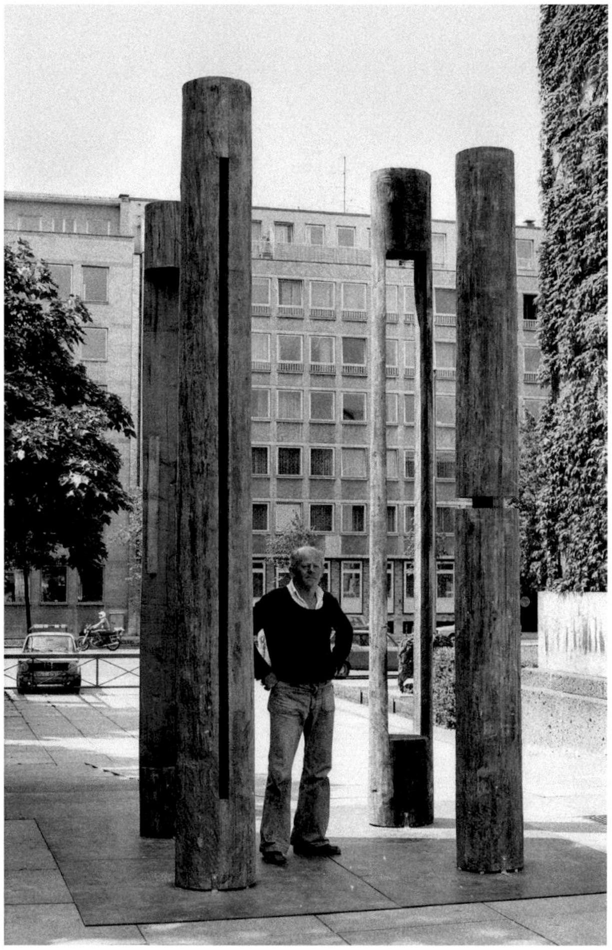

Stammskulpturen, 1970/75, Fichte, Sammlung Wachter, WVZ 13–16

Konsequenter verfolgt Wachter wenige Jahre später in einer Serie von vier weiteren Stammskulpturen[262] die Erkundungen von jeweils knapp vier Meter hohen Fichtenstämmen, die er zunehmend zu entmaterialisieren sucht: In WVZ 13 schneidet der Bildhauer den Fichtenstamm horizontal von beiden Seiten einmal ein. In der darauffolgenden Arbeit WVZ 14 durchschlitzt er den Stamm vertikal, wobei die Enden des Stammes vollständig bleiben. Bei WVZ 15 geht er einen umgekehrten Weg: Was vorher Öffnung im Zentrum des Stammes war, wird nun Materie – und vice versa. Mit WVZ 16 höhlt er den Fichtenstamm zuletzt bis an die Grenzen des statisch Möglichen aus.

‚Windbruch' formuliert ein imaginäres Eingreifen der Elemente: Durch einen gezielten Schnitt quer zum gewachsenen Stamm verkürzen sich durch die Bewegungsenergien des trocknenden Holzes beide Seiten derart, dass sich der Stamm an dieser Stelle ‚abwinkelt'[263] – und damit ein Eingreifen des Elementes Wind paraphrasiert.

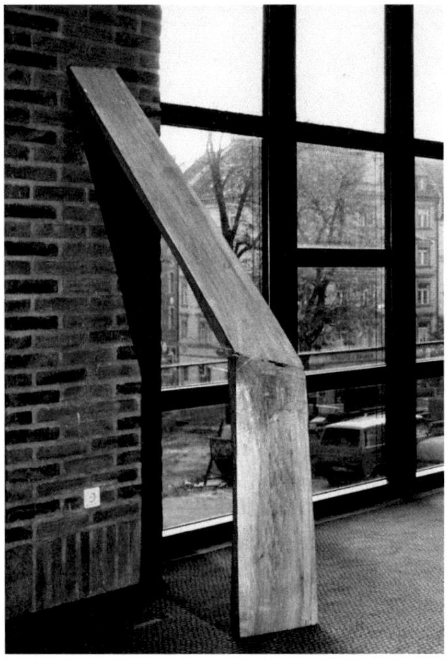

Ameisenbrücke, 1971, Weide, Sammlung Galerie Blom & Dorn, New York, WVZ 12

Dieses formale Gestaltungsprinzip findet sich schon in der frühen ‚Ameisenbrücke' von 1971[264] – eine der wenigen Arbeiten im gesamten Werk, die mit der Titelgebung eine erzählerische Ebene evoziert und durch ihre humorvolle Betitelung eine weitere Bedeutungsebene eröffnet. In dieser Arbeit aus Weide schält Wachter den Stamm von beiden Seiten dergestalt ab, dass ein Brett in der ursprünglichen Breite des Stammes entsteht. Dieses wird mit dem quer angesetzten Schnitt des ‚Windbruchs' abgewinkelt – und bildet so eine ‚Ameisenbrücke'.

Stereometrische Körper überschneiden und überlagern sich. Ein Balken wächst aus dem anderen heraus, kubische Formen streben voneinander weg oder stehen in Winkeln zueinander. Mitunter beschreiben die einzelnen Segmente der Skulpturen heftige Bewegungen in den Raum. Diese ‚Stoßrichtungen' sind durch additiv angelegtes Inszenieren raumgreifender Einzelformen entstanden. Diese Bewegungen sind einzig den Wuchsrichtungen der Materie geschuldet, die der Bildhauer auf die ihm spezifische Weise ‚freilegt'. Das konstruktive Herausarbeiten der im gewachsenen Holz angelegten Bewegungsrichtungen und Strukturen wird im Laufe der Arbeit zum bestimmenden Leitmotiv dieser Werkgruppe. Dathe schreibt 2002, dass Wachter „seine künstlerische Freiheit den Wuchsbedingungen des Holzes" unterordnet.[265] Dies ist dahingehend zu relativieren, als der Bildhauer vielmehr sehr gezielt seine Interventionen in die Materie vornimmt und mit einem minimalen technischen Eingriff eine entschiedene Veränderung bewirkt. Wachter folgt den natürlichen Verläufen vom Wachstum des

Holzes, aber auch dessen Transformationen und Störungen, die sich in Krümmungen, Drehungen oder Teilungen von Stamm und Ast manifestieren. Dieses dem kreatürlichen Wachstum geschuldete Formreservoir, das sich zu einem wesentlichen Teil unsichtbar unter der Oberfläche befindet, legt er frei und reduziert die Richtungsbewegungen auf wenige markante Achsen.

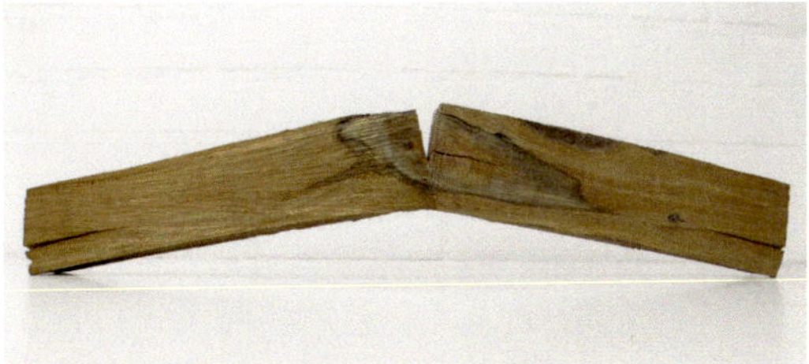

Schwundschnitt (Windbruch), 1983, Eiche, Sammlung Rupprecht Geiger, WVZ 78

„In der strengen, konstruktiven Läuterung der Formen und ihren Labilität suggerierenden Verbindungsstellen"[266] werden die Vitalität wie die Hinfälligkeit des Materials gleichzeitig offenbar. Der Titel ‚Windbruch', den Wachter für eine ganze Reihe von Werken wählt, verstärkt die Konnotation des Labilen, Gefährdeten – oder durch die Störung bereits Veränderten.

„Ich suche krumme Stämme, betone ihre Richtungsänderung noch durch eine Kerbe ab der Knickstelle und erreiche eine Gleichwertigkeit zweier Massen, die im Stand durch ihre optische Labilität den Baum in seiner ursprünglichen Beweglichkeit und Elastizität konkretisiert."[267]

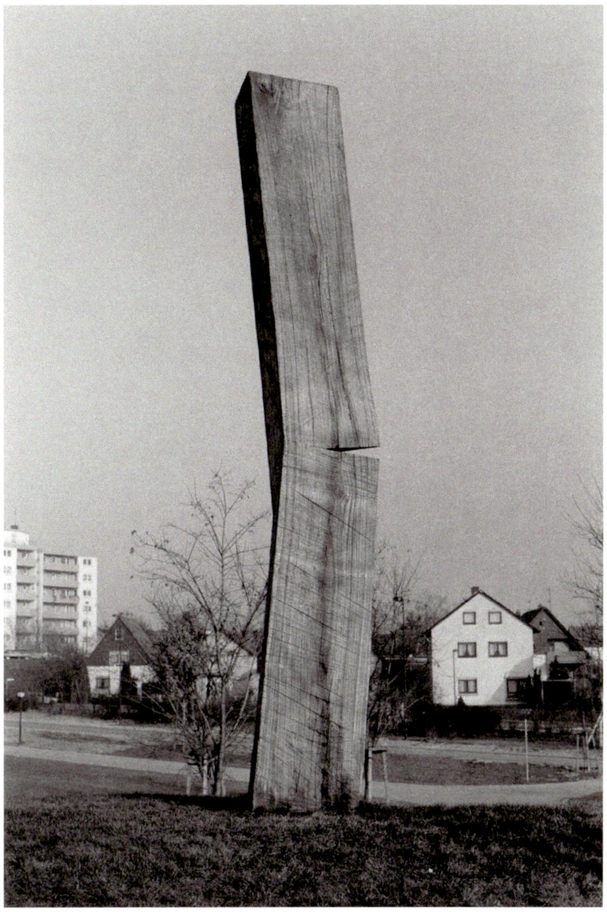

Windbruch, 1984, Djibuti, Stadt Hockenheim, WVZ 10

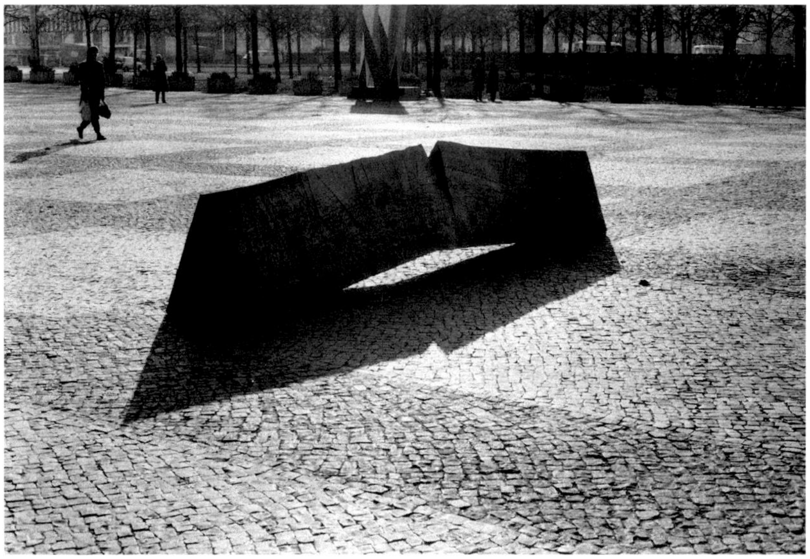

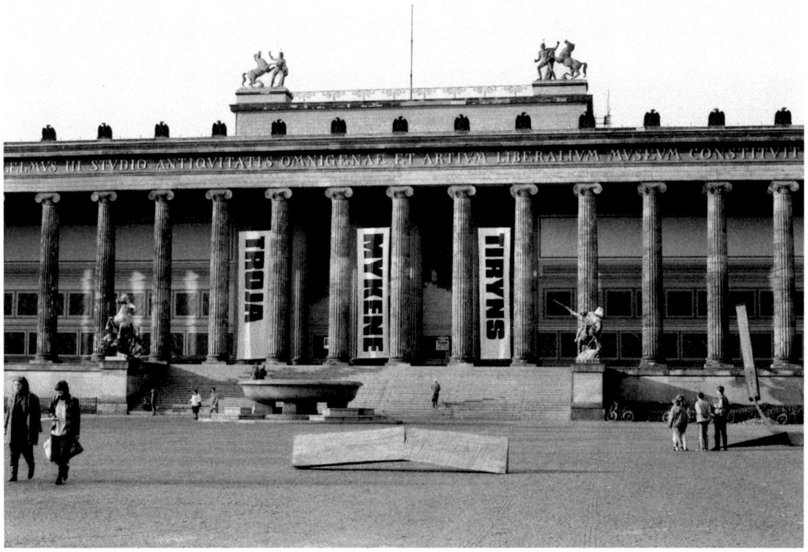

Windbruch, 1984, Djibuti, WVZ 10 in einer temporären horizontalen Aufstellung auf dem Schloßplatz in Stuttgart, um 1985.

Anlässlich der Aufstellung der fünf Meter hohen Stammskulptur ‚Windbruch' (WVZ 102) auf dem Gelände der Landesgartenschau Hockenheim 1991 notiert Wachter:

„Abgeleitet vom Wuchs des Stammes, seiner Krümmung und Flächenhaftigkeit, ist eine Arbeit entstanden im geknickten Ablauf und mit dreieckigem Grundriss. Das Bewusstmachen der Natureigenart, vereint mit technischer Erfahrung führt zur Skulptur. Gleich einer Säule aufgestellt, widerspricht die Plastik diesem Bild in allem: Eine Säule hat eine Mittelachse; die Symmetrie vermittelt Ruhe, Zentralisierung und befriedigt als Stütze.

Hier existiert eine Senkrechte nicht. Ein Halt wird nicht geboten. Die Aufwärtsbewegung erfolgt in Schrägen. Der Knick leitet eine Richtungsänderung ein. Seine Betonung durch den Einschnitt erzeugt Irritation. [...] Das alles kann als Anspielung auf menschliches Dasein ausgelegt werden [...] Die Erwartung liegt nicht im rechten Winkel. Das gewohnte Sehbild wird nicht mehr zufriedengestellt. Das provoziert genaues Hinsehen."[268]

Torso. ,Zwiesel'

So offenkundig es auch ist, dass Wachters bildnerisches Programm in hohem Maße von Formfragen bestimmt wird: Immer ist das Formale im erläuterten Sinne auch eine mit sicherem Gespür genutzte Funktion der Stoffeigenschaften. Assoziationen lenken darum zumeist auf den Werkstoff Holz zurück, aber sie können auch – und darin darf man ein Echo der figürlichen Anfänge sehen – an die menschliche Gestalt erinnern. Aus Verzweigungsabschnitten von Stämmen hat Wachter ausdrücklich als ,Torsi' bezeichnete Gebilde gewonnen, die denkbar frei auf die menschliche Anatomie anspielen, ohne Gefahr zu laufen, in den Verdacht des Deskriptiven zu geraten. Vielmehr ist es so, dass in einer pflanzlichen Wuchsform morphologische Eigenarten erkannt werden, wie sie ähnlich die Beziehungen zwischen Rumpf und Gliedmaßen regeln.

Diese Werkgruppe hat den numerisch größten Anteil am Werk. Darin darf man ein Echo der figürlichen Anfänge Wachters an der Akademie sehen. Grundlage dieser ,Torsi'-Gebilde sind Segmente bzw. Abschnitte von Stämmen mit mehreren Astansätzen. In den zahlreichen kleinformatigen Exemplaren sind auch Äste, die eine Vielzahl von Astansätzen ausgebildet haben, die materielle Grundlage. Durch abstrahierende Schnitte wird die aus dem Wachstum gebildete räumliche Anlage eines Baumes sichtbar. Das konstruktive Herausarbeiten der im gewachsenen Holz angelegten Bewegungsrichtungen und Strukturen wird im Laufe der Arbeit zum bestimmenden Leitmotiv dieser Werkgruppe. Wachter sagt dazu selbst: „Vor allem interessiert mich die Tektonik der Natur, wie räumlich sie arbeitet. Es entstehen Plastiken, die man vom Kompositionsdenken her nie so machen würde. Man käme gar nicht darauf."[269]

Auf den ersten Blick wirken diese Werke oft konstruktiv oder ,kubistisch' zusammengefügt; dieser erste Eindruck konterkariert das gestalterische Prinzip des Bildhauers, dem die Materialgerechtigkeit oberstes Gebot ist. Wachters ,Torsi' konstituieren sich aus der Synthese mehrerer, meist dreier kubischer Körper. Diese sind aber präzise aus dem organisch gewachsenen Stamm- oder Astabschnitt heraus präpariert. Das Stammsegment wandelt sich auf diese Weise zur geometrisierten Form und bezieht sich dabei deutlich auf anthropomorphe Strukturen.

Die anthropomorphe Anspielung schöpft auch aus der gemeinsamen Gestik von Baum und Mensch – ein überzeitliches Thema, das Wachter aufgreift und konkretisiert.[270] Die ikonologischen Zusammenhänge sind vielfältig – auch im ovidischen Sinn: Daphne wird zum Baum.[271] Die minimalistischen Figurationen greifen mit ihren dem Wuchs des Holzes geschuldeten, geschichteten oder ineinander verkeilten Elementen wie Gliedmaßen in die unterschiedlichen Bewegungsrichtungen.

Manche ,Torsi' lassen sich als Rumpfvolumen mit den Ansätzen von Schenkeln deuten. Andere wiederum fokussieren sich auf zwei auseinanderstrebende stereometrische Elemente, die je nach Positionierung der Skulptur geöffnete Arme oder voranschreitende Beine assoziieren. So gewinnen die geometrisch aus dem Rund des Stammes bzw. Astes herausgearbeiteten Segmente wiederum organischen Charakter. Wachter greift damit ein archaisches Thema auf,

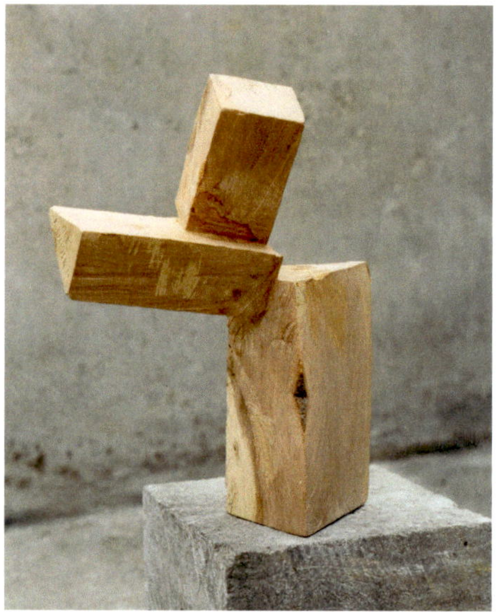

Torso, 2001, Apfel, Privatsammlung, WVZ 448

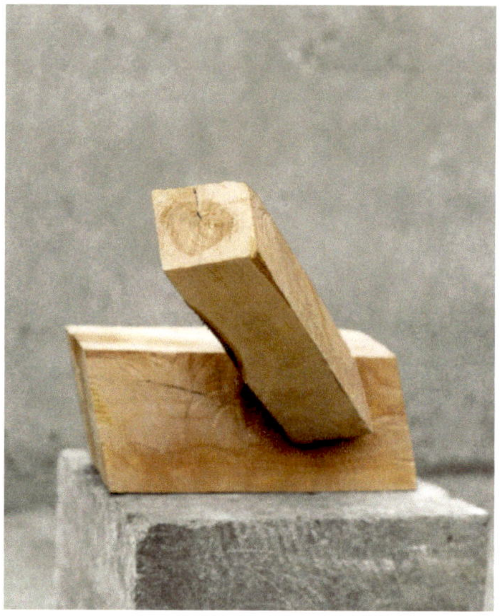

Torso, 2001, Pappel, Privatsammlung, WVZ 449

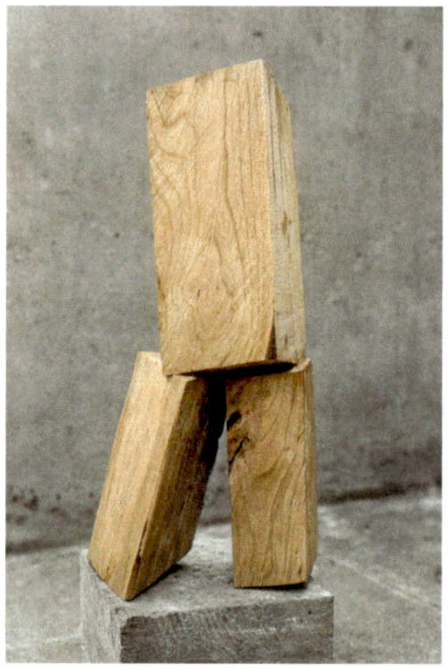

Torso, 2001, Apfel, Privatsammlung, WVZ 450

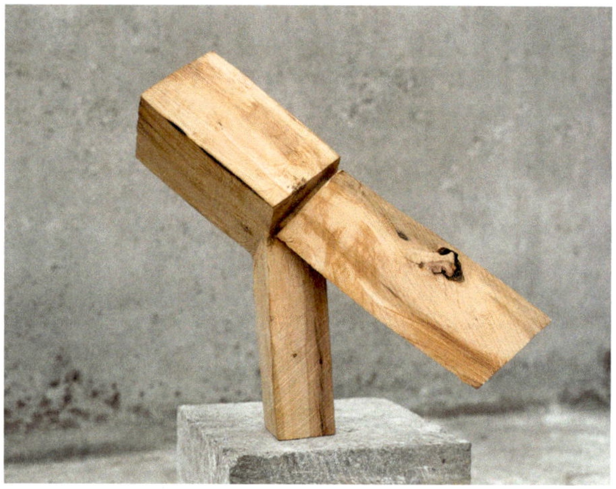

Torso, 2002, Pappel, Privatsammlung, WVZ 467

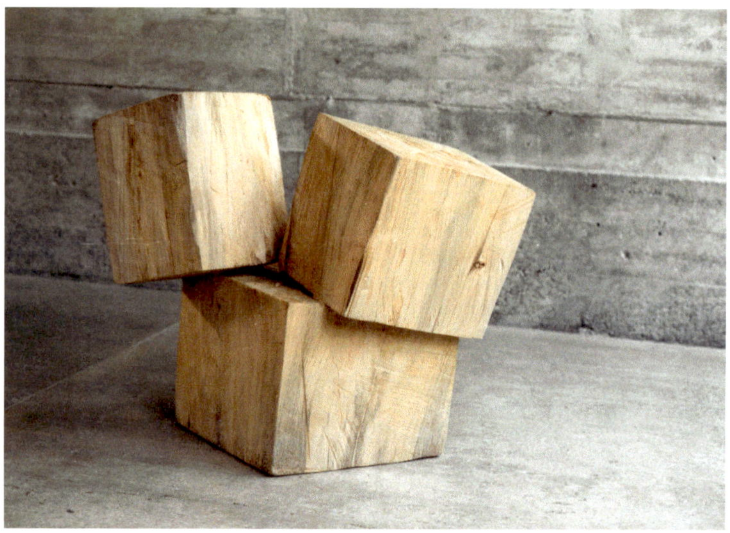

Torso, 2002, Pappel, Privatsammlung, WVZ 469

das er „als vitale Einheit von Natur und aus ihr entwickelter ideeller Form neu konkretisiert."[272]

Der Titel ‚Torso' benennt den grundsätzlichen Charakter dieser Gebilde; vielfach werden diese Arbeiten aber auch mit ‚Figuration' betitelt bzw. wechseln zwischen diesen Benennungen, wie der ‚Torso' von 1995[273] oder die ‚Hommage für Siegfried Hummel'[274] aus umbrischer Kastanie, die erst mit ‚Torso' und dann ‚Figuration' betitelt war, bis sie ihren letztgültigen Titel erhielt.

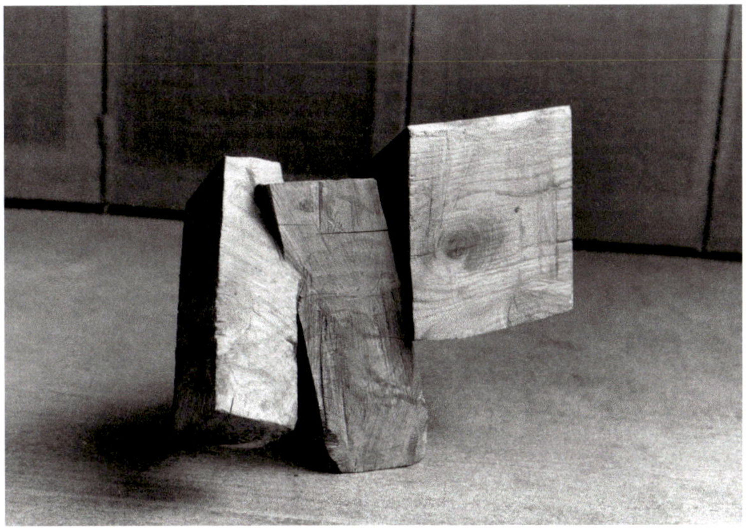

Torso. Hommage für Siegfried Hummel, 1995, umbrische Kastanie, Privatsammlung, WVZ 293

Ein Jahr später entsteht ‚Stammskulptur',[275] ein Werk, das die Analogie zum menschlichen Körper noch deutlicher werden lässt. Dennoch verzichtet Wachter auf eine Titelgebung, die diesem Bezug konkreter Rechnung tragen würde.

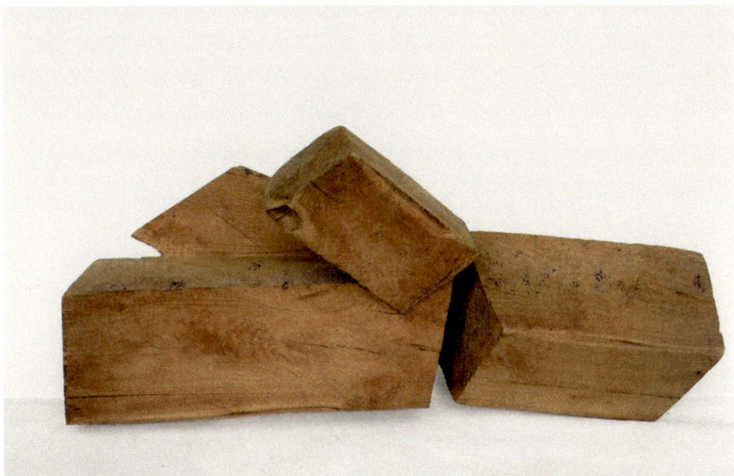

Stammskulptur, 1996, Pappel, Sammlung Dres. Gräb, WVZ 321

In der Folge entstehen vielfach – teils in kleinstem Format – diese bildnerischen Analysen verzweigter Stamm- bzw. Astabschnitte, die gerade im späten Werk durchgängig mit ‚Torso' betitelt werden. Eine Skulptur dieses Titels aus dem Jahr 2000[276] erinnert unmittelbar an das Körpergefüge einer hingelagert liegenden menschlichen Figur. Diese Assoziation ist auch durch die Positionierung nahegelegt.

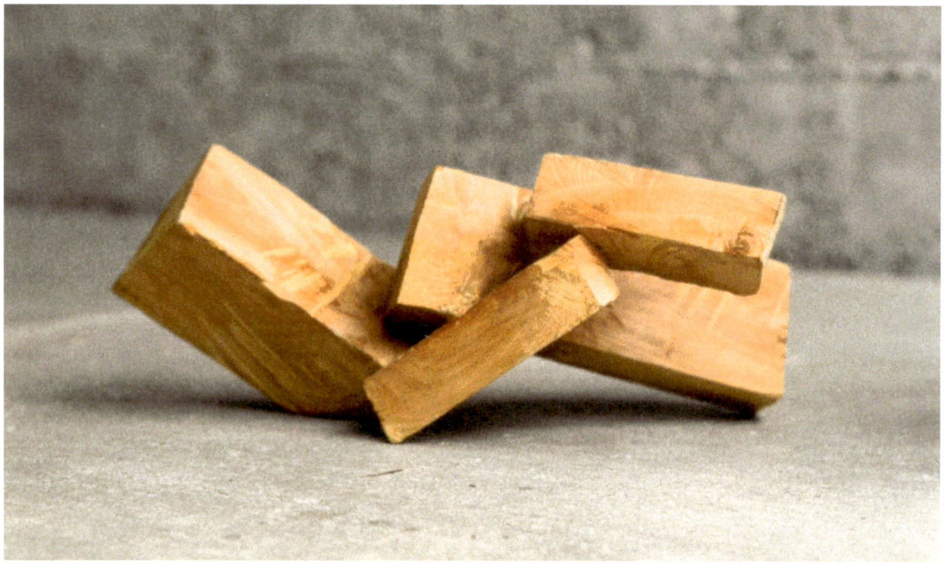

Torso, 2000, Obst?,
Privatsammlung,
WVZ 419

Wie bei nahezu allen Werkgruppen Wachters – sieht man von den Reliefs ab – wird auch bei den ‚Torsi' keine verbindliche Aufstellung der Skulpturen vorgegeben. Wachter selbst hat gerade diese Werkgruppe immer wieder neu aufgestellt: kopfüber, stehend, liegend ... Durch die variablen Aufstellungsmöglichkeiten besetzen die Figuren den Raum immer wieder neu.

Den ‚Torsi' verwandt sind die ‚Zwiesel'. Auch bei diesen sind die Grenzen zu verwandten Werkgruppen fließend. Die ‚Zwiesel' nehmen aber in noch höherem Maße unmittelbar Bezug zur Tektonik der Materie.

Es gibt Bäume, die keine einzelne, durchgehende Stammachse haben, sondern zwei oder sogar mehr jeweils schwächere Stämme. In diesen Fällen, bei denen sich der Stamm gabelt, spricht man von einer Zwieselbildung. Ein solches aufgefundenes Segment eines Stammes, das dem Eingeweihten die in ihm schlummernden skulpturalen Möglichkeiten erschließt, wird in seiner originären Form unangetastet gelassen; mit minimalen Eingriffen der Kettensäge arbeitet Rudolf Wachter lediglich die räumliche Geometrie, die in der Natur bereits angelegt ist, mit bildhauerischen Mitteln behutsam heraus.

Das Freilegen der Richtungsbeziehungen solcher Doppelstämme ist für Wachter von hohem Reiz. Hier wird der Zusammenhang zwischen dem gewachsenen Werkstoff und dem bildhauerischen Eingriff besonders unmittelbar deutlich. Auch die ‚Torsi' gehen auf dieses Prinzip zurück; ihre materielle Grundlage bilden allerdings in aller Regel Äste, nicht der Stamm.

In den Zwieseln verfolgt Wachter zwei Prinzipien der Bearbeitung: In der einen entfernt er das Rund des Stammes zugunsten einer stereometrischen Form, bei welcher der Kern des Stammes bzw. der Stämme verbleibt. Diese Darstellungen sind den ‚Torsi' nah verwandt. Der Bildhauer nimmt den Astgabelungen ihren „runden Astcharakter",[277] um dadurch ihre Wuchsform letztlich umso deutlicher herauszupräparieren. So sind diese Zwiesel zwei spitzwinklig zueinanderstehende Balkenquader, deren Stärke und Winkel zueinander einen Rückbezug zur ursprünglichen Erscheinung des Doppelstammes bzw. der Gabelung ermöglicht.

In den ‚Hohlzwieseln'[278] dagegen geht er den umgekehrten Weg: Er belässt die äußere Erscheinung der beiden ineinandergewachsenen Stämme und entfernt das Innere, deren Herz.

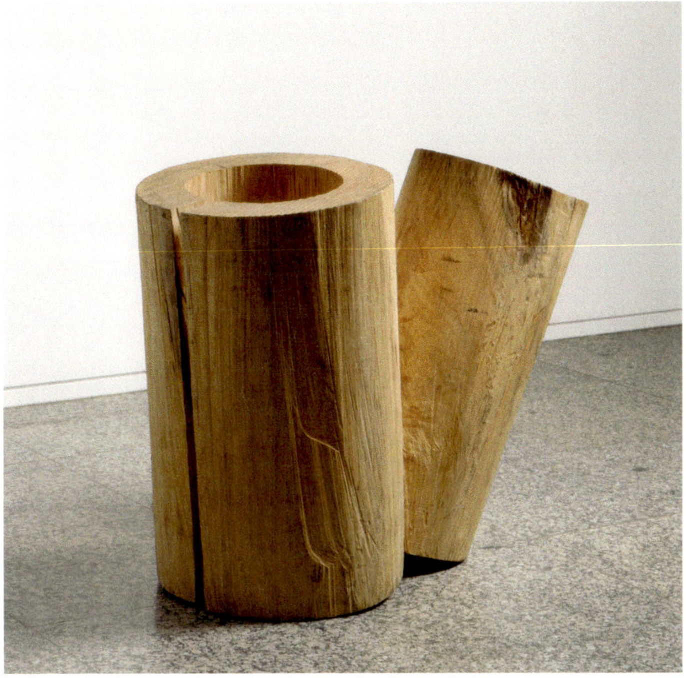

Hohlzwiesel, 1992, Pappel, Neues Schloss Kißlegg, Museum Rudolf Wachter, WVZ 248

Entscheidend bei dieser Werkgruppe ist die Positionierung: Der Stamm wird – entgegen seiner ursprünglichen Wuchsrichtung – auf den Kopf gestellt, wodurch sich eine figurale Assoziation ergibt. ‚Zwiesel' unterschiedlicher Größe, in Gruppen aufgestellt, können wie eine Menschenansammlung wirken.

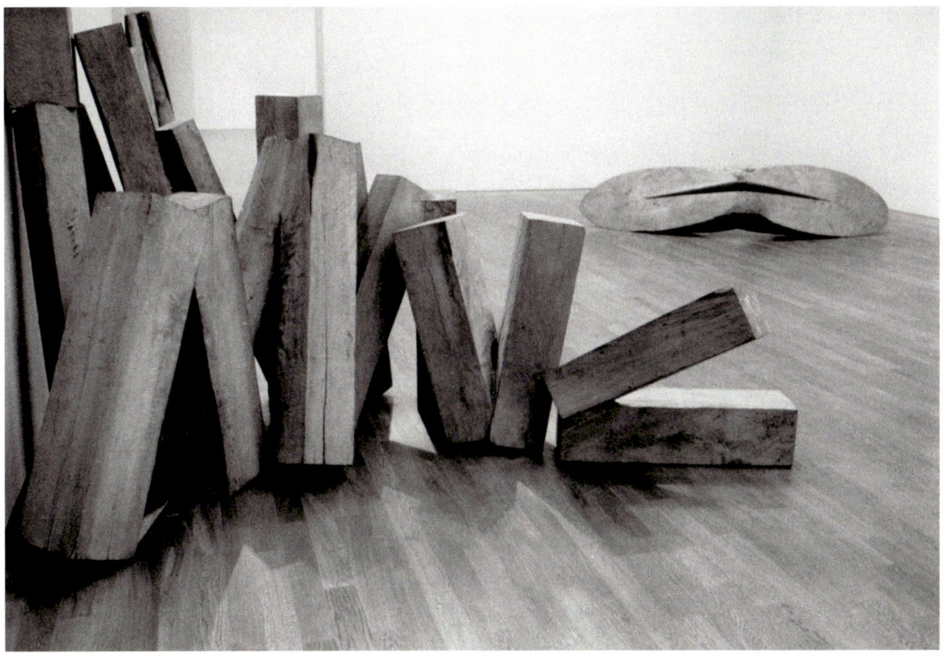

Zwiesel, 1988, Pappel, Märkisches Museum Witten, WVZ 181

Im Märkischen Museum Witten befindet sich eine Gruppe neun derartiger ‚Zwiesel',[279] die die Analogie zwischen ‚Torsi' und ‚Zwiesel' besonders verdeutlichen: Auch hier werden Stämme, die in Form einer Gabelung gewachsen sind, zu Balken gesägt und damit die Gelenkstelle betont. In diesem Ensemble findet sich ein dreiteiliger ‚Zwiesel', bei dem die Gabelung offensichtlich erst nach einem gewissen Wachstum als monolithischer Stamm erfolgte. Dieser erscheint als klassischer ‚Torso' im Wachterschen Sinne und markiert, an eine Wand angelehnt, den Auftakt der Werkserie. Diesem schließen sich eine Reihe von Zwieseln an, die, auf den Kopf gestellt, die Anmutung einer Gruppe Schreitender vermitteln. Am Ende dieser Reihe scheint eine dieser Figurationen die Balance verloren zu haben und liegt am Boden. Wäcker-Babnik schreibt 2011 in diesem Zusammenhang treffend, dass „die Skulpturen die Vereinzelung ebenso wie die Häufelung" vertragen.[280]

Auf einer semantischen Ebene reflektiert Wachter hier das plastische Problem der Gruppe. Durch die unterschiedlichen Höhen der einzelnen Elemente, die er ansteigend inszeniert, erzeugt er zusätzlich eine Perspektive innerhalb des Ensembles. Eine exakte Aufstellungsanordnung hat Wachter allerdings ausdrücklich nicht festgelegt bzw. als verbindliche Anleitung dem Werk beigegeben.

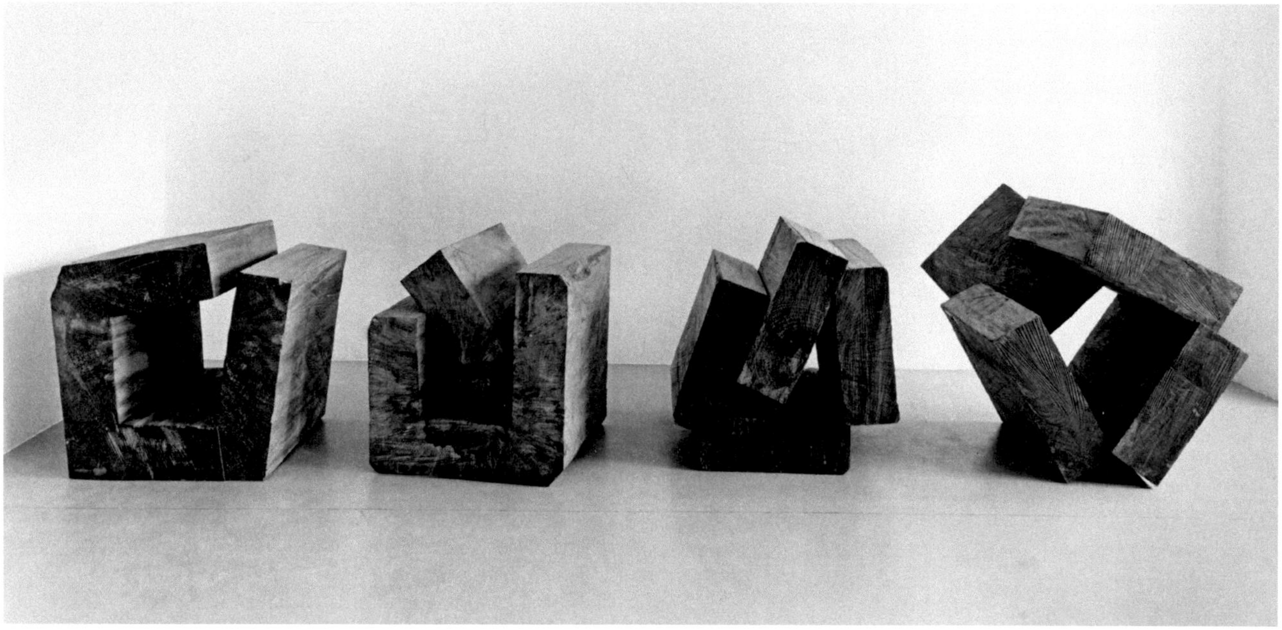

Entwicklung einer Kiste II, 1987, Gabun, Bayerische Staatsgemäldesammlungen, WVZ 165

Entwicklung einer Kiste

Vor allem in den 1980er Jahren widmet sich Wachter mit den Skulpturen ‚Entwicklung einer Kiste' in mehreren, lang angelegten plastischen Versuchsreihen stereometrischen Blockformen, die antithetisch zu den parallel entstehenden Serien wie ‚Newgrange' oder ‚Gebrochener Raum' entstehen. Der Bildhauer spürt hier nicht dem natürlichen Wuchs des Baumes nach, sondern unterwirft die organische vegetabile Form einem formalen Kontrapunkt.

Die Stammsegmente werden in einem ersten Schritt mit vier entschiedenen Schnitten von der runden Stammform in einen Quader überführt. Diese Quader werden in manchen Arbeiten gänzlich ausgehöhlt; bei anderen bleiben einzelne stereometrische Elemente stehen. Die Entfernung des Inneren generiert Raum. Ausgehöhlt kann der Block ‚arbeiten'. Dieses Prinzip des Aushöhlens ist – „neben der additiv aus einer Häufung und Verbindung von Teilen gebauten Hütte – eine der Urformen der Architektur."[281]

Daher lassen sich Wachters ‚Entwicklungen einer Kiste' auch als Anspielung auf die Kiste als eine der ersten architektonischen Äußerungen des Menschen verstehen. Das Prinzip eines schützenden, stereometrisch konstruierten (Um-) Raums gilt als Bergemöglichkeit für Objekte – aber auch für den Menschen.

Der Bildhauer selbst erläutert:

„Die Kiste ist eigentlich das Urphänomen einer Architektur. Und das erste gestaltende Moment vom Menschen ist, dass man eine Kiste macht, in der man entweder wohnt oder etwas verwahrt. Dieser Begriff ‚Kiste' wird überhaupt nicht wichtig genommen. [...] Ich meine, man sollte durchaus überdenken, dass die Kiste eigentlich der Urbeginn des Bewahrens ist."[282]

In dieser Werkgruppe reflektiert Wachter auch gängige Verwendungsweisen des Holzes. Er erarbeitet die Grundform des Behälters allerdings nicht konstruktiv bzw. additiv, wie dies bei beiden Ausformungen des Phänotyps typisch ist. Stattdessen lässt Wachter den Bergeraum der ‚Kiste' sozusagen deduktiv aus der Materie heraus entstehen.[283] Wachters ‚Kisten' sind im Unterschied zu ihren in unserer Lebenswirklichkeit millionenfach vorhandenen ‚Namensgeschwistern' keine zusammengefügten stereometrischen Gebilde, sondern jeweils aus einem einzigen Stammsegment herausgeschnitten. Allerdings sind Wachters ‚Kisten' als solche gar nicht zu gebrauchen: Wie könnte man in diesen etwas aufbewahren oder transportieren? Und wie könnten sie ein Bergeraum im architektonischen Sinne sein?

1985 entsteht die erste Arbeit, die sich heute in einer New Yorker Privatsammlung befindet.[284]

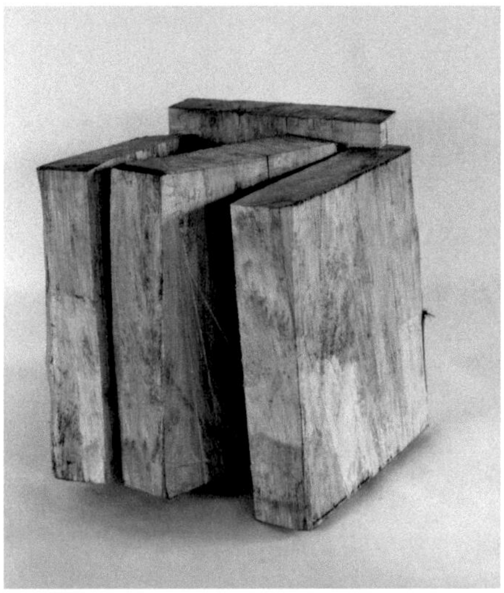

Entwicklung einer Kiste, 1985, Pappel, Privatsammlung New York, WVZ 113

Bei dieser Arbeit fächern sich vertikal drei rechteckige Scheiben vor einem gleich geformten Trägergrund auf. Diese Kiste ist nicht imstande, etwas zu bergen; sie bildet ein in sich nahezu geschlossenes, nur immanent rhythmisiertes Volumen ab. Im selben Jahr folgt eine Skulptur der Serie, die dem Prinzip der Kiste als geschlossene, bergende Form enger folgt – und dieses Prinzip gleichzeitig buchstäblich sprengt:[285] Das quaderförmig aus dem Rund geschnittene Stammsegment ist bis auf eine dünne Wandung ausgehöhlt. An einer Ecke ist die geschlossene Form durch einen Gehrungsschnitt unterbrochen, der sich durch den Trocknungsprozess zu einer entschiedenen Öffnung aufgeweitet hat.

Die Betitelung ‚Entwicklung einer Kiste' trägt die Erzählung eines kontinuierlichen Prozesses in sich. Dieses Prozessuale wird besonders deutlich in Ensembles aus jeweils vier einzelnen ‚Kisten', bei denen Wachter im Sinne einer Entwicklungsreihe die Blöcke zunehmend öffnet.

1986 und 1987 entstehen in enger zeitlicher Abfolge mehrere dieser Gruppen: ‚Entwicklung einer Kiste' WVZ 136,[286] ‚Entwicklung einer Kiste I', WVZ 137[287] und ‚Entwicklung einer Kiste II', WVZ 135.[288] Im erstgenannten Ensemble entwickelt Wachter in einer Kubatur von jeweils 45 x 45 x 60 Zentimetern vier sich öffnende Kisten.

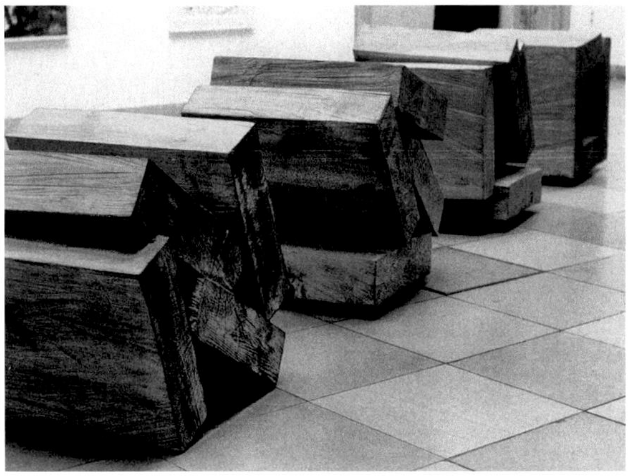

Entwicklung einer Kiste I, 1986, Pappel, Neues Schloß Kißlegg. Museum Rudolf Wachter, WVZ 137

In all diesen seriellen Untersuchungen des Typus ‚Kiste' reflektiert Wachter in der Materie des gewachsenen Stammes die technische Intelligenz des Menschen. Eine Kiste ist ein Alltagsgegenstand, multifunktional und unverzichtbar. Meist wird sie in ihrer ursprünglichen Erscheinung aus Holz zusammengefügt, sei es geleimt, genagelt, getackert, verschraubt ... Sie ist ein Massenprodukt. Eine Kiste stellt also ein „industriell hergestelltes Kompositum"[289] dar. Durch technische Intelligenz wird in einem abstrahierenden Prozess ein Werkstück hergestellt, das aus natürlichem Material besteht, dessen Form aber in der Natur nicht vorkommt.

Dabei wird der Gegenstand hier nicht „(zweck-)entfremdet oder nach surrealistischem [...] Prinzip in einen anderen Kontext gestellt".[290] Stattdessen werden Materie, Form und Entstehungsprozess an einigen wesentlichen Stellen in einen neuen Zusammenhang überführt. In den 1990er Jahren entstehen immer wieder Einzelwerke wie die Entwicklung einer Kiste von 1999,[291] in denen er die stereometrischen Grundformen variierend ineinander verschränkt.

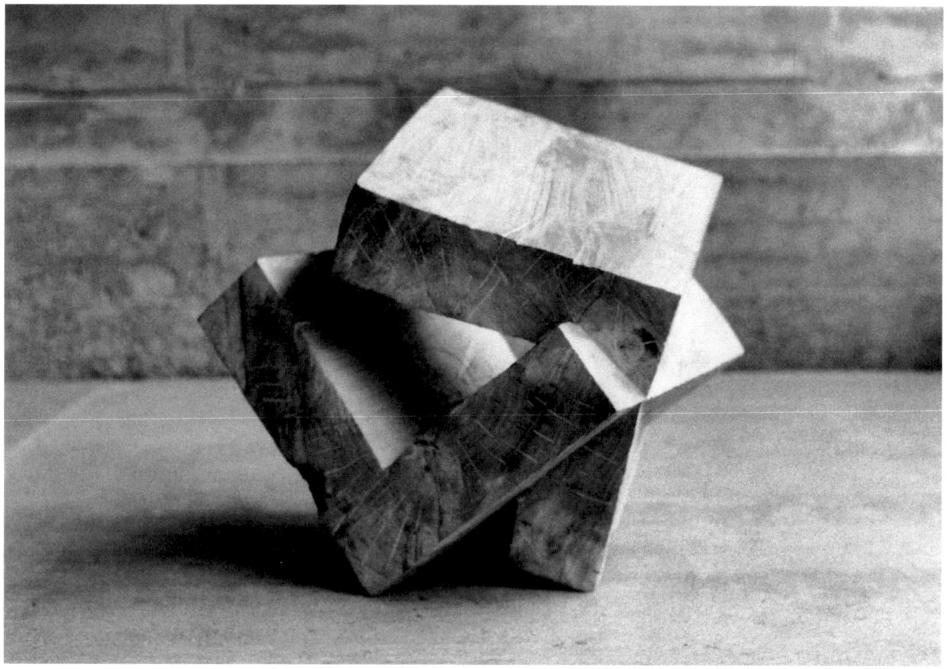

Entwicklung einer Kiste, 1999, Pappel, Privatsammlung, WVZ 369

2003/2004 entsteht eine letzte Folge von Werken dieser Gruppe, die sich von der ursprünglichen Gestaltidee weit entfernt hat: Das Stammsegment wird erst zum Quader reduziert und dann zickzackförmig entlang der Linien aufgeschnitten.[292] 2008 kommt Wachter dann in einem seiner letzten Werke noch einmal auf dieses Prinzip zurück,[293] schließt die Gesamtform aber nahezu hermetisch.

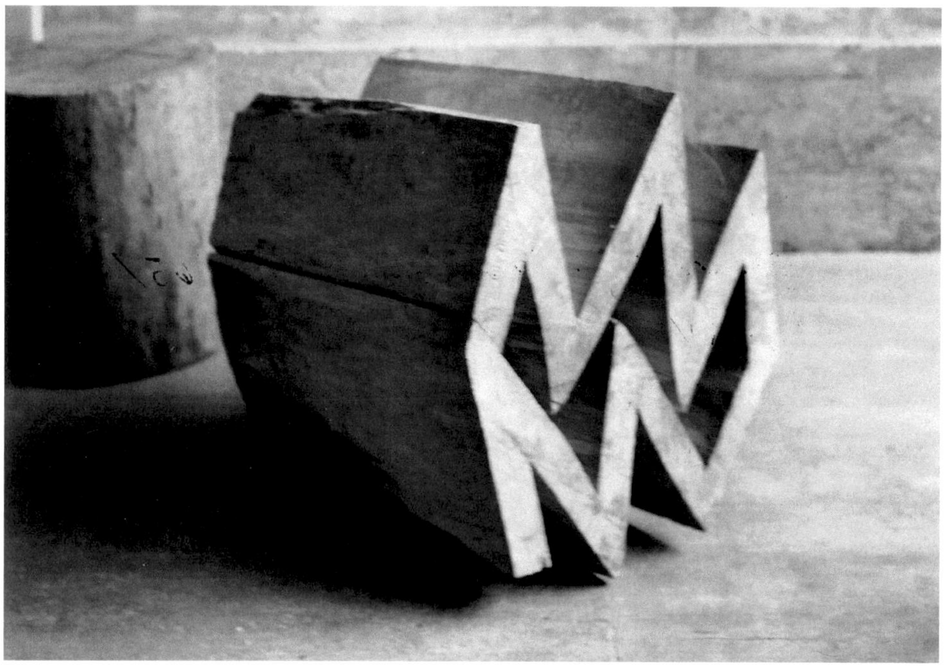

Entwicklung einer Kiste, 2008, Pappel, Institutionssammlung, WVZ 561

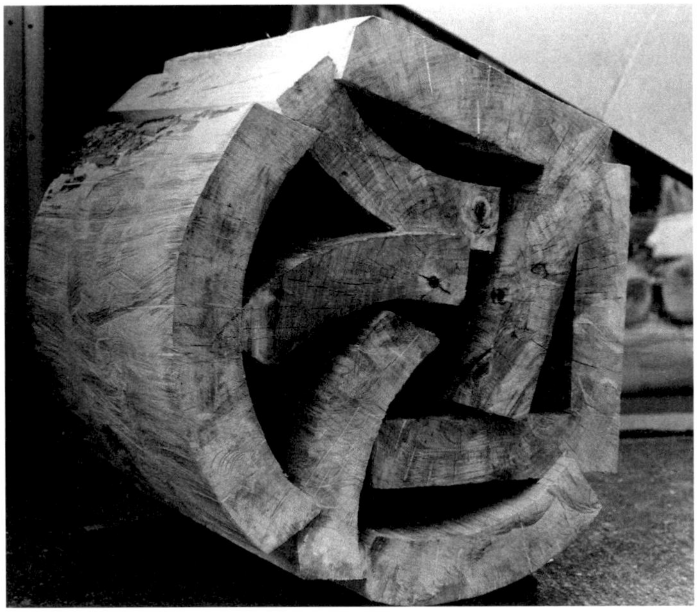

Gebrochener Raum, 2005, Schwarzpappel, Sammlung Wachter, WVZ 508

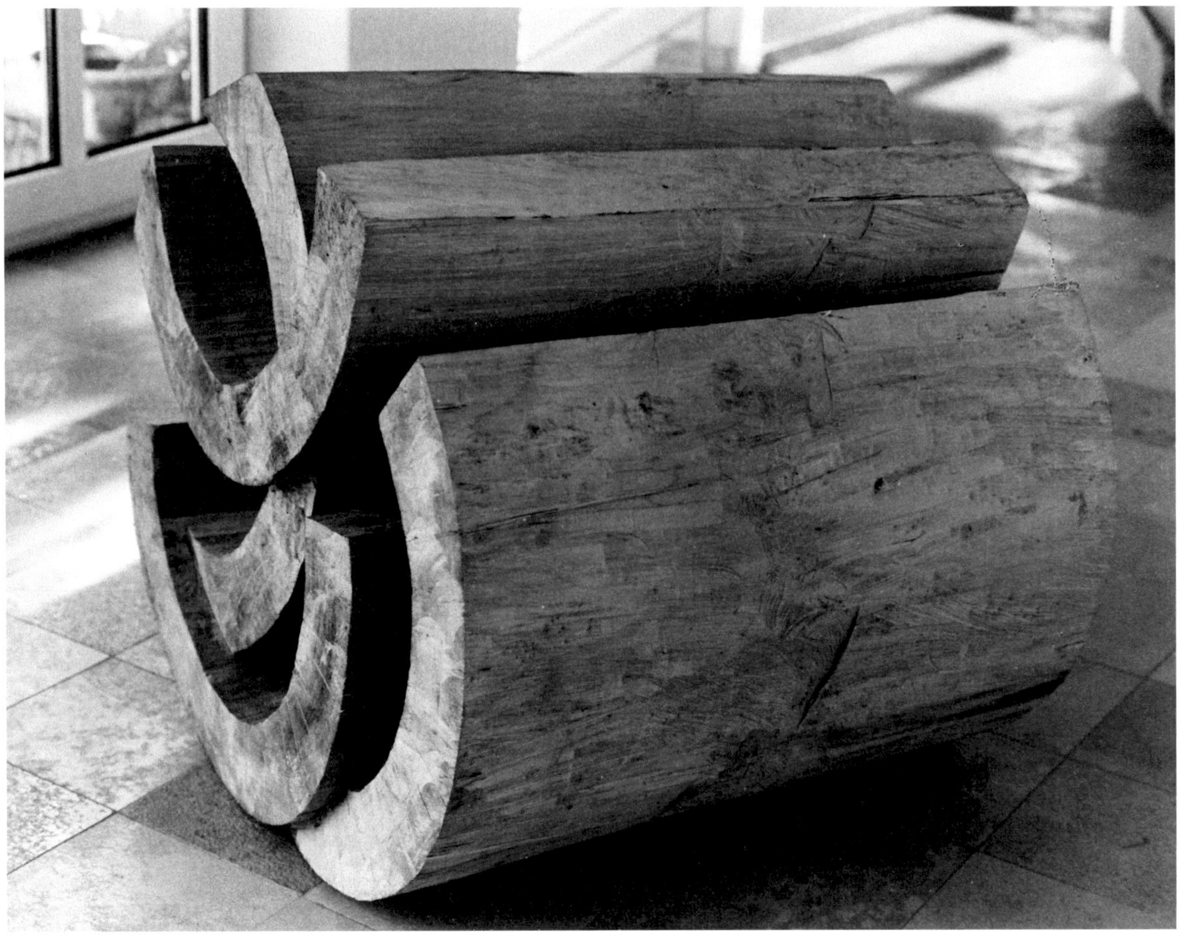

 Gebrochener Raum IIIII, 2005, Pappel, Städtische Museen Biberach, WVZ 513

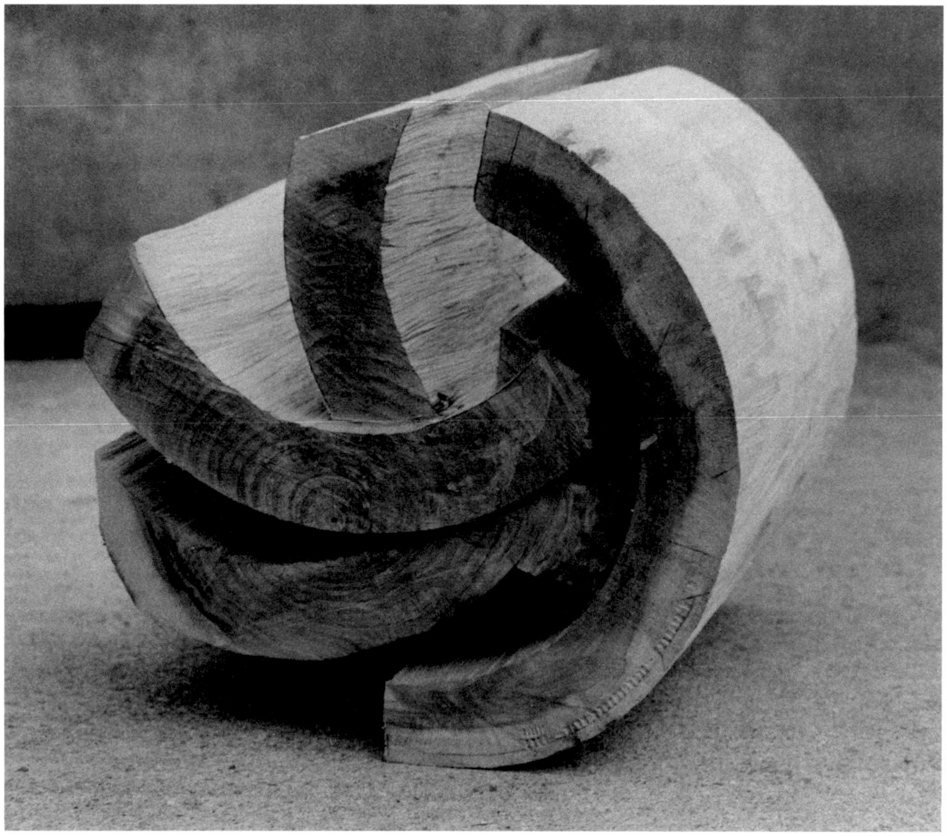

Gebrochener Raum VI, 2005, Pappel, Stadtmuseum im Schlössle, Weingarten, WVZ 514

Gebrochener Raum – Broken Space

Die in der Chronologie des Werkes früher entstandenen ‚Figurationen' und ‚Stammskulpturen' zeichnen sich durch ein geschlossenes Körpervolumen aus, das der Eigenart des Stammes folgend in den Raum ausgreift.

Die Werkzyklen ‚Newgrange' und ‚Gebrochener Raum/Broken Space' hingegen nehmen einen entschiedenen bildnerischen Richtungswechsel vor. In diesen Hölzern wird die natürliche zylindrische (Stamm-)Form von außen aufgebrochen – ein Prinzip, das sich in der Betitelung widerspiegelt. Rudolf Wachter hat Exemplare dieser Gattung auch ‚Broken Space' genannt, bis er sich letztlich für die deutschsprachige Betitelung ‚Gebrochener Raum' entschied. Vielfach bilden bei diesen Werken das Rund des Stammes und kantige, diesem Rund eingeschriebene bzw. eingeschnittene Quader formale Gegensätze. Durch die Radialschnitte in die äußeren Jahresringe verkürzen sich diese so stark, dass der Eindruck eines ‚Einbrechens' in die geschlossene Form entsteht. Die dynamische Formteilung dieser Arbeiten erleichtert das Schwinden. Es scheint, als ob die Energie der Natur sich Luft macht.

Materielle Grundlage dieser Skulpturen sind Stammholzabschnitte, die in der maximalen Ausdehnung ihres annähernd kreisförmigen Durchmessers belassen werden. Die Abmessungen korrespondieren mit der Schwertlänge der verwendeten Kettensägen.

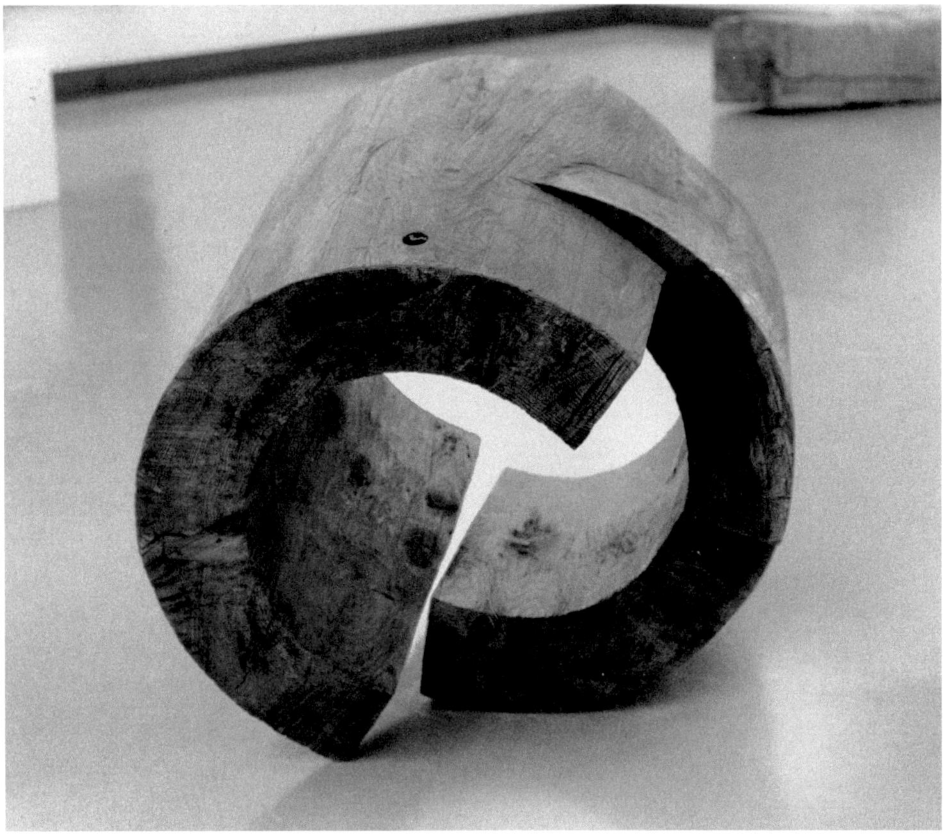

Gebrochener Raum, 1994, Douglasie, Museum Kulturspeicher Würzburg, WVZ 277

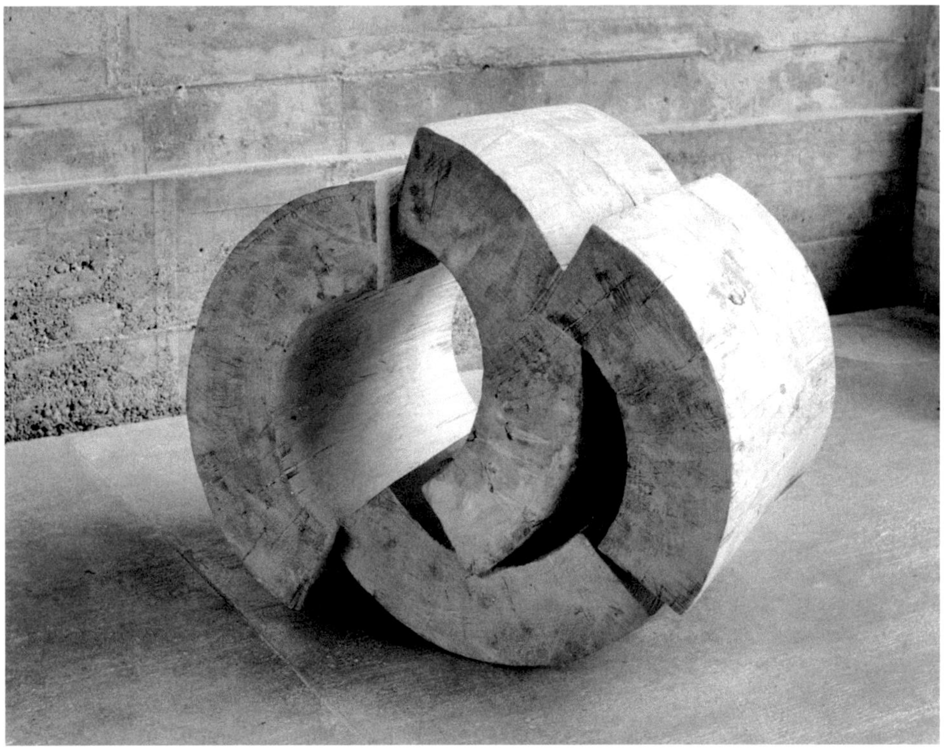

Gebrochener Raum o.N., 1997, Pappel, Privatsammlung, WVZ 338

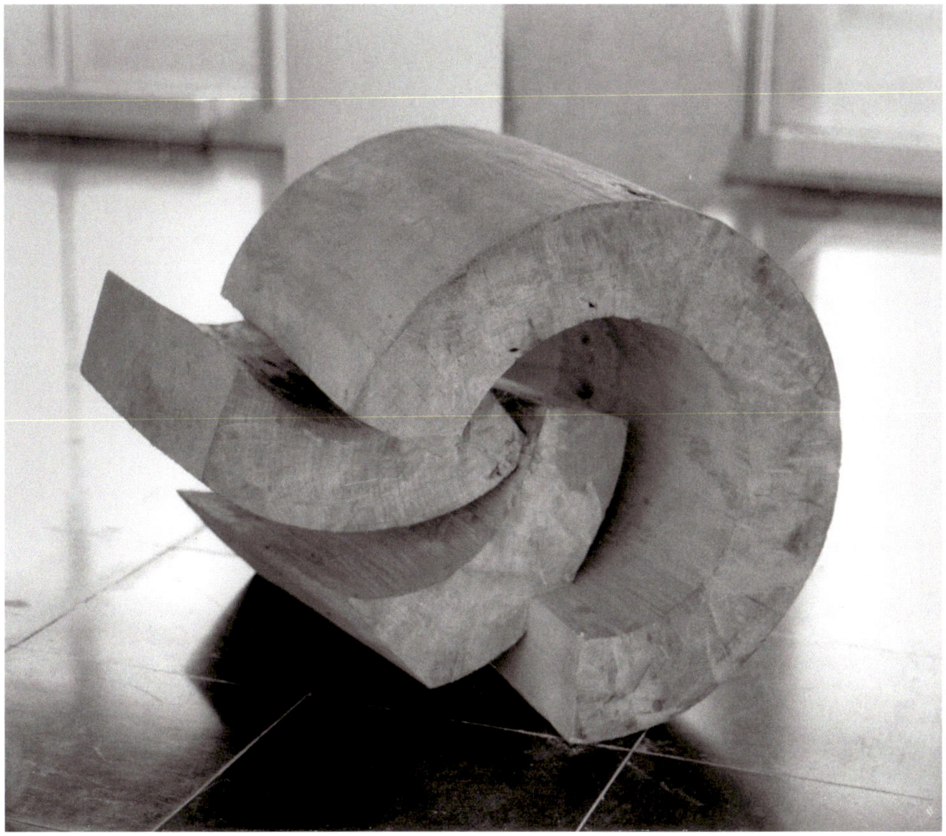

Gebrochener Raum, 1998, Pappel, Privatsammlung, WVZ 347

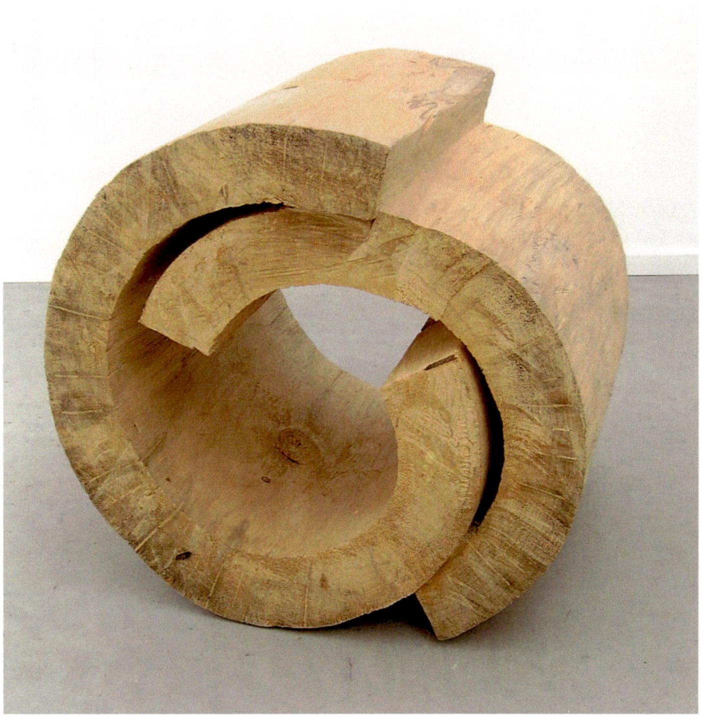

Gebrochener Raum XIII, 2002, Pappel, Wachterblock.
Sammlung Gerlinde und Werner Wohlhüter, WVZ 454

Das Werkverzeichnis versammelt insgesamt 43 Werke dieses Titels, die von 1989 bis 2006 geschaffen werden. Die früheste Arbeit der Serie entsteht 1989.[294] Ein Stammsegment wird innen kreisförmig ausgehöhlt, wobei eine mit etwa 18 Zentimetern ungewöhnlich starke Wandung stehen bleibt. Der entstandenen kreisförmigen Hohlform wird ein Kreissegment an einer Astgabelung ausgeschnitten. Die abstrebende Wuchsrichtung des Astes wird in einem Block sozusagen ‚herauspräpariert'. Dieses Prinzip wiederholt sich in Werken wie WVZ 265 von 1993.[295]

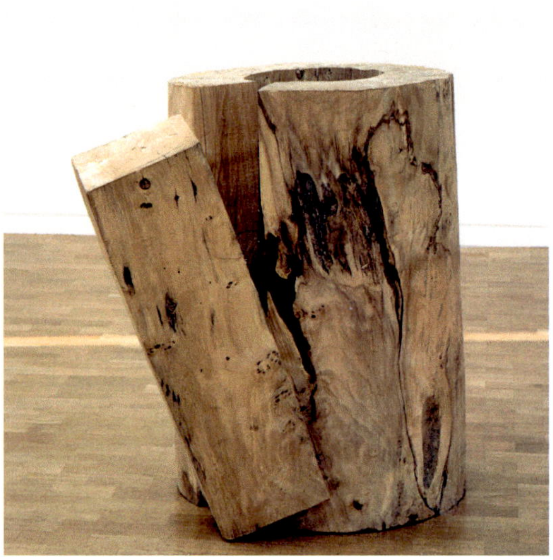

Gebrochener Raum, 1989, Pappel, Sammlung Riel, WVZ 265

Die Arbeiten ‚Gebrochener Raum I' und Gebrochener Raum II'[296] aus dem gleichen Jahr folgen dagegen der Rundung des Stammes, die in Segmentbögen aufgebrochen wird. Dieses Formprinzip wird vielfach immer wieder von Neuem variiert, etwa in den Arbeiten ‚Gebrochener Raum X'[297] oder ‚Gebrochener Raum XI'[298], beide aus dem Jahr 1998.

Der ‚Gebrochene Raum' von 1996[299] führt eine Formvariante ein: Der dem Stammesrund folgende kreisförmige Bogen bleibt bestimmendes Element. Er wird zu einem Viertel geöffnet. Aus dem Kernholz heraus entwickeln sich zwei weitere Segmentbögen, die der bestimmenden Außenform diametral entgegen schwingen. Ähnliches entwickelt Wachter 1998 in den Skulpturen WVZ 347 und 348 weiter.[300]

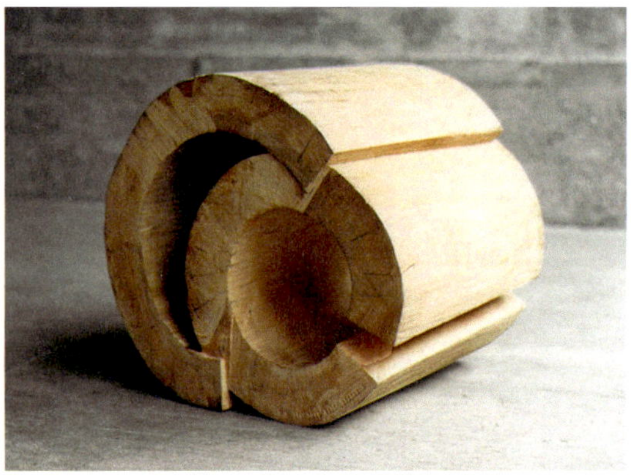

Gebrochener Raum X, 1998, Pappel, Sammlung Dr. Adelung, WVZ 349

Bei diesen zunehmend komplexen Werkstücken lässt sich festhalten, dass der bei anderen Skulpturen eher intuitive Umgang mit dem Werkstoff im Sinne eines Wachter'schen ‚Wanderns durch das Holz' zugunsten stärker konzeptionell angelegter Vorüberlegungen aufgegeben wird.

Auf den vollendeten Werkstücken sind vielfach immer wieder noch die Vorzeichnungen im Stirnholz zu erkennen, die dem Bildhauer zur Orientierung dienen, wenn er seine Sägeschnitte setzt. Diese Vorzeichnungen sind wegen der oft hochkomplexen Formgefüge unverzichtbar.

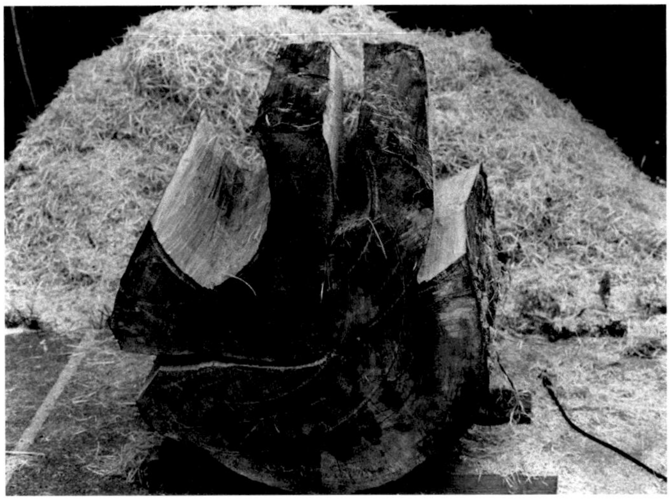

Arbeit an einer Skulptur der Serie ‚Gebrochener Raum', wohl um 1998

Entlang der Jahresringe werden die Stammabschnitte kreisförmig ausgehöhlt. In diesem Prozess wird die substantielle Masse auf wenige Zentimeter starke, sich oft zylindrisch fortführende Wandungen reduziert. Entsprechend der Richtungen des organisch gewachsenen Materials beschreibt die entstehende Form Kreis- oder Spiralbewegungen.

2001 führt Wachter ein neues formales Element ein: In ‚Gebrochener Raum XII'[301] greift ein spitzwinkliges Dreieck in das Rund der aufgefächerten Segmentbögen, was in chronologisch darauffolgenden Arbeiten immer wieder als gestaltbildendes Element eingesetzt wird.[302]

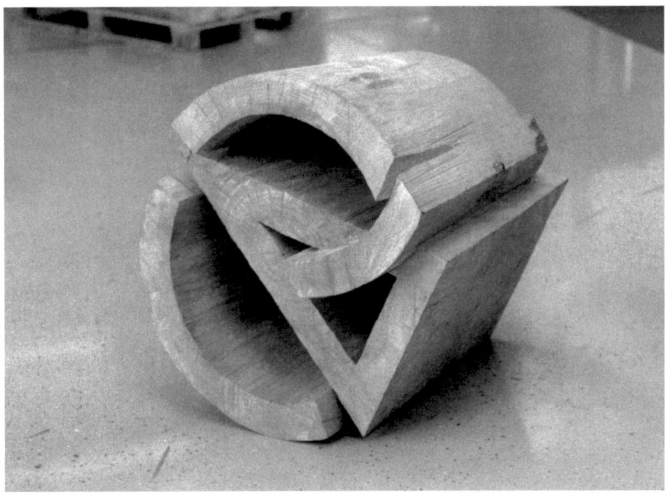

Gebrochener Raum XII, 2001, Pappel, Museum Rudolf Wachter. Neues Schloss Kisslegg, WVZ 439

Die Formenvielfalt dieser Werkgruppe ist nahezu unerschöpflich. Manche Skulpturen sind auf einfache Schalen reduziert, andere wiederum vereinen eine Fülle dicht gedrängter, in- und gegeneinander verschachtelter und verschränkter Bogensegmente wie in WVZ 508, ‚Gebrochener Raum'.[303] Diese folgen allerdings weniger dem Formwillen des Bildhauers, sondern sind vielmehr aus den Schichten der Jahresringe und den Richtungen des Wuchses heraus entwickelt. „Meine Arbeit ist beendet, wenn das Holz erlöst ist. Wenn es seine Bewegung frei ausführen kann, ohne die Plastik zu sprengen", zitiert Andrea Brandl den Bildhauer 2008.[304]

Die Schnitte lassen Teile des zylindrischen Blocks aus dem Stammabschnitt heraustreten. Auf diese Weise wird das ursprüngliche Rund aufgebrochen, ohne den Stamm zu zerreißen. Dadurch erscheint es vielfach so, als wären verschiedene Formen ineinandergesteckt. Besonders markant zeigt sich dies in ‚Gebrochener Raum I' von 2005.[305] Dieses Werk ist vor allem Wandung, wobei zwei Segmentbögen einander zu durchkreuzen scheinen. In Wahrheit aber „bleibt die Einheit des Stammes gewahrt und entwickelt in solch ‚Gebrochenen Räumen' ihre Dynamik".[306]

Ein ähnliches Prinzip zeigt sich in ‚Gebrochener Raum 4' von 2006:[307] Hier sind vier gestaltbestimmende Segmentbögen nicht einander gegenüber geöffnet, der Stammform folgend, angeordnet. Sie ‚reiten' vielmehr aufeinander ruhend, ineinander verschränkt in einer Weise, die an die pyramidale Anordnung der Bremer Stadtmusikanten erinnert.

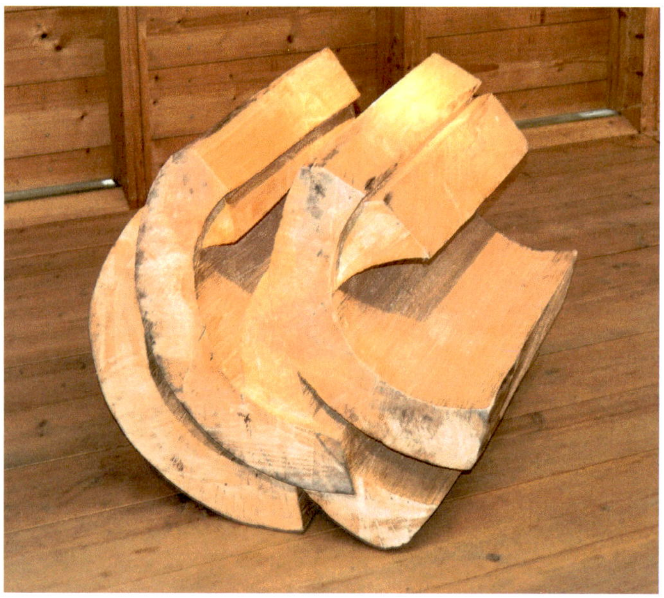

Gebrochener Raum 4, 2006, Pappel, Privatsammlung, WVZ 535

Wie in vielen anderen Werkgruppen scheint es auch in dieser so, als würde Wachter gegen Ende seiner Lebens- und Schaffenszeit die formalen und materiellen Möglichkeiten seines Werkstoffes konterkarierend ausloten. Zwei mit ‚Gebrochener Raum VI' gleich betitelte Skulpturen von 2006[308] bestehen jeweils aus zwei gegeneinander versetzten, auseinanderstrebenden Segmentbögen, die in den Raum und damit der geschlossenen Stammform diametral entgegengesetzt ausgreifen.

Eine Sonderform stellen zwei Werke dar, die Wachter 2004 mit ‚Sich öffnender Raum' betitelt und die sich beide im Museum Rudolf Wachter in Schloss Kisslegg befinden. Das erste von beiden[309] macht deutlich, dass Wachter hier die Grenzen der Auseinandersetzung mit dem Material erreicht. Wieland Schmied schreibt 2005, ihm gelinge es in dieser Arbeit, zu zeigen, „dass sich die Kräfte der Natur gegen diese selbst richten können".[310] Der Bildhauer lässt eine keilförmige Spitze in das Rund der Stammform gewaltsam eindringen, die an die gegenüberliegende Wandung stößt. Der die Materie steuernde Schwundschnitt ist an der breiten, außenliegenden Seite dieses Keils gesetzt. Durch das Trocknen der Materie scheint dieser Keil beständig tiefer in den Stamm einzudringen.

Die im Werkverzeichnis unmittelbar darauffolgende zweite Skulptur ‚Sich öffnender Raum'[311] dagegen formuliert eine Gegenbewegung: Statt eines Eindringens einer zweiten Form scheint vielmehr das größere Stammsegment ein kleineres zu ‚gebären'.

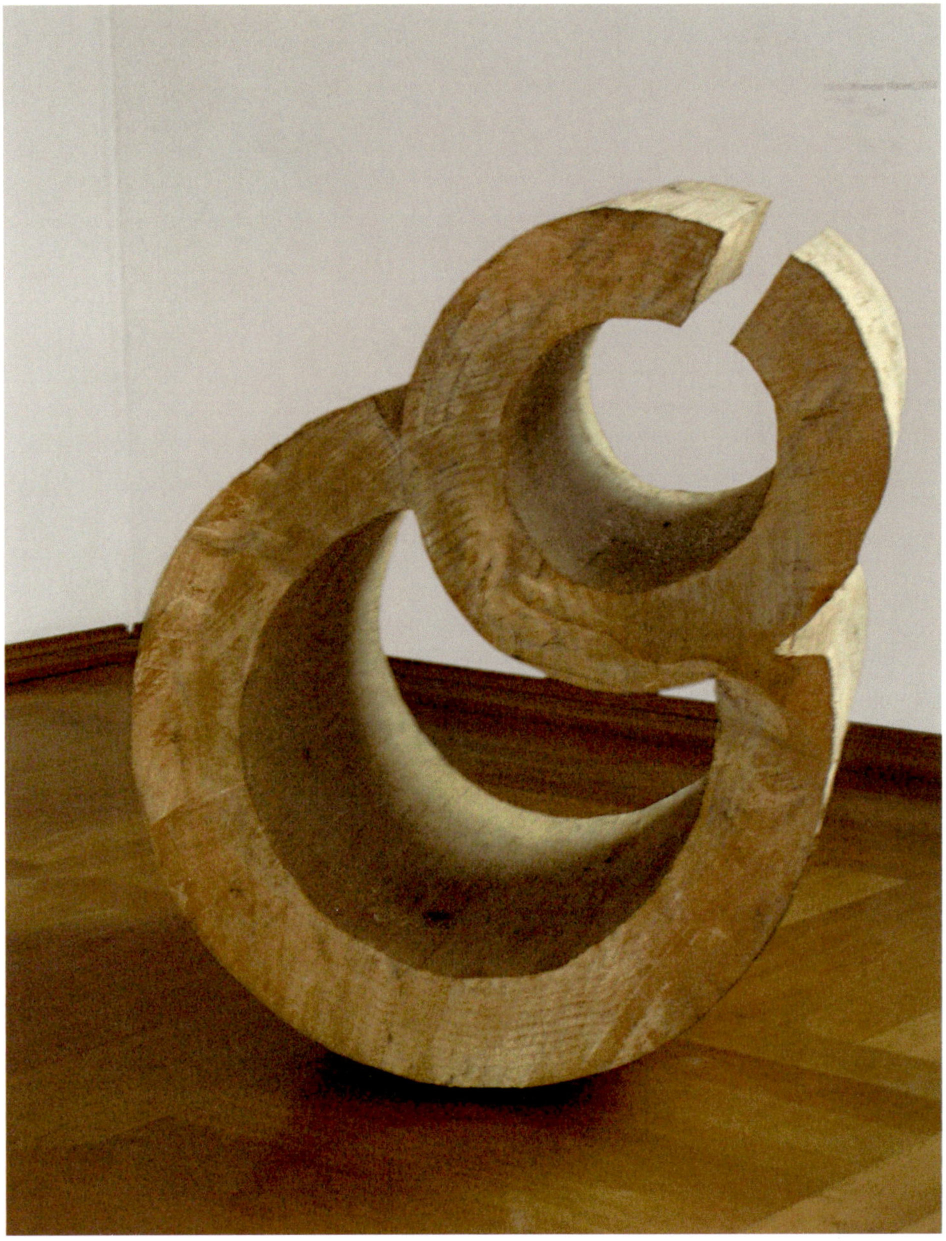

Sich öffnender Raum, 2004, Pappel, Museum Rudolf Wachter. Neues Schloss Kisslegg, WVZ 503

Newgrange

Die Werkgruppe ‚Newgrange' erhielt ihre Betitelung erst nach der Fertigstellung der ersten Werke. Dieser konkrete Rückbezug auf ein titelgebendes motivisches Vorbild steht im Werk nahezu singulär. 1989 bis 2004 widmet Wachter sich immer wieder zyklisch diesem Motiv. Im Laufe dieser Jahrzehnte hat er sich zur Benennung dieser großen Werkgruppe und damit eventuellen ikonologischen Zusammenhängen von insgesamt 63 Skulpturen mehrfach widersprüchlich geäußert.

Vor allem um das Jahr 2000 befasst er sich im Zusammenhang mit der ‚Newgrange'-Gruppe mit einzelnen Aspekten der Geomantie. Dieser alten Form des Orakels, bei der aus in den Sand gezeichneten Figuren oder aus geographischen Gegebenheiten heraus die Zukunft gedeutet wird, entspricht in der modernen Esoterik die Lehre von den Wechselbeziehungen der verschiedenen Strahlungen und Energien von Erde, Kosmos und Mensch. Die Erde wird dabei als lebendiger Organismus verstanden, der eine eigene, physikalisch messbare Schwingung in sich trägt.[312]

Später relativiert Wachter sein klares Bekenntnis zu esoterisch konnotierten Aspekten und negiert kategorisch jeden derartigen Bezug. Er geht sogar noch weiter und verneint auch eine bildnerische unmittelbare Reflexion.

Im Kontext des Gesamtwerkes kann eine semantische Aufnahme des Motivs ausgeschlossen werden. Wachter sah wohl eher eigene Formerfindungen durch die Kenntnis der jungsteinzeitlichen Grabanlage bestätigt. Erfindungen, die freilich auf die archetypische Gravität solcher von Spiralen und Rauten bestimmten Ornamentformen verweisen, die in situ ursprünglich mit magischem Anspruch besetzt waren.[313]

Das Ganggrab, auf das sich Rudolf Wachter konkret mit seiner Namensgebung bezieht, ist in Teilen mit einer Vielzahl spiralförmiger, aber auch zickzackförmiger Ornamente verziert. Wachters eigene Formfindungen beziehen sich auf die archetypische Würde dieser vorchristlichen Ornamentformen.

Unbestritten ist, dass die Begegnung mit den architektonischen und skulpturalen Zeugnissen der irischen Megalithkultur am Ort des jungsteinzeitlichen Hügelgrabes Newgrange in der Grafschaft Meath Rudolf Wachter bei einem Aufenthalt dort im Jahr 1979 tief beeindruckt hat.

In den gleichnamigen Arbeiten, die seit 1989 entstehen, will Wachter also nicht das archaische steinerne Erbe dieser Megalithkultur im Holz paraphrasieren,[314] sondern ihm autonom seine Skulpturen – auch als Ausdruck seiner eigenen Zeit – entgegensetzen.

Die uralten, im Neolithikum bereits bekannten Symbole Ring und Spirale gelten als Zeichen der Unendlichkeit und der ewig währenden Verbindung, für Leben, Tod und Wiederkehr.

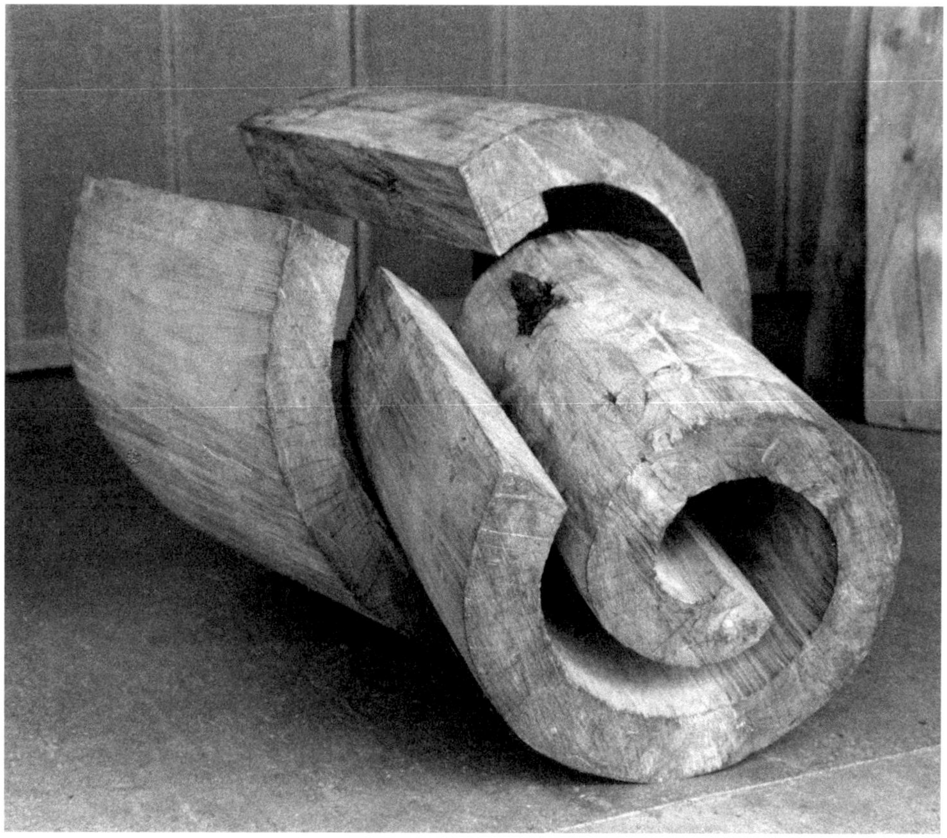

Newgrange III, 1990/1991, Pappel, Museum Rudolf Wachter. Neues Schloss Kisslegg, WVZ 235

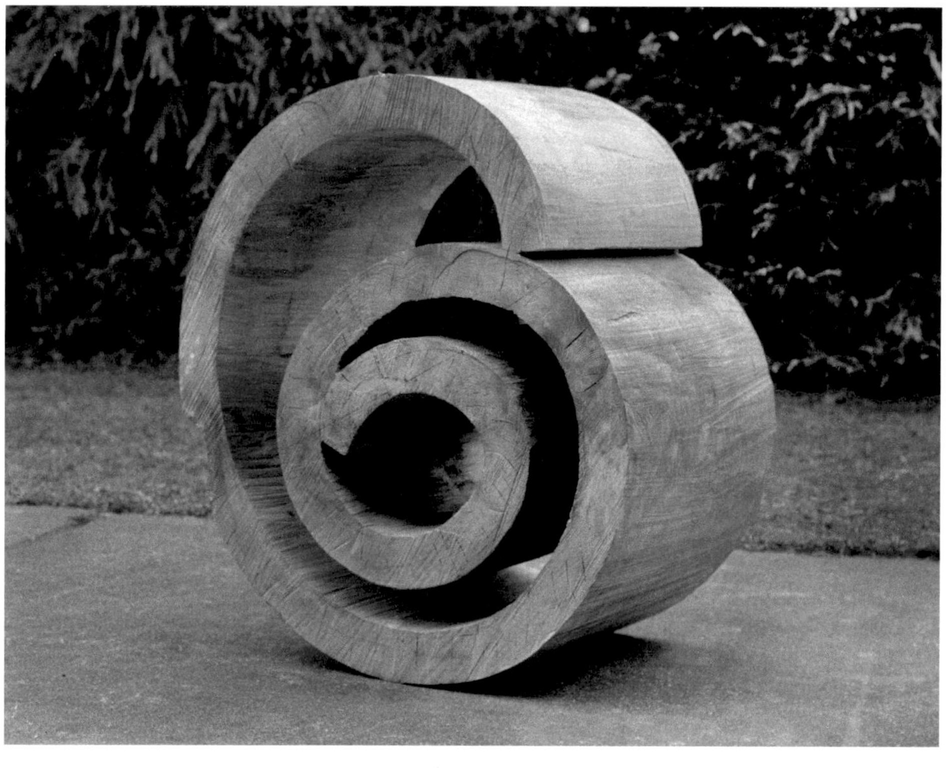

Newgrange IV, 1990/1991, Pappel, Württembergische Landesbank, WVZ 236

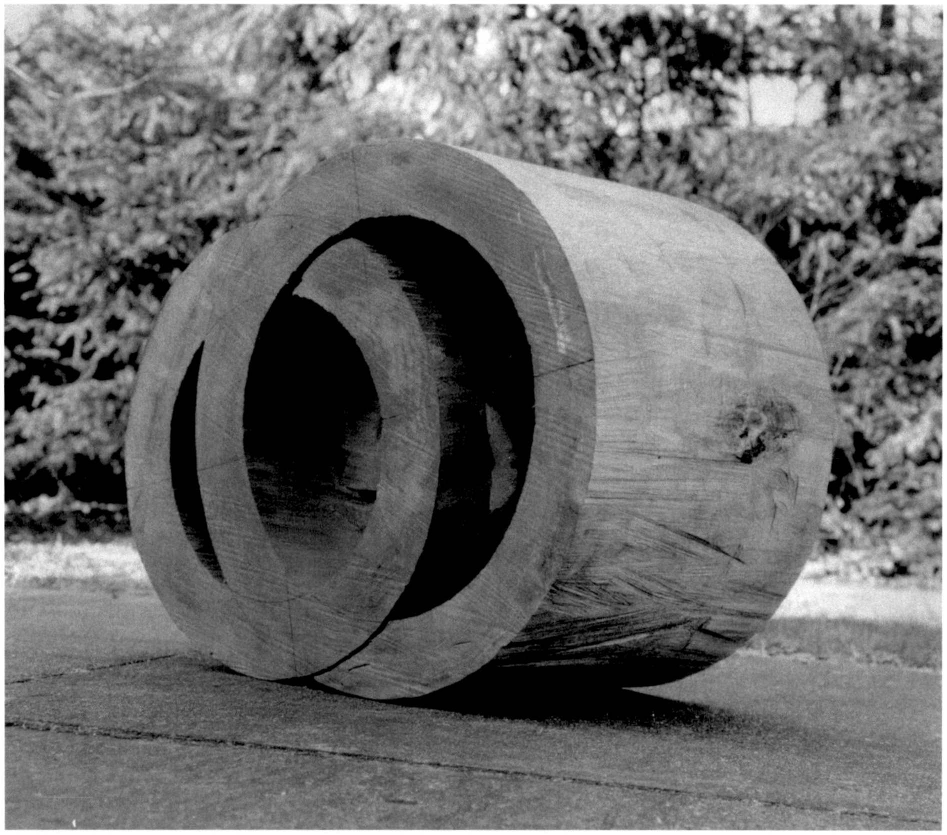

Newgrange II, 1991, Pappel, Kreissparkasse Ravensburg, WVZ 238

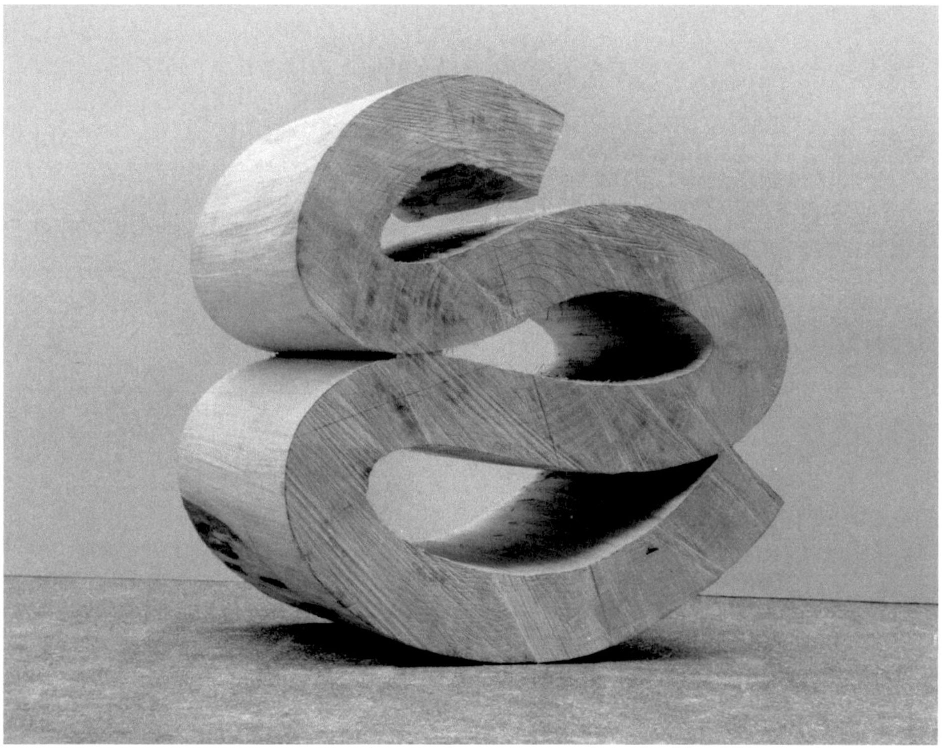

Newgrange IX, 1991, Pappel, Technische Universität München, Standort Garching, WVZ 241

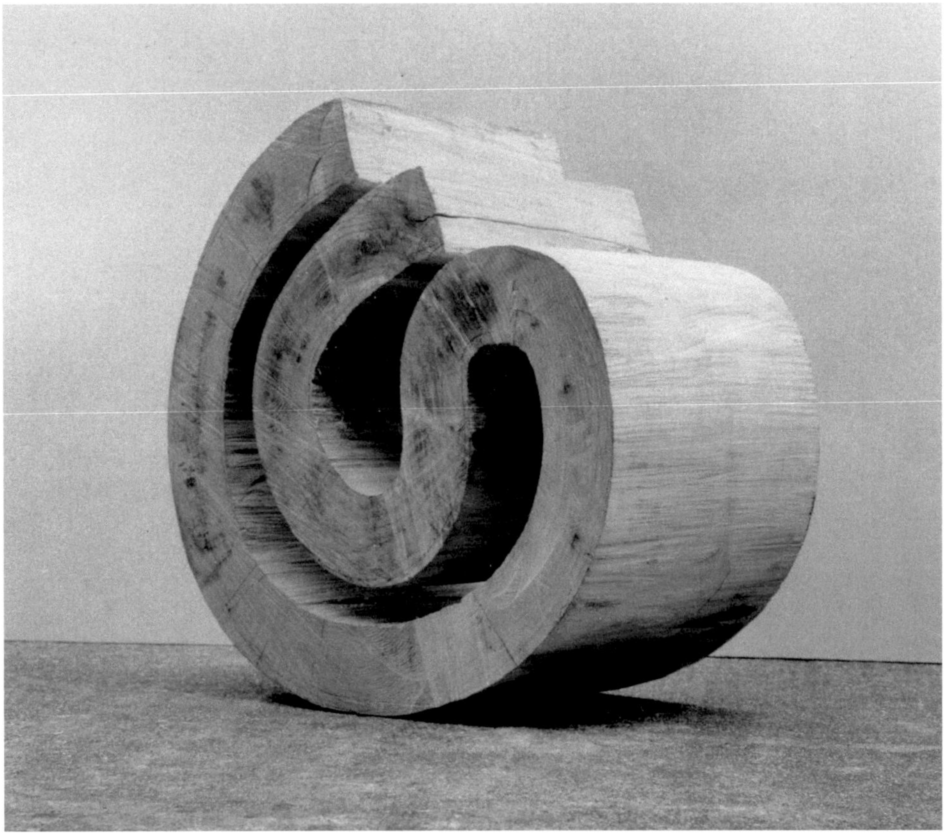

Newgrange IX, 1991, Pappel, Technische Universität München, Standort Garching, WVZ 242

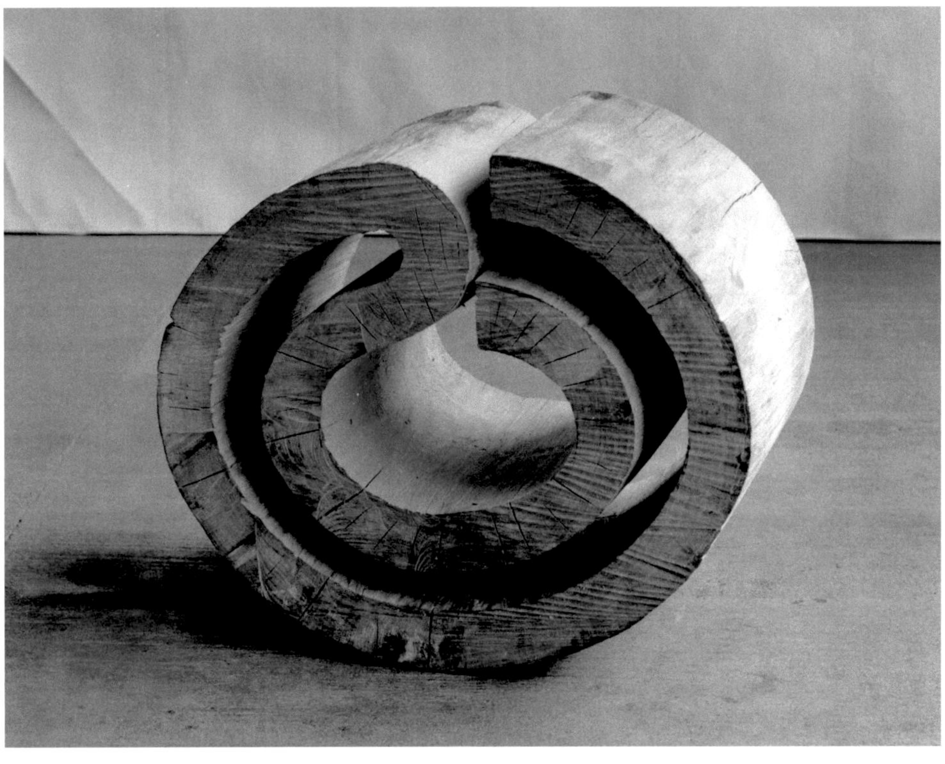

Newgrange XIX, 1992, Pappel, Privatsammlung, WVZ 254

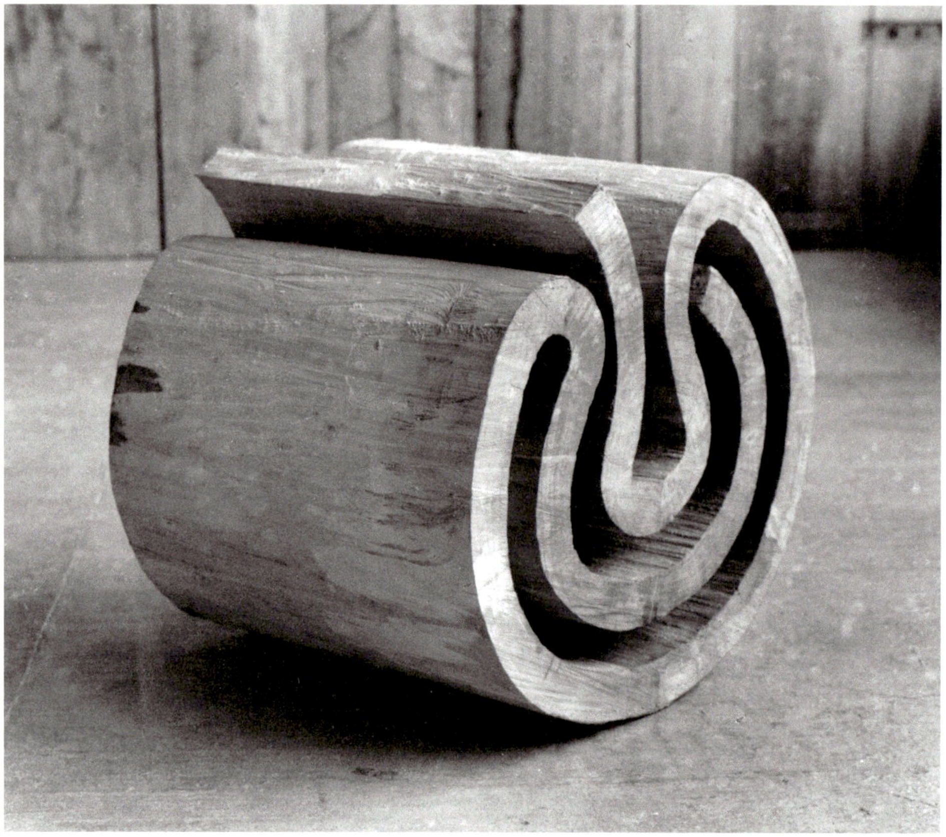

Newgrange XX, 1993, Pappel, Privatsammlung, WVZ 271

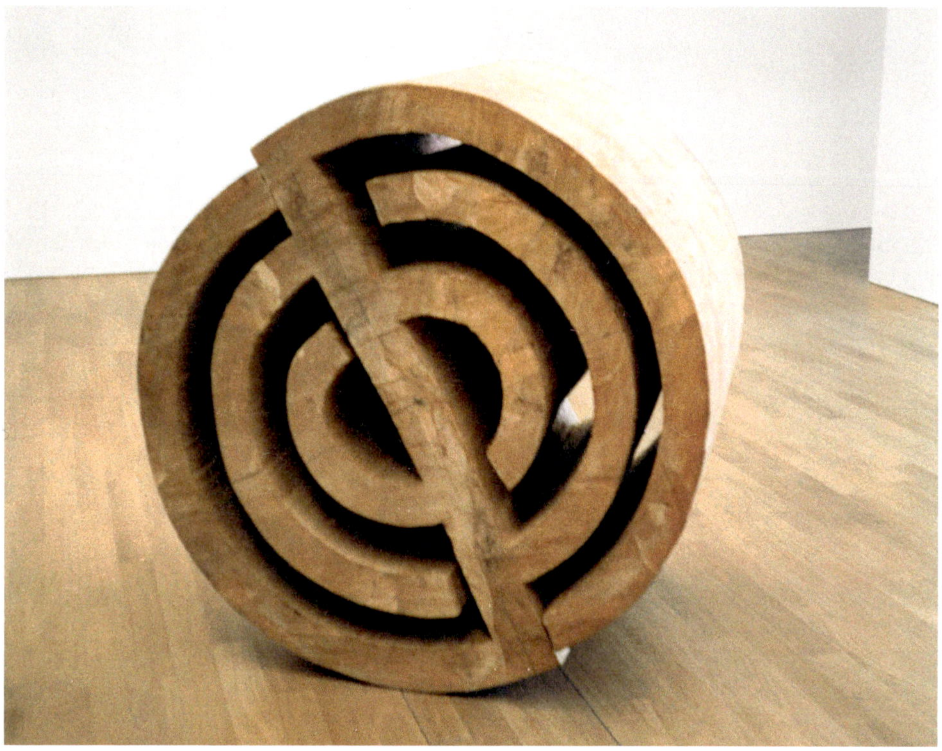

 Newgrange XXXIV, 1999, Pappel, Museum Rudolf Wachter. Neues Schloss Kisslegg, WVZ 374

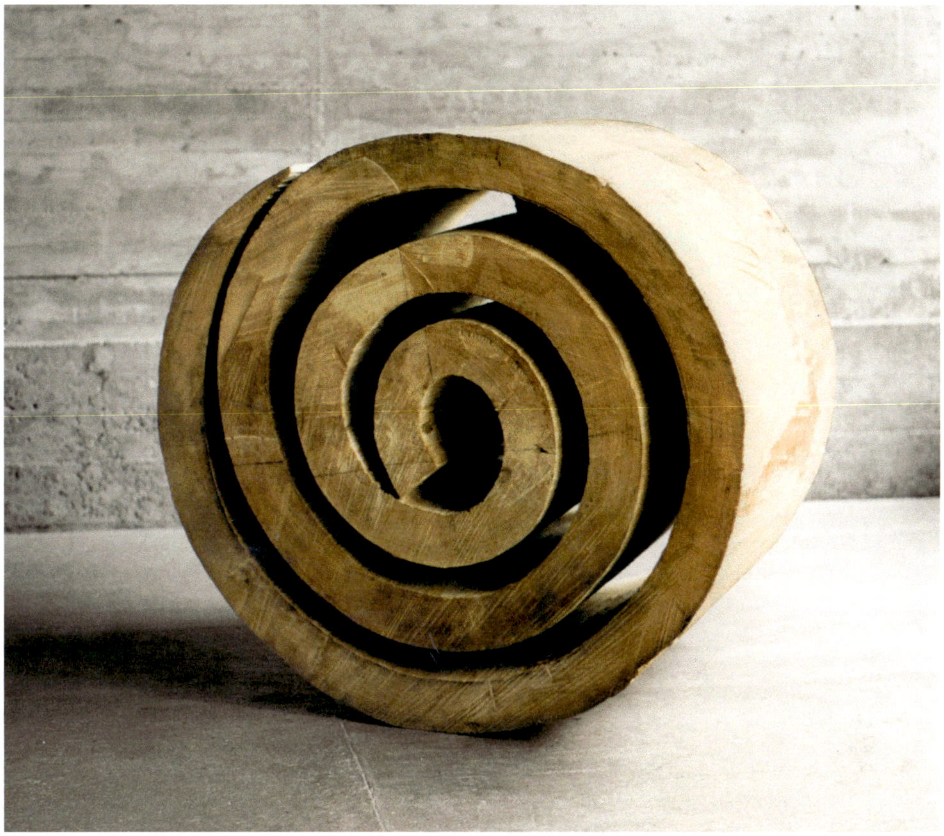

Newgrange XXXVIII, 1999, Pappel, Museum Rudolf Wachter. Neues Schloss Kisslegg, WVZ 376

Vor diesem geistigen Hintergrund entfaltet sich eine überaus fruchtbare Auseinandersetzung mit den Reliefdarstellungen des Jungpaläolithikums und Wachters Skulpturen. Der Bildhauer greift diese Ornamente nicht nur auf, sondern vollzieht auch ein Stück weit die Emanzipation des Ornaments aus der Binnenfläche des Reliefs in eine raumgreifende Formulierung. So bildet die Betitelung ‚Newgrange' eine ‚Zeitenklammer', die fünf Jahrtausende plastischen Gestaltens miteinander verbindet.

Die Spirale tritt weniger als Symbol denn vielmehr als diese Werkgruppe entscheidend formbestimmendes Element auf. Andreas Kühne schreibt 1997, sie „schwingt sich aus dem Ewigen in den Raum hinein und im Auswickeln wieder hinaus in die Unendlichkeit. Mit dieser Bewegung wurde in der neolithischen Kultur die Sonnendynamik eines Jahres verbildlicht. Sie diente als ambivalentes Symbol für Leben und Tod zugleich".[315] Man könnte diese Definition von Werden und Vergehen, Auf- und Absteigen als ein zentrales Symbol verstehen, das die Natur in ihrer Struktur selbst verkörpert und in sich zusammenfasst.

Hier verankert sich Wachter in der naturbezogenen Kunstauffassung vor allem der *Land Art*, bei der Zeichen mit dem Charakter von Symbolen häufig auftreten: Neben der Spirale sind das der Punkt, die Linie, der Kreis und das Labyrinth.[316] Die Spirale, der in den ‚Newgrange'-Skulpturen Wachters besondere Aufmerksamkeit gilt, ist nach Vowinkel ein „Diagramm zentrifugaler Kraft, die von einem Mittelpunkt her ausschwingt oder auf ihn in einer immer enger werdenden Kreisbewegung hinführt". „Die Richtung", sagt Paul Klee, „gibt den Ausschlag über ein Sich-Lösen in immer freiere Bewegung vom Zentrum oder über ein sich steigerndes Gebundensein an ein vernichtendes Zentrum".[317]

In dieser Serie nutzen die Kern- und Schwundschnitte in einzigartiger Weise die Materialeigenschaften. Kranzfelder schreibt 1997, dass das Holz „nicht überwunden" wird, sondern nur „gezähmt".[318]

Trotz dieser vielfältigen von Wachter selbst hergestellten Zusammenhänge erteilt der Bildhauer 2006 allzu engen ikonographischen Wechselbezügen eine kategorische Absage:

„Ich arbeite absolut ohne derartige Bedeutungshintergründe. Aber nachdem ich viele und immer unterschiedliche Spiralen gemacht habe, fühle ich mich gedrängt, dem Kind einen Namen zu geben, Dabei habe ich mich an einen Besuch des irischen Hügelgrabes Newgrange erinnert. [...] Die Werke waren schon lange vor dieser Taufe und ohne die dort sicher vorhandene geistig-symbolische Funktion entstanden. Ich habe nur vom Holz her gedacht. Für mich ist die Spirale letztlich nur die ideale Form für den Stamm, weil er so arbeiten kann, wie er mag. Es gibt keine Risse, auch nach Jahrzehnten nicht. Das war und ist mein einziger Beweggrund."[319]

Das erste Werk dieser über Jahrzehnte weiter geführten Serie, ‚Newgrange I'[320] entsteht 1989 nicht als Spiralform, sondern als ein mit einem Schwundschnitt versehener, gänzlich ausgehöhlter Stammabschnitt. Formal unterscheidet sich diese Skulptur von allen später entstehenden Werken der Gruppe in einem entscheidenden Punkt: Es entwickelt sich kein ‚Band' im Inneren des Stammes – bzw. aus dessen Zentrum heraus.

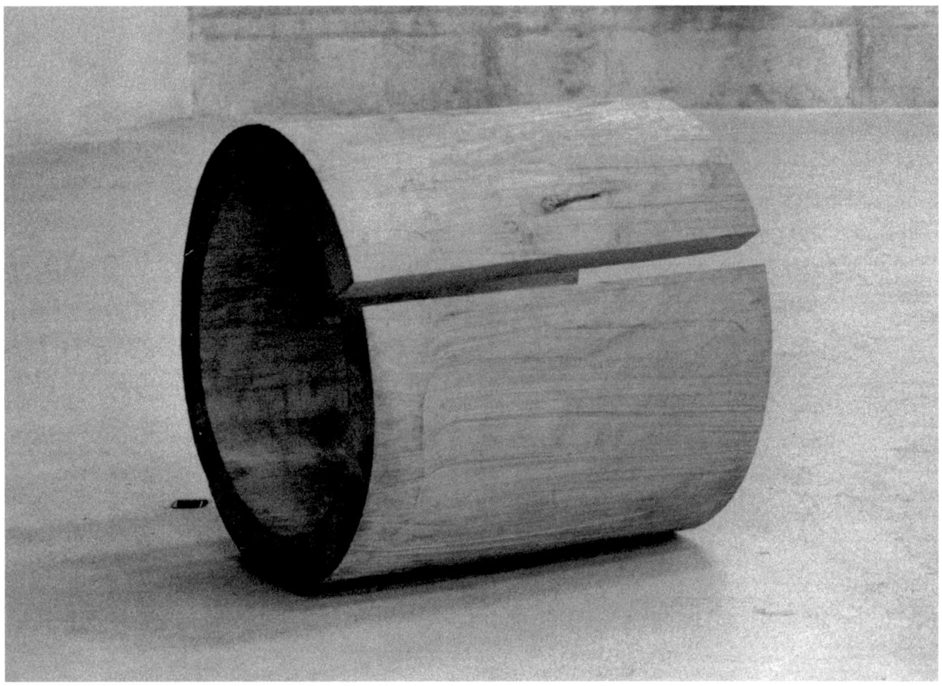

Newgrange I,1989,
Pappel, WVZ 189

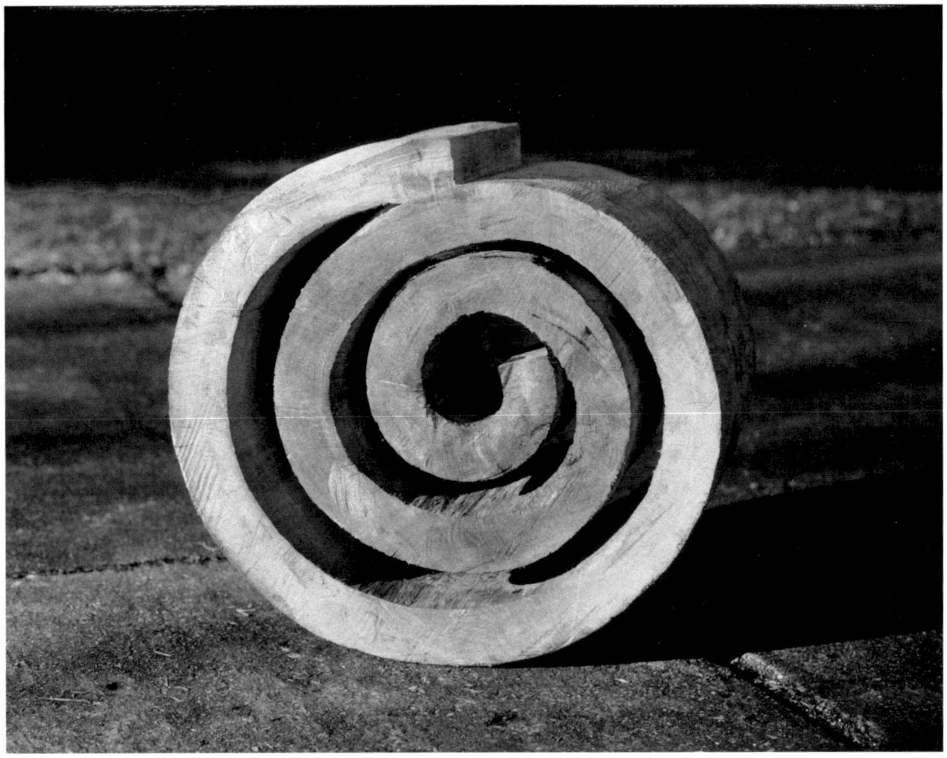

Newgrange II, 1990, Pappel, Privatsammlung, WVZ 216

Bereits die zweite Skulptur, ‚Newgrange II' von 1990[321] folgt dagegen dem Gestaltungsprinzip, das in der Folge charakteristisch für die gesamte Werkgruppe werden wird: Rudolf Wachter sägt in den Stammabschnitt Ringstrukturen, die in Spiral- und Kreisformen dem Zylinder des Stammes folgen. Der Schwundschnitt, das zentrale Element im Umgang mit der Materie, folgt hier nicht der ‚Direttissima' ins Herz des Stammes, sondern führt entlang der über die Zeit gewachsenen Linien der Jahresringe bis ins Zentrum.

Bis zur letzten Arbeit im Jahr 2006 ist allen Skulpturen ‚Newgrange' gemeinsam, dass der Kern – das ‚Herz' des Stammes – herausgeschnitten ist und diese imaginäre, materiell nicht mehr existente Mitte auf vielfältige Weise von „mäandernden Bändern" umschlungen wird.[322] Matthias Gaertner beschreibt anlässlich der Ausstellung ‚Woodhenge' im Maximiliansforum 2001 seine „merkwürdige Entdeckung, dass diese Skulpturen trotz vielfältiger ausgesägter Hohlräume kein Innen haben. Noch so tiefliegende und eingeschlossene Flächen haben nichts von einem bergenden Innen, es gibt hier keine wirklichen Einblicke, auch die für dimensionalen Raum charakteristische Leere fehlt."[323]

Die für diese Werkgruppe charakteristischen mäandernden Bänder rollen sich spiralig ein oder breiten sich zu Doppelvoluten aus wie in ‚Newgrange 0/III'.[324] Bei der Skulptur ‚Newgrange III'[325] aus dem gleichen Jahr löst sich der Bildhauer vom seiner Auffassung dieser Werke als monoxyler Körper und lässt eine kleinere, volutenförmig eingerollte Spiralform aus einem geöffneten Rund gleiten.

In ‚Newgrange II'[326] gibt Wachter das Spiralelement zugunsten zweier einander überschneidender Kreisformen wieder auf. In der Skulptur ‚Newgrange IX'[327] auf dem Gelände der TUM Garching schwingt das aus dem Holz geschnittene Band nicht in einer dem Stammesrund folgenden Form, sondern faltet sich vertikal aufsteigend aufeinander.

In der Folge variiert der Bildhauer immer wieder das Prinzip spiralig sich entwickelnder Formen, die sich zumeist dem Rund des ursprünglichen Stammes einschreiben.

1993 entsteht eine über drei Meter lange ,Spindel',[328] die wie ,Newgrange IX' an der TUM Garching ihre Heimat findet. Sie kann, Wachters Diktum entsprechend, in einen unmittelbaren Zusammenhang mit ,Newgrange IX' gebracht werden, zumal 1999 mit ,Newgrange XXXIX'[329] eine weitere spindelförmige Arbeit geschaffen wird, die durch ihre Betitelung in einen konkreten Kontext gestellt wird.

Für die Kunstsammlung der Altana AG entsteht 1994 aus dem Stamm einer Ulme ein dreiteiliges Werk, ,Newgrange XVIII'.[330] Die einzelnen Teile variieren die für Wachter bei dieser Werkgruppe wichtigsten formalen Prinzipien: einmal eine den Jahreslinien folgende Spiralform, einmal eine geschlossene Form, die das Innere freilegt, und zum Dritten gegenläufige Voluten.

1999 entsteht als Hochzeitsgeschenk für seine Tochter Ursula ,Newgrange XXXIIII',[331] das mit der Dopplung des Spiralenmotivs einen Bezug zu dem Anlass herstellt. Vereinzelt, wie in ,Newgrange XXXVIII mit Ast',[332] erweitert er den Kanon um ein Element, das sich aus der gewachsenen Materie ergibt und auf Werkgruppen wie ,Zwiesel' oder die ,Torsi' verweist: Das verwendete Segment des Pappelstammes weist einen abzweigenden Ast auf, der additiv bzw. analytisch herauspräpariert das Spiralmotiv ergänzt.

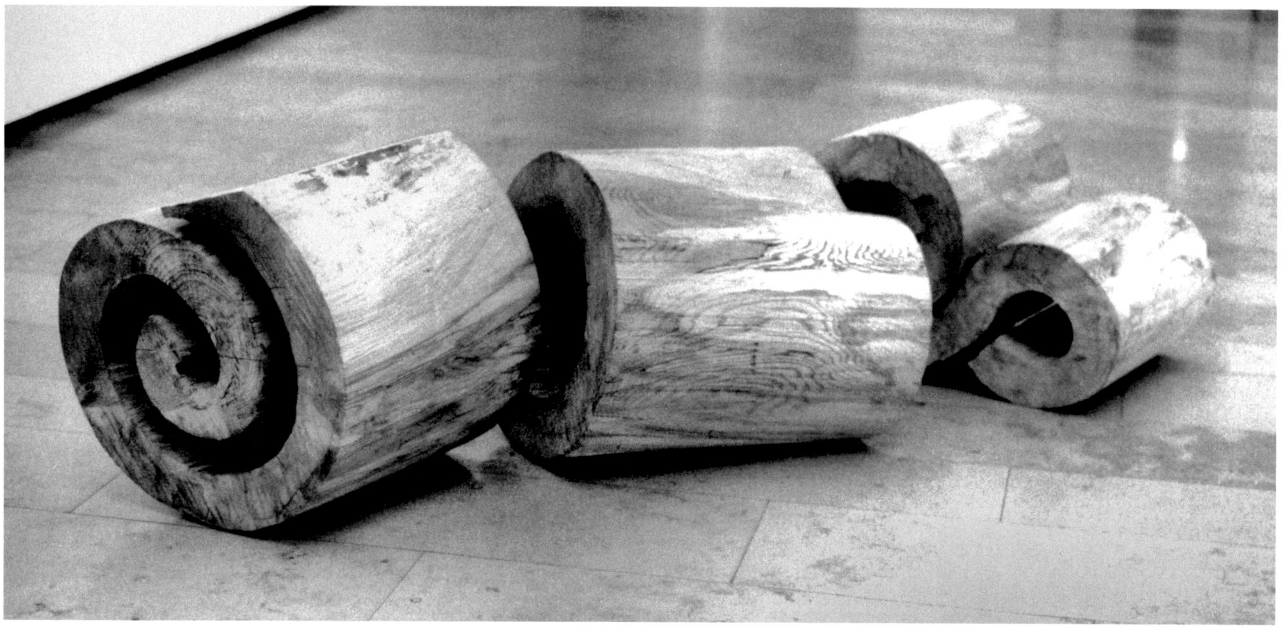

Newgrange XVIII, 1994, Sammlung Altana AG, Herbert-Quandt-Haus, Bad Homburg, WVZ 280

Im Jahr 2000 führt der Bildhauer in dieser Werkgruppe mit ‚Newgrange XXXX'[333] kubische Formen ein, die die Struktur und Form des Stammes konterkarieren. Hier kombiniert Wachter die stereometrische Form kontrastreich mit dem naturgegebenen Rund des Stammes.

Bereits in der darauffolgenden Skulptur, ‚Newgrange XXXXI'[334] verlässt Wachter radikal das Prinzip einer mimetischen Angleichung und schneidet aus dem Stammsegment zwei ineinander verschränkte konstruktive Dreiecke. Das Dreieck entfaltet eine grundsätzlich andere Wirkung im Raum als die Spirale, die dem Stamm und seinen Linien folgt.

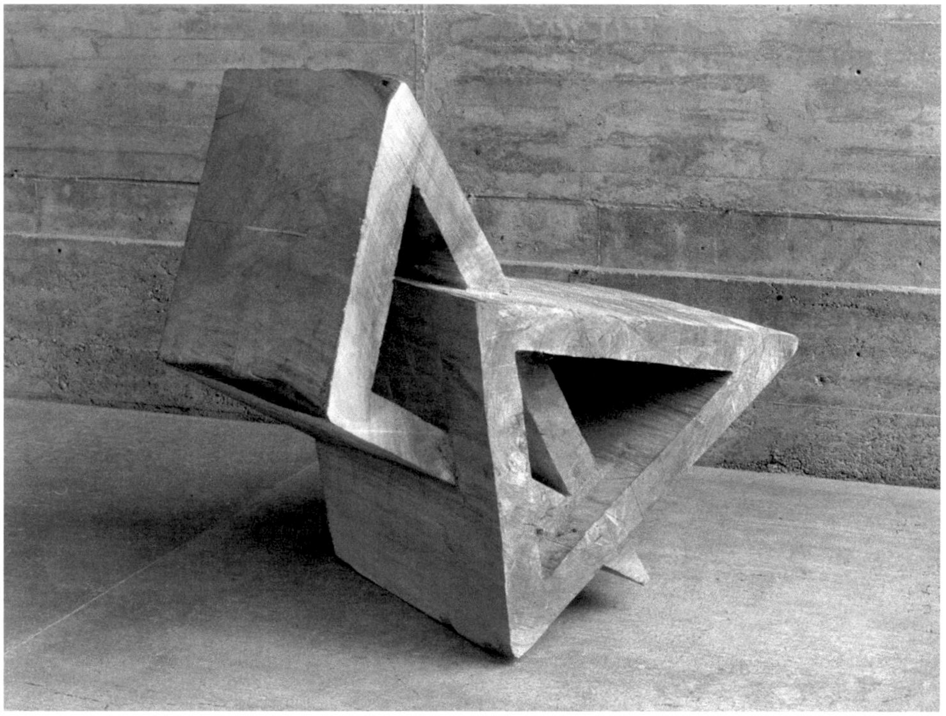

Newgrange XXXXI, 2000, Pappel, Privatsammlung, WVZ 396

Dennoch gilt ihm weiter als wichtigstes Prinzip, dass „jede Möglichkeit einer Form in der Rundung liegen muss".[335]

Das taktile ‚dem Material Nachspüren' während der bildnerischen Arbeit, das gedankliche wie reale ‚Wandern durch den Stamm' mit dem Medium Motorsäge offenbart sich in dieser Serie in besonderem Maße. Mit radikaler Konsequenz lotet der Bildhauer hier die Möglichkeiten und Grenzen des Werkstoffes aus. Es entsteht eine neue Form, die ihre Abhängigkeit von der Natur niemals verleugnet. Die Natur wird zum Vorbild genommen, ohne dass das Kunstwerk dabei zu ihrem reproduktiven Abbild wird. Die mit der Betitelung ‚Newgrange' assoziierten Kultorte Irlands kreisen in positiven und negativen Ringformen um eine spirituelle Mitte. Die Spiralen und Torsionen der Skulpturen Wachters rotieren um das nicht mehr existente, mit der Motorsäge herausgeschnittene, nur mehr imaginäre Herz des Stammes.

‚Stationen'. Zum Relief

Eine eigene Werkgruppe bilden bei Wachter die für Wandhängung konzipierten reliefartigen Arbeiten mit dem Serientitel ‚Station', die vor allem in der letzten Dekade seines Schaffens entstehen. Geschnitten aus Hälften von längsgeteilten Stämmen, beeindrucken sie durch die Kraft ihrer zuweilen gegenläufigen, rhythmischen Strukturen oder verschachtelten Formreihungen.[336] Diese ‚Stationen' sind ebensolche auf Wachters Weg der künstlerischen Evolution.[337] Sie weisen als skulpturale Gattung zurück auf die Anfänge des jungen Studenten an der Akademie der Bildenden Künste in München.

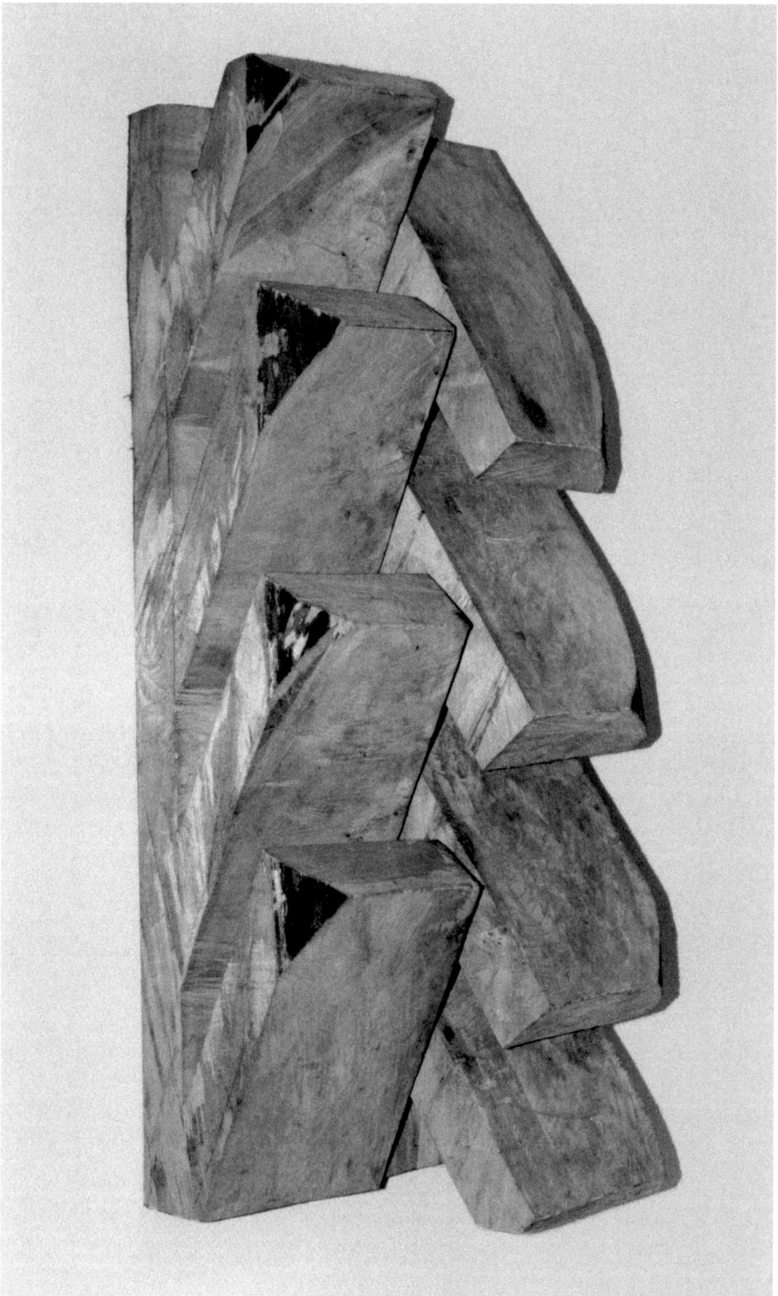

Station III, 1996, Pappel, Museum Rudolf Wachter. Neues Schloss Kisslegg, WVZ 324

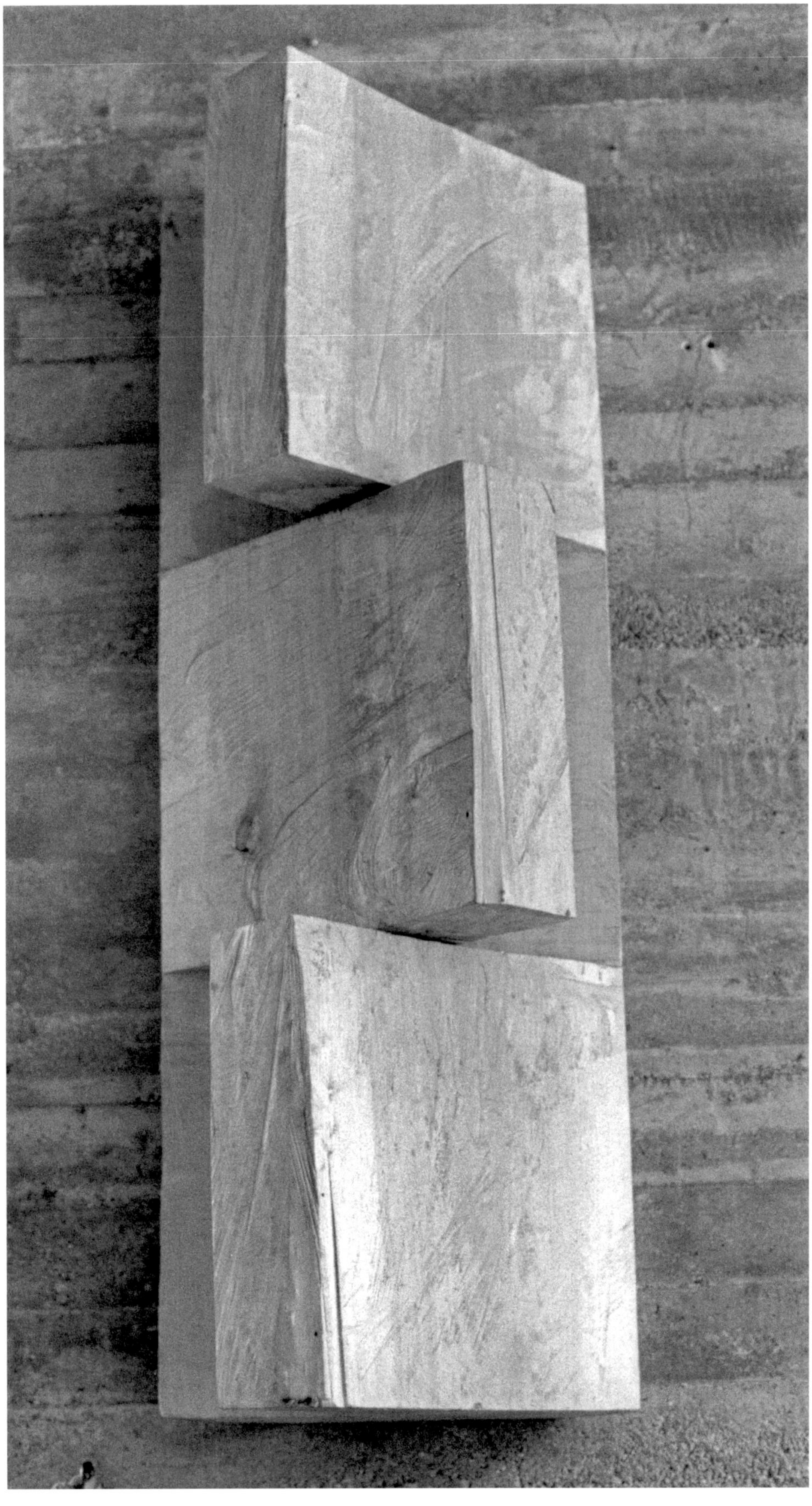

Station IV, 1996, Pappel, Museum Rudolf Wachter. Neues Schloss Kisslegg, WVZ 325

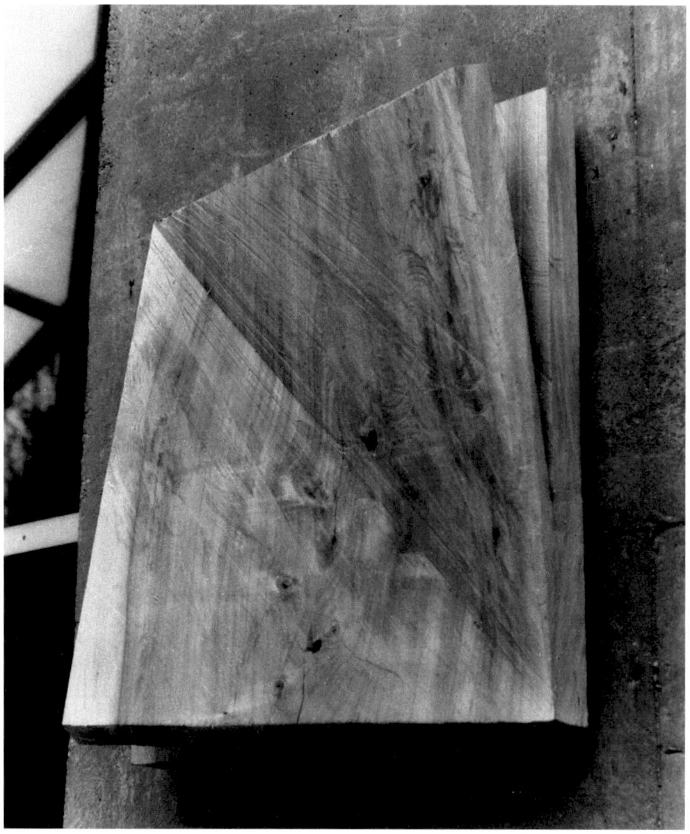

Station XXVI, Linde, Katholische Kirchenstiftung St. Paul, WVZ 579

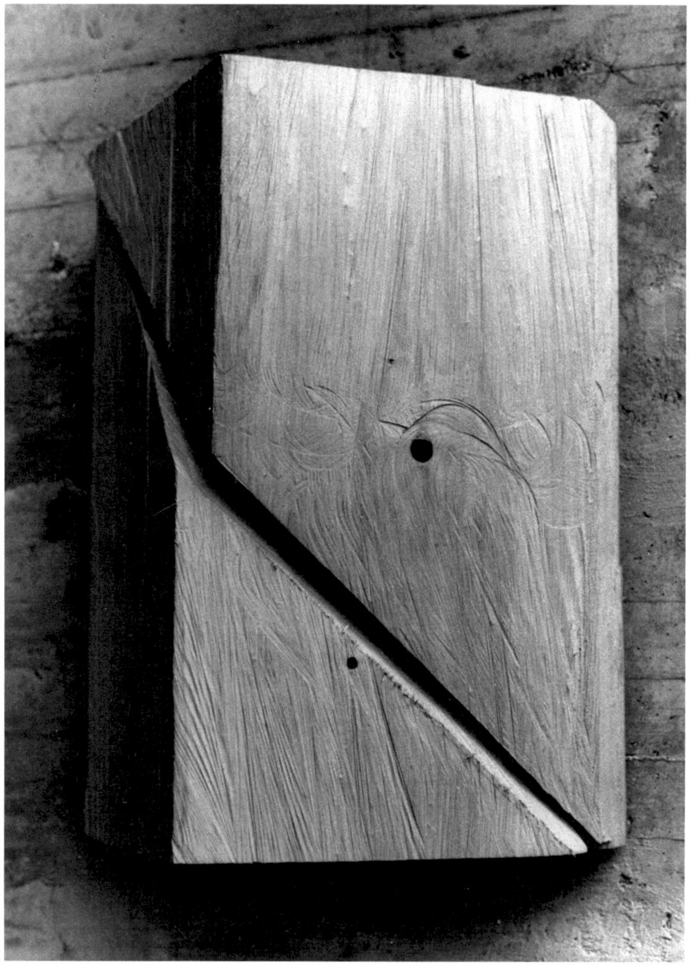

Station XVII, 2004, Pappel, Museum Rudolf Wachter. Neues Schloss Kisslegg, WVZ 504

Die ersten drei Nummern dieses Werkverzeichnisses der Holzskulptur entstanden im Kontext des Studiums in München, wo das Relief gerade am Lehrstuhl Henselmann integraler Bestandteil der akademischen Lehre war. In diesen drei Reliefs, von denen zwei verschollen sind, erarbeitet Wachter klassische bildnerische Themen: Das erste zeigt ein florales Gebinde in einem kreisrunden Gefäß auf einer perspektivisch dargestellten Fläche.[338] Zur gleichen Zeit entsteht um 1953/55 ein Relief mit drei hintereinander gestaffelten Segelbooten[339] und zwischen 1958 und 1960 ein weiblicher Akt in Frontalansicht.[340]

Danach verschwindet das Relief über Jahrzehnte aus dem plastischen Vokabular des Bildhauers. Erst 1978 greift Wachter im Zusammenhang mit Überlegungen zu Wandgestaltungen im öffentlichen Auftrag in WVZ 23[341] das Relief wieder auf: Es entsteht eine 200 x 100 Zentimeter Holzarbeit, die in technischer Hinsicht im Werk singulär ist: Sie besteht aus verleimten Brettern, die Arbeit ist in einer konstruktiven Schreinertechnik ausgeführt. Aus der Binnenfläche dieser Stabholzplatte schneidet Wachter dreieckige, rechteckige und polygonale Flächen heraus, die mittels einer metallenen Untergrundkonstruktion schräg in den Raum ausgreifen. Durch dieses Vorgehen entsteht eine Dynamisierung der Bildfläche in kubische Formen,[342] die zurückverweist auf den tiefen Eindruck, den die Kubisten auf den jungen Studenten der Bildhauerei in den 1950er Jahren gemacht haben.

Dezidiert als Wandrelief angelegt und vom Bildhauer selbst als solches charakterisiert ist ‚Stammskulptur' von 1980.[343]

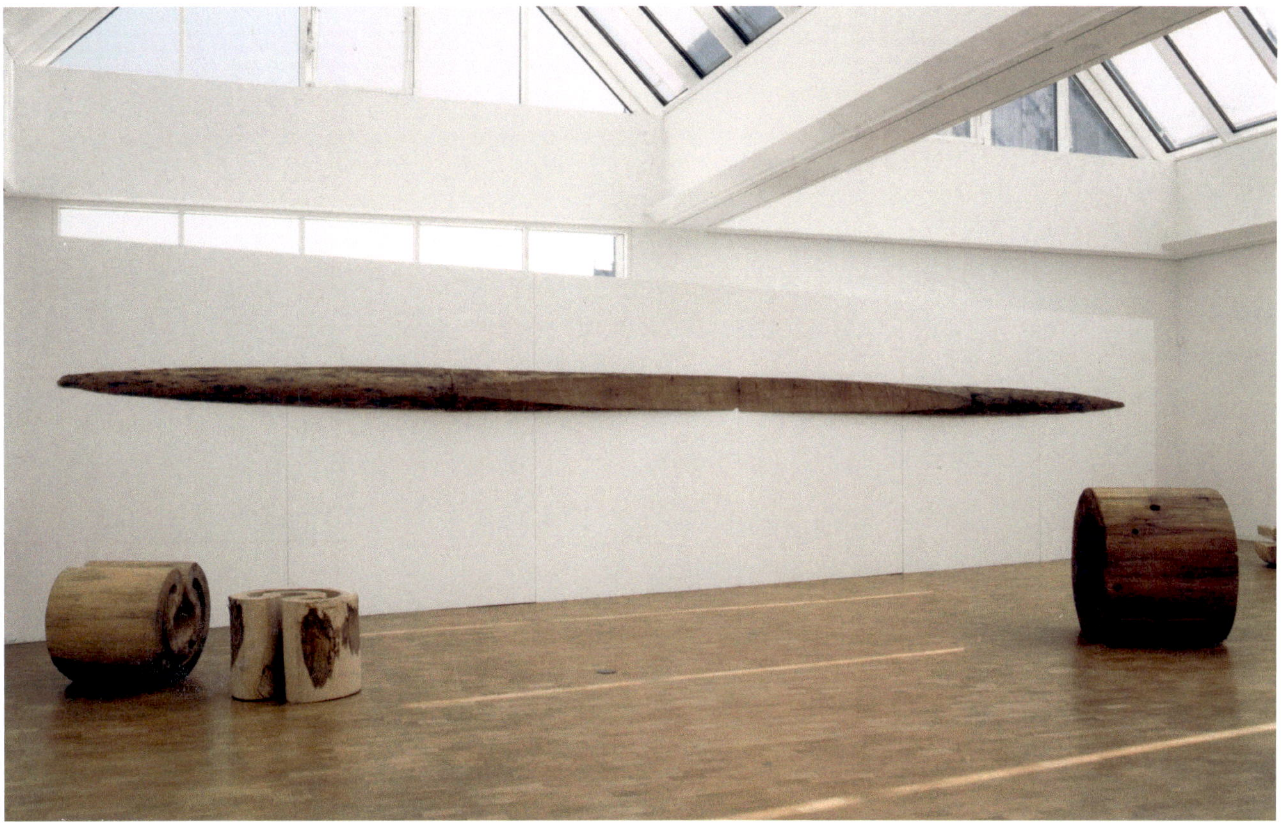

Stammskulptur, 1980, Fichte, Museum Rudolf Wachter. Neues Schloss Kisslegg, WVZ 37

Hier durchschneidet er einen Stamm von drei Metern diagonal versetzt in ganzer Länge. Die so entstandenen Abschnitte werden in einer horizontal geführten Linie als nahezu zwölf Meter langes Wandrelief zu einer skulpturalen Inszenierung zusammengefügt, die heute als eines der prägenden Werke im Museum Rudolf Wachter in Schloss Kisslegg gilt.

Im selben Jahr 1980 entsteht ein zwei Meter hohes Ensemble aus drei Reliefs mit dem Titel ‚Wandplastik'.[344] Massive Fichtenstämme werden vertikal geteilt und variieren, auf dem Boden stehend, in verschiedenen Winkeln türartige vertikal aufgerichtete Auskragungen aus der Binnenfläche.

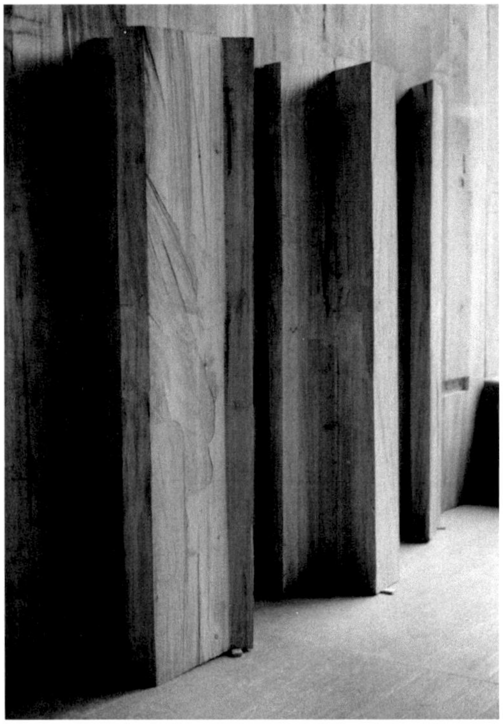

Wandplastik, 1980, Fichte, Museum Rudolf Wachter. Neues Schloss Kisslegg, WVZ 39

1983 entsteht erneut ein unbetiteltes Relief,[345] bei dem Wachter einen Stamm zunächst in Wuchsrichtung vertikal durchschneidet. Der so entstandene Halbstamm wird mit vier präzise geführten Schnitten deutlich ‚entmaterialisiert'. Eine zentrale vertikal geführte Achse im Zentrum betont die ursprüngliche Form des Stammes.

In Dimension und Technik ähnlich verfährt der Bildhauer 1985 in einem ‚Relief',[346] das als einziges Werk dieser Gruppe aus dem Stamm eines Obstbaumes entsteht. Die Form des Stammes wird gänzlich aufgegeben zugunsten einer sich auf stereometrische Formen beschränkenden Betonung einer vertikal aus der Binnenfläche heraustretenden kubischen Form. Der antagonistisch anmutende Eindruck organischer Bewegtheit entsteht hier durch die Lebendigkeit des Materials (Apfel-)Holz und den Trocknungsprozess, der auf dessen dichtere Stofflichkeit zurückzuführen ist.

1988 kehrt der Bildhauer technisch mit dem Relief ‚ohne Titel'[347] zu den Grundlagen seiner Ausbildung als Schreiner zurück.[348] Die nahezu quadratische Binnenfläche besteht aus aneinandergefügten sägerauen Brettern. Aus der

Fläche ist um etwa 180 Grad gedreht ein ungleichseitiges Viereck herausgeschnitten, das sich durch den Trocknungsprozess emporwölbt. 1989 entsteht ein weiteres unbetiteltes Relief,[349] bei dem er das Rund des Halbstammes so weit zurücknimmt, bis eine nahezu plane Fläche entsteht, die lediglich durch eine behutsame Abtragung der Flächen von einer Diagonalen bestimmt wird.

Die Arbeiten ‚Newgrange XXI',[350] ohne Titel'[351]und ‚Goal'[352] aus dem Jahr 1992 sind jeweils als Wandskulpturen konzipiert, stellen aber eine Sonderform dar. Nicht zuletzt sind sie auch keine Reliefs im eigentlichen Sinn: Im Zusammenhang eines größeren Auftrages für die künstlerische Ausgestaltung einer Grundschule, der Ernst-Reuter-Schule in München. gestaltet Wachter um 1990 eine Reihe von skulpturalen Werken, die im Innenbereich des Gebäudes an verschiedenen markanten Stellen Aufstellung finden.[353] Rudolf Wachter selbst wertet diese Gruppe dreier von ihm als ‚Wandskulpturen' charakterisierten Arbeiten als wichtigen Schritt in der Genese der Reliefs. Er selbst sprach davon, dass diese ihm „die Wand erschlossen" hätten.[354]

Stationen

Mit dem monumentalen Holzrelief ‚Station I' von 1996[355] beginnt die Serie der ‚Stationen', in der Wachter sein umfangreiches Werk noch einmal entscheidend anreichert und einen für ein künstlerisches Alterswerk ungewöhnlichen Neuanfang wagt.[356]

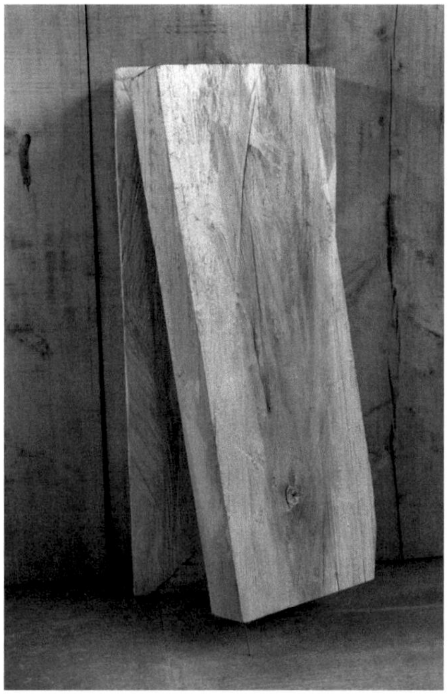

Station I, 1996, Pappel, Wachterblock. Sammlung Gerlinde und Werner Wohlhüter, WVZ 309

Es handelt sich bei diesen nicht um Wandskulpturen, wie er sie Anfang der 1990er Jahre in der Ernst-Reuter-Schule erprobt, sondern vielmehr dezidiert um auch so benannte und konzipierte Reliefs, die ausschließlich für die Hängung an der Wand geschaffen werden. In der Folge entstehen über mehrere Jahre bis zu Wachters Tod eine Reihe dieser ‚Stationen'.

Mit der Wahl der Titel benennt er ungewöhnlich konkret einen semantischen Zusammenhang – vergleichbar der ‚Newgrange'-Gruppe. Der Werktitel ‚Stationen' verweist zunächst auf einen Rhythmus, darüber hinaus auch auf die Zugehörigkeit zu einer Gruppe oder Serie.

Evident ist auch die christliche Konnotation, die singulär im Gesamtwerk steht. Allerdings vermeidet Wachter jeden ikonographischen Bezug. Auch die Unterscheidung der Stationen durch die Nummerierung in römischen Ziffern entspricht dem Vorgehen im gesamten Werk und bildet keine Zyklen, die etwa Kreuzwegstationen assoziieren würden – obwohl auch diese mit römischen Ziffern bezeichnet sind.

Entscheidend ist ohne Zweifel der formale Aspekt. Besonders evident wird dies in einem Sakralraum, der für Rudolf Wachter eine wichtige Rolle spielt: die Pfarrkirche St. Paul in München, Sitz des Kunstpastoral der Erzdiözese München und Freising.[357] Dort wird 2010 in der Ausstellung ‚Rudolf Wachter. Raumschnitte'[358] neben anderen Werken eine ganze Serie dieser großformatigen Reliefs im Chorraum gezeigt. Im Anschluss erwirbt die Erzdiözese München und Freising mit substantieller Unterstützung des *Vereins Ausstellungshaus für christliche Kunst VAH* das gesamte Ensemble dieser Reliefs, das seither dort dauerhaft den Chor besetzt.

Zur Frage nach dem sakralen Charakter dieser Reliefs erklärt Wachter:

„Reliefs möchte ich auch hängen. Das ist sakraler Raum, diese Bildräumlichkeit wirkt sakral. Das ist es, was eigentlich die Alten ausmacht. Nicht der Gegenstand ist es. Man sieht immer nur das Gegenständliche und die Heilsgeschichte (...). Aber dass eine Kirche sakral wird, geschieht nicht durch die Erzählung von Geschichte, sondern durch die Bildhaftigkeit."[359]

Diese ‚Stationen' sind, überlieferten Bildschnitzer-Traditionen entsprechend, geschnitten aus Hälften von längsgeteilten Stämmen, deren ursprünglich geschlossene halbrunde Form zugunsten „offener, gleichsam aufgeschnittener Flächen, Flächendurchdringungen und Bündelungen"[360] aufgegeben wird.

Wachter geht auch hier vom gewachsenen Stammholz aus. Im Gegensatz zu anderen Werkgruppen schneidet er allerdings nicht von außen bis zum Herz des Stammes ein. Er höhlt diesen auch nicht aus. Jede Station ist aus dem Halbstamm heraus entwickelt, eine Tatsache, die die Formfindung entscheidend bestimmt.

Der Schwundschnitt ist auch hier das wesentliche Gestaltungsprinzip. Die konzentrischen Jahresringe sind zur Hälfte durchschnitten, so dass sich während des Trocknungsprozesses automatisch die Grundfläche zu einem leichten Bogen formt. Diese stabile Rückwand wird zum Fond aller weiteren skulpturalen Entwicklungen. Aus der Struktur des Halbstammes heraus ergibt sich auch der einzig mögliche Entfaltungsraum des Reliefs auf der gerundeten Seite. Die aus der Materie herausgearbeiteten Körper bleiben an diese Grundfläche gebunden, verschatten diese aber in ihrem rhythmisierten Gegeneinander der Formen.

Es entfaltet sich ein monolithisches plastisches Gebilde aus ineinander verschachtelten Formen. Ein, zwei, drei oder mehr formidentische Körper sind in vertikaler Reihung, diagonaler Überkreuzung oder scheinbar zufällig entstehenden Anordnungen aus dem Holz geschnitten. Diese Einzelformen ordnen sich stets der größeren Form unter. Alleine durch die Tiefe, die auf den ursprünglichen Halbstamm zurückzuführen ist, arbeitet Wachter hier in besonderem Maße mit dem bewussten Einsatz von Licht und Schatten im Raum. Durch das Verziehen der Flächen entsteht eine räumliche Tiefenwirkung.

Stefanie Dathe schreibt dazu 1992: „Diese urtümlichen Kraft- und Volumenpakete mit ihren komplizierten, rhythmischen Gestaltmustern, die fast freiplastische Dimensionen erreichen, schälen sich aus der Wand und suchen eine neue Form der Korrespondenz und Auseinandersetzung mit dem Raum. Wie alle Reliefs, die einen Zwischenzustand zwischen dem an die Fläche gebundenen Bild und der körperlichen Plastik darstellen, arbeiten auch die ‚Stationen' von Rudolf Wachter bewusst mit der raum- und flächenmodellierenden Wirkung von Licht und Schatten".[361] Die ‚Stationen' beeindrucken also durch die Kraft ihrer zuweilen gegenläufigen rhythmischen Strukturen oder verschachtelten Formreihungen.[362]

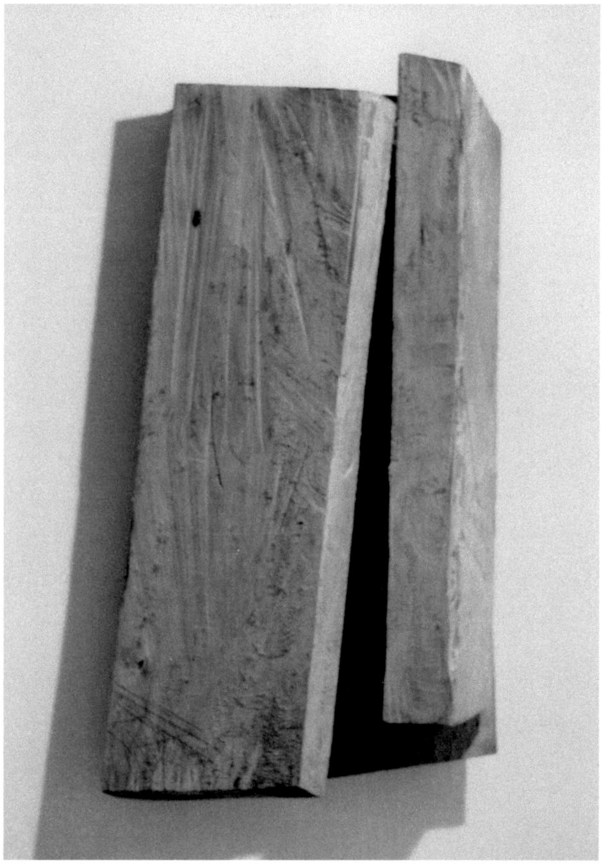

Station II, 1996, Pappel, Firmensammlung, WVZ 322

Eine nahezu zwei Meter hohe ‚Station' von 1996[363] versammelt eine Reihe von massiven Blöcken, die gegenläufig versetzt aus der Binnenfläche zu stürzen scheinen. Im gleichen Jahr entsteht die ‚Station II'.[364] Hier öffnen sich zwei massive türflügelartige Körper unregelmäßig gegeneinander versetzt nach außen, so dass ein schmaler Spalt entsteht, der den Blick auf den innenliegenden Raum freigibt.

Bei einem Werk wie diesem wird nachvollziehbar, warum Wieland Schmied 2005 sich konkret an Werke der *minimal art* erinnert fühlt.[365] Es bestehen bei aller Verschiedenheit deutliche Wechselbezüge etwa zum Werk Donald Judds (1928-1994), der in der Reduzierung auf minimale Grundformen und monochrome Oberflächen nach dem Essentiellen auch der Skulptur strebte.

Dem Prinzip vertikal gerichteter gegenläufiger rhythmischer Bewegung folgt die ‚Station III',[366] während die ‚Station IV'[367] sich wiederum auf das immer wieder aufscheinende Motiv sich türartig öffnender Elemente bezieht.

In den ‚Stationen V, VI, VII, XI, XI und XII'[368] dagegen arbeitet Wachter mit auf die Grundfläche aufgesetzten bzw. durch den Schnitt aus dieser heraustretenden Blockstrukturen unterschiedlicher Größe und Anordnung.

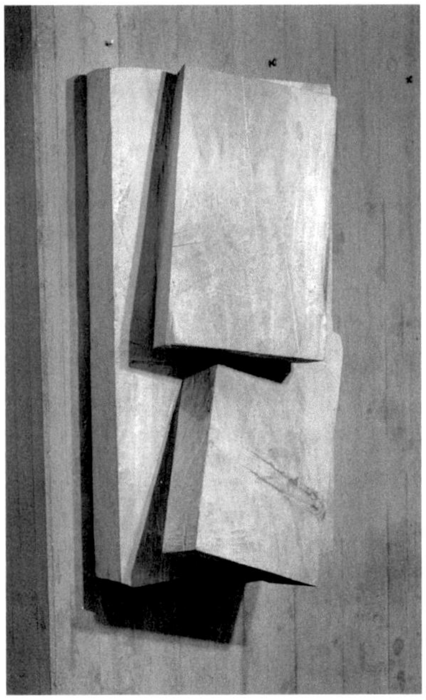

Station VI, 1996, Pappel,
Privatsammlung, WVZ 327

Eine singuläre Erscheinung stellt das Relief ‚Hommage .... À Thalgott'[369] im Besitz des Edwin Scharff Museums dar.

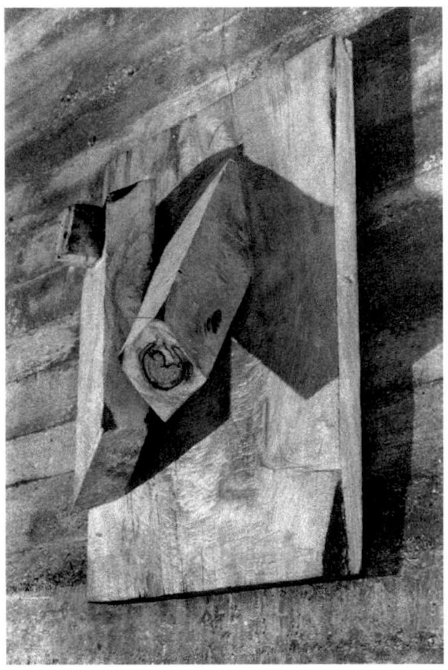

Hommage à ... Thalgott, 1996,
Pappel, Edwin-Scharff-Museum
Neu-Ulm, WVZ 337

Wachter wählt den Titel für diese Arbeit als Ausdruck seiner Achtung für Christiane Thalgott, die von 1992 bis 2007 Stadtbaurätin in München war und dort die Kunst am Bau maßgeblich förderte. Wachter benutzt hier ein Stammsegment mit mehreren Ästen, die von ihm herauspräpariert werden und die in den Raum ausgreifen. Am Ende seines Lebens greift er dieses Prinzip noch einmal in einer ‚Station' von 2008 auf.[370]

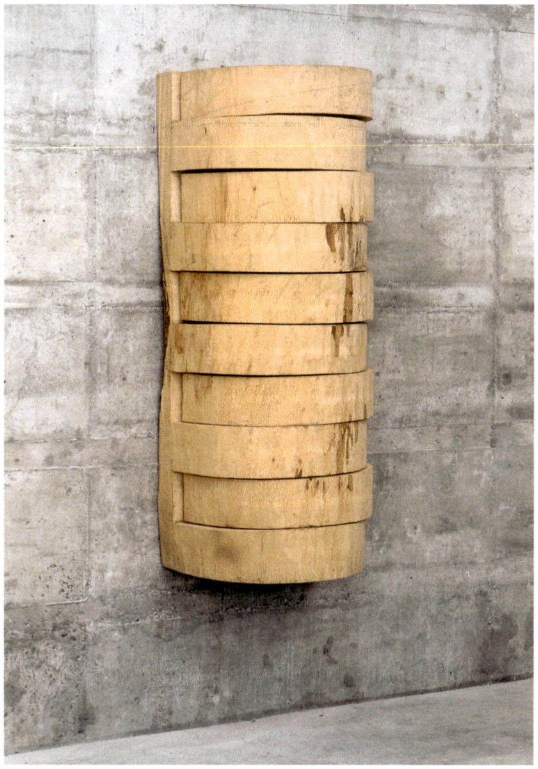

Station XIII, geomantische, 1998, Pappel, Museum Rudolf Wachter. Neues Schloss Kisslegg, WVZ 355

In der ‚Station XIII, geomantische'[371] verweist der Bildhauer im Titel auf die Geomantie, die ihn in dieser Zeit um 1998 auch im Zusammenhang mit den ‚Newgrange'-Skulpturen kurzzeitig beschäftigt. Es ist die einzige ‚Station', bei der das Halbrund des Stammes materiell erhalten bleibt. Wachter setzt in regelmäßigen Abständen horizontale Schnitte. Diese werden wechselseitig von den Außenseiten vertikal bis zur Grundfläche eingeschnitten. Von dieser losgelöst, ‚arbeiten' die Elemente, ziehen sich zusammen und strecken sich,[372] so dass der Eindruck einer starken Rhythmisierung entsteht.

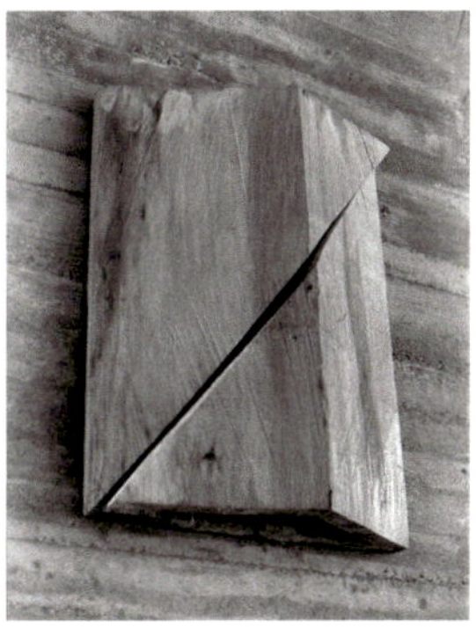

Station XV, 2001, Pappel, Ministerium für Wissenschaft, Forschung und Kunst Baden-Württemberg, WVZ 447

2001 wird in ‚Station XV'[373] ein zeltförmiger Raum in der Wuchsrichtung vollständig von einer in Dreiecksform ausgebildeten Hülle umschlossen, die diagonal einmal entschieden durchtrennt ist; ein Prinzip, das in der ‚Station XVIII'[374] wiederholt wird.

Ein entscheidender Unterschied ergibt sich in vielen der späten Reliefs zu den vegetativen Strukturen der Vergangenheit, seien es die Torsi oder Windbrüche, die Variationen zu Kisten, Spiralen und Hohlformen: In diesen Wandreliefs ordnet sich die Wuchsform des Holzes gänzlich dem Wollen des Bildhauers unter. „Die Kunstform dominiert hier die Naturform."[375] Beispielhaft stehen dafür ‚Station XXII' von 2007[376] und ‚Station 25' von 2008.[377] Bei beiden dieser späten Werke schneidet Wachter kleinteilige Kubaturen aus der halbtonnenförmigen Materie, die ohne Bezug zu den dynamischen Wuchsbeziehungen stehen.

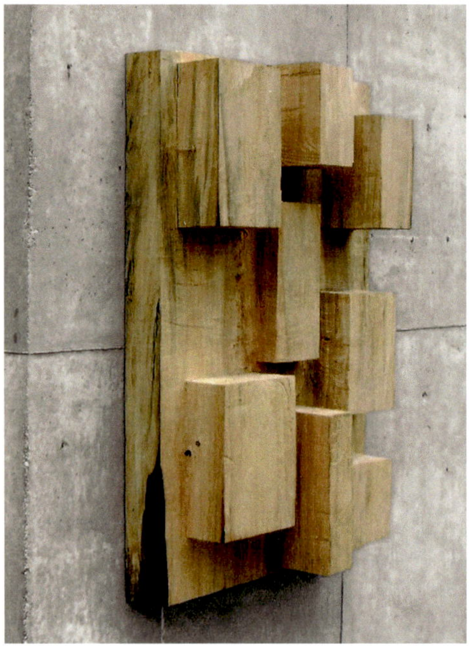

Station XXII, 2007, Pappel, Katholische Kirchenstiftung St. Paul, WVZ 556

Die Bedeutung der Gattung des Reliefs, die in der Gruppe der ‚Stationen' kulminiert, kann für das Gesamtwerk nicht hoch genug eingeschätzt werden. Dies formuliert auch Andreas Kühne, der das Werk Wachters über Jahrzehnte verfolgt und begleitet hat: „Mit diesen Arbeiten, in denen sich archaische Kraft und fast freiplastische Formenspiele abwechseln, wird der Stamm gleichsam aufgeklappt, zu einem Bildobjekt verwandelt, das in den Raum hineinwirkt. Damit ist Rudolf Wachter etwas gelungen, wovon so oft geredet wird, ohne dass der Anspruch eingelöst werden könnte: er hat unseren Bildbegriff erweitert."[378]

Omaggio a Piero

Seit 1981 besaßen Ulla und Rudolf Wachter ein Haus in Umbrien, in dem er regelmäßig über längere Zeit lebte und arbeitete. Aus diesem Grunde finden sich bei seinen Skulpturen auch in der Wahl des Werkstoffs immer wieder Verweise auf diesen italienischen Landstrich.[379]

Piero della Francescas (+ 1492) ‚Madonna del Parto' im unweit gelegenen toskanischen Monterchi besucht er oft. Eine Abbildung des um 1475 geschaffenen Freskos hängt über Jahrzehnte in seinem Atelier, Pieros ‚Auferstehung' aus den 1460er Jahren am Essplatz und besetzt den Titel seines Sterbebildes.

Am Werk Pieros fesselt Wachter auch die „differenzierende Gewichtung innerhalb seiner zentralperspektivischen Bildgestaltung".[380] Inspiriert durch den toskanischen Meister, beginnt Wachter im Jahr 1990 mit einer neuen Werkreihe mit dem Titel ‚Omaggio a (I) Piero'.[381] Das Werkverzeichnis verzeichnet 54 dieser Skulpturen, die bis 2011 entstehen.

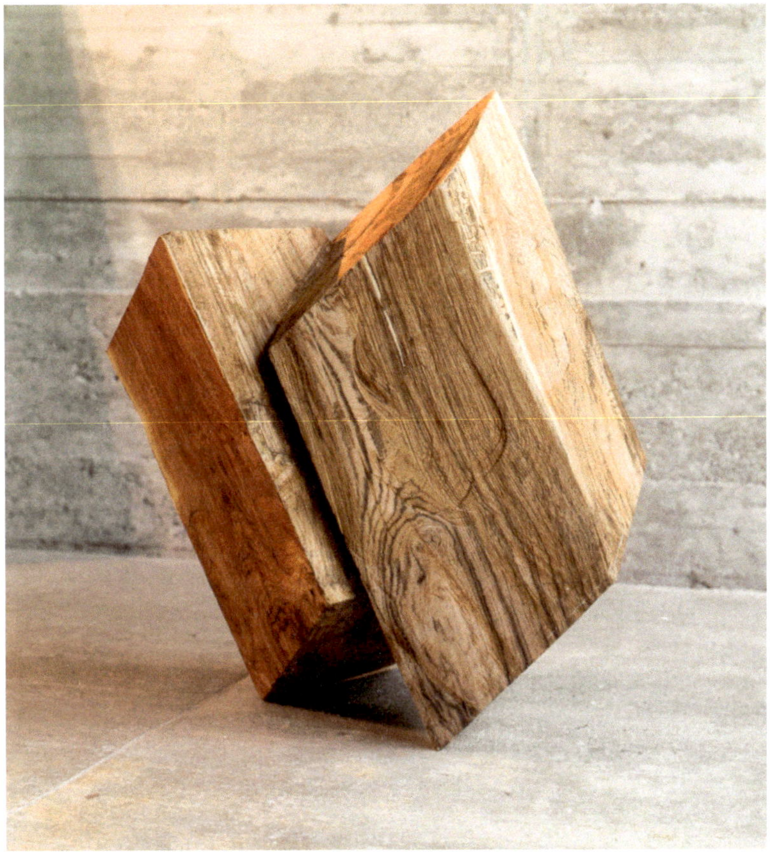

Omaggio a Piero, um 2000, Eiche?, Privatsammlung, WVZ 436

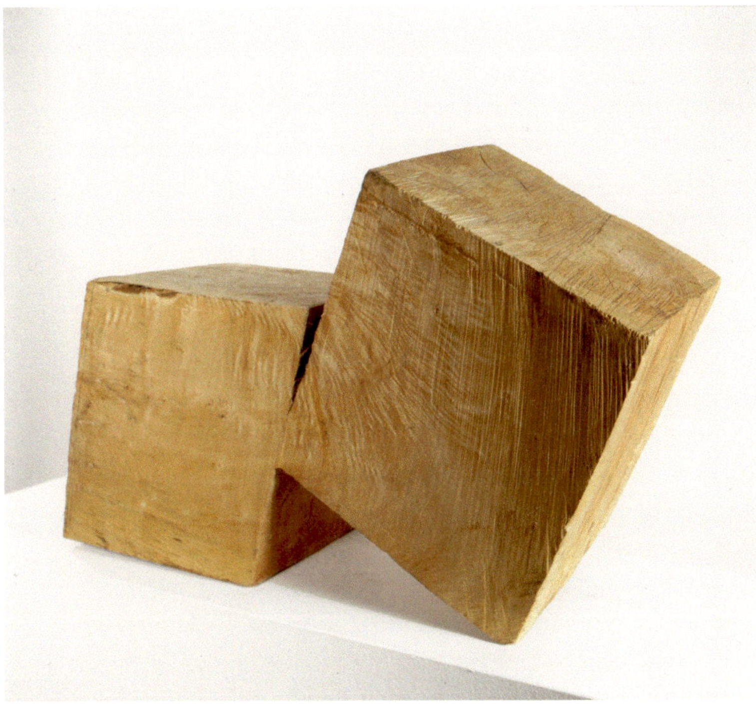

Omaggio a Piero, 1990, Weide, Sammlung Brigitte und Martin Matschinsky-Denninghoff, WVZ 219

Piero della Francescas Behandlung der Perspektiven folgend, verschränkt er die Körper so miteinander, dass die schrägen Flächen und die multiplen Positionierungsmöglichkeiten immer wieder neue Blick- und Raumperspektiven ermöglichen. In dieser Serie kulminieren Wachters bildnerische Überlegungen um die Erkundung der Möglichkeiten einer ‚freien' Perspektive.

Auch sein letztes Werk, das mit Hilfe seiner Frau Ulla wenige Wochen vor seinem Tod entsteht, ist eine Skulptur mit dem Titel ‚Omaggio a Piero'.[382]

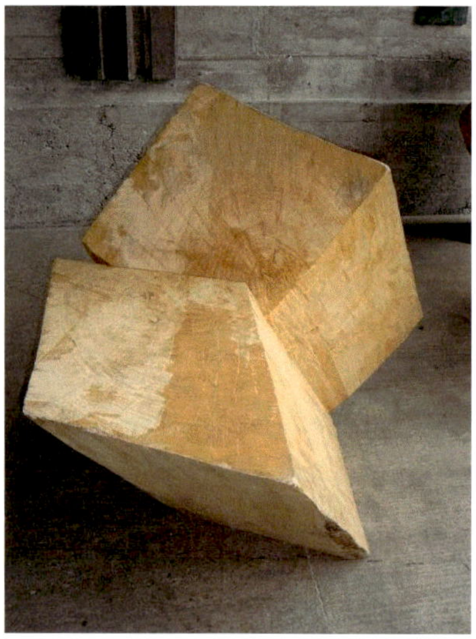

Omaggio a Piero, 2011,
Pappel, Sammlung Wachter,
WVZ 613

Die Wurzeln dieser räumlichen Idee bei Wachter hat Heribert Schulz in seinen Aufsätzen ‚Zur Geometrie der Figur in der bildenden Kunst' in den „zentralperspektivischen Bildraummontagen der Frührenaissance" verortet.[383]

Wachter selbst erklärt dazu 2010:

„Hier geht es nicht um den Einfluss von Piero della Francesca, sondern um Hochachtung für Piero, weil das der Mann war, der die Zentralperspektive ins Bewusstsein gebracht hat [...]. Er hat sich befreit von dem, was die Gotik oder was die frühen noch hatten, was das Mittelalter nicht hatte, dieses Verhaltene. Er ist dann ganz Mensch geworden. [...] Piero hat ja die bildräumliche, perspektivische Situation ins Bild eingebracht und durch das Stellen von Flächen, also durch die Zentralperspektive [...] herausgeholt."[384]

Die zentralperspektivische Raumkonstruktion wird vor allem durch den Kubismus, der nach 1945 in Deutschland zur unmittelbaren Gegenwartskunst gehört, überwunden. Die Prinzipien der Zerlegung des Raumes und die Mehransichtigkeit sind Errungenschaften der von Wachter so bewunderten Kubisten.

In ‚Omaggio a(l) Piero' verneigt er sich vor dem Meister der Frührenaissance und den kubistischen Malern und Bildhauern, die ihn seit seiner Münchner Studienzeit beeindruckt haben. In freiem, meist offenem Winkel zueinander gesetzte Quader, Kuben oder Rhomben bewegen sich von der Mittelachse des Stammes aus in unterschiedliche Richtungen des Raumes. Hier liegt der entscheidende Unterschied zur Behandlung der Zentralperspektive in Werken Piero della Francescas, die Wachter zugunsten multipler, der inneren Struktur der Materie folgender Perspektiven aufgibt.

Wachter selbst spricht von „freier" Perspektive in seinem Werk: „Piero hat ja alles auf den zentralen Punkt ausgerichtet, und das hier ist die freie Perspektive: Die schrägen Flächen ergeben zueinander einen Raum, das ist ein Spiel mit den Augen, das hat eine eigene Wirkung, das ist eine eigene Welt, hier wird keine bekannte, vorhandene Situation nachgeahmt."[385]

In dieser Werkserie gegen Ende seines jahrzehntelangen holzbildhauerischen Schaffens verdichten sich grundlegende Kategorien von Architektur und Statik wie auch die Gewichtung „in Bewegung geratener Diagonalen".[386] In oft prekärem Gleichgewicht werden diese Arbeiten zu allseitig im Raum positionierbaren Objekten. Je nach Aufstellung und Position des Betrachters ergeben sich unendlich viele, immer neue Perspektiven.

Formal sind die Grenzen zu anderen Werkgruppen immer wieder fließend: In der Sammlung Johann Georg Prinz von Hohenzollern etwa befindet sich ein ‚Torso'[387] von 1999, der in seiner Erscheinung der Gruppe der ‚Omaggi al Piero' zuzuordnen wäre. Ähnlich verhält es sich mit Werken, die als ‚Paraphrase' betitelt sind und in einem engen Zeitraum von 1995 bis 2000 entstehen. Beispielhaft steht hier die letzte Skulptur dieser mit fünf Exemplaren kleinen Werkgruppe ‚Paraphrase'[388] von 2000 aus Weide, bei der sich wie bei den ‚Omaggi a(l) Piero' zwei stereometrisch verzogene Körper verschränken.

Bei der Entstehung vor allem der späten Beispiele der ‚Omaggi a (l) Piero' verlässt Wachter ähnlich wie bei den parallel entstehenden letzten ‚Stationen' sein werkbestimmendes Prinzip, den natürlichen Wuchsrichtungen und Strukturen der Materie zu folgen. Er schneidet die kubischen Formen von der Mitte ausgehend nach rein kompositorischen Überlegungen aus. Hier gilt in besonderem Maße, was Stefanie Dathe 2005 anlässlich der Eröffnung des Museums Rudolf Wachter im Neuen Schloss Kisslegg festgestellt hat: „Die Kunstform dominiert hier die Naturform."[389]

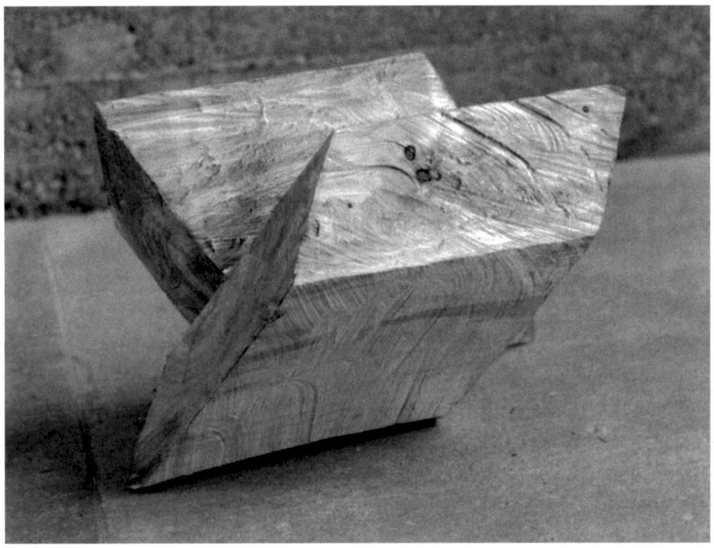

Paraphrase, 2000,
Weide, Privatsammlung,
WVZ 413

Sonderformen

Vereinzelt entstehen im Verlauf der Werkgenese immer wieder Arbeiten, die singulär stehen.

Pan Spiel

Das ‚Pan Spiel' steht 1980 am Beginn der Rückkehr zum Holz. Wachter entwickelt es in seiner ersten Fassung[390] als didaktisches Mittel zur tektonischen Erziehung gemeinsam mit dem Auftraggeber Dipl. Ing. Professor Paolo Nestler, Lehrstuhlinhaber für Raumgestaltung und von 1967 bis 1970 Präsident der Akademie der Bildenden Künste in München. Das Anliegen des ‚Pan Spiel' ist es, den Begriff des Skulpturalen zu erweitern, gleichzeitig aber auch zum Thema ‚Dreidimensionalität' ein pädagogisches Konzept zu entwickeln. Der Arbeit wird 1982 eine eigene Ausstellung im Kunstzentrum No. 66 in München gewidmet. Im Katalog gibt der Künstler selbst eine Art pädagogische ‚Handreichung':

„‚Pan' hat einen Quader mit quadratischer Grundfläche und einem Diagonalschnitt zwischen den am weitesten entfernten Eckpunkten als Grundelement. Er bietet neue Möglichkeiten zum Bauen von strukturellen, tektonischen oder plastischen Formen.
Er zwingt, sich dem durch ihn gegebenen Ordnungsprinzip zu fügen. Die Willkür des Klötzchenspiels ist ausgeschaltet.

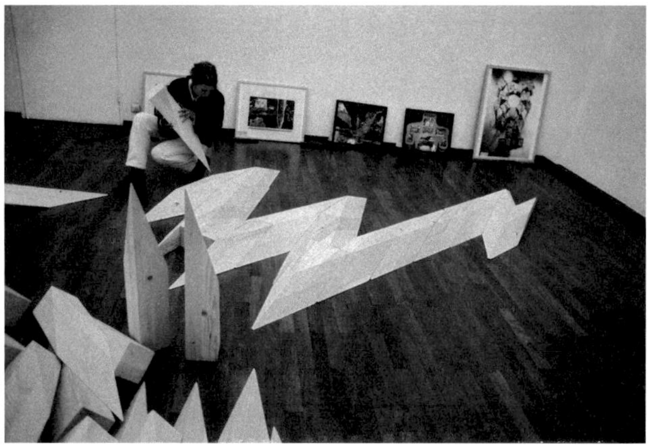

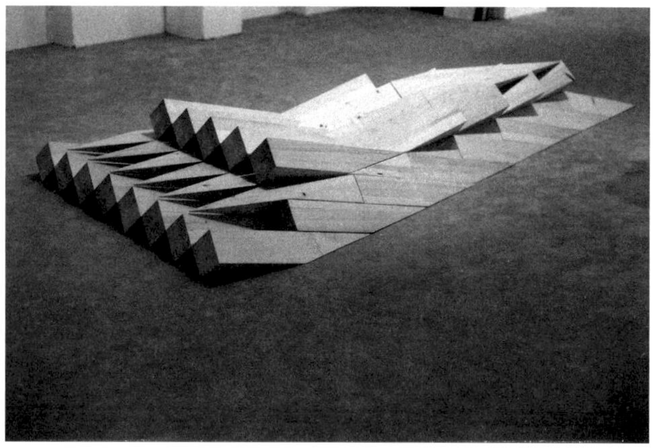

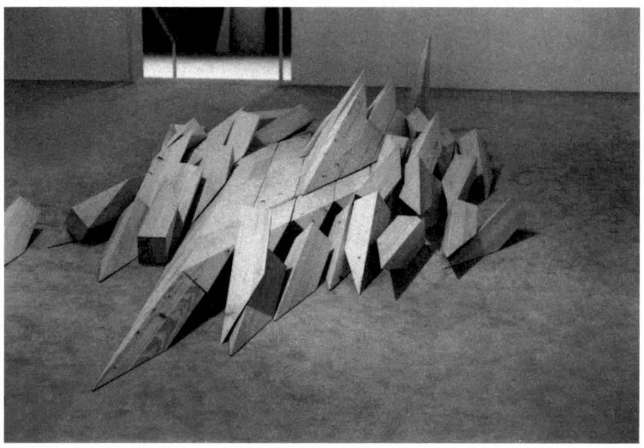

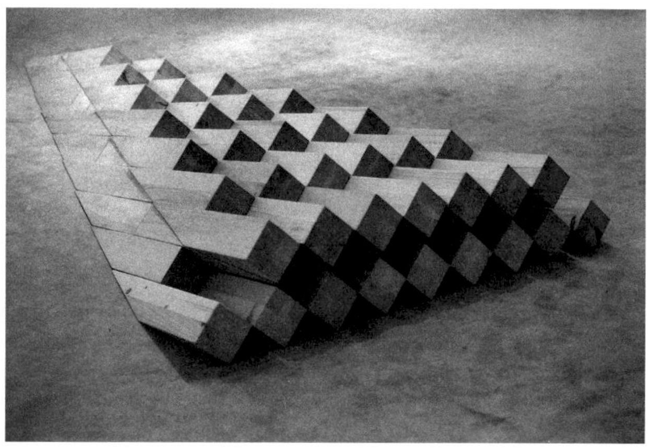

 Pan Spiel, 1980, Fichte, Wachterblock. Sammlung Gerlinde und Werner Wohlhüter, WVZ 34

Lassen Sie sich leiten von den vier verschieden langen Kanten und den vier verschieden großen Flächen.
Denken Sie sich kein Motiv aus, sondern sehen Sie bildhaft beim Zusammenfügen.
Nutzen Sie das Gewicht der Elemente für die Balance beim Hochbauen."[391]

Es handelt sich um eine Schreinerarbeit, bei der 50 Kuben mit den Maßen 75 x 13 x 13 Zentimeter im Diagonalschnitt so durchtrennt wurden, dass ein Ensemble aus 102 Teilen daraus hervorging, das enorme Möglichkeiten der räumlichen Zusammenstellung bietet. Dabei bleibt jede Komposition der Grundform unterworfen.

Es entstehen in der Folgezeit mehrere Fassungen in unterschiedlichen Formaten, die jeweils in Schreinerwerkstätten hergestellt werden. Wachter gibt den Entstehungsprozess also aus der Hand. Im selben Jahr 1980 wird Rudolf Wachter eingeladen, bei dem Kunstprojekt ‚Koffer für Rottweil' einen ebensolchen zu gestalten. Er entwirft eine kleinere Fassung des ‚Pan Spiel' mit einem dazugehörigen Koffer.[392] Es handelt sich um das einzige Multiple im gesamten skulpturalen Werk.

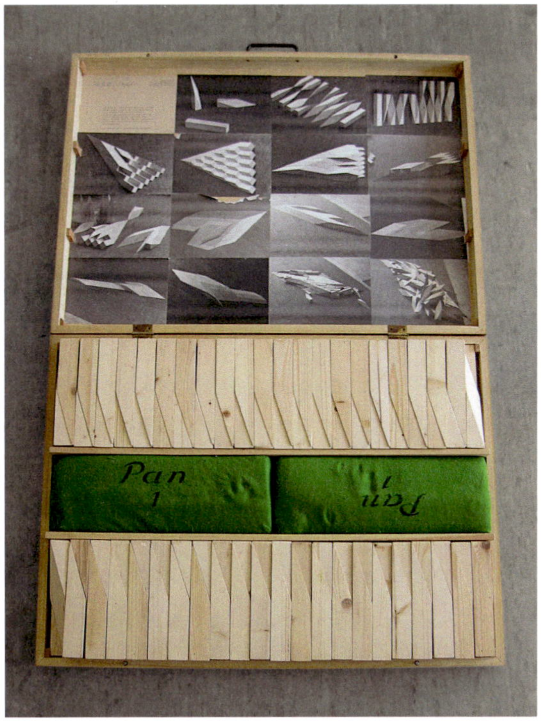

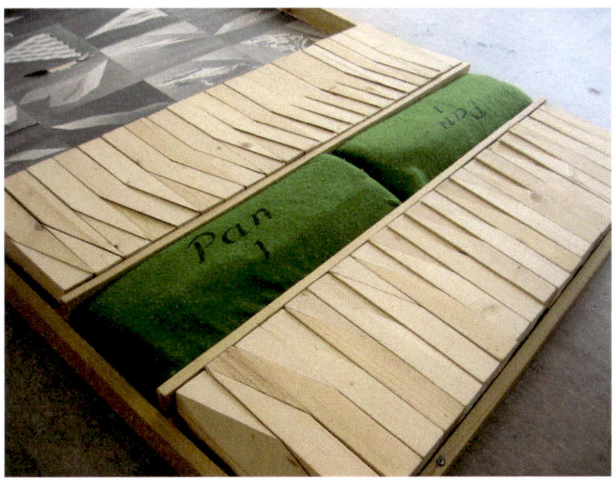

Koffer für Rottweil/Pan Spiel/ Holz Skulptur Spiel, 1980, Fichte, WVZ 33

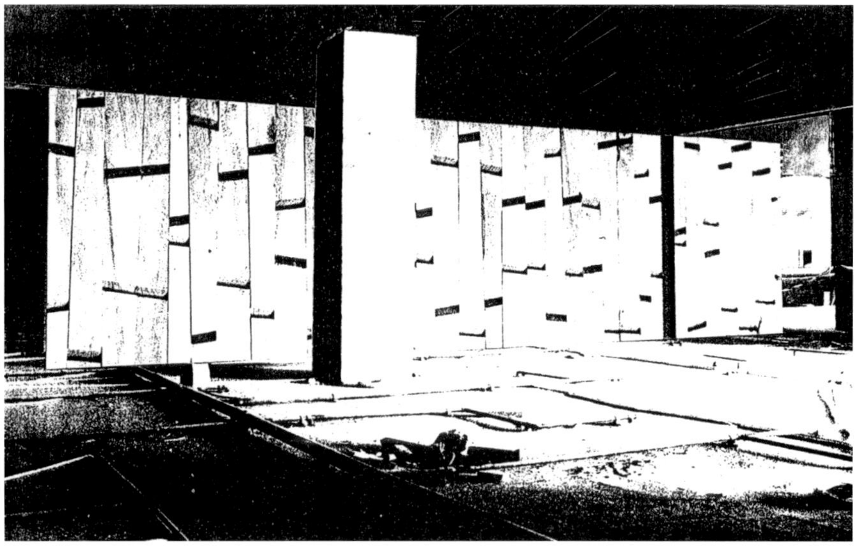

Black Box, 1984, Fichte, Kulturzentrum Gasteig München, zerstört, WVZ 89

Black Box. Wandfries Gasteig München

1984 entsteht ein zwölf Meter langer, raumhoher Wandfries[393] für die Black Box des Kulturzentrums Gasteig, München, dem mehrere Modelle für den Wettbewerb[394] vorausgehen, den Rudolf Wachter für sich entscheiden kann. Vorbild und gestalterischer Impuls ist hier das Bild von in der Schreinerwerkstatt gestapelten Brettern, das in die früheste Kindheitserinnerung des Bildhauers zurückreicht. Bestimmendes Gestaltungsmoment sind der natürlichen Stammform entsprechend konisch zulaufende Bretter, die gegenläufig vertikal eingesetzt werden. Die Positionierung der Öffnungen mit schrägen Kanten ergibt sich aus dem Schlagen der Stämme und der gegebenen Länge der Bretter.

2020 gilt das gesamte Werk mit seiner Fläche von 42 Quadratmetern inzwischen als verschollen. Sein Verbleib ist unbekannt. Das für das Werkverzeichnis vorliegende Bildmaterial stammt aus der Erbauungszeit des Gasteigs, der 1985 eröffnet wurde.

Aus umbrischem Zypressenholz entsteht 1982 das vierteilige Ensemble ‚Maria Stuart'[395] während eines Aufenthaltes in der Villa Massimo, Rom. Die Betitelung ‚Maria Stuart' beruht auf der Assoziation der einzelnen Elemente mit einem Schafott.

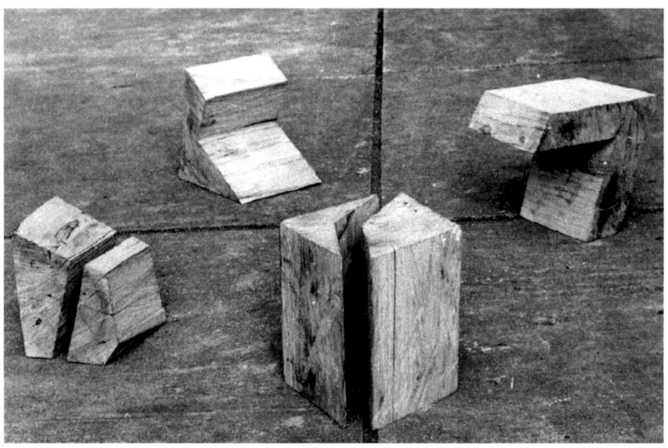

Maria Stuart, 1982, Zypresse, Deutsches Institut für Auslandsbeziehungen Bonn, WVZ 53

‚Tisch für ein Kunstgespräch, oder: Die Kunst, aneinander vorbei zu reden'[396]
1990 entsteht die siebenteilige Gruppe ‚Tisch für ein Kunstgespräch, oder: Die Kunst, aneinander vorbei zu reden'[397] aus tropischem Abachiholz. Sie befindet sich heute als Kunst am Bau an der Fachhochschule Aschaffenburg.[398]

1995 greift Wachter das Thema noch einmal in einem kleinformatigen Werk auf, in dem er ein einzelnes Sitzelement mit einem Tischsegment kombiniert. Mit einer Kantenlänge von 20 bis 27 Zentimetern hat es Modellcharakter – entsteht aber fünf Jahre nach der Monumentalfassung. Er nennt auch dieses Ensemble ‚Tisch für ein Kunstgespräch'.[399] Offen bleibt, wer hier den Diskurs führen soll. Es gibt nur einen Platz und damit keine Möglichkeit eines auch nur hypothetischen Austauschs.

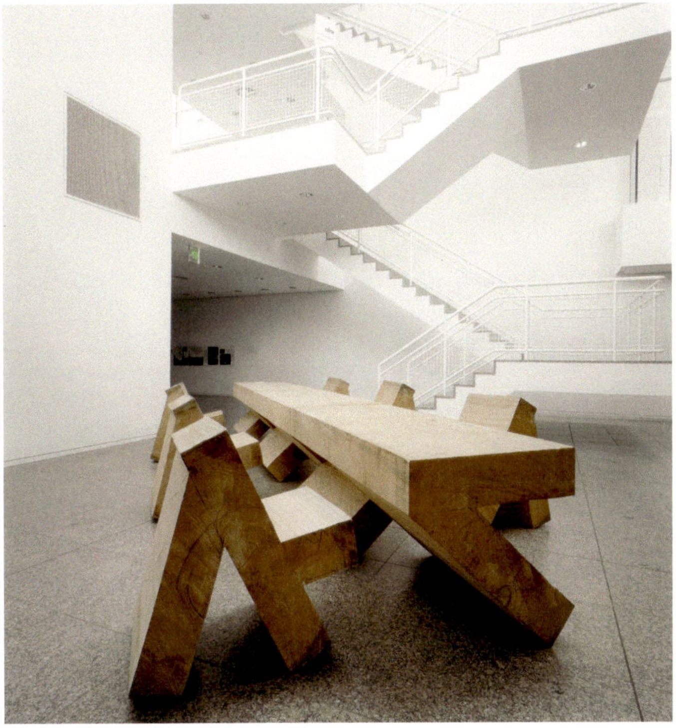

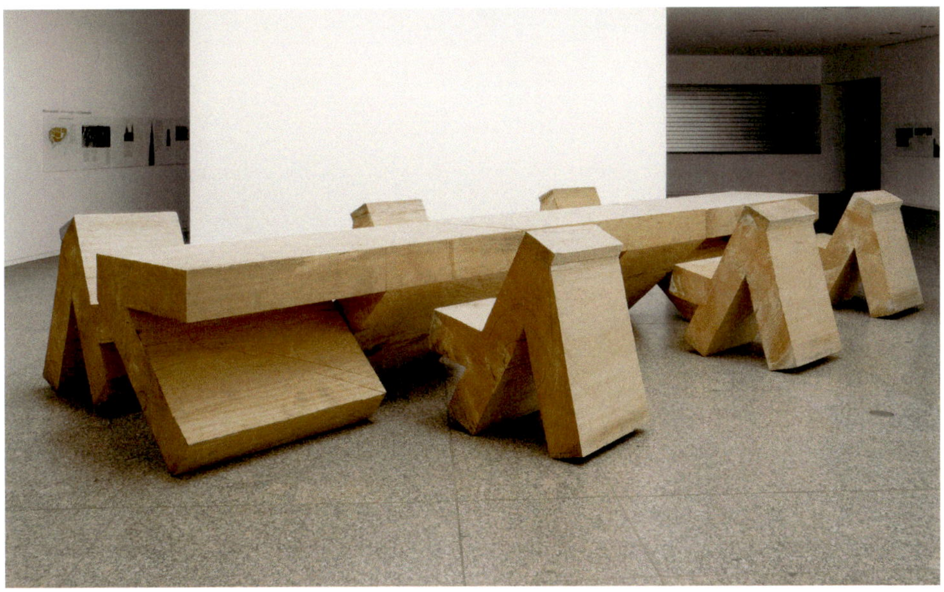

Tisch für ein Kunstgespräch oder: Die Kunst, aneinander vorbei zu reden', 1990, Pappel, Fachhochschule Aschaffenburg, WVZ 221

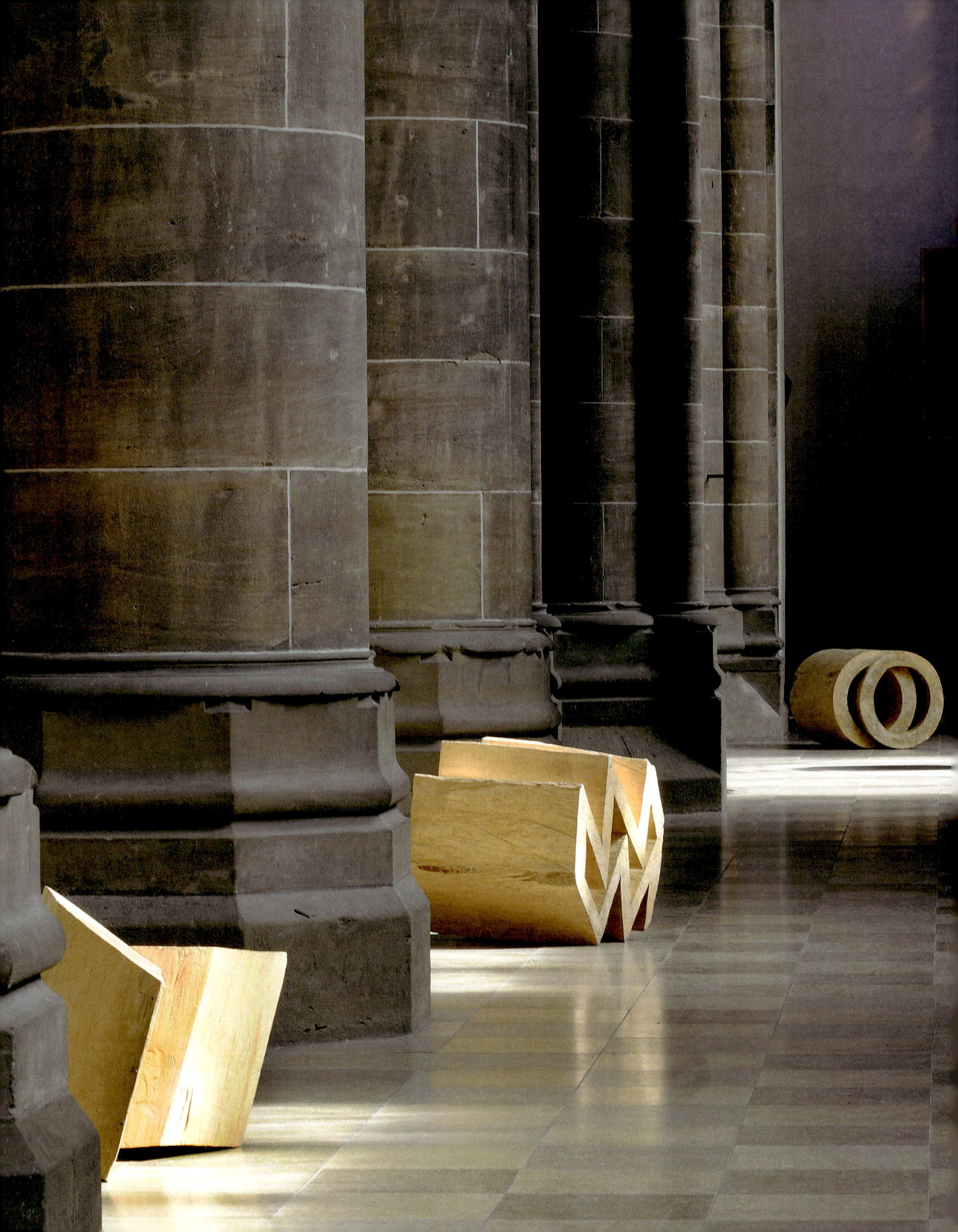

Arbeiten in sakralem Zusammenhang

Das ‚Buch der Weisheit' im Alten Testament überliefert aus der Zeit der jüdischen Diaspora in Ägypten diese frühe Schilderung eines Holzbildhauers und seiner Arbeit:

„Da sägte ein Holzschnitzer einen geeigneten Baum ab, entrindete ihn ringsum und machte daraus ein nützliches Gerät für den täglichen Gebrauch. [...] Was dann noch übrig blieb und zu nichts brauchbar war, ein krummes, knotiges Stück Holze, das nahm er, schnitzte daran so eifrig und fachgemäß, wie man es tut, wenn man von der Arbeit abgespannt ist, formte es zum Bild eines Menschen oder machte es einem armseligen Tier ähnlich, beschmierte es mit Mennige und roter Schminke, überstrich alle schadhaften Stellen, stellte es an der Wand auf und befestigte es mit Eisen. So sorgte er dafür, dass es nicht herunter fiel, wusste er doch, dass es sich nicht helfen kann; es ist ein Bild und braucht Hilfe."[400]

Das Objekt der Anbetung entsteht also aus den Abfällen, während Geräte und Werkzeuge aus dem besten Teil des Holzes hergestellt werden. Das „nützliche Gerät" bedarf offensichtlich keiner weiteren Unterstützung. Es ist unentbehrliches Instrument des Lebens. Das Abbild dagegen entsteht nicht nur aus den Überresten, sein Charakter der Dürftigkeit wird noch gesteigert durch die offensichtliche Notwendigkeit, es zu übertünchen. Aber am Ende dominiert seine Hilfsbedürftigkeit: Es bedarf der Stütze und anderer technischer Hilfen, um Abbild des Göttlichen und Andachtsbild zu sein!

Rudolf Wachter hat aus Holz weder „nützliche Geräte" noch Abbilder von Menschen und Tieren geschaffen. Beständig umkreiste er aber zeitlebens eine für ihn wesentliche Frage: Was den sakralen Charakter eines Kunstwerks definiert.[401]

Über die lange Strecke seines Schaffens entstehen dennoch nur wenige Werke im sakralen Zusammenhang. An der Fachschule in Oberammergau schnitzt er um 1948 eine Prozessionsstange, die heute verschollen ist.[402]

Blick in die Ausstellung ‚Raum Schnitte. Rudolf Wachter in St. Paul', München 2010

Die christlichen Kirchen waren und sind bis heute gerade für die Bildhauer wichtige Auftraggeber. Auch die Zeitgenossen und Weggefährten Wachters haben von den 1950er Jahren an in großem Umfang Kirchen ausgestattet, die im Zuge der Bauaufgaben der Nachkriegszeit allerorts errichtet wurden.

Wachter dagegen hat sich – und das ist sehr selten – nie mit diesen bis in die 1970er Jahre hinein gerade für Bildhauer so lukrativen Aufträgen befasst. Mehr noch, er ist diesen bildnerischen Aufgaben in einem Ausmaß aus dem Weg gegangen, dass es scheint, als habe er sich auch in dieser Hinsicht von seinem sehr katholischen, von ihm als Bedrängnis empfundenen Elternhaus absetzen müssen.[403] So gibt es im Grunde nur ein Werk, das eine wirklich dauerhafte Aufstellung in Sakralräumen gefunden hat – bzw. für diese Aufstellung konzipiert wurde.

Diese klaffende Lücke im Gesamtwerk mag auch mit der Ungegenständlichkeit der Skulpturen Wachters zusammenhängen. Der Pfarrer Rainer Hepler schreibt 2010 anlässlich der Ausstellung in der katholischen Kirche St. Paul in München: „[...] eine Wachter-Skulptur für einen Meditationsraum, als Altarbild? Unsere Sehgewohnheit erwartet etwas Gegenständliches."[404]

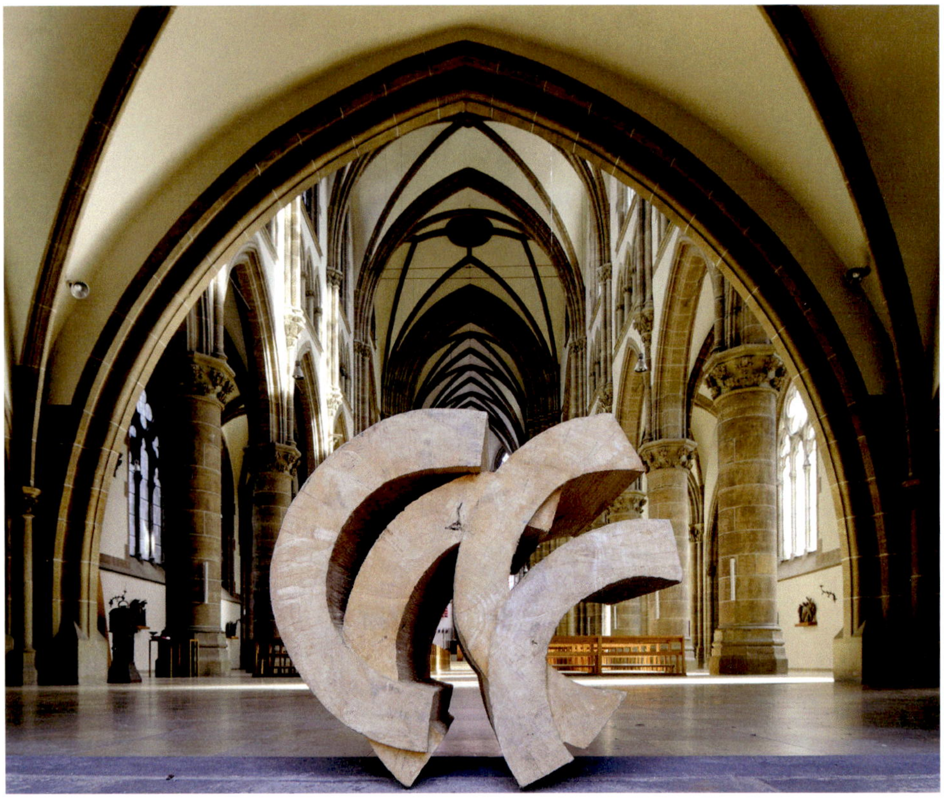

Blick in die Ausstellung ‚Raum Schnitte. Rudolf Wachter in St. Paul', München 2010

Nur selten werden seine Werke in Ausstellungen gezeigt, die dezidiert christlich konnotiert sind. Spät, im Jahr 2012, werden drei seiner Werke anlässlich des 1000-jährigen Jubiläums des Bamberger Doms für die Ausstellung ‚Gegenüber' ausgewählt und im Dom gezeigt: Die ‚Station III' (WVZ 331), ‚Gebrochener Raum' (WVZ 313) und ‚New Grange XXX' (395) werden in diesem bedeutenden Kirchenraum als spannungsvoller, rein formaler Kontrapunkt zu der hochmittelalterlichen Bauplastik inszeniert.[405]

‚Tisch für ein Kunstgespräch oder: Die Kunst, aneinander vorbei zu reden‘

Die siebenteilige Arbeit ‚Tisch für ein Kunstgespräch oder: Die Kunst, aneinander vorbeizureden‘ von 1990[406] hingegen erhielt eine deutliche semantische Anreicherung durch eine ortsbezogene Inszenierung des Werkes in den Räumen der Deutschen Gesellschaft für Christliche Kunst (DG) 1995.[407] Das Ensemble wurde im Zuge dieses Projektes drei Mal als raumbezogene Installation in unterschiedlichen architektonischen Zusammenhängen bzw. sakralen Räumen gezeigt: einmal als Zentrum einer ‚klassischen‘ Ausstellung in den Galerieräumen der DG, einmal in der historistischen Kirche St. Lukas und zuletzt in der ‚KunstBauStelle‘ der Allerheiligenhofkirche in der Residenz. Vor allem in den beiden letztgenannten Sakralräumen manifestierte sich der Bezug zum Thema des heiligen Abendmahls.

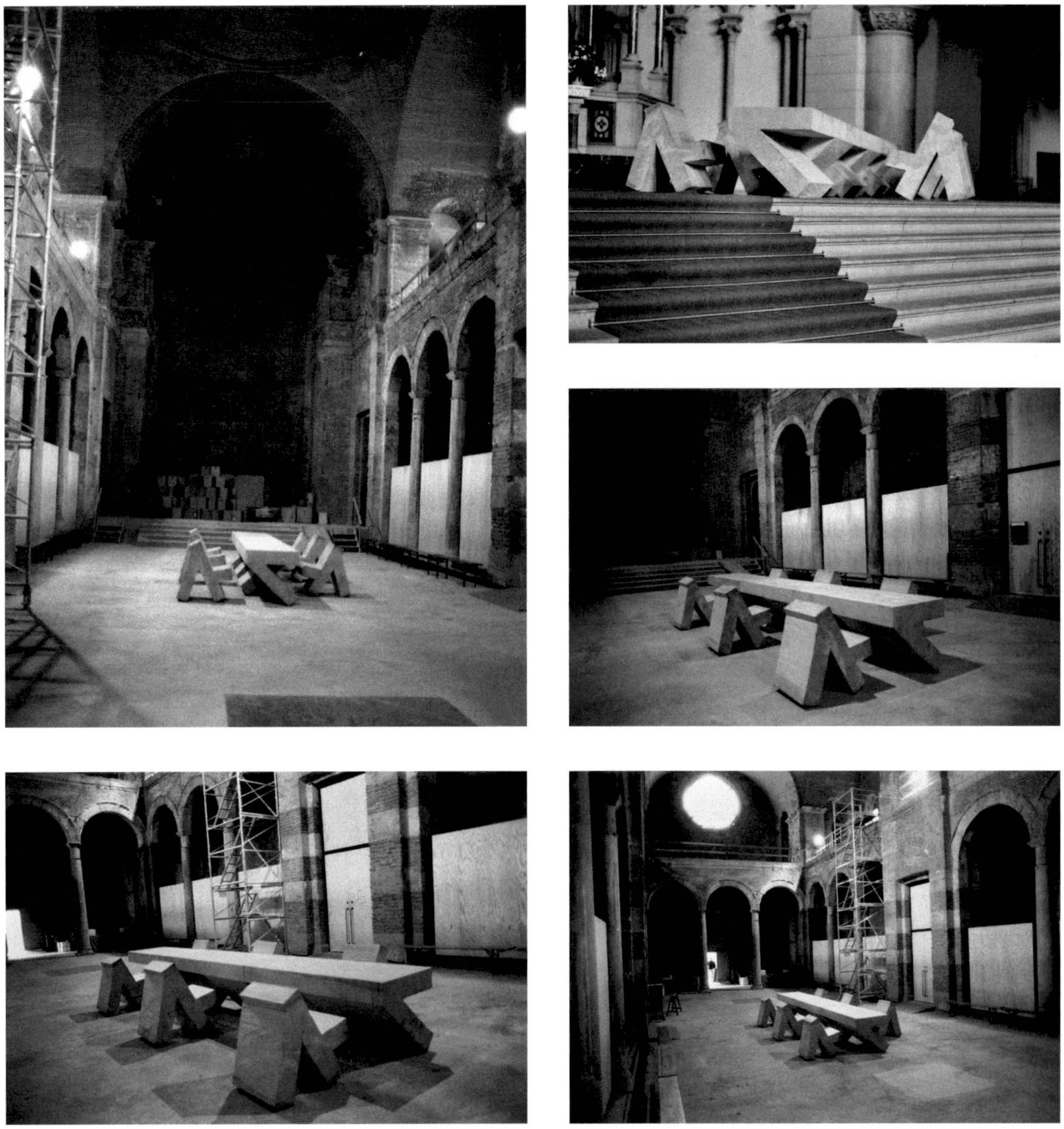

‚Tisch für ein Kunstgespräch oder: Die Kunst, aneinander vorbei zu reden‘, 1990, Pappel, WVZ 221 in der Inszenierung der Deutschen Gesellschaft für Christliche Kunst DG, 1995, München.

Das bereits fünf Jahre vor dieser Inszenierung in den beiden Münchner Kirchen entstandene Werk aus Pappelholz besitzt eine besondere Analogie zu den klassischen Bildtraditionen des heiligen Abendmahls: Nach diesen sind die Apostel mit Jesus Christus in aller Regel eben nicht um einen Tisch versammelt, wie es die biblische Erzählung überliefert.[408] Vielmehr sind sie an der Langseite eines solchen aneinandergereiht platziert. Lediglich an den beiden kurzen Enden dieser Tafel sammeln sich Figuren oder Figurengruppen, deren Platzierung es ermöglicht, mit einem Gegenüber zumindest theoretisch in Dialog zu treten. Rudolf Wachters ‚Tisch für ein Kunstgespräch oder: Die Kunst, aneinander vorbei zu reden' verfolgt eine ähnliche räumliche, nur hypothetisch dialogische Strategie: An diesem Tisch können sich sechs Menschen nur versetzt gegenübersitzen, niemals direkt gegenüber.

Wachter steht hier im Zusammenhang mit anderen Künstlern, die sich dem tradierten Motiv in formal wie semantisch abstrahierenden Prozessen genähert haben. Constantin Brancusi (1876–1957) etwa bezieht sich in seinem ‚Tisch des Schweigens' von 1938, bei dem er zwölf Rundhocker um einen runden Tisch versammelt, unmittelbar auf das biblische Vorbild. Aber auch hier ist die scheinbar ideale Kommunikation dadurch gestört, dass die Hocker derart weit vom Tisch entfernt installiert sind, dass man daran weder essen noch trinken könnte – und auch eine Kommunikation durch die Entfernungen an diesem ‚Tisch des Schweigens' mindestens erschwert wäre. Die Stilisierung der Anordnung evoziert eine sakrale Überhöhung.

Die sechs Einzelblöcke, aus denen Wachters (Abendmahls-)Tafel zusammengefügt ist, sind jeweils z-förmig aus dem Rund des Pappelstammes geschnitten. So gibt es bei jedem einzelnen Tischelement nur jeweils eine Seite, die ein Sitzen an diesem Tisch ermöglicht. Damit stößt „jeder Dialog ins Leere"[409] und verweist zurück auf den zweiten Teil des Titels, den Wachter der Arbeit gegeben hat: ‚Die Kunst, aneinander vorbei zu reden' – ein Hinweis auf die ironisch-distanzierte Haltung des Künstlers gegenüber dem zeitgenössischen Kunst-Diskurs. Letztlich nimmt Wachter mit diesem Werk auch eine visualisierende Analyse[410] der Welt vor, in der er sich bewegt: der Welt der bildenden Kunst und der des Diskurses über sie. Diese für den Bildhauer charakteristisch ‚sperrige' Position findet ihre materielle Entsprechung in den demonstrativ stereometrischen, blockhaften Formen dieses Ensembles.

Tisch und Stuhl sind kein autonomes Sujet, das in der abendländischen Tradition einen ikonographischen Eigenwert besitzt. Vincent van Gogh (1853–1890) ist einer der Ersten, der Ende der 1880er Jahre das Motiv einführt. Zwischen 1976 und 1979 wendet sich Ben Willikens (* 1939) dem Bildmotiv dann konsequent in seinem für das Frankfurter Architekturmuseum entstandene Gemälde ‚Abendmahl' zu.[411] Es gilt als Schlüsselwerk Willikens', in dem er sich offensichtlich mit Leonardo da Vincis ‚Abendmahl', aber auch mit dem hohlen Pathos nationalsozialistischer Architektur auseinandersetzt. Das 300 x 600 Zentimeter große Gemälde ist vertikal in drei gleich große Teile unterteilt, was Assoziationen an den Typus des Triptychons weckt. In einem menschenleeren Raum, der an allen drei sichtbaren Seiten Öffnungen aufweist, steht ein langer, mit einem weißen Tischtuch bedeckter Tisch. Die Proportionen und architektonischen Elemente von Leonardos Fresko sind detailliert aufgenommen. Rottach schreibt 1995 dazu: „Das ikonographisch geschulte Auge lässt sich [...] hinreißen und ergänzt die fehlenden Personen. Anwesenheit ist durch Abwesenheit ausgedrückt."[412]

Auch in Wachters Arbeit fehlen die Menschen, die auf diesen Stühlen Platz nehmen könnten. Die Anordnung der versetzten Stühle über die Länge des Tisches erweckt dennoch die Assoziation eines imaginären Gesprächs – wie es Wachter im Titel auch evoziert.

Das ‚Abendmahl' Ben Willikens' ist als Gemälde abgegrenzt vom Aktionsraum des Betrachters. Diese Barriere ist unüberwindlich. In der skulpturalen Arbeit Wachters dagegen entsteht ein realer Raum. Damit ermöglicht es der Bildhauer dem Betrachter unmittelbar, (s)einen Platz an dieser Tafel auch realiter zu besetzen und in eine Interaktion einzusteigen.

Dies ist auch der Hintergrund der Inszenierungen in St. Lukas wie in der Aktion ‚KunstBauStelle' in der Allerheiligenhofkirche: Am 3. April 1995 werden an diesen Tisch Friedhelm Mennekes, Roswitha Siewert, Hartmut Winde, Peter Steiner, Norbert Radermacher und Conrad Lienhardt als Moderator geladen, um als Theologen, Kunsthistoriker und Künstler eine öffentliche Diskussion zum Thema ‚Kirche ohne zeitgenössische Kunst' zu führen.[413]

In der KunstBauStelle in der Münchner Residenz, der Hofkirche, die 1995 in der Tat wegen einer umfassenden Renovierung Baustelle ist, widmet man sich am 21. Mai 1995 einem verwandten Thema: Unter dem Motto ‚Zeitgenössische Kunst, kompromittierend?' debattieren mit Gebhard Streicher als Moderator Christoph Wiedemann, Wolfgang Flatz, Aloys Goergen, Gerhard Ott und Eberhard Lübke.[414]

Mensa, St. Lukas Augsburg

Das einzige für einen Sakralraum konzipierte und auch realisierte Werk Wachters ist ein Volksaltar für die evangelische Kirche St. Lukas in Augsburg.[415]

In der 2019 erschienenen Publikation ‚Sieben mal Sieben – Kunst des 21. Jahrhunderts'[416] wird der 2000 aus Pappelholz geschaffene Altar in seiner Materialerscheinung besonders herausgehoben. Die Autoren Jean-Pierre Barraud und Helmut Braun beschreiben ihn als einen der „kraftvollsten Altäre der Evangelisch-Lutherischen Kirche in Bayern".[417]

Aus dem Rund des Stammes ist eine annähernd quadratische, kubische Form parallel zu den Außenkanten herausgeschnitten. Die Größe der Mensa definiert sich durch den absoluten Umfang des Stammes. Das Herz des Stammes ist quadratisch herausgeschnitten; der Schwundschnitt verläuft in der Mitte der unteren Wange. Dieser Schwundschnitt setzte die von Wachter intendierten kalkulierten dynamischen Bewegungen in Gang. Das Licht kann den Altarkörper in der Zentralachse durchdringen. Durch den Trocknungsprozess wölben sich die Außenkanten nach oben, so dass beim Betrachter der Mensa trotz all ihrer Masse die Anmutung des Schwebens entsteht.[418]

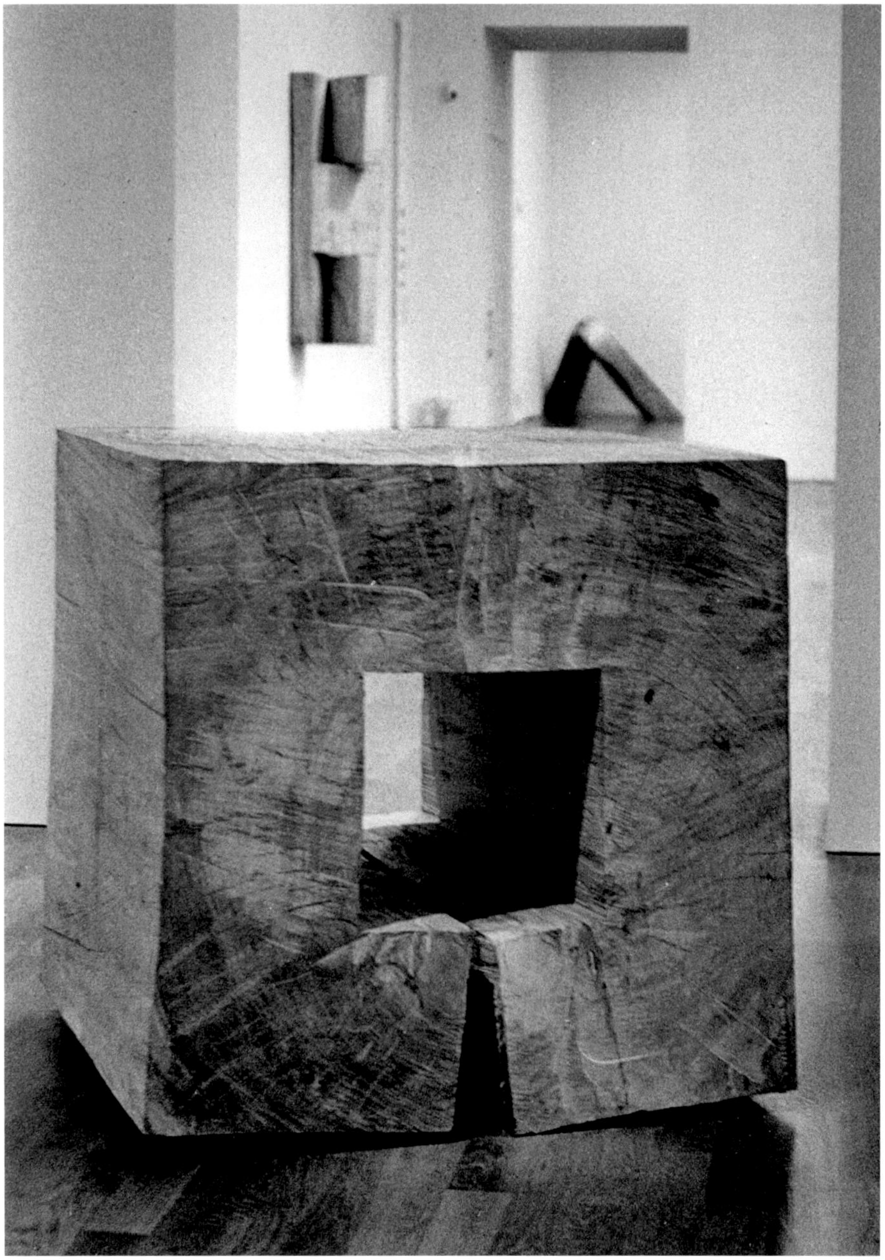

Mensa, 2000, Pappel, St. Lukas, Augsburg, WVZ 392

Lichtenstern beschreibt 2004, dass diese Mensa damit nicht nur den „Innenraum der Skulptur aufleuchten" lässt, sondern auch eine „prozessuale Formveränderung vor Augen" führt.[419] Der Altartisch mutet bei all seiner Massivität schwebend an, was einzig dem Schwundschnitt und der gesteuerten Trocknung zu danken ist. Diese ‚Erhöhung' der Masse intensiviert und stärkt auf besondere Weise die liturgische Bedeutung dieses Prinzipalstückes.

Der Altar wird 2000 in der Mitte des Zentralbaus der 1935/1936 erbauten Kirche St. Lukas, Augsburg aufgestellt. Barrault und Braun konstatieren, die Skulptur scheine „gleich einer ‚dropped sculpture' – ohne Bindung zur räumlichen Situation in diese hineingefallen zu sein".

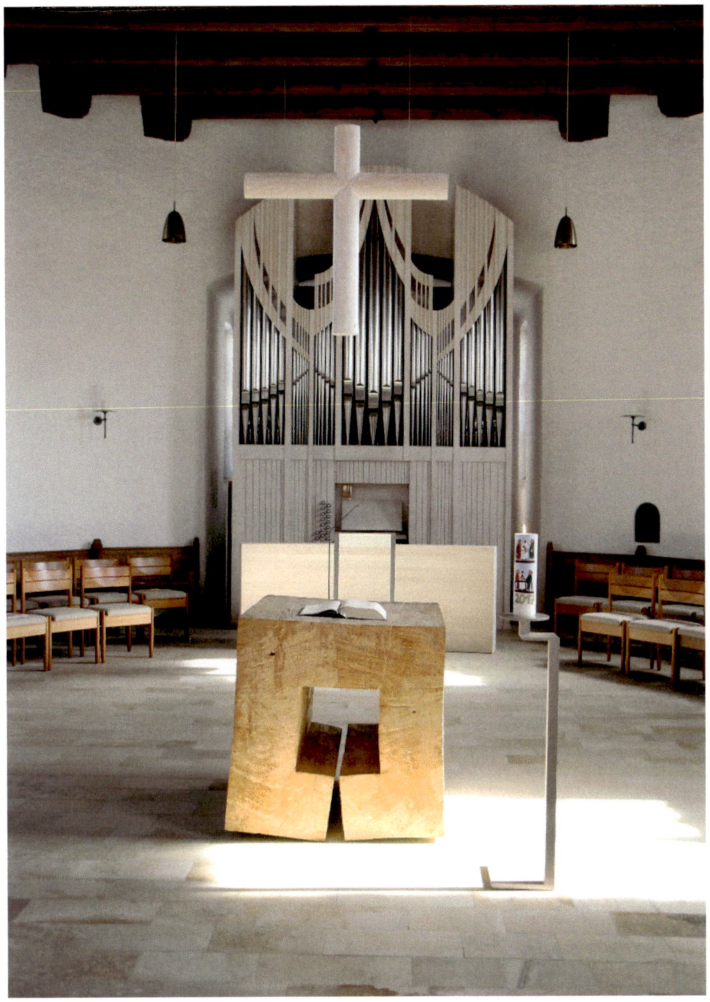

Mensa, 2000, Pappel, St. Lukas, Augsburg, WVZ 392

2018 wird daher im Rahmen eines beschränkten Wettbewerbs der Bildhauer Nikodemus Löffl beauftragt, weitere Prinzipalia zu gestalten, um den ästhetischen und liturgischen Zusammenhang zwischen dem Werk Wachters und der Architektur zu verbessern.[420] Diese Beauftragung an Löffl ist auch aus einem weiteren Grunde sehr glücklich: Beide Bildhauer haben über viele Jahre immer wieder zusammengearbeitet. Löffl hat Wachter regelmäßig bei umfänglichen Aufgaben unterstützt. Nikodemus Löffl begegnet der Mensa Wachters nicht im mimetischen Sinne, sondern nimmt einen dezidierten Richtungswechsel vor.

Kanzel, Kreuz und Osterleuchter setzen sich in Material, Gestus und Volumen deutlich und zurückgenommen von Wachters Mensa ab. Dieser stehen als Kraftzentrum des Kirchenraumes Löffls Arbeiten buchstäblich im besten Sinne ‚zur Seite'. Dieser außergewöhnlich sensible, zurückgenommene Umgang wird von der Jury mit dem ersten Preis gewürdigt und zur Ausführung empfohlen, was 2018 auch realisiert wird. So begegnen sich heute in St. Lukas zu Augsburg zwei Generationen bedeutender Positionen süddeutscher Holzbildhauerei.

Wettbewerb für die Prinzipalia St. Quirinus, Tegernsee 2003

2003 lobt die Erzdiözese München und Freising einen eingeladenen Wettbewerb für Prinzipalia (Volksaltar und Ambo) für die ehemalige Klosterkirche St. Quirinus in Tegernsee aus. Neben Rudolf Wachter werden Nele Ströbel und Kay Winkler um Vorschläge gebeten. Wachter gestaltet einen rautenförmigen Altarblock (WVZ 487) und ergänzt diesen Vorschlag um weitere drei alternative Modelle für den Volksaltar und zwei Varianten eines Ambo.[421]

In seinen vier Altarentwürfen geht er jeweils von einer kubischen Grundform aus, in die er in den verschiedenen Varianten mit unterschiedlich gesetzten Schwundschnitten eingreift:

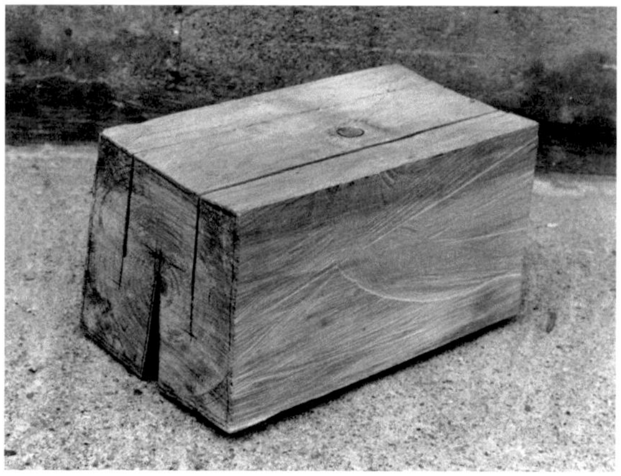

Schwundschnitt, um 2003, Pappel, Sammung Wachter, WVZ 482

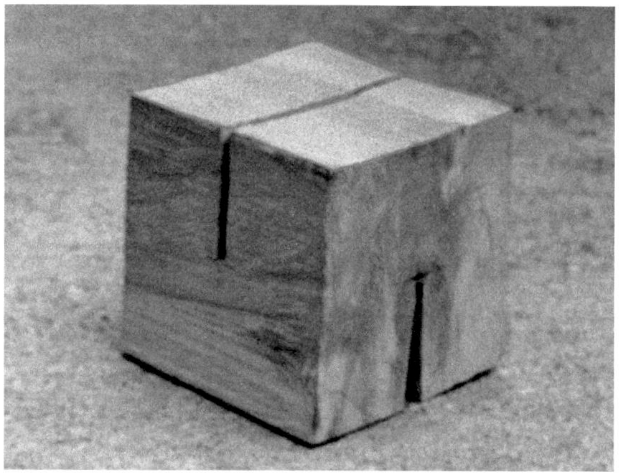

Schwundschnitt, um 2003, Pappel, Sammung Wachter, WVZ 483

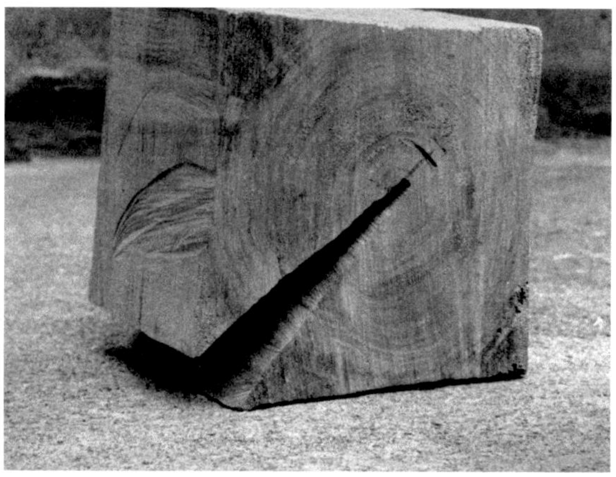

Schwundschnitt, um 2003, Pappel, Sammung Wachter, WVZ 484

WVZ 482 formuliert einen Block im Maßverhältnis 1:2 mit einer geschlossenen Front zum Kirchenraum hin. Die drei Einschnitte sind nur aus der Seitenansicht und von oben – also für den Zelebranten – sichtbar. Ein an der Unterseite gesetzter, zentral angelegter Schnitt über das Herz des Stammes hinaus lässt die Außenkanten des Altarblocks, dem Augsburger Beispiel vergleichbar, über dem Boden ‚schweben'. Dieses Prinzip wendet er auch in WVZ 483 und 487 an.

In WVZ 483, einem nahezu würfelförmigen Block, platziert er hingegen an der Oberseite einen um 90 Grad versetzten gegenläufigen Schwundschnitt zu dem maßgeblich formgebenden an der Unterseite.

Mit WVZ 487 verlässt Wachter das Prinzip des rechteckig angelegten Volksaltars, indem er einen Rhombus als äußere Form wählt. Der einzige Eingriff in den Block ist auch hier der zentral über das Herz hinausgehende Schwundschnitt an der Unterseite. In der Anlage als Rhomboid scheint die Werkgruppe ‚Omaggio a Piero' auf.

WVZ 484, ein würfelförmiger Block, steht dagegen auf seiner unangetastet gebliebenen Standfläche. Ein einziger Schnitt wird von einer unteren Ecke des Würfels über das Herz des Stammes hinausgeführt. Der Trocknungsprozess an dieser Stelle lässt die Jahresringe sich in höherem Maße zusammenziehen, so dass sich eine große, keilförmige Öffnung ergibt, die auch dazu führt, dass die ‚Platte' des Altartisches zur schiefen Ebene wird.

Die beiden Entwürfe für einen Ambo 485 und 486 unterscheiden sich lediglich in der Höhe. In beiden wird ein hochrechteckiger Quader oben so geschnitten, dass eine steile große und eine kurze Fläche derart aneinanderstoßen, dass sich eine Kante ergibt, die der Stütze der aufgelegten Bücher dienen kann. Ein einziger, zentral in der Vertikalen gesetzter Schwundschnitt bleibt zum Kirchenraum hin verborgen und bewirkt eine leichte Aufwölbung der Kanten.

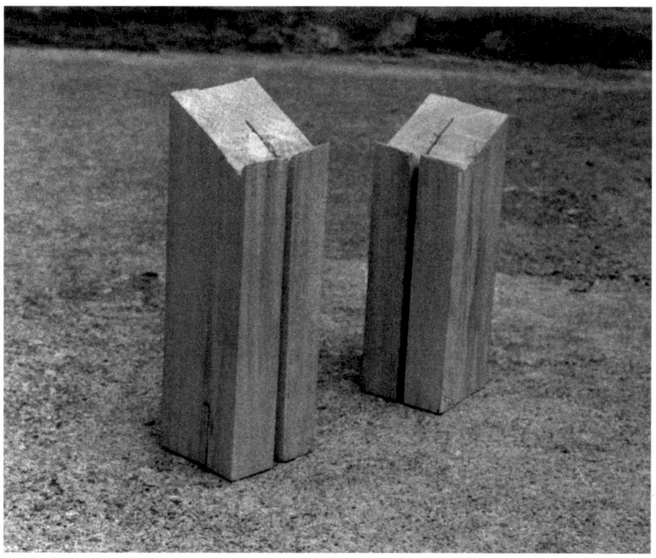

Schwundschnitt, um 2003, Pappel, Sammung Wachter, WVZ 485 (rechts)
Schwundschnitt, um 2003, Pappel, Sammung Wachter, WVZ 486 (links)

Wachters Vorschlag aus roh bearbeitetem Pappelholz setzt einen deutlichen Kontrapunkt zu der prächtigen, in starken Farben und Gold gefassten Ausstattung aus Barock und Klassizismus der Tegernseer Pfarrkirche. Der verschobene geometrische Körper des Volksaltars bewirkt darüber hinaus einen entschiedenen diagonalen Schub aus dem Chorraum in das Hauptschiff hinein und greift gleichzeitig die diagonalen Linien der Architektur auf.

Ein Gremium der Pfarrgemeinde und die Bau- und Kunstkommission des Erzbischöflichen Ordinariats entscheiden sich für den Entwurf Rudolf Wachters. Im Nachhinein intervenieren überstimmte Mitglieder der vierzehnköpfigen Jury direkt bei Kardinal Wetter, der daraufhin sein Veto einlegt.[422] Rudolf Wachter wird nahegelegt, seinen Entwurf zu überarbeiten, was er ablehnt.

Trotz vehementer Proteste von Bürgern und Presse beharrt das erzbischöfliche Ordinariat darauf, den vorher gefassten Beschluss der Jury nicht umzusetzen und verweist darauf, dass man Zweifel habe, dass ein derart „moderner" Altar „der Mehrheit der Gemeinde und den Gästen vermittelbar sei".[423]

„Soviel ich weiß, hatte man tatsächlich Angst davor, dass mein moderner Ansatz die Kirchenbesucher verärgern könnte, weil er angeblich nicht in den barocken Raum passte. Das ist genau der Punkt, den ich nicht verstehe, weil ich mir bewusst überlegt hatte, was man als Mensch von heute in diesen Raum hineinbauen kann. Die Idee, den Barock nachzumachen oder sich äußerlich anzupassen, wäre der denkbar größte Blödsinn gewesen. Also habe ich einen freien künstlerischen Entwurf sozusagen in den Barock hineingeboren. [...] Das war keine spinnerte Künstleridee, sondern der Versuch, dieser großartigen Umgebung durch einen zeitgenössischen Ausdruck gerecht zu werden."[424]

Rudolf Wachter, der als Katholik getauft und sozialisiert war, trifft die nachträglich durch die oberste Instanz der Erzdiözese getroffene Entscheidung gegen die Ausführung seines Siegerentwurfes tief.

„Außerdem glaube ich nicht, dass es in der Kirche prinzipiell nur thematisch gebundene Kunstwerke geben darf. Welchen Sinn sollte es heute noch haben, einen Heiligen realistisch darzustellen oder einen barocken Wolkenhimmel zu malen? Alles Religiöse ist zeichenhaft, weil es eine andere Wirklichkeit berührt. Der zeitgemäße Ausdruck ist dafür meines Erachtens die Abstraktion. Aber auch dort, wo die Kirche diesen Schritt tatsächlich wagt, bleibt sie halbherzig. Es gibt eine Menge dürftiger, postmoderner Sakralkunst, die aus dem Formenbaukasten der Moderne zusammengeschustert ist, ohne wirklich modern zu sein. Die meisten dieser Werke sind meines Erachtens deshalb so banal, weil sie nichts riskieren und ihre Hersteller die Aufgabe der Selbstfindung, die Aufgabe der Selbstbefreiung von Zwängen, nicht bewältigt haben."[425]

In dem Bemühen, ein Objekt der Andacht und (christlichen) Kontemplation abstrakt zu gestalten, ist Wachter dem Denken seines Kollegen und Freundes Rupprecht Geiger (1908–2009) verwandt, der etwa 1971 im Chor der katholischen Pfarrkirche Heilig Kreuz Ibbenbüren eine monumentale Wandmalerei in charakteristischem Pink in Form eines vertikal gestauchten Kreises realisierte.

Stationen

Mit dieser Benennung verweist Wachter – wie bereits erwähnt - ungewöhnlich konkret auf einen semantischen Zusammenhang, aber auch auf einen Rhythmus, auf die Zugehörigkeit zu einer Gruppe oder Serie. Evident ist auch die christliche Konnotation, die singulär im Gesamtwerk ist. Allerdings vermeidet Wachter jeden ikonographischen Bezug. Auch die Unterscheidung der Stationen durch die Nummerierung in römischen Ziffern entspricht dem Vorgehen im gesamten Werk und bildet keine Zyklen, die etwa (zwölf) Kreuzwegstationen assoziieren würden.

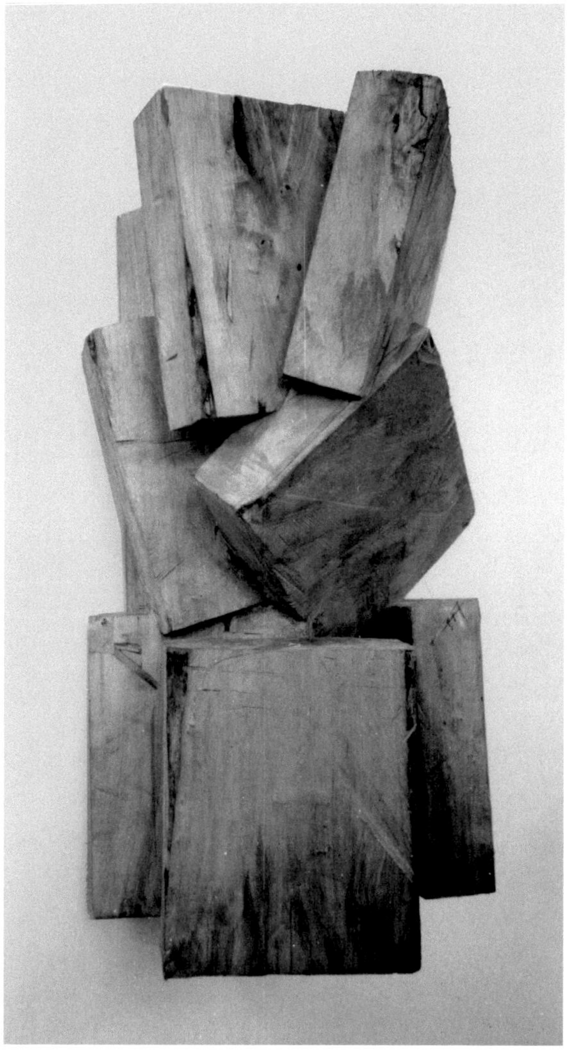

Station XII, 1998, Schwarzpappel, Kulturgemeinschaft Neukirch, Schlosskapelle Tettnang

Vorrangig sind die formalen Aspekte, was sich in St. Paul in München, dem Sitz des Kunstpastoral der Erzdiözese München und Freising zeigt.[426] Dort wird 2010 in der Ausstellung ‚Rudolf Wachter. Raumschnitte'[427] eine ganze Serie dieser großformatigen Reliefs im Chorraum gezeigt. Diese neogotische, in den 1950er Jahren purifizierte Kirche ist als Sitz des Kunstpastoral der Diözese immer wieder Ort fruchtbarer Auseinandersetzung der katholischen Kirche mit zeitgenössischer Kunst. Neben zahlreichen Werken aus anderen Serien und Werkgruppen wurden für die Ausstellung fünf ‚Stationen'[428] im Chorraum der Kirche installiert.

Es erwies sich, dass sich die vitale Kraft der Reliefs mit der spirituellen Aura des Raumes derart glücklich verband, dass ein Ankauf erfolgte und die Reliefs damit dauerhaft in unveränderter Inszenierung im Chor der Kirche verblieben.

Der Künstlerseelsorger Reiner Hepler spricht im Vorfeld der Ausstellung 2009 gemeinsam mit Dr. Ulrich Schäfert und Dr. Alexander Heisig vom Kunstreferat der Erzdiözese bei Wachter vor, um ihn für eine Ausstellung in St. Paul, München, zu gewinnen. Der Bildhauer, immer noch getroffen durch die Ablehnung des Tegernseer Siegerentwurfs, ist sofort bereit, seine Arbeiten dort zu zeigen. Rainer Hepler schreibt im Katalog zu dieser Ausstellung 2010: „Die Arbeiten von Rudolf Wachter im Kirchenraum entziehen sich der Katechisierung und Belehrung, sondern laden ein zur Öffnung und Kontemplation".[429]

In seinen ‚Überlegungen zu den Reliefs von Rudolf Wachter in der Münchner Kirche St. Paul' schreibt Andreas Kühne, dass sich „keine letztgültige rationale Erklärung" dafür finden lasse, warum jeder Versuch, Wachters „Skulpturen in stringente religiöse oder philosophische Aussagen zu übersetzen", zum Scheitern verurteilt sei.[430]

Die Reliefs in St. Paul werden, wie alle Werke Wachters, von der Form dominiert; sie bilden nichts ab im Sinne des alttestamentlichen Holzschnitzers, mit dem dieses Kapitel begonnen wurde. Sie erzählen damit auch keine Geschichte, wie es zahlreiche Werke der abendländischen Kunstgeschichte als ihren Daseinszweck definieren.

Wachter selbst schreibt dazu 2010:
„Die philosophische Parallele zu meiner Arbeit ist vorhanden. Eigentlich ist die Philosophie dem Bilddenken voraus, und über die Philosophie kommt man zu diesem Bilddenken oder über religiöse Auffassung.

Relief möchte ich auch hängen. Das ist sakraler Raum, diese Bildräumlichkeit wirkt sakral. Das ist es, was eigentlich die Alten ausmacht. Nicht der Gegenstand ist es. Man sieht immer nur das Gegenständliche und die Geschichte und die Heilsgeschichte oder irgendetwas. Aber dass eine Kirche sakral wird, geschieht nicht durch die Erzählung von Geschichte, sondern durch die Bildräumlichkeit."[431]

Die dauerhafte Installation der Reliefs im Chor von St. Paul ist für Rudolf Wachter, der wenig später stirbt, eine große persönliche Freude und Bestätigung. Für ihn ist die Frage nach künstlerischen Formen des Sakralen unmittelbar verknüpft mit gesellschaftlichen, letztlich auch ethischen Fragen. Er kritisiert zeitlebens die katholische Kirche wegen ihrer von ihm so wahrgenommenen Ablehnung des freien, selbstbestimmten Individuums.

„Ich denke schon, dass hinter der Ablehnung moderner Kunst im Endeffekt die Ablehnung des völlig freien Menschen steht. Die Kunst ist dabei nur das sichtbare Ärgernis und nicht das eigentliche Problem.

Denn letztlich geht es um ein gesellschaftliches Anliegen. Es geht um die Angst vor der Freiheit des Individuums. Damit kommt die Kirche nicht zurecht und genau damit verpasst sie eine große Chance. Sie könnte die Menschen zu einer wirklich kreativen Freiheit führen. Derzeit sehe ich jedoch keine Anzeichen dafür, dass die Kirche diese Chance wahrnehmen will."[432]

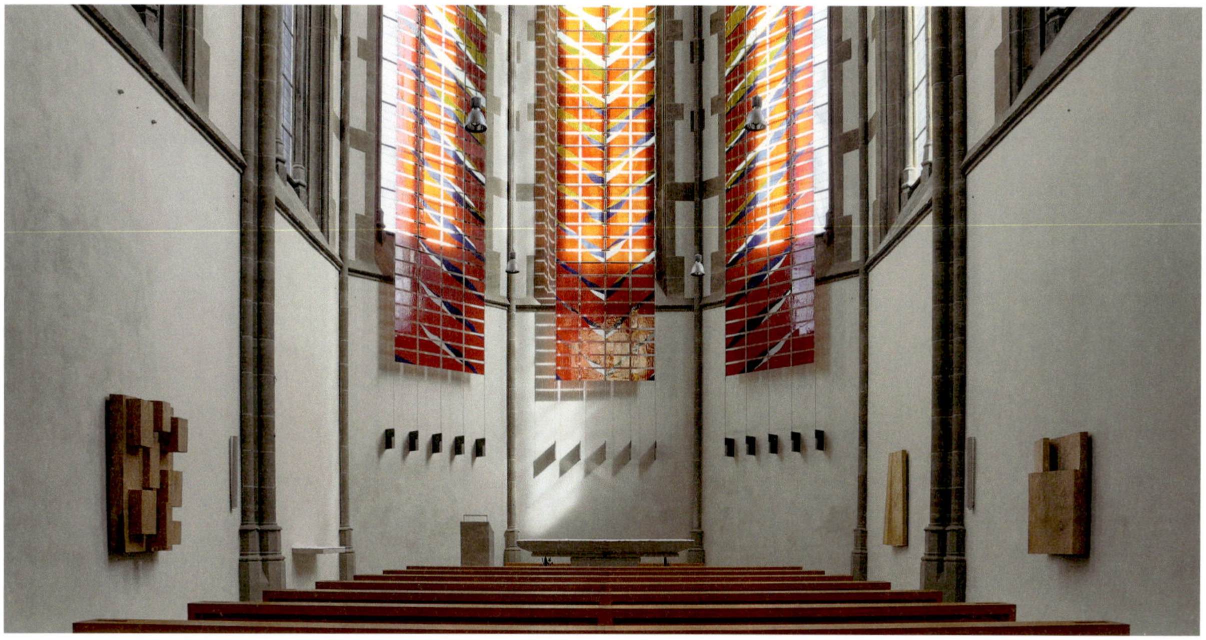

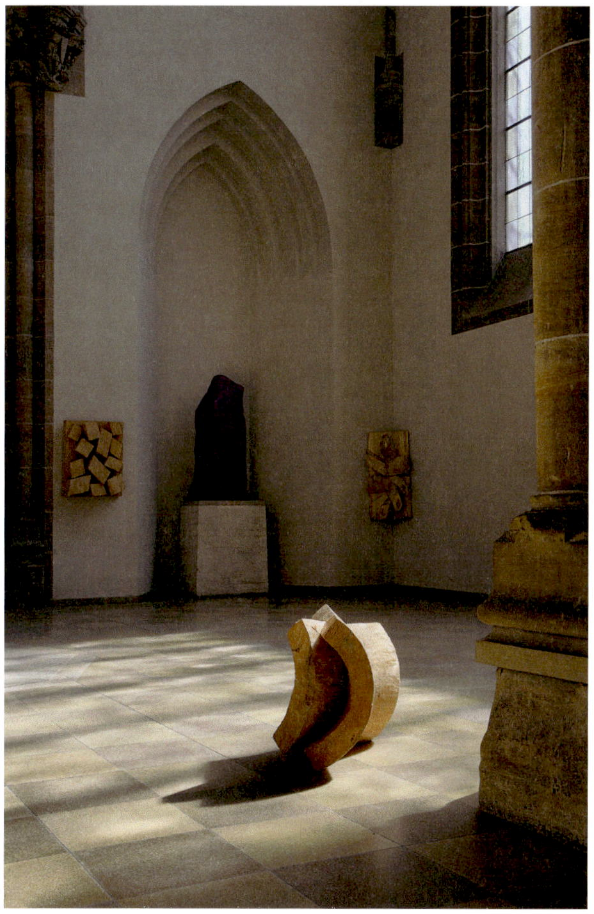

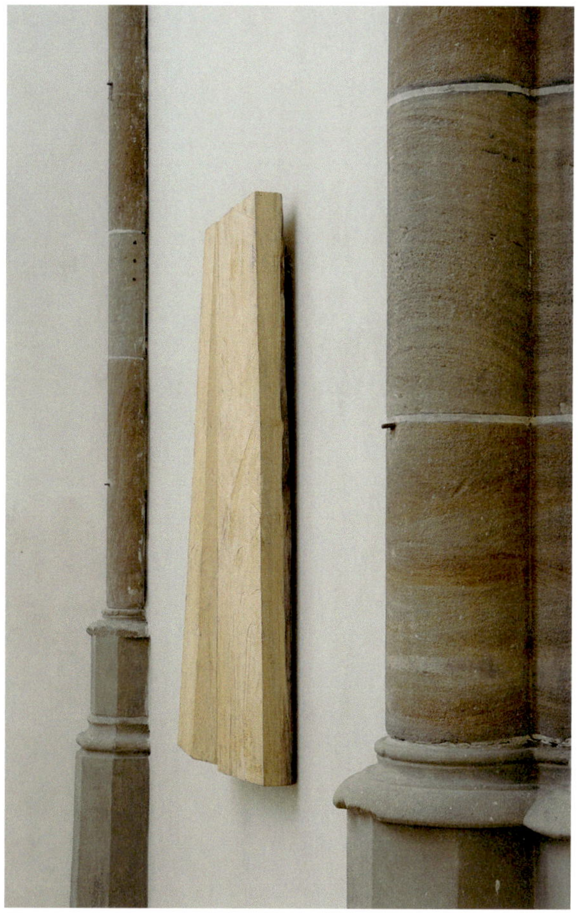

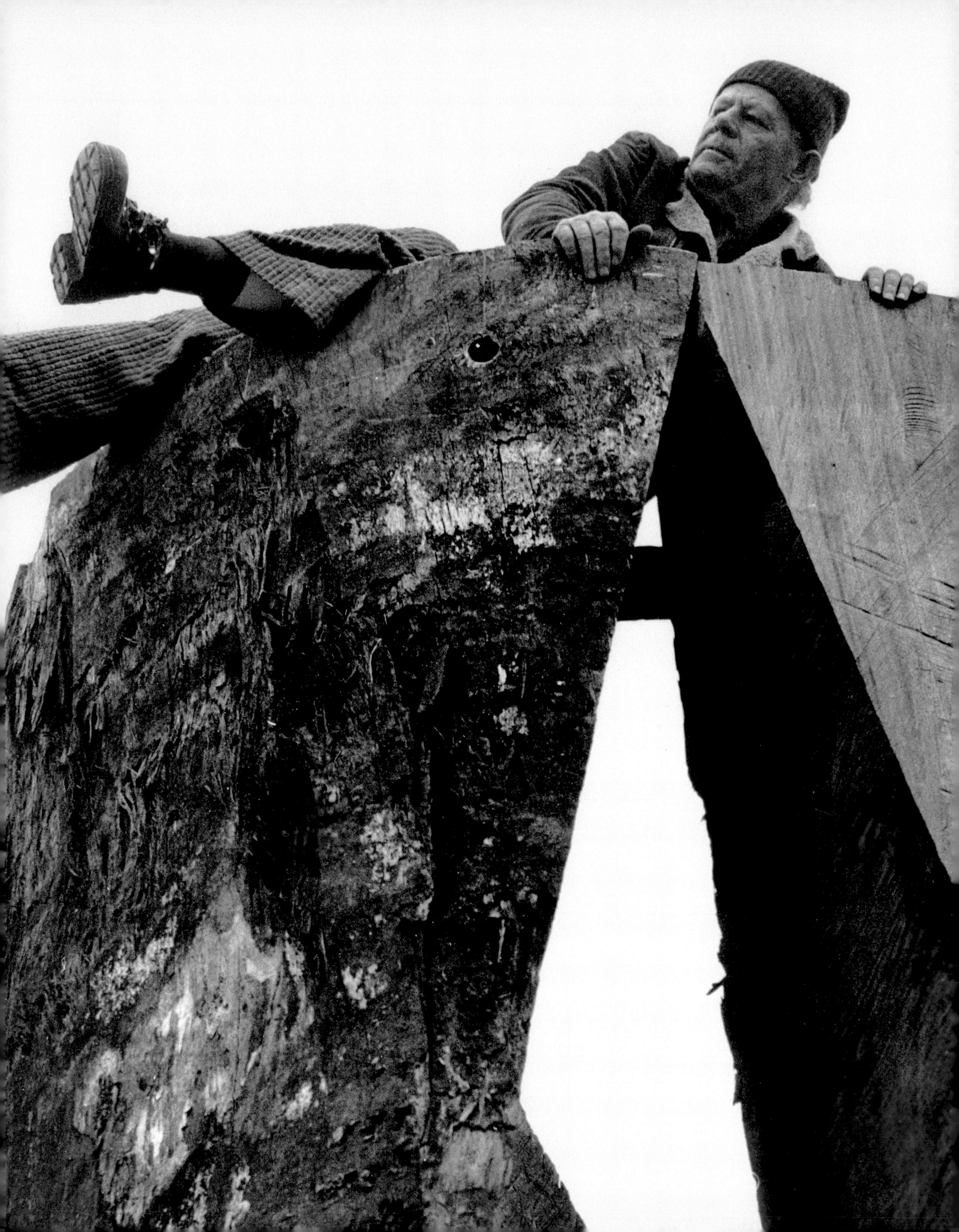

Arbeiten im öffentlichen Raum

Gottfried Knapp schreibt am 21. Juni 2011 in seinem Nachruf auf den verstorbenen Rudolf Wachter in der Süddeutschen Zeitung:

„Die ursprünglichste Art, mit real Gewachsenem bildhauerisch umzugehen, waren seine Aufstellungen gewaltiger, vor Zerstückelung und Vermarktung bewahrter tropischer Baumstämme auf offenen Plätzen. Die [...] Segmente, die auf ihren Schnittflächen die Ungeheuerlichkeit von bis zu 500 erkennbaren Jahresringen zeigten, postierte er [...] so, [...], dass sich fast ständig Gruppen von Staunenden und Diskutierenden versammelten."[433]

In diesen Zeilen bezieht sich Knapp auf eine entscheidende Qualität der monumentalen Holzskulpturen des Bildhauers im öffentlichen Raum: Ihre unübersehbare dominante Präsenz bedeutet zugleich die Präsenz der Natur und des

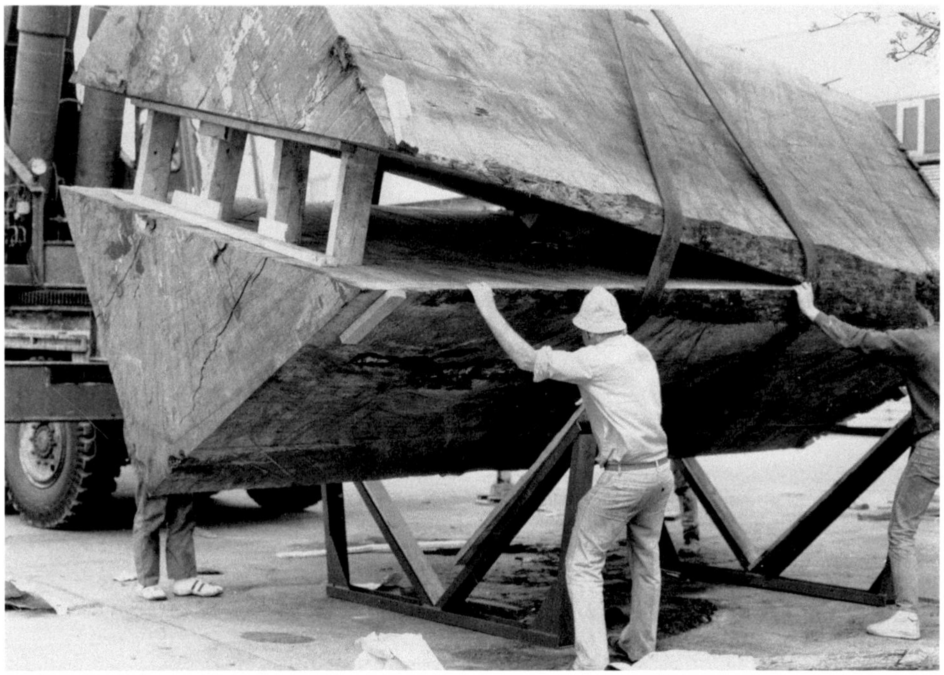

Rudolf Wachter an der Arbeit an einer Großskulptur im öffentlichen Raum, 1980er Jahre

Rudolf Wachter beim Aufbau des ‚Großen Makorée' (WVZ 93), 1984

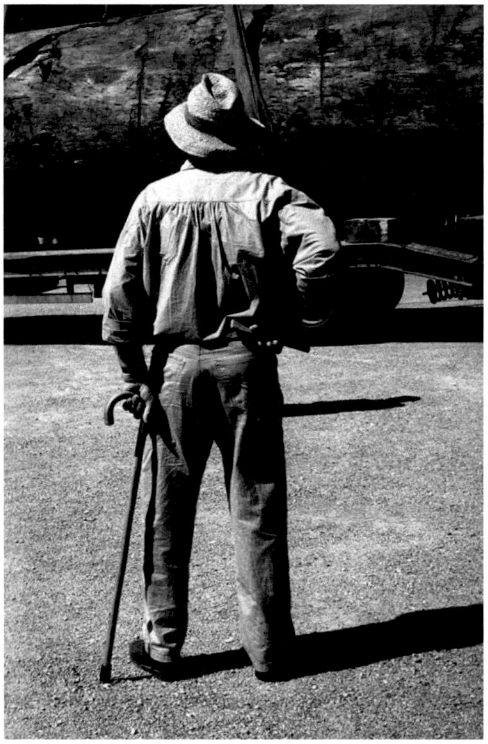

Rudolf Wachter bei der Ankunft eines monumentalen Tropenstammes, o.J.

Diskurses darüber im urbanen Raum. Damit hat Wachter seit den 1970er Jahren eine markante Position als Künstler in der Gesellschaft bezogen.

Die Beziehung der Kunst zur Gesellschaft hat sich im Laufe des sozialen, politischen und ökonomischen Wandels in der Geschichte ebenso grundlegend verändert wie die Stellung des Künstlers in ihr. Auch die Erwartungen der Gesellschaft an die Kunst, ihre Rolle und ihre Aufgaben unterliegen einem fortwährenden Transformationsprozess. Gosztonyi konstatiert, dass dennoch ein grundsätzliches, gleichbleibendes Moment in den künstlerischen Äußerungen existiere, das allein für den Rezipienten bestimmt sei: Gosztonyi bezeichnet es als das Öffentliche der Kunst. Hier manifestiert sich in der künstlerischen Arbeit, was der Philosoph Harald Lassen die „seinsmäßige Polarität" nennt, nämlich: „Der Mensch - das Ich - hat eine ursprüngliche Beziehung zur Welt als ein räumliches Gegenüber, das ihm, dem unräumlichen Subjekt, diametral entgegengesetzt ist."[434]

Wieland Schmied konstatiert in diesem Zusammenhang eine unauflösliche gegenseitige Abhängigkeit, wenn er schreibt, dass „Kunst ohne Öffentlichkeit nicht denkbar ist", es aber Öffentlichkeit ohne Kunst nicht gebe und nie gegeben habe.[435]

Die Rolle von Stamm und Baum im öffentlichen urbanen Raum hat eine lange Tradition: „Wo man baut, pflanzt man Bäume", schreibt Le Corbusier 1927, einen alten türkischen Spruch zitierend.[436] In der Siedlung bekommt der Baum durch das Zusammenspiel mit der Architektur eine zusätzliche ästhetische Bedeutung. Als platz- und raumbildendes Element kann der Baum Maßstab und Wirkung eines Gebäudes, einer Straße oder eines Platzes entscheidend mitbestimmen und verändern.[437]

Im Mittelalter stehen – abgesehen von Friedhöfen – lediglich auf Kirch- und Marktplätzen Bäume. Dabei handelt es sich in der Regel um Einzelbäume, die als Hoheits- und Wahrzeichen dienen.[438] Erst zu Beginn des 19. Jahrhunderts werden in den Städten in größerem Umfang Bäume in die Stadt gepflanzt. 1965 beginnt in allen Großstädten der Welt ungefähr zur gleichen Zeit ein „Stadtbaum-Sterben".[439]

Wachter holt mit seinen Kunstwerken den Baum im Kern seiner materiellen Erscheinung zurück in den urbanen Raum.

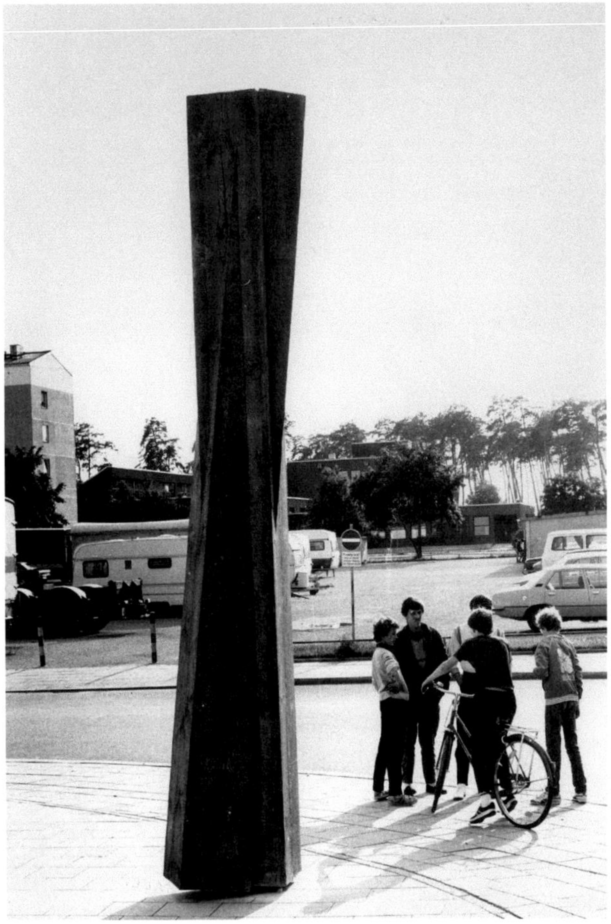

Durchdringung zweier Balken, 1970, Fichte, Jugendzentrum Hasenbergl München, zerstört, WVZ 6

Die ‚Durchdringung zweier Balken' von 1970 aus druckimprägnierter Fichte[440] ist die erste Holzskulptur Wachters, die im öffentlichen Raum aufgestellt wird. Sie ist – im Unterschied zu den späteren monoxylen großen Hölzern – konstruktiv aufgebaut: Durch präzise Tangentialschnitte wird die kubische Grundform zweier Balken in der Vertikalen geöffnet. In einem zweiten, additiven Schritt werden diese Teile so zusammengesetzt, dass der Eindruck entsteht, die beiden Balken würden einander durchdringen.

Die Arbeit an ganzen Stämmen markiert zeitlich den Beginn der intensiven Beschäftigung mit dem Material Holz – oder besser: die Rückkehr zu diesem. Erste Versuche von jeweils 3,75 Meter hohen ‚Stammskulpturen'[441] umkreisen in unterschiedlicher Weise Öffnungen und Rhythmisierungen der entrindeten, druckimprägnierten Fichtenstämme.

Wesentlich für die Weiterentwicklung der Stammskulpturen im öffentlichen Raum ist eine Reihe von Symposien mit dem Titel ‚Holz + Kunst', die sich in Freiburg von 1977, 1979 und 1983 ausschließlich dem Material Holz für Kunstwerke im öffentlichen Raum widmen.[442] Dort entsteht 1977 für das Parkgelände des Thermalbades St. Georgen Wachters[443] bis dato größte Arbeit, die ‚Aposynthese I',[444] für die er den Stamm einer 104 Jahre alten Weißfichte[445] mit einer Länge von 17 Metern und einem Durchmesser von 80 Zentimetern in einem ersten Schritt zunächst gleichmäßig in einzelne Stammabschnitte unterteilt. Diese Einzelsegmente werden wiederum in einem steilen Schrägschnitt geschnitten und am Ende gegenläufig zu einer Bodenskulptur ausgelegt.[446]

Der Titel ‚Aposynthese' (apo = los von, syn = hin zu, these = Bestand) verweist in den Widersprüchen seiner Bestandteile auf diesen Prozess des Trennens und erneuten Zusammenfügens - allerdings in einem neuen formalen Zusammenhang. Wachter selbst schreibt dazu: „Der gefällte Stamm wird befreit von seiner ihm unweigerlich aufgezwängten Verwertung [...]. Existenzwechsel durch

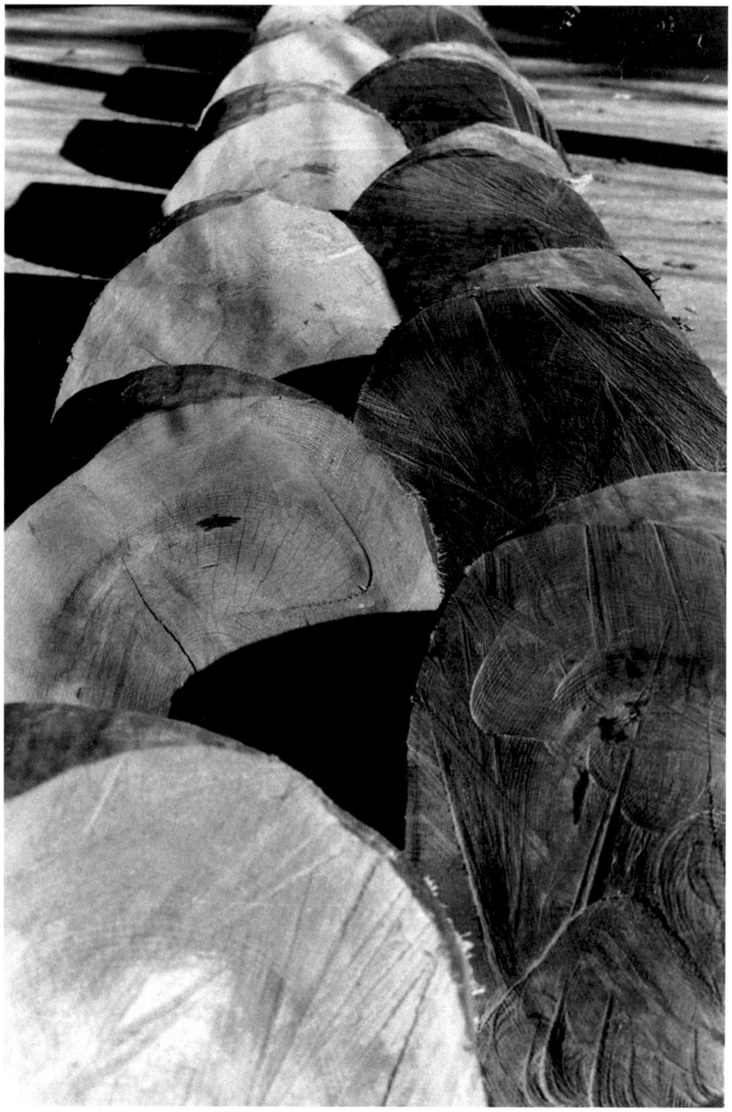

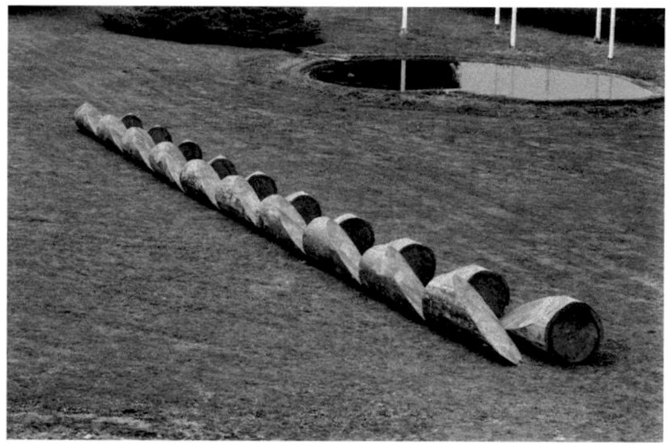

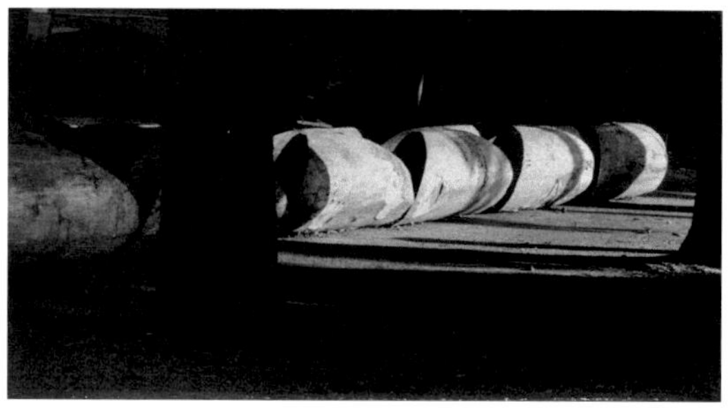

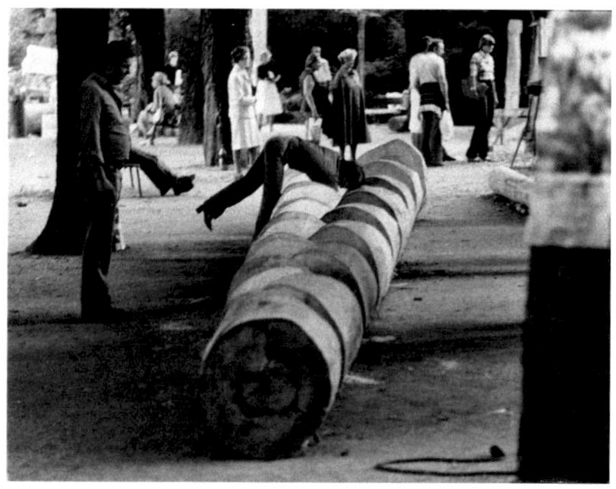

 Aposynthese I, 1977, Fichte, hier beim Symposion in Freiburg, 1977, WVZ 17

Eindringen des Negativraumes. – Das Auseinanderklaffen des Stammes lässt zwei neue Achsen entstehen, wobei die Grundachse als imaginäre erkennbar bleibt. Die beim Schrägschnitt entstehenden Teile verstärken durch Übergreifen die Zusammengehörigkeit sowohl der Länge als auch der Breite nach. Die Maßeinteilung wird bestimmt von der jeweiligen Stärke des Stammes. Naturobjekt und Arbeitsprozess bleiben sichtbar."[447]

Dieses ist eines der wenigen Werke, für die sich Entwurfszeichnungen erhalten haben.

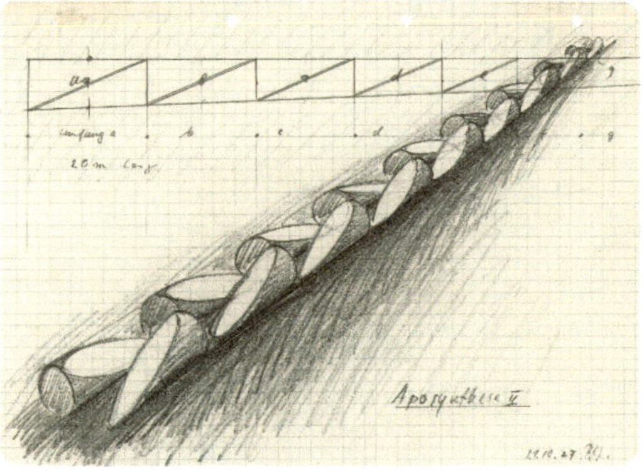

Entwurfszeichnung für Aposynthese I, um 1977, Verbleib unbekannt (Foto: Rudolf Wachter)

In der im folgenden Jahr 1978 entstehenden ‚Aposynthese II'[448] modifiziert Wachter die für die ‚Aposynthese I' entwickelte Methode, indem er sich enger an der Struktur des Stammes orientiert: Die Skulptur besteht aus einem ganzen Fichtenstamm, der zunächst gleichmäßig in einzelne Stammabschnitte unterteilt wird. Die Einzelsegmente des Stammes, die er final in steilem Schrägschnitt durchtrennt, sind in ihrer Größe unterschiedlich. Der Durchmesser des Stammes bestimmt das Intervall des Schnittes, was bedeutet, dass sich mit der Verjüngung des Stammes auch diese Intervalle verkürzen. Die beiden so für jeden Stammabschnitt entstehenden Elemente rollen im Zuge des Schnittes infolge des „asymmetrischen Schwerpunktes zu ihrer Auflagenlinie"[449] jeweils gegengleich nach außen, wodurch sich der Stamm über seine gesamte Länge kontinuierlich ‚auffaltet'. Die Schnitte setzen also eine Eigentätigkeit der Materie frei.[450]

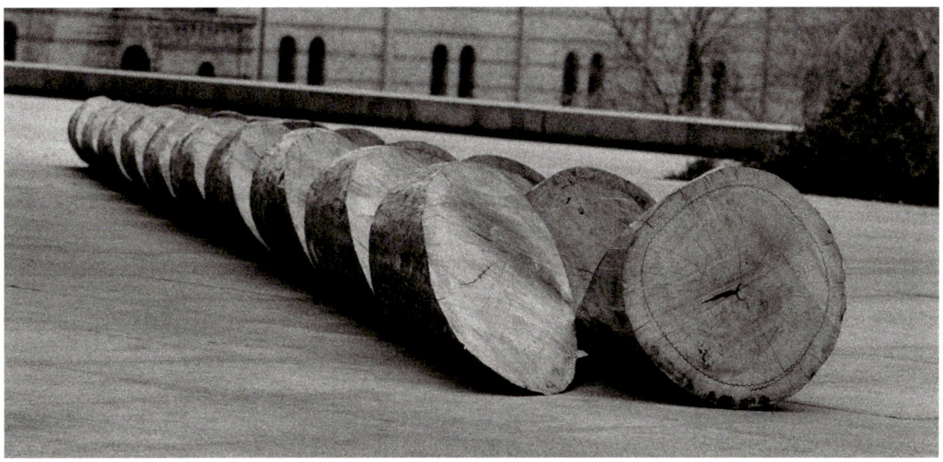

Aposynthese II, 1978, Fichte, WVZ 24.

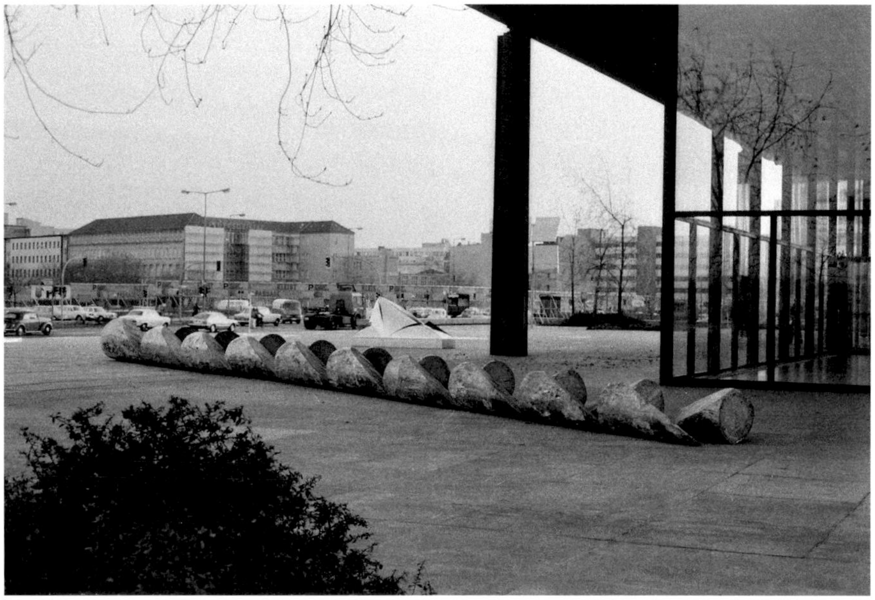

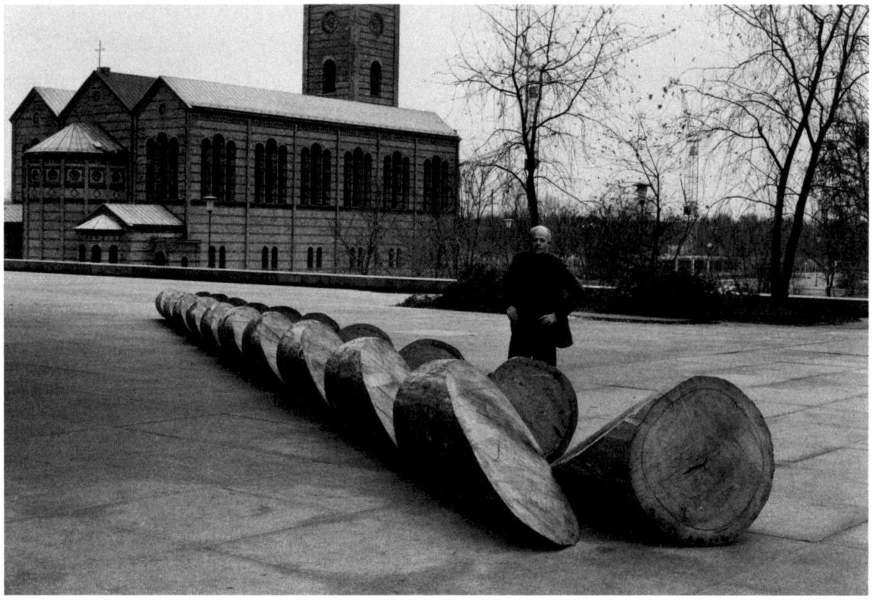

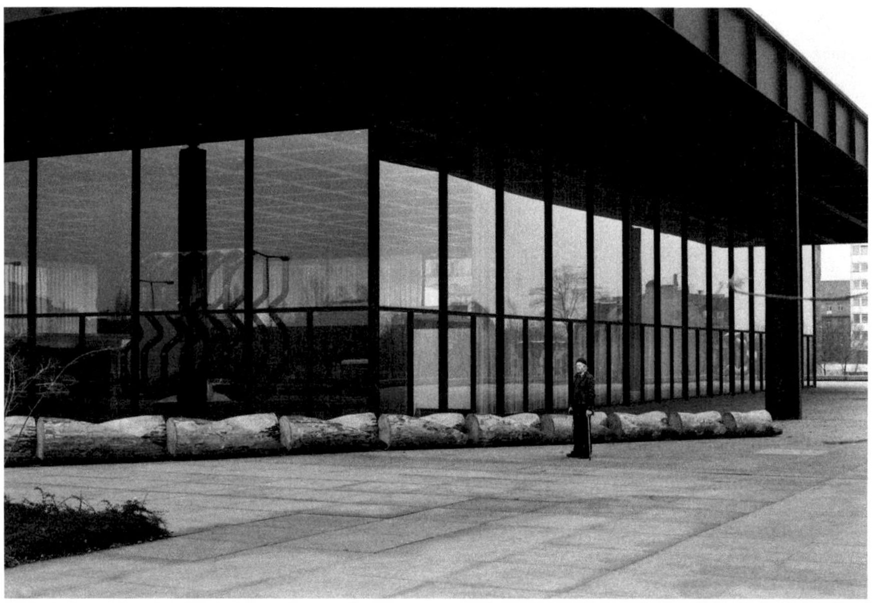

Aposynthese II, 1978, Fichte, WVZ 24. Die Fotos zeigen die Skulptur in einer Ausstellung des Deutschen Künstlerbundes 1978 vor der Nationalgalerie Berlin.

Bereits bei dem ersten Freiburger Symposion 1977 beginnt man, nicht nur den ursprünglich vorgesehenen Abschnitt des Colombiparks mit teils temporären Inszenierungen zu bespielen. 1979, beim zweiten Symposion ‚Holz + Kunst', entschließt man sich, noch weiter in den Stadtraum auszugreifen und „neue Plätze für eine künstlerische Auseinandersetzung zu erschließen". Man bezeichnet diese Expansion als „konsequent, da die schrittweise Erschließung der öffentlichen Räume ein seit Jahren verfolgtes Ziel" sei.[451]

Aus diesem Grund errichtet Wachter bei diesem zweiten Symposion das zwölf Meter hohe ‚Langohr'[452] aus Fichtenholz auf dem Universitätsgelände der Stadt.[453]

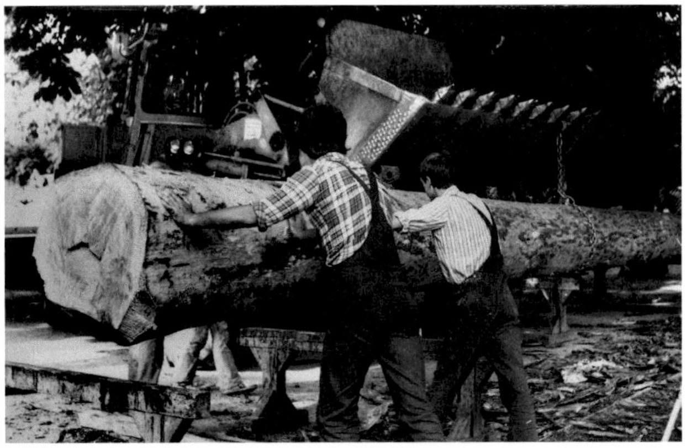

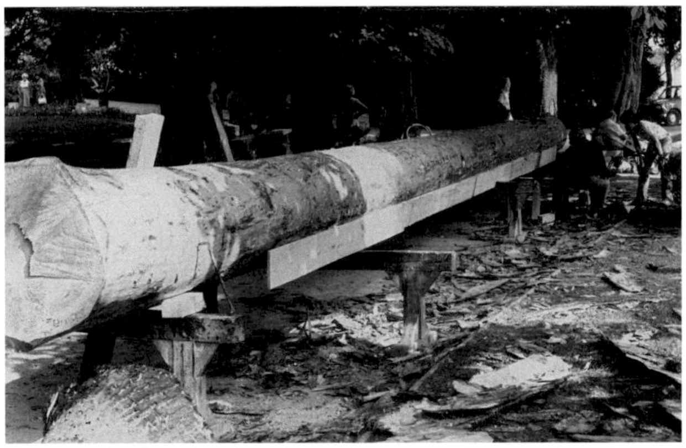

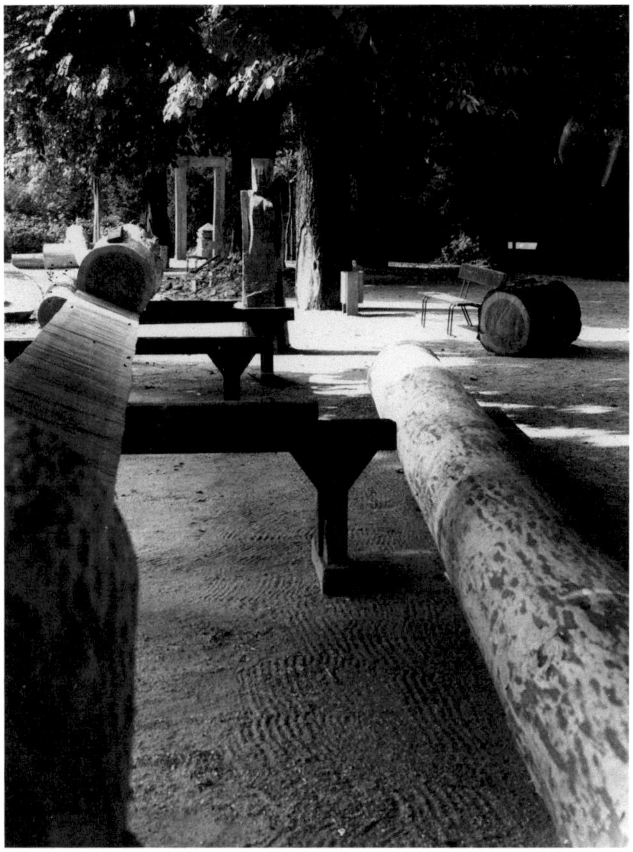

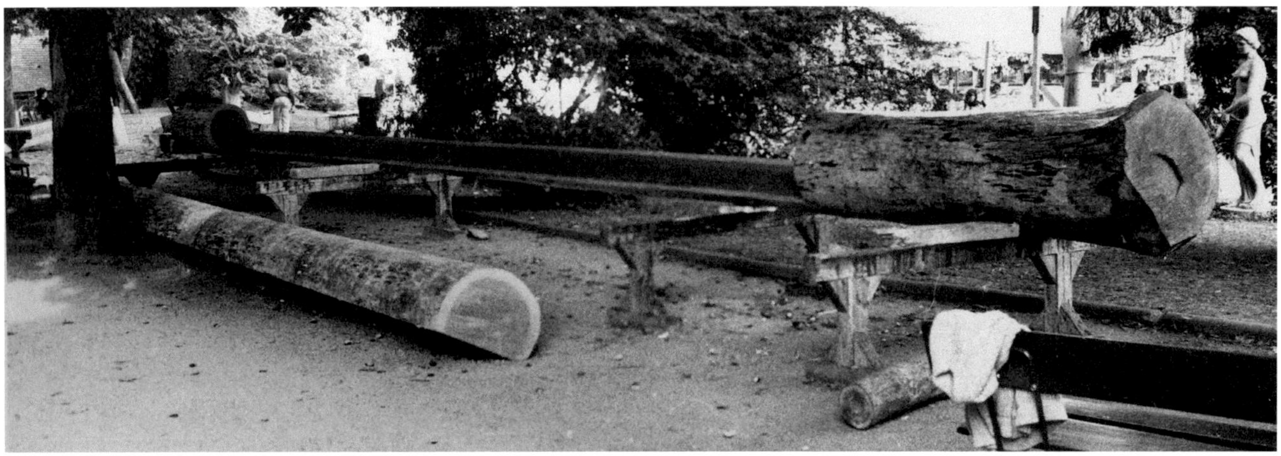

Rudolf Wachter 1979 während des Symposions in Freiburg mit seinem Stamm für das ‚Langohr' (WVZ 25) von der Lieferung bis zur Aufstellung.

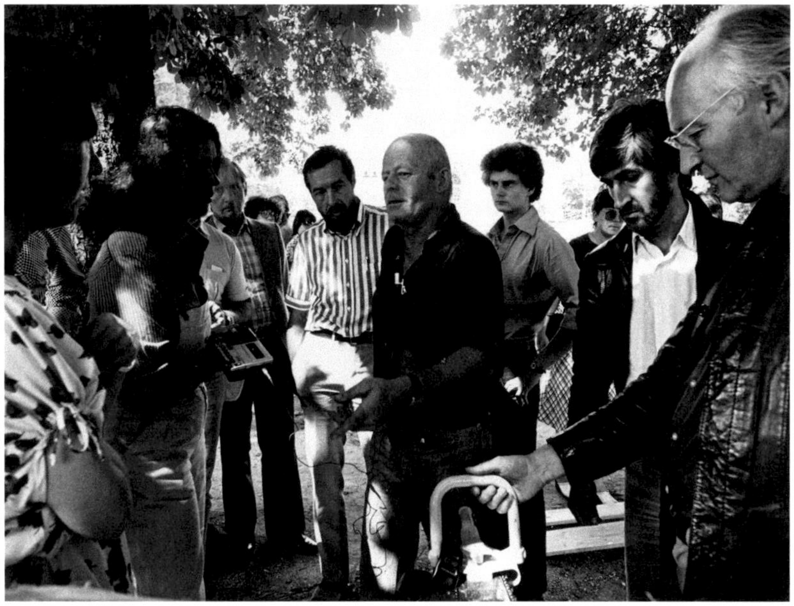

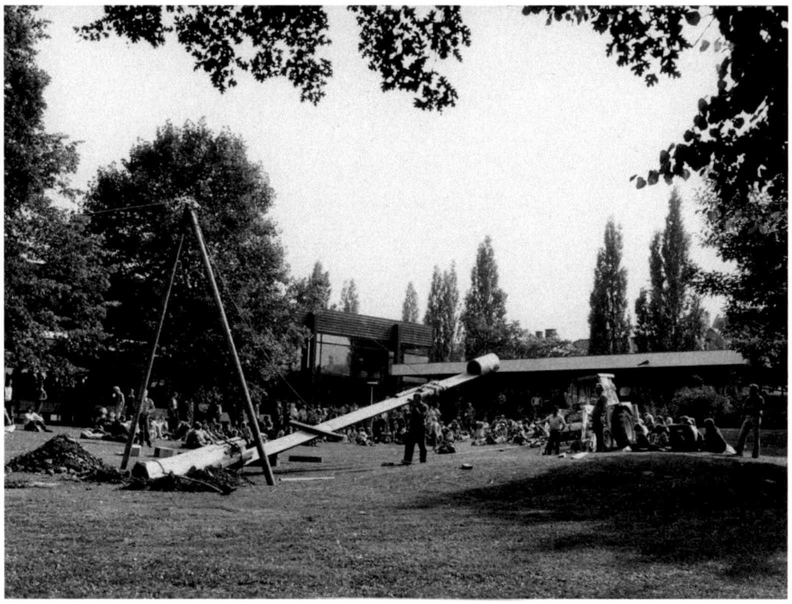

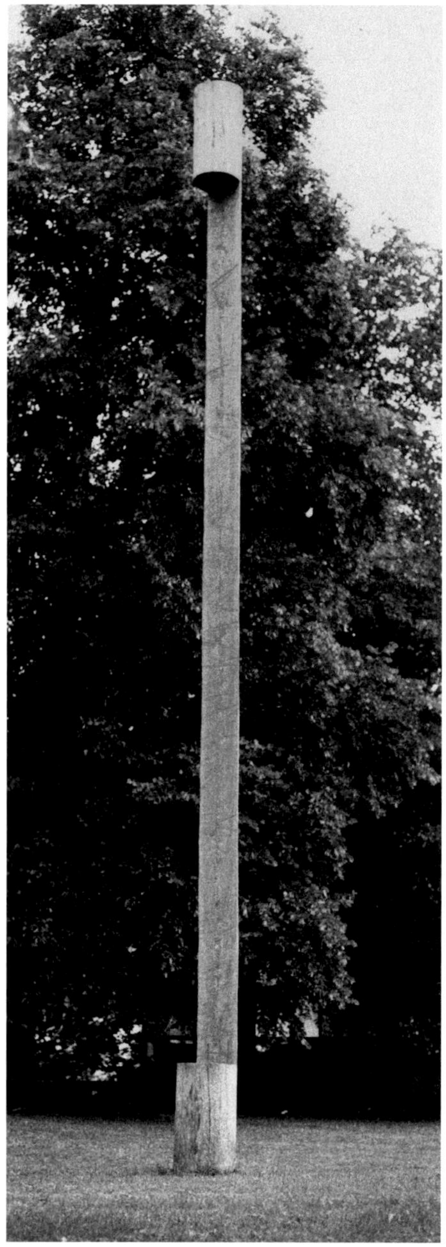

Rudolf Wachter 1979 während des Symposions in Freiburg mit seinem Stamm für das ‚Langohr' (WVZ 25) von der Lieferung bis zur Aufstellung.

Die Großskulptur zitiert die untereinander verfeindeten Gruppen der ‚Langohren' und ‚Kurzohren', die auf den Osterinseln lebten. Der ‚Langohr' steht mit seiner enormen Höhe von elf Metern wie ein Wächter auf der Wiese der Hochallee vor der Mensa I. Der umgebende Raum soll in den ausgehöhlten Stamm wie der Schall in eine Ohrmuschel eindringen. Im direkten Wortsinn einer ‚Entmaterialisierung' soll dem Stamm seine Hauptmasse bis an die Grenze des materiell Möglichen entzogen werden.

Über eine Länge von etwa zehn Metern nimmt der Bildhauer dem Stamm den überwiegenden Teil seines Stammvolumens. Nur die beiden Enden des Stammes, die Basis und Spitze markieren, bleiben in ihrer vollständigen Materialität erhalten.

In einem kurzen programmatischen Text ‚Philosophie des Materials' reflektiert der Bildhauer über seine Methode: „Einen Baumstamm soweit seiner Hauptmasse berauben, dass er noch erkennbar bleibt. An die Grenzen des formal und technisch Möglichen gehen. Diese ‚Entmaterialisierung' führt sogar zur Materialisation. Eine bestimmte Form ergibt einen bestimmten Ausdruck. Es entsteht eine Figur. Erinnerung an Bekanntes drängt sich auf. – ‚Langohr' hieß der eine Teil der Osterinselbewohner. Sie erlagen im Kampf mit den ‚Kurzohren'. Den Langohren sei dies Denkmal gesetzt."[454]

Die beiden einander eng verwandten Skulpturen ‚Diagonalschnitt I' von 1977[455] und ‚Diagonalschnitt II'[456] für den Park in München/Fröttmaning markieren einen weiteren wichtigen Entwicklungsschritt: „Einen Baum diagonal durchzusägen und die Schnittfläche mit einem Zwischenraum senkrecht zu stellen, so dass das Negativ senkrecht ist und der Baum schräg durch das Negativ verläuft, das hat für mich einen unheimlich statischen Wert und formalen Wert. Das sind Grundbegriffe der Bildhauerei, der Architektur, der Statik überhaupt. Eine Diagonale kann die ganze Form durcheinanderbringen. Unser ganzes

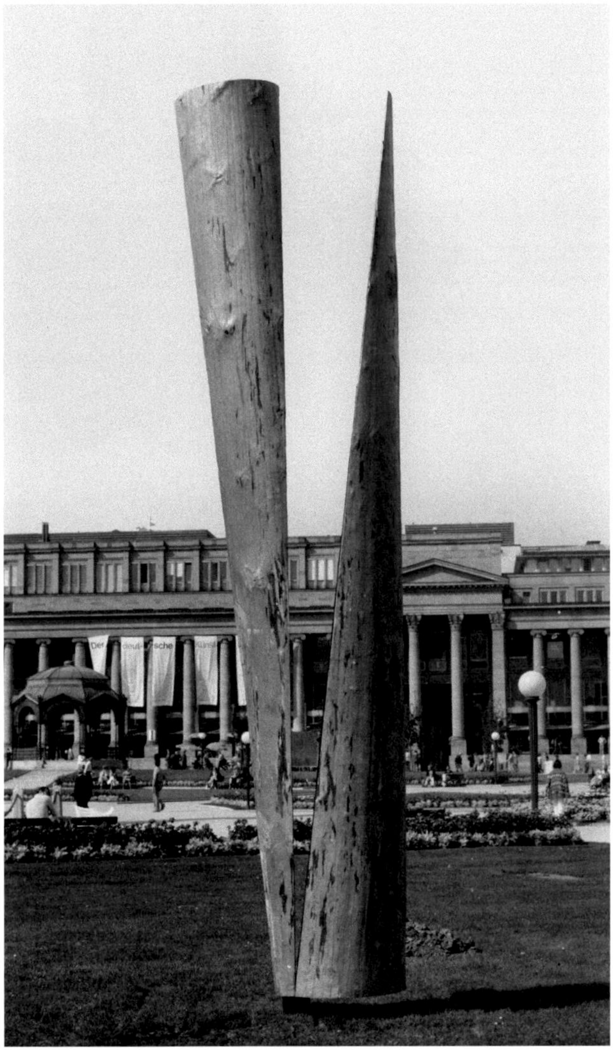

Diagonalschnitt !, 1977, Fichte, Verrottet, WVZ 19

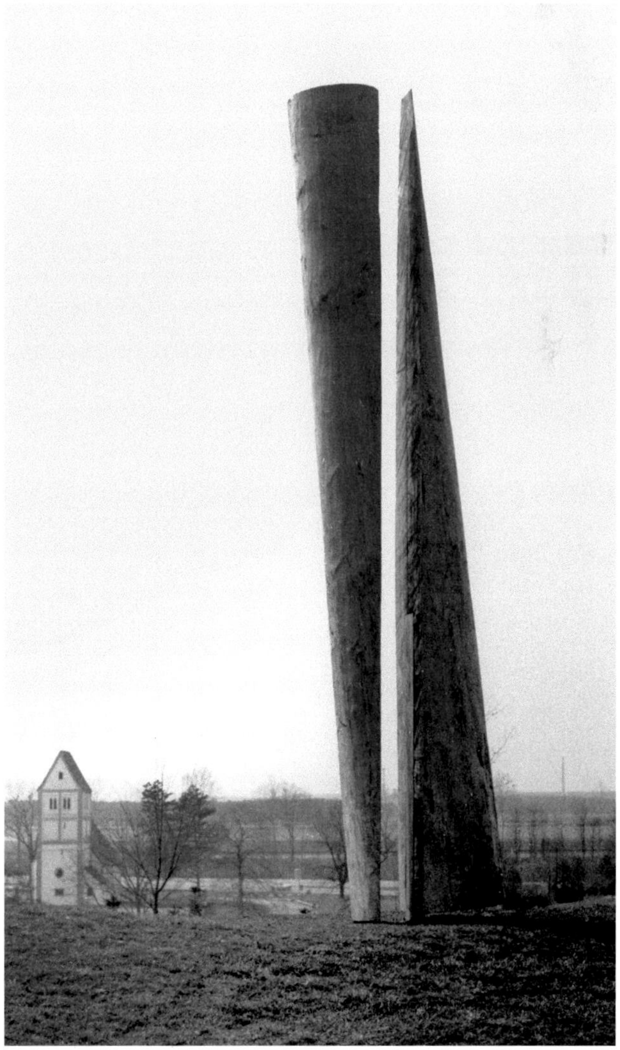

Diagonalschnitt !I, 1977, Fichte, Verrottet, WVZ 20

statisches Gefühl kommt dadurch in Bewegung, wenn die Diagonale auf einmal senkrecht wird, die Massen nach links und rechts in der Diagonale aufgehängt sind. Das ist ein tolles Erlebnis. Es gibt ja kaum einen Baum, der senkrecht steht. Der schafft sich immer ein Gegengewicht. Das beobachtet man in der Natur. Ich mache dann abstrakt das, was die Natur einem dauernd vormacht".[457]

In diesen frühen Großskulpturen entwickelt Wachter die für ihn charakteristische Arbeitsweise, bei der die Stammoberfläche teilweise erhalten bleibt.[458] Auch die Struktur der Skulpturen ist entscheidend bestimmt durch den Stamm, in den mit wenigen gezielten Schnitten eingegriffen wird – dessen ursprüngliche materielle Erscheinung aber immer nachvollziehbar bleibt.

Ein anderes Prinzip der Gestaltung vor allem in den 1980er Jahren sind Verbindungen verschiedener Stämme, bei denen diese, zu stereometrischen Balkenformen geschnitten, miteinander verkeilt und verbunden werden. Dies an das architektonische – bzw. aus dem Zimmereihandwerk kommende – Fachwerk erinnernde Konstruktionsprinzip weist zurück auf die Kenntnisse, die sich der Bildhauer als Kind und Jugendlicher erworben – oder besser: die er verinnerlicht hatte. Ein frühes Beispiel ist der ‚Fachwerkknoten',[459] der während eines Symposions in Brockdorf entsteht.

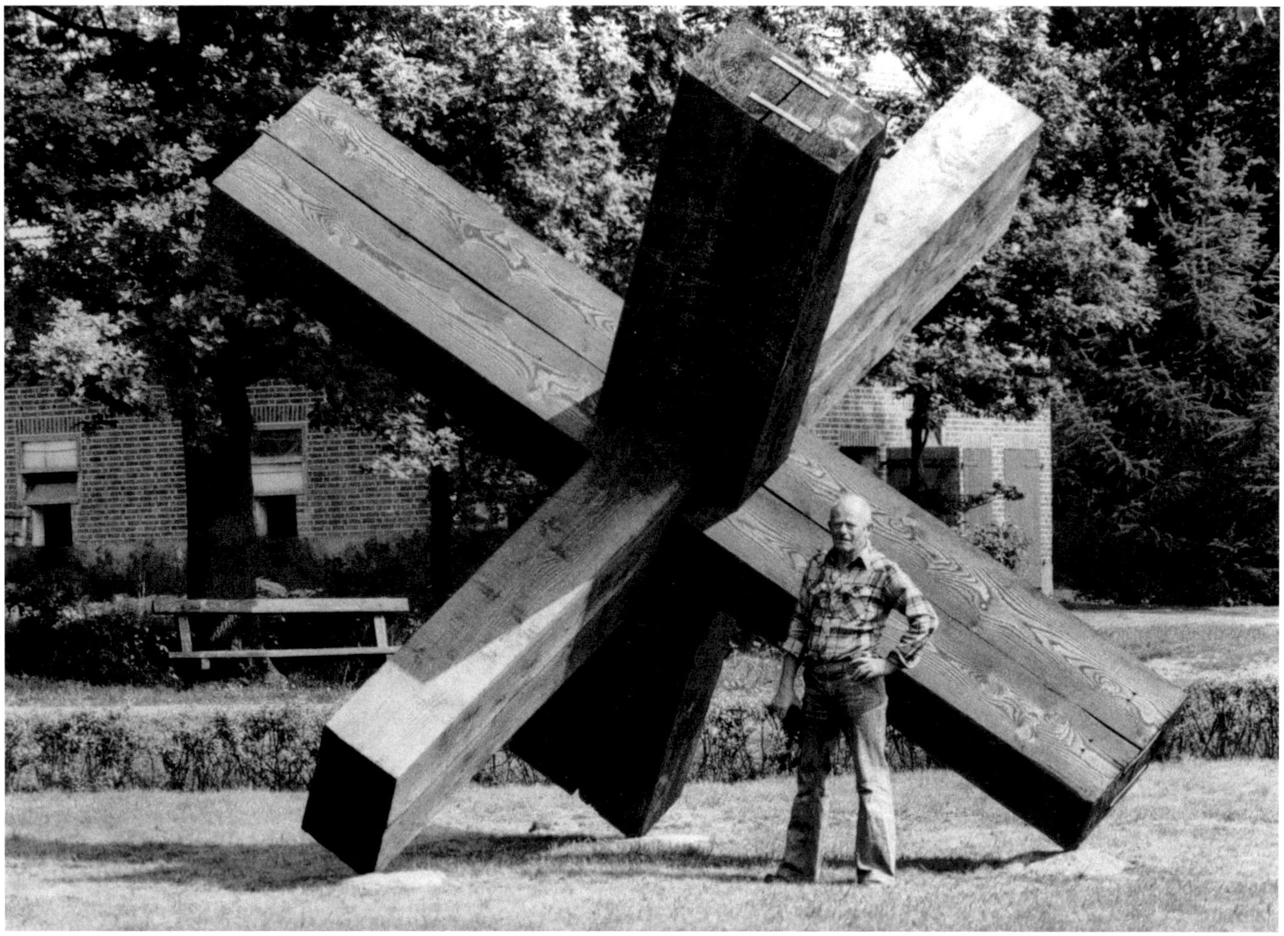

 Rudolf Wachter vor seinem ‚Fachwerkknoten', WVZ 21, Brockdorf, 1978

Die Erkenntnis, dass Holz als Werkstoff unterschiedliche ‚Verfallsdaten' hat, muss Wachter in den 1980er und 1990er Jahren in der Beobachtung seiner frühen Holzskulpturen erfahren, deren allzu rasch voranschreitender Verfall den Bildhauer beschäftigt und trifft. Das Arbeiten in heimischen Hölzern wie Fichte, Weißtanne und Eiche führt meist zum Verrotten der Großskulpturen im öffentlichen Raum.

Die spezifischen Materialeigenschaften der unterschiedlichen Hölzer sind gerade bei Aufstellungen im Außenraum wesentlich. Ungeschützt im Freien stehendes Holz wird unter aeroben Bedingungen durch Insekten, Pilze, Bakterien und chemische Prozesse zerstört.[460] Die ‚Aposynthese II'[461] teilt das Schicksal der ersten Holzskulptur Wachters, die im öffentlichen Raum Aufstellung findet: Die ‚Durchdringung zweier Balken'[462] von 1970 aus druckimprägnierter Fichte stand noch bei der Bestandsaufnahme der Kunst im öffentlichen Raum 2000 stark verwittert vor dem Jugendzentrum am Hasenbergl in München.[463] 2010, bei der Bestandsaufnahme der Holzskulpturen Wachters für dieses Werkverzeichnis, war die Arbeit spurlos verschwunden. Recherchen ergaben, dass sie für Pflasterarbeiten abgebaut und dann mit dem Bauholz entsorgt worden war. Auch die ‚Stammskulptur',[464] der ‚Doppelkeil mit doppeltem Schwundschnitt'[465] und der ‚Diagonalschnitt I' von 1977[466] im Park Fröttmaning teilen dieses Schicksal, während der ‚Diagonalschnitt II'[467] auf dem gleichen Gelände stark verwittert, aber nicht zerstört ist.

Daher verwendet Wachter für im Freien aufgestellte Werke später resistentere Hölzer: Djibuti Kambala, Mahagoniarten, Gabun, Douglasie. Deren Stämme erreichen im Vergleich zu ihren europäischen Verwandten monumentale Ausmaße.

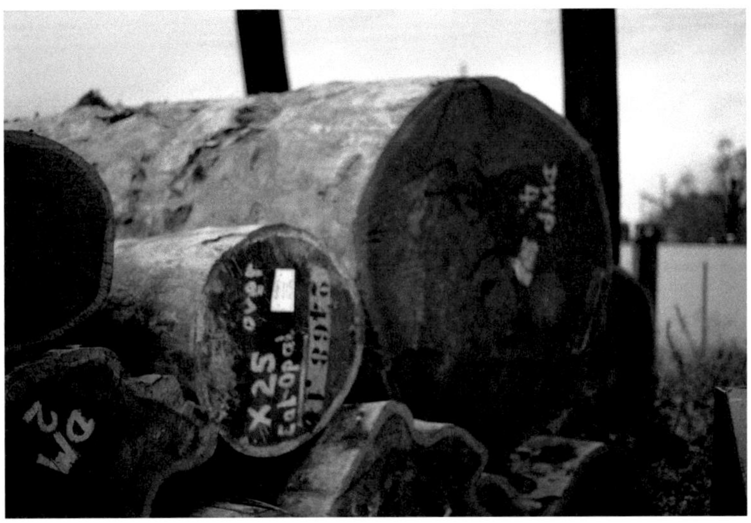

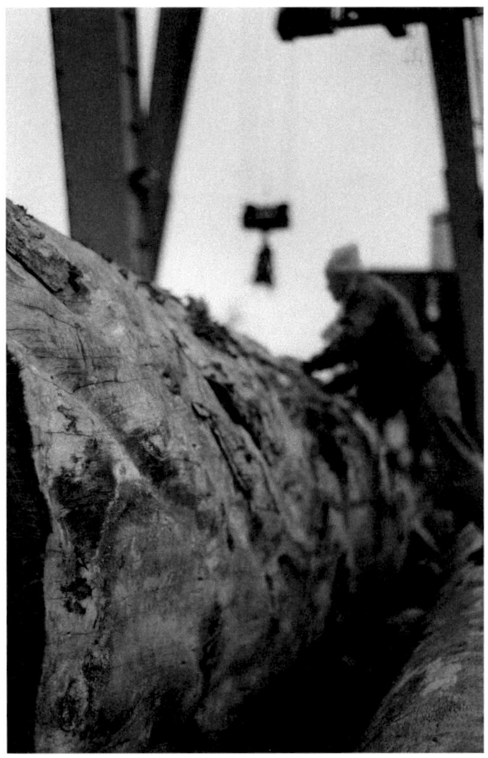

Rudolf Wachter bei der Auswahl monumentaler Tropenstämme, wohl 1980er Jahre

Die Möglichkeiten, die ihm diese neuen materiellen Dimensionen eröffnen, wirken sich auch auf die Erscheinung seiner Skulpturen aus. Riedl spricht davon, dass „die Formensprache [...] der Mächtigkeit der Objekte gerecht zu werden" hat.[468] Der Tropenbaum beeindruckt durch seine Größe, verliert aber nie den Bezug zum Menschen. „Der Gigantismus der Technik ist ihm fremd. Seine Grenzen sind vom natürlichen Wachstum bestimmt."[469]

Die aus wetterbeständigerem Tropenholz gesägten Skulpturen im öffentlichen Raum sind meist aus Wettbewerben hervorgegangen. Sie bilden an ihrem Standpunkt ein Zentrum, sind Mahnmale der „mächtigen Eigenpräsentanz der Natur und ein Zeichen des menschlichen zielgerichteten Handelns."[470] Die monumentalen exotischen Stämme werden entrindet, bleiben aber in ihrer Oberfläche unangetastet. Die beiden Stammenden sind vielfach schräg angelegt, was dem Fällschnitt bzw. dem Fällkerb geschuldet ist, die für das Umlegen der Bäume die gebräuchlichen Methoden sind.[471]

Der Umgang mit den sehr harten tropischen Hölzern, ist „ein Kampf zwischen Künstler und Baum", wie es Uwe Rüth 1992 formuliert hat.[472]

„Die Individualität des Baumes steht mir – als Individuum – gegenüber, ich fühle mich als Partner und gefordert, meine Kräfte mit ihm zu messen", erklärt der Bildhauer selbst 1985.[473]

Rudolf Wachter erfährt sein fehlendes Bein an der Arbeit an diesen Baumriesen als besonders schweres Handicap. Dennoch sind all diese Arbeiten ohne fremde Hilfe entstanden – sieht man vom Halten einer Leiter ab. Dieser „Kampf" führt ihn an seine physischen und damit oftmals auch psychischen Grenzen.

Die monumentale Erscheinung des riesigen Tropenbaumes weckt im Betrachter Bewunderung, vielleicht aber auch eine unterschwellige Furcht vor der Überlegenheit der Natur, die ihren eigenen Gesetzen folgt. Diese Doppelstrategie ist es, die Wachters Großskulpturen im öffentlichen Raum eine außergewöhnliche Bedeutung gibt.[474]

In den ‚Reliquien eines Waldes' hatte Wachter Anfang der 1970er Jahre die Kostbarkeit des Materials Holz ins Zentrum gesetzt. Die Problematik der Verwendung von monumentalen Stämmen aus kostbarem Tropenholz ist Wachter stets gewärtig. Bei aller berechtigten Kritik an der generellen Verwendung tropischer Hölzer ist zu bemerken, dass die wenigen Monumentalstämme, die Wachter für seine Werke im öffentlichen Raum verwendet hat, keinen signifikanten Teil des Massensterbens der Regenwälder ausmachen. Im Zentrum verschiedener urbaner Räume aufgestellt, können diese eindrucksvollen Denkmäler exotischer „Baum-Individuen"[475] vielmehr zu einem Prozess der Wertschätzung und Besinnung beitragen. Gercke schreibt dazu 1992: „Die großen Skulpturen aus tropischen Stämmen sind Hinweise auf die Kraft und Macht der Natur".[476]

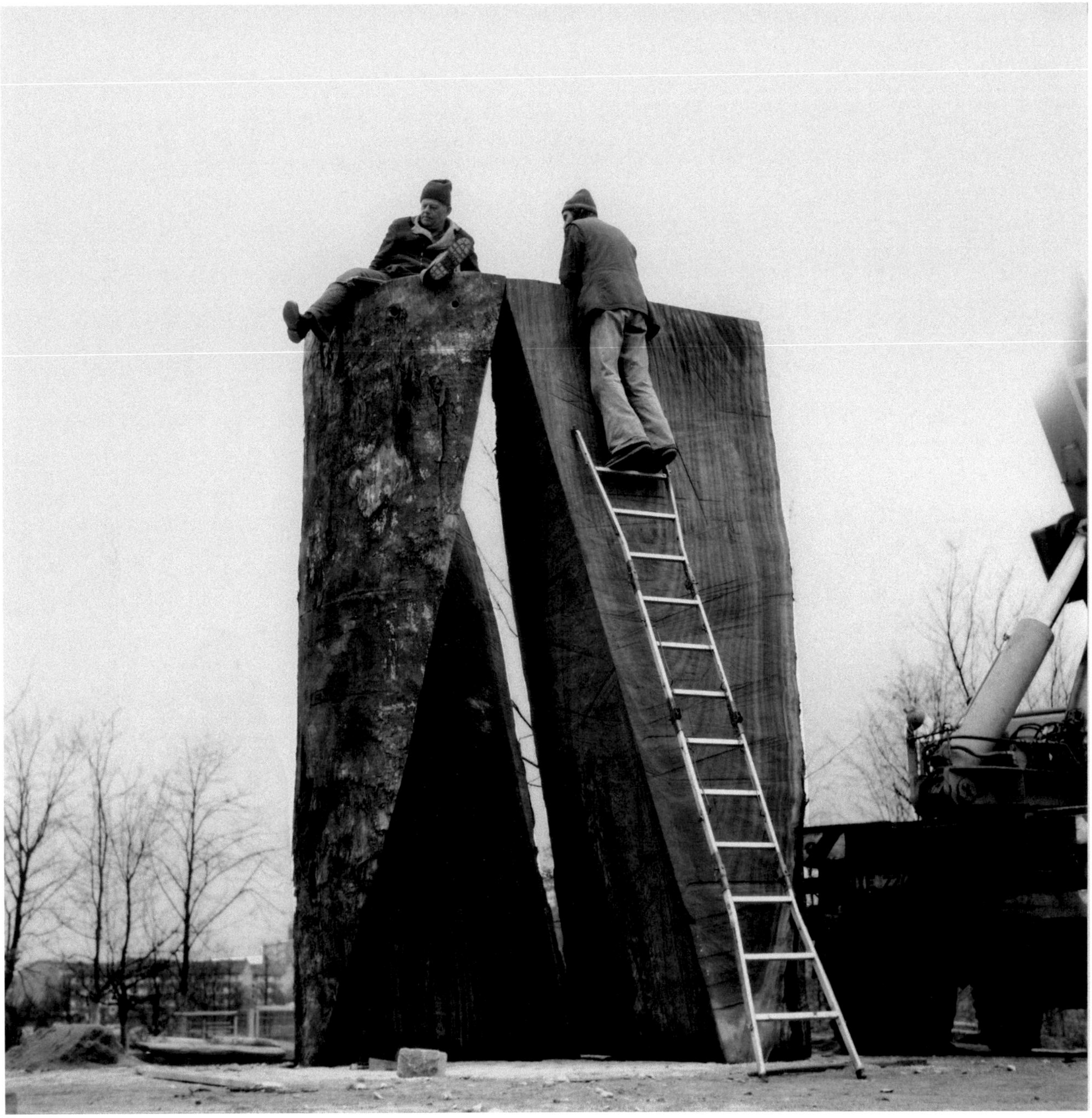

Rudolf Wachter bei der Aufstellung seines ‚Diagonalschnitt zweifach', 1983, Sipo-Mahagoni, Westpark München, WVZ 65

Im Rahmen der Internationalen Gartenausstellung 1983 in München erhält Wachter den Auftrag für zwei Großskulpturen im heutigen Westpark. Der eine, ein zwölf Meter hoher ‚Kreuzschnitt' aus Fichtenholz,[477] verrottet rasch und wird vom Stadtgartenamt abtransportiert. Die zweite, durch ihre Materialität bis heute erhaltene Arbeit ist der ‚Diagonalschnitt, zweifach'.[478] Aus Sipo-Mahagoni geschnitten, steht die Skulptur bis heute erhöht im Zentrum einer Wegekreuzung. Mit zwei glatten, von der Mittellinie ausgehenden Diagonalschnitten durchtrennt Wachter den gesamten, über vier Meter hohen Stamm. Die beiden Monolithe sind um 90 Grad zueinander gedreht aufgestellt. Diese dynamische Drehbewegung betont auch die topographische Situation der Wegekreuzung.[479]

Alle Wege führen ansteigend zu der Skulptur hin, so dass jeder Nahende sich ihr in Untersicht nähert.

1984 entsteht der ‚Große Makorée' aus Makorée, einer Unterart des Mahagonibaumes, für das Gelände der Technischen Universität München/Weihenstephan.[480]

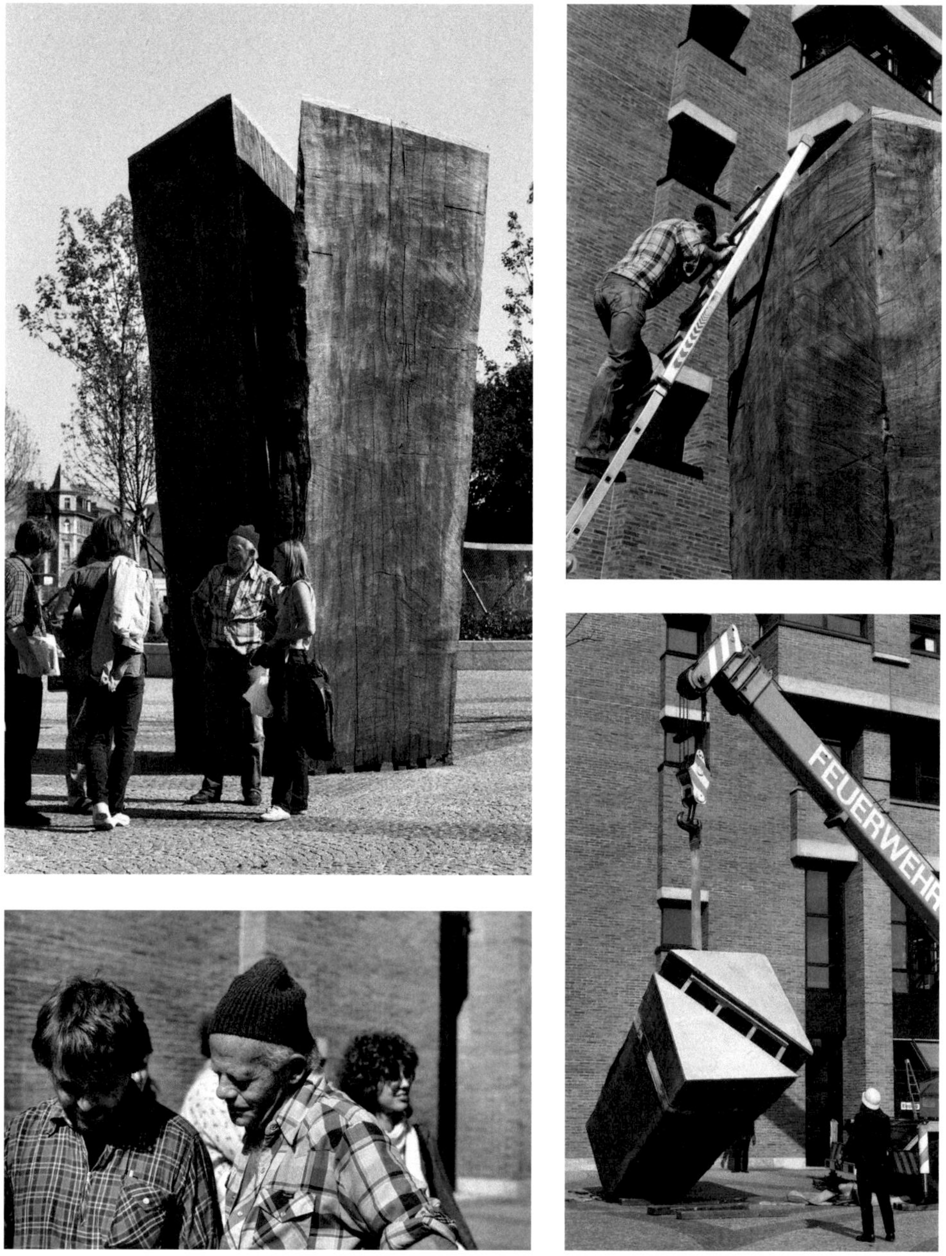

Aufstellung des ‚Großen Makorée', 1984, Mahagoni/Makorée, Technische Universität München, Weihenstephan, WVZ 93

In dieser Arbeit wird deutlich, dass sich Wachter auch bei den Großskulpturen aus kostbaren Tropenhölzern dem Prinzip der Erkundung der Materie konsequent verpflichtet sieht. Die Öffnung, vom Bildhauer selbst auch als ‚Keilschnitt' bezeichnet, folgt der Gabelung des Stammes. Wachter schreibt dazu: *Vor allem interessiert mich die Natur, wie räumlich sie arbeitet. Es entstehen Plastiken, die man vom Kompositionsdenken her nie so machen würde. Man käme gar nicht darauf.*[481]

Im ‚Windbruch',[482] der 1984 in Hockenheim aufgestellt wird und den Arbeitstitel ‚Zahn' trägt, verlässt Wachter mit Nachdruck die Stammform.

Auf einer Anhöhe positioniert, wird der Stamm mit drei entschiedenen Tangentialschnitten auf eine dreieckige Grundform reduziert. Ein einziger Radialschnitt verläuft etwa in der Mitte des Stammes bis über den Kern. Die durch die Trocknung entstehende Öffnung, der Schwundschnitt, akzentuiert die Stelle, an der die Wuchsrichtung des Stammes eine minimale Richtungsänderung bewirkt, die aber gestaltbildend ist.

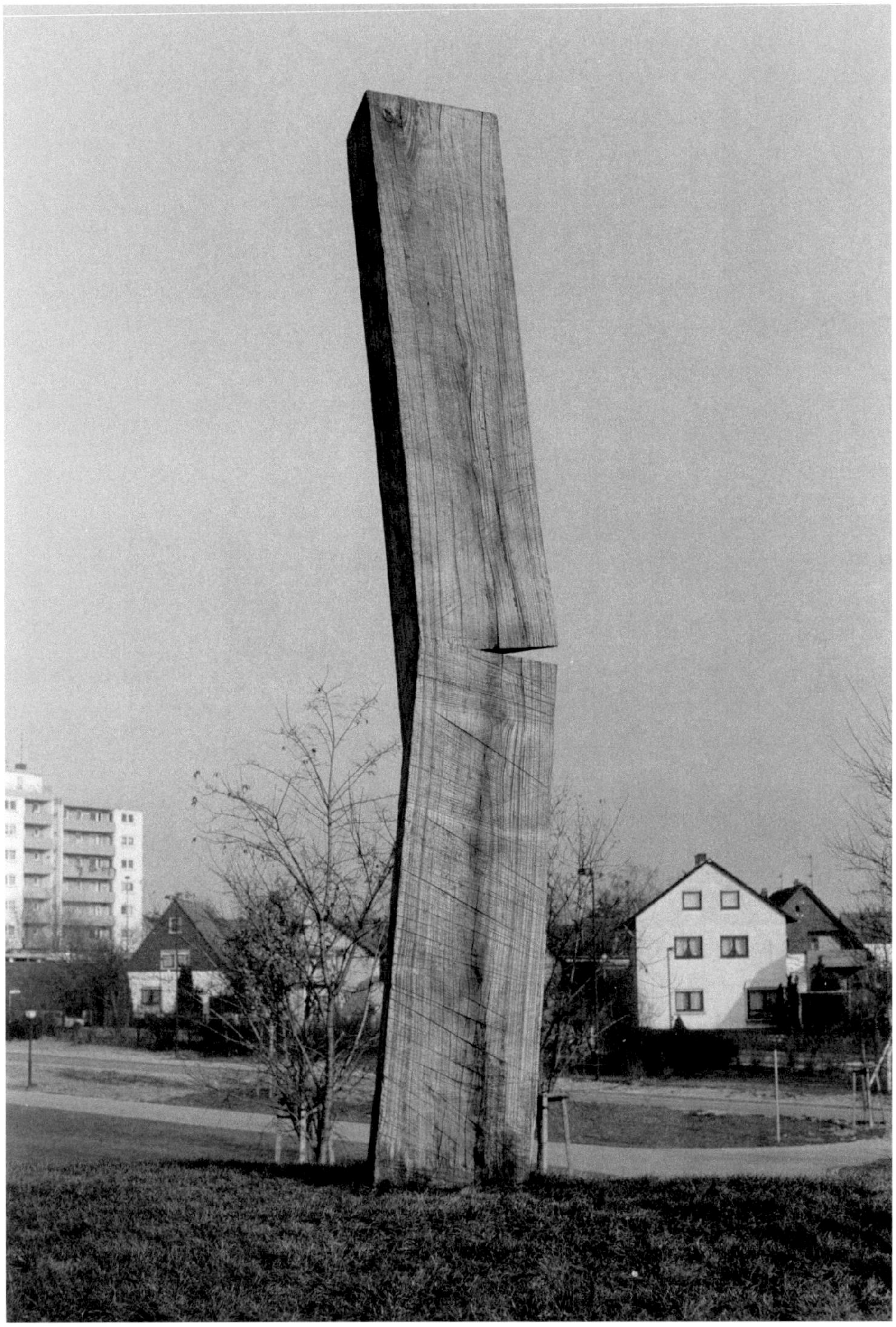

Windbruch, 1984, Djibuti, Hockenheim, WVZ 100

Nahezu gleichzeitig kehrt er zu seinem Prinzip, den Stamm in seiner monumentalen Erscheinung mit seiner Rindenoberfläche zu belassen, in der Stammskulptur ‚Gehrungsschnitt'[483] zurück, die 1984/1986 für die Justizvollzugsanstalt St. Georgen in Bayreuth entsteht.

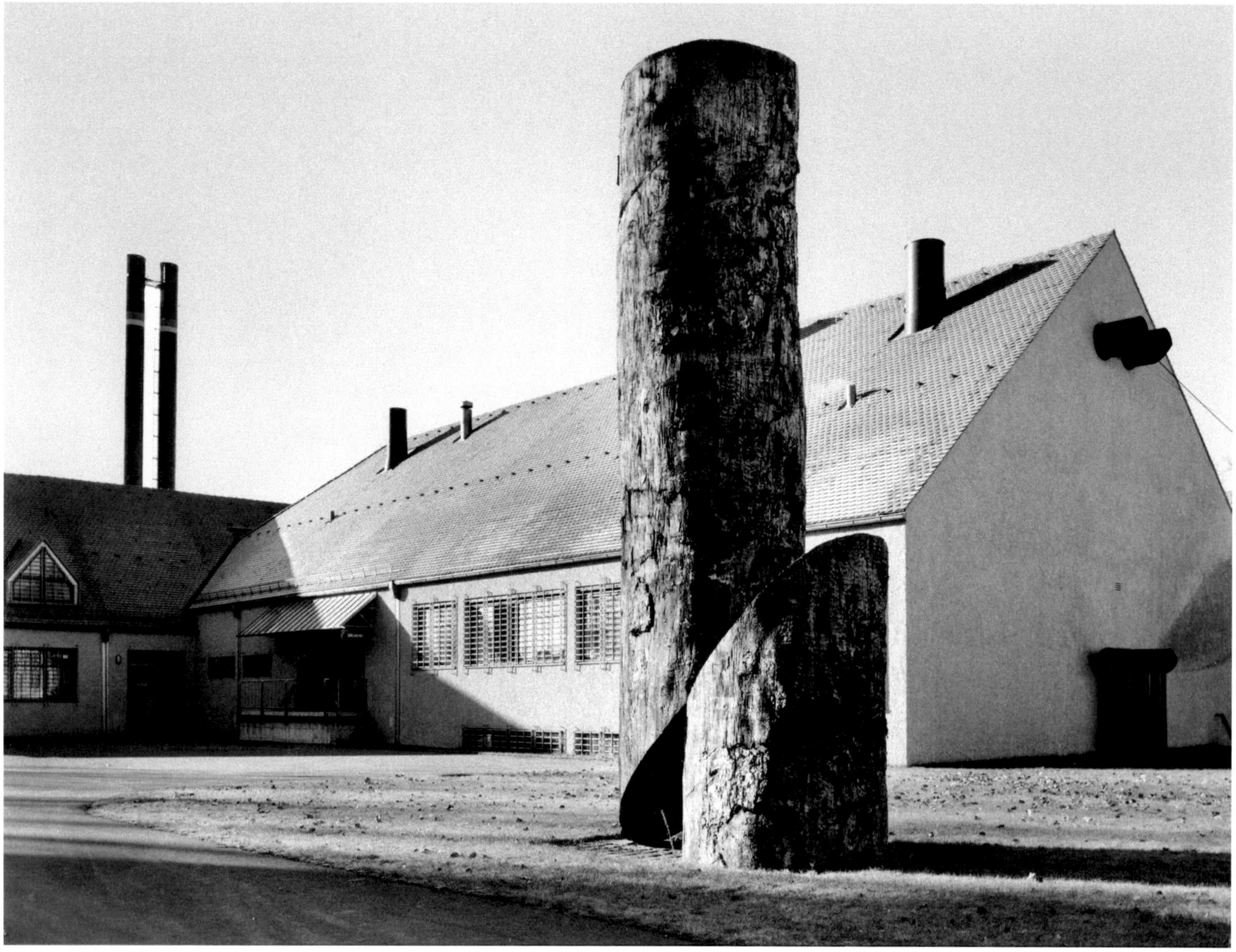

Gehrungsschnitt, 1984/1986, Kambala, Justizvollzugsanstalt St. Georgen, Bayreuth, WVZ 134

Wesensverwandt sind dem Bayreuther Stamm drei Werke, die Wachter nach einem mit dem ersten Preis für sich entschiedenen Wettbewerb auf dem Gelände der Universität Erlangen realisiert.[484]

Für das Universitätsgelände in Passau dagegen entsteht im gleichen Zeitraum die Arbeit ‚Gegenläufig geschnitten',[485] bei der er ungewöhnlich kleinteilig und artifiziell in den Stamm eingreift.

Hier wird ein Stamm erst entrindet und dann im Stirnholz an beiden Seiten jeweils sechs Mal gegenläufig um 90 Grad versetzt geschnitten. Das Modell zu dieser Großskulptur[486] offenbart deutlicher als die Monumentalausführung, wie die gestaltbildende Auffächerung entstanden ist: In die Öffnungen werden Klötze eingefügt, die ein Aufspreizen bewirken.

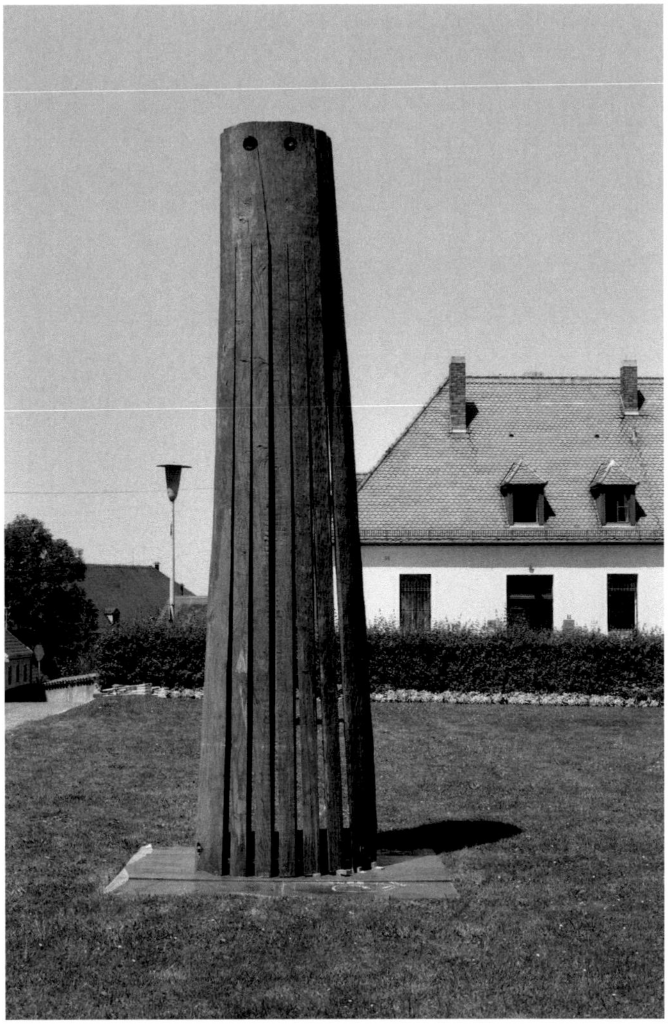

Gegenläufig geschnitten, 1986, Douglasie, Universität Passau, WVZ 139

Die Skulptur ‚Verbindung'[487] besteht aus zwei monumentalen Scheiben aus Mahagoni mit einem Durchmesser von über zwei Metern und einer Höhe von etwa 1,2 Metern. Diese werden in einem konstruktiven Verfahren derart ineinander verzahnt, dass sie einander zu durchdringen scheinen.[488]

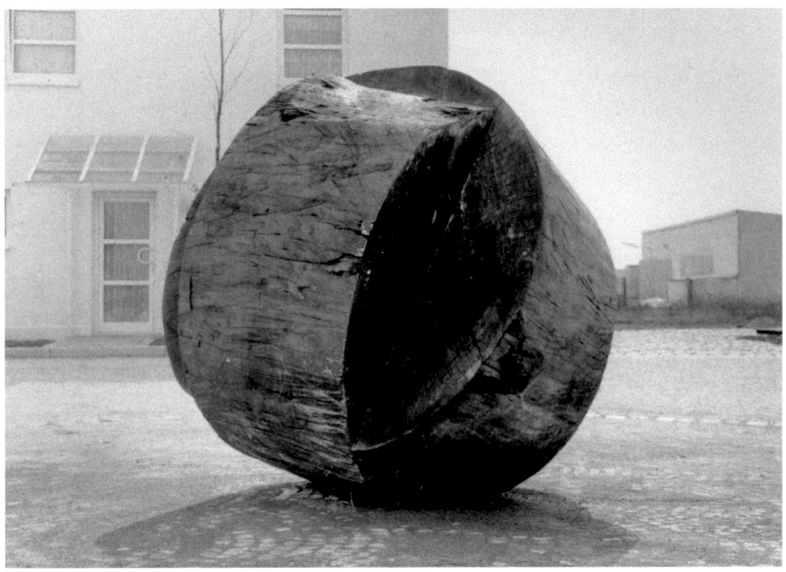

Verbindung, 1987, Mahagoni, Justizvollzugsanstalt Straubing, WVZ 170

In keiner anderen Skulptur hat Wachter diesen Weg gewählt. Es bleibt singulär im Gesamtwerk. Diese konstruktive Methode verweist auf die Erfahrungen des jungen Rudolf Wachter, seine Kindheit und Jugend in der elterlichen Schreinerei.

1987 wird mit dem ‚Torre pendente'[489] eine der markantesten Skulpturen Wachters im Stadtraum Münchens aufgestellt.

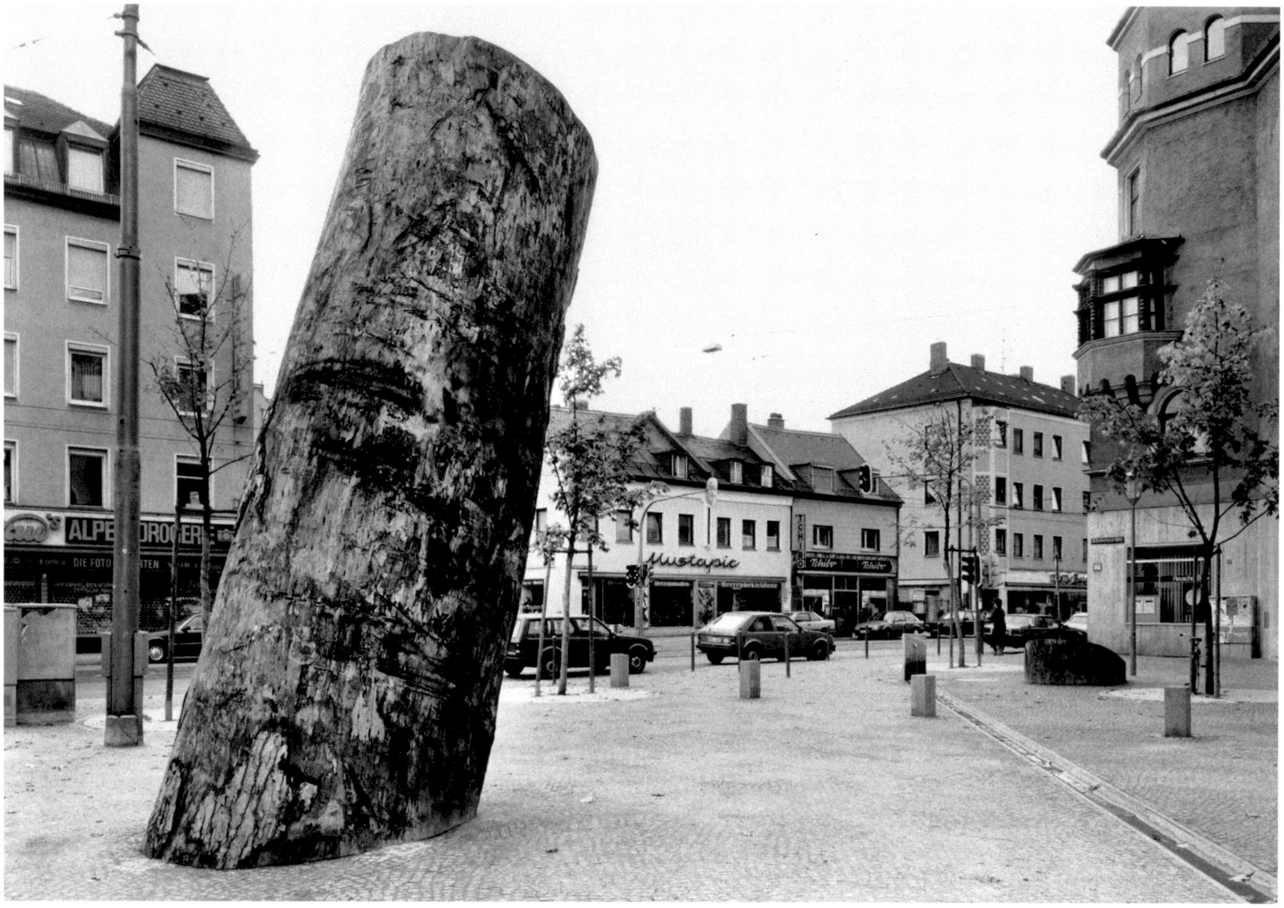

Torre pendente, 1987, Mahagoni, Tegernseer Landstraße, München, WVZ 161

Die Bezeichnung ‚torre pendente' wird durch die Schräglage des Stammes inspiriert – analog zu den ‚torri pendente', den schiefen Türmen Italiens.

Im Zuge einer städtebaulichen Neukonzeption in München-Giesing wird eine Straßenmündung in einen neu gestalteten Platz umgewidmet. Es wird ein Wettbewerb ausgelobt mit dem Ziel, dieser neuen topographischen urbanen Situation ein Zentrum zu geben.

Wachter realisiert dies in seinem Siegerentwurf dadurch, dass er einen 6,5 Meter hohen monumentalen Mahagonistamm am unteren Ende schräg abschneidet. Die so entstandene schräge ‚Baumscheibe' platziert er in einem Abstand von 16 Metern in der potentiellen ‚Falllinie' des Stammes. Auf diese

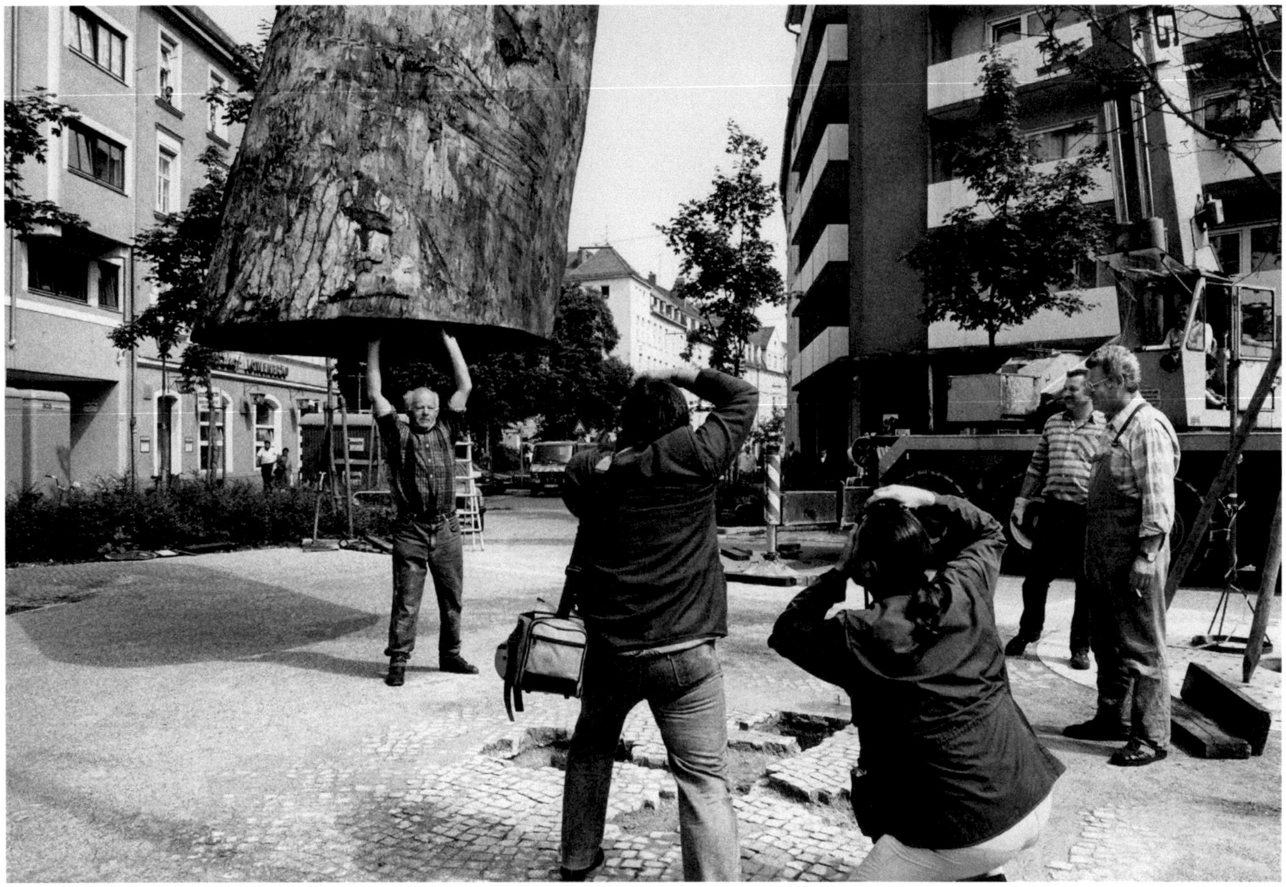

Rudolf Wachter bei der Aufstellung seines ‚Torre pendente' 1987

Weise wiederholt er die trapezförmige Anlage des Platzes im Raum. Die „sinnliche Präsenz des gewachsenen Urwaldriesen"[490] in einer von heterogener, unruhiger Architektur und Verkehr bestimmten urbanen Situation wird erst wirkmächtig durch seine exakte Platzierung in diesem Raum.

Hier weitet Wachter das Prinzip einer raumübergreifenden Bezugnahme der einzelnen Teile des Ganzen zum integrierenden Gestaltungsmittel einer urbanen Situation aus. „Die dezentrale Konzeption, das Aussparen der Mitte [...] führt zur Verunsicherung, zur Irritation des Benutzers des Platzes, der sich unvermutet auf sich selbst verwiesen sieht."[491] Uwe Rüth schreibt dazu 1992: „Eine der chaotischen Landschaft entgegengestellte Wucht und Masse von Naturereignis ‚bäumt' sich auf und – obwohl in kippender Schräglage – beweist sich durch die stabilisierende Dreieckskomposition ‚Stamm – Stumpf – Bodenlinie' als widerstandsfähig und selbstbewusst. So bezieht sich die innere Befindlichkeit des den Platz durchschreitenden Passanten immer auf die unglaubliche Mächtigkeit des Baumstammes und sein imaginäres Liniensystem im Raum."[492]

Den nicht nur im Münchner ‚torre pendente' verfolgte Ansatz Wachters eines konkreten Bezuges zum umgebenden Raum fordert seit den 1960er Jahren auch Richard Serra (*1939), der für seine monumentalen Stahlskulpturen hier den Begriff ‚site specific' prägte.

Der ‚Marler Stamm‘,[493] der heute vor dem Museum Glaskasten Marl, einer der wichtigsten öffentlichen Sammlungen zur deutschen Skulptur der Moderne, aufgestellt ist, verdeutlicht in seiner Genese exemplarisch Positionen Wachters.

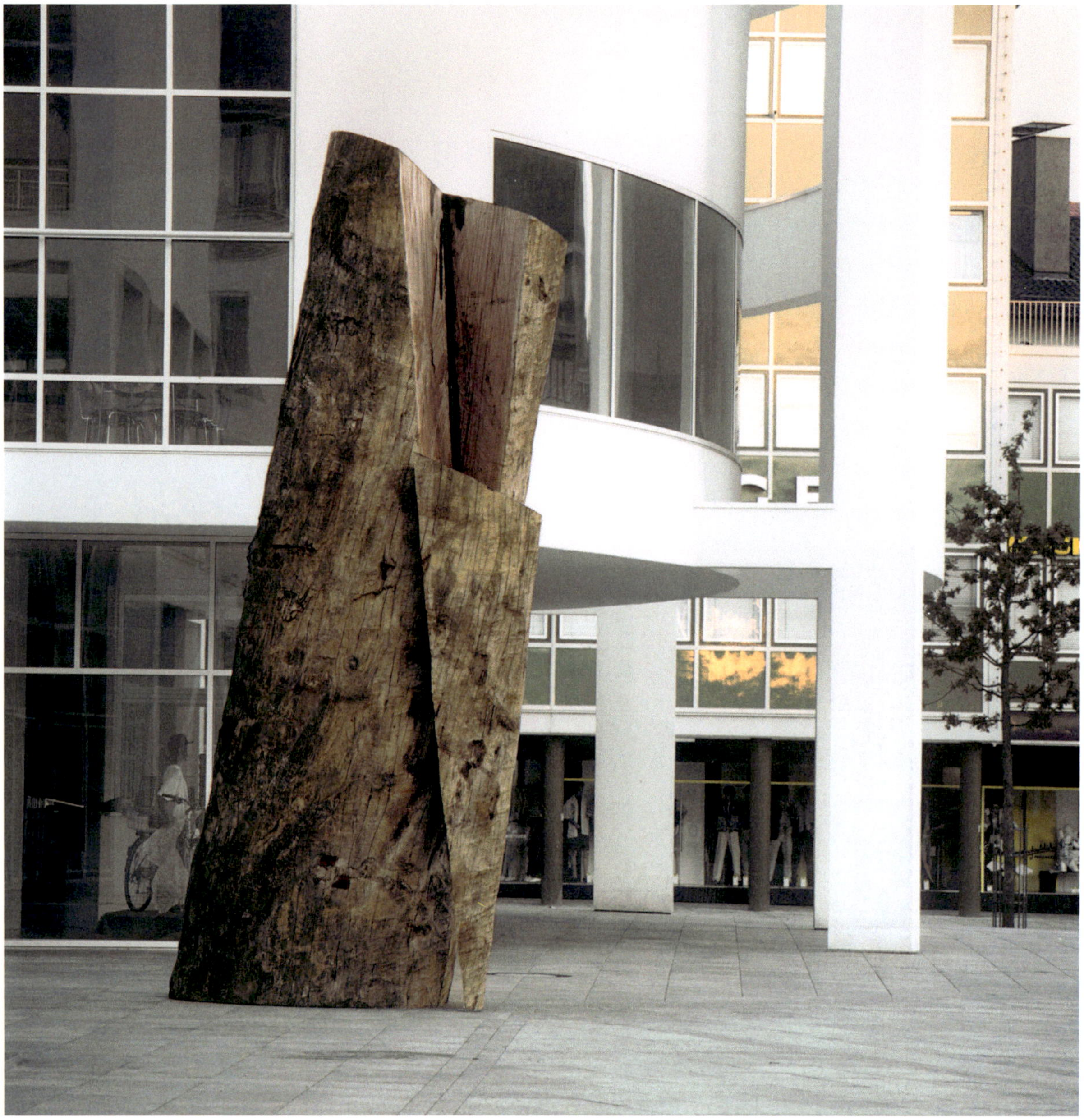

Marler Stamm, 1994, Mahagoni, hier vor dem Stadthaus Ulm, WVZ 278

1993 findet anlässlich des 70. Geburtstags des Bildhauers in der Städtischen Galerie Ravensburg eine Ausstellung statt. Wachter lässt einen über sechs Meter langen, gänzlich unbearbeiteten Mahagonistamm vor dem Gebäude aufstellen. Der Stamm ist an seinen beiden Enden leicht schräg geschnitten, was sich aus der Fällsituation erklärt. Auf dieser schrägen ‚Standfläche‘ in der historischen Altstadt Ravensburgs aufgestellt, vermittelt der Stamm die Ambivalenz von Stärke und Labilität – eine Reminiszenz an die Gefährdung der Natur.

Später schneidet der Bildhauer aus dem Stamm als einzigen Eingriff einen langgezogenen Keil aus, der an der Stammoberfläche vertikal herabzurutschen scheint. Nachdem eine Aufstellung vor dem Universitätsklinikum Regensburg nicht zustande kommt, wird der Stamm 1993 vor dem von Richard Meier entworfenen Stadthaus in Ulm aufgestellt. Später gelangt er in die Sammlung des Museums Glaskasten Marl.

Im Werk Rudolf Wachters finden sich über vierzig monumentale Holzskulpturen für den öffentlichen Raum. Die letzten beiden großen Arbeiten ‚Woodhenge'[494] und ‚Geköpft'[495] werden 2000 in Weingarten aufgestellt.

Bei nahezu allen diesen Werken steht die Achtung vor der Materialität im Vordergrund. „Wachters Arbeiten vertreten [...] eine aufschlussreiche Variante des Erhabenen. Nie nämlich ist das Mächtige ein schlechthin Übermächtiges, dem der Mensch bloß noch ausgeliefert wäre. Bei aller Masse und Stärke sind diese Figuren doch noch auf ein menschliches Maß bezogen. Sie sind wohl mächtiger und größer als der Mensch, aber doch nicht gigantisch und unmenschlich. Sie verkörpern vielmehr eine Balance zwischen bloßer Übermacht und bloßer Gleichrangigkeit und verbinden Überlegenheit mit Humanität. Ihre Überschreitung des Anthropozentrischen will nicht vernichten, sondern erweitern."[496]

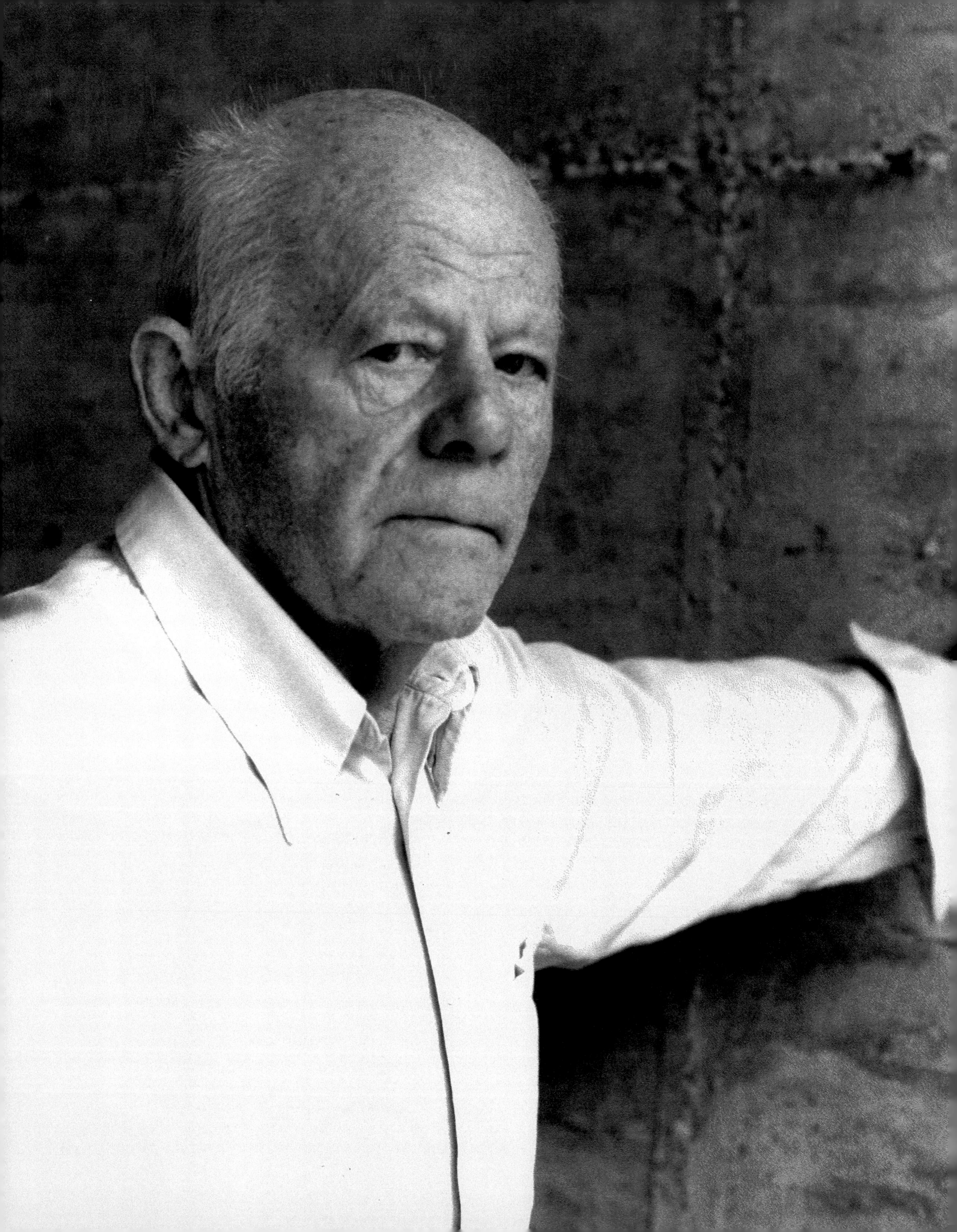

Was bleibt

Am Ende dieses Versuches, Person und Werk des großen Holzbildhauers Rudolf Wachter zu fassen, sei es erlaubt, sich der Gedanken Wieland Schmieds zu bedienen, der von 1995 bis 2004 Präsident der Bayerischen Akademie der Schönen Künste in München war und Rudolf Wachter immer begleitet hat:

„Über die Arbeit Wachters ist viel Kluges geschrieben worden. Manche Autoren sprechen von seinem ‚Dialog' mit dem Holz, andere bevorzugen die Metapher vom ‚Kampf'. Dialog oder Kampf, das ist hier die Frage.
Geht es allein um den Umgang mit dem Holz, ist in der Regel vom ‚Dialog' die Rede, steht aber der Gegensatz von Natur und Technik – wie konkret der von Holz und Kettensäge – zur Debatte, dominiert eher der Begriff ‚Kampf'.
Ich sehe beide Prinzipien am Werk. Was meist als Dialog beginnt, kann immer wieder in Kampf ausarten. [...] Immer sind es geometrisch konzipierte Körper, Kuben, Würfel, dreieckig-keilförmig bestimmte stereometrische Gebilde, die der Rundung des Baumleibs (oder dem, was von ihm stehengeblieben ist) eingeschrieben – genauer: aus ihm herausgesägt – und dann diesem überlassen werden, wenn auch nicht kampflos, so dass er sie verschieben, bedrücken, zusammenpressen, kurz: ihnen Gewalt antun kann.
Ich wüsste keine anderen Werke aus dem Feld der modernen Kunst zu nennen, in denen der Wettstreit, der Gegensatz – oder sagen wir ruhig: der Kampf – zwischen Natur und Menschenwerk so eindrücklich, so sinnfällig dargestellt ist wie in der Arbeit des Holzbildhauers Wachter."[497]

In Rudolf Wachters Werk gehen Natur und Kunst eine symbiotische Verbindung ein. Der unbearbeitete Holzstamm wird aus seinem natürlichen Kontext herausgelöst und in einen neuen Raum- und Sinnzusammenhang gestellt. Dennoch bewahrt auch die vollendete Skulptur die Eigenart des Stammes, der sie einmal war.[498] Wachters Holzskulpturen verorten sich damit in einer Balance zwischen dem natürlich Gewachsenen und dem von Menschenhand Geschaffenen.

Sie sind ‚Konkrete Kunst' – und genau darum weisen sie gleichzeitig weit über den Bereich von ‚l'art pour l'art' hinaus: Sie thematisieren nichts als das, was ihre Identität tatsächlich definiert: „Sorgfältiges, verantwortungsvolles Handeln an der Natur, das in der Stimmigkeit und Prägnanz seines Resultats eindrucksvoll als solches ablesbar bleibt."[499]

Rudolf Wachter hat der Holzbildhauerei neue Möglichkeiten erschlossen wie kaum ein anderer Künstler seiner Generation. Der Typus der monoxylen Skulptur hat durch ihn eine unverwechselbare Ausprägung erfahren. In spannungsvollem Diskurs mit dem Material entstanden, demonstrieren seine Werke als sockellose Gebilde entschieden ihre Eigenart. Sie sind geschlossen und offen zugleich, raumbesetzend und raumhaltig, klar strukturiert und dabei auf eine seltsame Weise angreifbar – denn die Zeit wird an ihnen weiterarbeiten, wird ihre Form, wenn auch nahezu unmerklich, verändern und ihre Oberfläche patinieren.[500]

Im Werk Rudolf Wachters manifestiert sich keine Polarität von Natur und Abstraktion, von Materie und Idee, sondern eine unauflösliche wechselseitige Abhängigkeit. Der Bildhauer versucht, die Natur nicht zu unterwerfen oder gewaltsam in ein ihr fremdes System einzubinden; vielmehr erscheinen seine Skulpturen als die Essenz der geordneten, verdichteten, geistig durchdrungenen und in ihrer Erscheinung geläuterten und geklärten Formen der Natur.

Anlässlich der großen Werkschau in der Kunsthalle der Hypo-Kulturstiftung 2003 hat er dies selbst in folgende Worte gefasst:

„Es ist meine Auffassung, dass meine Kunst mehr Wirklichkeit ist als die Wirklichkeit, in der wir stehen. Dass eigentlich das ganze Leben eine Absurdität ist. Ich möchte die Wirklichkeit erfahren. Das merke ich, wenn ich den Holzstamm angreife und er ist viel stärker nachher, weil ich ja das Vorgegebene der Natur erst sichtbar gemacht habe. Weil es konkretisiert wurde. Und dann kommt etwas heraus, was die Natur nicht kann und was keine Natur mehr ist. Sie ist weggewischt, sie wird von einer ganz bestimmten Form überlagert, die man nicht mehr erklären kann, die aber so wirksam ist, dass sie besteht. Dann bin ich glücklich, dass ich das erfahren konnte. Das hält nicht allzu lang, und dann geht alles wieder von vorne los."[501]

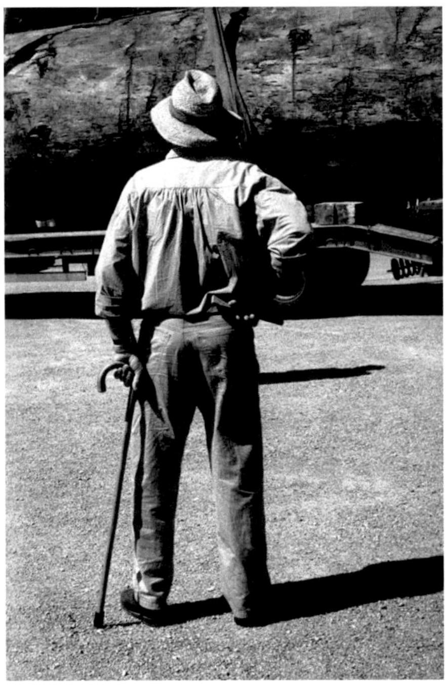

Rudolf Wachter, wohl 1980er Jahre

1 Reiner Kunze, Drei Bildhaueretüden, in: Kunze 1984, S. 79.
2 Genau zitiert heißt es in den Tagebüchern: „Es ist ganz wahr, was die Philosophie sagt, dass das Leben rückwärts verstanden werden musS. Aber darüber vergisst man den andern Satz, dass vorwärts gelebt werden muss". Søren Kierkegaard, 1839/1948, S. 157.
3 Knapp 2003 II, S. 14.
4 Riedl 2007.
5 http://www.bildhauermuseen.de. Abgerufen am 26. April 2020
6 Kühne 2003, S. 15.
7 Einführungsrede der Autorin in einer Veranstaltung im Bayerischen Bauministerium, Redemanuskript, 2005.
8 Sprenger 2002, S. 4.
9 Ausst.-Kat. München-Neuperlach 1982, o. S.
10 Pöhlmann 1985 II, S. 10.
11 Wieland 2005, S. 486.
12 Schmied 2005, S. 486.
13 Wäcker-Babnik/Rudolf Wachter 2011, S. 27.
14 Schmied 2005, S. 486.
15 WVZ 3: Relief (Akt), 1960, Verbleib unbekannt.
16 Riedl 2007.
17 Schulfernsehen online, Gespräch mit Rudolf Wachter, 2006, unveröffentlichtes Interview, Archiv Kisslegg.
18 Hildebrand 1918.
19 Wachter/Weinmayr 2009.
20 Warning 2008, S. 10.
21 Kühne 2003, S. 14.
22 Riedl 2007.
23 Muschler 2004, S. 57.
24 Heise 1955, zitiert nach https://www.zeit.de/1955/48/picasso-und-kein-ende.
25 Lichtenstern 2004 I, S. 266.
26 Zeitgleich entsteht das bald weltberühmte, von Le Corbusier entworfene Kloster Sainte Marie de la Tourette bei Tèveux-sur-l'Arbresle/Lyon.
27 Rüth 1992, S. 107.
28 Gercke 1992, S. 11.
29 Gercke 1992, S. 12.
30 Hölzl 1998, S. 4.
31 Pöhlmann 2011, S. 7.
32 Ausst. Kat. Athen 2011.
33 Pöhlmann 2011, S. 6.
34 Wimmer 1961/1986, S. 32.
35 Wimmer 1961/1986, S. 16.
36 Riedl 2007.
37 So entsteht 1972 mit dem ‚Epitaph II' (WVZ 555) die erste große Aluminiumskulptur Fritz Koenigs, der, ein Jahr jünger als Wachter, gleichzeitig mit diesem an der Münchener Akademie der Bildenden Künste studiert. Vgl. Dietrich Clarenbach 2003, S. 303.
38 Rudolf Wachter, Chalamykopto, Aluminium, Arabellapark. ‚Chalamykopto' bedeutet im Griechischen ‚geschnittene Salami'.
39 Rüth 1992, S. 105.
40 Röttgen 2000, S.106.
41 Gercke 1992, S. 15
42 Schmied 2005, S. 485.
43 WVZ 1: Florales Relief, 1953/1955; WVZ 2: Relief (Boote), 1953/1955; WVZ 3: Relief (Akt), 1958/1960.
44 Gercke 1991, S. 14.
45 Böhm 2007, S. 3.
46 Kranzfelder 1997, S. 3.
47 Langer 1998, S. 44-47.
48 Wagner 2001, S. 110.
49 Rudolf Wachter, zitiert in: Gercke 1992, S. 14.
50 Bürgy 1985, S. 82.
51 Bürgy 1985, S. 83.
52 Bürgy 1985, S. 83.
53 Steigner 1985, S. 86.
54 Brunner 1998, S. 12.
55 Grund 1985, S. 132.
56 Brunner 1998, S. 11.
57 Brunner 2009, S. 10.
58 „Es entstehen ein neuer Himmel, eine neue Erde und das neue Jerusalem, die Braut des Lammes, mit zwölf Toren und zwölf Grundsteinen, auf denen die Namen der zwölf Apostel stehen. Gott wohnt inmitten seines VolkeS. Es gibt weder Tod noch Leid; auch keinen Tempel, denn Gott ist der Tempel. Vom Thron Gottes und des Lammes geht das Wasser des Lebens aus, an dem die Bäume des Lebens stehen." Offb 21,1.2.5. „Wer siegt, dem werde ich zu essen geben vom Baum des Lebens, der im Paradies Gottes steht" (Offb 2,7)
59 Mayer 2017, S. 67.
60 Raff 1994, S. 27.
61 Brunner 1998, S. 12.
62 Dathe 2002 II, S. 8.
63 Dathe 2002 II, S. 8.
64 Riedl 2007.
65 Lichtenstern 2004, S. 67.
66 Maur 2003, S. 21.
67 Knappe 1950, S. 74.
68 Rehberg/Panzer/Völz 2015, S. 56.
69 Hammacher 2004.
70 Der dritte der eingeladenen Maler, Markus Lüpertz, sagte ab, weil er nicht mit anderen Künstlern ausgestellt werden wollte. Vgl. Kipphoff 1980.
71 Kipphoff 1980.
72 Georg Baselitz, Modell für eine Skulptur, 1979–1980, Lindenholz und Tempera, 178 x 147 x 2004 cm, Museum Ludwig, Köln.
73 Dathe 2002 II, S. 9, vgl. auch Brunner 1998, S. 13.
74 Magie der Bäume, Ausst. Kat. Basel/Ostfildern 1998.
75 Waldeslust, Ausst. Kat. Schwäbisch Hall 2011.
76 Bauer/Schütz/Wuhrer 2009, S. 7.
77 Brunner 1998, S. 13.
78 Holz + Kunst, I. Freiburger Symposion 1977, Ausst.-Kat. Kunstverein Freiburg, Freiburg 1977. Holz + Kunst. II. Freiburger Symposion 1979, Ausst.-Kat. Kunstverein Freiburg im Breisgau, Freiburg 1979, Holz + Kunst. III. Freiburger Symposion 1983, Ausst.-Kat. Kunstverein Freiburg im Breisgau, Freiburg 1983.
79 Brunner 1998, S. 14.
80 Kühne 2009, S. 28f.
81 Bauer/Schütz/Wuhrer 2009, S. 7.
82 In einem Gespräch mit der Autorin am 29.März 2010.
83 Wachter o.J.
84 Kühne 2011, S. 180.
85 Lichtenstern 2004 I, S. 266.
86 Gercke 1992, S. 19.
87 Pawlitschko 2004, o. S.
88 Pawlitschko 2004, o. S.
89 Kühne 2003, S. 17.
90 Wachter/Weinmayr 2009.
91 Wachter/Weinmayr 2009.
92 David Nash, Ausst.-Kat. Emden 2008/2009, S. 116.
93 Jung 2011, S. 10.
94 Wagner 2001, S. 245.
95 Wachter/Weinmayr 2009.
96 Langer 1998, S. 39.
97 Guiseppe Penone 1997, S. 42.
98 Goldbach 2013.
99 Penone 1999, S. 3 und 14.
100 Rüth 2004, S. 6.
101 Gercke 1998, S. 62.
102 Herold 2009, S. 20.
103 Kühne 2003, S. 17.
104 Gercke 1998, S. 56.
105 Kranzfelder 1995 1, S. 44.
106 Lichtenstern 2004 I, S. 260.
107 Vgl. hier das Kapitel ‚Materialgerechtigkeit'.
108 Lichtenstern 2004 I, S. 257.
109 Lichtenstern 2004 I, S. 260.
110 Lichtenstern 2004 I, S. 261.
111 Hans Arp, in: Trier 1992, S. 196.
112 Vowinckel/Osterwold 1981, S. 6.
113 Vowinckel/Osterwold 1981, S. 8.
114 Berleant 1991, S. 53.
115 Pöhlmann 2011, S. 6.
116 Lichtenstern 2004 I, S. 261.
117 Dathe 2005, S. 10.
118 Firmenich 2004, S. 91.
119 Rüth 1992, S. 105.
120 Kühne 2003, S. 16.
121 Schmied 2005, S. 486.
122 Rüth 1992, S. 105.
123 Kühne 1997 I, S. 12.
124 Dathe 2002 I, S. 50.
125 Wachter 2010 I, S. 37.
126 Röttgen 2000, S. 272.
127 Wachter/Weinmayr 2009.
128 Kemp 1976, S. 10.
129 Knappe 1950, S. 70.
130 Harlan 1988, S. 37.
131 Harlan 1988, S. 37.
132 Gercke 1985, S. 14 ff.
133 Ruske 1971. Ruske 1971, S. 6.
134 https://www.planet-wissen.de/natur/pflanzen/baeume/pwiebaeumeundihralterdendrochronologie100.html. Abgerufen am 23. April 2021
135 Dathe 2002 II, S. 7.
136 Riedl 2007.
137 Trier 1992, S. 62.
138 Goethe 1788, S. 64 ff.; vgl. Raff 1994, S. 26.
139 Lützeler 1975, S. 1103.
140 Lützeler 1975, S. 1103.
141 Kemp 1976, S. 11.
142 Schäfert 2012, S. 47.
143 Trier 1983, S. 9.
144 Trier 1992, S. 29.
145 Kemp 2020, S. 150.
146 Kühne 2003, S. 12.
147 Muschler 2004, S. 2.
148 Trier 1992, S. 63.
149 Trier 1992, S. 16.
150 Kühne 2009, S. 30.
151 Lützeler 1975, S. 116.
152 Trier 1992, S. 33.
153 Aus Ansgar Nierhoffs Statement zu der Ausstellung ‚Nur Rost ...?' im Skulpturenmuseum Glaskasten Marl, Kat. Marl/Münster 1986, S. 86.
154 Jenderko 1976, S. 20.
155 Vgl. Carl Andre, Uncarved Blocks, 1975. Rotes Zedernholz, 47 Blöcke, je 30 x 30 x 90 cm, Kunstmuseum Wolfsburg, Inv. 1994/03.
156 Horaz, S. 8.
157 Schäfert 2012, S. 9.
158 Raff 1994, S. 126.
159 Wagner/Rübel/Hackenschmidt 2002, S. 7.
160 Wagner 2001, S. 109.
161 Adorno 1973, S. 223.
162 Wagner 2001, S. 109.
163 Kranzfelder o.J., S.1.
164 Kranzfelder o.J., S. 6.
165 Rüth 2004, S. 5.
166 Kühne 2011, S. 179.
167 Dathe 2002 I, S. 42.
168 Schmied 2005, S. 489.
169 Ausst. Kat. Stuttgart 1981, S. 116.
170 Riedl 2001.
171 Röttgen 2000, S. 272.
172 Giloy-Hirtz, S. 183.
173 Rudolf Wachter in: Lange 2003, S. 36.
174 Bezeichnet die Fähigkeit des Stoffes, Luftfeuchtigkeit aufzunehmen und an sich zu binden. Vgl. Unger 1990, S. 10.
175 Riedl 2007.
176 Riedl 2007.
177 Kühne 2003 S. 16.
178 Riedl 2007.
179 Wachter 1979, o. S.
180 Gercke 1985 II, S. 297.
181 Schäfert 2012, S. 54.
182 https://de.wikipedia.org/wiki/Hylemorphismus, abgerufen am 12. Dezember 2020
183 Welsch 1985, S.20; vgl. auch Brunner 1998, S. 11.
184 Vgl. Schäfert 2012, S. 54.
185 Welsch 1985, S. 24.
186 Riedl 2007.
187 Hegewisch 1995, S. 10.
188 Wachter 1977, o. S.
189 Anders als der vielverwendete Begriff ‚Monolith' für ein Objekt, das aus einer in sich zusammenhängenden Steinmasse herausgehauen ist, ist die Bezeichnung ‚Monoxyl' allenfalls Prähistorikern und Völkerkundlern geläufig (so als Terminus für Einbaumboote oder aus einem Stück geschnitzte Möbel), in: Peter Anselm Riedl 2007.
190 Dathe 2002 I, S. 43.
191 WVZ 17: Aposynthese I, 1977, Holz (Fichte), 1700 x 80 x 65, unsigniert, Thermalbad St. Georgen, Freiburg, verrottet und entsorgt.
192 apo = los von, syn = hin, zu, These = Bestand, vgl. Gercke 1992, S. 16.
193 Wachter 1977, o. S.
194 Vgl. Auch das Kapitel ‚Skulpturen im öffentlichen Raum': Die Skulptur besteht aus einem ganzen Fichtenstamm, der zunächst gleichmäßig in einzelne Stammabschnitte unterteilt wurde. Die Einzelsegmente des Stammes, die er final in steilem Schrägschnitt durchtrennt, sind unterschiedlich in ihrer Größe. Der Durchmesser des Stammes bestimmt das Intervall des Schnittes, das heißt, mit der Verjüngung des Stammes verkürzen sich auch diese Intervalle. Die beiden so für jeden Stammabschnitt entstehenden Elemente rollen im Zuge des Schnittes infolge des asymmetrischen Schwerpunktes zu ihrer Auflagenlinie jeweils gegengleich nach außen, wodurch sich der Stamm über seine gesamte Länge kontinuierlich ‚auffaltet'.
195 WVZ 43: Drehwuchs, 1980, Fichte, Höhe 400 cm.
196 Wachter 1985, S. 418.
197 WVZ 37, Stammskulptur, 1980, Fichte, 1180 x 30 x 15, Neues Schloss Kisslegg, Museum Rudolf Wachter.
198 Dathe 2002 I, S. 42.
199 Pöhlmann 1985 II, S. 8.
200 Kranzfelder 1997, S. 7.
201 Rudolf Wachter, der auch in seinen hohen Achtzigern noch diese Arbeit bewältigte, ließ sich – alleine wegen des Rückstoßes – von anderen Personen, auch seiner Frau, der Bildhauerin Ulla Wachter, halten!
202 Riedl 2007.
203 Verwirrend ist die Tatsache, dass Rudolf Wachter immer wieder selbst seine Holzskulpturen als „Plastiken" bezeichnet. Angesprochen auf diese Begrifflichkeit, reagierte der Bildhauer stets unwirsch mit dem Hinweis, dass ‚Plastik' für ihn als übergeordneter Begriff gelte.
204 Warning 2008, Manuskript, S. 5.
205 Benjamin 1972–1989, V/1, S. 592.
206 Korn o.J., S. 2.
207 Wachter 1985, S. 418.
208 Lange 2003 I, S. 30.
209 WVZ 48, Schwundschnitte gegenläufig, 1981, Fichte, zweiteilig, 350 x 32 x 32cm und 300 x 32 x 32 cm, Neues Schloss Kisslegg, Museum Rudolf Wachter.
210 Riedl 2007
211 Rüth 2004, S. 6.
212 Brunner 1998, S. 16
213 Dathe 2002 I, S. 42
214 Dathe 2002 I, S. 43.
215 Ausst. Kat. Baden-Württemberg 2004.
216 Fath 2007, S. 19.
217 Wachter 2004.
218 Kühne 1997, S. 12.
219 Dathe 2002 I, S. 48.
220 Wachter 2014.
221 Schiller 1795/1963, S. 324.
222 Nix 1999, o. S.
223 Schmied 2005, S. 491.

224 Wäcker-Babnik/Wachter 2011, S. 28.
225 Aristoteles 1995, S. 1-258. Das Zitat befindet sich sicher nicht auf so vielen Seiten.
226 Henri Laurens, in: Monod-Fontaine 1985, S. 46 f; vgl. Muschler 2004, S. 61.
227 Gabo 1959, o. S.
228 Hildebrand 1918.
229 Wachter/Weinmayr 2009.
230 Schäfert 2012, S. 15.
231 Hildebrand 1918, S. 19 f.
232 Hartle 2008, S. 34.
233 Wimmer 1986.
234 https://rudolf-wachter.de/ (Stand 25. März 2020).
235 Gärtner 2001, o. S.
236 Dathe 2002 I, S. 47.
237 Dathe 2002, I, S. 48.
238 Sibilia 1997 II, S. 86.
239 Das Fundament der Kunst, Ausst.-Kat. Heilbronn 2009.
240 Schäfert 2012, S. 114.
241 Gärttner 2001, o. S.
242 Wäcker-Babnik 2011, S. 15.
243 WVZ 211: Großer Torso, 1989, Pappel, 312 x 215 x 146 cm, Ernst-Reuter-Schule München.
244 Wachter 2006, S. 8.
245 Lichtenstern 2004 I, S. 264.
246 Riedl 2007.
247 Gercke 1995, S. 11.
248 Dathe 2002 I, S. 44
249 Dathe 2002 I, S. 46
250 Schmied 2005, S. 489
251 Vgl. WVZ 589, Baumscheibe, WVZ 590 Baumscheibe, WVZ 591 Schwundschnitt.
252 Welsch 1992, S. 22.
253 Dathe 2002 I, S. 44.
254 WVZ 35, Schwundschnitt, 1980, Apfel, ohne Maße, Verbleib unbekannt.
255 WVZ 45, Kernschnitt doppelt, 1980, Douglasie, Wachter Block. Sammlung Gerlinde und Werner Wohlhüter.
256 Dathe 2002 I, S. 44.
257 WVZ 48, Schwundschnitte gegenläufig, 1981, Fichte, 350 x 32 x 32 cm und 300 x 32 x 32 m, Museum Rudolf Wachter, Neues Schloss Kisslegg.
258 WVZ 90, Drehwuchs-Schwundschnitt, 1984, Kiefer und Esche, 200 x 13 x 15 cm und 200 x 24 x 27 cm, Privatsammlung.
259 WVZ 434, Zentral geschnitten, 2000, Fichte, 18,5 x 34 x 34,5 cm, Privatsammlung.
260 WVZ 589, 590, 591, Baumscheibe. Schwundschnitte, Sammlung Wachter bzw. Privatsammlungen.
261 WVZ 8, Stammskulpturen, um 1970, vierteilig. Sammlung Wachter.
262 WVZ 13, 14, 15 und 16, Stammskulpturen, 1970/1975, Sammlung Wachter.
263 Gercke 1992, S. 17.
264 WVZ 12, Ameisenbrücke, 1971, Sammlung Blom & Dorn N.Y.
265 Dathe 2002 I, S. 44.
266 Dathe 2002 I, S. 45.
267 Wachter 1985, S. 418.
268 Gercke 1991, S. 17.
269 Wachter/Weinmayr 2009.
270 Lichtenstern 2004 I, S. 265.
271 Welsch 1992, S. 22.
272 Lichtenstern 2004 I, S. 265.
273 WVZ 307, Torso, 1995, Rotbuche, 35 x 30 x 30 cm, Privatsammlung.
274 WVZ 293, Hommage für Siegfried Hummel, 1995, umbrische Kastanie, 60 x 40 x 30 cm, Privatsammlung.
275 WVZ 321, Stammskulptur, 1996, Holz, 67 x 30 x 20 cm, Sammlung DreS. Hans Rudolf Gräb und Anna Elisabeth Gräb-Schmidt.
276 WVZ 419, Torso, 2000, Pappel, Maße unbekannt, Privatsammlung.
277 Korn o.J., S. 5.
278 WVZ 248, Hohlzwiesel, 1992, Pappel, 83 x 45 x 125 cm, Museum Rudolf Wachter. Neues Schloss Kisslegg.
279 WVZ 181, Zwiesel, 1988, Pappel, neunteilig, Längen zwischen 100 und 220 cm, Märkisches Museum Witten.
280 Wäcker-Babnik 2011, S. 15.
281 Gercke 1992, S. 18.
282 Rudolf Wachter am 4. Juni 2003 im Interview, Muschler 2004, S. 28.
283 Gercke 1992, S. 18.
284 WVZ 113, Entwicklung einer Kiste, 1985, Pappel, 90 x 90 x 90 cm, Privatsammlung New York.
285 WVZ 114, Entwicklung einer Kiste, 1985, Pappel, 73 x 82 x 89 cm, Wachterblock, Sammlung Gerlinde und Werner Wohlhüter.
286 WVZ 136, Entwicklung einer Kiste, 1986, Pappel, vierteilig, jeweils 45 x 45 x 60 cm, Privatsammlung.
287 WVZ 137, Entwicklung einer Kiste I, 1986, Pappel, vierteilig, jeweils 100 x 100 x 100 cm, Neues Schloss Kisslegg. Museum Rudolf Wachter.
288 WVZ 165, Entwicklung einer Kiste II, 1987, Gabun, vierteilig, jeweils 100 x 100 x 100 cm, Bayerische Staatsgemäldesammlungen.
289 Kranzfelder 1997, S. 10.
290 Kranzfelder 1997, S. 10.
291 WVZ 369, Entwicklung einer Kiste, 1999, Pappel, Privatsammlung.
292 WVZ 474, Entwicklung einer Kiste, 2003, Sammlung Rebekka Wachter. WVZ 475, Entwicklung einer Kiste, 2003, Privatsammlung. WVZ 476, Entwicklung einer Kiste, 2004, Museum Rudolf Wachter. Neues Schloss Kisslegg. WVZ 477, Entwicklung einer Kiste, 2004, Sammlung Abt-Straubinger. WVZ 478, Entwicklung einer Kiste, 2004, Privatsammlung. WVZ 489, Entwicklung einer Kiste, 2004, Sammlung Abt-Straubinger. WVZ 490, Entwicklung einer Kiste, Sammlung Alois und Annerose Riedl.
293 WVZ 561, Entwicklung einer Kiste, 2008, Pappel, Institutionssammlung.
294 WVZ 186, Gebrochener Raum, 1989, Pappel, 112 x 80 x 61 cm, Privatsammlung.
295 WVZ 265, Gebrochener Raum, 1993, Pappel, 87 x 93 x 54 cm, Sammlung Riel.
296 WVZ 266, Gebrochener Raum I, 1993, Pappel, 50 x 60 x 50 cm, Privatsammlung. WVZ 267, Gebrochener Raum II, 1993, Pappel, 60 x 60 x 75 cm, Privatsammlung.
297 WVZ 349, Gebrochener Raum X, 1998, Pappel, 57 x 66 x 69 cm, Sammlung Dr. Adelung.
298 WVZ 350, Gebrochener Raum XI, 1998, Kastanie, 48 x 48 x 52 cm, Privatsammlung.
299 WVZ 313, Gebrochener Raum, 1996, Privatsammlung.
300 WVZ 347, Gebrochener Raum, 1998, Pappel, 46 x 62 x 50 cm, Privatsammlung. WVZ 348, Gebrochener Raum, 1998, Pappel, 47 x 45 x 50 cm, Sammlung Eva Ott.
301 WVZ 439, Gebrochener Raum XII, 2001, Pappel, 80 x 60 x 80 cm, Museum Rudolf Wachter. Neues Schloss Kisslegg.
302 Vgl. WVZ 440, Gebrochener Raum XII, 2001, Pappel, 90 x 80 x 85 cm, Privatsammlung.
303 WVZ 508, Gebrochener Raum, 2005, Pappel, 90 x 97 x 85 cm, Sammlung Wachter.
304 Brandl/Wachter 2008, S. 285.
305 WVZ 509, Gebrochener Raum I, 2005, Pappel, 85 x 70 x 85 cm, Sammlung Wachter.
306 Lange 2003 I, S. 93.
307 WVZ 535, Gebrochener Raum 4, 2006, Pappel, 90 x 80 x 80 cm, Privatsammlung.
308 WVZ 538, Gebrochener Raum VI, 2006, Pappel, 80 x 58 x 58 cm, Privatsammlung. WVZ 539, Gebrochener Raum VI, 2006, Pappel, 83 x 60 x 60 cm, Privatsammlung.
309 WVZ 502, Sich öffnender Raum, 2004, Pappel, 72 x 70 x 75 cm, Museum Rudolf Wachter. Neues Schloss Kisslegg.
310 Schmied 2005, S. 491.
311 WVZ 503, Sich öffnender Raum, 2004, Pappel, 90 x 95 x 86 cm, Museum Rudolf Wachter. Neues Schloss Kisslegg.
312 Hintergrund war auch die intensive Beschäftigung seiner Tochter Bibiana Wachter mit der Geomantie. Bei einer Ausstellung von Werken Wachters in Schwäbisch Gmünd im Jahr 2000 vermaß Bibiana Wachter den Ort nach geomantischen Prinzipien. Auf Wunsch ihres Vaters wurde ein entsprechender Aufsatz in den Katalog aufgenommen. Zusätzlich gab Wachter eine eigene Schrift zu der Arbeit seiner Tochter zu dem Projekt in Auftrag. Vgl. Bibiana Wachter 2000.
313 Riedl 2007.
314 Kühne 1997, o. S.
315 Kühne 1997, o. S.
316 Vowinckel 1981, S. 9.
317 Vowinckel 1981, S. 12.
318 Kranzfelder 1997, S. 6.
319 Zitiert nach Schäfert 2012, S. 53 f.; Wachter 2006, S. 12 f.
320 WVZ 189, Newgrange I, 1989, Neues Schloss Kisslegg. Museum Rudolf Wachter.
321 WVZ 216, Newgrange II, 1990, Privatsammlung.
322 Wieland 2005, S. 491.
323 Gärtner 2001, S. 12.
324 WVZ 234, Newgrange 0/III, 1990/1991, Privatsammlung.
325 WVZ 235, Newgrange III, 1990/1991, Museum Rudolf Wachter, Neues Schloss Kisslegg.
326 WVZ 238, Newgrange III, 1991, Kreissparkasse Ravensburg.
327 WVZ 241, Newgrange IX, 1991, TUM Garching, Bibliothek.
328 WVZ 272, Spindel, 1993, TUM Garching, Bibliothek.
329 WVZ 375, Newgrange XXXIX, 1999, Museum Rudolf Wachter. Neues Schloss Kisslegg.
330 WVZ 280, Newgrange XVIII, 1994, Sammlung Altana AG, Herbert-Quandt-Haus, Bad Homburg.
331 WVZ 372, Newgrange XXXIIII, 1999, Sammlung Ursula Wachter und Dr. Karl-Klaus Madert.
332 WVZ 377, Newgrange XXXVIII mit Ast, 1999, Privatsammlung.
333 WVZ 395, Newgrange XXXX, 2000, Museum Rudolf Wachter. Neues Schloss Kisslegg.
334 WVZ 396, Newgrange XXXXI, 2000, Privatsammlung.
335 Wachter/Weinmayr 2009.
336 Riedl 2007.
337 Dathe 2005, S. 12.
338 WVZ 1, Florales Relief, 1953/1955, 100 x 52 x 53 cm, verschollen.
339 WVZ 2, Relief (Boote), 195319/55, 52 x 53 x 70 cm, verschollen.
340 WVZ 3, Relief Akt, 1958/1960, 35 x 85 x ? cm, Privatsammlung. Es handelt sich vermutlich um einen Akt seiner Frau Ulla.
341 WVZ 23, Relief, 1978, Sammlung Wachter.
342 Schäfert 2012, S. 34.
343 WVZ 37, Stammskulptur, 1980, Fichte, 1180 x 30 x 15 cm, Museum Rudolf Wachter. Neues Schloss Kisslegg.
344 WVZ 39, Wandplastik, 1980, Fichte, dreiteilig, jeweils 200 x 40 x 30 cm, Museum Rudolf Wachter. Neues Schloss Kisslegg. Mit WVZ 40, Wandplastik, 1980, Pappel, 65 x 26 x 9 cm entsteht im unmittelbaren Anschluss noch eine kleinformatige einzelne Arbeit dieses Typus.
345 WVZ 69, ohne Titel, Relief, 1983, 91 x 13 x 33cm, Privatsammlung.
346 WVZ 118, Relief, 1985, Apfelholz, 111 x 18 x 38 cm, Privatsammlung.
347 WVZ 176, ohne Titel, 1988, Pappel, 49,5 x 40,5 x 7,5 cm, Sammlung Schlemmer.
348 Vgl. hier WVZ 23, Relief, 1978, Pappel, 200 x 100 x 16 cm, Sammlung Wachter.
349 WVZ 191, ohne Titel, 1989, Fichte, o. M., Galerie im Petrushof, Obermarchtal.
350 WVZ 259, Newgrange XXI, 1992, Pappel, 52 x 56 x 60 cm, Ernst-Reuter-Schule München.
351 WVZ 260, ohne Titel, 1992, Pappel, 60 x 60 x 75 cm, Ernst-Reuter-Schule München.
352 WVZ 247, Goal, 1992, Pappel, 68 x 58 x 58 cm, Ernst-Reuter-Schule München.
353 Dieser Auftrag für die künstlerische Ausgestaltung der Münchner Ernst-Reuter-Schule umfasst neben den beiden genannten Werken WVZ-Nummern 258 und 259 noch die unbetitelte Arbeit WVZ-Nummer 187, eine Serie von zwanzig etwa 42 x 42 x 42 cm großen Blöcken aus Pappelholz, die im Stirnholz kreuzförmig eingeschnitten sind und als frei verwendbare Hocker gedacht waren. Der über drei Meter hohe ‚Große Torso' von 1989 (WVZ-Nr. 210) ist die dominierende Skulptur dieser mehrteiligen Ausstattung und steht bis heute im Zentrum der Aula.
354 Wachter/Weinmayr 2009.
355 WVZ 309, Station I, 1996, Pappel, 114 x 89 x 49 cm.
356 Dathe 2002 I, S. 50.
357 https://www.erzbistum-muenchen.de/ordinariat/ressort-4-seelsorge-und-kirchliches-leben/kunstpastoral. Abgerufen am 4. Januar 2017
358 Ausst. Kat. München 2010.
359 Wachter 2010, S. 30.
360 Sedlmayr, S. 95.
361 Dathe 2002 I, S. 50.
362 Riedl 2007.
363 WVZ 322, Station, 1996, Pappel, 192 x 72 x 60 cm, Firmensammlung.
364 WVZ 323, Station II, 1996, Pappel, 145 x 48 x 88 cm, Privatsammlung.
365 Schmied 2005, S. 492.
366 WVZ 331, Station III, 1996, Pappel, 180 x 70 x 60 cm, Museum Rudolf Wachter, Schloss Kisslegg.
367 WVZ 325, Station IV, 1996, Pappel, 150 x 57 x 52 cm, Museum Rudolf Wachter, Schloss Kisslegg.
368 WVZ 326, Station V, 1996, Pappel, 105 x 62 x 40 cm, Sammlung Abt-Straubinger. WVZ 327, Station VI, 1996, Pappel, 140 x 70 x 43 cm, Privatsammlung. WVZ 328, Station VII, 1996, Pappel, 150 x 45 x 50 cm, Privatsammlung. WVZ 329, Station XI, 1996, Privatsammlung und WVZ 330, Station XI, 1996, Pappel, 168 x 60 x 20 cm, Stadt Pfarrkirchen. WVZ 353, Station XII, 1998, Schwarzpappel, 140 x 72 x 68 cm, Schlosskapelle Tettnang.
369 WVZ 337, Hommage ... à Thalgott, 1996, Pappel, 83,5 x 63,3 x 27,5 cm, Edwin Scharff Museum Neu-Ulm.
370 WVZ 574, Station, 2008, Pappel, 63 x 65 x 58 cm, Privatsammlung.
371 WVZ 355, Station XIII, geomantische' 1998, Pappel, 190 x 70 x 85 cm, Museum Rudolf Wachter.

Neues Schloss Kisslegg.
372 Schmied 2005. S. 492
373 WVZ 447, Station XV, 2001, Pappel, 100 x 80 x 25 cm, Ministerium für Wissenschaft, Forschung und Kunst Baden-Württemberg.
374 WVZ 504, Station XVIII, 2004, Pappel, 80 x 40 x 65 cm, Landkreis Ravensburg, Leihgabe Museum Rudolf Wachter. Neues Schloss Kisslegg.
375 Dathe 2005, S. 12.
376 WVZ 556, Station XXII, 2007, Holz (Pappel), 165 x 102 x 35 cm, Katholische Kirchenstiftung St. Paul.
377 WVZ 576, Station 25, 2008, Holz (Pappel), 95 x 80 x 28 cm, Sammlung Wachter.
378 Kühne 1999 II, o. S.
379 z.B. WVZ 293, Hommage für Siegfried Hummel, 1995, Holz (umbrische Kastanie), 60 x 40 x 30 cm, Privatsammlung.
380 Lichtenstern 2004 I, S. 269. Die Autorin nennt als Beispiel die 1455-1465 entstandene ‚Geißelung Christi', Galleria Nazionale delle Marche, Urbino. In diesem Werk operiert Piero mit einem zweifachen Gebrauch der Perspektive.
381 WVZ 219, Omaggio a Piero, 1990, Weide, 33 x 48 x 19 cm, Sammlung Brigitte und Martin Matschinsky-Denninghoff.
382 WVZ 613, Omaggio a Piero, 2011, Pappel, 90 x 105 x 85 cm, Sammlung Wachter.
383 Schulz 2007, S. 200. Schulz schreibt in seinem Aufsatz ‚Zur Geometrie der Figur in der bildenden Kunst. Rudolf Wachter' auch von einer Inspiration Wachters zu dieser Werkreihe durch Piero della Francescas Traktat ‚De prospectiva pingendi' (um 1474, vgl. https://en.wikipedia.org/wiki/De_Prospectiva_pingendi). Die Autorin hat Rudolf Wachter 2009 zu einem möglichen Einfluss dieses Werkes zur Perspektive in Gemälden der Frührenaissance auf sein bildhauerisches Werk befragt. Der Bildhauer erklärte, dass es ihm in seiner Werkreihe nicht um einen konkreten Bezug zu diesem Werk gehe, mit dem er sich nicht im Detail befasst habe. Sein Anliegen sei es vielmehr gewesen, den Wechsel und die Parallelität von Perspektiven aufzugreifen.
384 Wachter 2010 I, S. 44.
385 Wachter 2010 I, S. 44.
386 Schulz 2007, S. 200.
387 WVZ 381, Torso, 1999, Pappel, 28 x 26,5 x 30 cm, Sammlung Dr. Johann Georg Prinz von Hohenzollern.
388 WVZ 413, Paraphrase, 2000, Weide, 60 x 35 x 37 cm, Privatsammlung.
389 Dathe 2005, S. 12.
390 WVZ 34, Pan Spiel, 1980, Holz, Einzelgröße 75 x 13 x13 cm, 104-teilig.
391 Ausst.-Kat. München-Neuperlach, 1982, o. S.
392 WVZ 34: Koffer für Rottweil/Pan Spiel/Holz-Skulptur-Spiel, 1980, Holz (Fichte), 15,5 x 29,0 x 80,5 cm (Koffer), 5 Exemplare.
393 WVZ 89, Black Box, 1984, Fichte, 1200 x 350 cm, Kulturzentrum Gasteig, München. Verschollen.
394 WVZ 86, Modell für eine Wandgestaltung, 1984, Holz, 156 x 36,5 x 2 cm, Sammlung Wachter. WVZ 87, Modell für eine Wandgestaltung, 1984, Holz, 156 x 36,5 x 2 cm, Sammlung DreS. Hanna und Paul Gräb. WVZ 88, Modell für eine Wandgestaltung, 1984, ohne Maße, Sammlung DreS. Hanna und Paul Gräb.
395 WVZ 53, Maria Stuart, 1982, Zypresse, vierteilig, 40 x 50 x 50 cm, 55 x 40 x 49 cm, 56 x 50 x 31 cm, 46 x 47 x 42 cm, Deutsches Institut für Auslandsbeziehungen, Bonn.
396 Diese Gruppe wird im Kapitel ‚Arbeiten im sakralen Zusammenhang' näher beleuchtet.
397 WVZ 221, Tisch für ein Kunstgespräch oder: Die Kunst, aneinander vorbei zu reden', 1990, Fachhochschule Aschaffenburg.
398 Hier sei auf das Kapitel ‚Arbeiten im sakralen Zusammenhang' verwiesen, in dem dieses Ensemble vorgestellt wird.
399 WVZ 300, Tisch für ein Kunstgespräch, 1995, Privatsammlung.
400 Buch der Weisheit, 13,11.13-16.
401 Wachter/Weinmayr 2009.
402 Die Autorin wurde bei der Recherche zum Verbleib von der heutigen Staatlichen Fachschule für Holzbildhauer und Schnitzer an das Oberammergaumuseum verwiesen. Dort findet sich kein derartiges Sammlungsobjekt, das zugeordnet werden könnte. Die Pfarrkirche St. Peter und Paul besitzt eine Vielzahl von Prozessionsstangen, von denen letztlich keine einzige klar zugeschrieben werden konnte.
403 Wachter/Weinmayr 2009.
404 Hepler 2010, S. 7.
405 Ausst.-Kat. Bamberg 2012, S. 77.
406 WVZ 221: Tisch für ein Kunstgespräch oder: Die Kunst, aneinander vorbeizureden, 1990, Holz, (Abachi), siebenteilig, Tisch: 600 x 80 x 80 cm, Stühle: jeweils 60 x 80 x 100 cm, unsigniert, Fachhochschule Aschaffenburg.
407 Ausst. Kat. München 1995 I.
408 Lukas 22,7-20.
409 Wimmer 1995, S. 4.
410 Schäfert 2012, S. 97.
411 Rottach 1995, S. 6.
412 Rottach 1995, S. 6.
413 DiskurS. Rudolf Wachter. Tisch. Skulptur. Ausst.-Kat. DG München 1995, S. 18-21.
414 DiskurS. Rudolf Wachter. Tisch. Skulptur. Ausst.-Kat. DG München 1995, S. 22-29.
415 WVZ 392: Mensa, 2000, Holz (Pappel), 97 x 97 x 97 cm, evangelische Kirchengemeinde St. Lukas, Augsburg.
416 Braun 2019, S. 30-33.
417 Barraud/Braun 2019, S. 54.
418 Barraud/Braun 2019, S. 54-55.
419 Lichtenstern 2004 I, S. 263 f.
420 Barraud/Braun 2019, S. 55.
421 Für den Volksaltar vgl. WVZ 482, 483, 484 und 487, für den Ambo vgl. WVZ 485 und 486.
422 Wachter 2006, S.1.
423 Auer 2009, zitiert nach: https://www.merkur.de/lokales/regionen/pfarrer-rigam-masslos-veraergert-altarentscheidung-gekippt-226533.html. Abgerufen am 26.12.2020
424 Wachter 2006, S. 1.
425 Wachter 2006, S. 4.
426 https://www.erzbistum-muenchen.de/ordinariat/ressort-4-seelsorge-und-kirchliches-leben/kunstpastoral. Abgerufen am 26.12.2020
427 Ausst. Kat. München 2010.
428 Station XXVI (WVZ 579), Station XXIV (WVZ 556), Station XXV (WVZ 577), Station XXVIII (WVZ 575) und Station XXIII (WVZ 578).
429 Hepler 2010, S. 17.
430 Kühne 2011, S. 177.
431 Wachter 2010 I, S. 30.
432 Wachter 2006, S. 3 f.
433 Knapp 2011, S. 12.
434 Gosztonyi 1976, S.114.
435 Schmied 1990, S. 56.
436 Le Corbusier 1979, S. 69.
437 Theil 1985, S.164.
438 Theil 1985, S.164.
439 Henning 1985, S. 192.
440 WVZ 6, Durchdringung zweier Balken, 1970, Holz (Fichte) Druckimprägniert., 500 x 45 x 45 cm, zerstört.
441 WVZ 13, Stammskulptur, 1970/1975, Fichte, 375 x 31 x 31 cm, Sammlung Wachter; WVZ 14, Stammskulptur, 1970/1975, Fichte, 375 x 31 x 31 cm, Sammlung Wachter; WVZ 15, Stammskulptur, 1970/1977, Fichte, 375 x 31 x 31 cm, Sammlung Wachter; WVZ 16, Stammskulptur, 1970/1975, Fichte, 375 x 31 x 31 cm, Sammlung Wachter.
442 Ausst.-Kat. Freiburg 1977, Ausst.-Kat, Freiburg 1979 und WVZ 13, Stammskulptur, 1970/1977, Fichte, 375 x 31 x 31 cm, Sammlung Wachter; Ausst.-Kat, Freiburg 1983.
443 Bereits bei dem ersten Symposion 1977 begann man, aus dem ursprünglich vorgesehenen Parkgelände des Colombiparks weiter in den Stadtraum auszugreifen.
444 WVZ 17, Aposynthese I, 1977, Fichte, 1700 x 80 x 65 cm, Thermalbad St. Georgen, Freiburg.
445 Gercke 1992, S. 16.
446 Dieses Gestaltungsprinzip wiederholt Wachter in ‚Aposynthese I' (WVZ 24) 1978. Für eine Ausstellung des Künstlerbundes in der Nationalgalerie entsteht dort vor Ort eine zweite, wenngleich auch mit einer Gesamtlänge von acht Metern deutlich kleinere Variante.
447 Wachter 1977, o. S.
448 WVZ 24: Aposynthese II, 1978 (um), Fichte, 800 x 190 x 90 cm, verrottet.
449 Welsch 1985, S. 21.
450 Welsch 1985, S. 21.
451 Humpert 1979, o. S.
452 WVZ 25: Langohr, 1979, Fichte, 1200 x 50 x 55 cm, Universitätsgelände Freiburg im Breisgau.
453 Die Freiburger Bevölkerung reagierte im Vergleich zu dem zwei Jahre zuvor durchgeführten Symposion, bei dem die Bildhauer bereits direkt vor Ort im öffentlichen Raum noch erhebliche Irritationen erregt hatten, gelassen und zugewandt. Klaus Humpert, der Kurator, schreibt im Vorwort des Kataloges: „... der Charakter des Sensationellen und Schaustellerartigen war weitgehend abgebaut. Die Interessenten waren kompetenter und die Künstler weniger belagert und bedrängt. Wir betrachten es als Erfolg, wenn zwischen den arbeitenden Künstlern Menschen im Gras lagern oder auf Bänken sitzen und zuschauen". Humpert 1979 o. S.
454 Wachter 1979, o. S.
455 WVZ 19, Diagonalschnitt I, 1977, Fichte, 450 x 80 x 80 cm, verrottet.
456 WVZ 20, Diagonalschnitt II, 1977, Fichte, 450 x 80 x 80 cm, Fröttmaninger Berg, ein Teil verrottet.
457 Rudolf Wachter im Gespräch mit Christiane Lange, Lange 2003 I, S. 36 f.
458 Riedl 2007.
459 WVZ 21, Fachwerkknoten, 1978, Fichte, 500 x 500 x 500 cm, vermutlich verrottet.
460 Unger 1990, S. 10.
461 WVZ 24: Aposynthese II, 1978 (um), Holz (Fichte), 800 x 190 x 90 cm, verrottet.
462 WVZ 6, Durchdringung zweier Balken, 1970, Holz (Fichte) Druckimprägniert, 500 x 45 x 45 cm, zerstört.
463 Roettgen 2000, S. 272.
464 WVZ 30, Stammskulptur, um 1980, Fichte, zweiteilig, 500 x 40 x 40 cm bzw. 500 x 20 x 20 cm, verrottet.
465 WVZ 31 Doppelkeil mit doppeltem Schwundschnitt, 1980, Fichte, Höhe 450 cm, verrottet.
466 WVZ 19, Diagonalschnitt I, 1977, Fichte, 450 x 80 x 80 cm, verrottet.
467 WVZ 20, Diagonalschnitt II, 1977, Fichte, 450 x 80 x 80 cm, Fröttmaninger Berg, ein Teil verrottet.
468 Riedl 2007.
469 Giloy-Hirtz, 1997, S. 183.
470 Rüth 1992, S. 104.
471 Welsch 1985, S. 21.
472 Rüth 1992, S. 106.
473 Wachter 1985, S. 418.
474 Rüth 1992, S. 105.
475 Gercke 1992, S. 14.
476 Gercke 1992, S. 14.
477 WVZ 67: Kreuzschnitt, 1983, Holz (Fichte), 1200 x 80 x 95 cm.
478 WVZ 65: Diagonalschnitt zweifach, 1983, Holz (Sipo-Mahagoni), 420 x 180 x 340 cm, zweiteilig, Westpark München.
479 Rüth 1992, S. 102.
480 WVZ 93, Großer Makorée, 1984, Mahagoni/Makorée, 500 x 307 x 230 cm, TUM München, Weihenstephan.
481 http://rudolf-wachter.de. Abgerufen am 29.12.2020
482 WVZ 100, Windbruch, 1984, Djibuti, 500 x 70 x 70 cm, Hockenheim.
483 WVZ 134, Gehrungsschnitt (Stammskulptur), 1984/1986, Kambala, 700 x 374 x 200 cm, St. Georgen, Bayreuth.
484 WVZ 135, Diagonalschnitt zweiteilig, 1986, Mahagoni, 500 x 190 x 190 cm, Universität Erlangen; WVZ 140, Schrägschnitt parallelisiert, 1986, Sipo Mahagoni, 240 x 210 x 210 cm, Universität Erlangen; WVZ 141, Schwundschnitt, Mahagoni, 500 x 300 x 200 cm, Universität Erlangen.
485 WVZ 139, Gegenläufig geschnitten, 1986, Douglasie, 500 x 120 x 90 cm, Universitätsgelände Passau.
486 WVZ 68, Gegenläufig geschnitten (Modell für Passau), 1983, Esche, 12 x 8 x 40 cm, Privatbesitz.
487 WVZ 170, Verbindung, 1987, Mahagoni, 220 x 200 x 200 cm, JVA Straubing.
488 Rüth 1992, S. 103.
489 WVZ 161, Torre pendente, 1987, Mahagoni, zweiteilig, 650 x 220 x 220 cm und 115 x 220 x 220 cm, Tegernseer Landstraße München.
490 Rüth 1992, S. 101.
491 Gercke 1992, S. 15.
492 Rüth 1992, S. 100 f.
493 WVZ 278, Marler Stamm, 1994, Mahagoni, 630 x 200 x 260 cm, Skulpturenmuseum Glaskasten Marl.
494 WVZ 433, Woodhenge, 2000, Mahagoni, 800 x 220 x 220 cm, Stadtpark Weingarten.
495 WVZ 391, Geköpft, 2000, Kambala, 800 x 200 x 200cm und 200 x 200 x 130 cm, Stadtpark Weingarten.
496 Welsch 1985, S. 35.
497 Schmied 2005, S. 492 ff.
498 Dathe 2002, I, S. 42.
499 Gercke 1992, S. 9.
500 Riedl 2007.
501 Lange 2003 I, S. 34.

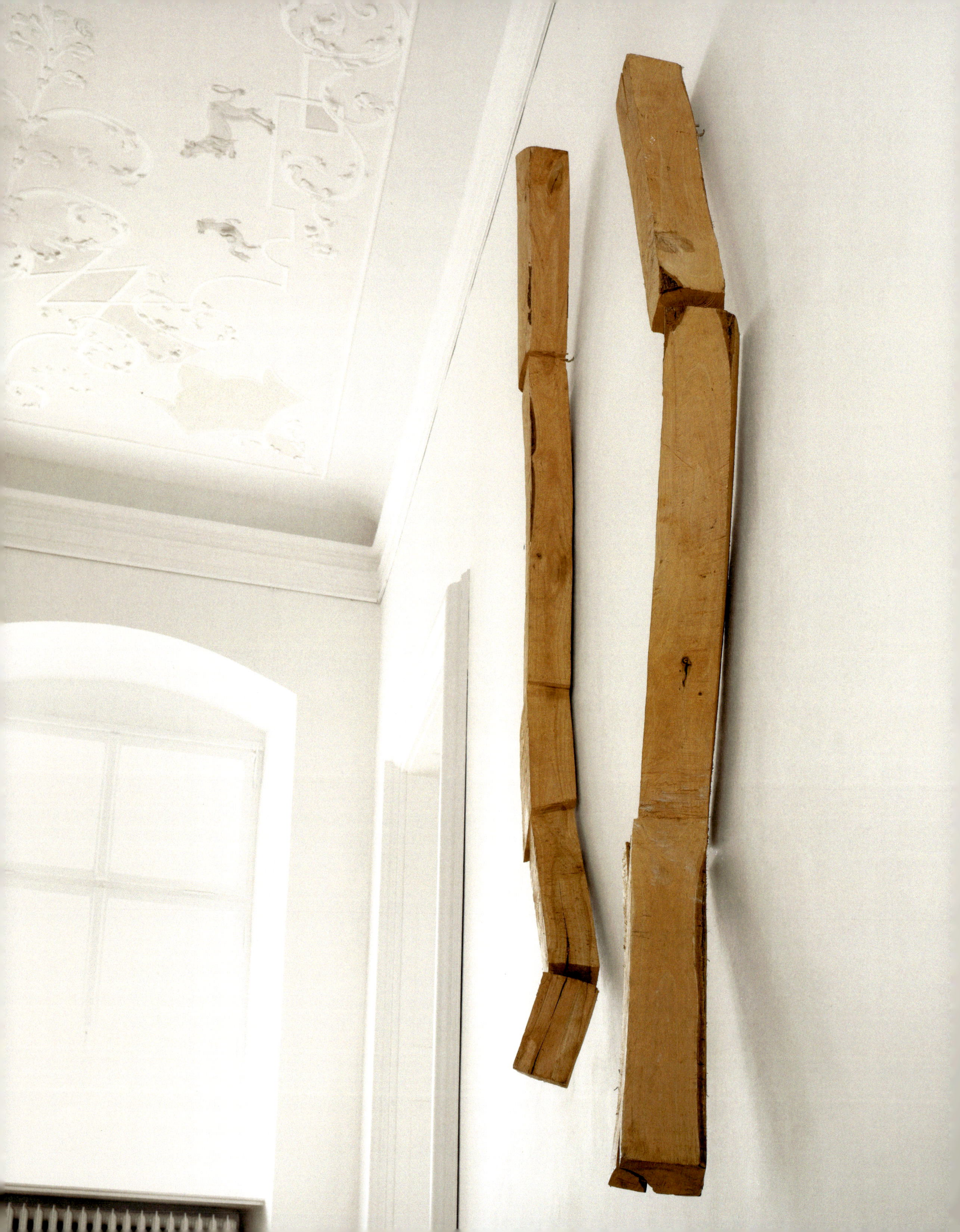

Wissenschaftliches Werkverzeichnis der Holzskulptur

Abbildungsnachweis:
Wenn nicht anders angegeben, gilt folgender Bildnachweis:
Foto: Rudolf Wachter

Methodische Erläuterungen

In das vorliegende Werkverzeichnis sind alle Skulpturen, Reliefs und Multiples Rudolf Wachters aufgenommen, von denen ich Kenntnis erlangen konnte. Die Quelle war hier zunächst das private Fotoarchiv des Bildhauers.

Sehr viele zusätzliche Werke konnten über eine großangelegte Recherche im Kunsthandel (Galerien, Auktionshäuser), in Museen und bei Sammlern eruiert werden.

Die im Werkverzeichnis aufgeführten Arbeiten sind in chronologischer Reihenfolge angeordnet. Nachdem der Bildhauer meist in Zyklen arbeitete bzw. immer wieder in der Verarbeitung der Stammabschnitte eines gesamten Stammes sein Motiv variierte, sind innerhalb der einzelnen Entstehungsjahre die Werke motivisch zusammengefasst.

Diese Entscheidung wurde in Abstimmung mit dem Bildhauer getroffen und entspricht in der Regel der tatsächlichen Werkgenese, da Rudolf Wachter zumeist ein Motiv über einen längeren Zeitraum weiter verfolgte.

Wenn nicht anders angegeben, handelt es sich bei den Einzelwerken, dem Werkprozess entsprechend, jeweils um Unikate.

Wenn eine Skulptur über einen längeren Zeitraum entstand bzw. verändert wurde, wird als Datierung immer der Zeitpunkt des letzten Eingriffes in die Skulptur angegeben.

Das Werkverzeichnis wird über die Drucklegung dieses Buches hinaus weitergeführt auf der Homepage zu Leben und Werk Rudolf Wachters: rudolf-wachter.de

Zum Apparat:
Die die Abbildungen begleitenden Daten zu den einzelnen Werken enthalten folgende Angaben:

Titel:
Grundsätzlich sind die Betitelungen Rudolf Wachters übernommen. Variierende Titelgebungen durch den Künstler werden in Klammern vermerkt. Ist kein Titel bekannt, wird die Arbeit mit ‚o.T.' geführt.

Datierung:
Die im Werkverzeichnis vermerkten Datierungen folgen in der Regel den Angaben des Künstlers, die sich meist an der Signatur verifizieren lassen. Davon abweichende Datierungen, die sich durch die Quellenlage ergeben, sind in Klammern vermerkt.

Ließ sich das Entstehungsjahr nicht exakt feststellen, wird die Datierung aufgrund stilistischer Erwägungen, der Materialverwendung oder biographischer Angaben vorgenommen. In diesen Fällen wird die Datierung mit der relativierenden Bezeichnung ‚um' versehen.

Material:
Das Material ist stets Holz und wird der Übersichtlichkeit halber auch stets angegeben. Wenn sich die Holzart exakt ermitteln ließ, wird diese zusätzlich angegeben.

Maße:
Die Maße sind stets in Zentimetern angegeben. Sie wurden auf halbe oder ganze Zentimeter auf- oder abgerundet.

Die Maße sind immer in Länge x Breite x Tiefe angegeben.

Die erste Ziffer benennt die Länge. Diese definiert sich nach dem Wunsch des Bildhauers immer durch die Faserrichtung des Holzes. Breite und Tiefe sind nicht exakt zu differenzieren, da eine Vielzahl der Skulpturen mehransichtig ist.

Im Falle der Reliefs konnte dies jeweils der Hauptansicht des Werkes entsprechend fixiert werden.

Signatur:
Die Holzskulpturen wurden nahezu immer signiert. Die Signatur ist in diesen Fällen ausnahmslos im Stirnholz eingeschlagen.

Besitzangabe:
Der Besitz öffentlicher Sammlungen wird immer erwähnt. In Einzelfällen wurde dem Wunsch nach Anonymität Rechnung getragen. In diesem Fall wird der Begriff ‚Institutionssammlung' verwendet.

Die privaten Sammler werden ihrem Wunsch entsprechend entweder namentlich erwähnt oder unter der Bezeichnung ‚Privatbesitz' (mit oder ohne Ortsangabe, wie gewünscht) genannt.

Konnte der Besitzer eines Werkes nicht ermittelt werden, wird diese Tatsache mit dem Vermerk ‚Verbleib unbekannt' dokumentiert.

Ausstellungen:
So weit dies zu ermitteln war, sind die Ausstellungen, in denen das Werk gezeigt wurde, mit Kurztitel aufgeführt. Mitunter wurde ein Werk nicht im Rahmen einer Ausstellung, sondern als singuläre temporäre Aufstellung gezeigt. In diesem Fall sind Ort und Jahr vermerkt.

Bibliographische Angaben:
Alle Publikationen, in denen das Werk im Bild abgebildet wurde, sind mit Kurztitel aufgeführt.
Die Publikationen erscheinen in chronologischer Reihenfolge auf folgende Weise:
Monographische und andere Ausstellungskataloge jeweils mit Titel, Ort, Jahr und Seitenzahl bzw. Abbildungsnummer.
Alle anderen Publikationen mit Autor, Jahr und Seitenzahl

Kommentar:
Alle weiterführenden, ergänzenden oder unter Umständen divergierenden Angaben des Künstlers, dritter Personen oder schriftlicher Quellen sind hier aufgeführt. Weiterhin werden an dieser Stelle alle Informationen, die im Zusammenhang mit diesem Einzelwerk relevant erschienen, dokumentiert.

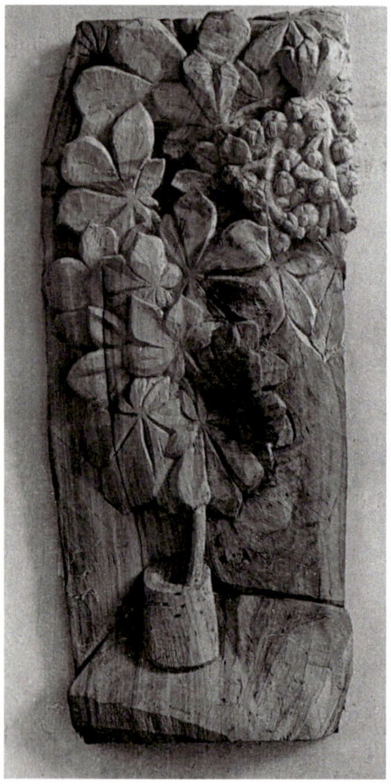

1
Florales Relief
1953/1955
Holz, 100 x 52 x 53, Unsigniert
Verbleib unbekannt
Entstanden während des Studiums an der Akademie

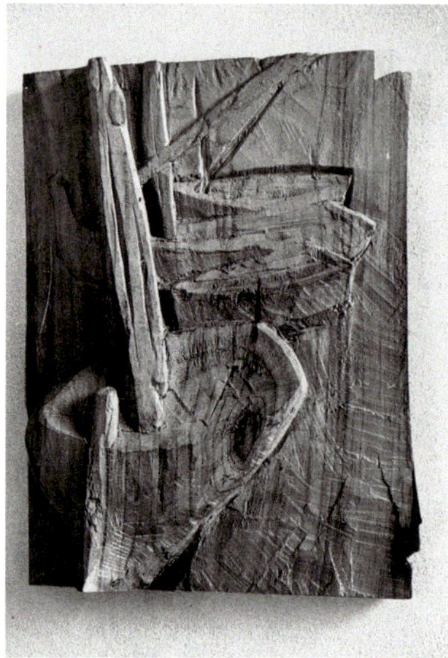

2
Relief (Boote)
1953/1955
Holz, 52 x 53 x 70, Unsigniert
Verbleib unbekannt
Entstanden während des Studiums an der Akademie

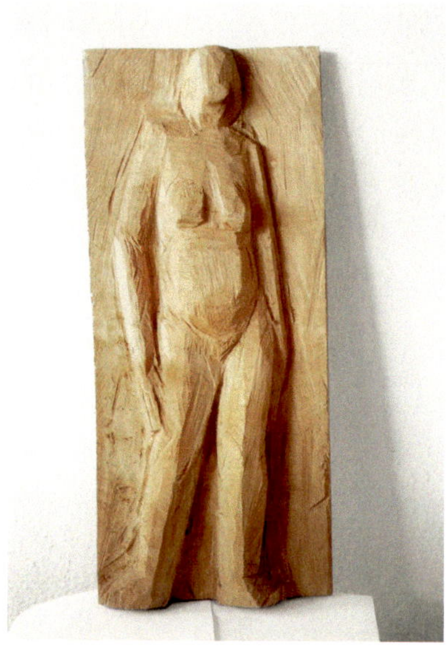

3
Relief Akt
1958/1960
Pappel, 35 x 85, Tiefe unbekannt, Unsigniert
Privatsammlung
Entstanden während der des Studiums an der Akademie ‚vor der Natur'
(persönliche Anmerkung Rudolf Wachters 2005)

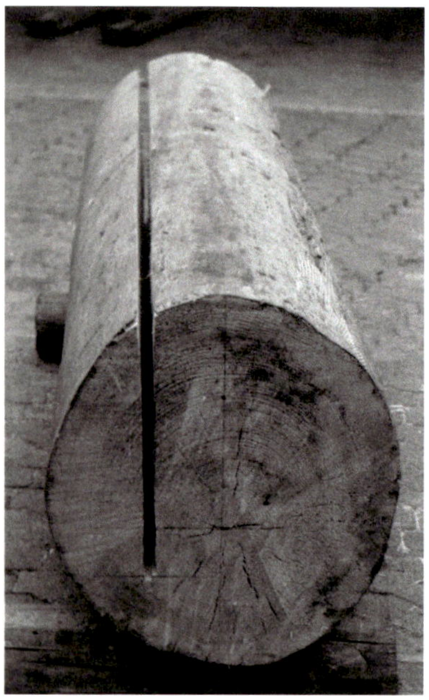

4
Schwundschnitt
1960
Fichte, 200, Durchmesser ca. 50, Unsigniert
Zerstört

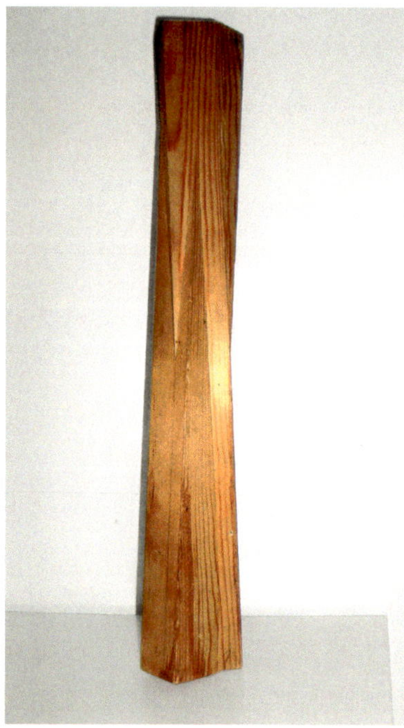

Foto: privat

5
Durchdringung
Um 1970
Kiefer, 50 x 9 x 6, Unsigniert
Privatsammlung

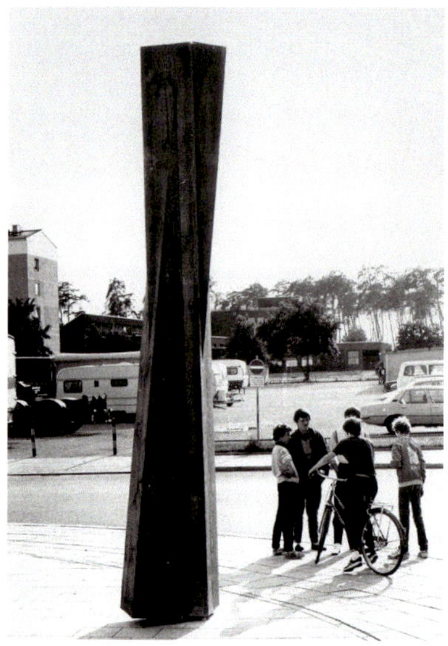

6
Durchdringung zweier Balken
1970
Fichte, druckimprägniert.
500 x 45 x 45, Unsigniert
Jugendzentrum am Hasenbergl, Stösserstr. 35, München.

Literatur: Roettgen 2000, S. 272.

Druckimprägniert, dennoch stark verwittert, wurde ohne Rücksprache mit Rudolf Wachter entsorgt.

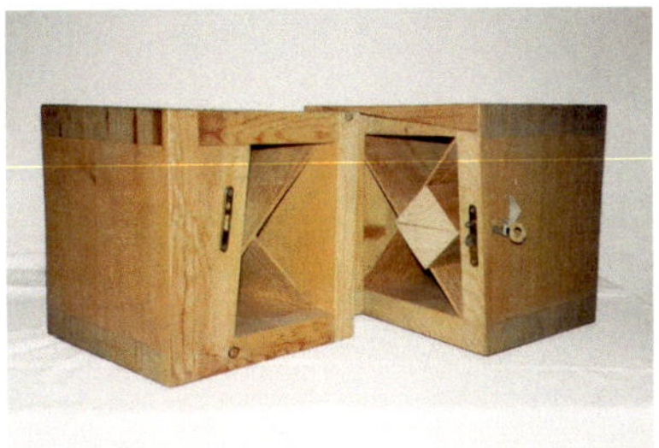

7
Zwei Würfel
Um 1970
Fichte, Jeweils 30 x 30 x 30, Unsigniert
Privatsammlung

Holzwürfel zum Aufschließen (kleine Schränkchen); ‚Schreinerarbeit' (Anmerkung Rudolf Wachters 2006).

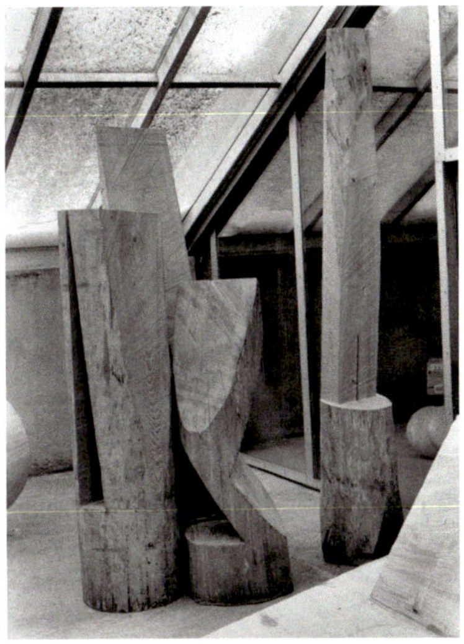

8
Stammskulpturen
Um 1970
Fichte, 250 x 30 x 28, 220 x 48 x 47, 190 x 50 x 50, 160 x 50 x 50, Unsigniert
Sammlung Wachter

Ausstellungen: Rudolf Wachter. Woodhenge, München 2001.

In genannter Ausstellung innerhalb einer ursprünglich fünfteiligen Gruppe aufgestellt. Auf dem Titel der Einladungskarte zu dieser Ausstellung abgebildet.

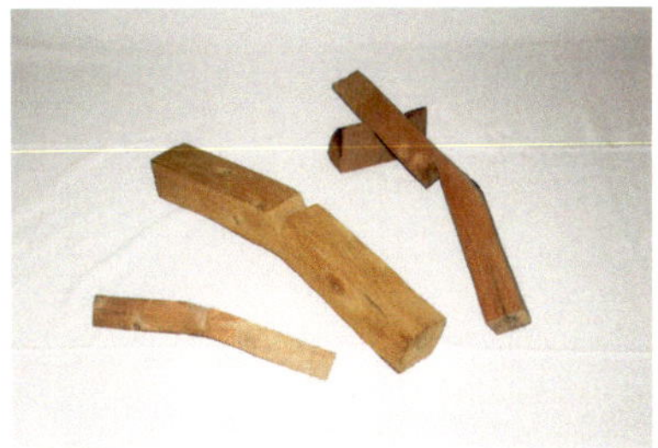

Foto: privat

9
Windbruch
Um 1970
Obstbaum, 27 x 3 x 3, Unsigniert
Privatsammlung
Auf dem Foto Nr. 520.

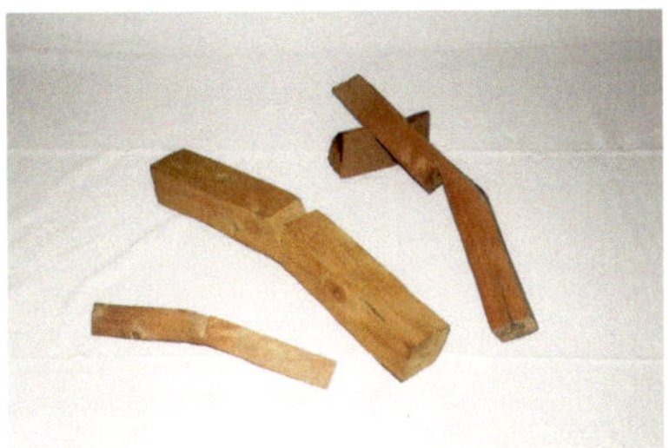

Foto: privat

10
Windbruch
Um 1970
Obstbaum, 42 x 5,5 x 5,5, Unsigniert
Privatsammlung
Auf dem Foto Nr. 527.

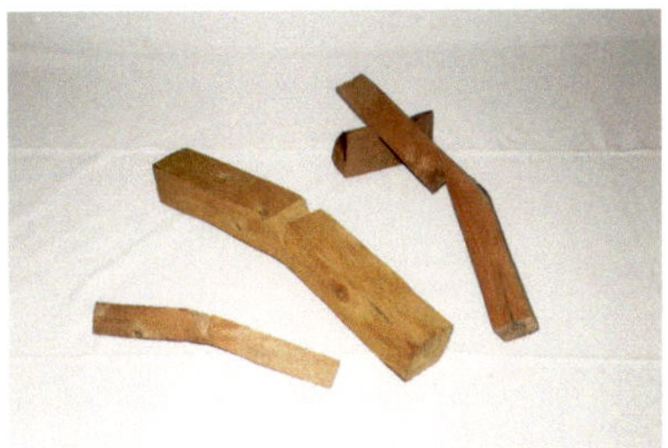

Foto: privat

11
Windbruch
Um 1970
Obstbaum, 42 x 4 x 4, Unsigniert
Privatsammlung
Auf dem Foto Nr. 528.
Dreikantige Sockelung gehört nicht zum Werk.

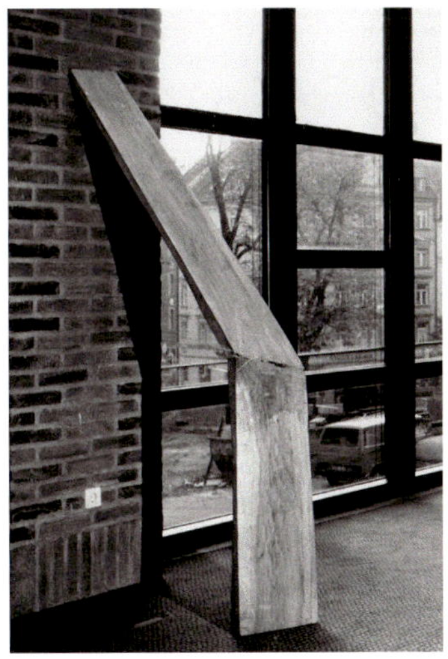

12
Ameisenbrücke
1971
Weide, 250 x 45 x 40, Unsigniert
Sammlung Galerie Blom & Dorn New York

Ausstellungen: Rudolf Wachter Stamm-skulpturen, München 1985

Literatur: Ausst. Kat. München 1985, Abb. S. 73.

Im oben betitelten Katalog 1983 datiert. 1971 als Datierung aber durch den Bildhauer bestätigt.

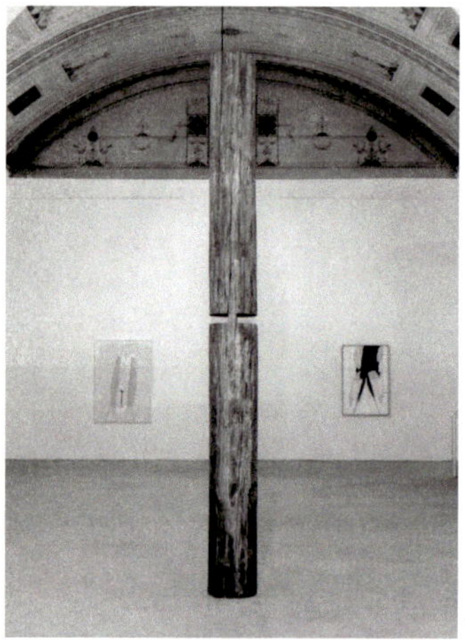

Foto: S. Weinmayr

13
Stammskulptur
1970/1975
Fichte, druckimprägniert.
375 x 31 x 31, Unsigniert
Sammlung Wachter

Ausstellungen: Rudolf Wachter Stammskulpturen, München, 1985.
Kunst + Handwerk, Rudolf Wachter, Düsseldorf 1985.

Literatur: Ausst. Kat. München 1985, Abb. S. 60. Ausst.-Kat. Düsseldorf 1985, 28-32, Abb. S. 31.

Ursprünglich gemeinsam mit WVZ 14, 15 und 16 als Gruppe angelegt.

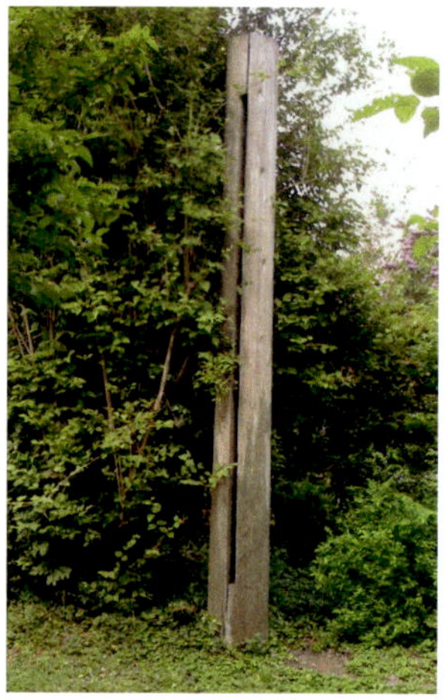

Foto: S. Weinmayr

14
Stammskulptur
1970/1975
Fichte, druckimprägniert.
375 x 31 x 31, Unsigniert
Sammlung Wachter

Ausstellungen: Rudolf Wachter Stammskulpturen, München, 1985.
Kunst + Handwerk, Rudolf Wachter, Düsseldorf 1985.

Literatur: Ausst. Kat. München, 1985, Abb. S. 60. Ausst. Kat. Düsseldorf 1985, S. 28-32, Abb. S. 31.

Ursprünglich gemeinsam mit WVZ 13, 15 und 16 als Gruppe angelegt.

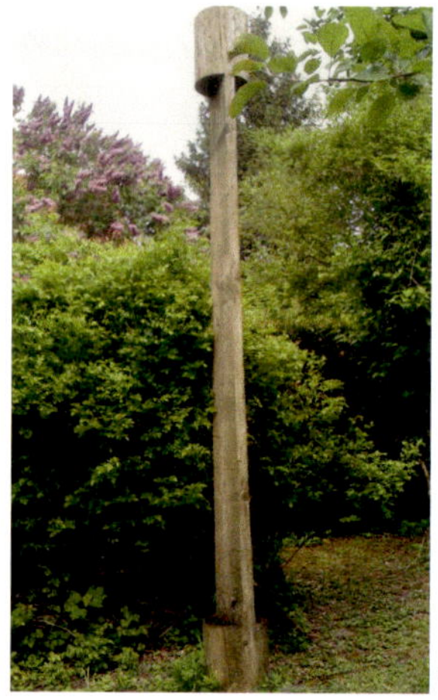

Foto: S. Weinmayr

15
Stammskulptur
1970/1975
Fichte, druckimprägniert.
375 x 31 x 31, Unsigniert
Sammlung Wachter

Ausstellungen: Rudolf Wachter Stammskulpturen, München, 1985.
Kunst + Handwerk, Rudolf Wachter, Düsseldorf 1985.

Literatur: Ausst. Kat. München, 1985, Abb. S. 60. Ausst. Kat. Düsseldorf 1985, SS. 28-32, Abb. S. 31.

Ursprünglich gemeinsam mit WVZ 13, 14 und 16 als Gruppe angelegt.

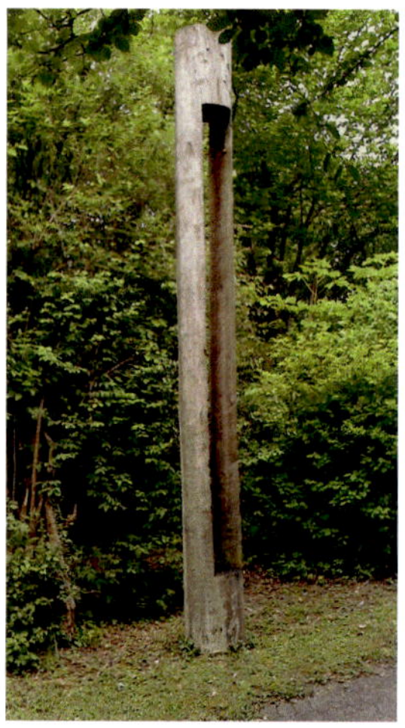

Foto: S. Weinmayr

16
Stammskulptur
1970/1975
Fichte, druckimprägniert.
375 x 31 x 31, Unsigniert
Sammlung Wachter

Ausstellungen: Rudolf Wachter Stammskulpturen, München, 1985. Kunst + Handwerk, Rudolf Wachter, Düsseldorf 1985.

Literatur: Ausst. Kat. München, 1985, Abb. S. 60. Ausst. Kat. Düsseldorf 1985, SS. 28-32, Abb. S. 31

Ursprünglich gemeinsam mit WVZ 13, 14, und 15 als Gruppe angelegt.

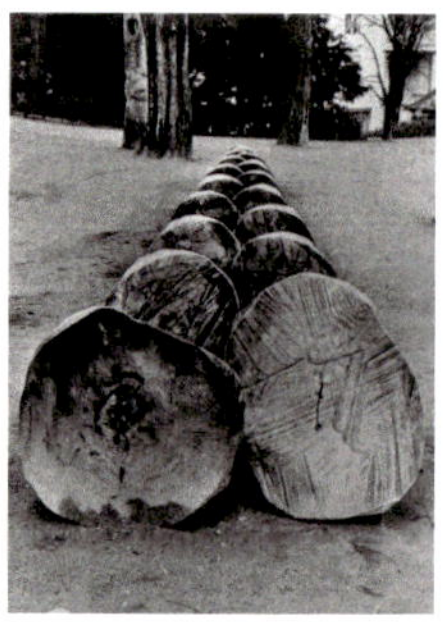

17
Aposynthese I
1977
Fichte, 1700 x 80 x 65, Unsigniert
Thermalbad St. Georgen, Freiburg

Ausstellungen: Holzbildhauer-Symposion, Freiburg im Breisgau, 1977. Rudolf Wachter Stammskulpturen, München, 1985. Rudolf Wachter Holzskulpturen, Marl 1992.

Literatur: Ausst. Kat. München 1985, Abb. S. 48. Ausst. Kat. Marl 1992, Abb. S. 109. Ausst. Kat. Freiburg im Breisgau, 1977, Abb. o.S. Ausst. Kat. Berlin 1978, Abb. o.S. Bluemler 1997 S. 4. Klant 1998, SS. 95, 126-127, 208, 211, 235, Abb. S. 126.

Die Skulptur besteht aus einem ganzen Fichtenstamm, der zunächst gleichmäßig in einzelne Stammabschnitte unterteilt wurde. Diese Einzelsegmente wurden wiederum in einem steilen Schrägschnitt geschnitten.

Verrottet und entsorgt.

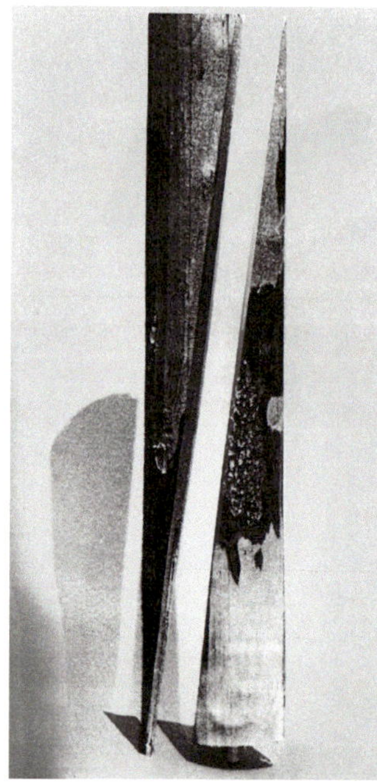

18
Modell für Diagonalschnitt I und II
Um 1977
Kiefer?, Maße unbekannt, Unsigniert
Zerstört
Modell für Großskulpturen, vgl. Diagonalschnitt I, WVZ 19 und Diagonalschnitt II, WVZ 20.

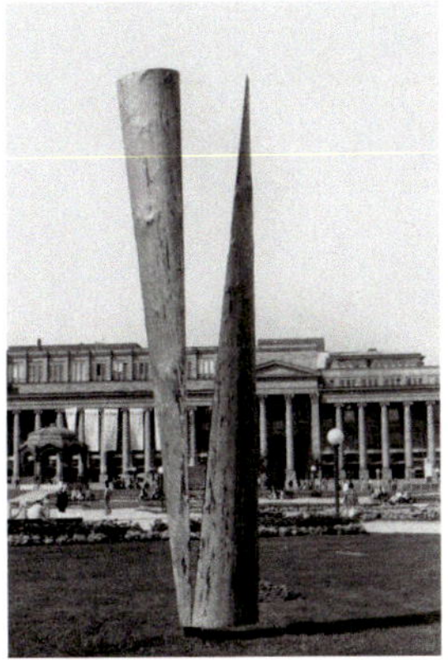

19
Diagonalschnitt I
1977
Fichte, 450 x 80 x 80, Unsigniert
Nähe Hl. Kreuz, Fröttmaninger Berg

Ausstellungen: Rudolf Wachter Stammskulpturen, München 1985. Rudolf Wachter Holzskulpturen, Marl 1992. Rudolf Wachter im Neuen Schloss Kißlegg, 2005.

Literatur: Ausst. Kat. München 1985, Abb. 33, S. 46–47. Ausst. Kat. Marl 1992, Abb. S. 111. Ausst. Kat. Kißlegg, 2005, Abb. S. 58. Ausst. Kat. Berlin 1979, Abb. S. 111.

Zweiteilig (mit WVZ 20). Vom Bildhauer als eigenständiges Werk bestimmt.

Modell WVZ 18

Verrottet, ein Fragment erhalten

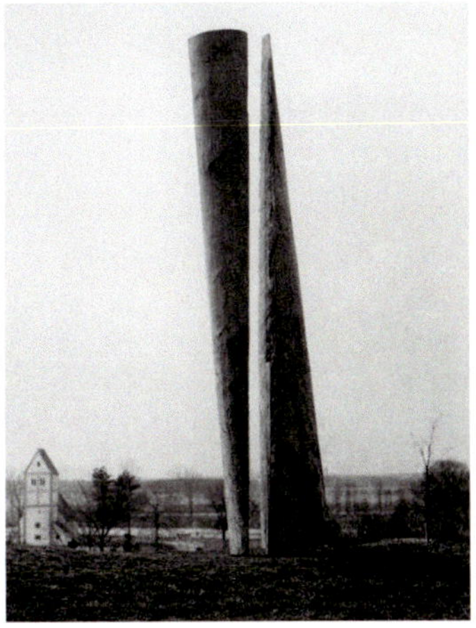

20
Diagonalschnitt II
1977
Fichte, 500 x 80 x 80, Unsigniert
Nähe Hl. Kreuz, Fröttmaninger Berg

Ausstellungen: Rudolf Wachter, München 1997. Rudolf Wachter. Woodhenge, Schwäbisch Gmünd 2000.

Literatur: Ausst. Kat. München 1997 I, Abb. S. 60. Ausst. Kat. Schwäbisch Gmünd 2000, Abb. S. 48. Bibiana Wachter o.J., Abb. S. 15.

Zweiteilig. (mit WVZ 19) Vom Bildhauer als eigenständiges Werk bestimmt.

Modell WVZ 18

Vollständig erhalten aber stark verwittert

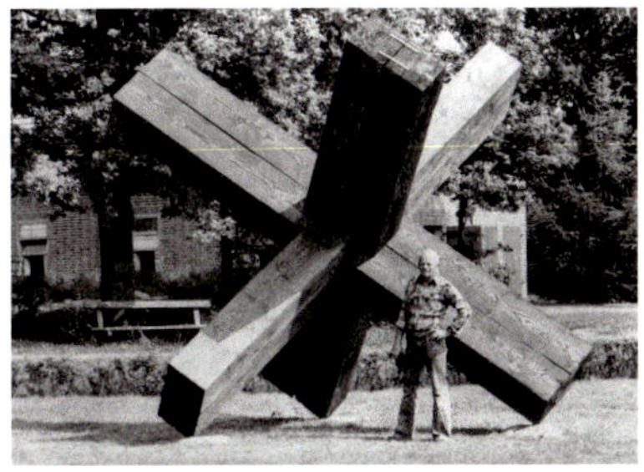

Foto: Ulla Wachter

21
Fachwerkknoten
1978
Fichte, 500 x 500 x 500, Unsigniert
Verbleib unbekannt, wohl verrottet

Ausstellungen: SommerAusstellungen Galerie Falazik, Springhornhof, Neuenkirchen 1978. Symposion von Hort. Brockdorf, Lüneburger Heide.

Literatur: Ausst. Kat. Neuenkirchen 1978, Abb. o.S. Ausst. Kat. Neunkirchen 1987, Abb. S. 111. Schmoll 2004, Abb. S. 39.

In Brockdorf einmal erneuert wegen starker Verwitterung. Siehe Modell WVZ 22

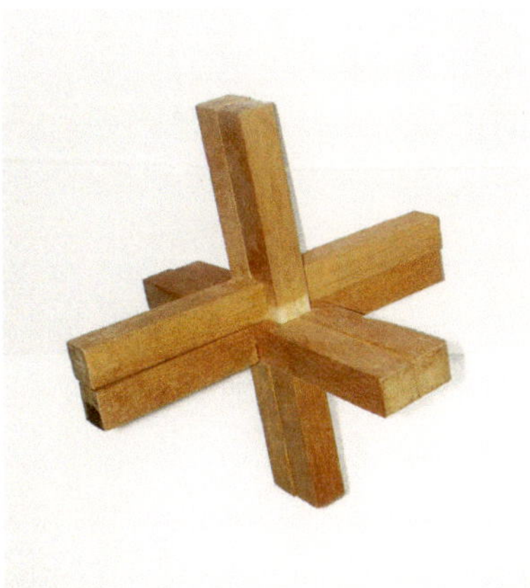

Foto: privat

22
Fachwerkknoten
1978
Ahorn, 36 x 36 x 36, Unsigniert
Privatsammlung
Modell für WVZ 21

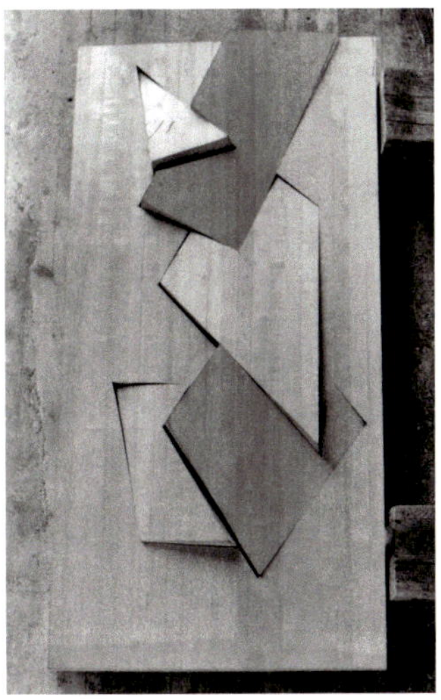

23
Relief
1978
Pappel, 200 x 100 x 16
Sammlung Wachter

Ausstellungen: Stationen, Monika Huber und Rudolf Wachter – eine künstlerische Begegnung, Rosenheim, 2010

Literatur: Ausst. Kat. Rosenheim, 2010, Abb. S. 36.

Verleimte Bretter, in Schreinertechnik ausgeführt. Technisch singuläres Werk innerhalb der Gruppe der Reliefs.

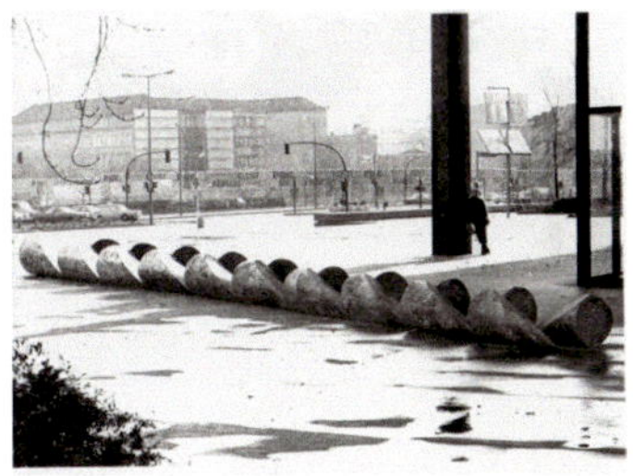

24
Aposynthese II
Um 1978
Fichte, 800 x 190 x 90, Unsigniert
Hier: Nationalgalerie Berlin, temporär

Ausstellungen: Ausstellungen des Künstlerbunds, Berlin 1978. Dimension. Plastische Arbeiten unserer Zeit, München 1979. Rudolf Wachter Stammskulpturen, München 1985. Rudolf Wachter Holzskulpturen, Marl 1992.

Literatur: Ausst. Kat. München 1979 o.S. Ausst. Kat. Stuttgart 1981, S. 116–119, Abb. S. 118. Ausst. Kat. München 1985, Abb. S. 21, 49. Ausst. Kat. Marl 1992, Abb. S. 110.

Die Skulptur besteht aus einem ganzen Fichtenstamm, der zunächst gleichmäßig in einzelne Stammabschnitte unterteilt wurde. Diese Einzelsegmente wurden wiederum in einem steilen Schrägschnitt geschnitten. Die Skulptur wurde in der Ausstellung des Künstlerbundes 1978 vor der Nationalgalerie in Berlin aufgestellt.

Verrottet

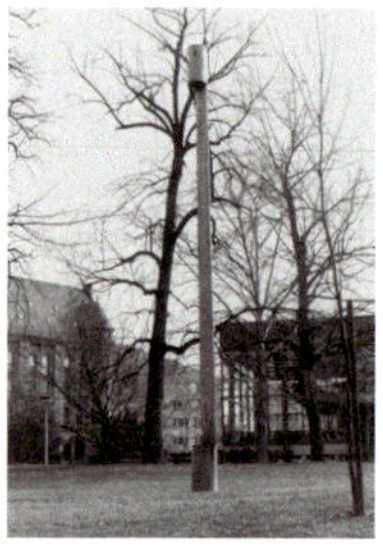

25
Langohr
1979
Fichte, 1200 x 50 x 55, Unsigniert
Universitätsgelände (Mensa I), Freiburg im Breisgau

Ausstellungen: Holz und Kunst. II. Freiburger Symposion 1979, Freiburg im Breisgau, 1979. Rudolf Wachter Stammskulpturen, München 1985.

Literatur: Ausst. Kat. 1979, Freiburg im Breisgau, 1979, Abb. o.S. Ausst. Kat. München 1985, Abb. S. 50. Klant 1998, SS. 95, 126-127, 208, 211, 235, Abb. S. 127.

Die Großskulptur zitiert nach Wachter die untereinander verfeindeten Gruppen der ‚Langohren' und ‚Kurzohren', die auf den Osterinseln lebten. Der ‚Langohr' steht mit seiner enormen Höhe von zwölf Metern wie ein Wächter auf der Wiese der Hochallee vor der Mensa I. Der umgebende Raum soll in den ausgehöhlten Stamm wie der Schall in eine Ohrmuschel eindringen.

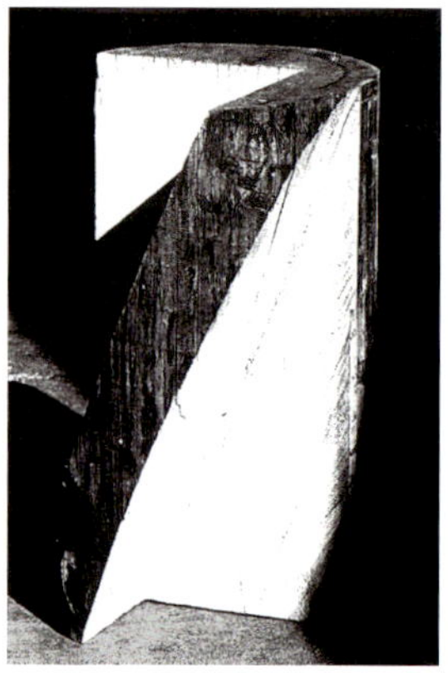

26
Stammskulptur
1979
Pappel, 100 x 60 x 60, Unsigniert
Verbleib unbekannt

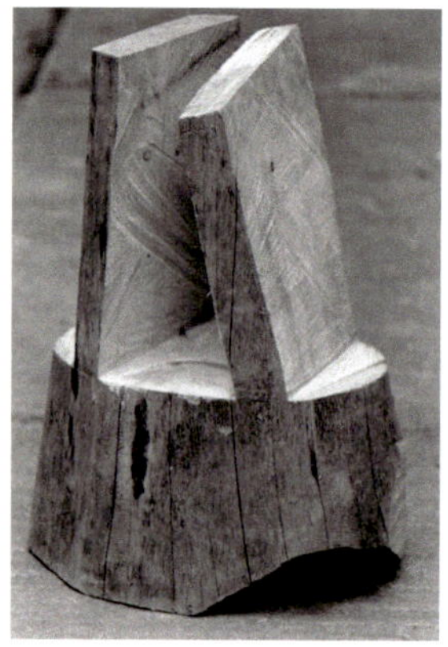

27
Stammskulptur
1979/1980
Fichte, 75 x 50 x 50, Unsigniert
Privatsammlung New York

Ausstellungen: Rudolf Wachter Stammskulpturen, München 1985. Kunst + Handwerk, Rudolf Wachter, Düsseldorf 1985.

Literatur: Ausst. Kat. München 1985, Abb. S. 51. Ausst. Kat. Düsseldorf 1985, 28-32, Abb. S. 32.

Erworben über Galerie Bloom & Dorn

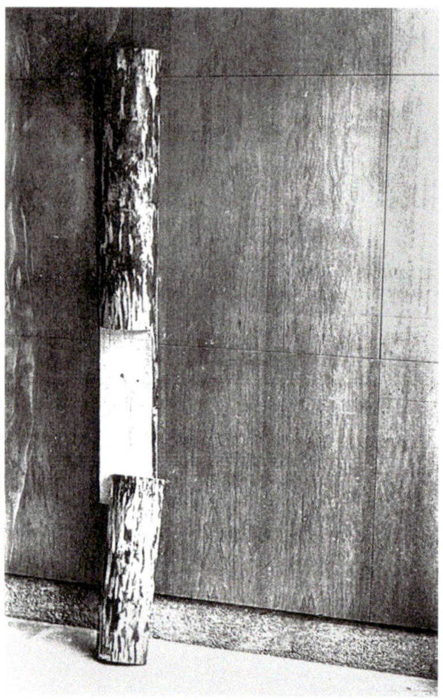

28
Wandplastik
1979/1980
Fichte, 200 x 28 x 30, Unsigniert
Privatsammlung

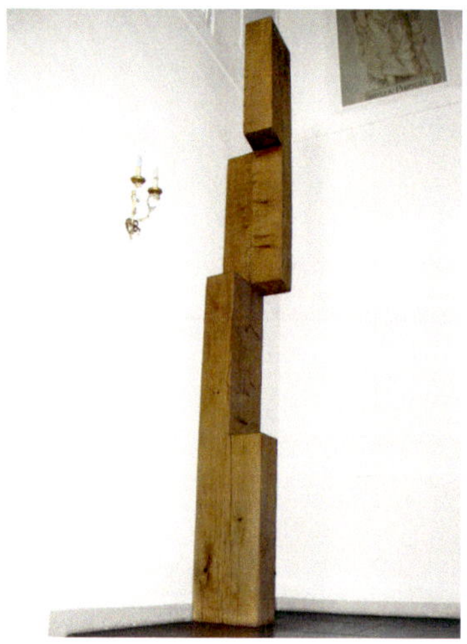

Foto: S. Weinmayr

29
Balken ausgeklinkt
1980
Fichte, 400 x 42 x 42, Unsigniert
Neues Schloss Kißlegg. Museum Rudolf Wachter (Schenkung)

Ausstellungen: Kunstverein Rosenheim ‚83, Rosenheim 1983. Rudolf Wachter Stammskulpturen, München 1985. Rudolf Wachter im Neuen Schloss Kißlegg, Kißlegg 2005.

Literatur: Ausst. Kat. München 1985, Abb. S. 56. Ausst. Kat. Marl 1992, Abb. S. 17. Ausst. Kat. Kißlegg 2005, Abb. S. 17. Ausst. Kat. Rosenheim 1983, Abb. o.S.

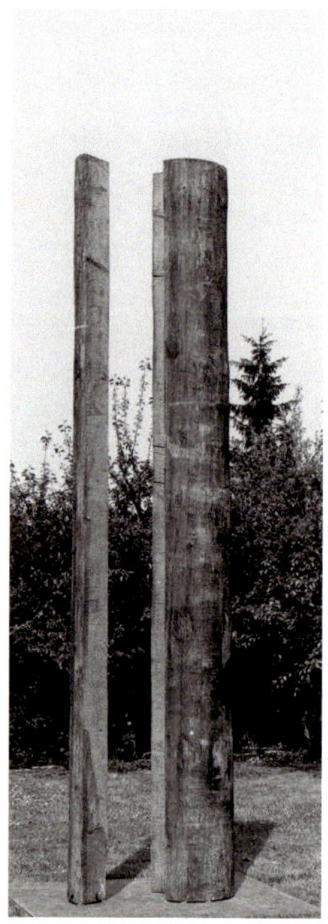

30
Stammskulptur
Um 1980
Fichte, Zweiteilig, 500 x 40 x 40, 500 x 20 x 20, Unsigniert
Zerstört

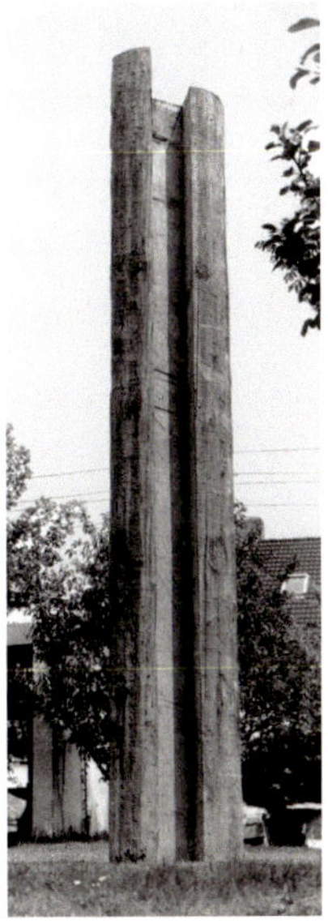

31
Doppelkeil mit doppeltem Schwundschnitt
1980
Fichte, Höhe 450, andere Maße nicht bekannt, Unsigniert
Zerstört

Literatur: Ausst. Kat. Berlin 1980, o.S. Natur-Skulptur, Ausst. Kat. Stuttgart 1981, Abb. S. 116. Ausst. Kat. München 1985, Abb. S. 8. Ausst. Kat. Marl 1992, Abb. S. 112.

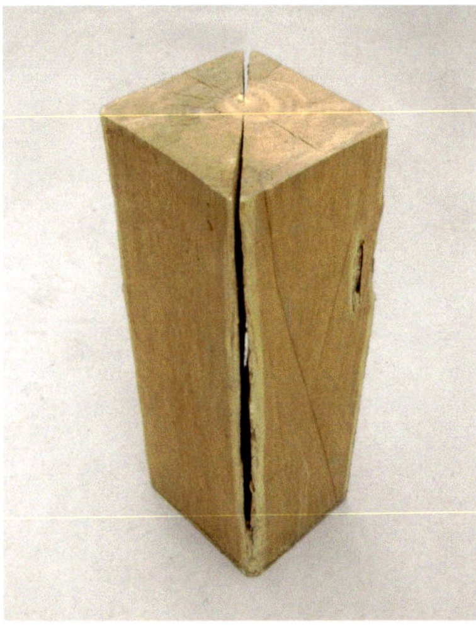

Foto: privat

32
Kernschnitt doppelt
1980
Eiche, 93,5 x 34 x 31, Signiert: R. WACHTER - 1980
Privatsammlung

Ausstellungen: Art Karlsruhe 2005, Galerie Wohlhüter, Karlsruhe 2005. Weihnachtsausstellungen Galerie Wohlhüter, Thalheim 2006. Wachter Holz Skulptur, Schweinfurt 2008

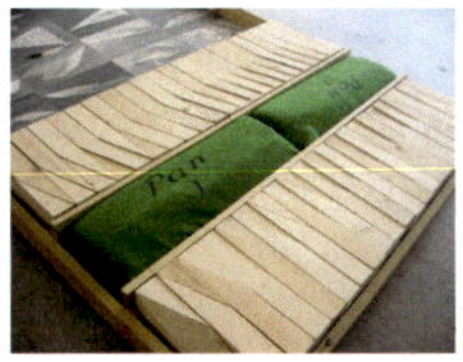

Foto: W. Wohlhüter

33
Koffer für Rottweil/Pan Spiel/ Holz-Skulptur-Spiel
1980
Fichte, 15,5 x 29,0 x 80,5 (Maß bezeichnet Koffer), 5 Exemplare, am Koffer unterschiedlich signiert

Sammlung Dr. Keck, Signiert: R. WACHTER 1980 Firmen-/Institutionsbesitz, Signiert: R. WACHTER 1980 Firmen/Institutionsbesitz, Signiert: 1995 R. WACHTER (nach 1980 wurde kein weiterer Koffer gefertigt, irrtümliche spätere Signatur, die vermutlich das Jahr des Kaufes bezeichnet) Kunstforum Rottweil, Signiert: R. WACHTER 1980

Galerie Wohlhüter, Thalheim, als ‚Musterkoffer' gekennzeichnet, diesen hat der Galerist W. Wohlhüter am 25.11.2009 beim Künstler erworben. Er besitzt leicht abweichende Außenmaße und ist nicht signiert.

Ausstellungen: Künstler machen Koffer für Rottweil, Rottweil 1980. Rudolf Wachter. Holz - Skulptur - Spiel, München 1982. Viererbande, Rottweil 2006. Art Karlsruhe 2009 (Galerie Wohlhüter).

Literatur: Ausst. Kat. Rottweil 1980, S. 41-42. Ausst. Kat. München-Neuperlach 1982. Ausst. Kat. Rottweil 2006. Ausst. Kat. Karlsruhe 2009, S. 271. Abb. 41-42.

Fichte verleimt. Jeweils 102 einzelne Teile, bei denen die Vierkanthölzer immer schräg durch den Körper geschnitten wurden und ein jeweils dazugehörender Holzkoffer.

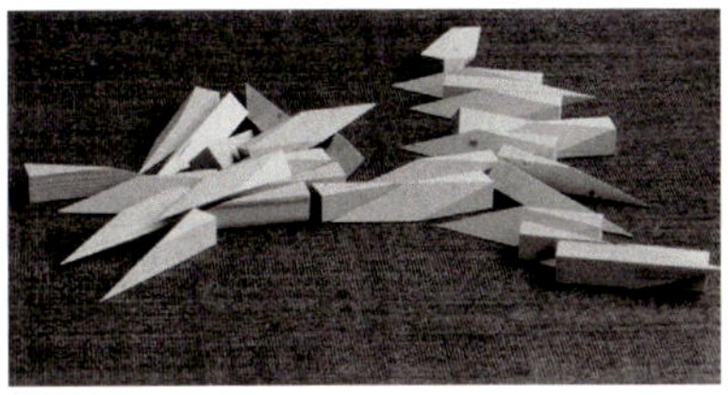

34
Pan Spiel
1980
Fichte, Jeweils 75 x 13 x 13, 104-teilig, Unikat, Unsigniert
Wachterblock. Sammlung Gerlinde und Werner Wohlhüter
Ausstellungen: Bayerische Kunst unserer Tage, Künstlerhaus Wien, Wien 1984.

Literatur: Ausst. Kat. Berlin 1982, Abb. S. 257. Ausst. Kat. Wien 1984, Abb. S. 131. Ausst. Kat. München 1982.

Auftragsarbeit Prof. Paolo Nestler, Akademie der bildenden Künste, München

Im Rahmen der Ausstellungen ‚Koffer für Rottweil 1980' wurde eine Auflage von 5 kleineren Koffern hergestellt, siehe WVZ 33.

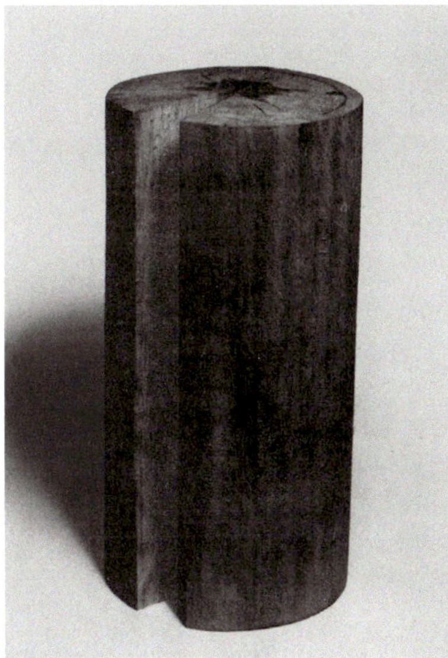

35
Schwundschnitt
1980
Apfel, Ohne Maße, Wohl Unsigniert
Verbleib unbekannt

Ausstellungen: Junge Kunst 1980, 25 Jahre Gesellschaft der Freunde junger Kunst, Baden-Baden, dort auch auf der Einladungskarte abgebildet.

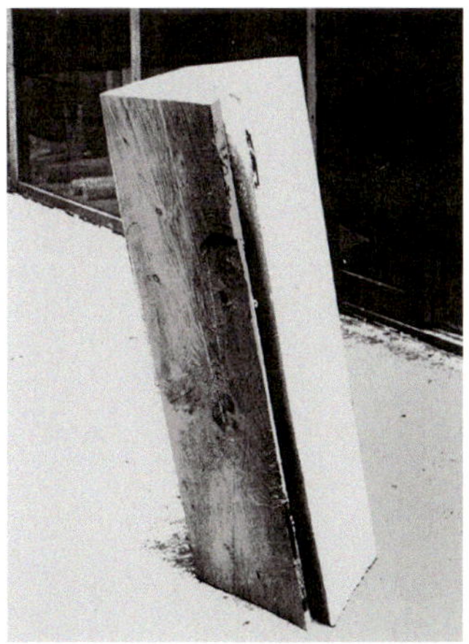

36
Schwundschnitt
1980
Obst?, 110 x 45 x 39, Unsigniert
Sammlung Wachter

Ausstellungen: Rudolf Wachter Stammskulpturen, München, 1985.

Literatur: Ausst. Kat. München, 1985, S. 58.

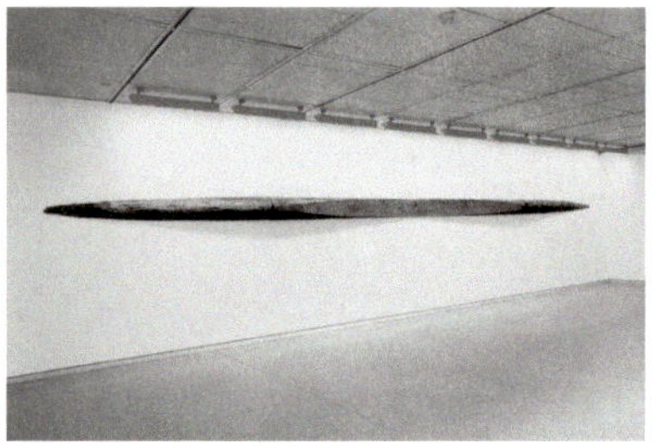

37
Stammskulptur
1980
Fichte, 1180 x 30 x 15, Unsigniert
Neues Schloss Kißlegg. Museum Rudolf Wachter (Schenkung)

Ausstellungen: Kunsthalle der Hypo-Kulturstiftung, München 2003. Lothar Fischer und Weggefährten, Neumarkt 2004. Rudolf Wachter im Neuen Schloss Kißlegg, Kißlegg, 2005.

Literatur: Ausst. Kat. Stuttgart 1981, S. 116–119, Abb. S. 119. Ausst. Kat. München 1985, Abb. S. 56. Ausst. Kat. München 1997 I, Abb. S. 13. Ausst. Kat. München 2003, Abb. S. 20. Ausst. Kat. Kißlegg 2005, Abb. S. 24.

Wandrelief, vierteilig. Stamm ursprünglich drei Meter lang, der Länge nach diagonal versetzt vierfach geschnitten, so dass sich eine Länge von nahezu zwölf Metern ergibt.

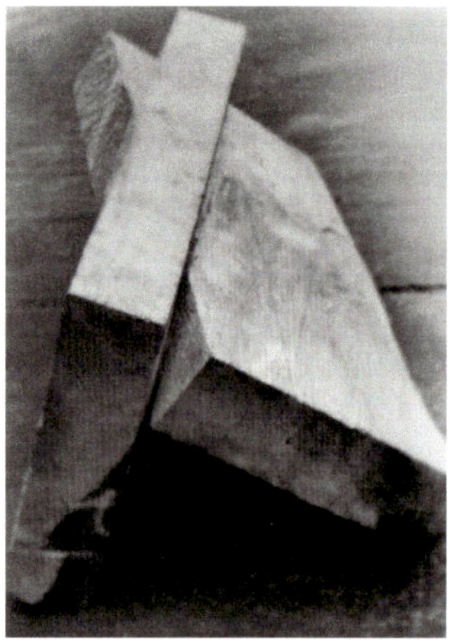

38
Stammskulptur
1980
Pappel, 110 x 70 x 70, Unsigniert
Privatsammlung

Ausstellungen: Jahres-Ausstellung 1982 Kunstverein, Wasserburg a. Inn 1982, Abb. S. 246.

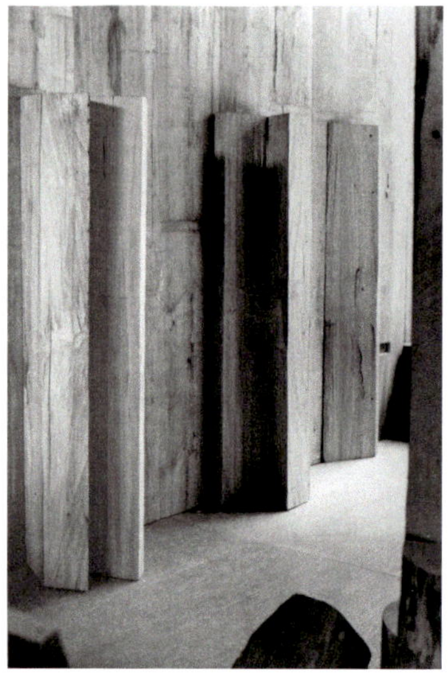

39
Wandplastik
1980
Fichte, Jeweils 200 x 40x 30, Dreiteilig, Unsigniert
Neues Schloss Kißlegg. Museum Rudolf Wachter

Ausstellungen: Rudolf Wachter. Stammskulpturen, München, 1985. Rudolf Wachter im Neuen Schloss Kißlegg, Kißlegg, 2005.

Literatur: Ausst. Kat. München 1985, Abb. S. 45.

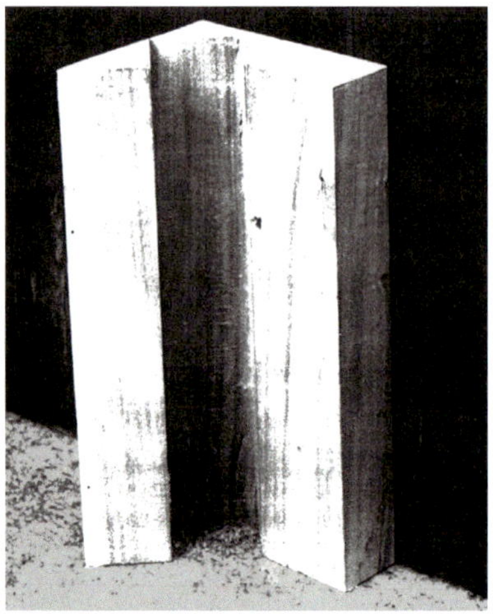

40
Wandplastik
1980
Pappel, 65 x 26 x 9, Unsigniert
Sammlung Wachter

Ausstellungen: Rudolf Wachter Stammskulpturen, München, 1985. Rudolf Wachter Holzskulpturen, Marl 1992.

Literatur: Ausst. Kat. München, 1985, S. 55. Ausst. Kat. Marl 1992, Abb. S. 55.

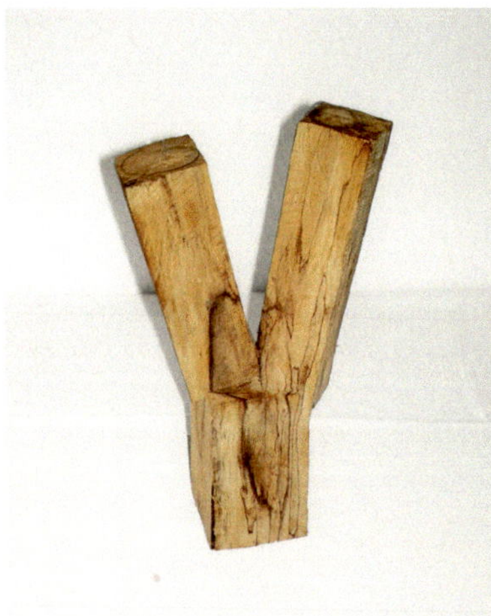

Foto: privat

41
Zwiesel
Um 1980
Zwetschge, 77,5 x 10 x 40, Unsigniert
Privatsammlung

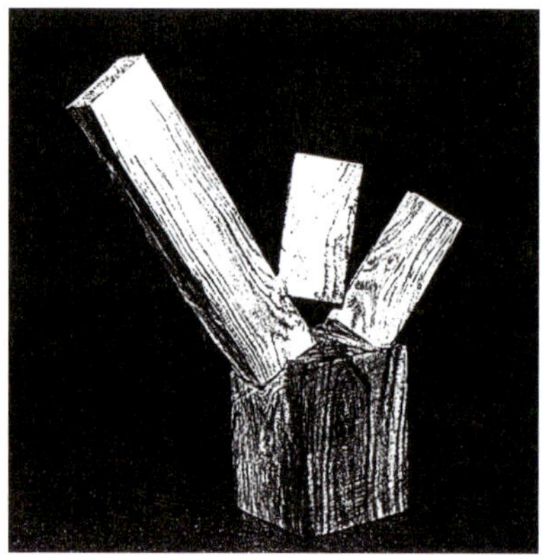

42
ohne Titel (Torso)
um 1980
Esche, Keine Maße
Privatsammlung

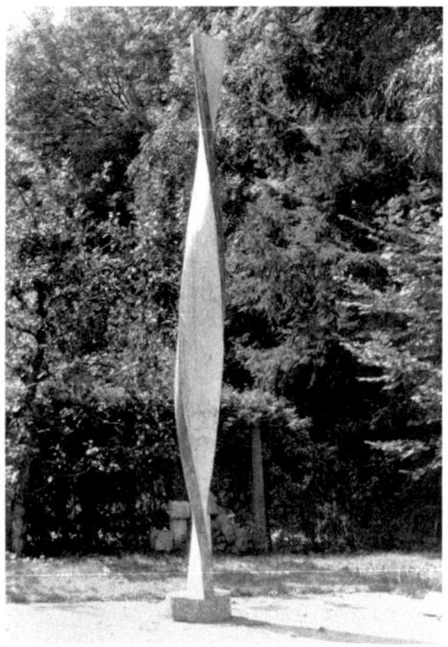

43
Drehwuchs
1980/1981
Fichte, 400 x 55 x 50, Unsigniert
Sammlung Wachter

Ausstellungen: Rudolf Wachter. Stammskulpturen, München, 1985. Natur-Skulptur, Stuttgart 1981. ‚Trostberger Skulpturenpark', Trostberg-Eglsee 1983.

Literatur: Ausst. Kat. München 1985, Abb. o.S. Ausst. Kat. Stuttgart 1981, SS. 116-119, Abb. S. 117. Ausst. Kat. Trostberg-Eglsee 1983, Abb. o.S. Ausst. Kat. Düsseldorf 1985, SS. 28-32, Abb. S. 29.

Nach der Längsfaser des Stammes gearbeitet.

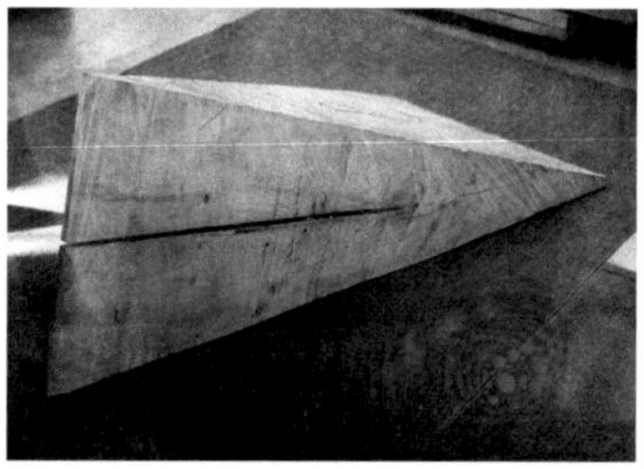

44
Doppelkeil mit doppeltem Schwundschnitt
1981
Fichte, 250 x 90 x 90, Unsigniert
Privatsammlung

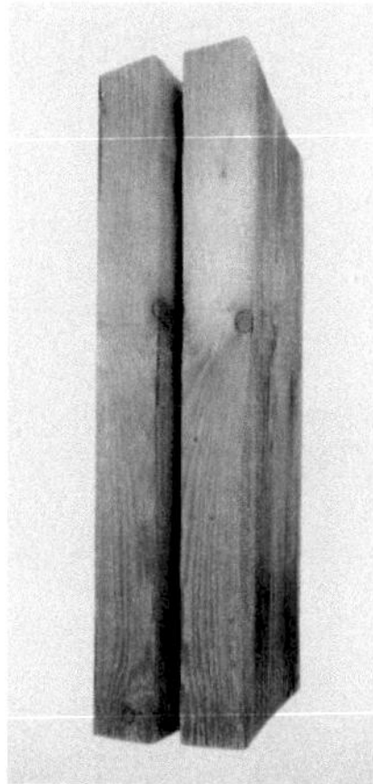

45
Kernschnitt doppelt
1981
Douglasie, 139 x 64 x 33
‚Wachter Block', Sammlung Gerlinde und Werner Wohlhüter

Ausstellungen: Rudolf Wachter Holzskulptur und Zeichnung, Thalheim 1988 Rudolf Wachter - Aus dem Stamm, München 2003 unter Holz - Holz in der Gegenwartskunst 2002, Schloss Achberg, 2002.

Literatur: Ausst. Kat. München 2003, Abb. S. 21. Ausst. Kat. Ravensburg 2002, SS. 42-55, Abb. S. 51-53.

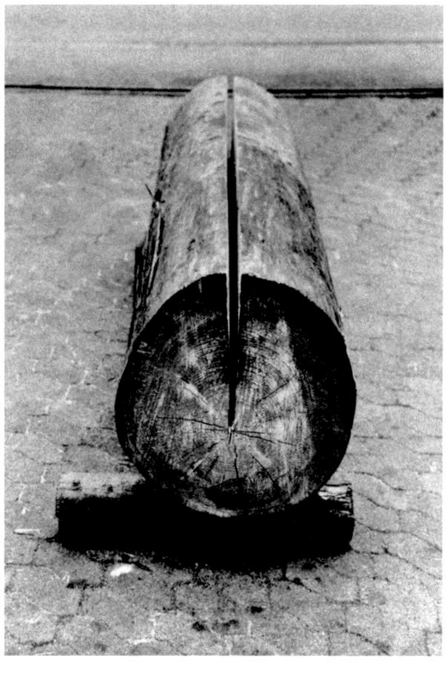

46
Schwundschnitt
1981
Fichte, 190 x 40 x 40, Unsigniert
Zerstört

Ausstellungen: Deutscher Künstlerbund Nürnberg 1981.

Literatur: Kunstreport 2 ,81, o.S.

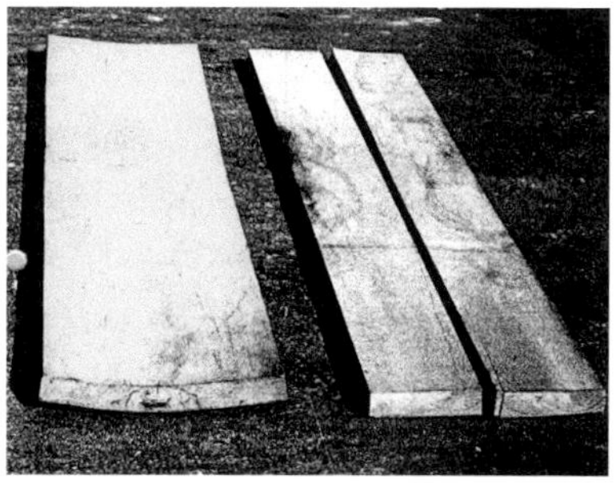

47
Schwundschnitt
1981
Rotbuche, 200 x 5,5 x 440, 200 x 5,5 x 21, 200 x 5,5 x 21, Dreiteilig, Unsigniert
Sammlung Wachter

Ausstellungen: Rudolf Wachter Stammskulpturen, München 1985.

Literatur: Ausst. Kat. München 1985, S. 62.

Alternativer Titel: Schwundschnitt Bohlen

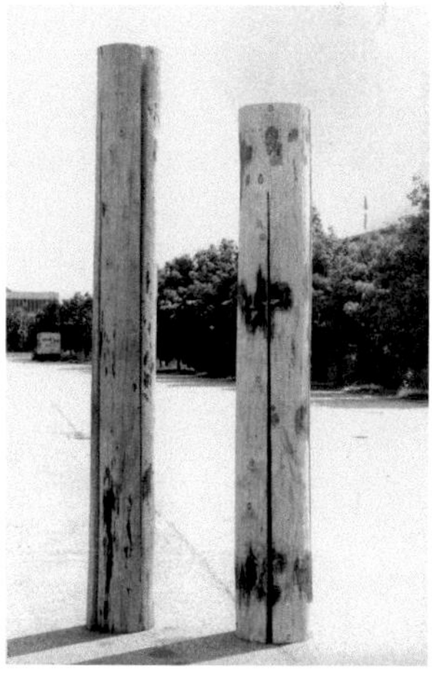

48
Schwundschnitte gegenläufig
1981
Fichte, 350 x 32 x 32, 300 x 32 x 32, Zweiteilig, Unsigniert
Neues Schloss Kißlegg. Museum Rudolf Wachter

Ausstellungen: Rudolf Wachter. Stammskulpturen, München, 1985. Kunstverein Rosenheim zu Gast im Stadtpark in Forum Stadtpark Graz, Rosenheim 1989. Rudolf Wachter im Neuen Schloss Kißlegg, 2005.

Literatur: Ausst. Kat. München, 1985, Abb. S. 64. Ausst. Kat. Rosenheim 1989, Abb. o.S. Ausst. Kat. Kißlegg, 2005, Abb. S. 16.

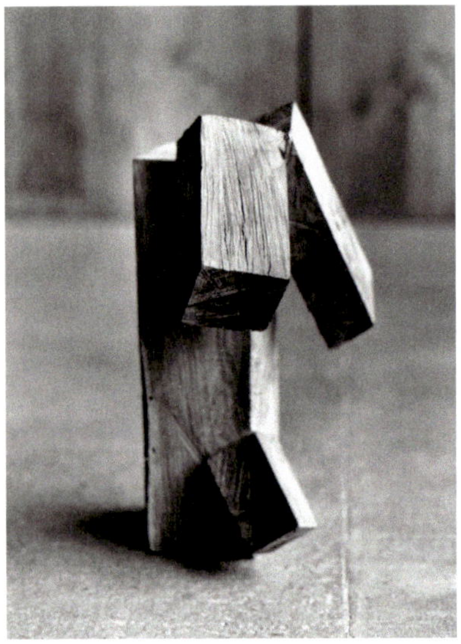

49
Torso
1980/1982
Eiche, Ohne Maße, Signiert:
R. WACHTER © 80/82
Privatsammlung

Ausstellungen: Rudolf Wachter, München 1997.

Literatur: Ausst. Kat. München 1997 I, Abb. S. 53.

Früher ‚Figuration' betitelt. Aus umbrischer Eiche (vom italienischen Wohnsitz des Künstlers).

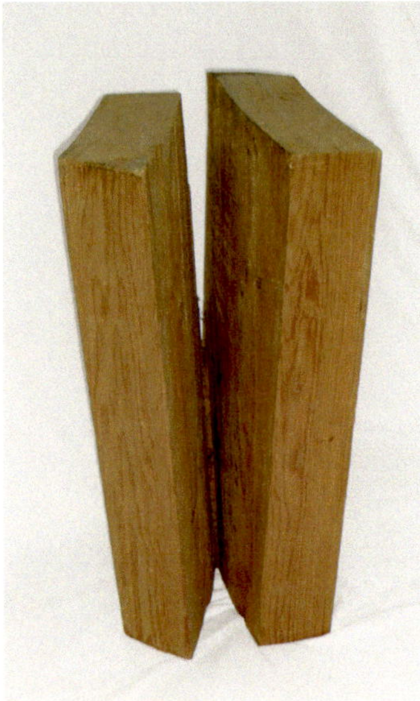

Foto: privat

50
Bohlen, nach dem Wachstum geschnitten
1982
Pappel, 65 x 35 x 47, Signiert: R. WACHTER 1982
Privatsammlung

Ausstellungen: Rudolf Wachter. Stammskulpturen, München 1985.

Literatur: Ausst. Kat. München 1985, S. 7-16, 59.

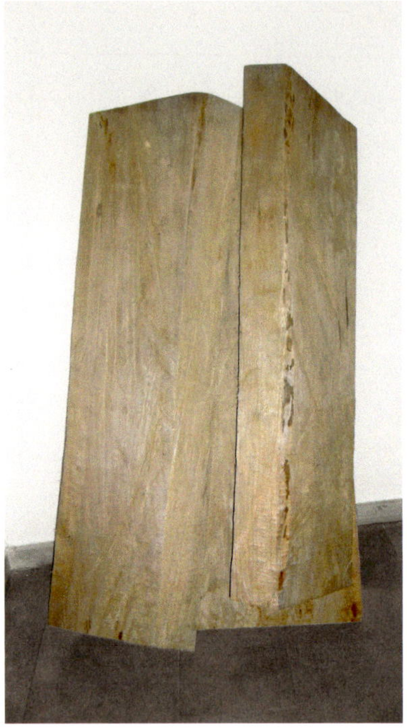

Foto: privat

51
Ohne Titel
Um 1982
Pappel, 147 x 88x 45, Unsigniert
Privatsammlung, Dauerleihgabe Stadtmuseum im Schlössle, Weingarten

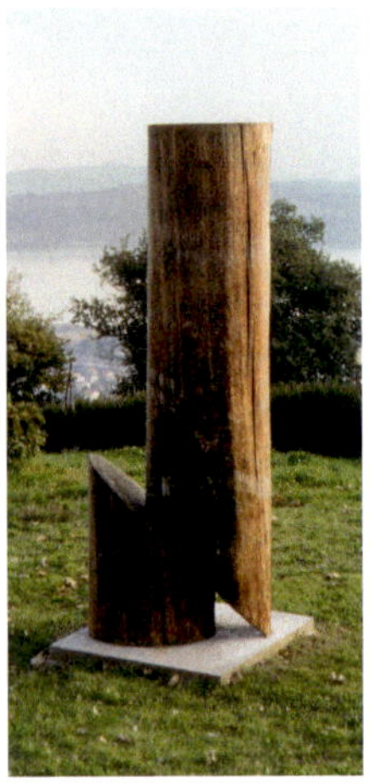

Foto: privat

52
Gehrungsschnitt
1982
Douglasie, 350 x 85 x 85, Unsigniert
Privatsammlung Italien

Ausstellungen: Sommer-KunstAusstellungen 1983, Schloss Dachau, dort auf dem Cover der Einladung abgebildet.

Literatur: Ausst. Kat. München, 1985, S. 65, 86.

Früher Schrägschnitt betitelt. Wurde 1996 in Passignano, Italien aufgestellt. Auch im Wettbewerb, St. Georgen, Justizvollzugsanstalt Bayreuth, dort 1986 in anderer, größerer Fassung aufgestellt (WVZ 134).

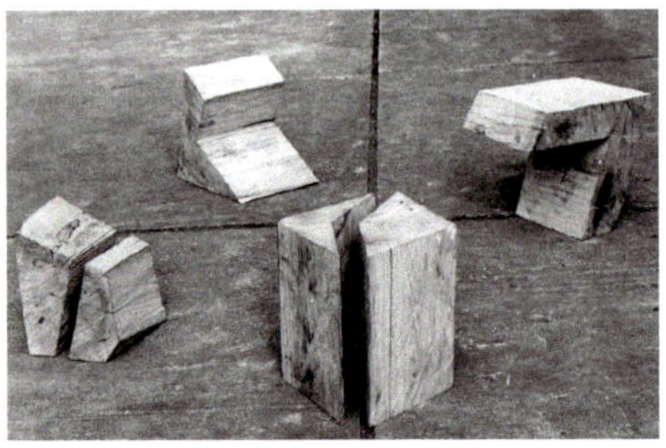

53
Maria Stuart
1982
Zypresse, 40 x 50 x 50, 55 x 40 x 49, 56 x 50 x 31, 46 x 47 x 42, Vierteilig
Institut für Auslandsbeziehungen, Bonn

Ausstellungen: Hommage à Eva Pietzsch, München 1982. Skulptur II, Rudolf Wachter, München 1982. dreidimensional - aktuelle Kunst aus der Bundesrepublik Deutschland, Tokyo u.a. 1984. Rudolf Wachter Stammskulpturen, München, 1985.

Literatur: Ausst. Kat. München I 1982, S.164-165. Ausst. Kat. Tokyo 1984, S. 126-129. Ausst. Kat. München 1982 II, o.S. Ausst. Kat. München, 1985, S. 69-71.

Entstanden in der Villa Massimo, Rom. Die Betitelung ‚Maria Stuart' beruht auf der Assoziation der einzelnen Elemente mit einem Schafott.

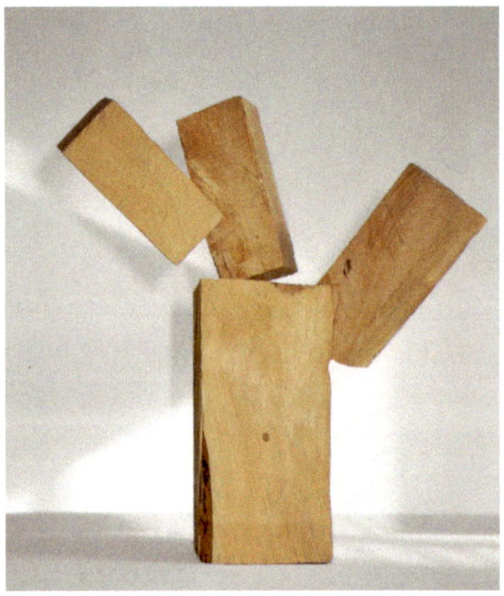

Foto: privat

54
ohne Titel
1982
Esche, 33 x 25 x 13, Signiert: 1982, R. WACHTER
Privatsammlung

Ausstellungen: Rudolf Wachter, Holzskulpturen, Marl 1992. Fläche und Raum, Neues Museum, Staatliches Museum für Kunst und Design in Nürnberg, 10. Juli bis September 2009.

Literatur: Ausst. Kat. 1992, Abb. S. 50.

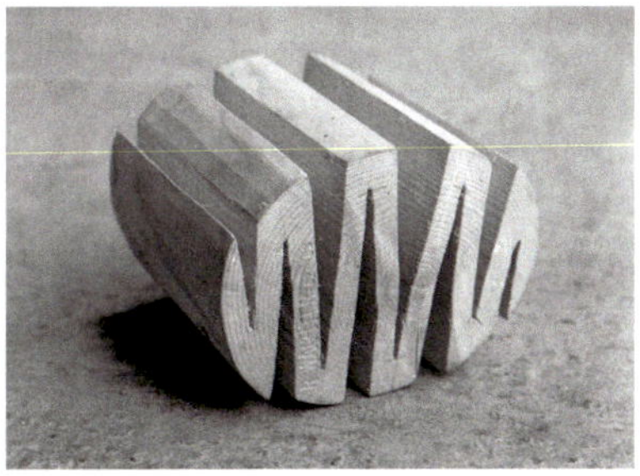

55
Schwundschnitt
1982
Esche, 15 x 20 x 12, Signiert:
R. WACHTER
Privatsammlung

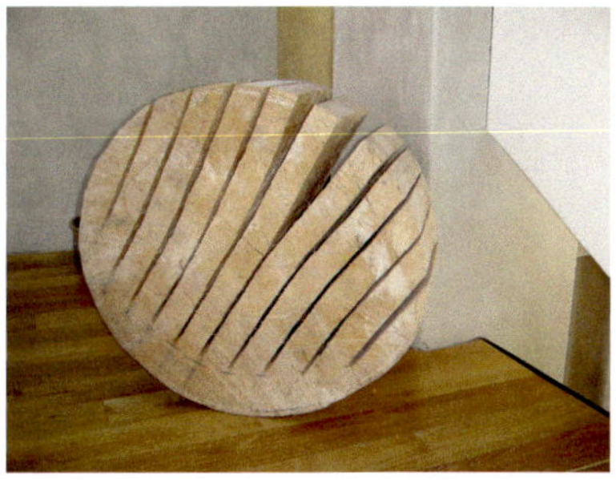

Foto: privat

56
Schwundschnitt
Um 1982
Pappel, 18 x 30 x 40, Unsigniert
Privatsammlung

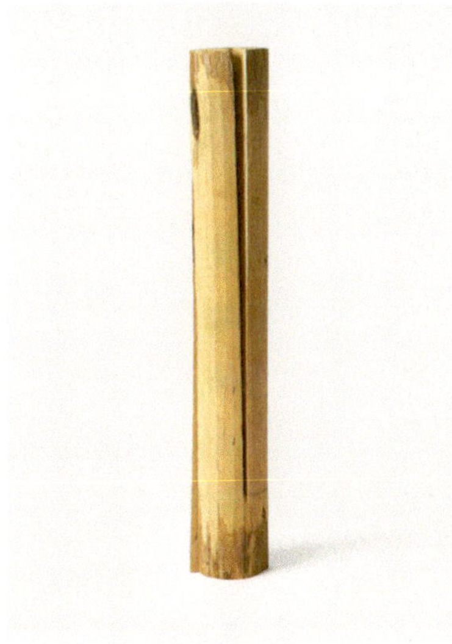

Foto: privat

57
Schwundschnitt
1982
Obstholz?, 41,8 x 6,3 x 6,2, Unsigniert
Privatsammlung

Literatur: Rüth 1991, S. 26–27, S. 190–195, Abb. S. 194.

Modell für ‚Schwundschnitte gegenläufig' (WVZ 48).

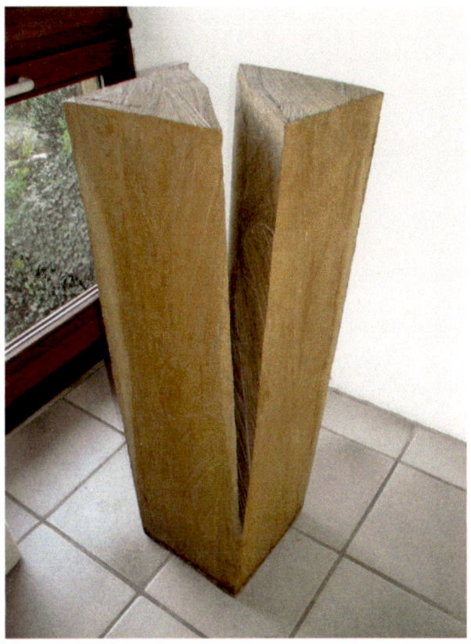

Foto: Bücheler

58
Schwundschnitt
1982
Eiche, 94 x 33 x 33, Signiert:
R. WACHTER © 1982
Sammlung Bücheler

Ausstellungen: Sommer-Ausstellung 1996, Galerie Werner Wohlhüter, Thalheim 1996.

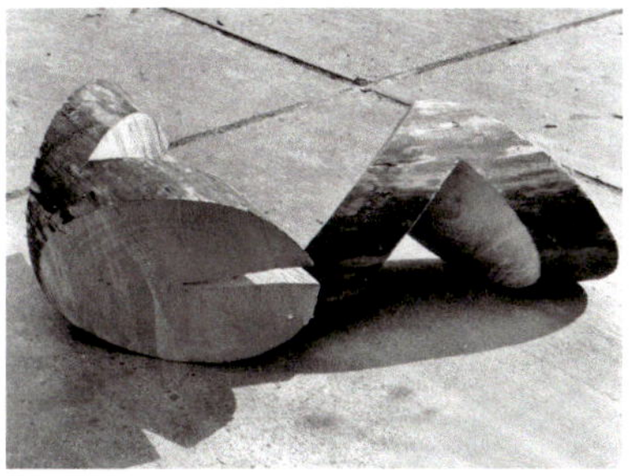

59
Stammskulptur mit Schwundschnitt
1982
Fichte, Ohne Maße, Zweiteilig, Unsigniert
Privatsammlung

Ausstellungen: Skulptur II, Rudolf Wachter, München 1982.

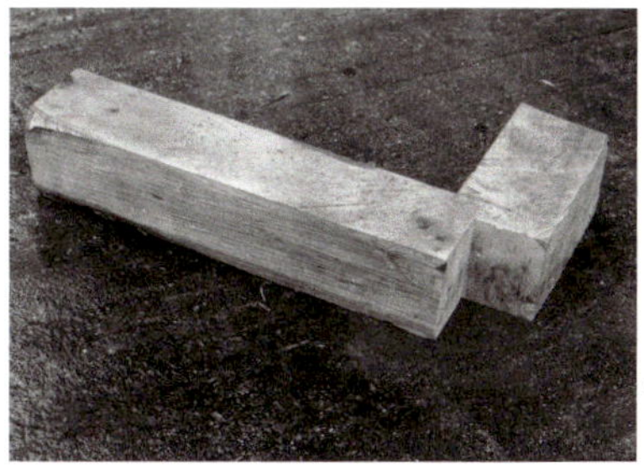

Foto: privat

60
Torso
1982
Birke, 100 x 16 x 40, Signiert:
R. WACHTER, 1982
Privatsammlung

Ausstellungen: Rudolf Wachter, Holzskulpturen, München 1992. Rudolf Wachter, Rottweil 1992; Rudolf Wachter, Ravensburg 1993.

Literatur: Ausst. Kat. München, 1985, S. 66. Ausst. Kat. Marl 1992, S. 40.

In der Literatur teils als ‚Winkelwuchs' betitelt.

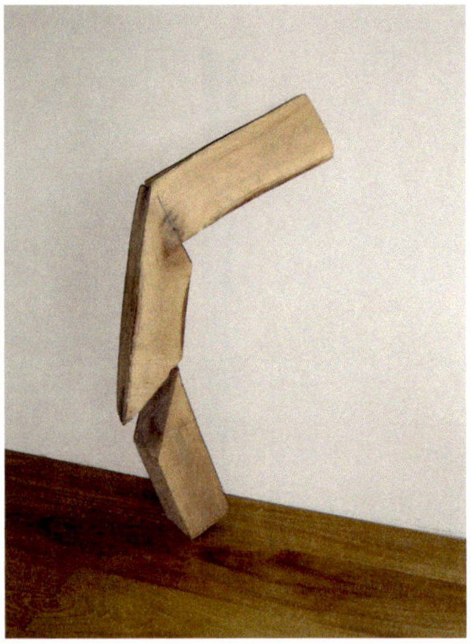

Foto: privat

61
ohne Titel
Um 1982
Obstholz, Ca. 36 x 8 x 25,
Signiert: R. WACHTER -unleserlich-
© -unleserlich
Privatsammlung

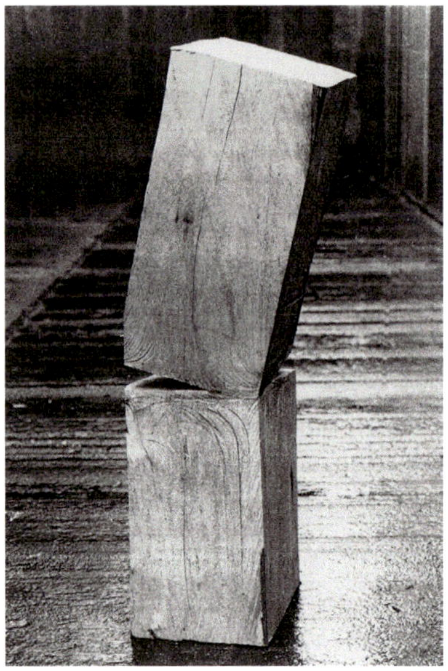

62
Windbruch
1982
Weißbuche, 95 x 29 x 32, Unsigniert
Privatsammlung

Literatur: Ausst. Kat. München, 1985, S. 67.

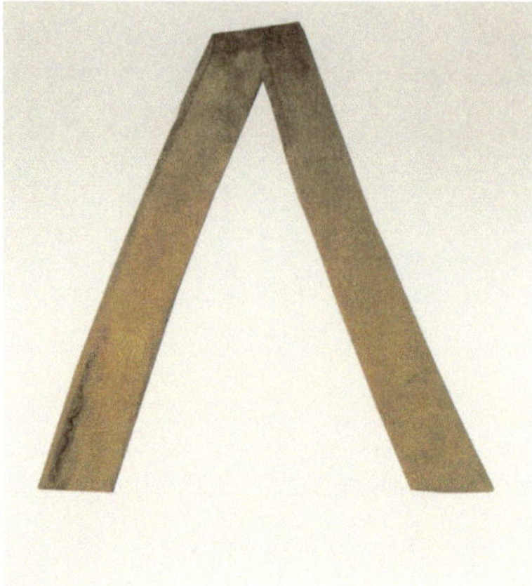

Foto: Göhringer

63
Zwiesel
1982
Kirsche, 87 x 48 x 13, Signiert:
R. WACHTER © 82
Sammlung Göhringer

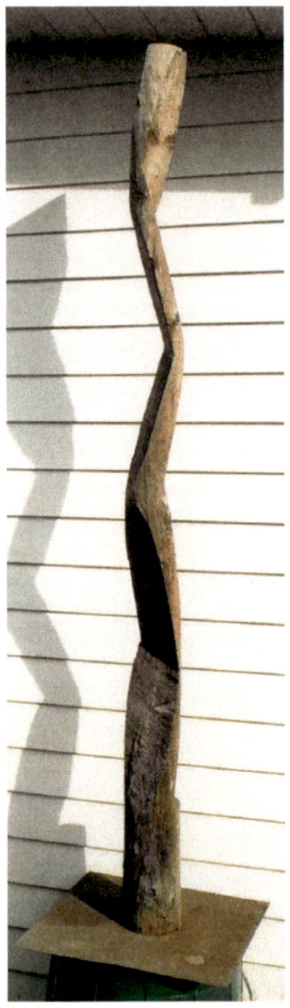

Foto: privat

64
Stammskulptur
Um 1982
Fichte, 200 x 18 x 29, Unsigniert
Privatsammlung

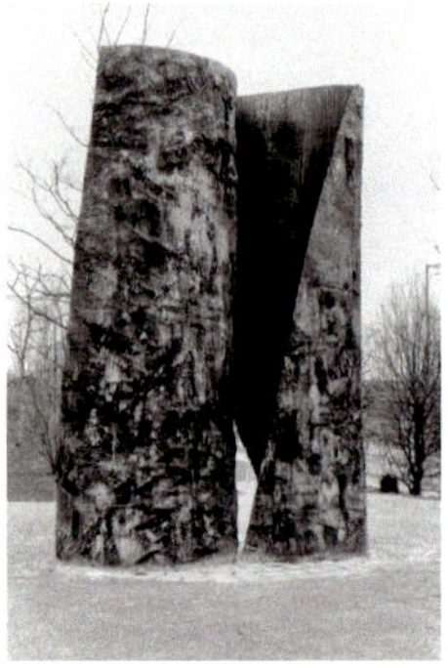

65
Diagonalschnitt zweifach
1983
Sipo-Mahagoni, 420 x 180 x 340,
Zweiteilig, Unsigniert
Westpark München

Ausstellungen: Internationale Garten-Ausstellung (IGA) München, Westpark 1983. Rudolf Wachter Stammskulpturen, München Gasteig, München, 1985. Kunstverein Rosenheim zu Gast im Stadtpark in Forum Stadtpark Graz, Rosenheim 1989. Rudolf Wachter Holzskulpturen, Marl 1992. Rudolf Wachter im Neuen Schloss Kißlegg, 2005.

Literatur: Ausst. Kat. München, 1985, S. 76-77. Ausst. Kat. Rosenheim 1989, Abb. o.S. Ausst. Kat. Kirchheim unter Teck 1991, S. 32-35. Ausst. Kat. Reutlingen 1991, S. 100-103. Ausst. Kat. Marl 1992, S. 102, 114. Ausst. Kat. Kißlegg 2005, S. 56.

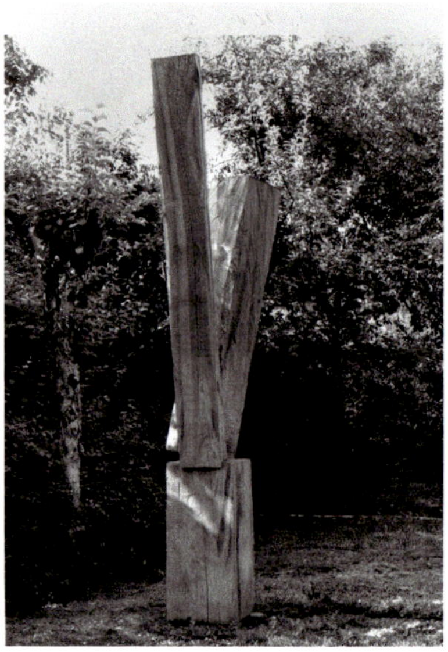

66
Großer Zwiesel
1983
Ulme, 350 x 43 x 43, Unsigniert
Sammlung Wachter

Ausstellungen: Marchtaler Fenster, Obermarchtal 1995.

Literatur: Ausst. Kat. Obermarchtal 1995, S. 20-23.

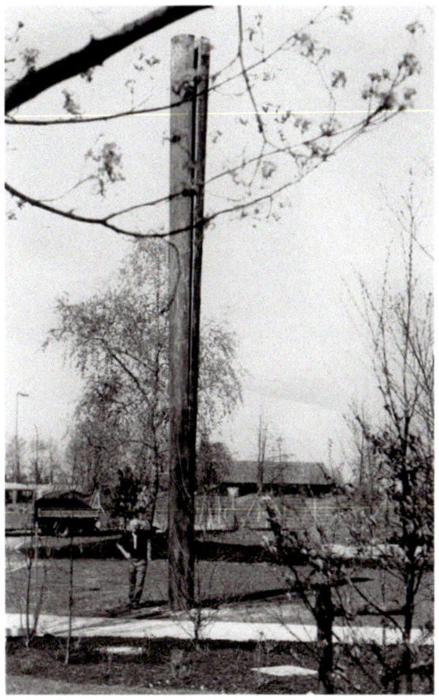

67
Kreuzschnitt
1983
Fichte, 1200 x 80 x 95, Unsigniert
Ehemals Gelände der IGA München

Ausstellungen: Rudolf Wachter Stammskulpturen, München 1985.

Literatur: Ausst. Kat. München 1985, S. 29.

Entstanden für den Wettbewerb der IGA Internationale GartenAusstellungen München. Verrottet und abtransportiert.

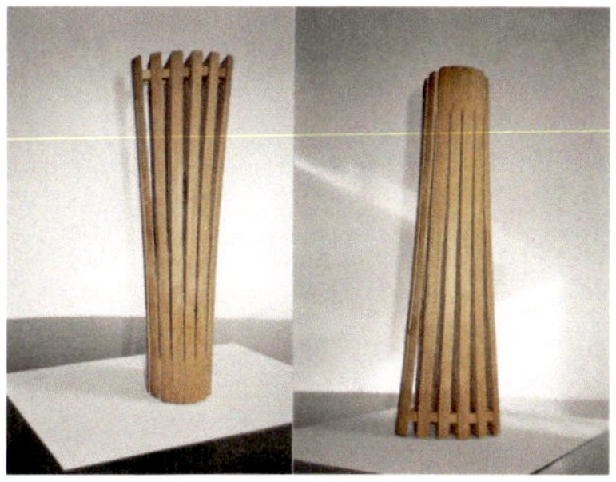

Foto: privat

68
gegenläufig geschnitten (Modell für Passau)
1983
Esche, 12 x 8 x 40, Signiert: R. WACHTER
Privatsammlung

Ausstellungen: Ausstellungen der Wettbewerbsarbeiten für die Universität Passau, Passau, 1984.

Literatur: Anonym 1984, S. 132–133 und Cover.

Wettbewerbsmodell für eine Holzskulptur (vgl. WVZ 141) auf dem Gelände der Universität Passau, 1984.

Elliptisches Holz, in 6 Lamellen zersägt und durch ca. 1 cm breite Klötzchen auseinandergespreizt. Einschnitte um 90 Grad verdreht.

Erworben 1984 aus dem Wettbewerb. Im Stirnholz mit Bleistift beschrieben: 11.1:12,5.

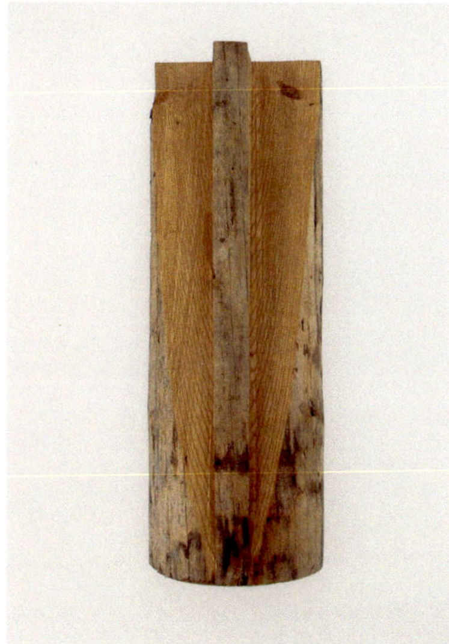

Foto: privat

69
ohne Titel (Relief)
1983
Pappel?, 91 x 13 x 33, Signiert:
R. WACHTER 1983
Privatsammlung

Ausstellungen: Wachter Holz Skulptur, Schweinfurt 2008.

Kein Foto

70
ohne Titel/Figuration
1983
Eiche, Höhe 94
Privatsammlung

Ausstellungen: Rudolf Wachter, Holzskulpturen und Zeichnungen, Galerie Wohlhüter, Thalheim 1998.

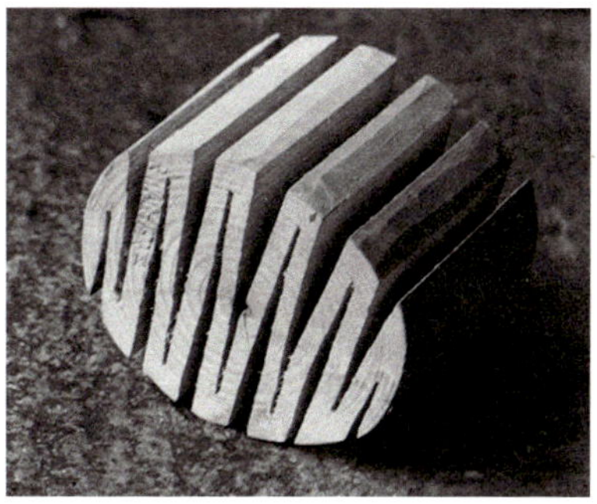

71
Schwundschnitt
1983
Douglasie, 70 x 90 x 60, Unsigniert
Privatsammlung

Ausstellungen: Rudolf Wachter Stammskulpturen, München 1985.

Literatur: Ausst. Kat. München 1985, Abb. S. 52. Epting/Gräb 1988, S. 212–213.

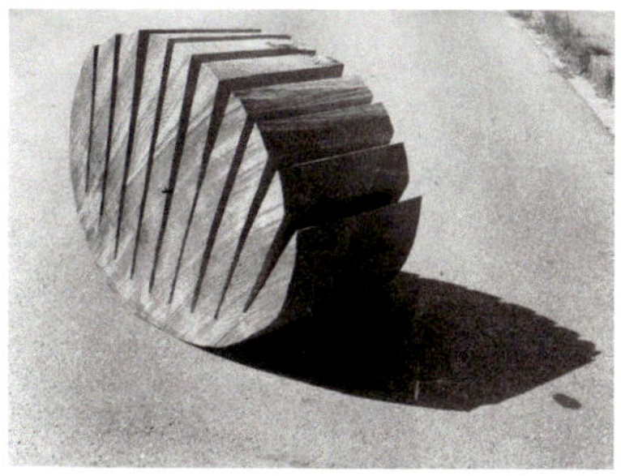

72
Schwundschnitt
1983
Douglasie, 60 x 70 x 55, Unsigniert
Sammlung der Bundesrepublik, Bonn

Ausstellungen: Rudolf Wachter Stammskulpturen, München, 1985. Kunst in Deutschland, Werke zeitgenössischer Kunst aus der Sammlung des Bundes, Bonn u.a. 1995.

Literatur: Ausst. Kat. Frankfurt 1984, S. 250. Ausst. Kat. München 1985, Abb. S. 53. Epting/Gräb 1988, S. 212–213. Ausst. Kat. Bonn 1995, S. 162.

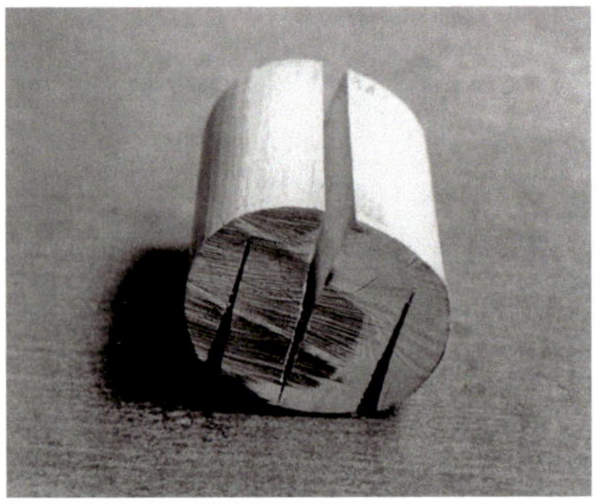

73
Schwundschnitt
Um 1983
Esche, 30 x 12 x 14, Unsigniert
Sammlung Wachter

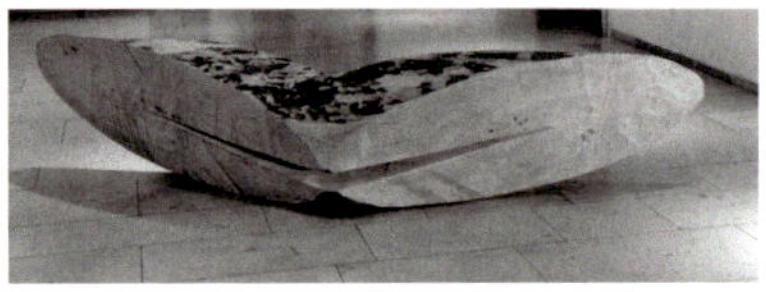

74
Stammskulptur mit Schwundschnitt
1983
Fichte, 300 x 50 x 50, Unsigniert
Städtische Galerie im Lenbachhaus, München (seit 1983)

Ausstellungen: Große Kunst-Ausstellung im Haus der Kunst, München 1983. Städtische Galerie im Lenbachhaus, München 1992. Rudolf Wachter - Aus dem Stamm, München 2003, hier auch im Flyer abgebildet.

Literatur: Ausst. Kat. München 1985, Abb. S. 45. Ausst. Kat. Marl 1992, Abb. S. 73. Netta 1999, S. 371. Ausst. Kat. München 2003, S. 22. Döcker 2007, S.79-94.

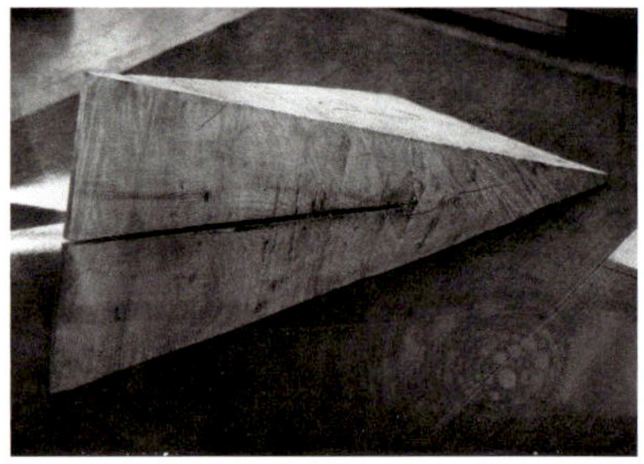

75
Stammskulptur mit Schwundschnitt
1983
Fichte, 190 x 76 x 90, Unsigniert
Kunstsammlung der Bundesrepublik Deutschland

Ausstellungen: dreidimensional, aktuelle Kunst aus der Bundesrepublik Deutschland 1983, Tokyo u.a. 1984. Rudolf Wachter Stammskulpturen, München 1985.

Literatur: Ausst. Kat. Bonn 1983, S. 112. Ausst. Kat. München 1985, S. 63.

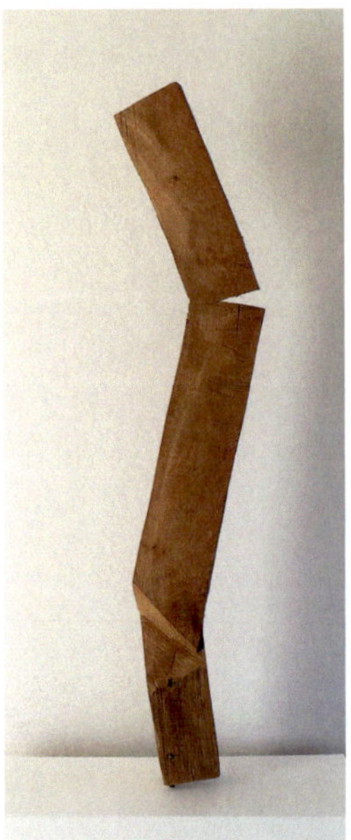

76
Windbruch
1983
Eiche, 102 x 11 x 5,5, Signiert:
R WACHTER 1983
Sammlung Fritz Holweg

Ausstellungen: Rudolf Wachter Holzskulptur und Zeichnung,
Galerie Wohlhüter, Thalheim 1998.

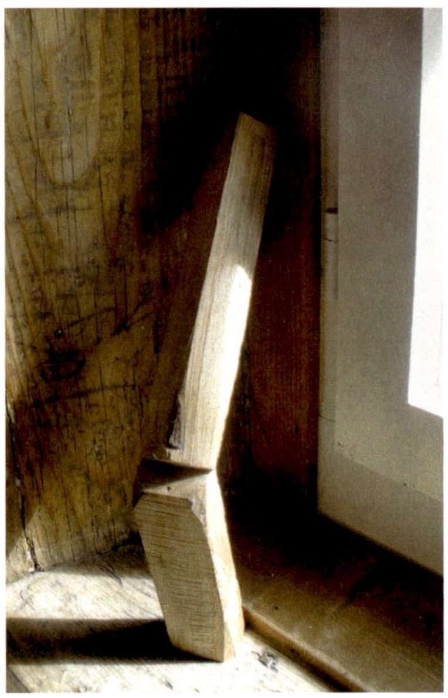

Foto: Faulhammer

77
kleiner Windbruch
Um 1983
Eiche?, 32 x 7 x 18, Unsigniert
Galerie im Petrushof, Obermarchtal

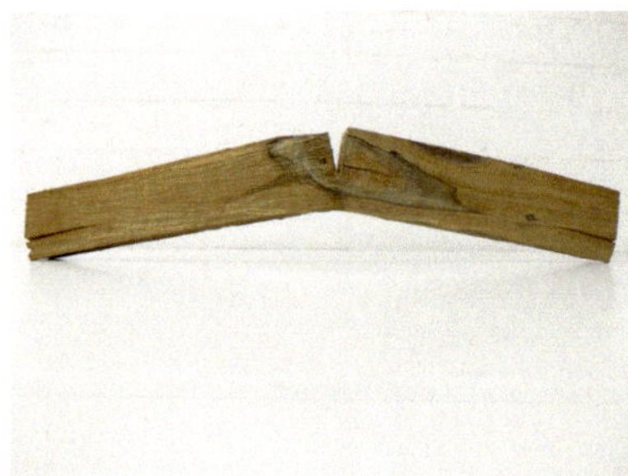

Foto: Julia Geiger

78
Schwundschnitt (Windbruch)
Um 1983
Eiche, 71 x 15 x 5,5
Sammlung Archiv Rupprecht Geiger, München

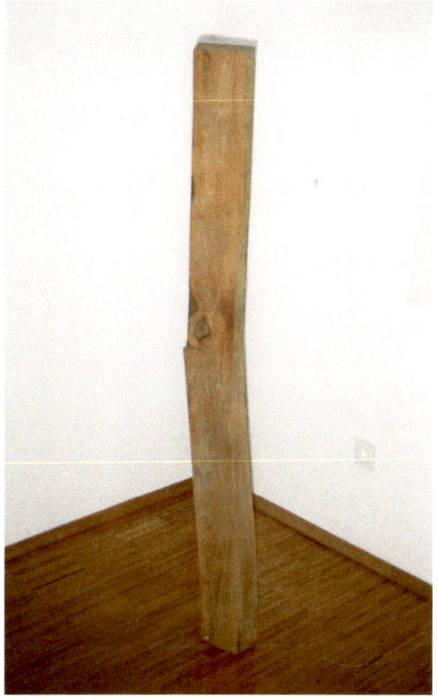

Foto: privat

79
Windbruch
1983
Esche, 140 x 15 x 17, Signiert:
R. WACHTER 1983
Privatsammlung

Ausstellungen: Rudolf Wachter, Holzskulptur und Zeichnung,
Galerie Wohlhüter, Thalheim 1998.

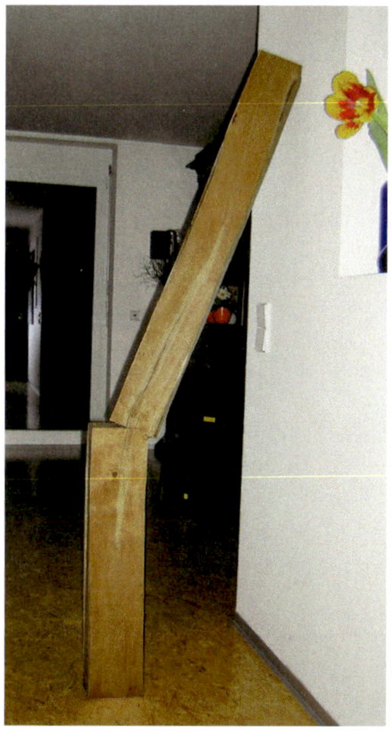

Foto: privat

80
Windbruch
1983
Pappel, 178 x 58 x 15,5, Signiert:
R. WACHTER 1983
Sammlung Kautz-Müller

Ausstellungen: Rudolf Wachter, Holzskulptur und Zeichnung, Galerie Wohlhüter, Thalheim 1998.

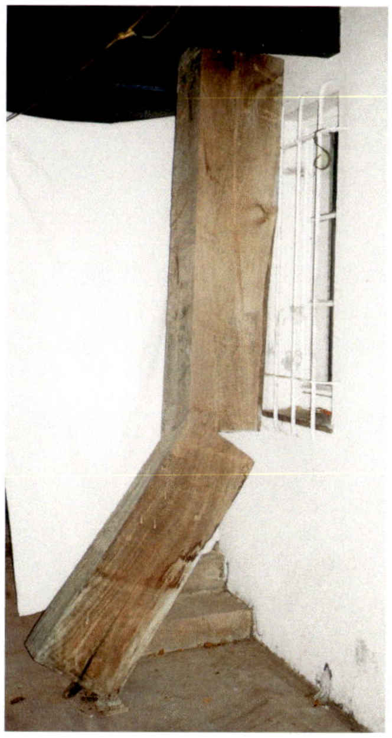

Foto: privat

81
Windbruch
1983
Weide, 260 x 35 x 110, Unsigniert
Wachterblock. Sammlung Gerlinde und Werner Wohlhüter

Literatur: Rudolf Wachter Stammskulpturen, München, 1985, S. 79.

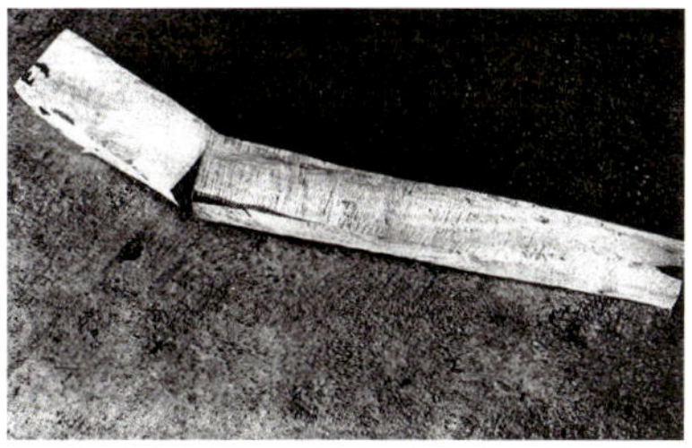

82
Windbruch
1983
Weißbuche, 100 x 25 x 16, Unsigniert
Privatsammlung

Literatur: Rudolf Wachter Stammskulpturen, München, 1985, S. 80.

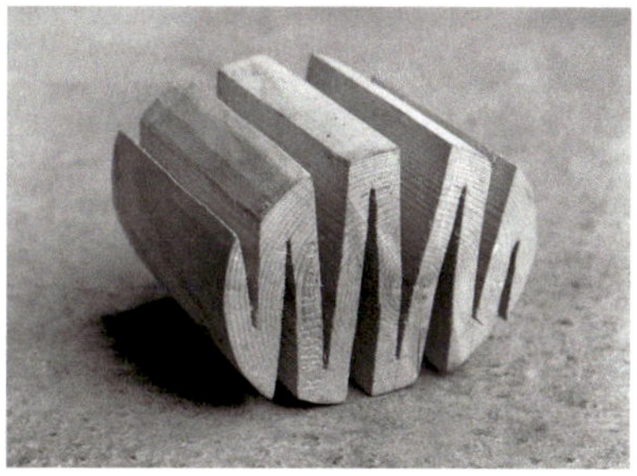

83
Schwundschnitt
Fichte
1983/1984
20 x 24 x 29, Unsigniert
Privatsammlung
Modell

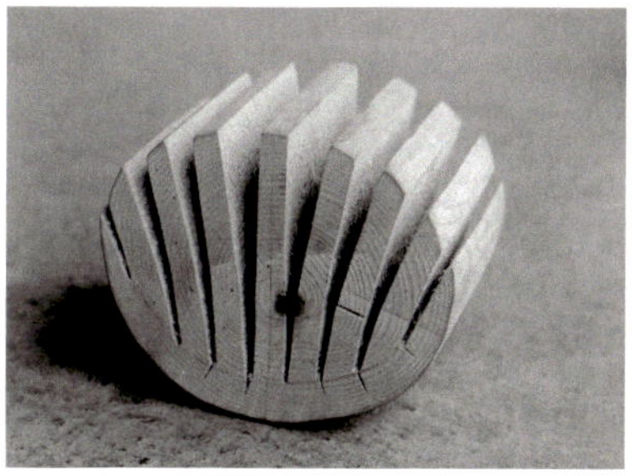

84
Schwundschnitt
1983/1984
Esche, 20 x 25 x 29, Unsigniert
Privatsammlung
Modell

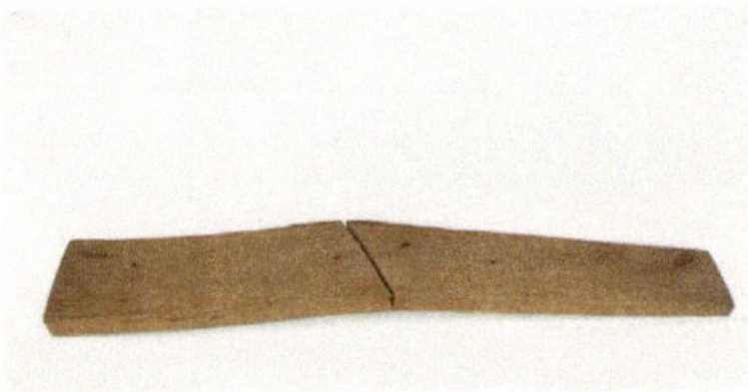

Foto: Gräb

85
Ameisenbrücke
Holz
1984
93 x 9 x 12, Signiert: R. WACHTER AMEISENBRÜCKE 1984 mit einer zusätzlichen Widmung des Künstlers: FÜR PAUL UND HANNA GRÄB (Signatur und Widmung auf den gegenüber liegenden Stirnseiten)
Sammlung Dres. Hanna und Paul Gräb

Ausstellungen: ‚Weder GUT noch BÖESE' 1997–1999.

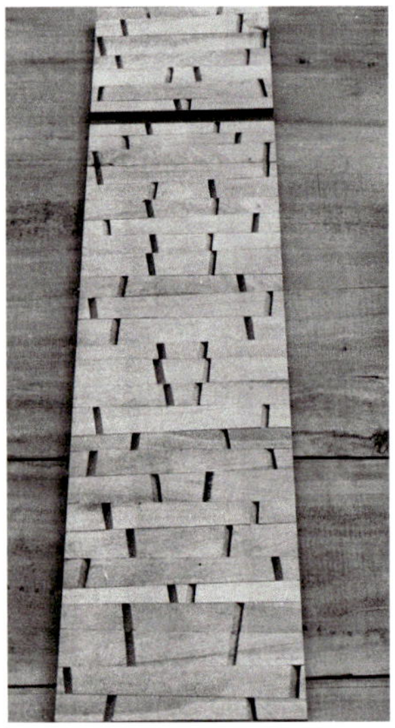

86
Modell für eine Wandgestaltung
1984
Fichte, 156 x 36,5 x 2, Unsigniert
Sammlung Wachter

Literatur: Bauer/Stockmeier/Valenta 2003, S. 163.

Wettbewerbsmodell für Black Box, Gasteig, WVZ 92. Zwei Exemplare, siehe auch WVZ 87, 88.

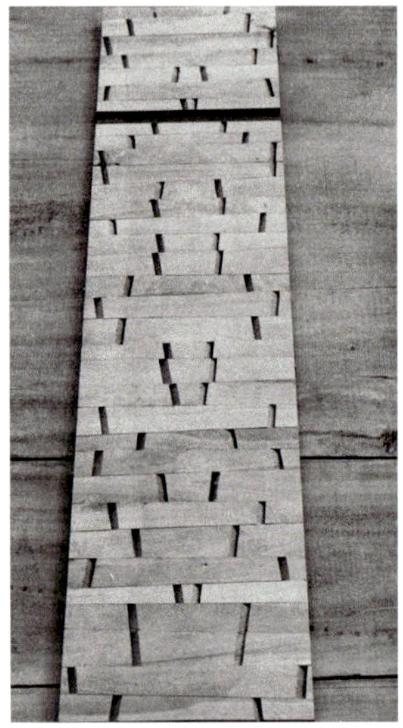

87
Modell für eine Wandgestaltung
1984
Fichte, 156 x 36,5 x 2, Unsigniert
Sammlung Dres. Hanna und Paul Gräb

Literatur: Bauer/Stockmeier/Valenta 2003, S. 163.

Wettbewerbsmodell für Black Box, Gasteig, WVZ 92. Zwei Exemplare, siehe auch WVZ86, 88.

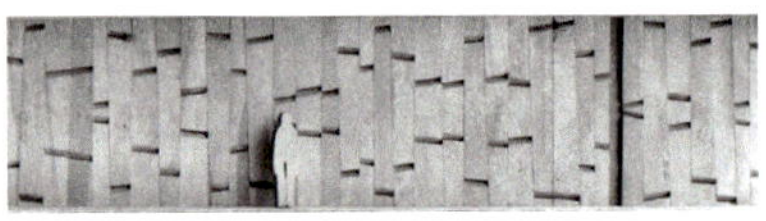

88
Modell
Um 1984
Maße unbekannt (kleiner Bozetto), Fichte, Unsigniert
Sammlung Dres. Hanna und Paul Gräb
Wettbewerbsmodell für Black Box, Gasteig, WVZ 92.
Zwei Exemplare, siehe auch WVZ86, 87.

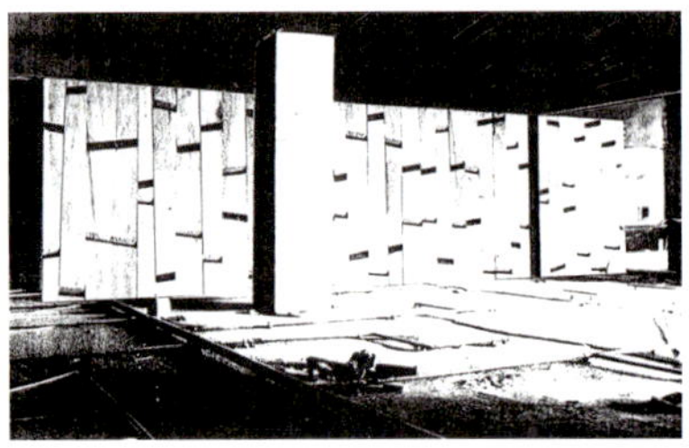

89
Black Box
1984
Fichte, 1200 x 350, Unsigniert
Kulturzentrum Gasteig, München
Wandfries, Schreinerarbeit. Vgl. Modelle WVZ 86, 87 und 88

2020 gilt das gesamte Relief als unbekannt. Das Bildmaterial stammt aus der Erbauungszeit des Kulturzentrums Gasteig.

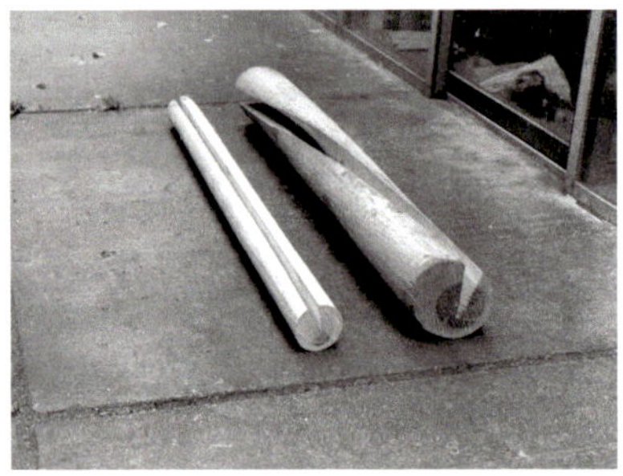

90
Drehwuchs-Schwundschnitt
1984
Drehwuchs: Kiefer, Schwundschnitt: Esche, 200 x 13 x 15,
200 x 24 x 27, Zweiteilige Arbeit, Signiert: Drehwuchs (größere Arbeit): 84 R. WACHTER, Schwundschnitt (kleinere Arbeit): R. WACHTER Schwundschnitt 84
Privatsammlung

Ausstellungen: Rudolf Wachter. Stammskulpturen, München 1984/85, unterholz – Holz in der Gegenwartskunst', Schloss Achberg 2002 (nur Drehwuchs). Rudolf Wachter. Aus dem Stamm, München 2003.

Literatur: Ausst. Kat. München 1985, S. 74. Ausst. Kat. München 2003, S. 24.

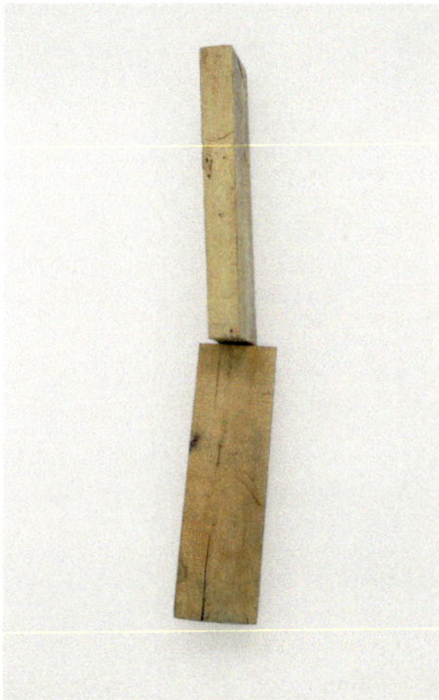

Foto: Werner Wohlhüter

91
Gekreuzt
1984
Ahorn, 95 x 14 x 14, Signiert: R. WACHTER ¸ 1984
‚Wachter-Block', Sammlung Gerlinde und Werner Wohlhüter

Ausstellungen: unterHolz - Holz in der Gegenwartskunst, Schloss Achberg 2002. Rudolf Wachter, Holzskulpturen und Zeichnungen, Galerie Wohlhüter, Thalheim 2002. Museum Villa Rot; Burgrieden-Rot 2007. Wachter Holz Skulptur, Schweinfurt 2008.

Literatur: Ausst. Kat. Ravensburg 2002, S. 42-55.

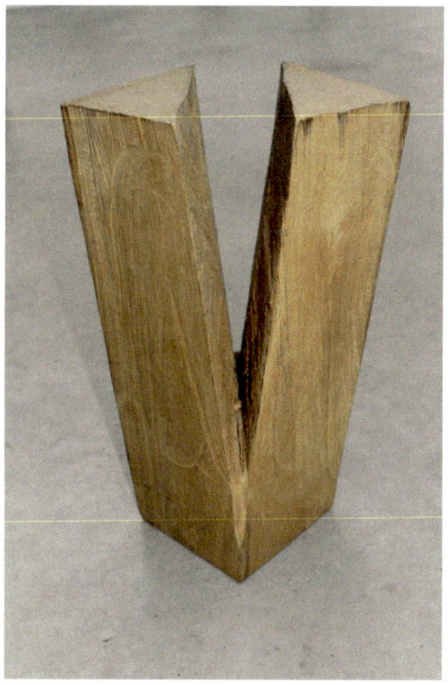

Foto: Werner Wohlhüter

92
Entwurf zum ‚Großen Makorée'
1984
Erle, 48 x 31,5 x 22,5 cm, Signiert: R-WACHTER 1984
‚Wachter Block', Sammlung Gerlinde und Werner Wohlhüter, erworben 2016

Literatur: Auktionskatalog 59, Auktionshaus Siebers, Stuttgart 2016, S. 40, Los 3161.

Entwurf für den ‚Großen Makorée' für die Technische Universität München, Standort Weihenstephan.

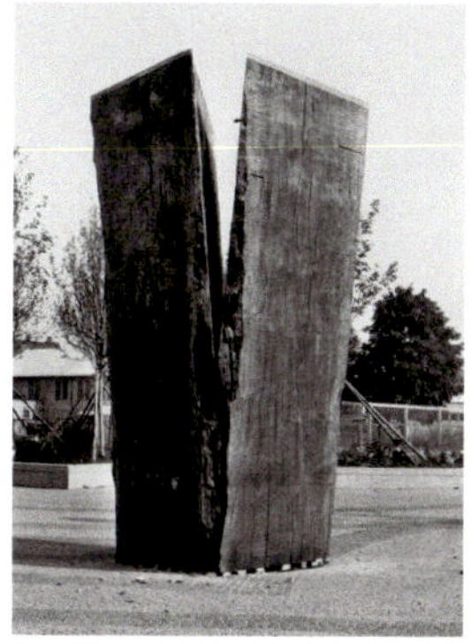

93
Großer Makorée
1984
Mahagoni, Makore, 500 x 307 x 230, Unsigniert
Technische Universität München, Weihenstephan

Ausstellungen: Rudolf Wachter Stammskulpturen, München1985. Rudolf Wachter Holzskulpturen, Marl, 1992. Rudolf Wachter, München, 1997. Rudolf Wachter im Neuen Schloss Kißlegg, 2005.

Literatur: Ausst. Kat. München 1985, S. 4, 25. Ausst. Kat. Marl 1992, S. 115. Ausst. Kat. Obermarchtal 1995, S. 20-23. Ausst. Kat. München 1997 I, S. 58, 59. Ausst. Kat. Kißlegg 2005, S. 59.

Technik vom Bildhauer hier auch als ‚Keilschnitt' bezeichnet.

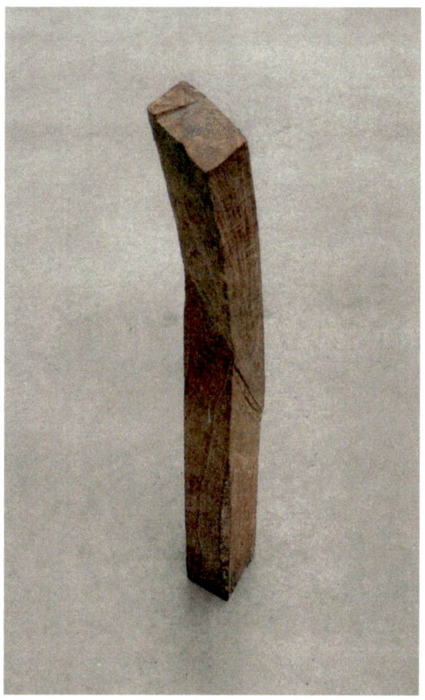

Foto: Werner Wohlhüter

94
ohne Titel
1984
Eiche, 81 x 10,5 x 8, Signiert: R. WACHTER © 84
Wachterblock. Sammlung Gerlinde und Werner Wohlhüter

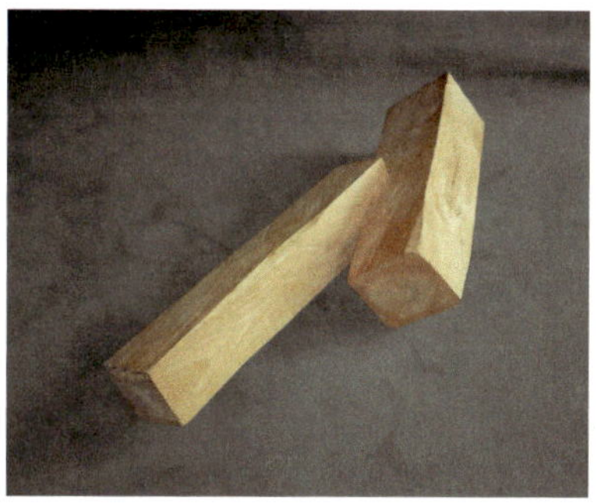

Foto: privat

95
ohne Titel
1984
Pappel, 93 x 51 x 28, Signiert: R. WACHTER 1984
Privatsammlung

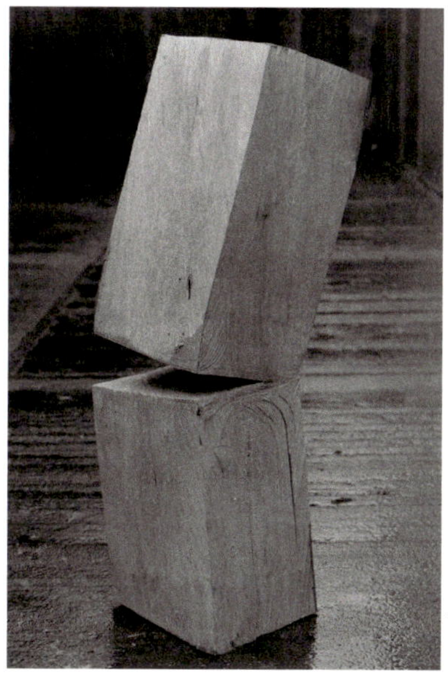

Foto: privat

96
Torso/Torre Italy 1984 für Josef
1984
Pappel, 95 x 27 x 20, Signiert: R. WACHTER - TORRE ITALY 1984 für JOSEF
Privatsammlung
Ursprünglich Prof. Dr. Josef Lissner vom Künstler gewidmet.

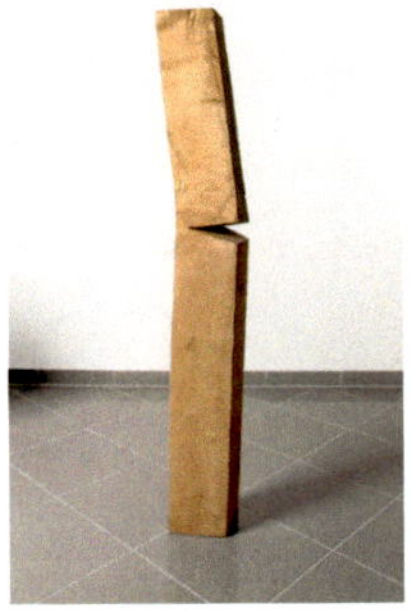

Foto: Bantle

97
Windbruch
1984
Ahorn, 109 x 14 x 14, Signiert:
84 R. WACHTER
Sammlung Bantle

Ausstellungen: Rudolf Wachter, Holzskulptur und Zeichnung, Galerie Wohlhüter, Thalheim 2001. Rudolf Wachter Holzskulpturen, Marl, 1992.

Literatur: Ausst. Kat. Marl 1992, S. 38. Ausst. Kat. Ravensburg, 1998, S. 4. Ausst. Kat. Schwäbisch Gmünd 2000, S. 51.

Wurde als Ensemble mit WVZ 99 und WVZ 104 in der Ausstellung ‚Rudolf Wachter Holzskulpturen', Skulpturenmuseum Glaskasten Marl, 1992 gezeigt; der Bildhauer entschied sich aber letztlich, die drei Skulpturen als autonome Werke gelten zu lassen.

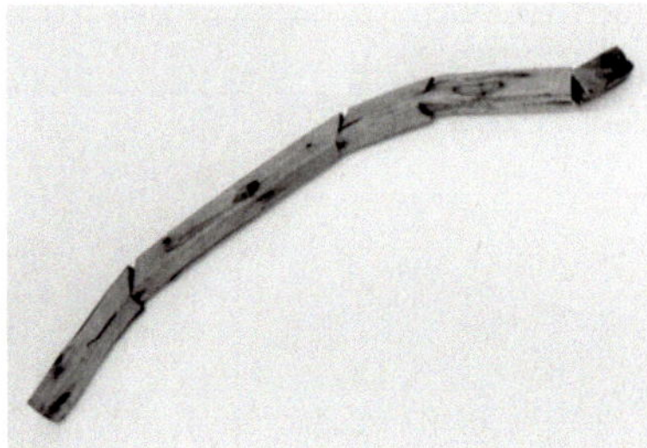

98
Windbruch
1984
Esche, 200 x 10 x 10, Unsigniert

Ausstellungen: Rudolf Wachter im Neuen Schloss Kißlegg, Kißlegg, 2005, auf dem Cover des Flyer

Literatur: Ausst. Kat. München 1995 I, S. 1-48.

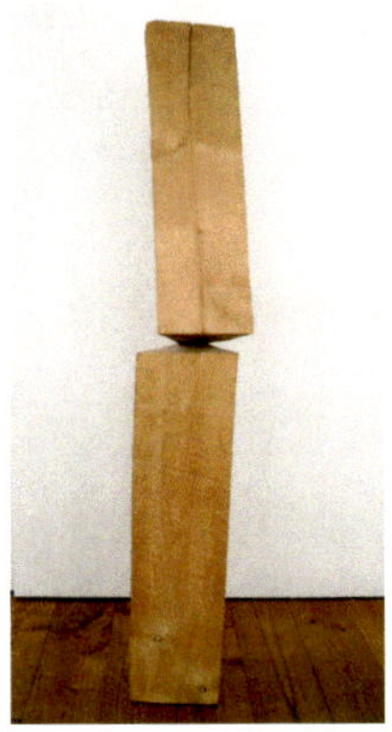

Foto: Sigle

99
Windbruch
1984
Ahorn, 100 x 16 x 12, Signiert: R WACHTER 1984 © 06
Sammlung Sigle

Ausstellungen: Rudolf Wachter Holzskulpturen, Marl 1992. Rudolf Wachter. Woodhenge, Schwäbisch Gmünd 2000.

Literatur: Ausst. Kat. Marl, 1992, S. 38. Ausst. Kat. Ravensburg 1998, S. 4. Ausst. Kat. Schwäbisch Gmünd 2000, S. 51.

Wurde als Ensemble mit WVZ 97 und WVZ 104 in der Ausstellung ‚Rudolf Wachter Holzskulpturen', Skulpturenmuseum Glaskasten Marl, 1992 gezeigt. Der Bildhauer entschied sich aber letztlich, die drei Skulpturen als autonome Werke gelten zu lassen.

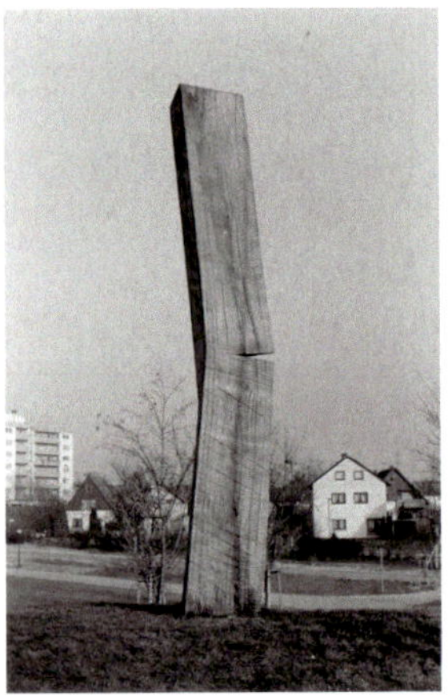

100
Windbruch
1984
Djibuti, 500 x 70 x 70, Unsigniert
Stadt Hockenheim

Ausstellungen: Landesgartenschau Hockenheim 1991. Künstlerbund Berlin, 1992.

Literatur: Ausst. Kat. München 1985, S. 82, 86. Ausst. Kat. Heidelberg 1985, S. 418-419. Ausst. Kat. Düsseldorf 1985, S. 28-32. Ausst. Kat. Wasserburg a. Inn 1988, o.S. Ausst. Kat. Hockenheim 1991, S. 17-19 und 30-31. Ausst. Kat. Wasserburg a. Inn, 1990, o.S. Ausst. Kat. Marl 1992, S. 13, 30. Ausst. Kat. München I 1997, S. 16, 17.

Zunächst mit ‚Zahn' betitelt.

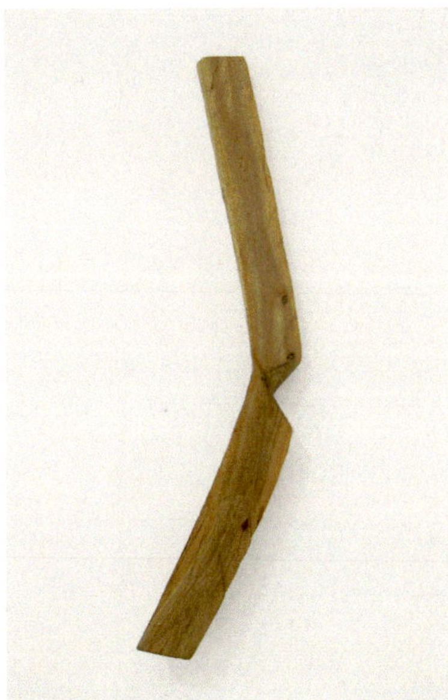

Foto: Werner Wohlhüter

101
Windbruch
1984
Ulme, 95 x 9 x 9, Signiert: R. WACHTER 84
Wachterblock. Sammlung Gerlinde und Werner Wohlhüter

Ausstellungen: Rudolf Wachter, Holzskulpturen und Zeichnungen, Thalheim 1998. Wachter Holz Skulptur, Schweinfurt 2008. ‚Im kleinen Format', Kreisgalerie Schloss Meßkirch, 2006.

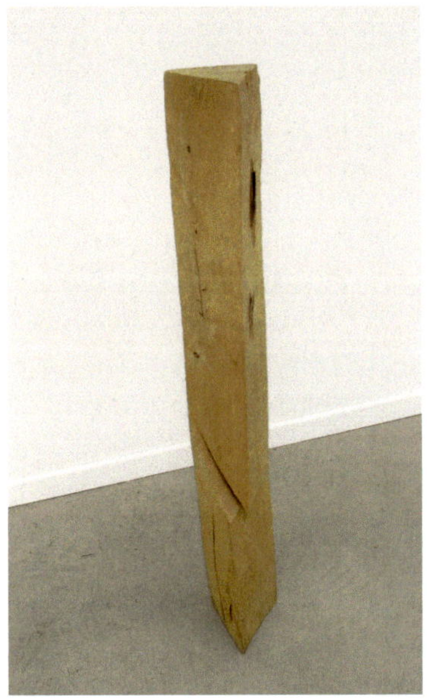

Foto: Werner Wohlhüter

102
Windbruch
1984
Ahorn, 94 x 15 x 13,
Signiert: R. WACHTER 1984 33
Wachterblock. Sammlung Gerlinde und Werner Wohlhüter

Ausstellungen: Rudolf Wachter. Holzskulptur und Zeichnung, Thalheim 2005. Wachter Holz Skulptur, Schweinfurt 2008.

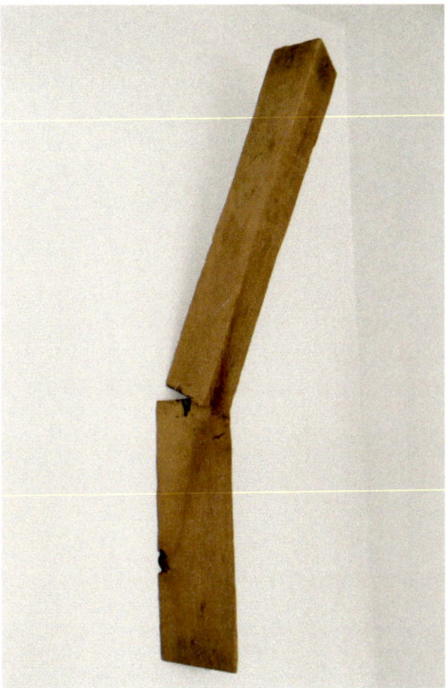

Foto: Becker

103
Windbruch
1984
Eiche, 100 x 19 x 29,
Signiert: R. WACHTER 1984 B 32
Sammlung Becker

Ausstellungen: Weihnachts-Ausstellung, Galerie Wohlhüter, 2000.

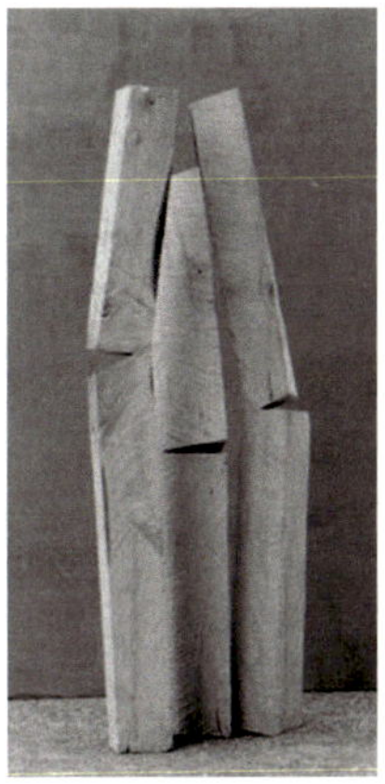

104
Windbruch
Ahorn, 1984, 99 x 20 x 15, Unsigniert
Privatsammlung

Ausstellungen: Rudolf Wachter Holzskulpturen, Marl, 1992. Weihnachts-Ausstellung Galerie Wohlhüter, Thalheim 2000.

Literatur: Ausst. Kat. Marl 1992, S. 38. Ausst. Kat. Ravensburg 1998, S. 4. Ausst. Kat. Schwäbisch Gmünd 2000, S. 51.

Erworben 2001 bei Galerie Wohlhüter. Wurde als Ensemble mit WVZ 97 und WVZ 99 in der Ausstellungen Rudolf Wachter Holzskulpturen, Skulpturenmuseum Glaskasten Marl, 1992 gezeigt. Vom Bildhauer letztlich als autonome Einzelarbeit bestimmt. Auf dem Bild in der Mitte.

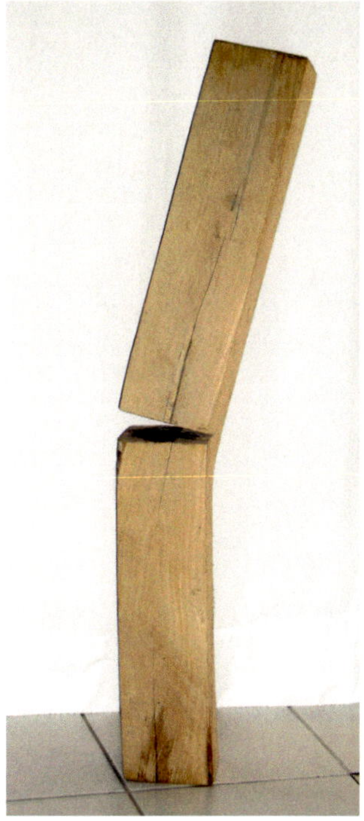

Foto: privat

105
Windbruch
1984
Pappel, 92 x 18 x 45, Signiert:
R. WACHTER 1984
Privatsammlung

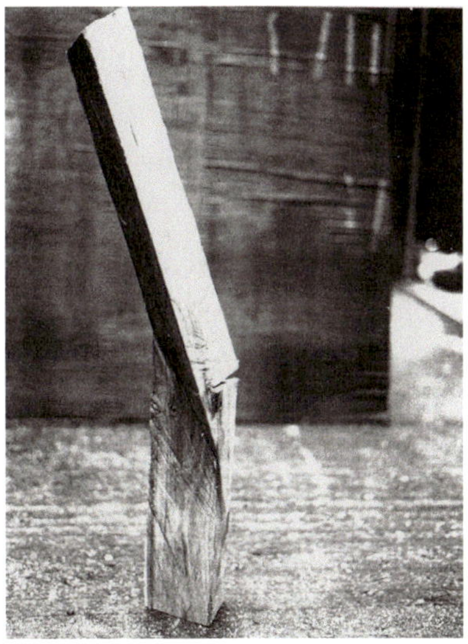

106
Windbruch
1984
Eiche, 100 x 28 x 59, Unsigniert
Privatsammlung

Literatur: Ausst. Kat. München, 1985, S. 78.

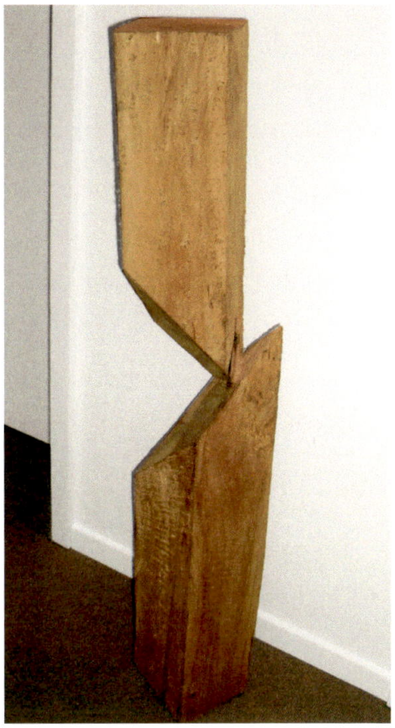

Foto: privat

107
ohne Titel
Um 1984
Pappel, 115 x 17 x 15, Unsigniert
Privatsammlung

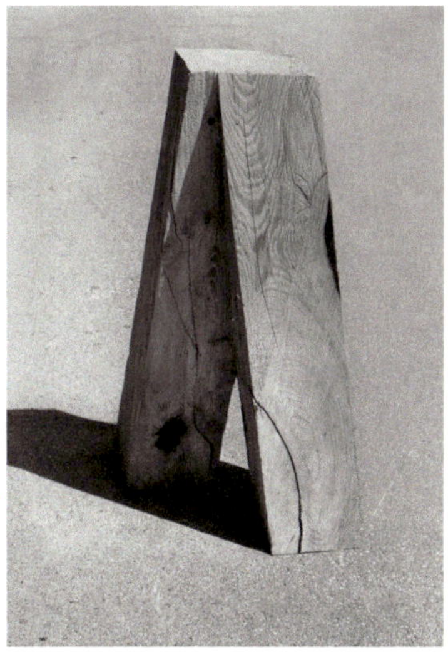

Foto: Bantle

108
Zwiesel
1984
Fichte, 100 x 70 x 35, Signiert: Rudolf Wachter © 1984
Sammlung Bantle

Ausstellungen: Rudolf Wachter Stammskulpturen, München, 1985. Große Kunst-Ausstellung München 1987. Holzskulptur und Zeichnung Rudolf Wachter,.1988, Galerie Wohlhüter.
Literatur: Rudolf Wachter Stammskulpturen, München 1985, S. 83. Große Kunst-Ausstellung München 1987, München 1987, S. 203.

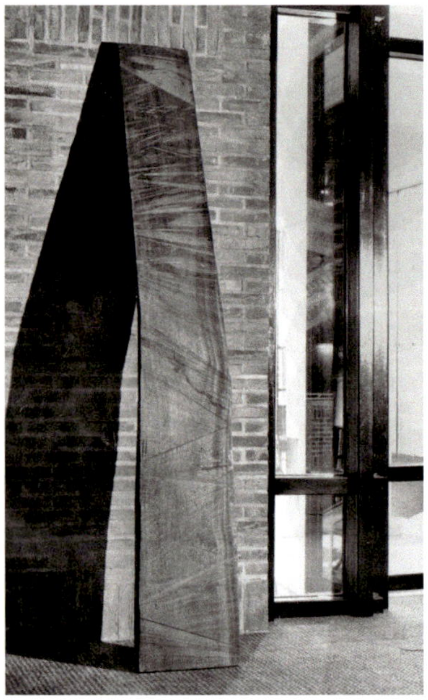

109
Ameisenbrücke
1984/1985
Djibuti, 316 x 50 x 8, Unsigniert
Neues Schloss Kißlegg. Museum Rudolf Wachter

Ausstellungen: Rudolf Wachter im Neuen Schloss Kißlegg, 2005.

Literatur: Ausst. Kat. Kißlegg 2005, S. 21.

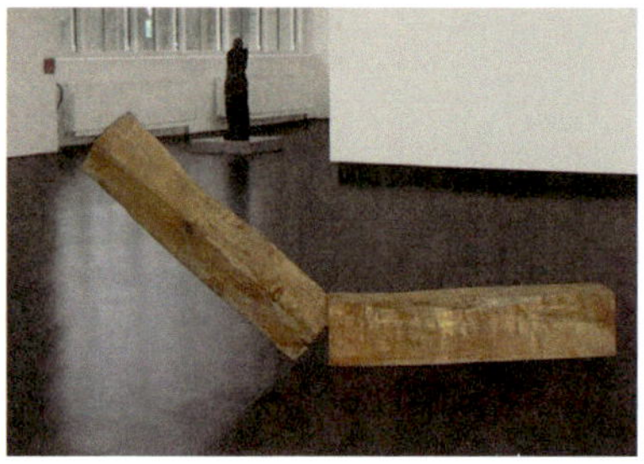

Foto: S. Weinmayr

110
Balken geknickt
1985
Ulme, 160 x 68 x 22,5, Unsigniert
Bayerische Staatsgemäldesammlungen

Ausstellungen: Große Kunst-Ausstellung München 1988. Große Kunst-Ausstellung München 1988, München 1988. ‚Von Balkenhol bis Wachter', Museum Glaspalast, Staatsgalerie Moderne Kunst, Augsburg 2008 (dort im Flyer abgebildet).

Ursprünglich ‚Windbruch' betitelt.

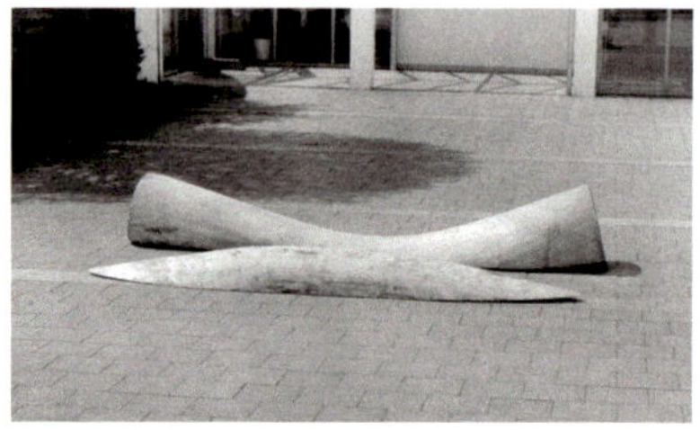

111
Bodenskulptur I und II
1985
Weide, 330 x 54 x 50, 270 x 30 x 50, Zweiteilige Arbeit, Unsigniert
Neues Schloss Kißlegg. Museum Rudolf Wachter

Ausstellungen: Rudolf Wachter – Aus dem Stamm, München 2003. Rudolf Wachter im Neuen Schloss Kißlegg, 2005. Wachter Holz Skulptur. Stadt Schweinfurt, 2008.

Literatur: Ausst. Kat. München 1992, Abb. Cover, Innenumschlag vorne und S. 18. Bluemler 1997, S. 3-13. Ausst. Kat. München 2003, S. 23. Ausst. Kat. Schweinfurt 2008, S. 10-11. Ausst. Kat. Kißlegg 2005, S. 22-23.

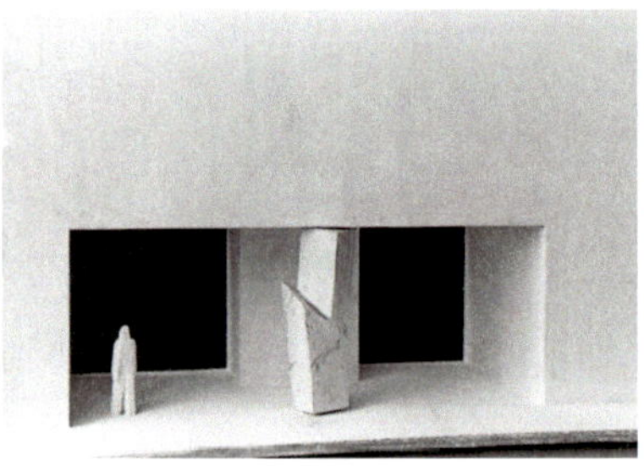

112
Stammskulptur Modell
Um 1985
Holz, Maße unbekannt, Zerstört

Dieses Modell einer nicht ausgeführten Stammskulptur war für die Einfahrt einer Tiefgarage der Galeristin Karin Sachs in München konzipiert.

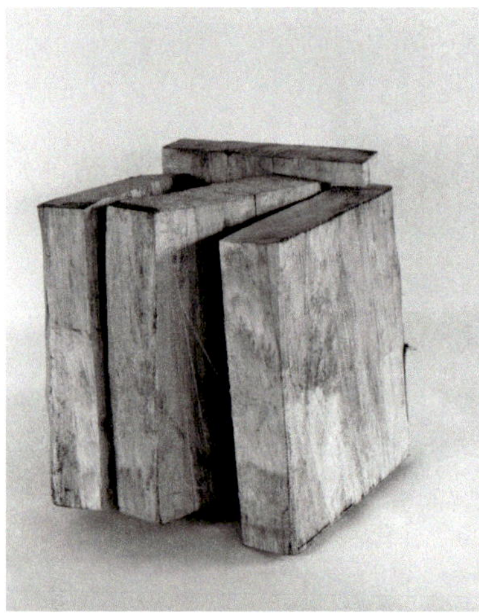

113
Entwicklung einer Kiste
1985
Pappel, 90 x 90 x 90, Unsigniert
Privatsammlung New York

Ausstellungen: Große Kunst-Ausstellung 1985, Wasserburg am Inn 1985. Rudolf Wachter, New York 1987.

Literatur: Ausst. Kat. Marl 1992, S. 71.

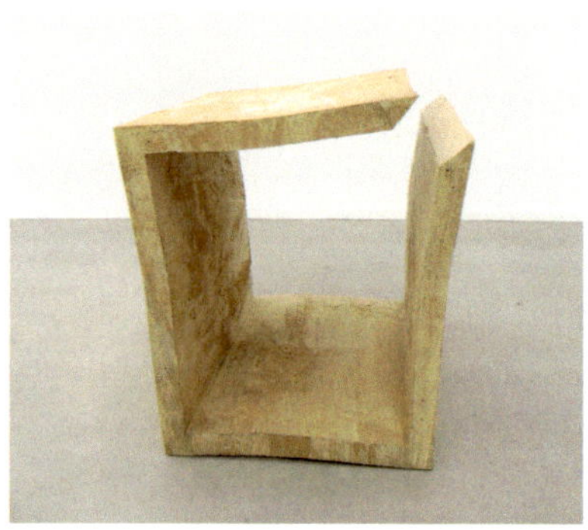

Foto: Werner Wohlhüter

114
Entwicklung einer Kiste
1985
Pappel, 73 x 82 x 89, Signiert: R. WACHTER © 1985
Wachterblock. Sammlung Gerlinde und Werner Wohlhüter

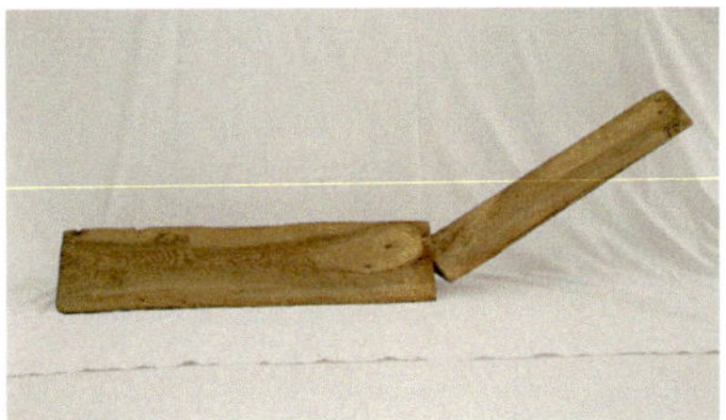

Foto: privat

115
Figuration
1985
Ulme, 140 x 44 x 19, Signiert: R. WACHTER 1985
Privatsammlung

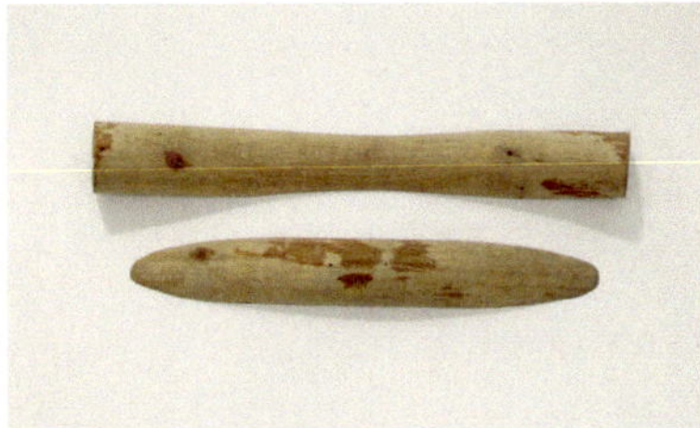

Foto: Werner Wohlhüter

116
Kernschnitt zweiteilig
1985
Apfel, 120 x 14,5 x 7,5, 104 x 14,5 x 14,5, Signiert: R. WACHTER © 1985 (zusätzlich mit Bleistift beide mit ‚Wachter 85')
Wachterblock. Sammlung Gerlinde und Werner Wohlhüter

Ausstellungen: Rudolf Wachter, Holzskulptur und Zeichnung, Galerie Wohlhüter, Thalheim 2002. Rudolf Wachter Holzskulptur und Zeichnung, Galerie Wohlhüter, Thalheim 2007.

Wachter Holz Skulptur, Schweinfurt 2008.

Literatur: Lay 2002.

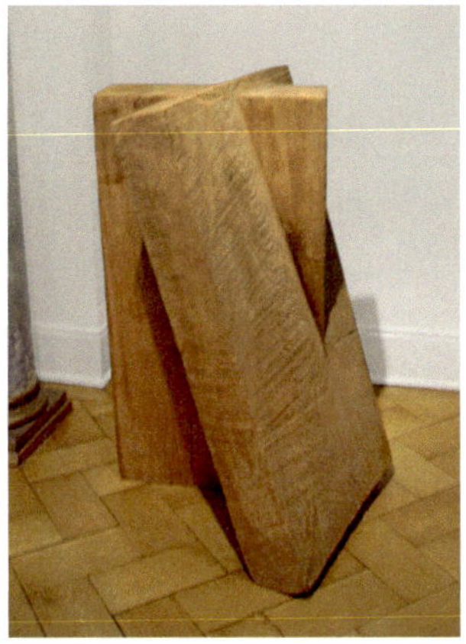

117
Kreuzform
1985
Fichte, 108 x 76 x 56, Signiert: R. WACHTER 1985
Wachterblock. Sammlung Gerlinde und Werner Wohlhüter

Ausstellungen: Rudolf Wachter Holzskulpturen und Zeichnungen, Galerie Wohlhüter Thalheim 1998. unterHolz – Holz in der Gegenwartskunst, Ravensburg 2002. Museum Villa Rot, Burgrieden-Rot 2006/2007. Holzwege, städtische Galerie ‚Die Fähre', Bad Saulgau 2008.

Literatur: Ausst. Kat. Ravensburg 2002, S. 42–55, S. 49, S. 55. Ausst. Kat. Ulm/Tübingen, 2007, S. 58.

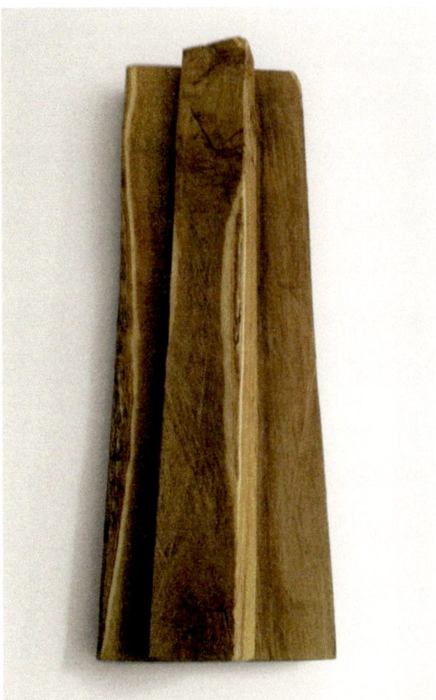

Foto: privat

118
Relief
1985
Obstholz, 111 x 18 x 38, Signiert: R. WACHTER © 1985
Privatsammlung

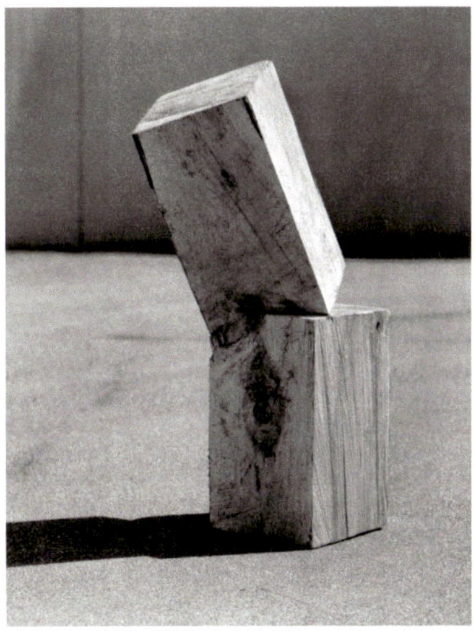

119
Torso
1985
Weide, 100 x 30 x 35, Signiert: R. WACHTER 1985
Sammlung Wachter

Literatur: Ausst. Kat. Marl 1992, S. 60.

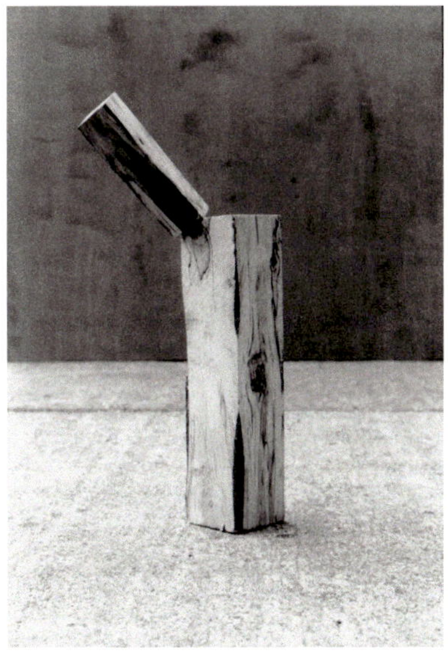

120
Torso
1985
Pappel, 100 x 18 x 49, Signiert: R. Wachter 1985
Privatsammlung

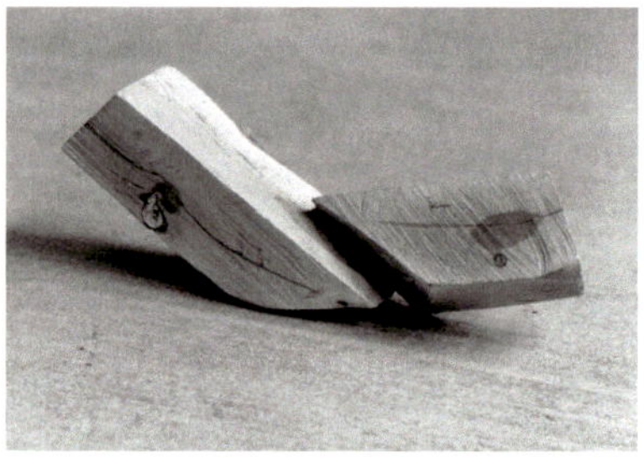

121
Torso
Um 1985
Apfel, 50 x 17 x 27, Unsigniert
Privatsammlung

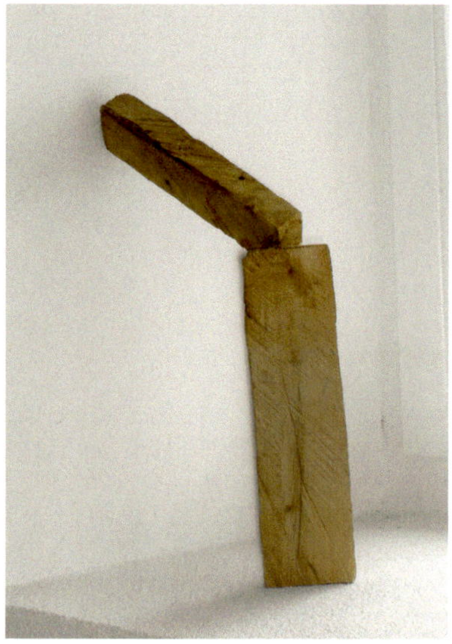

Foto: Faulhammer

122
kleiner Windbruch
Um 1985
Pappel, 37 x 8 x 29, Unsigniert
Galerie im Petrushof, Obermarchtal

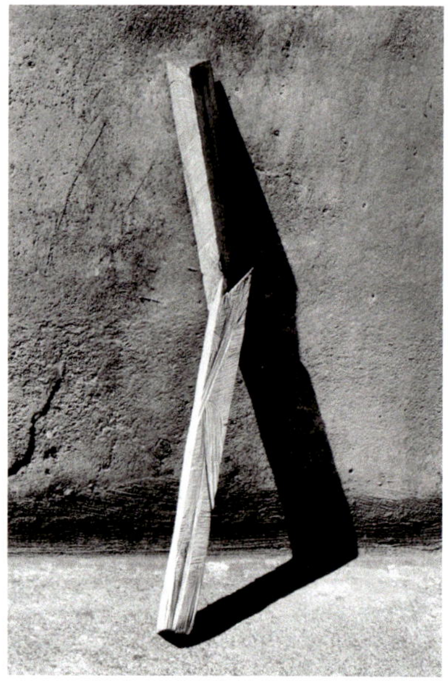

123
Windbruch
1985
Nussbaum, 80 x 7 x 5, Unsigniert
Privatsammlung

Ausstellungen: Rudolf Wachter Holzskulpturen, Marl, 1992.

Literatur: Ausst. Kat. Marl 1992, S. 31.

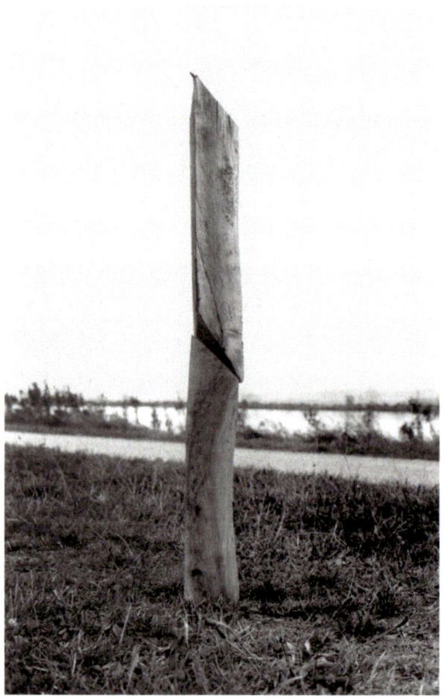

124
Windbruch
1985
Eiche, 100 x 8 x 8, Verbleib unbekannt

Ausstellungen: Rudolf Wachter Holzskulpturen, Marl, 1992.

Literatur: Ausst. Kat. Marl 1992, S. 33.

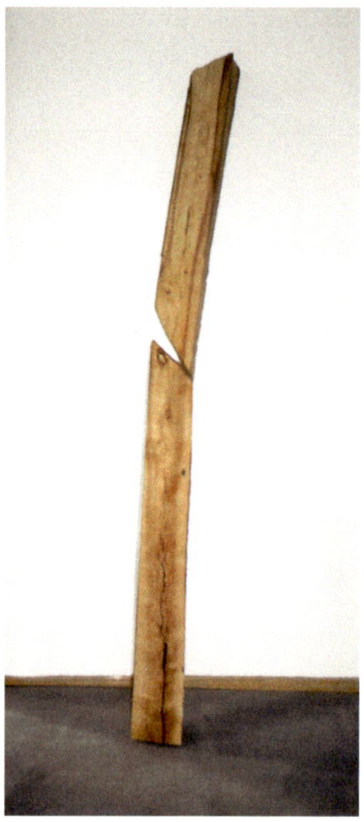

Foto: privat

125
Windbruch
1985
Obstholz, 106 x 10 x 7, Signiert:
R. WACHTER (an der anderen Stirnseite:
HERR RÜHL 1985)
Privatsammlung

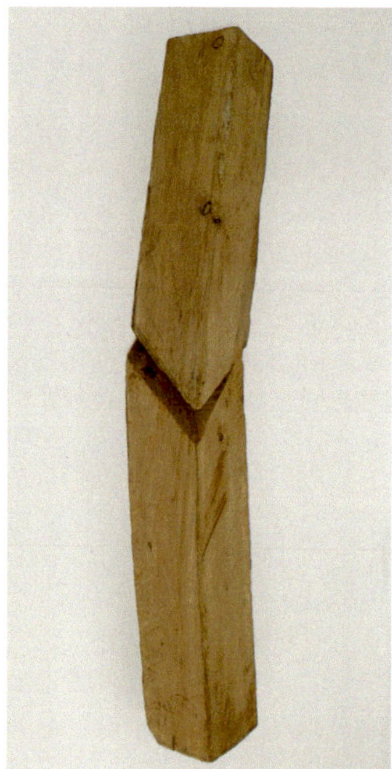

Foto: Faulhammer

126
Windbruch 15
1985
Weide, 75 x 17 x 28, Unsigniert
Galerie im Petrushof, Obermarchtal

Ausstellungen: Weihnachts-Ausstellung, Galerie Wohlhüter, Thalheim 2003.

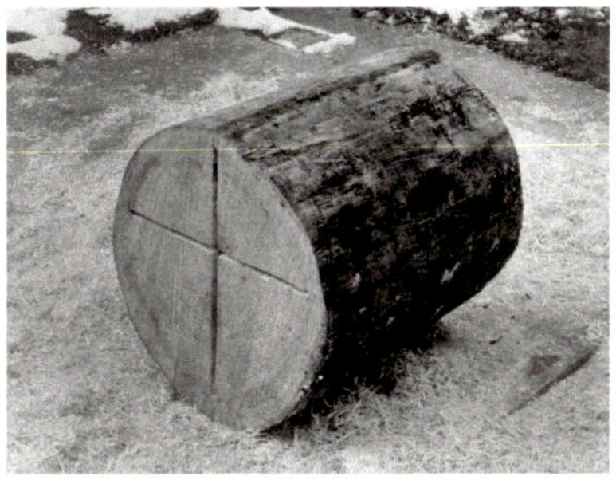

127
Kreuzschnitt
Um 1985
Fichte, 63 x 50 x 50, Unsigniert
Sammlung Wachter

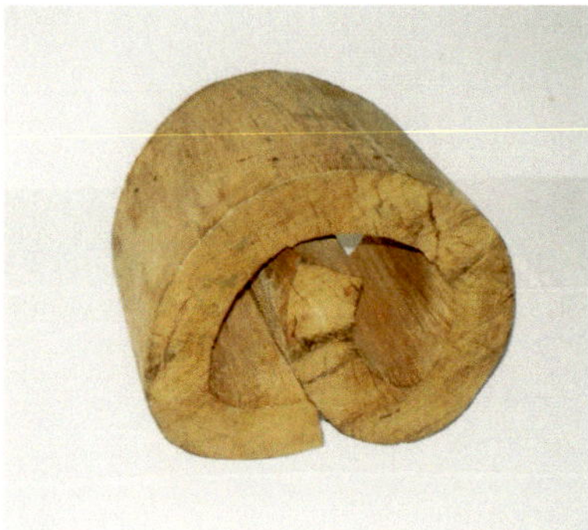

Foto: privat

128
ohne Titel
Um 1985
Pappel, 28,5 x 26,5 x 26, Unsigniert
Privatsammlung

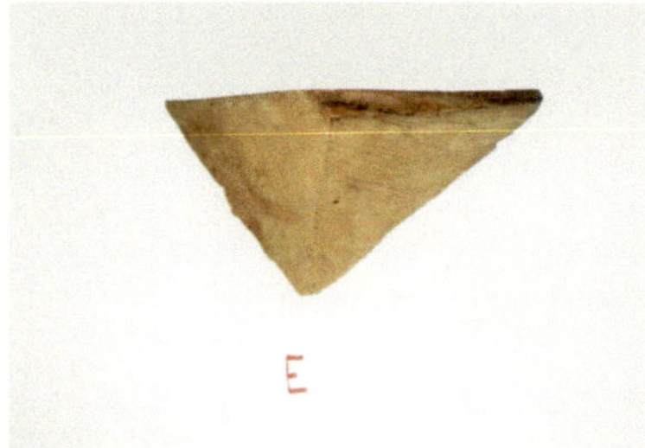

Foto: privat

129
Pyramide
Um 1985
Fichte, 11 x 32 x 26, Unsigniert
Privatsammlung
Anlässlich einer gemeinsamen Ägyptenreise mit den Erstbesitzern als Geschenk entstanden.

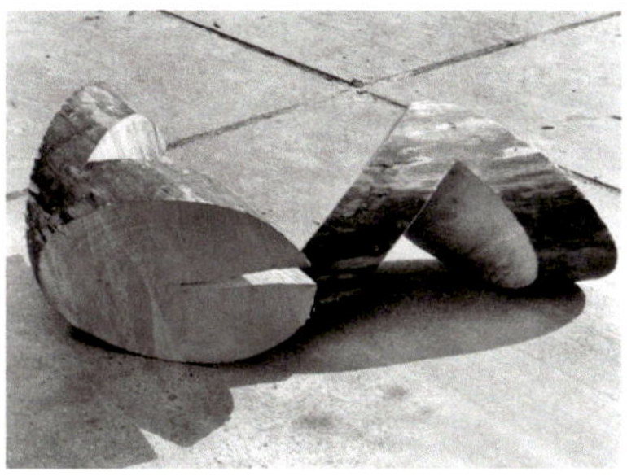

130
Schwundschnitt
Um 1985
Fichte, 82 x 38 x 38, 82 x 38 x 38, Zweiteilig, Unsigniert
Deutsches Institut für Auslandsbeziehungen, Köln

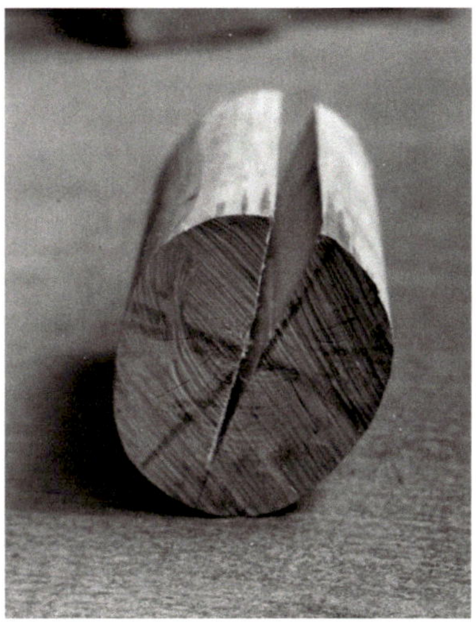

131
Schwundschnitt
Um 1985
Esche, 20 x 12 x 12, Unsigniert
Privatsammlung

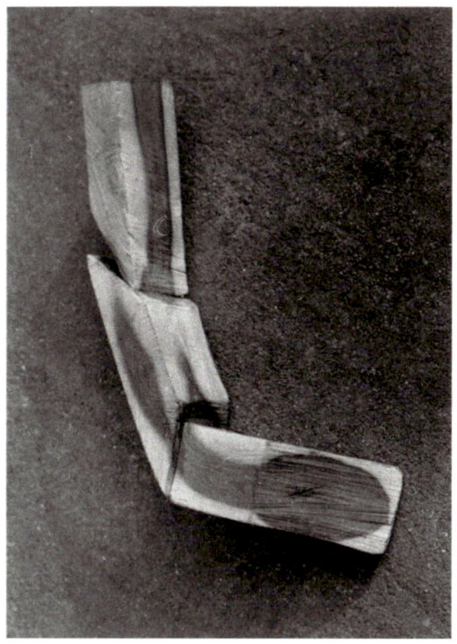

132
Windbruch
Um 1985
Ulme, 110 x 88 x 20, Unsigniert
Privatsammlung

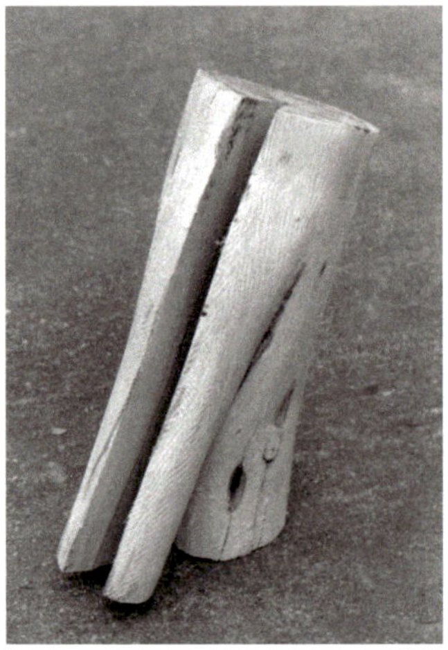

133
Schwundschnitt
Um 1985
Apfel, 30 x 28 x 18, Unsigniert
Privatsammlung

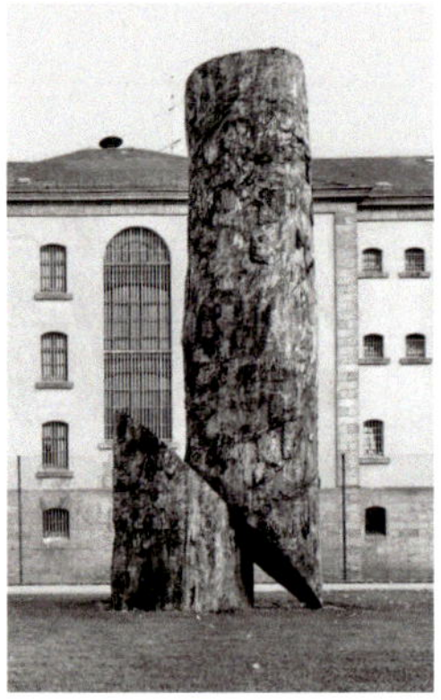

134
Gehrungsschnitt (Stammskulptur)
1984/1986
Kambala, 700 x 374 x 200, Unsigniert
Bayreuth, Justizvollzuganstalt St. Georgen

Ausstellungen: Rudolf Wachter, Goethe-Institut Brüssel 1986. Rudolf Wachter Holzskulpturen, Marl, 1992. Rudolf Wachter, München 1997.

Literatur: Ausst. Kat. Düsseldorf 1985, S. 28-32. Ausst. Kat. Brüssel 1986, o.S. Ausst. Kat. Wasserburg a. Inn 1988 ,o.S. Ausst. Kat. Marl 1992, S. 117. Ausst. Kat. München I 1997, S. 55. Ausst. Kat. Kißlegg 2005, S. 59. Döcker 2007, S. 79-80.

Erster Preis im Wettbewerb für St. Georgen, Justizvollzugsanstalt Bayreuth. Kleinere Fassung WVZ 52.

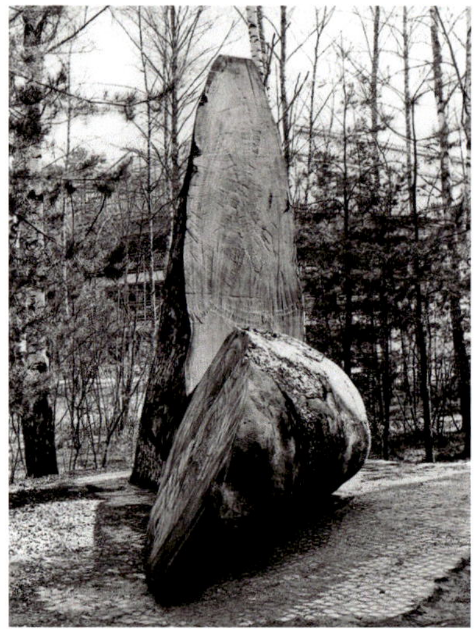

135
Diagonalschnitt zweiteilig
1986
Mahagoni, 500 x 190 x 190 (Stammdurchmesser), Unsigniert
Universitätsgelände Erlangen, Naturwissenschaftliche Fakultät

Literatur: Simm/Rainer/Rühl 1990, S.120-121, Abb. S. 120. Ausst. Kat. Marl 1992 S. 118. Ausst. Kat. München 1997 I, S. 24, 25. Ausst. Kat. Kißlegg 2005, S. 59. Ausst. Kat. Schweinfurt 2008, S. 42.

Erster Preis im Wettbewerb.

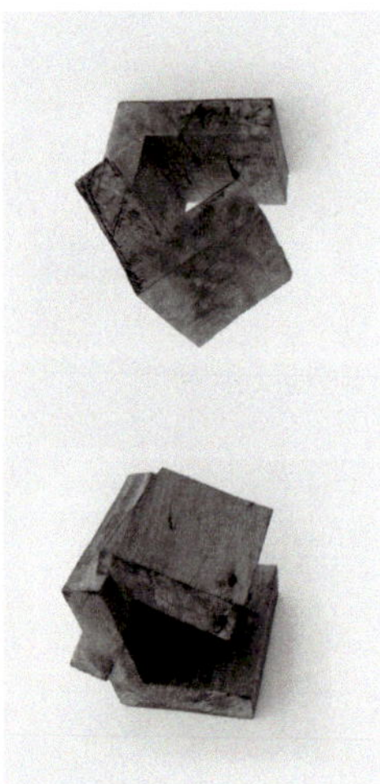

136
Entwicklung einer Kiste
1986
Pappel, Vierteilig, jeweils 45 x 45 x 60, Signiert: R. Wachter 1986
Privatsammlung

Ausstellungen: Rudolf Wachter Holzskulpturen, Marl, 1992. Rudolf Wachter – Aus dem Stamm, München 2003.

Literatur: Ausst. Kat. München 1995 I, S. 43. Ausst. Kat. Marl 1992, S. 70. Ausst. Kat. München 1997 I, S. 20, 21, 56. Ausst. Kat. München 2003, S. 48, 49. Döcker, Martina 2007, S. 82-84.

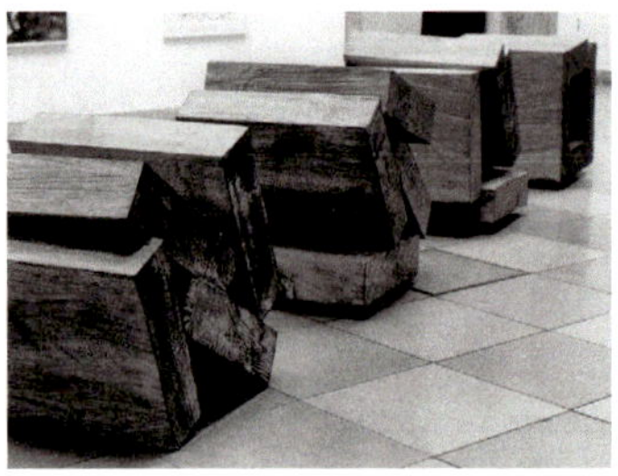

137
Entwicklung einer Kiste I
1986
Pappel, Vierteilig, jeweils 100 x 100 x 100, Jeweils signiert: R. Wachter 1986 NR I
Neues Schloss Kißlegg. Museum Rudolf Wachter

Ausstellungen: Goethe-Institut Brüssel, Rudolf Wachter, 1986. Deutscher Künstlerbund, Berlin 1987. Kunstverein Graz, 1989. Kunstverein Rosenheim 1989. Rudolf Wachter im Neuen Schloss Kißlegg, 2005 (dort auch auf dem Cover des Flyers abgebildet). Rudolf Wachter. Zeichnung und Objekt, Freising 2011.

Literatur: Ausst. Kat. Berlin 1987, S. 156. Kiby 1988, S. 241-243. Ausst. Kat. Marl 1992, S. 18, 68. Ausst. Kat. Kißlegg 2005, S. 52-53.

Bei dieser Skulpturengruppe verschwand 1989 bei einem Transport die zweite Skulptur von rechts. Die zweite Skulptur von links ist seitdem in zwei Teile geteilt, so dass sich wiederum ein vierteiliges Ensemble ergibt.

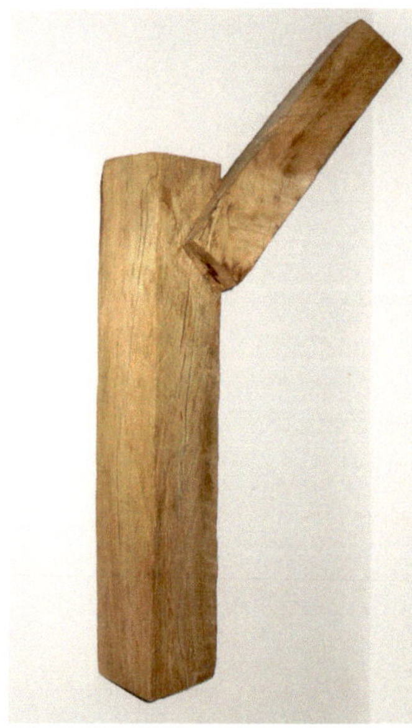

Foto: privat

138
Figuration
1986
Pappel, 80 x 10 x 8, Signiert: R. WACHTER 30 1986
Privatsammlung

Ausstellungen: Rudolf Wachter Skulptur und Zeichnung, Thalheim 1998. unter Holz, Schloss Achberg, 2002.

Literatur: Ausst. Kat. Ravensburg 2002, S. 55.

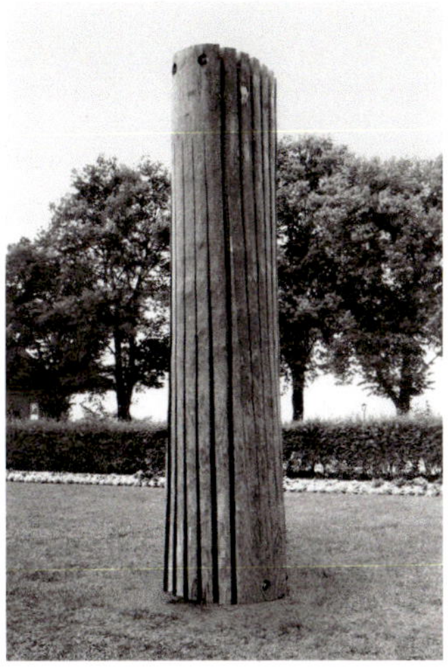

139
gegenläufig geschnitten
1986
Douglasie, 500 x 120 x 90, Unsigniert
Universitätsgelände Passau

Ausstellungen: Sommer-Kunst-Ausstellung 1983 im Schloss Dachau. Rudolf Wachter Stammskulpturen, München Gasteig, 1985.

Literatur: Ausst. Kat. Dachau 1983, Cover. Ausst. Kat. München 1985, S. 75, 113. Ausst. Kat. Düsseldorf 1985, S. 30. Ausst. Kat. Marl 1992, S. 113. Ausst. Kat. Kißlegg 2005, S. 58.

Ein Stamm, gegenläufig um 90 Grad versetzt geschnitten. Vgl. Modell WVZ 68.

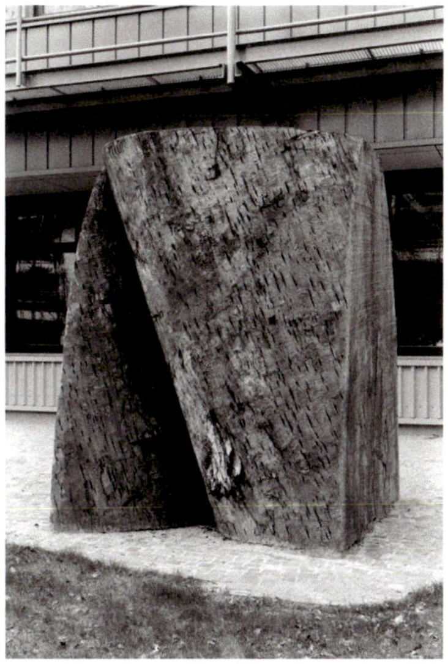

140
Schrägschritt, parallelisiert
1986
Sipo Mahagoni, 240 x 210 x 210, Unsigniert
Universität Erlangen, Naturwissenschaftliche Fakultät

Literatur: Ausst. Kat. München 1997 I, S. 44, 45. Simm/Rainer/Rühl 1990, S. 120–121. Ausst. Kat. Marl 1992, S. 118. Ausst. Kat. Schweinfurt, 2008, S. 42.

Erster Preis im Wettbewerb.

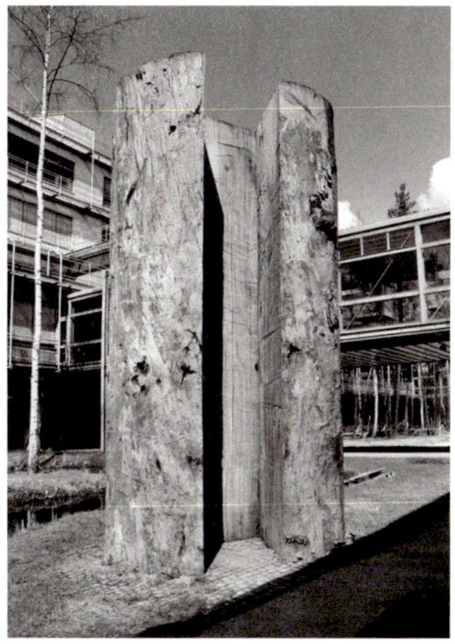

141
Schwundschnitt
1986
Mahagoni, 500 x 300 x 200, Unsigniert
Universität Erlangen, Naturwissenschaftliche Fakultät, Südgelände Biologie

Literatur: Oberste Baubehörde 1990, o.S. Simm/Rainer/Rühl 1990, S.120–121. Ausst. Kat. Marl 1992S. 116. Ausst. Kat. München 1997 I, S. 50,51. Ausst. Kat. Kißlegg 2005, S. 58. Ausst. Kat. Schweinfurt 2008, S. 42.

Erster Preis im Wettbewerb.

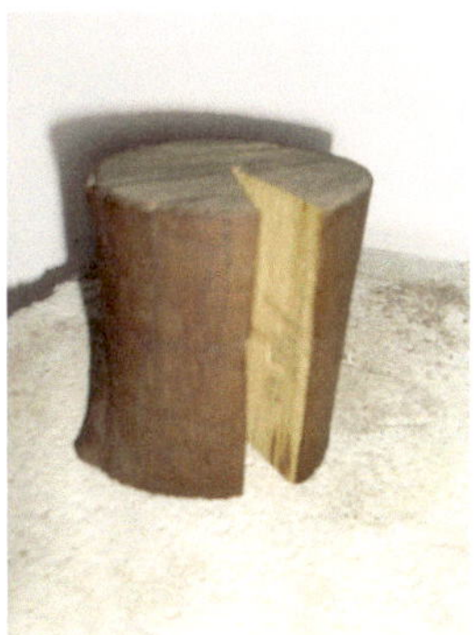

Foto: privat

142
Schwundschnitt
1986
Pappel?, 9 x 8 x 10, Signiert: SCHWUNDSCHNITT WACHTER 1986
Privatsammlung

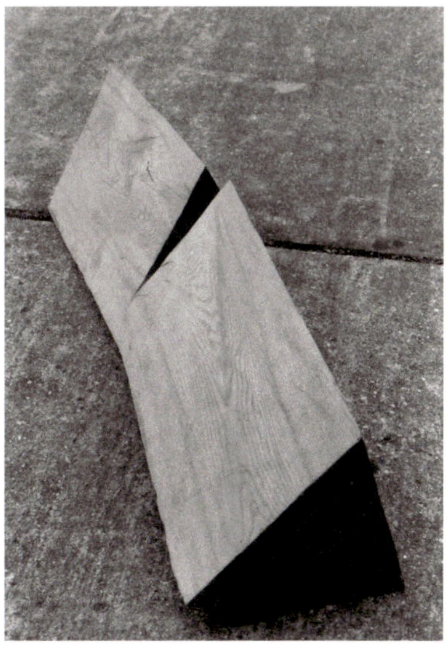

143
Windbruch
1986
Ulme, 145 x 34 x 42, Signiert: R. WACHTER
Privatsammlung

Ausstellungen: Rudolf Wachter Holzskulpturen, Marl 1992.

Literatur: Ausst. Kat. Marl 1992, S. 34.

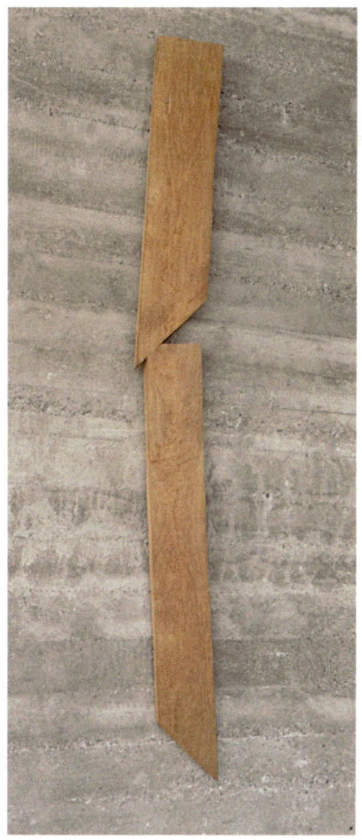

Foto: S. Weinmayr

144
Windbruch
1986
Eiche, 167 x 20 x 13, Unsigniert
Sammlung Wachter

Zunächst ‚Eichenbohle' betitelt.

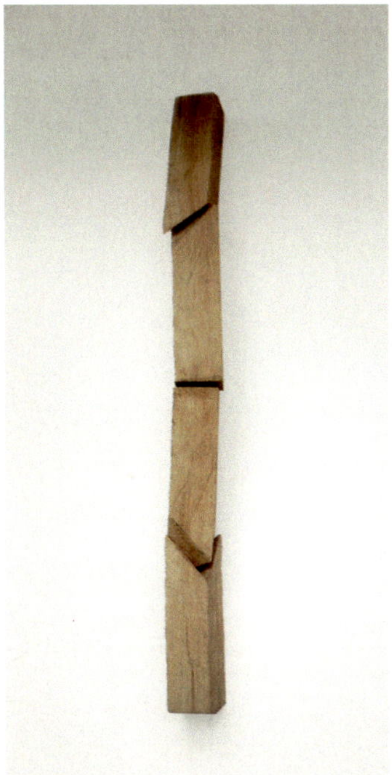

Foto: privat

145
Windbruch
1986
Pappel, 95 x 7 x 7, Signiert: R. WACHTER 1986 © 14
Privatsammlung
Ausstellungen: galerie 13, Freising 2002.

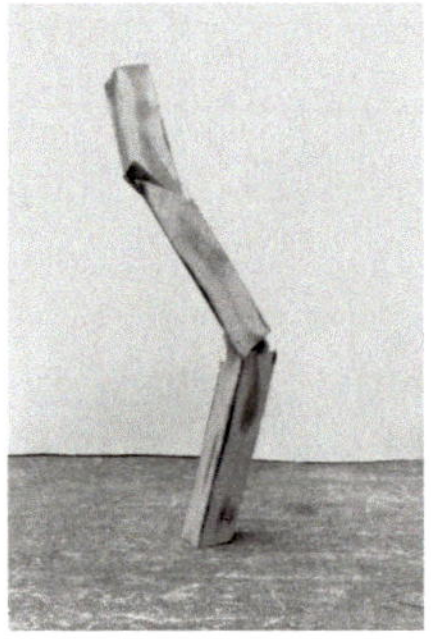

146
Windbruch
1986
Eiche, 97 x 9 x 49, Signiert: R. WACHTER 1986
Privatsammlung
Ausstellungen: Rudolf Wachter Holzskulpturen, Marl 1992.
Literatur: Ausst. Kat. Marl 1992, S. 36.

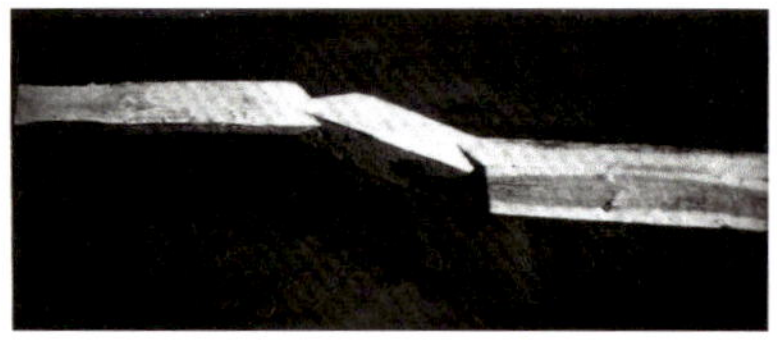

147
Windbruch
1986
Ulme, 210 x 19 x 28, Unsigniert
Privatsammlung USA
Ausstellungen: Große Kunst Ausstellung München 1986. Künstlergemeinschaft Wasserburg am Inn, 1986.
Literatur: Ausst. Kat. Wasserburg am Inn 1986, S. 104.

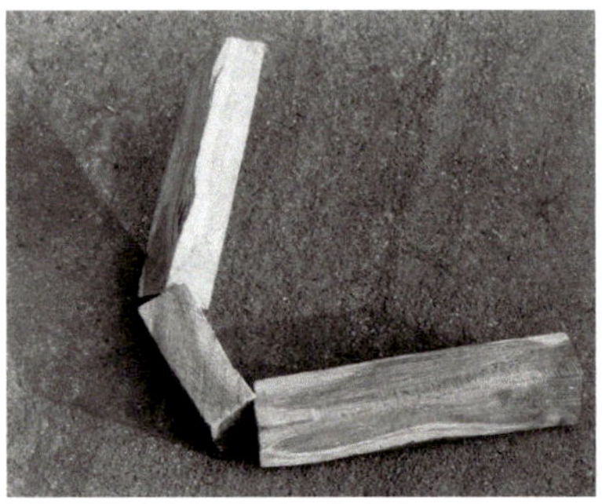

148
Windbruch
Um 1986
Pappel, Maße unbekannt, Unsigniert
Privatsammlung New York (Siehe Nr. 171)

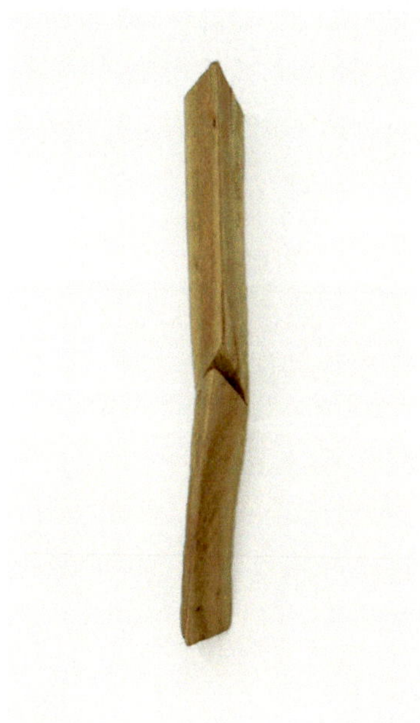

Foto: Schlenker

149
Windbruch
1986
Apfel, 85 x 9 x 10, Signiert: R. WACHTER © 1986
Sammlung Schlenker
Ausstellungen: Galerie Wohlhüter, Art Karlsruhe 2005. Wachter Holz Skulptur, Schweinfurt 2008.

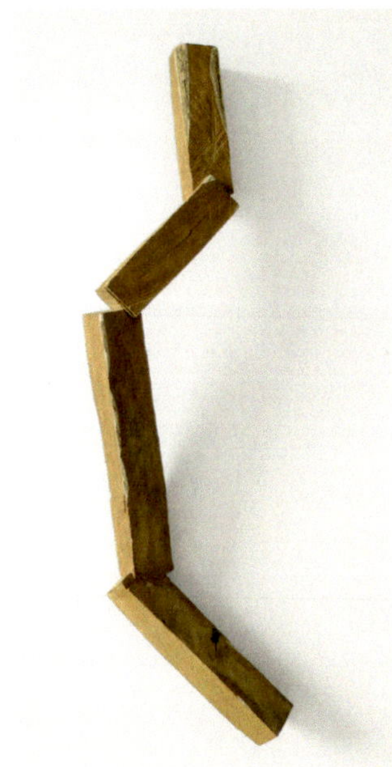

Foto: Abt-Straubinger

150
Windbruch
1986
Pappel, 113 x 7 x 26, Signiert: R. WACHTER © 1986 37
Sammlung Abt-Straubinger
Ausstellungen: Rudolf Wachter, Holzskulptur und Zeichnung, Thalheim 2002.

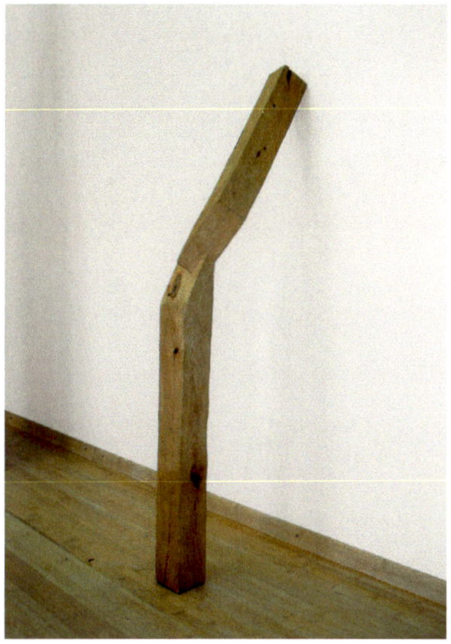

Foto: Knoll

151
Windbruch
1986
Ulme, 98 x 7,5 x 29, Signiert: R. WACHTER 1986 24
Sammlung Knoll

Ausstellungen: Rudolf Wachter, Holzskulptur und Zeichnung, Thalheim 2002. Galerie Wohlhüter, Art Karlsruhe 2004.

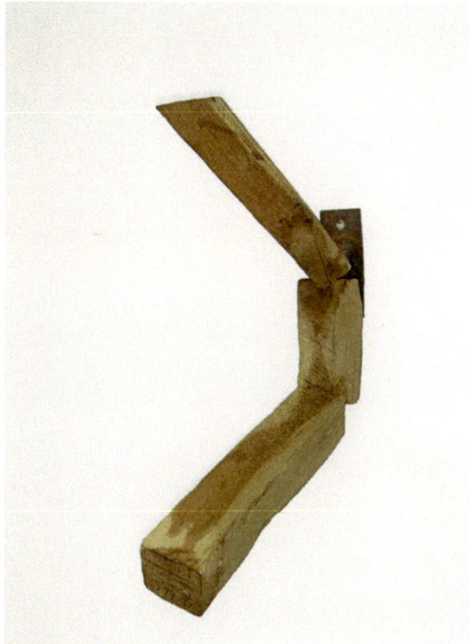

Foto: Knoll

152
Windbruch
1986
Eiche, 45 x 5 x 45, Signiert: R. WACHTER 1986 27
Sammlung Knoll

Ausstellungen: Galerie Wohlhüter, Art Karlsruhe 2005.

Stahlmontierung gehört nicht zum Werk, nachträglich.

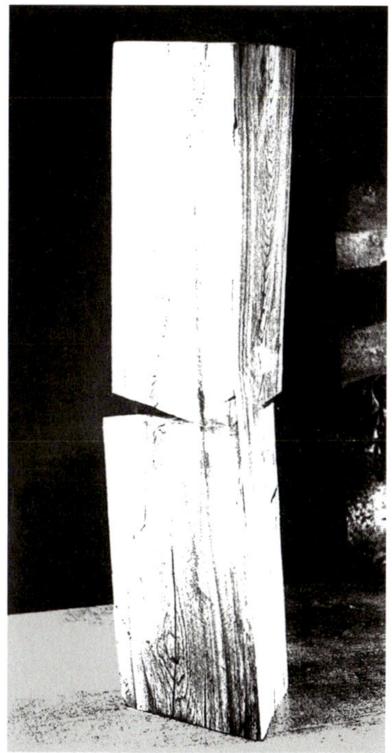

153
Windbruch
1986
Ulme, 145 x 42 x 34, Signiert: R. WACHTER 1986
Privatsammlung

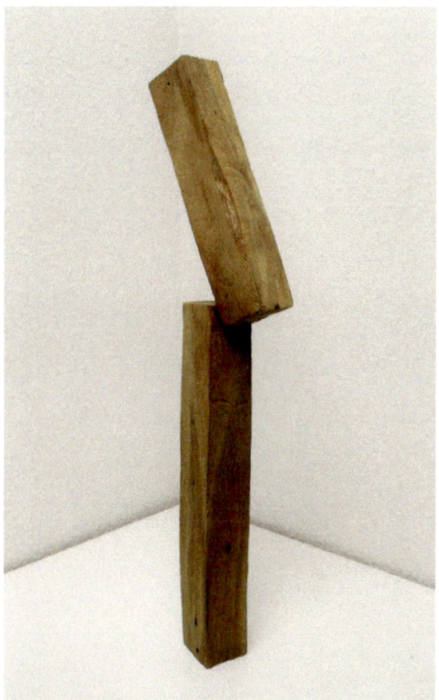

Foto: privat

154
Windbruch 18
1986
Obstholz, 72 x 6 x 19, Signiert: R. Wachter 1986 18
Privatsammlung

Ausstellungen: Kunst Köln, Galerie Wohlhüter, 2003.

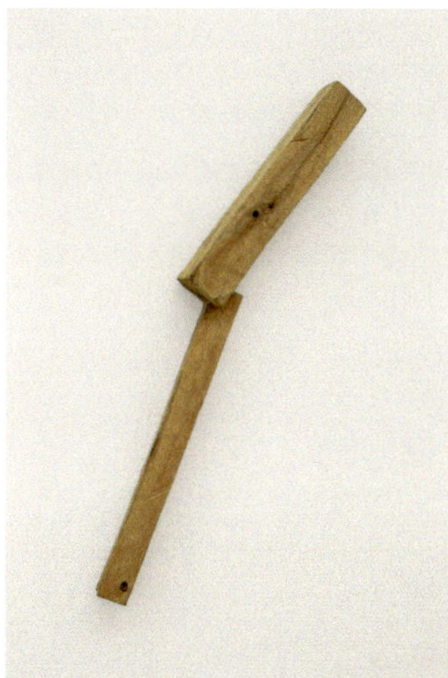

Foto: Werner Wohlhüter

155
Windbruch 22
1986
Pappel, 98 x 8,5 x 19, Signiert: R. WACHTER 1986 22 © Wachterblock. Sammlung Gerlinde und Werner Wohlhüter

Ausstellungen: Rudolf Wachter Holzskulptur und Zeichnung, Thalheim 2007. Unter Holz – Holz in der Gegenwartskunst, Schloss Achberg 2002. Wachter Holz Skulptur, Schweinfurt 2008.

Literatur: Ausst. Kat. Ravensburg 2002, S. 53.

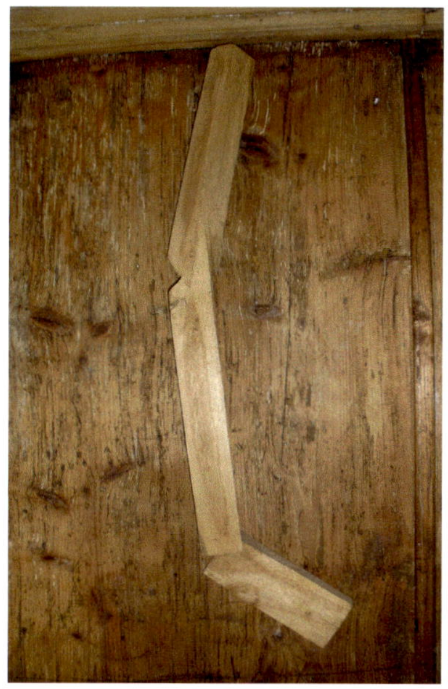

Foto: Faulhammer

156
Windbruch 24
1986
Ulme, 105 x 6 x 23, Signiert: R. WACHTER 1986 24
Galerie im Petrushof, Obermarchtal

Ausstellungen: Rudolf Wachter, Holzskulptur und Zeichnung, Thalheim 2002.

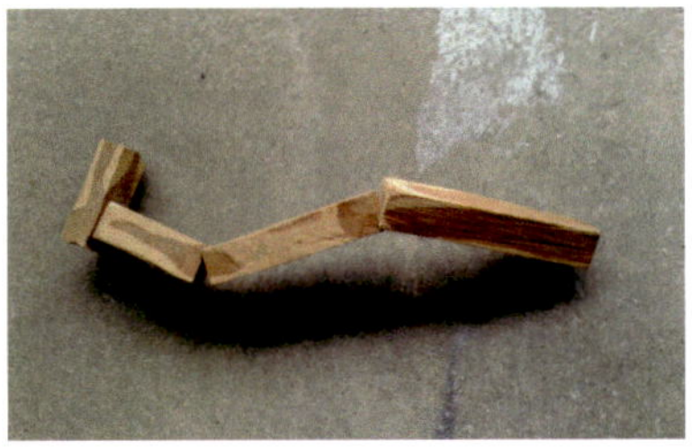

Foto: privat

157
Windbruch 26
1986
Obstholz, 73 x 16 x 18, Signiert: R. WACHTER 1986 © 26
Privatsammlung

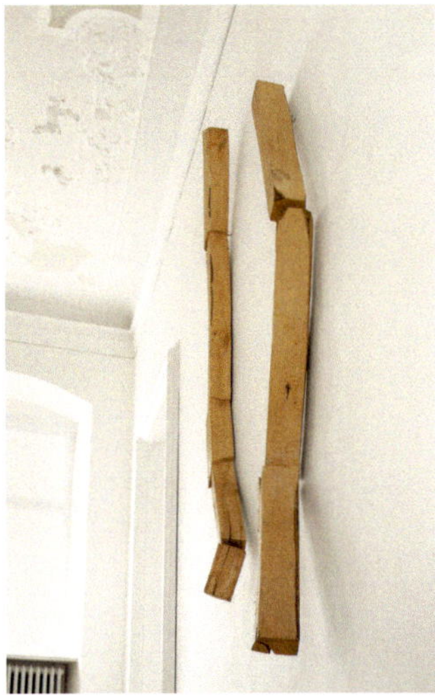

158
Windbruch I
1986
Esche, 150 x 10 x 10, Unsigniert
Neues Schloss Kißlegg. Museum Rudolf Wachter

Ausstellungen: Rudolf Wachter, New York 1987. Rudolf Wachter im Neuen Schloss Kißlegg, 2005.

Literatur: Ausst. Kat. Marl 1992, S. 37. Ausst. Kat. Kißlegg 2005, S. 41.

Auf dem Bild links, 487. Werk rechts verschollen.

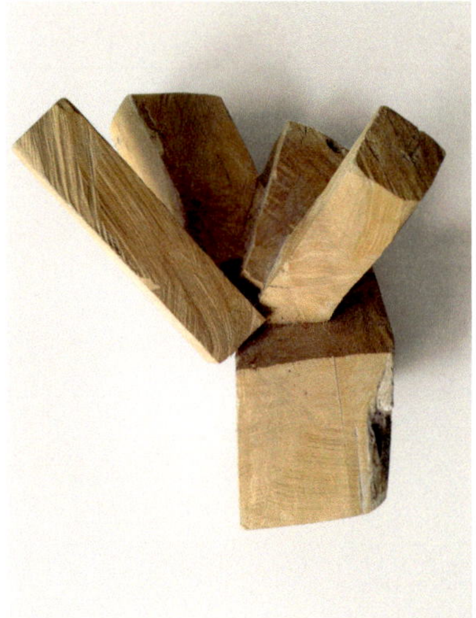

Foto: privat

159
Torso
1986
Pappel, 15 x 13 x 7, Signiert: R. Wachter 1986
Privatsammlung

Kein Foto

160
Torre Pendente
Um 1986
Holz, Hartfaser, Maße unbekannt
Zerstört

Literatur: Anonym 1987, S. 44-45.

Wettbewerbsmodell für die künstlerische Gestaltung des Platzes Tegernseer Landstraße/Edelweißstraße in München. Vgl. WVZ 161.

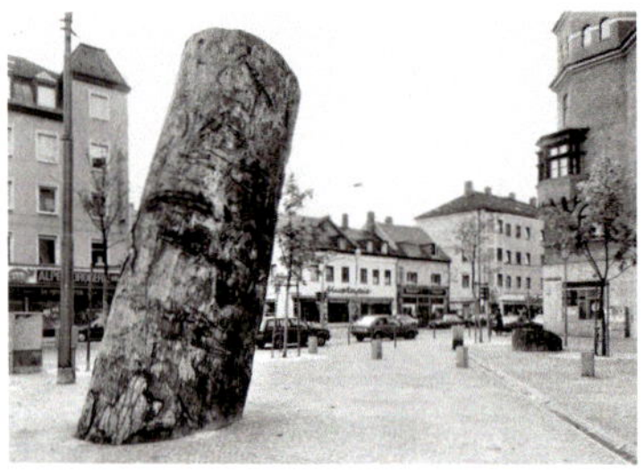

161
Torre Pendente
1986
Mahagoni, 650 x 220 x 220 (Stamm), 115 x 220 x 220 (Segment), Zweiteilig, Unsigniert
Tegernseer Landstraße, München

Ausstellungen: Rudolf Wachter Holzskulpturen, Marl, 1992. Rudolf Wachter, München 1997. Rudolf Wachter im Neuen Schloss Kißlegg, 2005.

Literatur: Guttmann 1990, S. 247-252, Abb. S. 252. Rüth, Uwe 1991, S. 26-27, S. 190-195, S. 192. Ausst. Kat. Marl 1992, S. 121. Ausst. Kat. München 1997 II, S. 12. Ausst. Kat. München 1997 I, S. 43. Giloy-Hirtz 1997, S. 182/183. Ausst. Kat. Ravensburg 1998, o.S. Haffner 2005, S. 171-172. Ausst. Kat. Kißlegg 2005, S. 59.

Die Bezeichnung ‚torre pendente' wurde durch die Schräglage des Stammes inspiriert und verweist auf die ‚Torri Pendente', die schiefen Campanile Italiens. Vgl. Wettbewerbsmodell WVZ160.

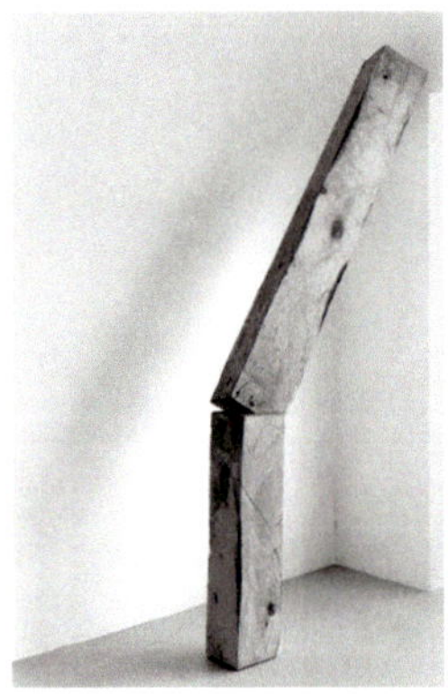

162
Balken gebrochen
1987
Pappel, 300 x 82 x 30, Unsigniert
Neues Schloss Kißlegg. Museum Rudolf Wachter

Ausstellungen: Galerie Karin Sachs, München 1991. Rudolf Wachter Holzskulpturen, Marl 1992. Rudolf Wachter – Aus dem Stamm, München 2003. Rudolf Wachter im Neuen Schloss Kißlegg 2005.

Literatur: Ausst. Kat. Marl 1992, S. 47. Engel 1992, 12-13, Abb. S. 13.

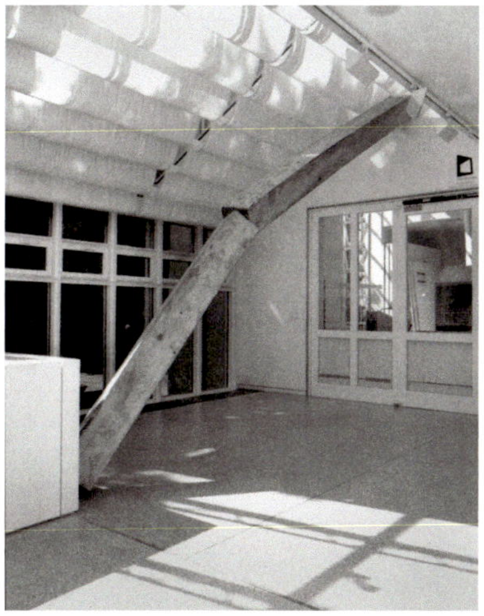

163
Balken II
1987
Pappel, 600 x 30 x 27, Unsigniert
Hypo Bank, Neustadt an der Weinstraße

Literatur: Ausst. Kat. Marl 1992, S. 46. Besig 1995, S. 11. Hegewisch 2000, S. 205.

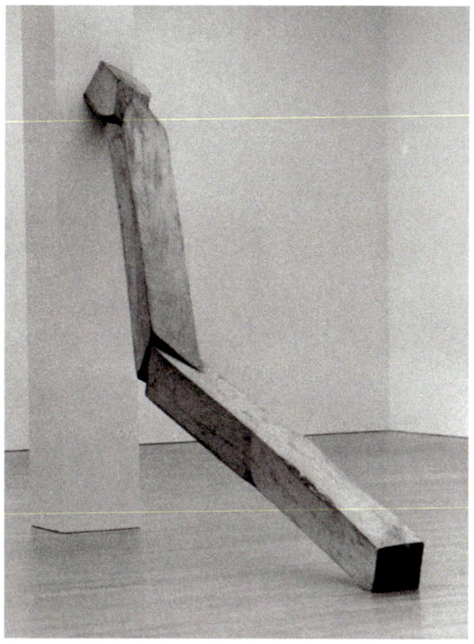

Foto: S. Weinmayr

164
Balken
Ulme, 500 x 32 x 54, Unsigniert
Neues Schloss Kißlegg. Museum Rudolf Wachter

Ausstellungen: Galerie Karin Sachs, München 1991. Rudolf Wachter Holzskulpturen, Marl 1992. Rudolf Wachter im Neuen Schloss Kißlegg, Kißlegg, seit Mai 2005.

Literatur: Ausst. Kat. Marl 1992, S. 96. Ausst. Kat. München 1997 II, S. 4. Ausst. Kat. München 1995 I, S. 35. Ausst. Kat. München 2003, S. 28. Ausst. Kat. Kißlegg 2005, S. 24.

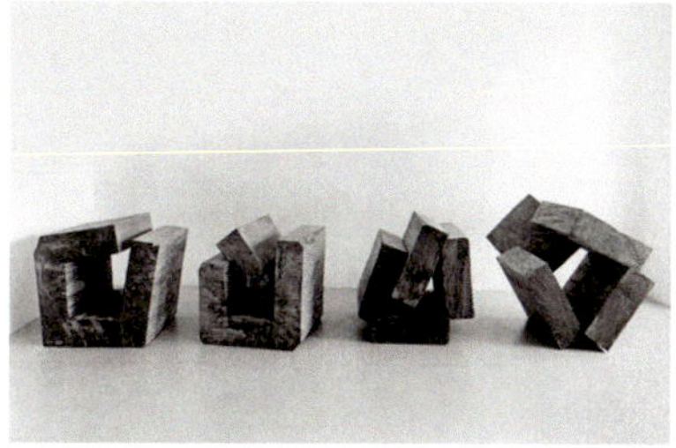

165
Entwicklung einer Kiste II
1987
Gabun, Vierteilig, jeweils 100 x 100 x 100, Unsigniert
Bayerische Staatsgemäldesammlungen

Ausstellungen: Kunstverein Rosenheim 1988. Rudolf Wachter. Aus dem Stamm, München 2003. Von Balkenhol bis Wachter, Augsburg 2009.

Literatur: Kranzfelder 1997, S. 5. Ausst. Kat. München 2003, S. 25.

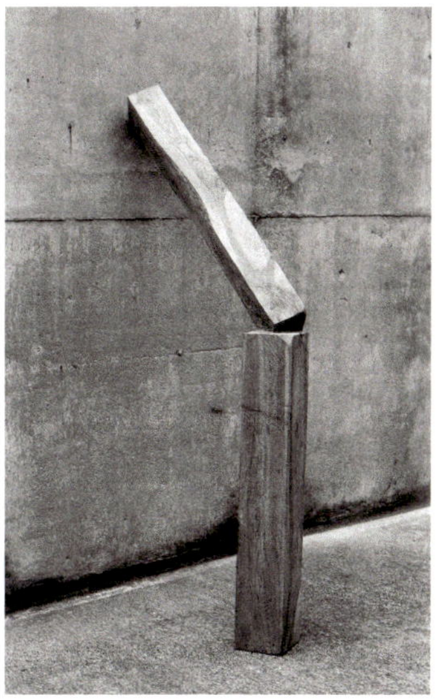

166
Gebrochener Balken
1987
Ulme, 230 x 20 x 20, Signiert: R. WACHTER © 1987
Kunstmuseum Singen

Ausstellungen: Rudolf Wachter Holzskulpturen, Marl 1992. Weihnachts-Ausstellung 2004, Galerie Wohlhüter Thalheim.

Literatur: Ausst. Kat. Marl 1992, S. 44.

Zunächst ‚Figuration' betitelt.

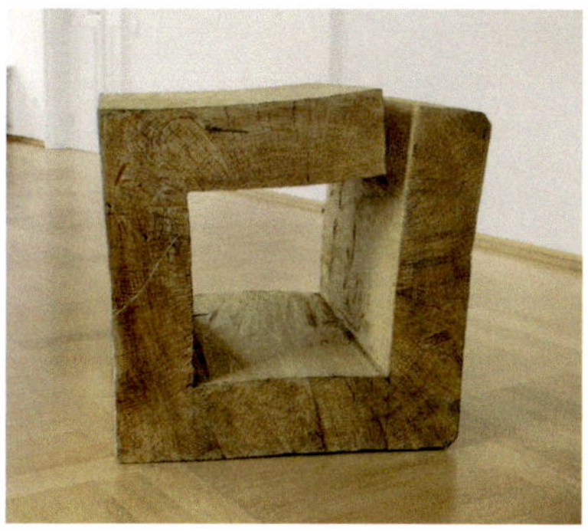

Foto: privat

167
Kiste
1987
Pappel, 24 x 28 x 26, Signiert: R. WACHTER 1987
Privatsammlung

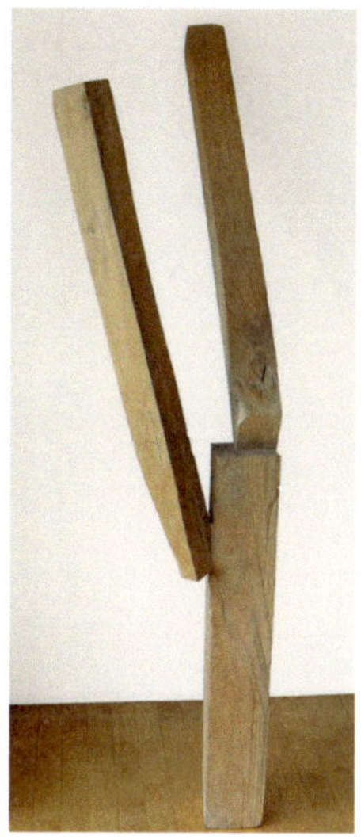

Foto: Ott

168
ohne Titel
1987
Ulme, 187 x 72 x 48, Signiert: R. WACHTER 1987 © 07
Sammlung Ott

Ausstellungen: Galerie Wohlhüter 1996, Sommer-Ausstellung. unterHolz – Holz in der Gegenwartskunst, Schloss Achberg 2002.

Literatur: Ausst. Kat. Marl 1992, S. 45. Ausst. Kat. Ravensburg 2002, S. 52

Zunächst ‚Figuration' betitelt.

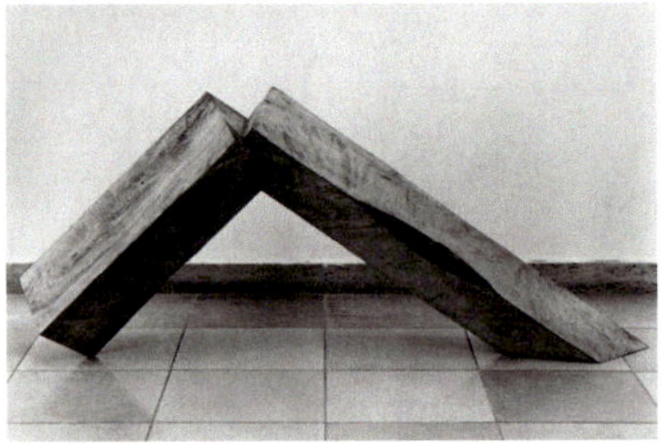

169
Stammskulptur Knie
1987
Pappel, 210 x 110 x 35, Unsigniert
Sammlung Stadt Ravensburg

Ausstellungen: Deutscher Künstlerbund, Stuttgart 1988. Große Kunst-Ausstellung München 1990. Rudolf Wachter Holzskulpturen, Marl 1992. Rudolf Wachter – Aus dem Stamm, München 2003.

Literatur: Ausst. Kat. Stuttgart 1988, Abb. S. 345. Ausst. Kat. Marl 1992, S. 41. Ausst. Kat. Ravensburg 1998. Ausst. Kat. München 2003, S. 31.

Zunächst ‚Organisch-konstruktiv' betitelt. Verschiedene Datierungen durch den Bildhauer.

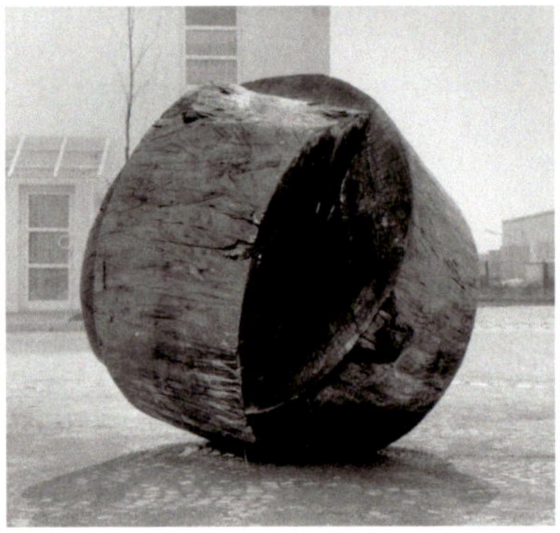

170
Verbindung
1987
Mahagoni, 220 x 200 x 200, Unsigniert
Justizvollzugsanstalt Straubing

Literatur: Ausst. Kat. Marl 1992, S. 103-104. Ausst. Kat. München 1997 I, S. 36, 37. Ausst. Kat. Schwäbisch Gmünd 2000, S. 45. Ausst. Kat. Kißlegg 2005, S. 59.

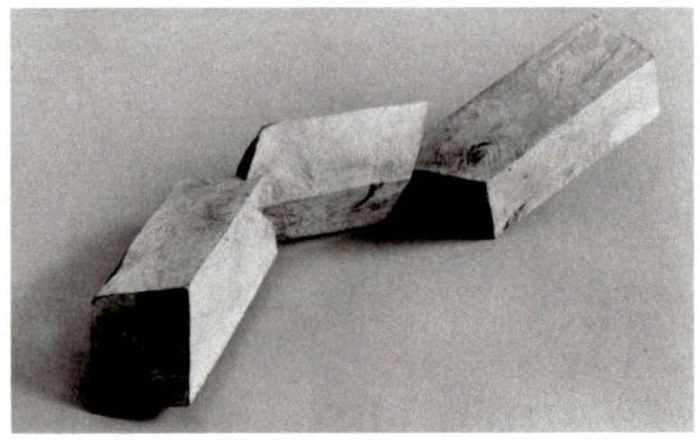

171
Windbruch
1987
Pappel, 150 x 23 x 34, Unsigniert
Privatsammlung New York

Ausstellungen: Rudolf Wachter Holzskulpturen, Marl 1992.

Literatur: Ausst. Kat. Marl 1992, S. 35. Kranzfelder 1997, S. 8.

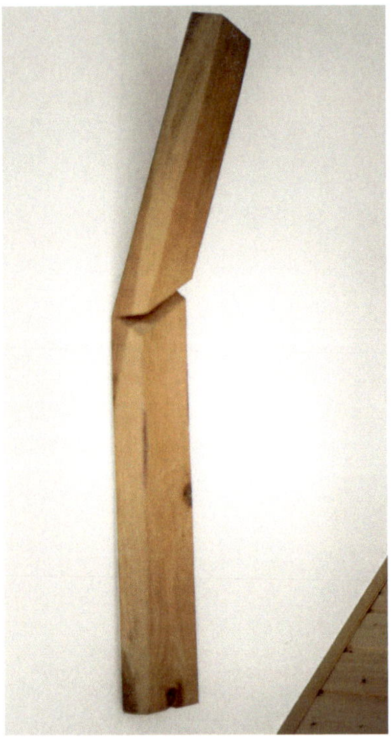

Foto: privat

172
Windbruch
1987
Eiche, 100 x 8 x 28,
Signiert: R. WACHTER 1987
Privatsammlung

Ausstellungen: Rudolf Wachter Holzskulptur und Zeichnung, Thalheim 1988.

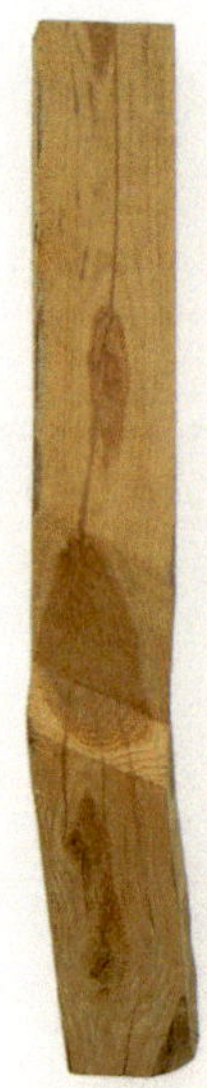

Foto: privat

173
Windbruch
1987
Eiche, 85 x 10 x 9, Signiert: R. WACHTER 1987
Privatsammlung

Ausstellungen: Galerie Wohlhüter, Art Karlsruhe 2005. Wachter Holz Skulptur, Schweinfurt 2008.

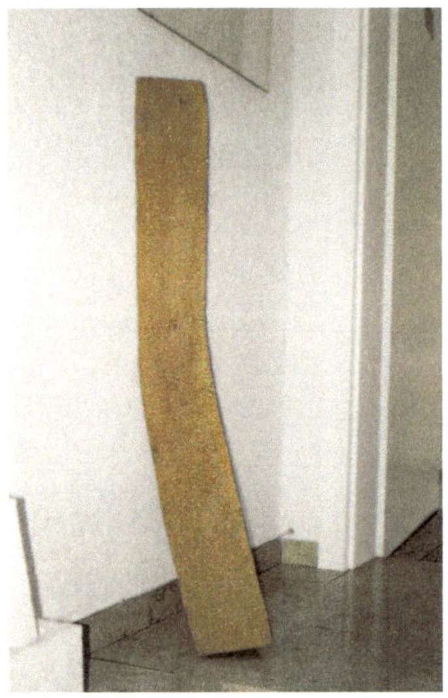

Foto: Göhringer

174
Windbruch
1987
Kirsche, 100 x 14 x 14,
Signiert: R. WACHTER 1987
Sammlung Göhringer

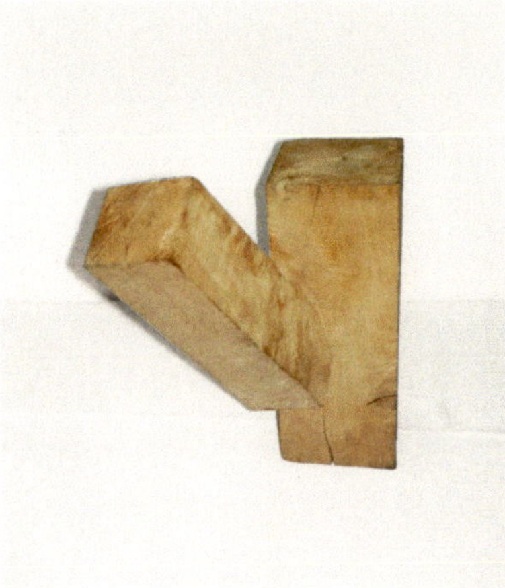

Foto: privat

175
Doe Helmut/Torso
1988
Pappel, 44,5 x 13 x 33, Signiert: DOE HELMUT 1988
Privatsammlung

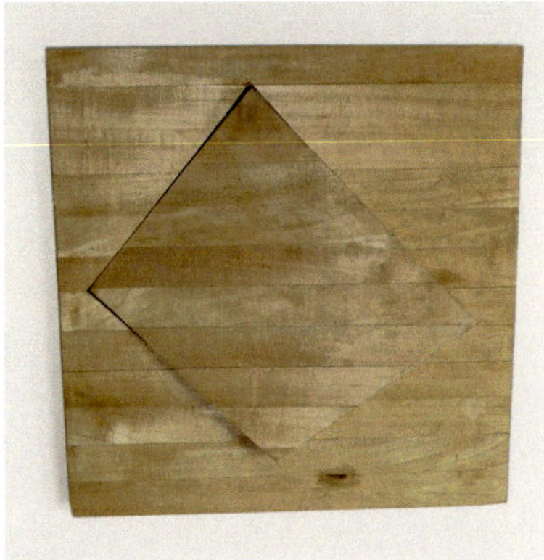

Foto: Schlemmer

176
ohne Titel
1988
Pappel, 49,5 x 40,5 x 7,5, Signiert: R. WACHTER 1988
Sammlung Schlemmer

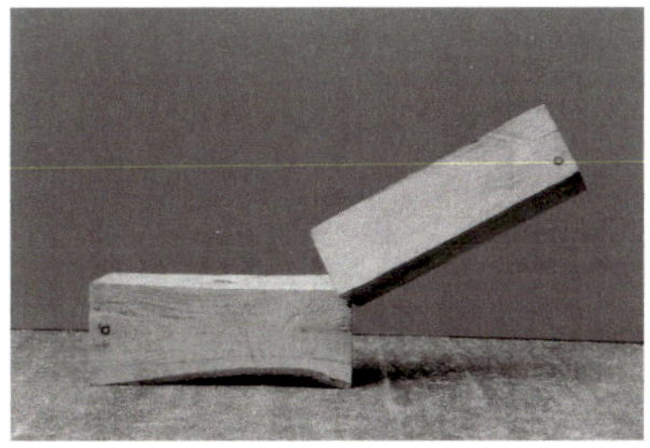

177
Torso
1988
Ahorn, 110 x 20 x 45,
Signiert: R. Wachter 1988
Privatsammlung

Ausstellungen: Rudolf Wachter Holzskulpturen, Marl 1992.

Literatur: Ausst. Kat. Marl 1992, S. 43.

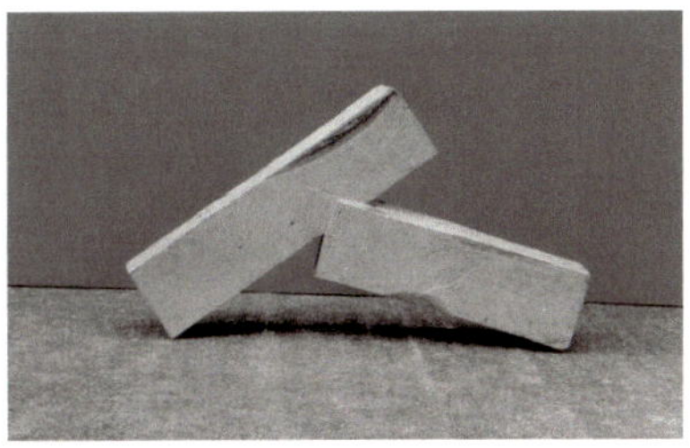

178
Torso
1988
Pappel, 100 x 60 x 22,
Signiert: R. Wachter 1988
Privatsammlung

Ausstellungen: Rudolf Wachter Holzskulpturen, Marl 1992.

Literatur: Ausst. Kat. Marl 1992, S. 4.

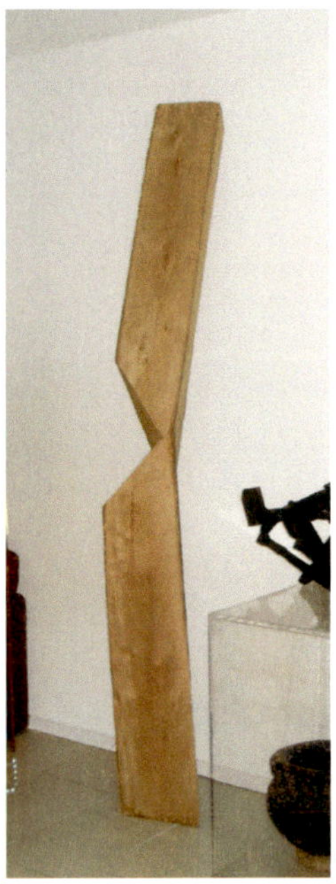

Foto: Neumann-Nzinga

179
Windbruch
1988
Pappel, 220 x 25 x 26,
Signiert: R. WACHTER© 1986
Sammlung Neumann-Nzinga

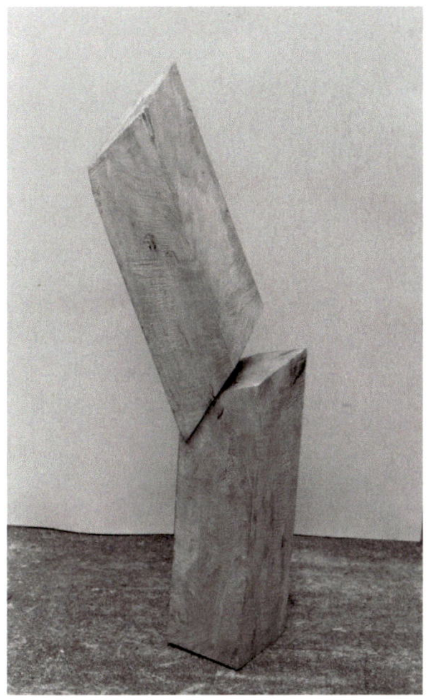

180
Windbruch
1988
Pappel, 110 x 16 x 29,
Signiert: R. WACHTER 1988
Privatsammlung

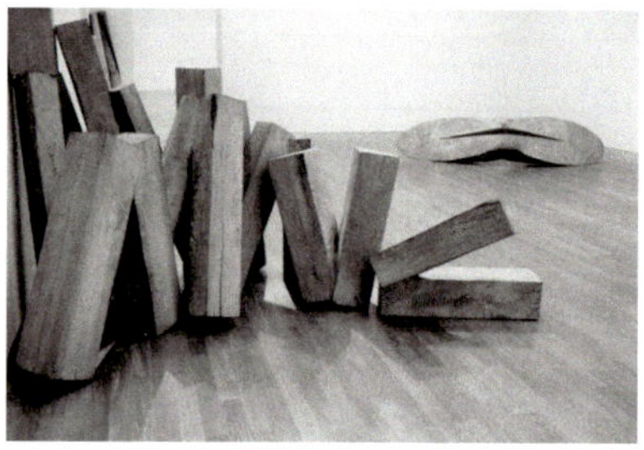

Photo: Tanja Murczak

181
Zwiesel
1988
Pappel, Neunteilig. Höhen zwischen 100 und 240, Inv.-Nr. 2957, Unsigniert
Märkisches Museum Witten

Ausstellungen: Galerie Karin Sachs, München 1988. Rudolf Wachter - Skulpturen, Rosenheim 1991. Rudolf Wachter Holzskulpturen, Marl 1992. Rudolf Wachter Woodhenge, Schwäbisch Gmünd 2000. Rudolf Wachter - Aus dem Stamm, München 2003.

Literatur: Rüth 1991, S. 192. Ausst. Kat. Rosenheim 1991, o.S. Ausst. Kat. Schwäbisch Gmünd 2000, S. 49. Ausst. Kat. München 2003, S. 30.

Variable Aufstellungsmöglichkeiten.

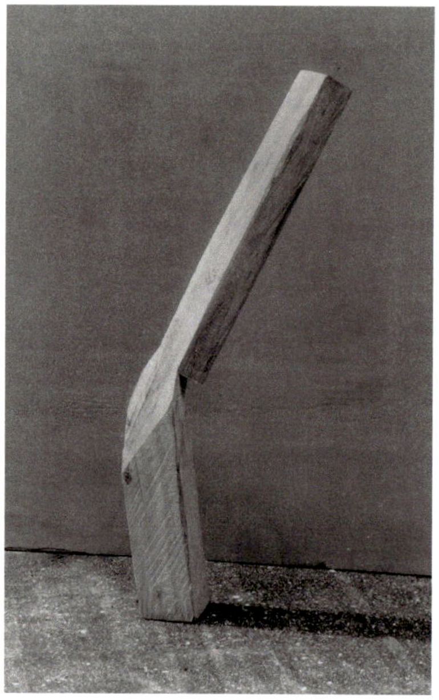

182
Figuration
Um 1988
Zwetschge, 95 x 11 x 25, Unsigniert
Privatsammlung

Literatur: Ausst. Kat. München, 1985, S. 81. Ausst. Kat. Marl 1992, S. 44.

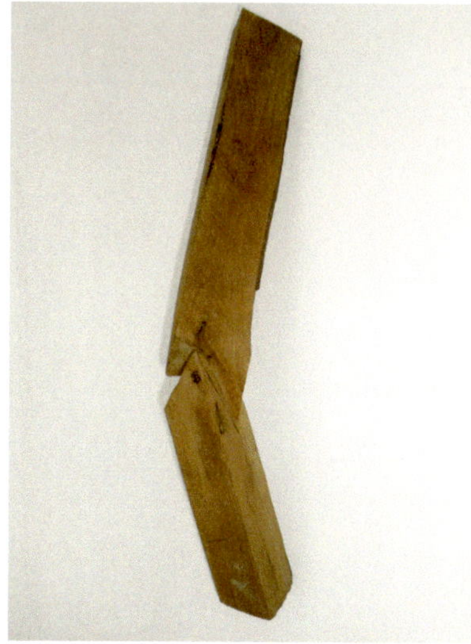

Foto: Faulhammer

183
kleiner Windbruch
1988
Pappel, 45 x 6 x 14, Signiert: R. WACHTER © 88
Galerie im Petrushof, Obermarchtal

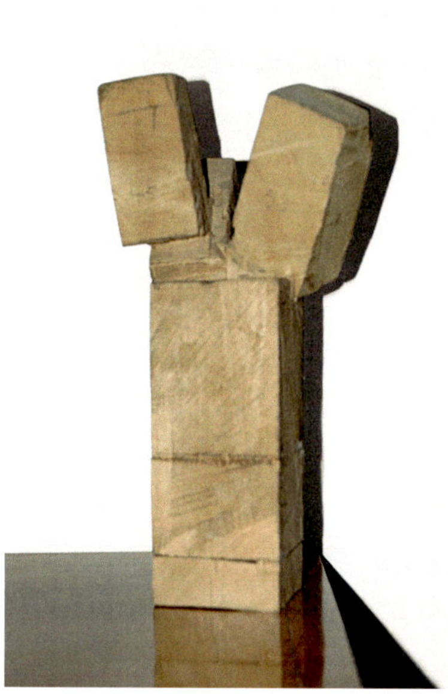

Foto: Sundheimer

184
Bozzetto für Stammskulptur
1989
Zwetschge, 35,5 x 18,8 x 13,5, Signiert: R. WACHTER 89
Sammlung Florian Sundheimer

Ausstellungen: ‚Bozetti - 18. Jh. bis heute', Galerie Sundheimer, München, dort auch auf dem Cover der Einladungskarte.

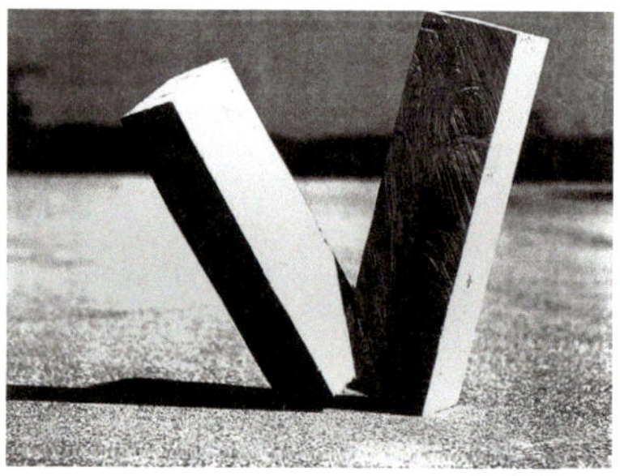

185
Figuration
1989
Pappel, 100 x 95 x 6, Signiert: R. WACHTER 89
Privatsammlung

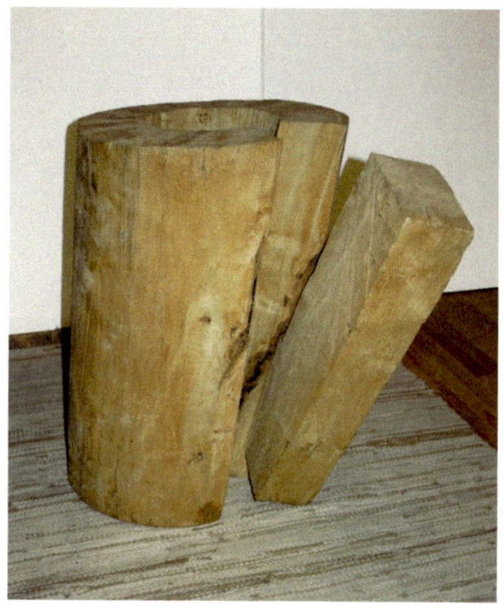

Foto: privat

186
Gebrochener Raum
1989
Pappel, 112 x 80 x 61, Signiert: R. WACHTER 89
Privatsammlung

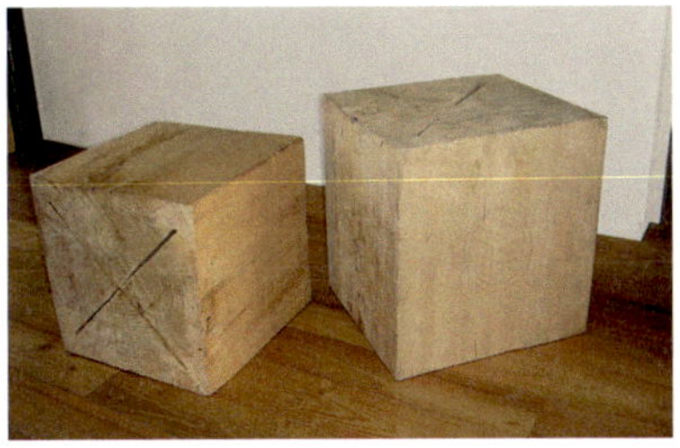

Foto: privat

187
Holzschnitt
Um 1989
Pappel, Zweiteilig, 18 x 18 x 18, 21 x 21 x 21, Unsigniert
Privatsammlung

Modelle für Hocker in der Ernst-Reuter-Schule, München. Vgl. WVZ 240.

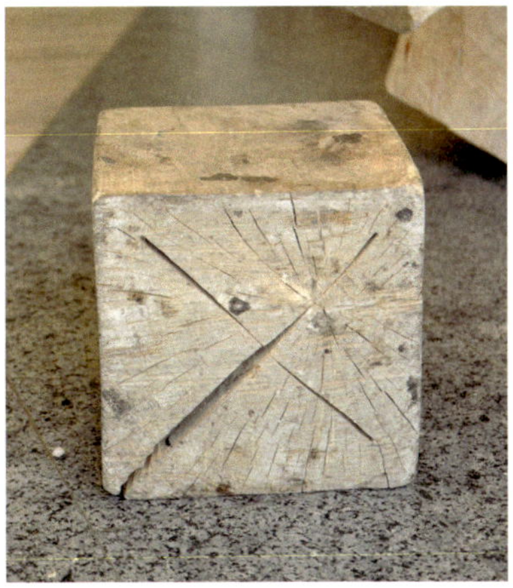

Foto: S. Weinmayr

188
ohne Titel
1989
Pappel, 20 Exemplare, Jeweils ca. 42 x 42 x 42, Unsigniert
Ernst-Reuter-Schule, München

Als Hocker ausgeführt, heute teilweise zerstört.

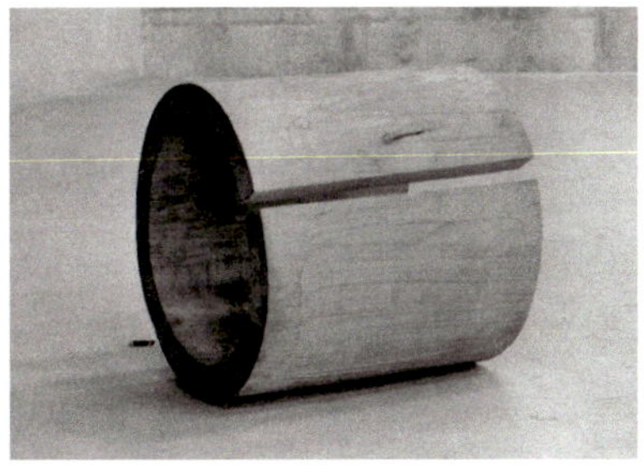

189
Newgrange I
1989
Pappel, 118 x 90 x 94, Signiert: R. WACHTER 1989 REZIPROK1 NG1
Neues Schloss Kißlegg. Museum Rudolf Wachter

Literatur: Ausst. Kat. Kißlegg 2005, S. 45.

Vgl. WVZ 192 mit zusätzlicher Blockstruktur, dann zum eigenständigen Werk bestimmt.

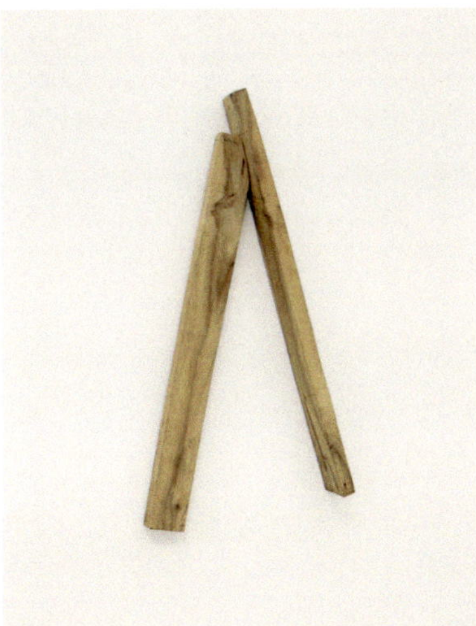

Foto: Werner Wohlhüter

190
ohne Titel
1989
Esche, 61 x 32 x 6, Signiert: R. WACHTER (Stirnseite unten), 1989 (Stirnseite oben)
Wachterblock. Sammlung Gerlinde und Werner Wohlhüter

Ausstellungen: Weihnachts-Ausstellung Galerie Wohlhüter, Thalheim 2003. Wachter Holz Skulptur, Schweinfurt 2008.

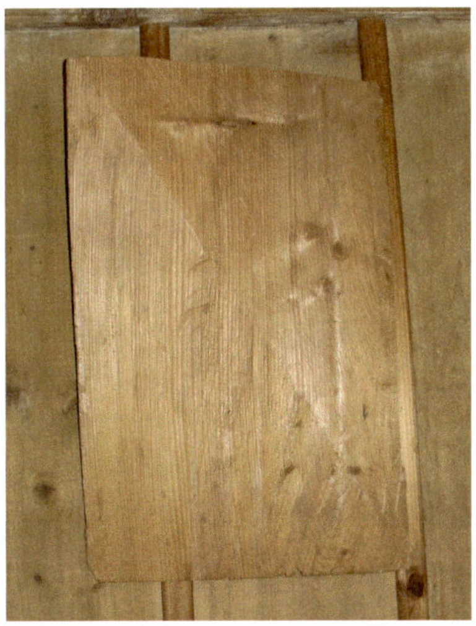

Foto: Faulhammer

191
ohne Titel
1989
Fichte, Keine Maße, Signiert: R. Wachter 1989
Galerie im Petrushof, Obermarchtal

Ausstellungen: Rudolf Wachter, Holzskulptur und Zeichnung, Thalheim 2002.

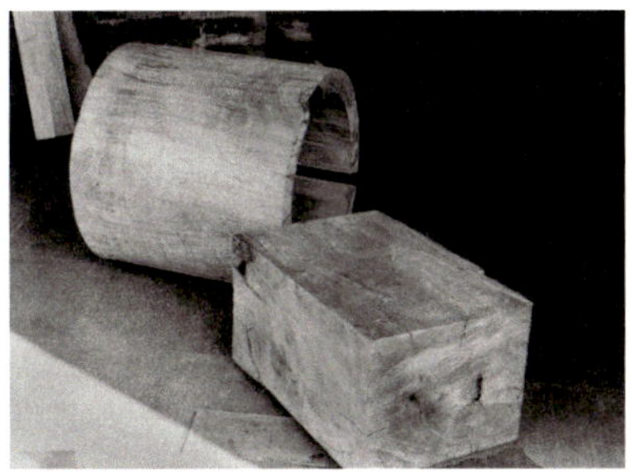

192
Reciproco
1989
Pappel, Zweiteilig, 90 x 90 x 90, 90 x 50 x 60, Unsigniert
Sammlung Wachter

Ausstellungen: Große Kunst-Ausstellung München 1994. Rudolf Wachter Holzskulpturen, Marl 1992. Der Deutsche Künstlerbund in Berlin 1990.

Literatur: Ausst. Kat. Berlin 1990, S. 239. Ausst. Kat. Marl 1992, S. 76.

Als zweiteilige Arbeit angelegt, um das Wechselspiel von ‚hohl' und ‚massiv' herauszuarbeiten. Tonnenförmige Hohlform dann zum Einzelwerk bestimmt: Newgrange I (WVZ 189).

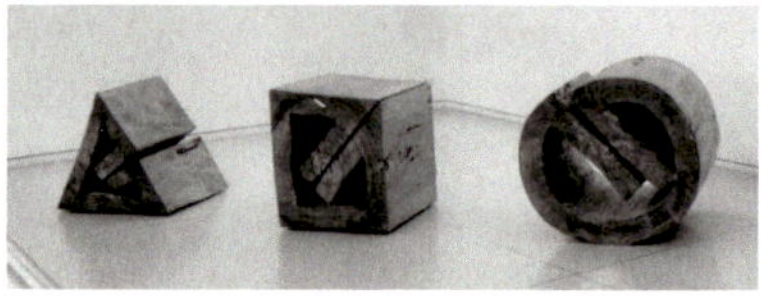

193
Schwundschnitte
1989
Esche, Pappel, Douglasie, Dreiteilig,
110 x 90 x 90, 78 x 90 x 95,
85 x 80 x 86, Unsigniert
Kreissparkasse Hannover

Ausstellungen: Galerie Karin Sachs, München, 1989. Rudolf Wachter – Skulpturen, Rosenheim 1991.

Literatur: Ausst. Kat. Marl, 1992, S. 74-75. Kranzfelder 1997, S. 8. Ausst. Kat. Albstadt 2003, S. 27. Rudolf Wachter 1997, S. 4-5.

Zunächst ‚Kernschnitte', später ‚Schwundschnitte' betitelt.

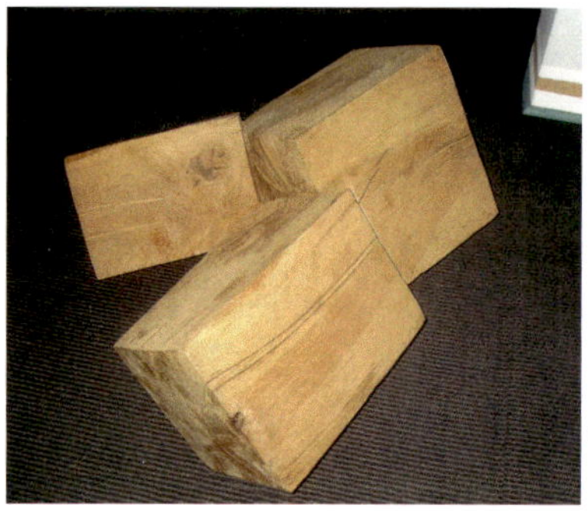

Foto: privat

194
Torso
1989
Eiche, 94 x 84 x 70,
Signiert: R. WACHTER 89
Privatsammlung

Ausstellungen: Rudolf Wachter Holzskulpturen, Marl, 1992.

Literatur: Ausst. Kat. Marl, 1992, S. 65.

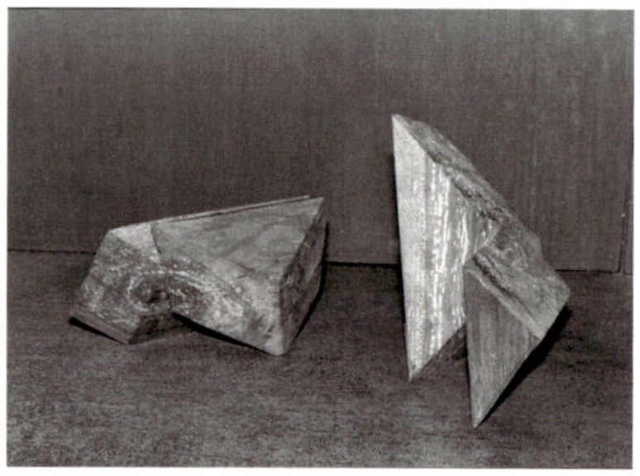

195
Torso
Um 1989
Esche, Zweiteilig, 25 x 20 x 18,
15 x 15 x 18, Unsigniert
Sammlung Wachter

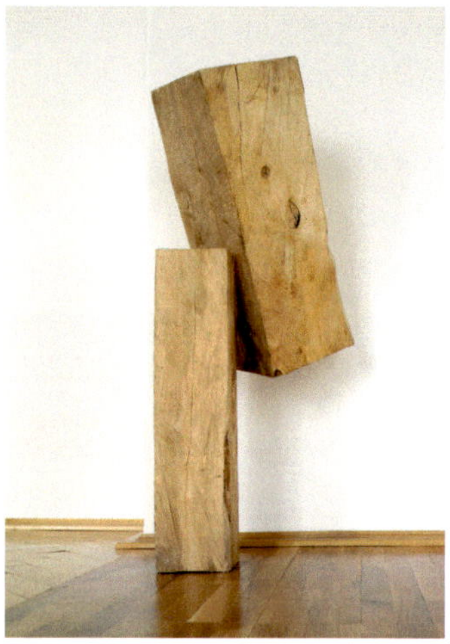

196
Torso
1989
Pappel, 100 x 60 x 45,
Signiert: R. WACHTER 1989
Neues Schloss Kißlegg. Museum Rudolf Wachter

Ausstellungen: Kunstverein Rosenheim Jahres-Ausstellung, 1990. Rudolf Wachter im Neuen Schloss Kißlegg, ab 2005.

Literatur: Ausst. Kat. Schwäbisch Gmünd 2000, S. 12. Ausst. Kat. Kißlegg 2005, S. 39.

Zunächst ‚Stammabschnitte' oder ‚Figuration' betitelt.

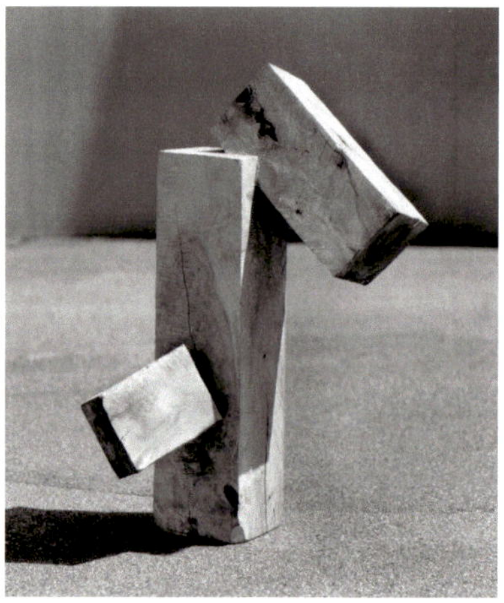

197
Torso
1989
Obstholz?, 103 x 77 x 50,
Signiert: R: WACHTER 1989
Privatsammlung

Ausstellungen: Material und Raum. Installationen + Projekte. Kunst im öffentlichen Raum, Essen 1990-1991. Rudolf Wachter. Holzskulpturen, Marl 1992.

Literatur: Rüth 1991, S. 191. Ausst. Kat. Marl 1992, S. 56-57.

Zunächst ‚Figuration' betitelt.

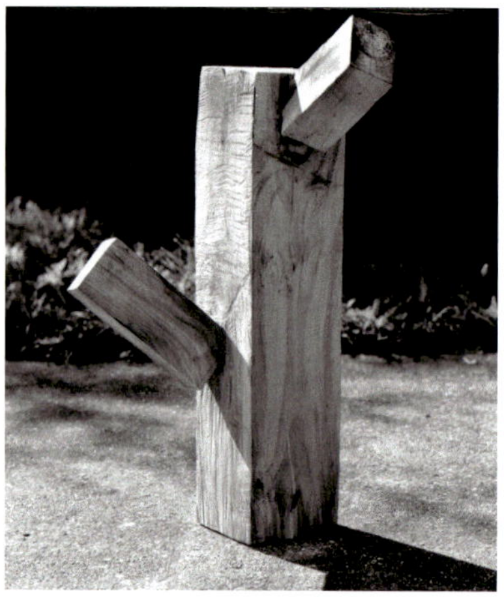

198
Torso
1989
Pappel, 100 x 35 x 40,
Signiert: R. WACHTER 1989
Privatsammlung

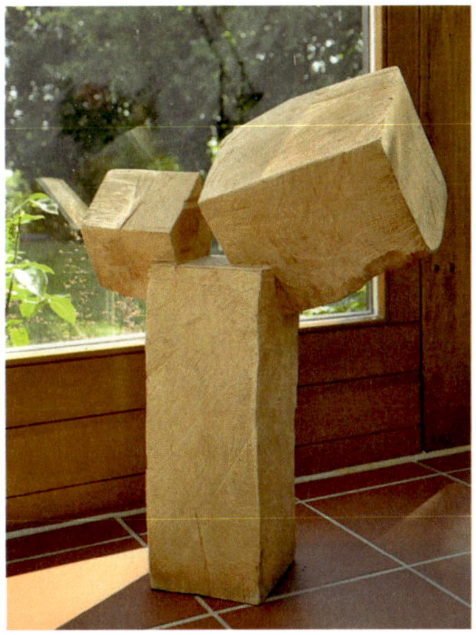

Foto: Becker

199
Torso
1989
Weide, 55 x 45 x 30,
Signiert: R. WACHTER 89
Sammlung Becker

Ausstellungen: Rudolf Wachter Holzskulpturen, Marl 1992. Sommer-Ausstellung 2000, Thalheim.

Literatur: Ausst. Kat. Marl 1992, S. 62, 67.

Zunächst ‚Figuration', dann ‚An der Wand' betitelt.

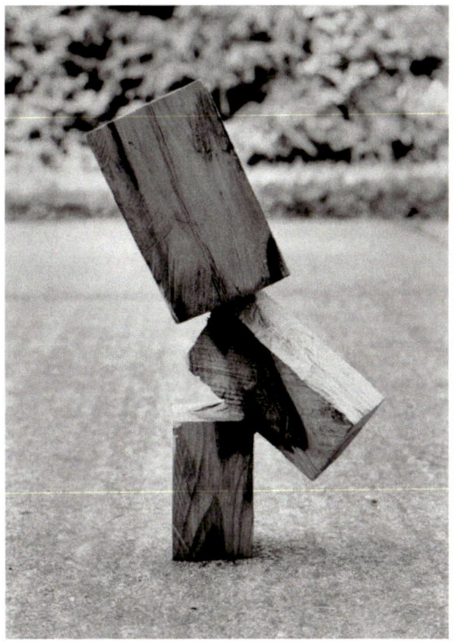

200
Torso
1989
Apfel, 50 x 14 x 11, Signiert:
R. WACHTER 89
Privatsammlung

Ausstellungen: Rudolf Wachter Holzskulpturen, Marl, 1992.

Literatur: Ausst. Kat. Marl, 1992, S. 50.

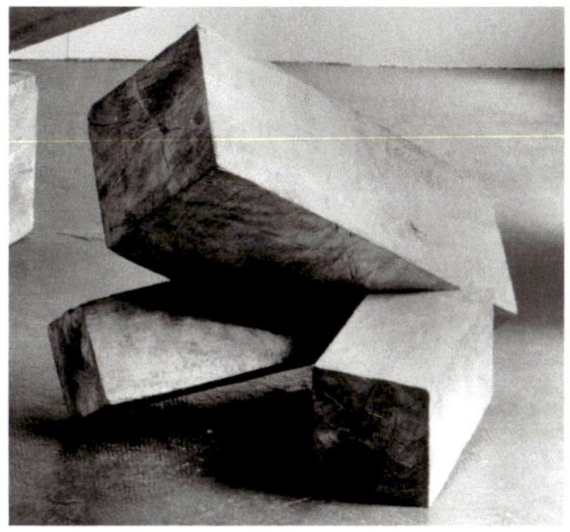

201
Torso
1989
Pappel, 90 x 80 x 80,
Signiert: R. WACHTER 1989
Privatsammlung

Ausstellungen: Rudolf Wachter - Skulpturen, Rosenheim, 1991. Kunstverein Rosenheim Jahres-Ausstellung 1991. Rudolf Wachter Holzskulpturen, Marl, 1992. Rudolf Wachter, Neunkirchen /Saar 1999.

Literatur: Ausst. Kat. Rosenheim 1991, o.S. Ausst. Kat. Marl 1992, S. 58-59. Ausst. Kat. Neunkirchen (Saar) 1999, o,S.

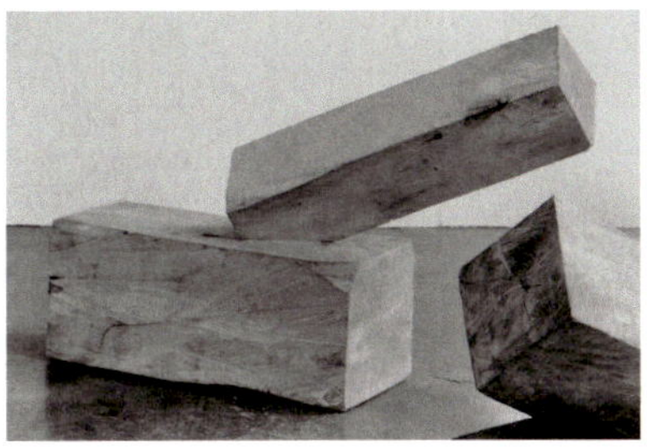

202
Torso
1989
Pappel, 110 x 80 x 34, Signiert:
R. WACHTER 1989
Privatsammlung

Ausstellungen: Kunstverein Rosenheim Jahres-Ausstellung 1991. Rudolf Wachter - Skulpturen, Rosenheim 1991. Rudolf Wachter Holzskulpturen, Marl, 1992. Rudolf Wachter, Neunkirchen/Saar 1999.

Literatur: Ausst. Kat. Rosenheim 1991, o.S. Ausst. Kat. Marl 1992, S. 54-55, 58. Ausst. Kat. Neunkirchen (Saar) 1999, o.S.

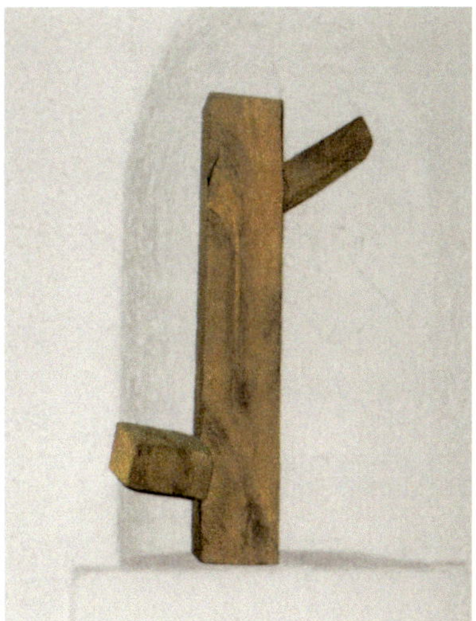

Foto: Göhringer

203
Torso
1989
Kirsche, 42 x 34 x 20,
Signiert: R. WACHTER 1989 ©
Sammlung Göhringer

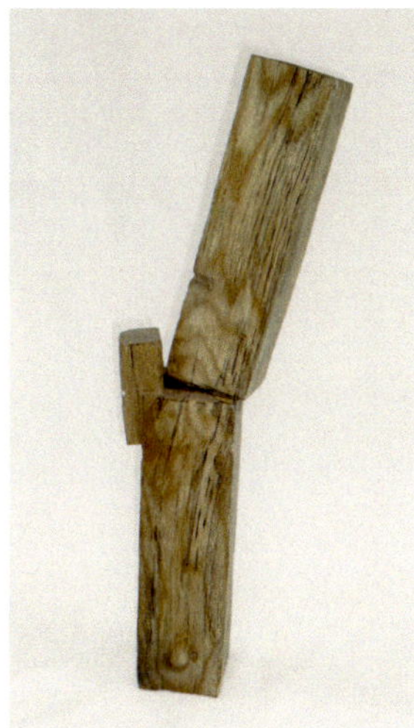

Foto: privat

204
Torso
1989
Holz,53 x 14 x 8, Signiert: R. WACHTER
1989
Privatsammlung

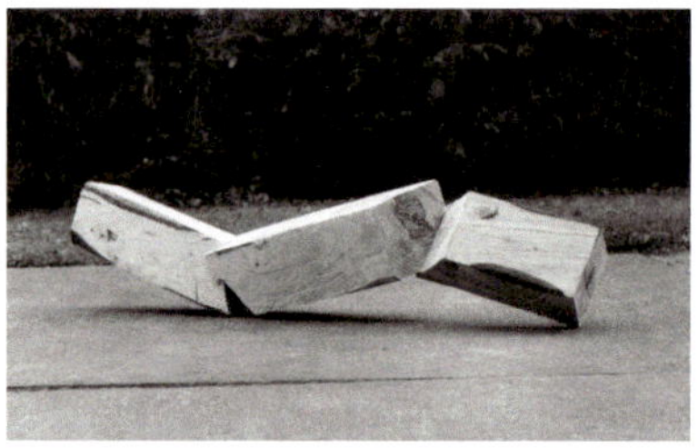

205
Windbruch
1989
Fichte, 136 x 18 x 18, Signiert:
R. WACHTER 1989
Privatsammlung New York

Ausstellungen: Rudolf Wachter Holzskulpturen, Marl, 1992.

Literatur: Ausst. Kat. Marl 1992, S. 32.

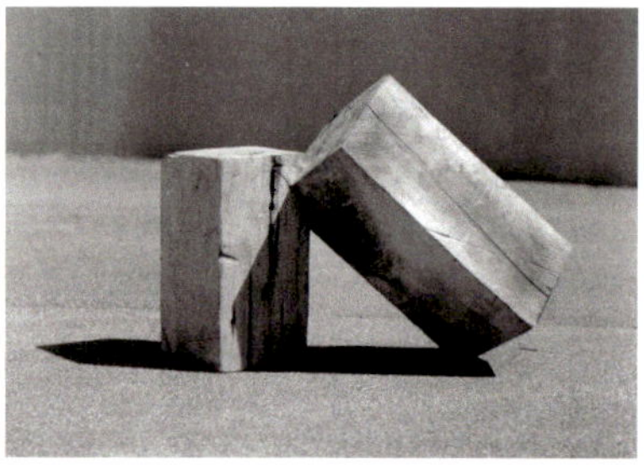

206
Zwiesel
1989
Pappel, 62 x 80 x 64, Unsigniert
Skulpturenmuseum im Glaskasten, Marl

Ausstellungen: Rudolf Wachter Holzskulpturen, Marl 1992. Material und Raum. Installationen + Projekte. Kunst im öffentlichen Raum, Essen 1991. Rudolf Wachter Holzskulpturen, Marl 1992.

Literatur: Rüth, 1991, S. 195. Rüth 1992/1993, S. 190. Ausst. Kat. Marl 1992, S. 52. Anonym 1992, S. 34.

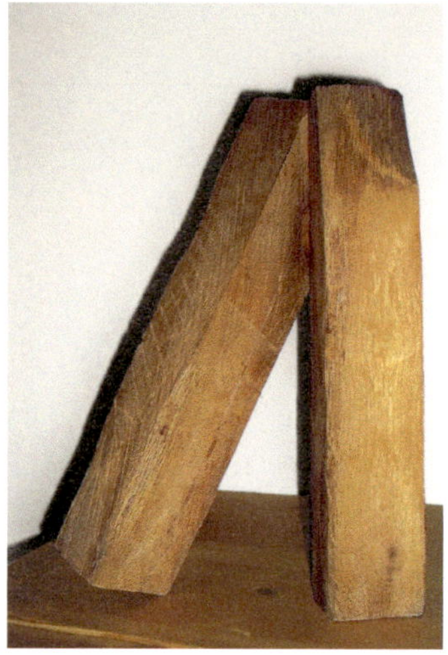

Foto: privat

207
Zwiesel
1989
Pappel, 35 x 25 x 10,
Signiert: R. WACHTER 89
Privatsammlung

Kein Foto

208
Windbruch
Um 1989
Ahorn, 83 x 11 x 9, Signiert: 89 R. WACHTER
Privatsammlung Italien

Ausstellungen: Rudolf Wachter. Zeichnungen und eine Skulptur, München 2005.

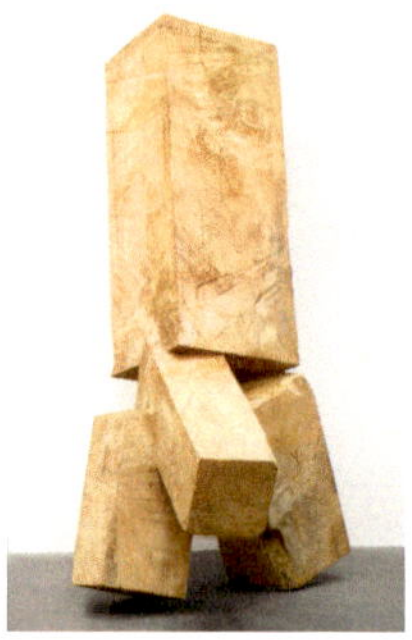

209
Großer Torso
1989
Pappel, 312 x 215 x 146, Unsigniert
Ernst-Reuter-Schule, München

Ausstellungen: Kunstverein Rosenheim Jahres-Ausstellung 1991. Rudolf Wachter – Skulpturen. Städtische Galerie Rosenheim, 1991. Rudolf Wachter Holzskulpturen, Marl, 1992. Münchner Ernst-Reuter-Schule, Pausenraum, 1993. Städtische Galerie im Bürgerhaus, Neunkirchen /Saar 1999.

Literatur: Ausst. Kat. Rosenheim 1991, Abb. Auf dem Cover. Ausst. Kat. Marl 1992, S. 61, 94. Kranzfelder 1997, S. 9. Ausst. Kat. Neunkirchen (Saar) 1999, o.S. Lichtenstern 2004 I, S. 265. Ausst. Kat. München 1997 I, S. 8, 9, 11. Ausst. Kat. Neunkirchen (Saar) 1999, o. S. Ausst. Kat. München 2003, S. 27. Ausst. Kat. Albstadt 2003, S. 24. Lichtenstern 2004 I, S. 260.

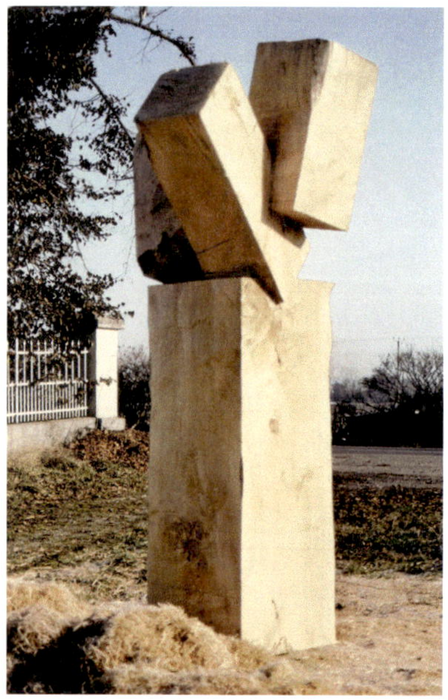

Zu 209:
Vor der Aufstellung in der Ernst-Reuter-Schule wurde die Skulptur unter dem Titel ‚Stammskulptur' für einen Sommer auf dem italienischen Landsitz eines befreundeten Sammlers aufgestellt.

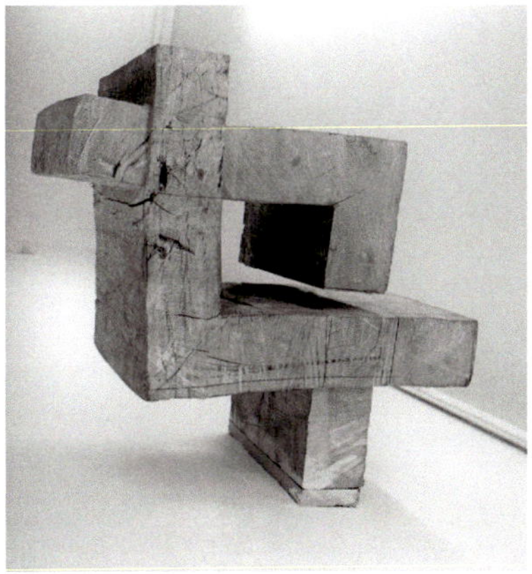

210
Entwicklung einer Kiste
1986/1990
Pappel, 65 x 60 x 60, Signiert:
R. WACHTER © 1990
Institutionssammlung

Ausstellungen: Diskurs. Rudolf Wachter. Tisch. Skulptur, München 1995. Rudolf Wachter, München 1997.

Literatur: Ausst. Kat. München 1995 I, S. 34. Ausst. Kat. München 1997 I, S. 74.

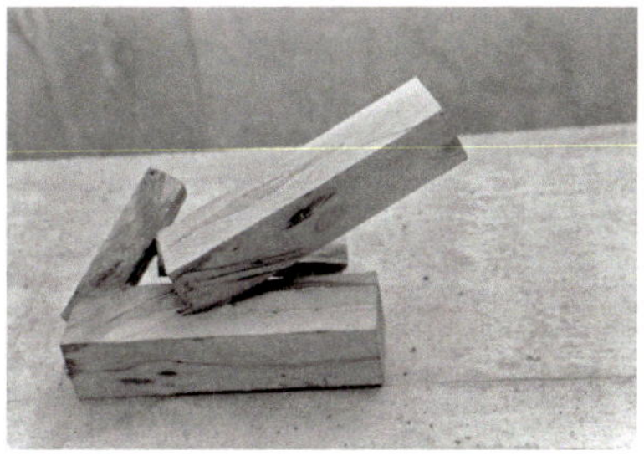

211
Figuration
1990
Apfel, 65 x 45 x 26, Signiert:
R. WACHTER 1990
Privatsammlung

Ausstellungen: Rudolf Wachter Holzskulpturen, Marl, 1992. Rudolf Wachter, München, 1997.

Literatur: Ausst. Kat. Marl 1992, S. 63. Ausst. Kat. München 1997 I, S. 14.

Im Katalog ‚Rudolf Wachter. Holzskulpturen', Marl 1992 unter dem Titel ‚An der Wand' geführt.

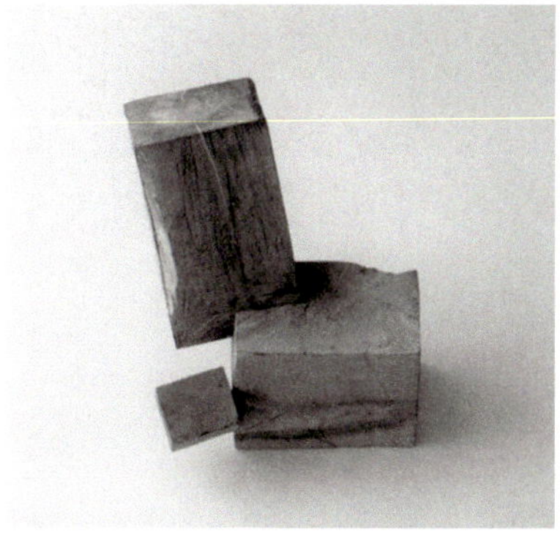

212
Figuration
1990
Weide, 55 x 30 x 33, Signiert
R. WACHTER 90
Privatsammlung

Ausstellungen: Rudolf Wachter Holzskulpturen, Marl 1992.

Literatur: Ausst. Kat. Marl 1992, S. 66.

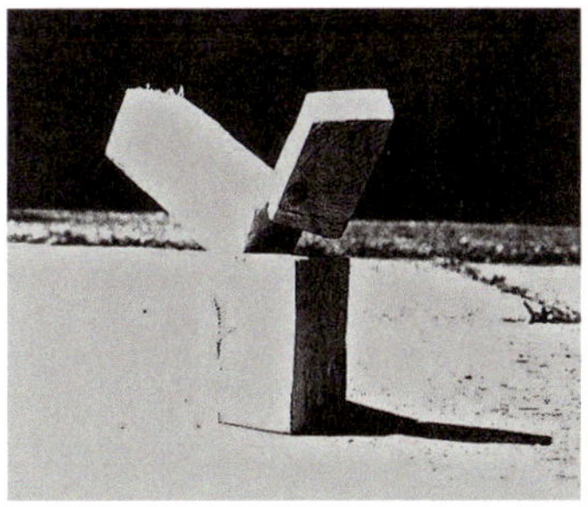

213
Figuration
1990
Pappel, 47 x 45 x 19, Signiert:
R. WACHTER 90
Privatsammlung

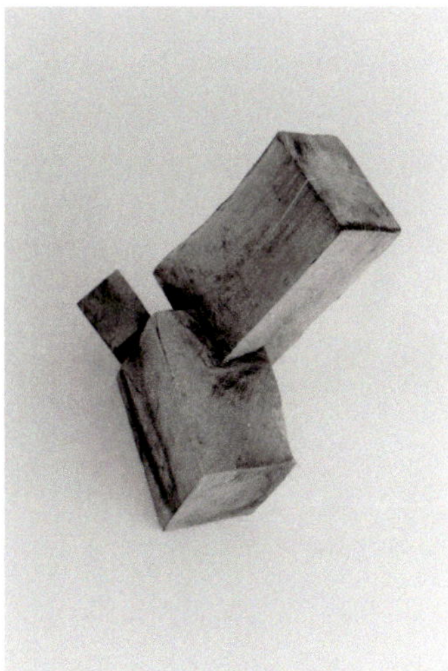

214
Figuration
1990
Weide, 75 x 50 x 25,
Signiert: R. WACHTER 1990
Privatsammlung

Ausstellungen: Rudolf Wachter Stammskulpturen, München, 1985. Rudolf Wachter Holzskulpturen, Marl, 1992.

Literatur: Ausst. Kat. München, 1985, S. 62 (links). Ausst. Kat. Marl 1992, S. 62, 67.

Zunächst ‚Figuration' und ‚An der Wand' betitelt.

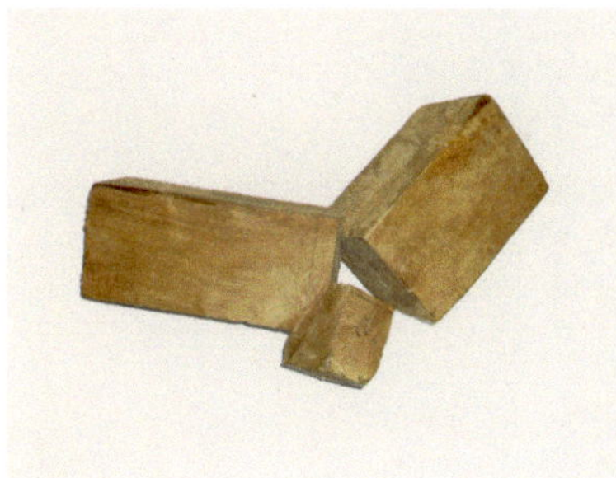

Foto: privat

215
Figuration
1990
Holz, 35 x 30 x 20,
Signiert: R. WACHTER 1990
Privatsammlung

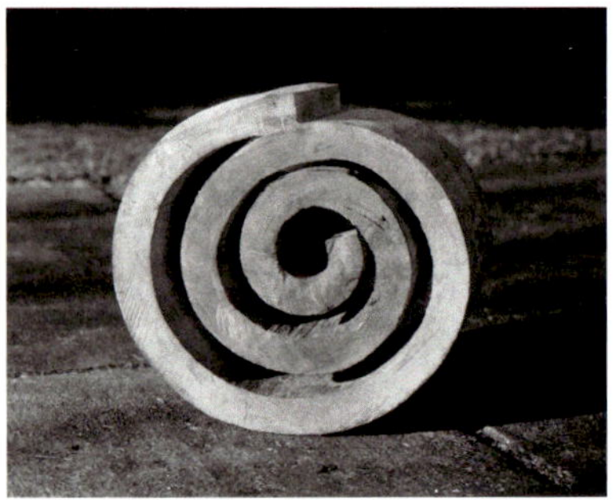

216
Newgrange II
1990
Pappel, 36 x 60 x 55,
Signiert: R. WACHTER NG II 1990
Privatsammlung

Ausstellungen: Galerie Krüper, Art Cologne, 26. Internationaler Kunstmarkt Köln 1992.

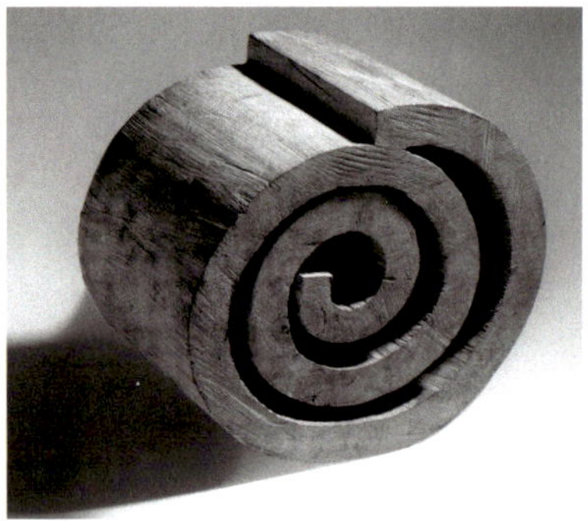

217
Newgrange II
1990
Pappel, 3 x 36 x 30, Signiert:
R. WACHTER 1990
Galerie Krüper, Essen

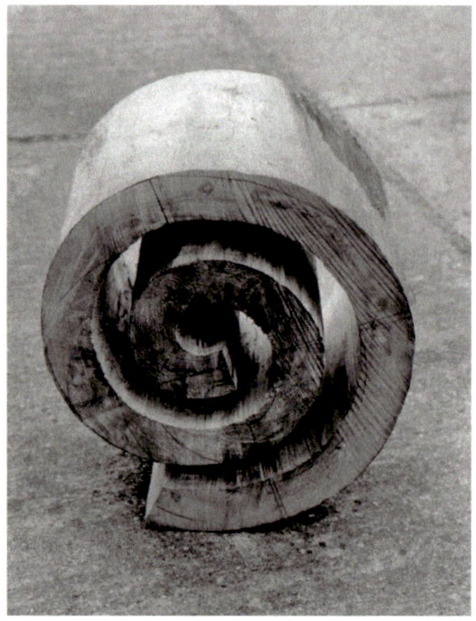

218
Newgrange OI
1990
Pappel, 35 x 47 x 57,
Signiert: R. WACHTER 1990 OI
Privatsammlung

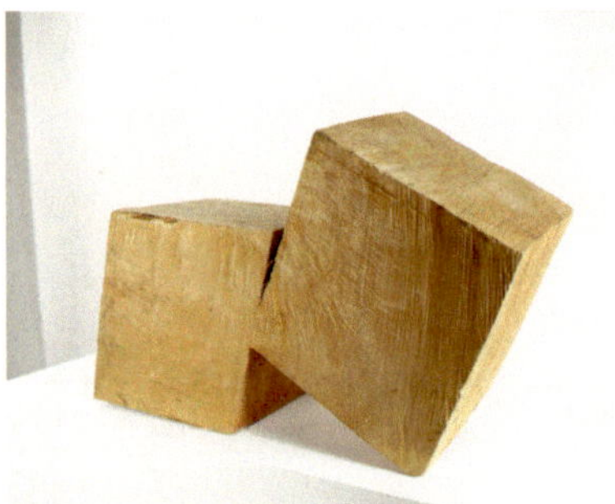

Foto: privat

219
Omaggio a Piero
1990
Weide, 33 x 48 x 19
Sammlung Brigitte und Martin Matschinsky-Denninghoff

Ausstellungen: Wachter Holz Skulptur, Schweinfurt 2008.

Literatur: Rüth 1991, S. 190. Ausst. Kat. Schweinfurt 2007, S. 67–69. Ausst. Kat. Schweinfurt 2008, S. 8. Ausst. Kat. Schweinfurt 2009, S. 284.

Zunächst ‚ohne Titel' betitelt.

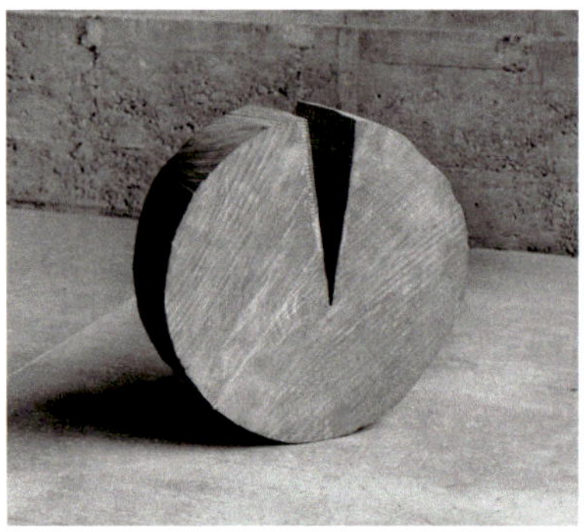

220
Schwundschnitt
1990
Pappel, 20 x 50 x 50, Unsigniert
Sammlung Oberschwäbische Elektrizitätswerke OEW

Ausstellungen: Rudolf Wachter, Aus dem Stamm, München 2003 (auf dem Cover des Flyers). Literatur: Dreidimensional. Plastik und Skulptur aus den Landkreisen in Baden-Württemberg 1960–2004, 2004, S. 165. Rudolf Wachter – Aus dem Stamm, München 2003, S. 6, Cover. OEW (Hrsg.): Kunstankäufe der Universität der Oberschwäbischen Elektrizitätswerke OEW 1998–2005, Lindenberg im Allgäu, 2005, 149, 159, S. 149.

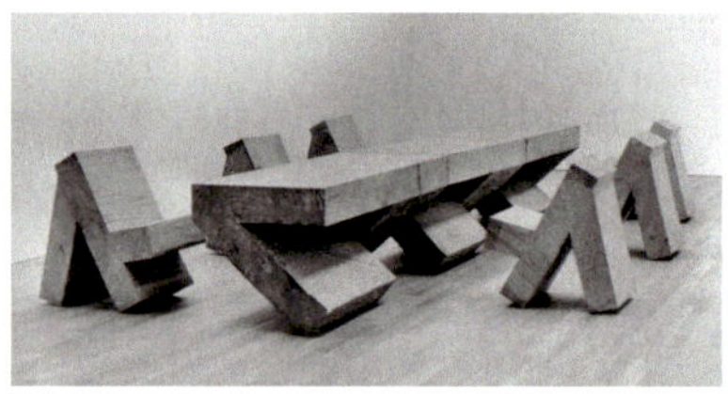

221
Tisch für ein Kunstgespräch oder: Die Kunst, aneinander vorbeizureden
1990
Abachi, Siebenteilig,
Tisch: 600 x 80 x 80,
Stühle: jeweils 60 x 80 x 100, Unsigniert
Fachhochschule Aschaffenburg

Ausstellungen: Rudolf Wachter – Aus dem Stamm, München 2003. Diskurs. Rudolf Wachter. Tisch. Skulptur, München 1995. Wachter Holz Skulptur, Schweinfurt 2008.

Literatur: Ausst. Kat. München 1995 I. Ausst. Kat. München 1997 I, S. 13, 37. Kranzfelder 1997, S. 12. Ausst. Kat. Ismaning 2000, S. 86–87. Ausst. Kat. München 2003, S. 68, 69. Ausst. Kat. Schweinfurt 2008, S. 20. Ausst. Kat. München 2010, S. 19.

Im Katalog Skulpturenpark Ismaning 2000 und Kranzfelder, Ivo 1997 ist die Plastik auf das Jahr 1995 datiert. Datierung 1990 durch den Bildhauer bestätigt. Siehe Modell WVZ 300.

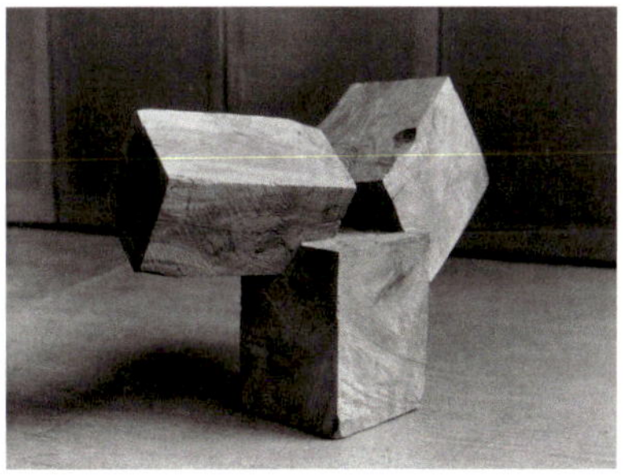

222
Torso
1990
Umbrische Eiche, 94 x 60 x 85,
Signiert: R. WACHTER 1990
Privatsammlung

Zunächst ‚Figuration' betitelt.

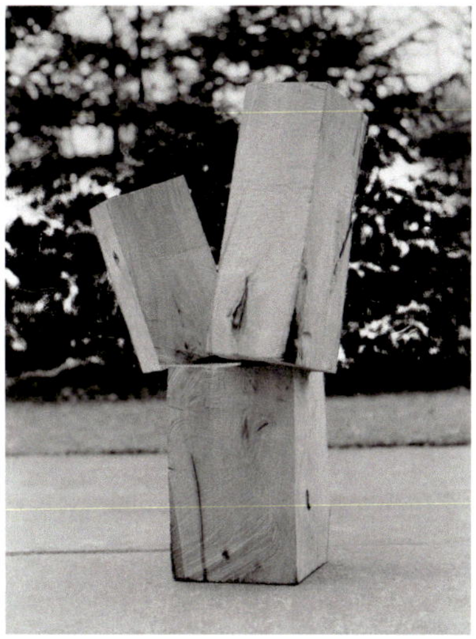

223
Torso
1990
Ahorn, 103 x 43 x 63,
Signiert: R. WACHTER 1990
Privatsammlung

Ausstellungen: Rudolf Wachter Holzskulpturen, Marl, 1992.

Literatur: Ausst. Kat. Marl 1992, S. 64.

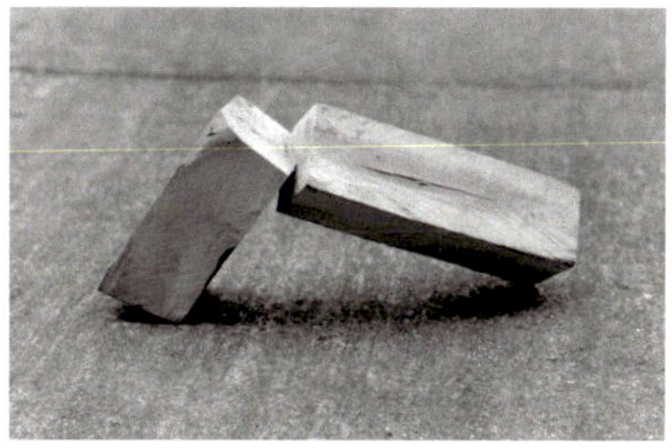

224
Torso
1990
Weide, 50 x 20 x 15, Unsigniert
Privatsammlung

Ausstellungen: Rudolf Wachter, München, 1997.

Literatur: Ausst. Kat. München I 1997, S. 69.

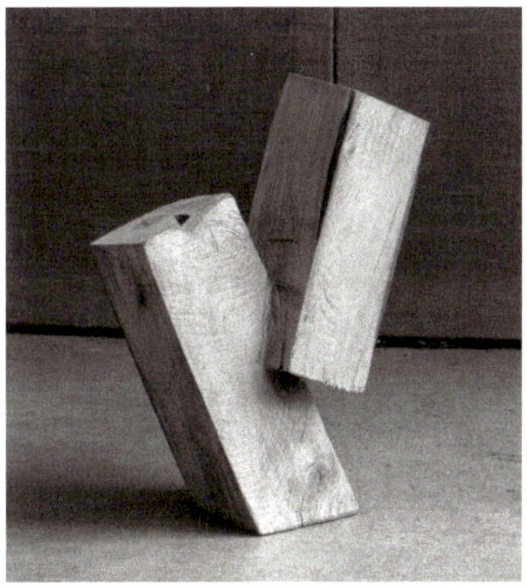

225
Torso
1990
Pappel, Ohne Maße,
Signatur unbekannt
Verbleib unbekannt

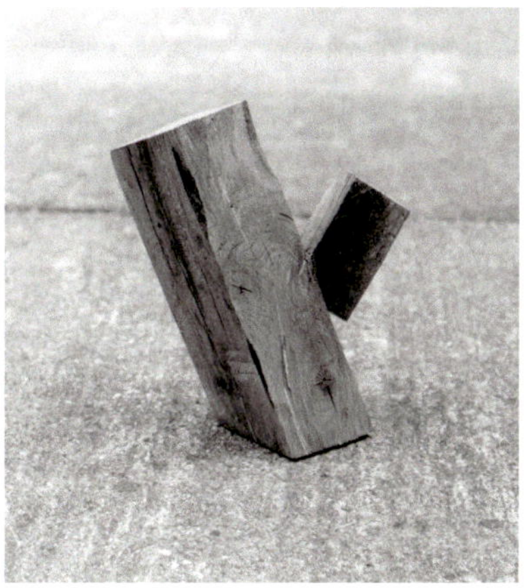

226
Torso
1990
Eiche, 40 x 15 x 20,
Signiert: R. WACHTER 1990
Privatsammlung

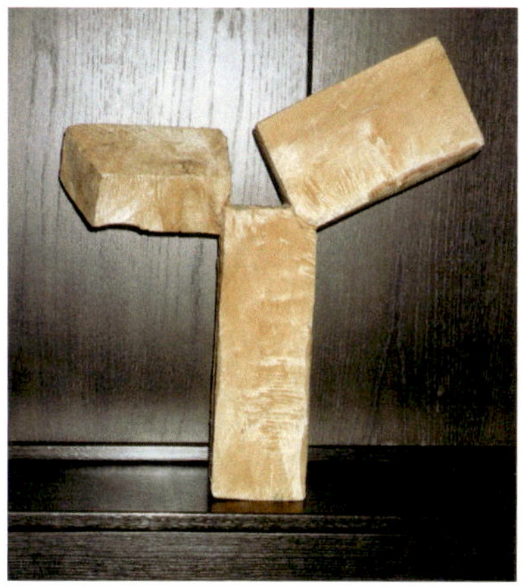

Foto: Schlenker

227
Torso
1990
Weide, 45,5 x 44 x 11, Signiert:
R. WACHTER 90
Sammlung Schlenker

Ausstellungen: Rudolf Wachter, Holzskulptur und Zeichnung, Thalheim 2002.

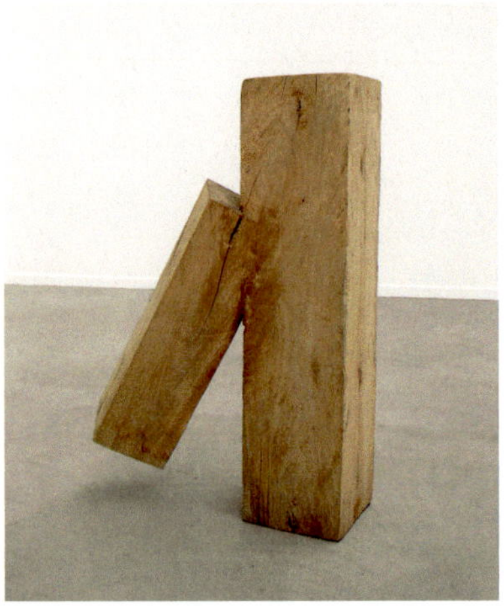

Foto: Becker

228
Torso
1990
Pappel, 75 x 52 x 28, Signiert:
R. WACHTER - 1990 - ©
Sammlung Becker

Ausstellungen: Galerie Wohlhüter, Art Karlsruhe 2005. Sommer-Ausstellung Galerie Wohlhüter 2005. Wachter Holz Skulptur, Schweinfurt 2008.

Literatur: Ausst. Kat. Marl 1992, S. 42.

Im o.g. Katalog andere Datierung und Maße.

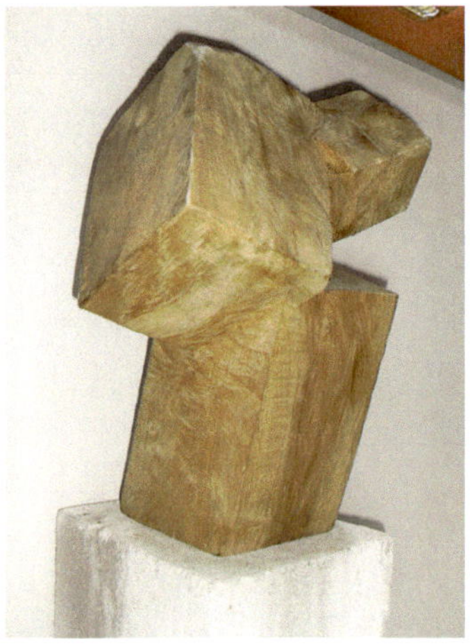

Foto: privat

229
Torso
1990
Weide, 55 x 30 x 25,
Signiert: R. WACHTER 89
Privatsammlung

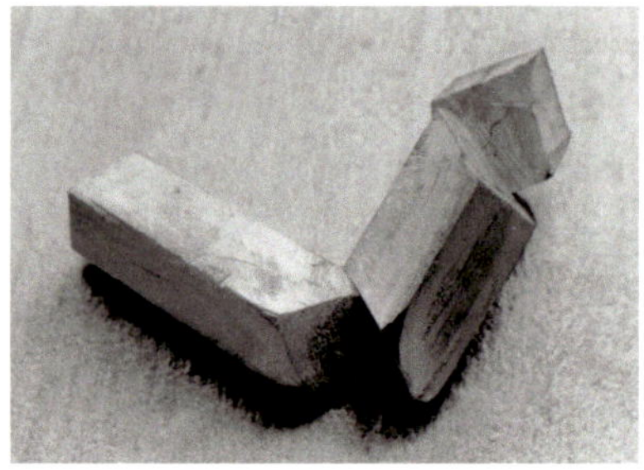

230
Windbruch
1990
Pappel, 50 x 40 x 15,
Signiert: R. WACHTER 1990
Privatsammlung New York

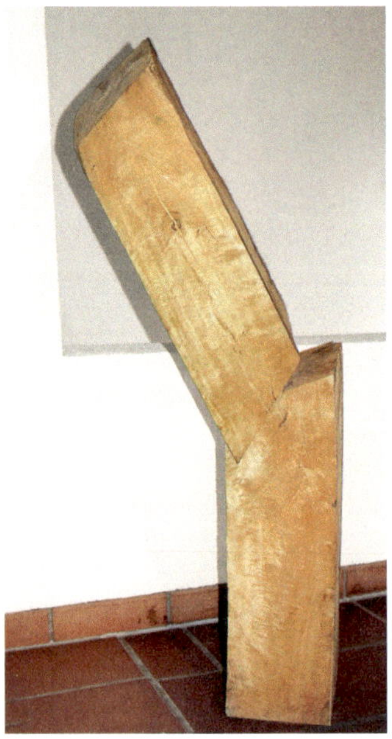

Foto: Schmidt

231
Windbruch
1990
Pappel, 137 x 55 x 28,
Signiert: R. WACHTER
Sammlung Schmidt

Ausstellungen: Holzskulptur und Zeichnung, Thalheim1998.

Literatur: Ausst. Kat. München 1997, S. 28.

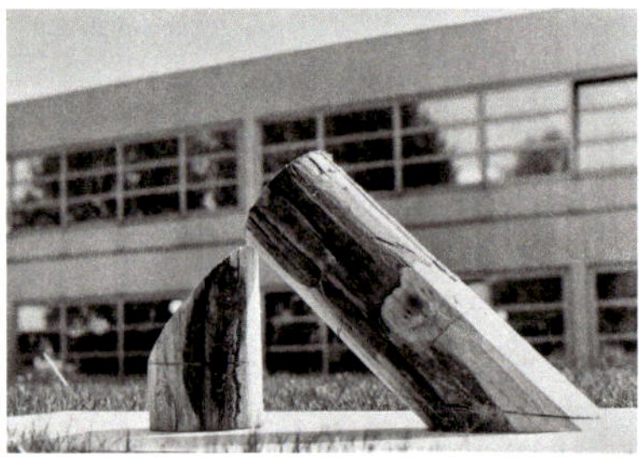

232
Stammskulptur
Um 1990
Modell, Holz, Maße unbekannt,
Unsigniert

Zerstört. Modell für eine Großplastik beim Wettbewerb TU Garching 1990, wurde nicht ausgeführt.

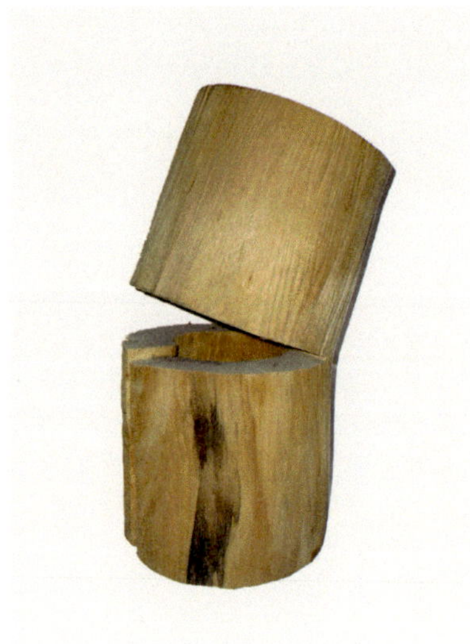

233
Zwei Ringe
1991
Holz, 21,5 x 21,5 x 47, Unsigniert, auf der einen Seite mit ‚Hildegard 91', auf der anderen ‚Gottfried 91' bezeichnet.
Privatsammlung

Geschenk des Künstlers zur Hochzeit des Feuilletonisten Gottfried Knapp.

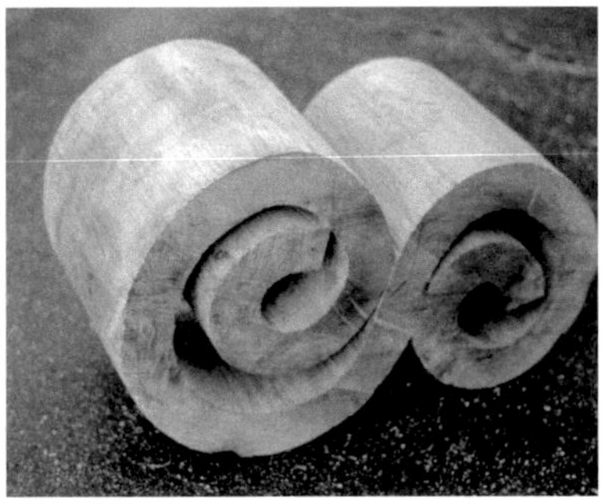

234
Newgrange 0/III
1990/1991
Pappel, 48 x 40 x 78,
Signiert: R. WACHTER 91 NG 0/III
Privatsammlung

Ausstellungen: Bayerische Kunst unserer Tage, Breslau 1992. Rudolf Wachter Holzskulpturen, Marl, 1992.

Literatur: Ausst. Kat. Marl 1992, S. 80. Epting/Gräb 1993, S. 285.

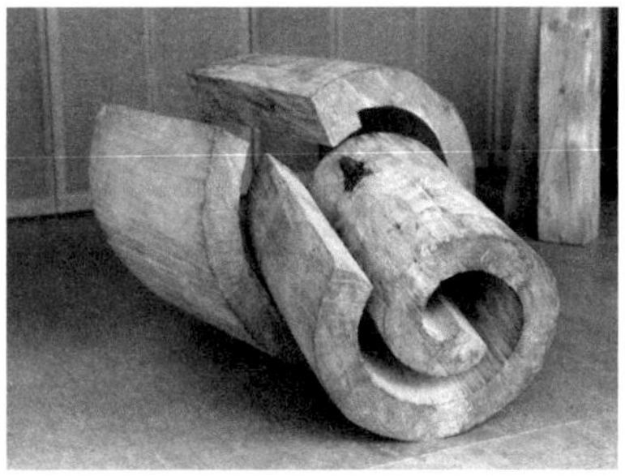

235
Newgrange III
1990/1991
Pappel, 100 x 66 x 72,
Signiert: R. WACHTER 91 © NG 4
Neues Schloss Kißlegg. Museum Rudolf Wachter

Ausstellungen: Deutscher Künstlerbund, Wismar 1997. Rudolf Wachter, München 1997. Der ausgehöhlte Stamm, Kunst- und Kunstobjekte aus Europa, Afrika und Ozeanien, Heidelberg 1998. Rudolf Wachter - Aus dem Stamm, München 2003. Rudolf Wachter im Neuen Schloss Kißlegg, seit 2005.

Literatur: Ausst. Kat. Berlin 1997, S. 47. Ausst. Kat. München 1997 I, S. 47, 94. Ausst. Kat. Heidelberg 1998, S. 52. Ausst. Kat. München 2003, S. 54. Ausst. Kat. Kißlegg 2005, S. 42, 43. Döcker 2007, S. 85.

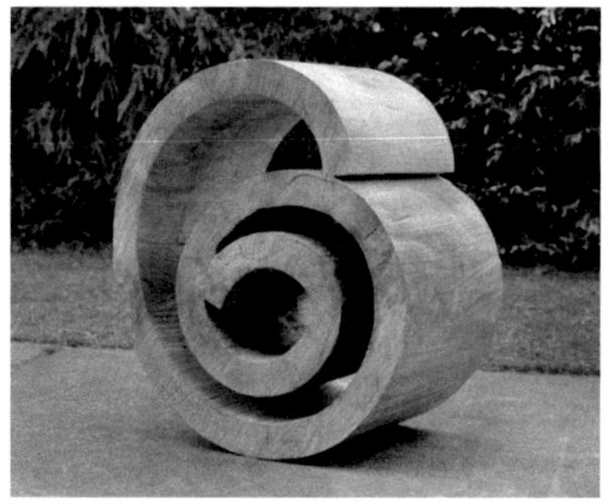

236
Newgrange IV
1990/1991
Pappel, 90 x 66 x 110, Unsigniert
Württembergische Landesbank

Ausstellungen: Rudolf Wachter Holzskulpturen, Marl, 1992.

Literatur: Ausst. Kat. Marl 1992, S. 82-83, 93.

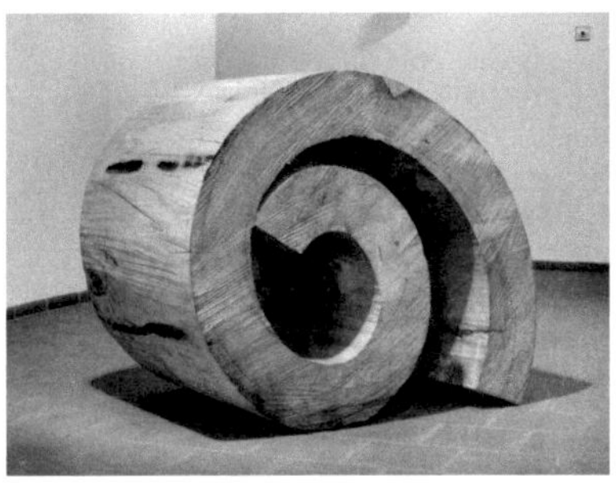

237
Newgrange
1991
Pappel, 73,5 x 98 x 121,
Signiert: R. WACHTER 91 NG
Klinikum rechts der Isar, München

Ausstellungen: Rudolf Wachter - Skulpturen, Rosenheim 1991. Rudolf Wachter Holzskulpturen, Marl, 1992.

Literatur: Ausst. Kat. Rosenheim 199, o.S. Ausst. Kat. Marl 1992, S. 86.

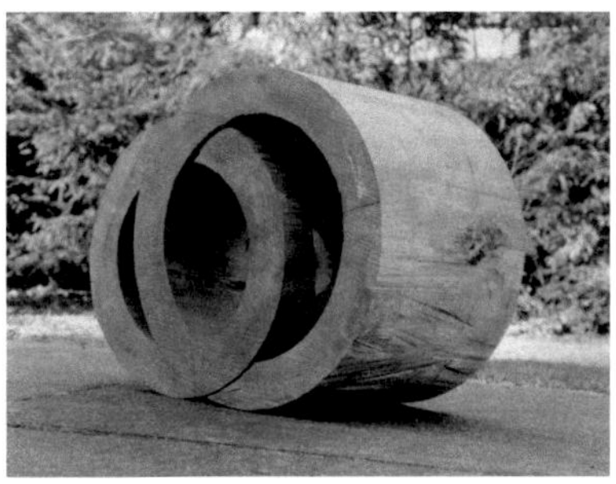

238
Newgrange II
Pappel
1991, 70 x 94 x 115, Signiert:
R. WACHTER 91 NG II
Kreissparkasse Ravensburg

Ausstellungen: Der Deutsche Künstlerbund in Darmstadt, 1991. Rudolf Wachter. Holzskulpturen, Heidelberg 1992 (dort auf der Einladungskarte abgebildet. Rudolf Wachter Holzskulpturen, Marl, 1992. ‚unterHolz - Holz in der Gegenwartskunst', Schloss Achberg, Ravensburg 2002 (dort auch im Flyer abgebildet). Rudolf Wachter, Aus dem Stamm, München, 2003.

Literatur: Ausst. Kat. Berlin 1991, S. 290-291. Dattenberge 1992, S. 10-11. Ausst. Kat. Marl 1992, S. 78-79. Ausst. Kat. Ravensburg 2002, S. 43. Ausst. Kat. München, 2003, S. 23. Ausst. Kat. Ravensburg 2006 (Hrsg.), S. 127.

Titel mehrfach vergeben.

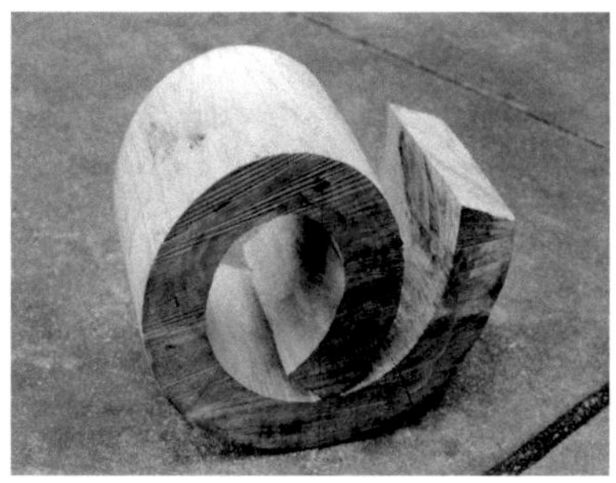

239
Newgrange IV
1991
Pappel, 37 x 50 x 56, Signiert:
R- WACHTER NG IV
Privatsammlung

Titel doppelt vergeben, vgl. WVZ 240.

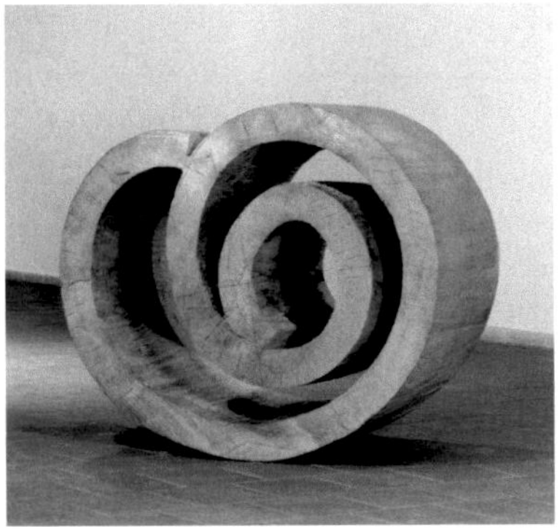

240
Newgrange IV
1991
Pappel, 66 x 110 x 90, Signiert:
R. WACHTER © NG IV
Institutionssammlung

Ausstellungen: Kunstverein Rosenheim Jahres-Ausstellung 1991, Rosenheim 1991. Rudolf Wachter - Skulpturen, Rosenheim, 1991.

Literatur: Ausst. Kat. Rosenheim 1991, Abb. o.S.

Titel doppelt vergeben, vgl. WVZ 239.

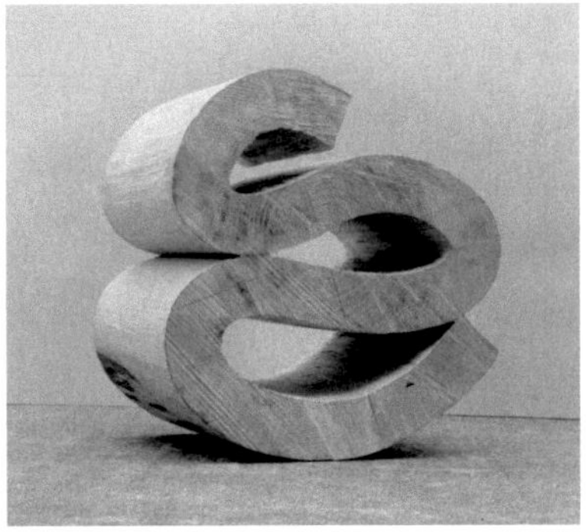

241
Newgrange IX
1991
Pappel, 60 x 85 x 85,
Signiert: R. Wachter @ N.G. IX.
Technische Universität München, Garching Bibliothek

Ausstellungen: Große Kunst-Ausstellung, München 1983. Rudolf Wachter - Aus dem Stamm, München 2003.

Literatur: Ausst. Kat. München 1983, S. 89. Ausst. Kat. München 2003, S. 51. Döcker 2007, S. 86.

Titel doppelt vergeben, vgl. WVZ 242.

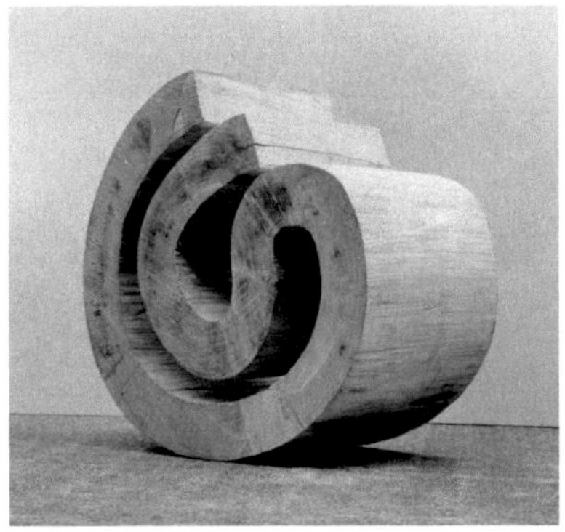

242
Newgrange IX
1991
Pappel, 60 x 80 x 85,
Signiert: R. Wachter @ N.G. IX
Technische Universität München, Garching Bibliothek

Ausstellungen: Rudolf Wachter Newgrange, München 1991. Rudolf Wachter - Aus dem Stamm, München 2003.

Literatur: Ausst. Kat. München 1997 I, S. 84. Ausst. Kat. München 2003, S. 50.

Titel doppelt vergeben, vgl. WVZ 241.

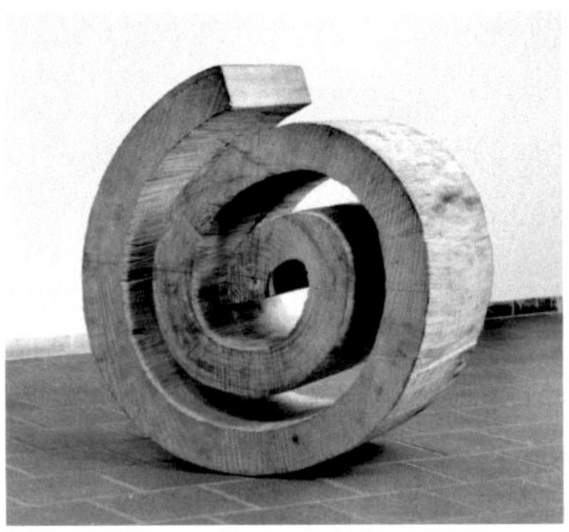

243
Newgrange V
1991
Pappel, 48 x 82 x 80,
Signiert: R. WACHTER 91 NG V
Hypo Bank, Neustadt a. d. Weinstraße

Ausstellungen: Kunstverein Rosenheim Jahres-Ausstellung 1991. Rudolf Wachter, Rosenheim 1991. Rudolf Wachter Holzskulpturen, Marl 1992.

Literatur: Ausst. Kat. Marl 1992, S. 84.

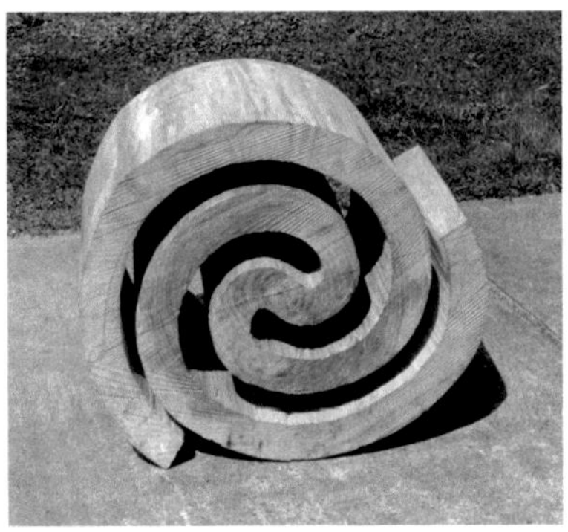

244
Newgrange VI
1991
Pappel, 65 x 80 x 84,
Signiert: R. WACHTER 1991 © NG VI
Neues Schloss Kißlegg. Museum Rudolf Wachter

Ausstellungen: Rudolf Wachter Holzskulpturen, Marl, 1992. Kunstverein Rosenheim Jahres-Ausstellung 1991. Rudolf Wachter. Skulpturen, Rosenheim 1991. Rudolf Wachter im Neuen Schloss Kißlegg, seit 2005.

Literatur: Ausst. Kat. Marl 1992, S. 85, 92. Ausst. Kat. Kißlegg 2005, S. 36.

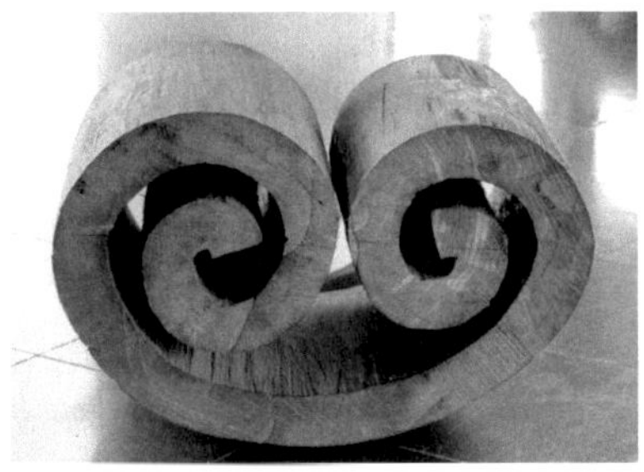

245
Newgrange VII
1991
Pappel, 58 x 63 x 95,
Signiert: R. WACHTER 1991 © NG 8.
Neues Schloss Kißlegg. Museum Rudolf Wachter

Ausstellungen: Kunstverein Rosenheim Jahres-Ausstellung 1991, Rosenheim 1991. Rudolf Wachter Holzskulpturen, Marl, 1992. Temporeale, Meran 1997. Rudolf Wachter, München 1997. Galerie Wohlhüter, Art Karlsruhe 2004. Rudolf Wachter im Neuen Schloss Kißlegg, seit 2005.

Literatur: Ausst. Kat. Rosenheim 1991, Abb. o.S. Ausst. Kat. Marl, 1992, S. 93–95. Ausst. Kat. Meran 1997, S. 40. Ausst. Kat. München 1997 I, S. 60. Ausst. Kat. Karlsruhe 2004, S. 34. Ausst. Kat. Kißlegg 2005, Cover, S. 48. Kerschner 2011, S. 38.

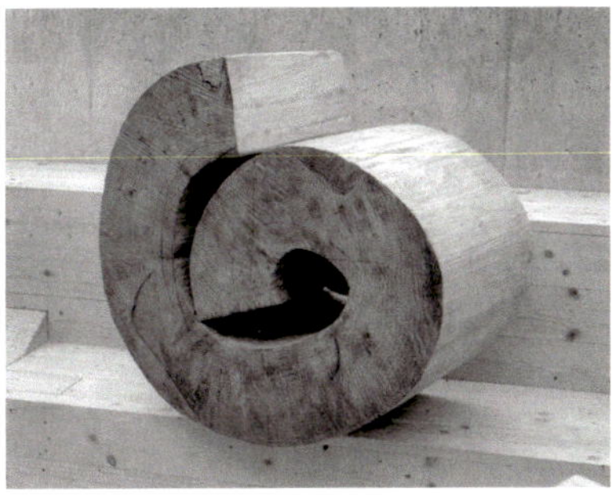

246
Newgrange XI
1991
Pappel, 55 x 80 x 95, Signiert:
R. WACHTER © 1991 NG XI
Neues Schloss Kißlegg. Museum Rudolf Wachter

Ausstellungen: Rudolf Wachter Holzskulpturen, Marl, 1992. Der Deutsche Künstlerbund in Aachen, 1992. Rudolf Wachter Woodhenge, Schwäbisch Gmünd 2000.

Literatur: Ausst. Kat. Marl 1992, S. 90-91. Ausst. Kat. Aachen 1992, S. 208-209. Ausst. Kat. Schwäbisch Gmünd 2000, S. 11.

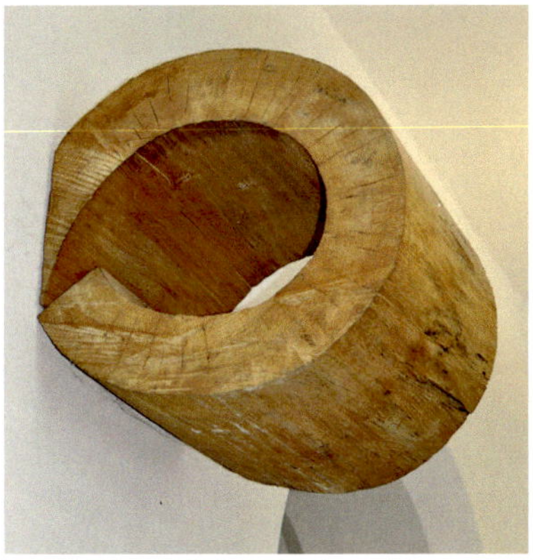

247
Goal
1992
Pappel, 68 x 58 x 58, Signiert:
R. WACHTER 1992
Ernst-Reuter-Schule, München

Literatur: Rudolf Wachter, München 1997, S. 104.

Auch ‚Goal der Inka' betitelt. Wandskulptur.

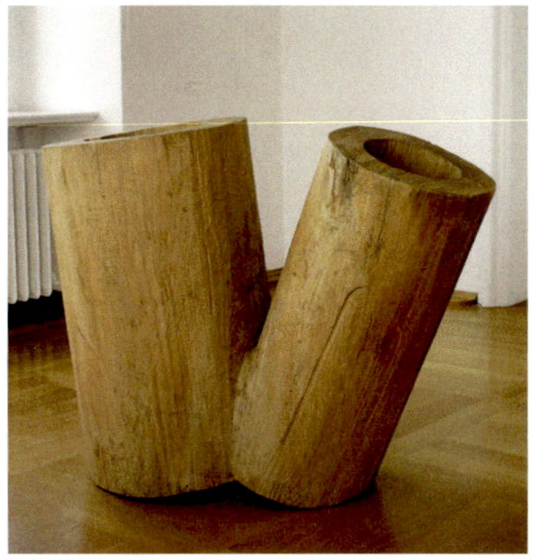

248
Hohlzwiesel
1992
Pappel, 83 x 45 x 125, Signatur unlesbar
Neues Schloss Kißlegg. Museum Rudolf Wachter

Ausstellungen: Rudolf Wachter im Neuen Schloss Kißlegg, seit 2005.

Literatur: Ausst. Kat. München 1992, S. 29, 31. Ausst. Kat. Kißlegg 2005, S. 45.

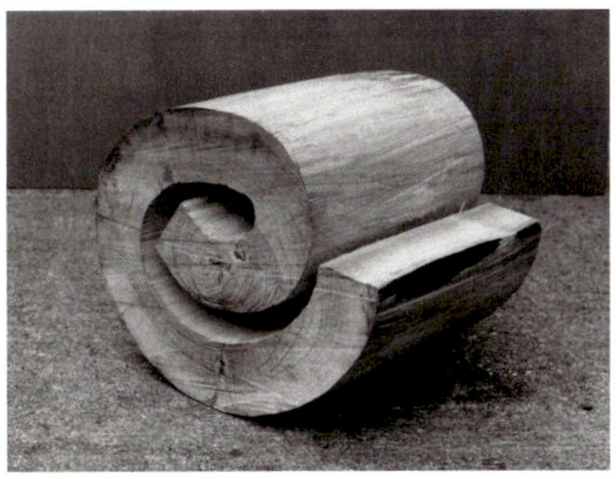

249
Newgrange OVII
1992
Pappel, 61 x 46 x 48, Signiert:
R. WACHTER 92 NG OVII
Privatsammlung

Ausstellungen: La collezione fabio boccagni, Meran 2004.

Literatur: Ausst. Kat. München 1997 I, S. 40. Ausst. Kat. München 1997, S. 82. Ausst. Kat. Meran 2004, S. 169.

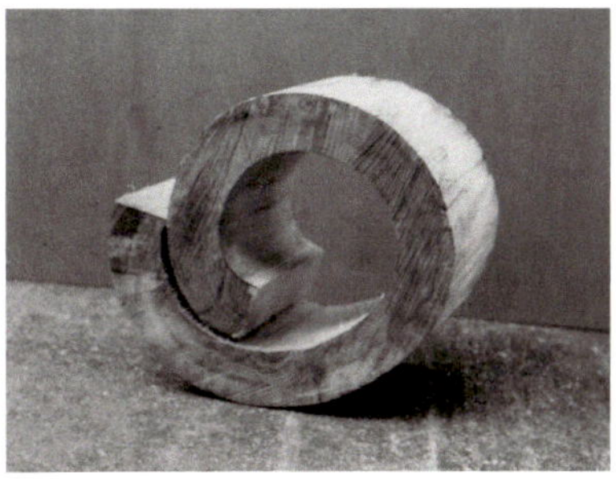

250
Newgrange O XIII
1992
Pappel, 45 x 55 x 65, Signiert:
R. WACHTER ©.
Privatsammlung

Literatur: Ausst. Kat. München 1997 I, S. 41.

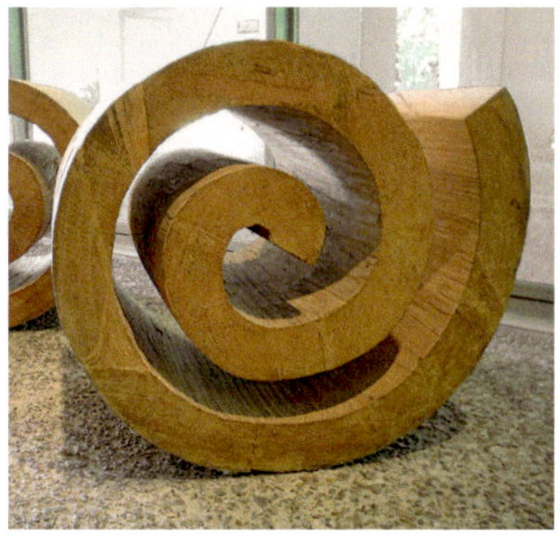

Foto: S. Weinmayr

251
Newgrange XII A Positiv
1992
Abachi, 105 x 76 x 92, Signiert:
R. WACHTER 1992 NG XII A B
Sammlung Ströher Darmstadt, Dauerleihgabe im Skulpturenmuseum Glaskasten Marl

Ausstellungen: Rudolf Wachter, München 1992. Rudolf Wachter. Holzskulpturen, Marl, 1992. Rudolf Wachter, Heidelberg 1992. Rudolf Wachter, Rottweil, 1992. Rudolf Wachter, Neunkirchen/Saar 1999, dort auf der Einladungskarte abgebildet. Rudolf Wachter, Holz. Skulptur, Schweinfurt 2008, dort auf der Einladungskarte abgebildet.

Literatur: Ausst. Kat. München 1997 I, S. 14.

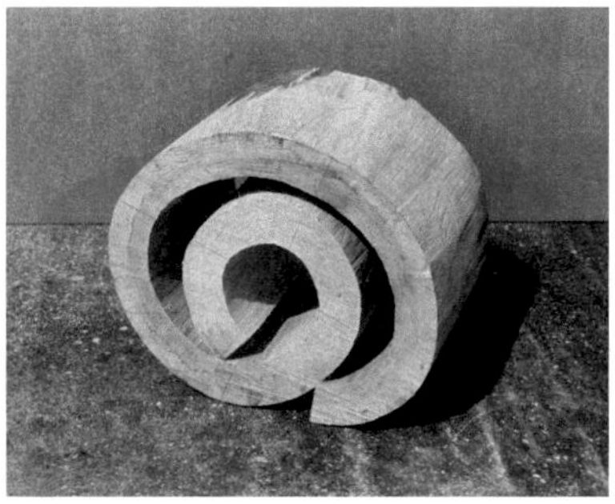

252
Newgrange XIV
1992
Pappel, 45 x 65 x 52, Signiert:
R. WACHTER 1992 NG XIV
Privatsammlung

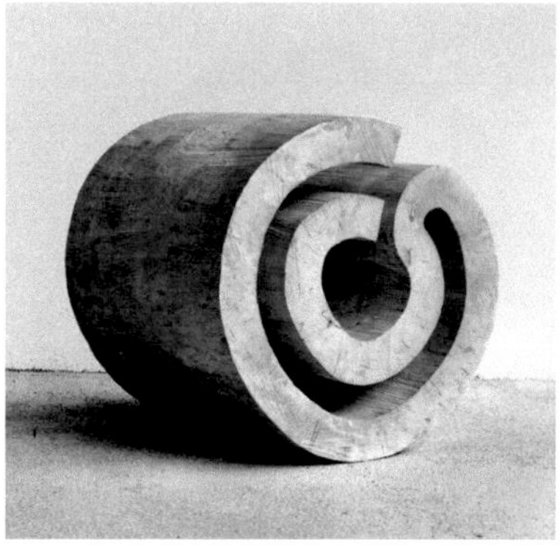

253
Newgrange XVI
Um 1992
Pappel, 54 x 75 x 89, Unsigniert
Sammlung Abt-Straubinger

Ausstellungen: Rudolf Wachter. Holzskulpturen und Zeichnungen, Thalheim 1998 (dort auf der Einladungskarte abgebildet).

Literatur: Materialstruktur als primäres Formprinzip 1998.

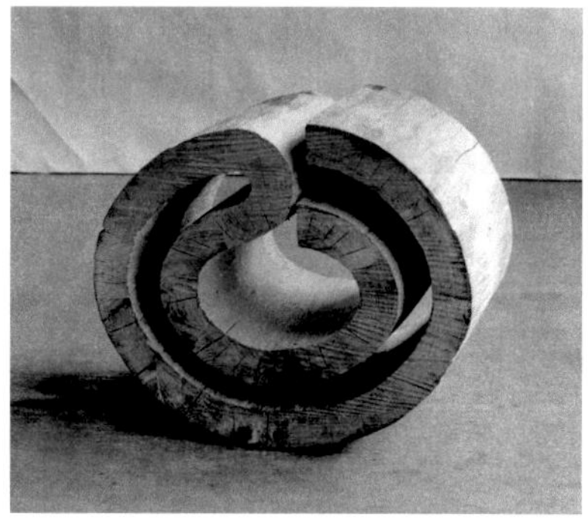

254
Newgrange XIX
1992
Pappel, 46 x 72 x 60, Signiert:
R. WACHTER 1992 NG XIX
Privatsammlung

Literatur: Ausst. Kat. München 1997 I, S. 32.

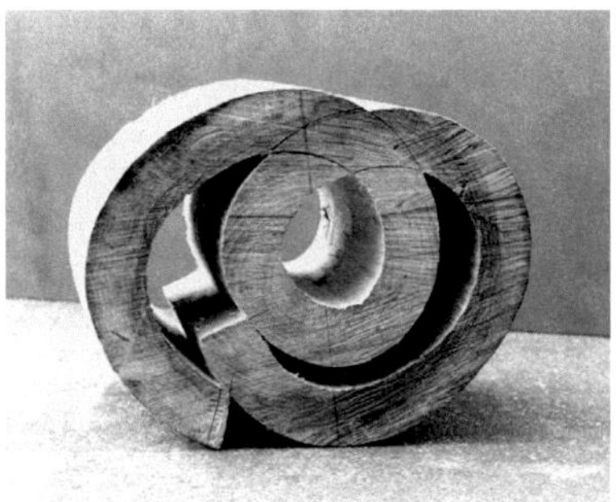

255
Newgrange XV
1992
Pappel, 45 x 54 x 65,
R. WACHTER 1992 NG XV
Privatsammlung

Literatur: Ausst. Kat. München 1997 I, S. 40.

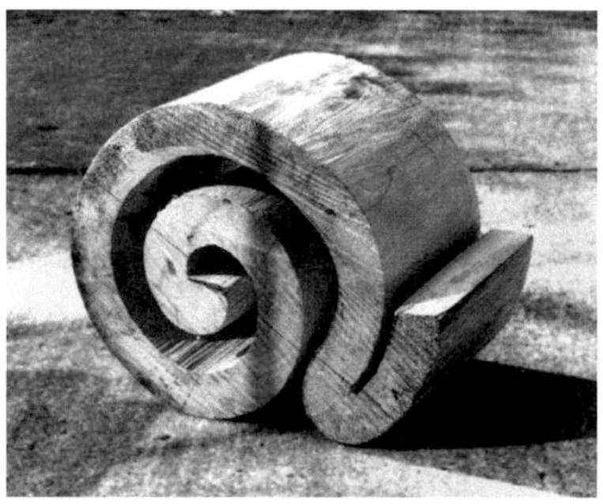

256
Newgrange XVII
1992
Pappel, 42 x 48 x 60, Signatur unbekannt
Privatsammlung

Literatur: Ausst. Kat. München 1997 I, S. 41.

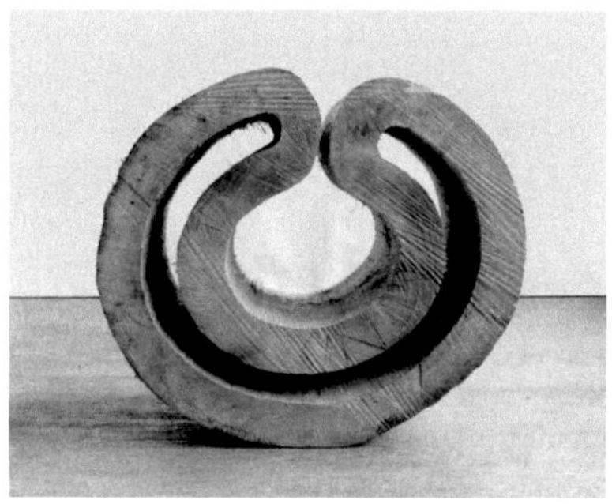

257
Newgrange XVIII
1992
Pappel, 60 x 64 x 74, Signiert:
R. WACHTER 1992 NG XVIII
Hypo Bank, Neustadt an der Weinstraße

Literatur: Besig 1995, S. 9. Ausst. Kat. München 1997 I, S. 32.

Titel Newgrange XVIII doppelt vergeben, vgl. WVZ 270.

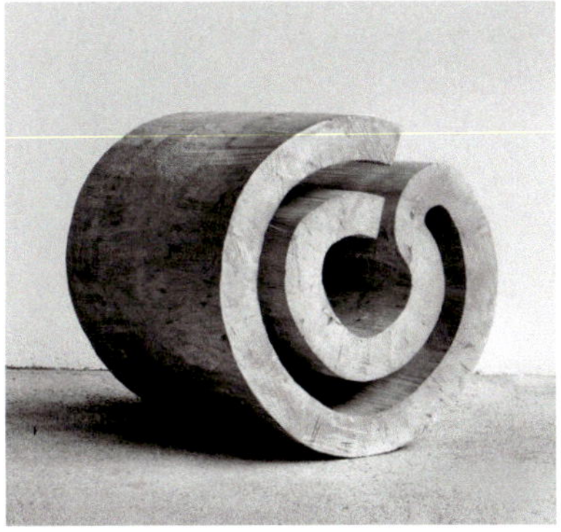

258
Newgrange XVIIII
1992
Pappel, 72 x 62 x 46, Signiert:
R. WACHTER 92 NG VVIIII
Privatsammlung

Ausstellungen: Rudolf Wachter, Neuburg an der Donau 1999.

Literatur: Ausst. Kat. Neuburg an der Donau 1999, Abb. o. S.

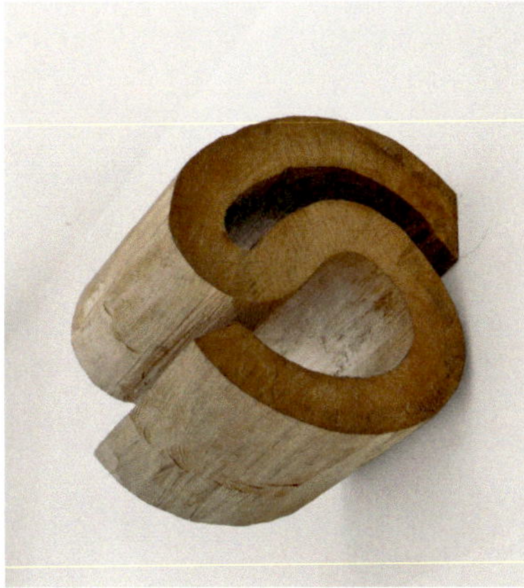

259
Newgrange XXI
1992
Pappel, 52 x 56 x 60,
Signiert: R. WACHTER 1992.
Ernst-Reuter-Schule, München
Wandskulptur.

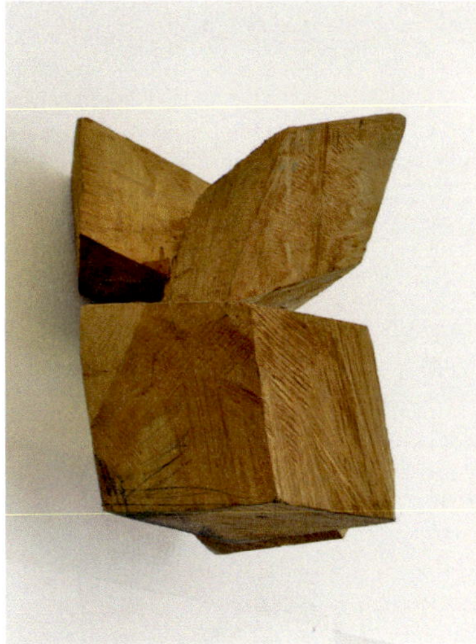

Foto: S. Weinmayr

260
ohne Titel
1992
Pappel, 60 x 60 x 75, Unsigniert
Ernst-Reuter-Schule, München
Wandskulptur.

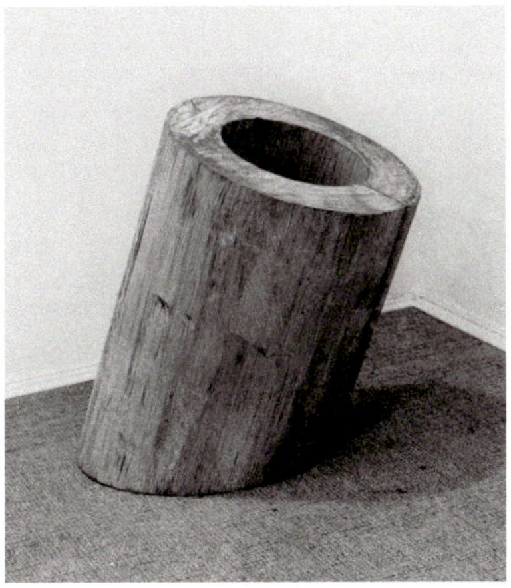

261
Schwundschnitt hohl
1992
Ilomba, Länge 90, andere Maße unbekannt, Signatur unbekannt
Verbleib unbekannt

Titel mehrfach vergeben.

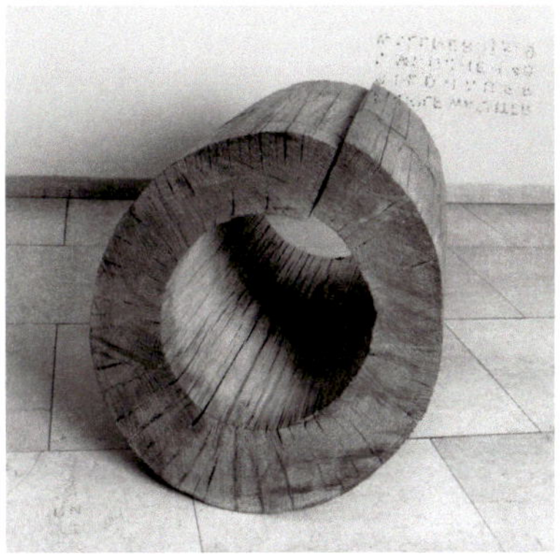

262
Schwundschnitt hohl
1992
Ilomba, 90 x 63 x 60,
Signiert: R. WACHTER 1992
Privatsammlung

Ausstellungen: Rudolf Wachter, München 1997. Der ausgehöhlte Stamm. Kunst- und Kunstobjekte aus Europa, Afrika und Ozeanien, Heidelberg 1998.

Literatur: Ausst. Kat. München 1997 I, S. 46
Ausst. Kat. Heidelberg 1998, S. 54.

Titel mehrfach vergeben.

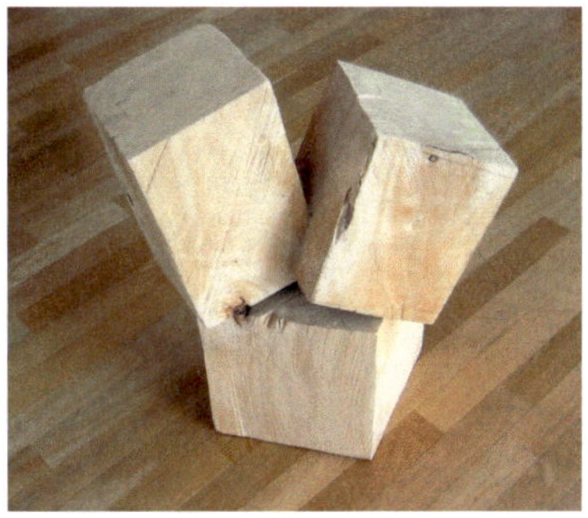

Foto: privat

263
Torso
1992
Pappel, 60 x 55 x 46,
Signiert: R. WACHTER 1992
Privatsammlung

Ausstellungen: Weihnachts-Ausstellung Galerie Wohlhüter, Thalheim 1998.

Ursprünglich nach Auskunft des Bildhauers 80 cm hoch, wohl um 1996 gekürzt.

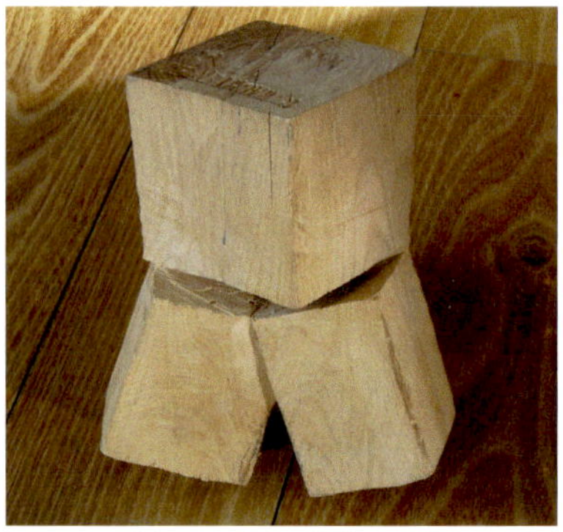

Foto: privat

264
Torso
1992
Pappel, 30 x 27 x 21,
Signiert: R. WACHTER 92
Privatsammlung

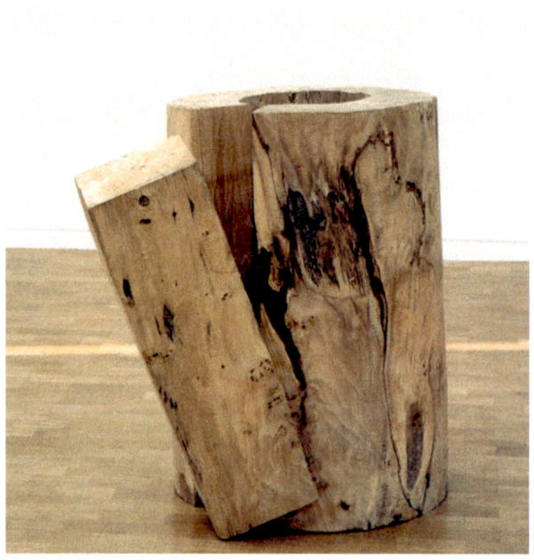

Foto: Riel

265
Gebrochener Raum
1993
Pappel, 87 x 93 x 54, Signiert:
R. WACHTER 1993 BROKEN SPACE
Sammlung Riel

Ausstellungen: Rudolf Wachter. Holzskulpturen und Zeichnungen, Thalheim 1998. Rudolf Wachter, Neunkirchen/Saar 1999. Aus dem Stamm, München 2003.

Literatur: Kranzberger 1995 II o.S. Ausst. Kat. Rosenheim 1995, Abb. o.S. Bluemler 1997, S. 12. Ausst. Kat. München 2003, S. 44, 45.

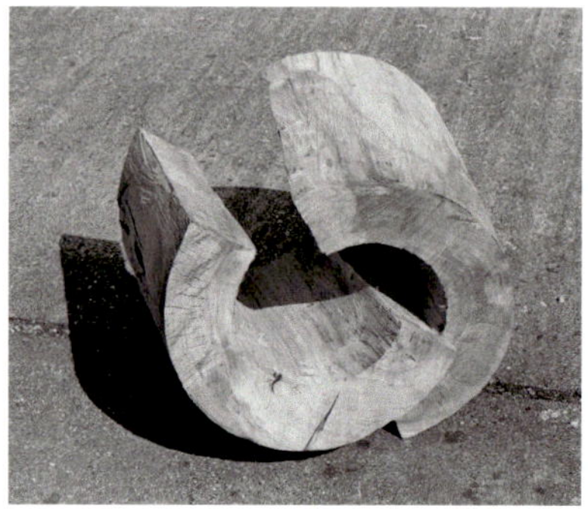

266
Gebrochener Raum I
1993
Pappel, 50 x 50 x 60, Signiert:
R. WACHTER 1993
Privatsammlung

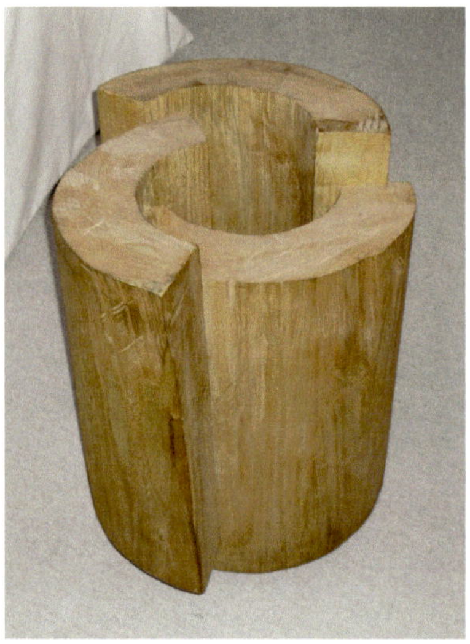

Foto: privat

267
Gebrochener Raum II
1993
Pappel, 60 x 60 x 75, Signiert:
R. WACHTER BROKEN SPACE
Privatsammlung

Ausstellungen: Diskurs. Rudolf Wachter. Tisch. Skulptur, Rudolf Wachter, München 1995.

Literatur: Ausst. Kat. München 1995 I, S. 39.

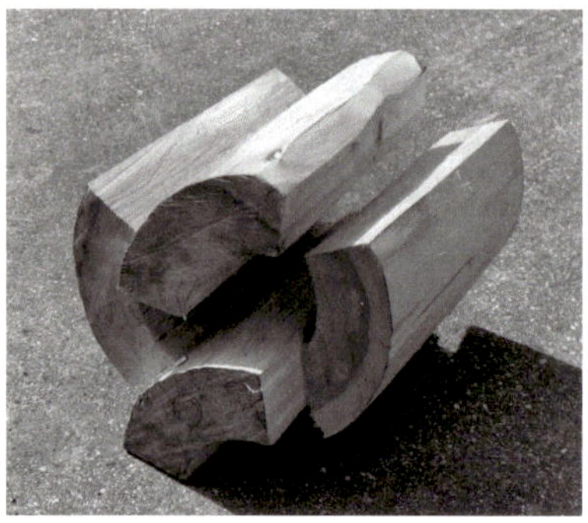

268
Gebrochener Raum IV
1993
Pappel, 56 x 43 x 43, Signiert:
WACHTER 93 © IV
Privatsammlung

Ausstellungen: Rudolf Wachter, München, 1997. unterHolz, Schloss Achberg, 2002. Rudolf Wachter. Holzskulpturen und Zeichnungen, Thalheim 2002.

Literatur: Ausst. Kat. München 1997 I, S. 75. Ausst. Kat. Ravensburg 2002, S. 48.

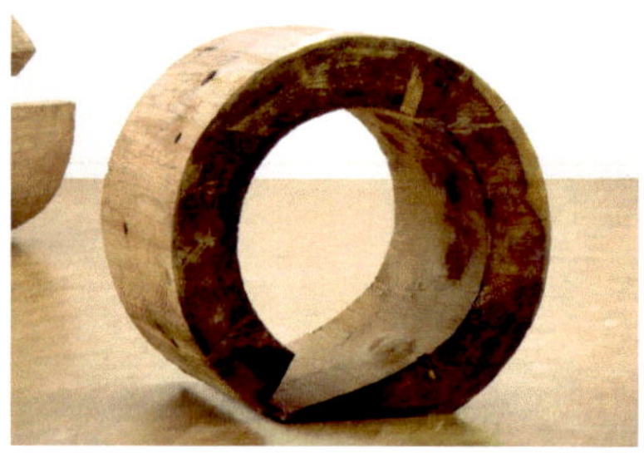

269
Goal
1993
Douglasie, 100 x 100 x 110,
Signiert: R. WACHTER
Hypo Bank, Neustadt an der Weinstraße

Literatur: Besig 1995, S. 8-12. Ausst. Kat. Neunkirchen (Saar) 1999, Abb. o.S.

Bei Hans Michael Besig 1995 als ‚Goal der Inka' bezeichnet.

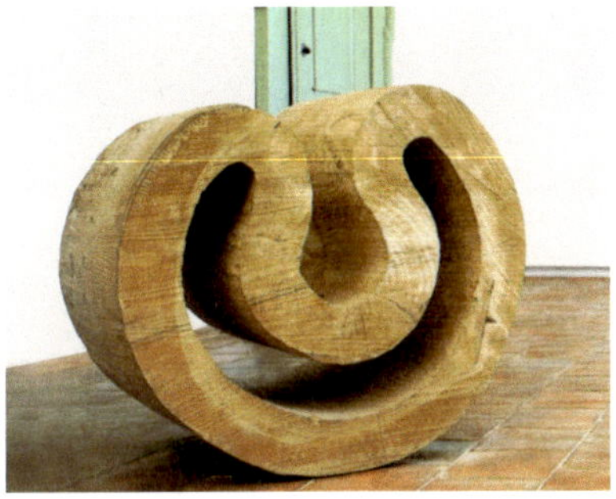

270
Newgrange XVIII-II Gastrula
1993
Pappel, 49 x 65 x 46, Signiert:
R. WACHTER 1993 NG XVIII-II
Sammlung Thomas Knoll

Ausstellungen: Holzwege, Bad Saulgau 1999. unterHolz – Holz in der Gegenwartskunst, Schloss Achberg 2002. Rudolf Wachter Holzskulpturen und Zeichnungen, Thalheim 2005.

Literatur: Ausst. Kat. Ravensburg 2002, S. 43, 45. Schmied 2005, S. 487.

Titel doppelt vergeben, vgl. WVZ 257.

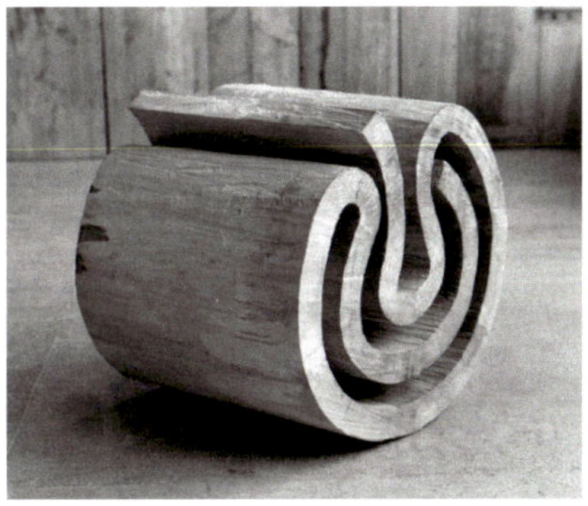

271
Newgrange XX
1993
Pappel, 70 x 60 x 72, Signiert: RUDOLF WACHTER NEW GRANGE XX 1993
Privatsammlung

Ausstellungen: Museum Neu-Ulm, Neu-Ulm 1997. Rudolf Wachter, München 1997. Rudolf Wachter, Woodhenge, Schwäbisch-Gmünd 2000. Rudolf Wachter. Aus dem Stamm, München 2003.

Literatur: Ausst. Kat. München 1997 I, S. 73, 78. Kranzfelder 1997, S. 9. Kühne 2000, S. 47. Ausst. Kat. München 2003, S.10, 53. Lichtenstern 2004 I, S. 262.

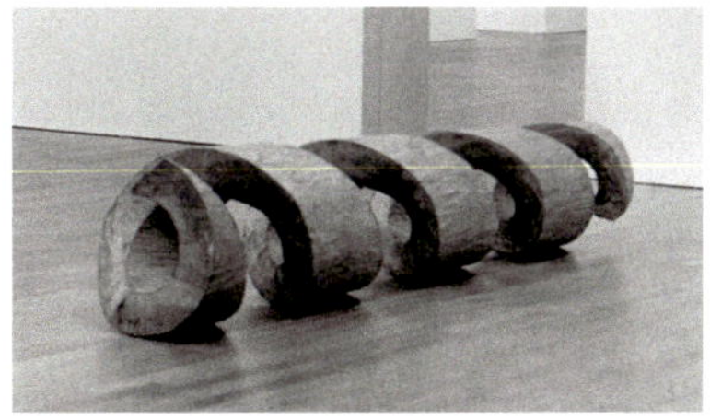

272
Spindel
1993
Pappel, 310 x 60 x 60, Unsigniert
TUM Garching, Universitätsbibliothek

Ausstellungen: Rudolf Wachter Holzskulpturen, Marl, 1992. Rudolf Wachter, München, 1997. Rudolf Wachter – Aus dem Stamm, München 2003. Wachter Holz.

Skulptur, Schweinfurt 2008. Stationen, Monika Huber und Rudolf Wachter – eine künstlerische Begegnung, Rosenheim und Dachau 2010. Raumschnitte. Rudolf Wachter in St. Paul, München 2010. Stathmoi-Stationen. Rudolf Wachter und Monika Huber, Goethe Institut Athen 2011.

Literatur: Ausst. Kat. Marl, 1992, S. 14. Ausst. Kat. München 1997 I, S. 48/49. Ausst. Kat. München 2003, S. 41. Döcker 2007, S. 94. Ausst. Kat. Schweinfurt 2008, S. 13. Ausst. Kat. Rosenheim 2010, S. 53. Ausst. Kat. München 2010, S. 12, 24–25. Ausst. Kat. Athen 2011, S. 16.

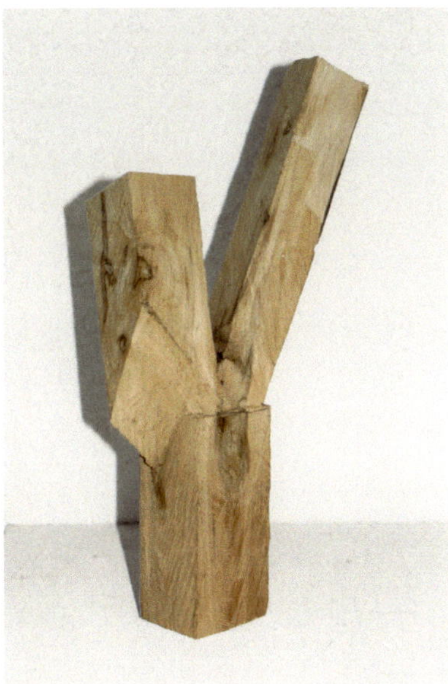

Foto: privat

273
Torso
1993
Apfel, 45 x 18 x 22, Signiert: 1993, R. WACHTER
Privatsammlung

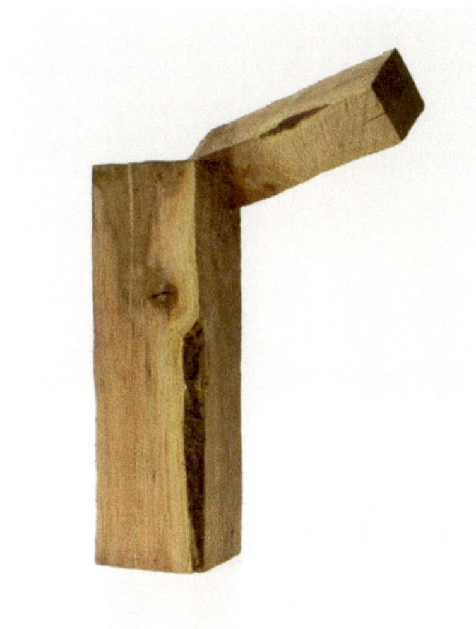

Foto: privat

274
Torso
1993
Apfel, 32 x 17 x 5,
Signiert: R. WACHTER © 1993
Privatsammlung

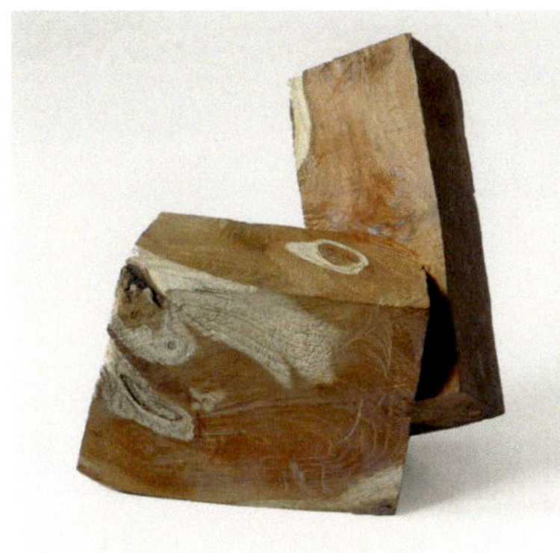

Foto: privat

275
Ohne Titel
Ahorn, 30 x 50 x 30, Signiert:
R. WACHTER 1993
Privatsammlung

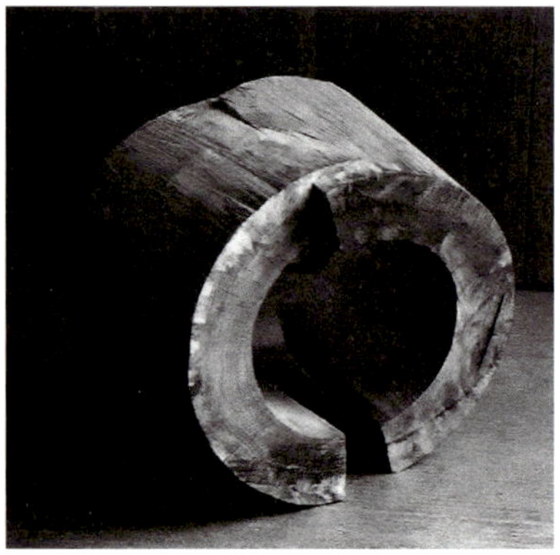

276
Gebrochener Raum VI
1994
Pappel, 63 x 55 x 73, Signiert:
R. WACHTER 1995
Privatsammlung

Literatur: Ausst. Kat. München 1995 I, S. 38.

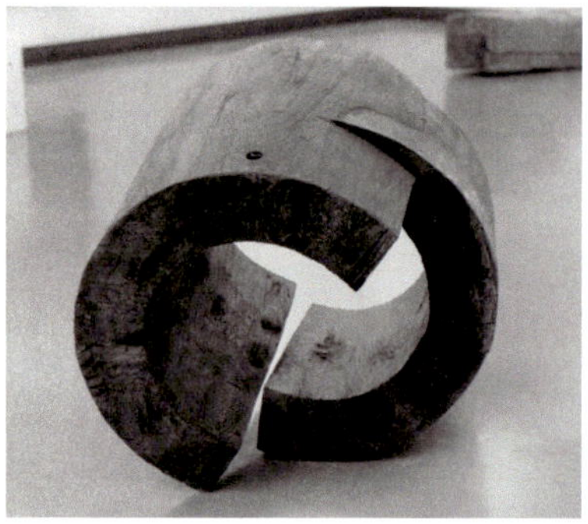

277
Gebrochener Raum VII
1994
Douglasie, 100 x 104 x 90, Unsigniert
Sammlung Kulturspeicher Würzburg

Ausstellungen: Große Kunst-Ausstellung München 1995. Diskurs. Rudolf Wachter. Tisch. Skulptur, München 1995. Rudolf Wachter, München, 1997. Rudolf Wachter. Aus dem Stamm, München 2003. Dauerausstellung der Städtischen Sammlung im Kulturspeicher Würzburg.

Literatur: Ausst. Kat. München 1995 I, S. 158. Ausst. Kat. München 1997 I, S. 48, 49. Ausst. Kat. München 2003, S. 42. Döcker 2007, S. 86. Reese 2009, S. 142.

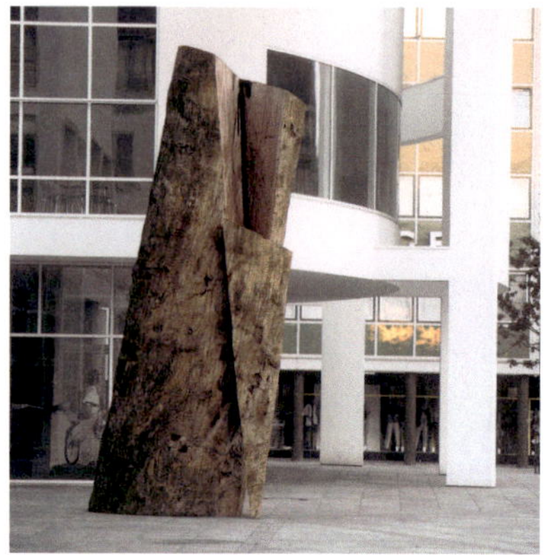

278
Marler Stamm
1994
Mahagoni, 630 x 200 x 260, Unsigniert, stattdessen Inschrift auf einer Platte an der Skulptur
Museum Glaskasten Marl

Ausstellungen: Unbearbeiteter Stamm erst im Stadtraum Ravensburg aufgestellt, dann skulpiert in der endgültigen Form vor dem Stadthaus Ulm, Münsterplatz, 1994.

Literatur: Ausst. Kat. München 1995 I, S. 41. Rüth, 1991, S. 26-27, 190-195. Ausst. Kat. Rosenheim 1994, S. 43. dpa 1995 I. dpa 1995 II. dpa 1995 III. Kunst mit der Kreissäge 1995. dpa 1996. Kranzfelder 1997, S. 3-13. Ausst. Kat. Albstadt 2003, S. 28. Ausst. Kat. Kißlegg 2005, S. 59.

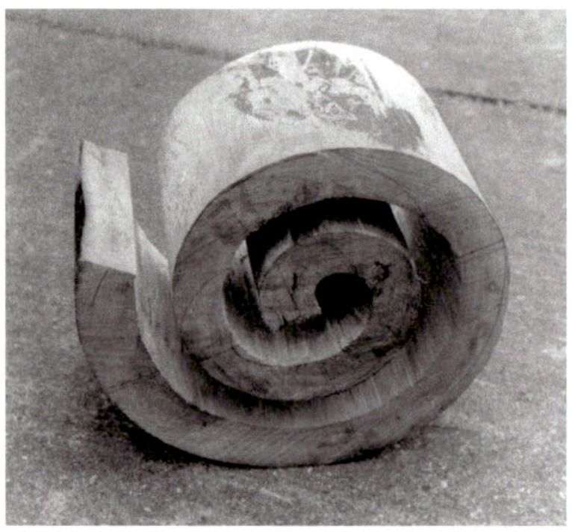

279
Newgrange OI
1994
Pappel, 55 x 70 x 75,
Signiert: R. WACHTER NG OI
Privatsammlung

Ausstellungen: Rudolf Wachter Holzskulpturen, Marl, 1992. Rudolf Wachter, Neunkirchen/Saar 1999.

Literatur: Ausst. Kat. Marl, 1992, S. 81. Ausst. Kat. Neunkirchen (Saar) 1999, o.S.

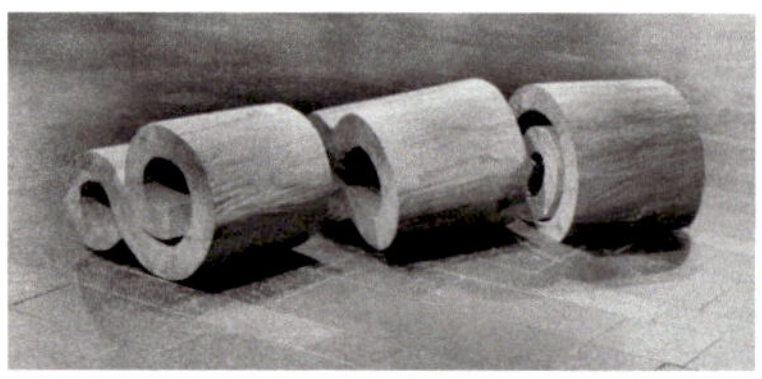

280
Newgrange XVIII
1994
Ulme, Dreiteilig, Unsigniert, 62 x 97 x 57, 65 x 75 x 65, 56 x 80 x 56
Sammlung ALTANA AG, Herbert-Quandt-Haus, Bad Homburg

Ausstellungen: Kunstverein Rosenheim Jahres-Ausstellung 1996. Rudolf Wachter, München 1997. Der ausgehöhlte Stamm, Kunst- und Kunstobjekte aus Europa, Afrika und Ozeanien, Heilbronn, Heidelberg 1998. Rudolf Wachter Woodhenge, Schwäbisch Gmünd 2000. Rudolf Wachter. Woodhenge, München 2001.

Literatur: Ausst. Kat. München 1995 I, S. 30-31. Kranzfelder 1995 II, o.S. Ausst. Kat. Rosenheim 1996, Abb. o.S. Ausst. Kat. München 1997 I, Abb. o.S. Ausst. Kat. Waldkraiburg 1997, S. 44. Ausst. Kat. Meran 1997, S. 45. Kranzfelder 1997, S. 13. Ausst. Kat. Heidelberg 1998, S. 53. Ausst. Kat. Schwäbisch Gmünd 2000, S. 33. Ausst. Kat. München 2001, S. 7, 9. Firmenich 2004, S. 91.

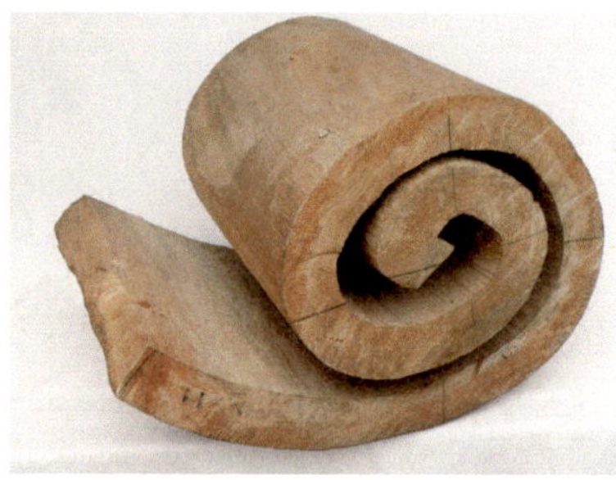

281
Newgrange XXII
1994
Pappel, 73 x 50 x 60, Signiert:
R. WACHTER©1994 NG
Sammlung der Hanna und Paul Gräb Stiftung

Ausstellungen: Horizonte. Kunst und Kirche, Wehr 1996. Weder GUT noch BÖSE, Wander-Ausstellung 1997-1999.

Literatur: Kranzfelder 1997, S. 142-143. Ausst. Kat. München 1997 I, S. 81.

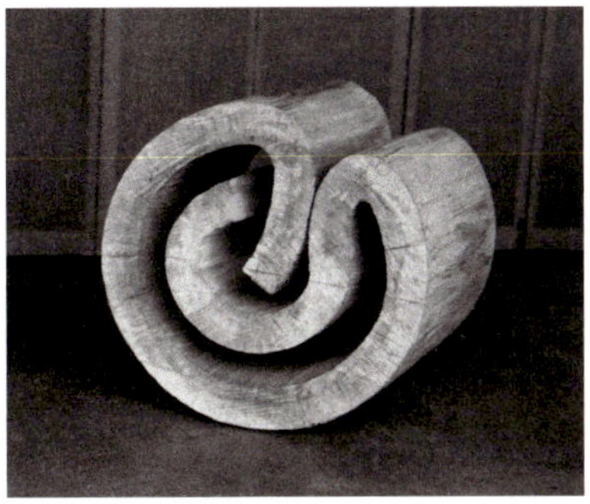

282
Newgrange XXIV
1994
Pappel, 58 x 75 x 75, Signiert:
R. WACHTER 1994 NG XXIV
Privatsammlung

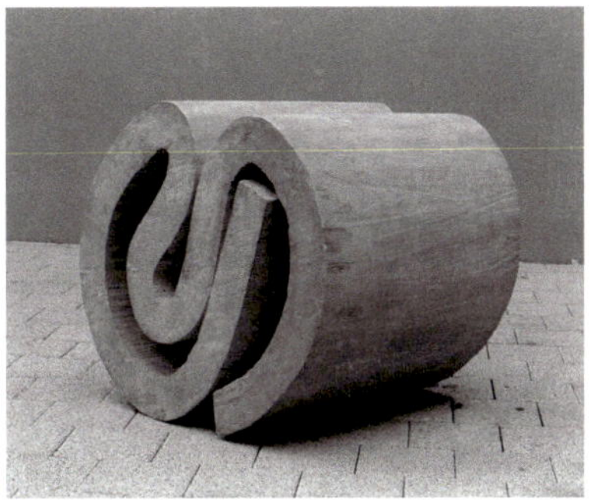

283
Newgrange XXV
1994
Pappel, 65 x 73 x 73, Signiert:
R. WACHTER 94 NG XXV
Institutionssammlung

Ausstellungen: Rudolf Wachter Holzplastiken, München 1998. Rudolf Wachter – Aus dem Stamm, München 2003.

Literatur: Ausst. Kat. München I 1997, S. 80. Ausst. Kat. München 2003, S. 56, 57.

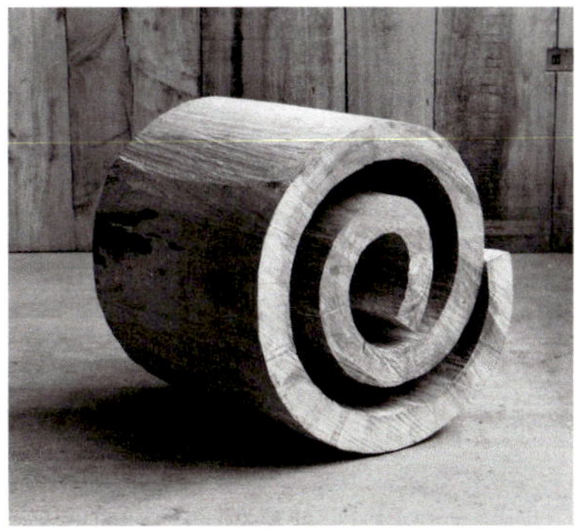

284
Newgrange XXX
1994
Pappel, 70 x 65 x 65, Signiert:
R. WACHTER 1994 © NG XXX
Privatsammlung

Literatur: Ausst. Kat. München 1997 I, S. 5, 108.

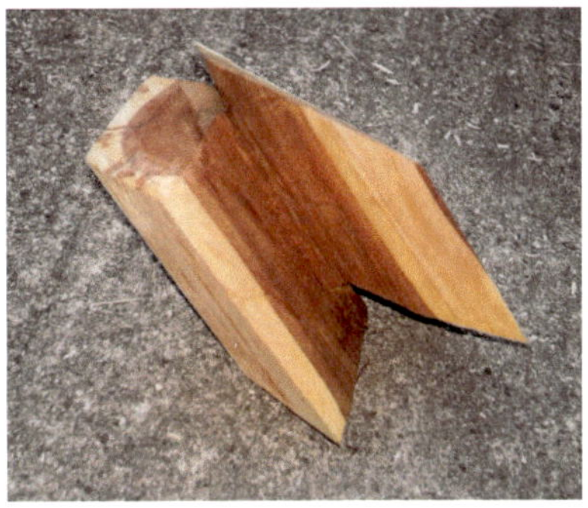

Foto: privat

285
Omaggio a Piero
1994
Zwetschge, 25 x 16 x 16,
Signiert: R. WACHTER
Privatsammlung

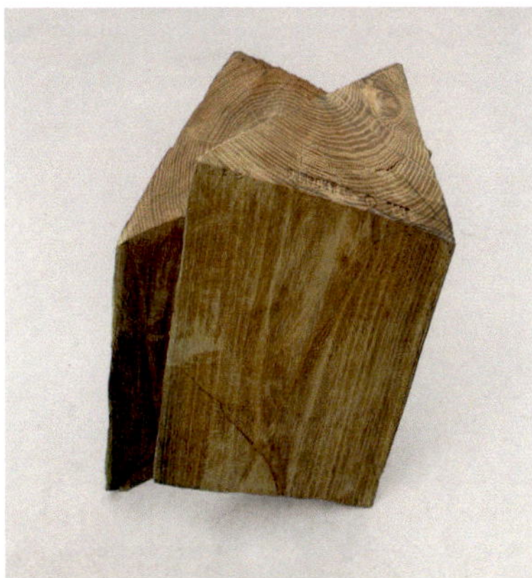

Foto: privat

286
Omaggio a Piero
Um 1994
Ulme, 45 x 43 x 42
Privatsammlung

Ausstellungen: Wachter Holz Skulptur, Schweinfurt 2008.

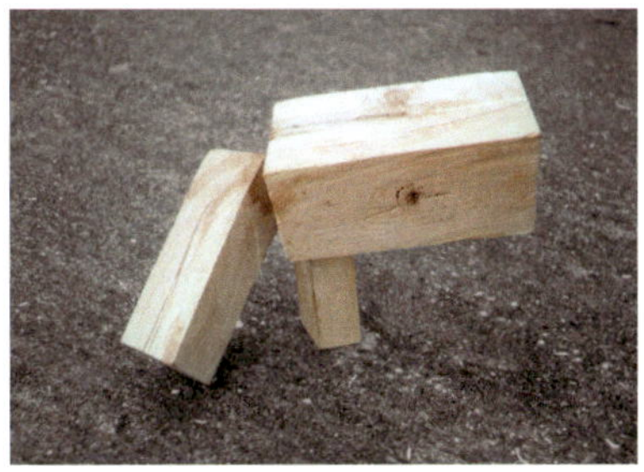

Foto: privat

287
Torso
1994
Apfel, 45 x 25 x 20, Unsigniert
Privatsammlung

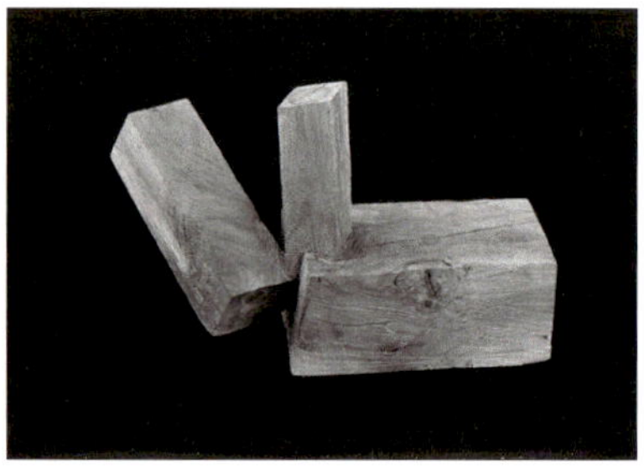

288
Torso
1994
Apfel, 40 x 22 x 23, Unsigniert
Privatsammlung

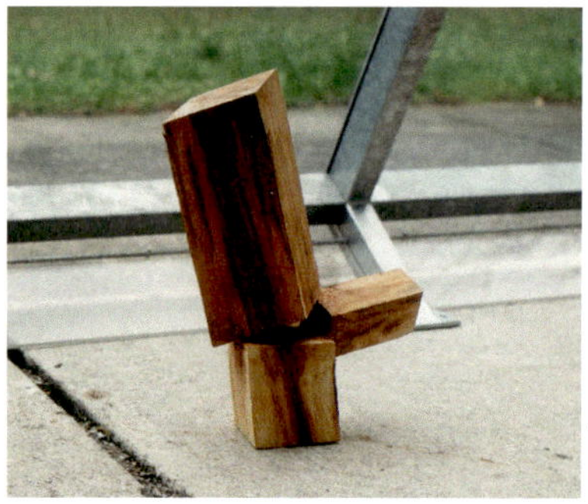

Foto: privat

289
Torso
1994
Zwetschge, 26 x 11 x 7, Unsigniert
Privatsammlung

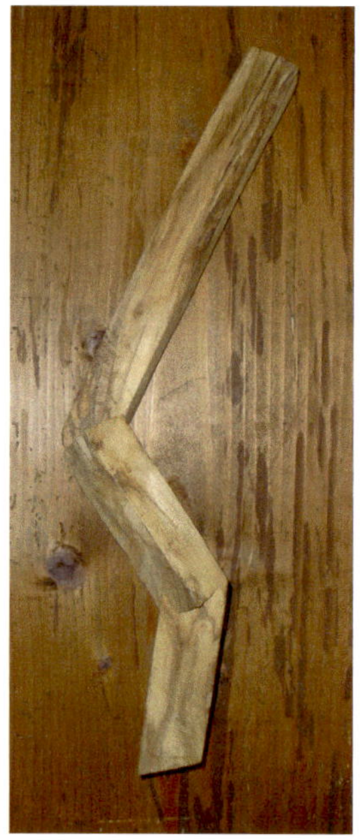

Foto: Faulhammer

290
kleiner Windbruch
1994
Zwetschge?, 94 x 48 x 20, Unsigniert
Galerie im Petrushof, Obermarchtal

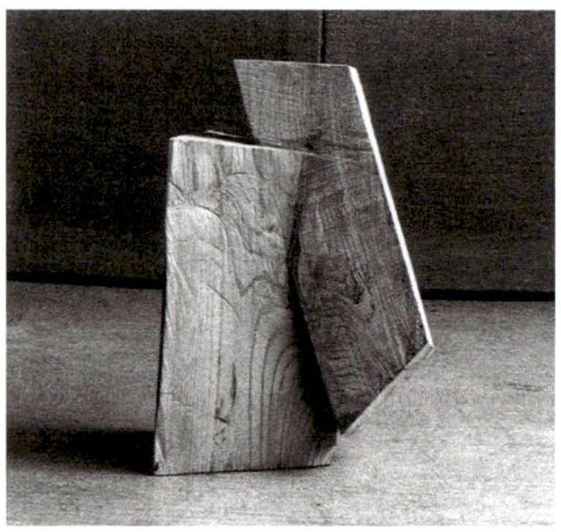

291
Figuration
1995
umbrische Kastanie, 35 x 30 x 20,
Unsigniert
Privatsammlung

Ausstellungen: Galerie Wohlhüter, St'art Straßbourg 1998.

Literatur: Ausst. Kat. München 1997 I, S. 66.
Ausst. Kat. München 1995 I, S. 32.

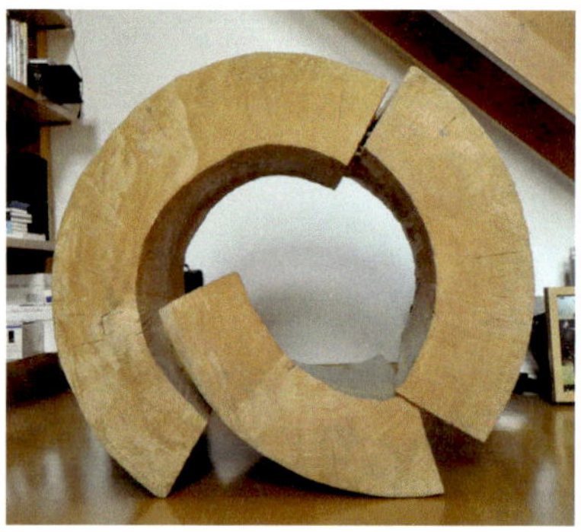

Foto: privat

292
Gebrochener Raum V
1995
Pappel, 55 x 73 x 63,
Signiert: R. Wachter 1995
Sammlung Becker

Ausstellungen: Galerie Wohlhüter, St'art Straßbourg 1998. Sommer-Ausstellung 2000, Galerie Wohlhüter Thalheim.

Literatur: Ausst. Kat. München 1995 I, S. 39.

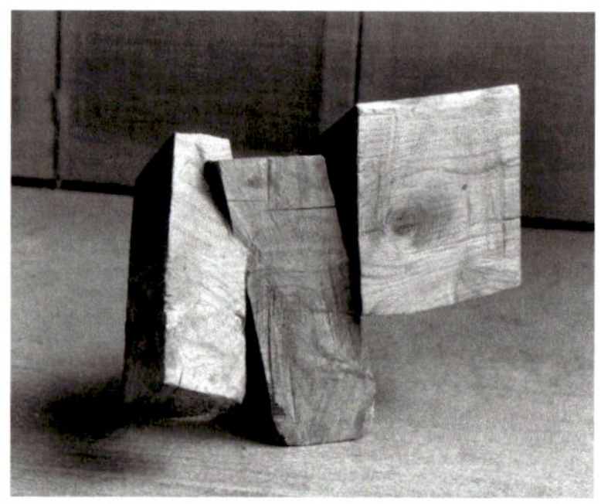

293
Hommage für Siegfried Hummel
1995
Umbrische Kastanie, 60 x 40 x 30,
Privatsammlung

Literatur: Ausst. Kat. München 1997 I, S. 64.
Ausst. Kat. Neunkirchen (Saar) 1999, o.S.

Zunächst mit ‚Torso' und ‚Figuration' betitelt.

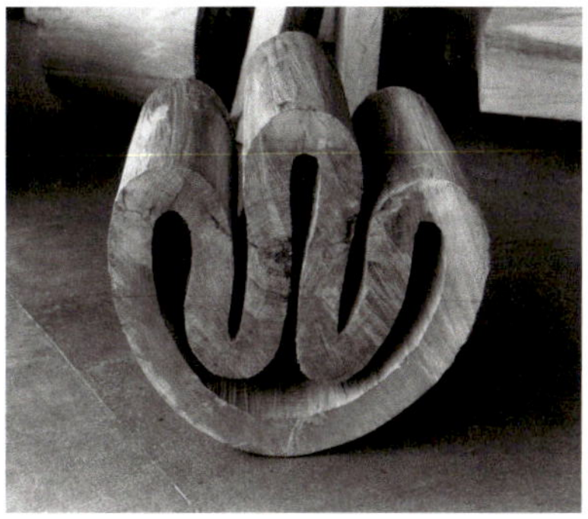

294
Newgrange XXVI
1995
Pappel, 62 x 75 x 73, Signiert:
R. WACHTER NEWGRANGE XXVI
Privatsammlung

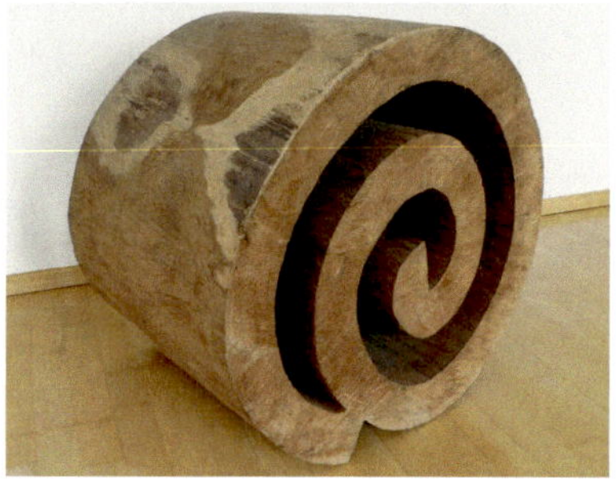

Foto: Dettenhofer

295
Newgrange XXVII
1995
Kastanie, 51 x 58 x 69, Signiert:
R. WACHTER 1995 © NGXXVII
Sammlung Fritz Dettenhofer

Ausstellungen: Rudolf Wachter. Woodhenge, Freising 2002.

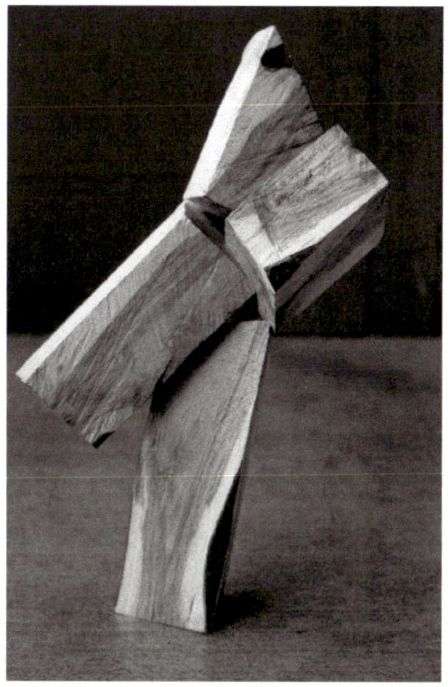

296
ohne Titel
1995
Haselnuss, 60 x 35 x 20, Unsigniert
Privatsammlung

Literatur: Ausst. Kat. München 1995 I, S. 36.

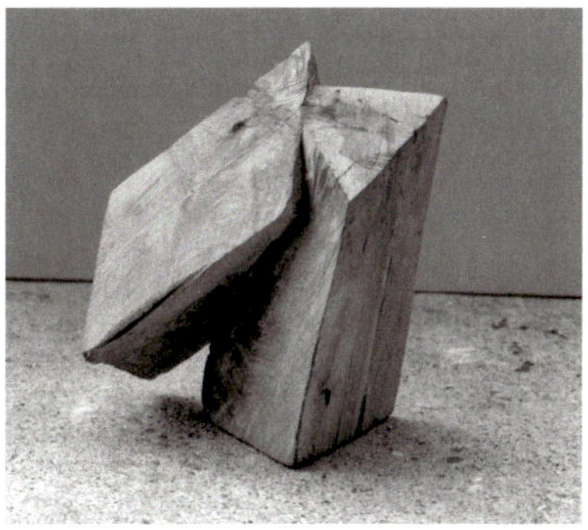

297
Omaggio a Piero
1995
Rotbuche, 37 x 27 x 18,
Signiert: R. WACHTER
Privatsammlung

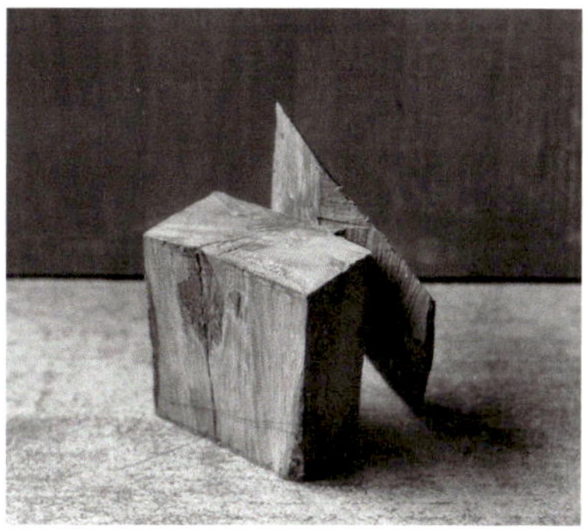

298
Omaggio a Piero
Um 1995
Weide, 30 x 20 x 25,
Signiert: R. WACHTER
Privatsammlung

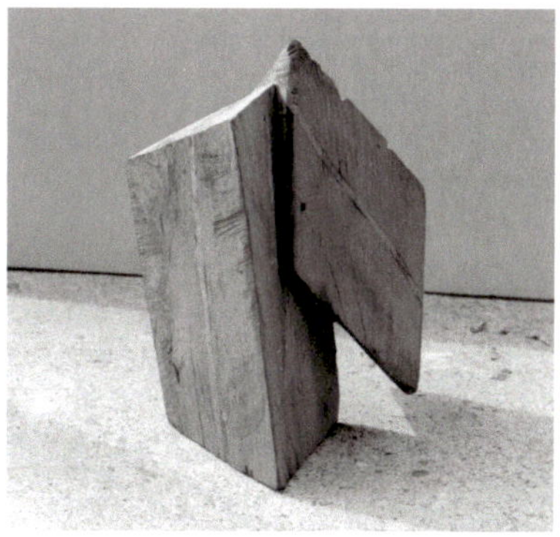

299
Paraphrase
1995
Rotbuche, 40 x 20 x 30, Signiert:
R. WACHTER 1995
Privatsammlung

Literatur: Ausst. Kat. Schwäbisch Gmünd 2000, S. 36.

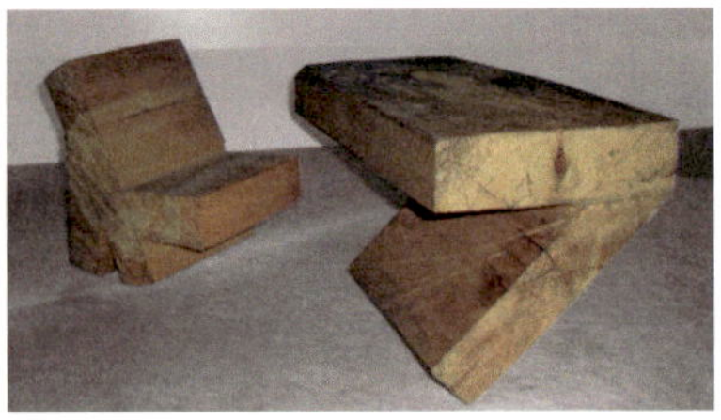

300
Tisch für ein Kunstgespräch
1995
Pappel, Zweiteilig, Tisch: 27 x 24 x 20, Stuhl: 27 x 27 x 20, Unsigniert
Privatsammlung

Literatur: Ausst. Kat. München 1997 I, S. 37.

Modell, vgl. WVZ 221.

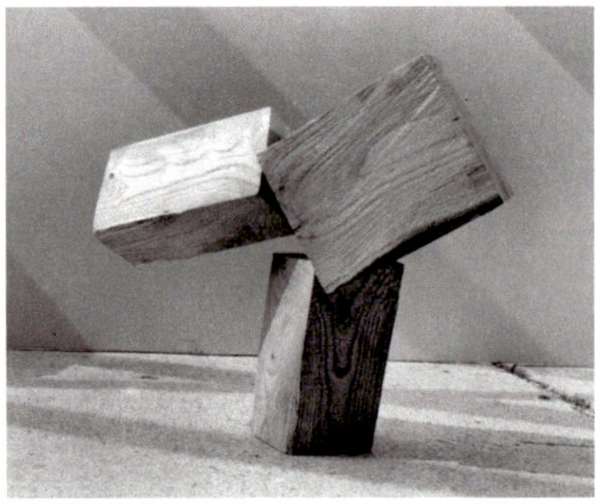

301
Torso
1995
Umbrische Kastanie, 55 x 55 x 30, Unsigniert
Kreissparkasse Hannover

Literatur: Ausst. Kat. München I 1997, S. 60, 61.

Zunächst ‚Figuration' betitelt.

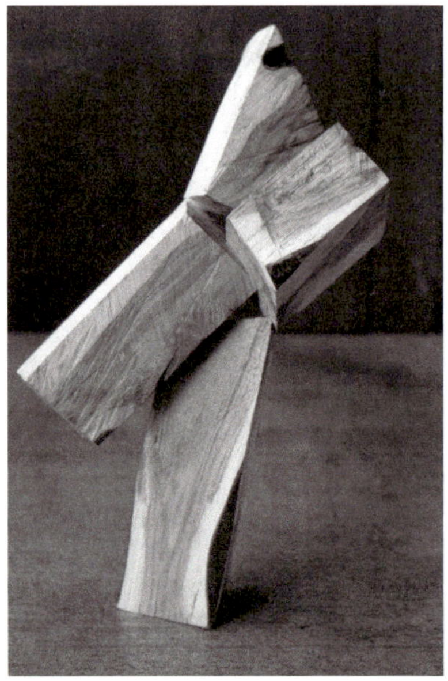

302
Torso
1995
Haselnuss, 65 x 35 x 16, Signiert: R. WACHTER 1995
Privatsammlung

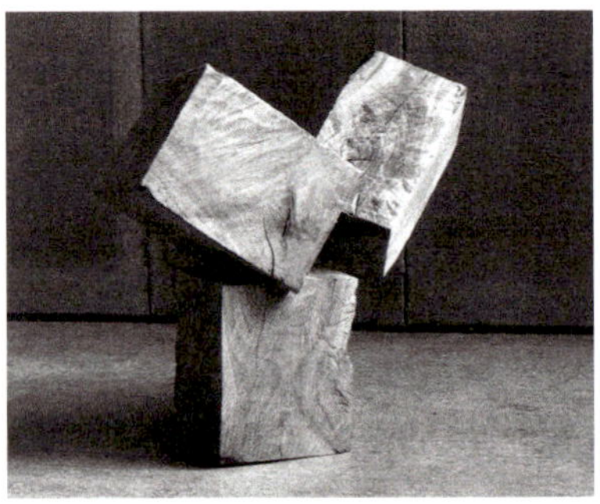

303
Torso
1995
Kirsche, 40 x 30 x 20, Signiert: R. WACHTER © 1995

Literatur: Ausst. Kat. München 1995 I, S. 33.

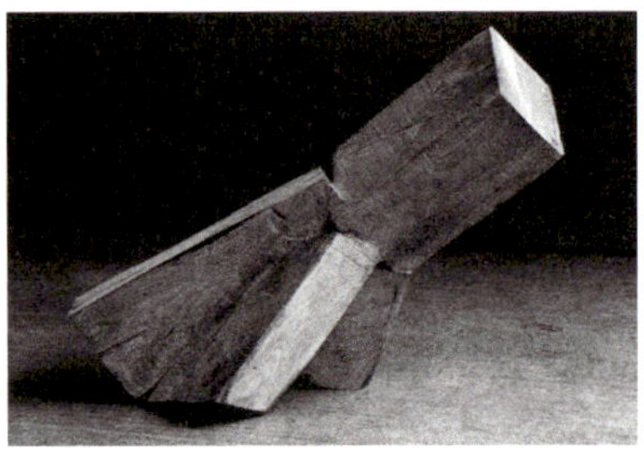

304
Torso
1995
Holz, 50 x 32 x 29, Unsigniert
Privatsammlung

Literatur: Ausst. Kat. München 1995 I, S. 33.

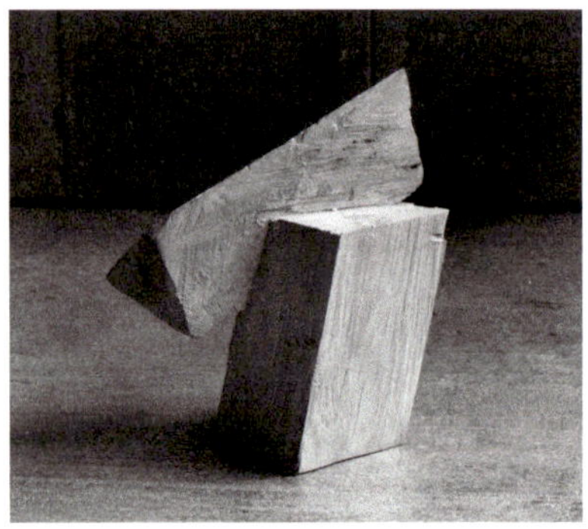

305
Torso
1995
Pappel, 25 x 20 x 22, Unsigniert
Privatsammlung

Literatur: Ausst. Kat. München 1995 I, S. 34.

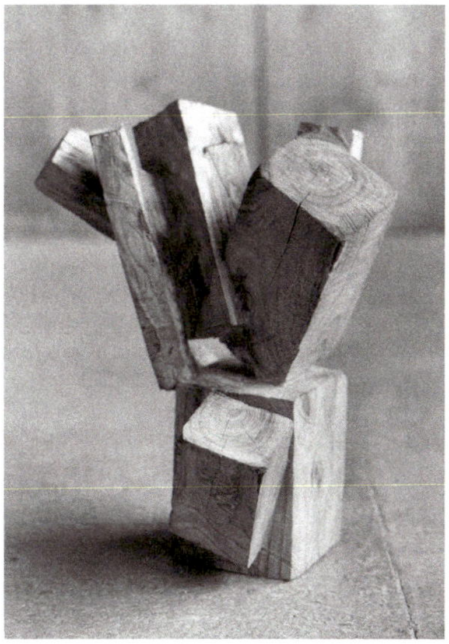

306
Torso
1995
Kastanie, 60 x 40 x 35, Signiert:
R. WACHTER © 1995
Privatsammlung

Literatur: Ausst. Kat. München 1997 I, S. 62, 63.

Zunächst ‚Figuration' betitelt.

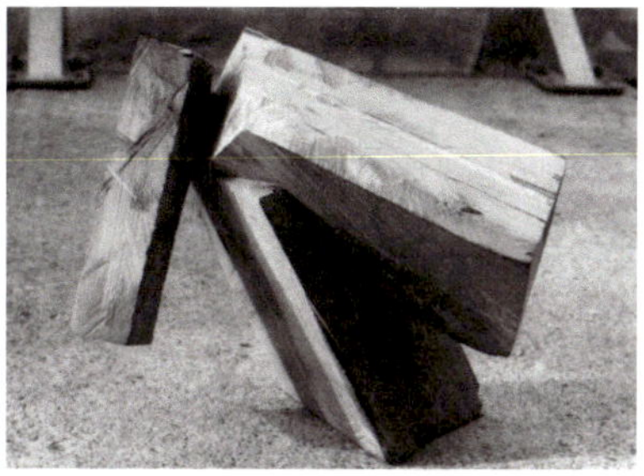

307
Torso
1995
Rotbuche, 35 x 30 x 30, Signiert:
R. WACHTER©1995
Privatsammlung

Literatur: Ausst. Kat. München 1997 I, S. 67.

Zunächst ‚Figuration' betitelt.

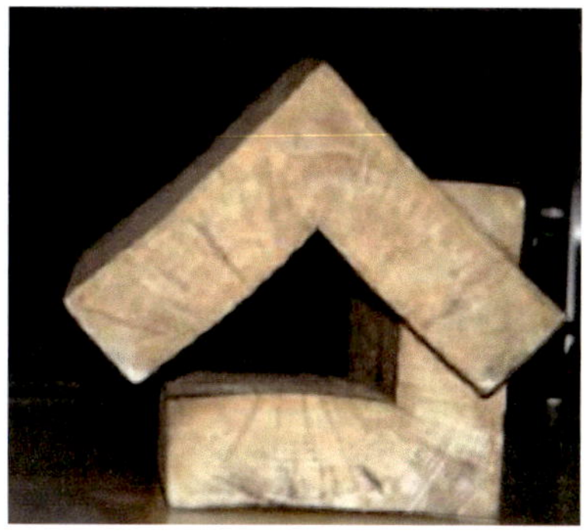

Foto: Wachsmann

308
Kiste
1995
Pappel, 69 x 71 x 76,
Signiert: R. WACHTER 1995 ©
Sammlung: Dr. Hans-Jochen Wachsmann

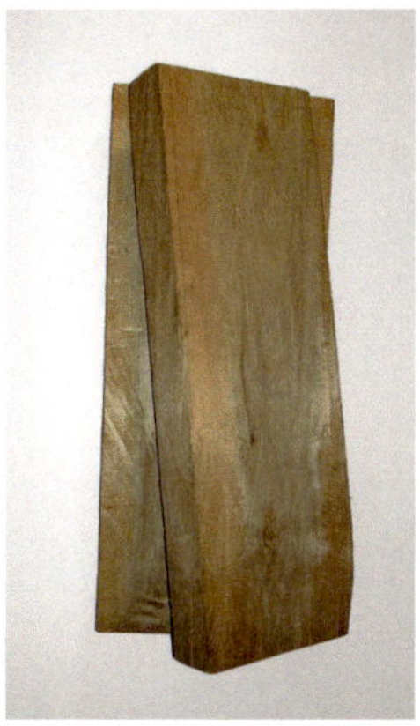

Foto: Werner Wohlhüter

309
Station I
1996
Pappel, 114 x 89 x 49, Signiert:
R. WACHTER 1996 (zusätzlich mit Bleistift auf der Rückseite)
Wachterblock. Sammlung Gerlinde und Werner Wohlhüter

Ausstellungen: Museum Villa Rot, Burgrieden-Rot 2007. Rudolf Wachter Holzskulpturen und Zeichnungen, Thalheim 1998. unter Holz, Schloss Achberg 2002. Holzwege, Bad Saulgau 2008. Junger Süden, Albstadt 2003. Rudolf Wachter, Thalheim 2007. Wachter Holz Skulptur, Schweinfurt 2008.

Literatur: Ausst. Kat. Ravensburg 2002, S. 46, 47.

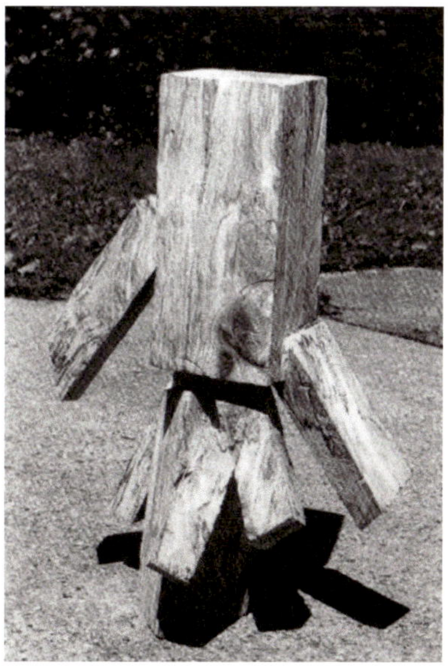

310
Figuration
1996
Weißbuche, 57 x 42 x 25, Unsigniert
Privatsammlung

Ausstellungen: Rudolf Wachter, München, 1997. Rudolf Wachter, Neunkirchen/Saar 1999.

Literatur: Ausst. Kat. München 1997 I, S. 56, 57. Ausst. Kat. Neunkirchen (Saar) 1999, o.S.

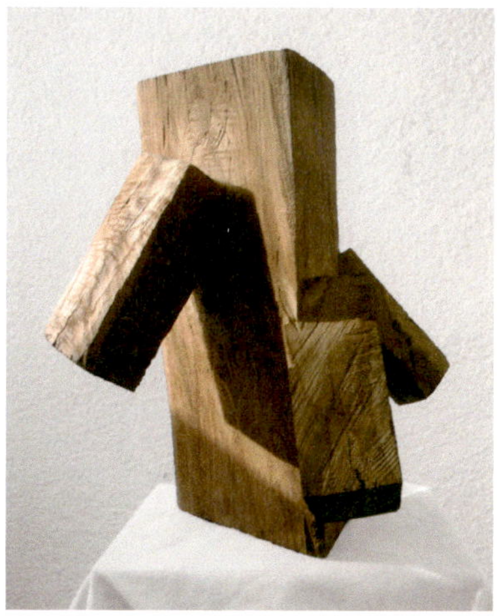

Foto: Mohr

311
Figuration
1996
Kastanie, 40 x 35 x 30,
Signiert: WACHTER 1996
Sammlung Mohr

Ausstellungen: Rudolf Wachter, München, 1997. Rudolf Wachter, Holzskulptur und Zeichnung, Thalheim 1998.

Literatur: Ausst. Kat. München 1997 I, S. 65.

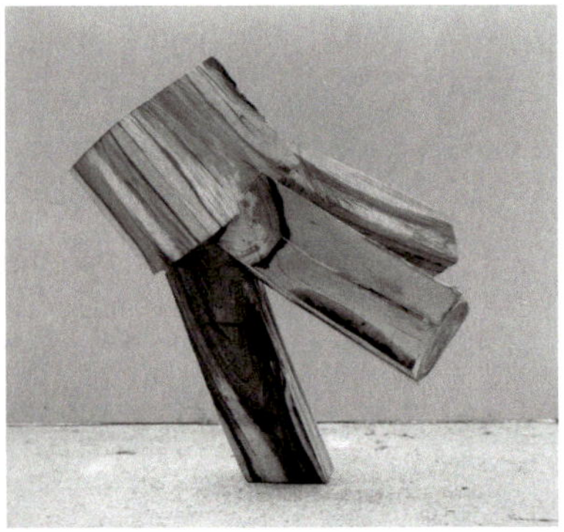

312
Torso (Figuration)
Um 1996
Zwetschge, Keine Maße, Signatur unbekannt
Verbleib unbekannt

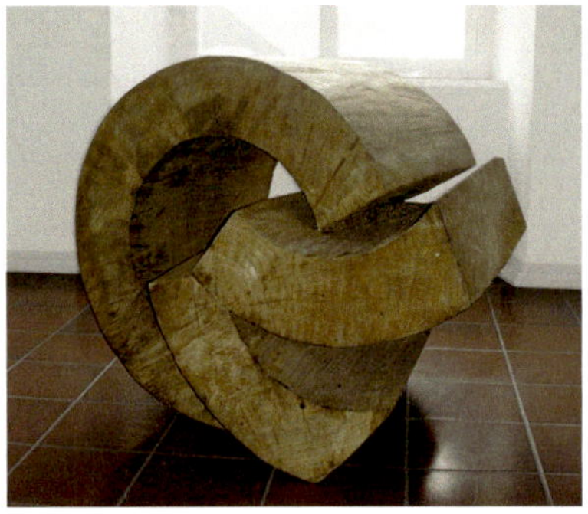

313
Gebrochener Raum
1996
Pappel, 100 x 100 x 110, Signiert: R. WACHTER 1996, GEBROCHENER RAUM
Neues Schloss Kißlegg. Museum Rudolf Wachter

Ausstellungen: dreizehnmal Jetzt-Zeit-Kunst, Waldkraiburg 1997. Rudolf Wachter, München, 1997. Der ausgehöhlte Stamm, Kunst- und Kunstobjekte aus Europa, Afrika und Ozeanien, Heilbronn, Heidelberg 1998. Große Kunst-Ausstellung München, Haus der Kunst 1998. Kunstverein Rosenheim Jahres-Ausstellung 1998. 1. Triennale zeitgenössischer Kunst Oberschwaben, Weingarten 1998. Heino Naujoks, Rudolf Wachter, Darmstadt 1998. Hans Staudacher und Rudolf Wachter, München 1998 (dort auf dem Cover der Einladungskarte). Skulpturenpark Ismaning 2000. Rudolf Wachter Woodhenge, Schwäbisch Gmünd 2000. Rudolf Wachter Woodhenge, München 2001. Rudolf Wachter im Neuen Schloss Kißlegg, seit 2005. Rudolf Wachter. Zeichnung und Objekt, Freising 2011.

Literatur: Ausst. Kat. 1997, Berlin 1997, S. 46. Ausst. Kat. Waldkraiburg 1997, o.S. Kranzfelder 1997, S. 13. München 1997 I, S. 23. Ausst. Kat. Heidelberg 1998, S. 48. Ausst. Kat. 1998, S. 129. Ausst. Kat. Rottenburg-Stuttgart 1998, S. 85. Ausst. Kat. Ismaning 2000, S. 88. Ausst. Kat. Schwäbisch Gmünd 2000, S. 17. Ausst. Kat. München 2001, S. 9, 11, 19, 23. Ausst. Kat. Kißlegg 2005, S. 27.

Vgl. kleinere Fassung WVZ 347.

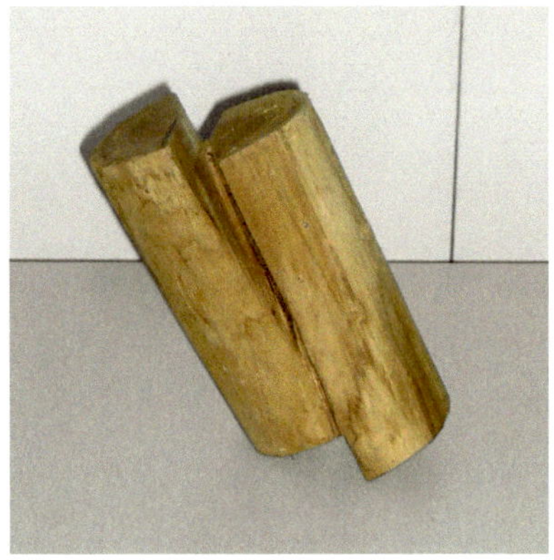

314
Gebrochener Raum
1996
Holz, 21 x 11,5 x 10,5, Signiert: R. WACHTER 1996
Stadtmuseum im Schlössle, Weingarten

Modell für große Arbeit im öffentlichen Raum. So nicht ausgeführt.

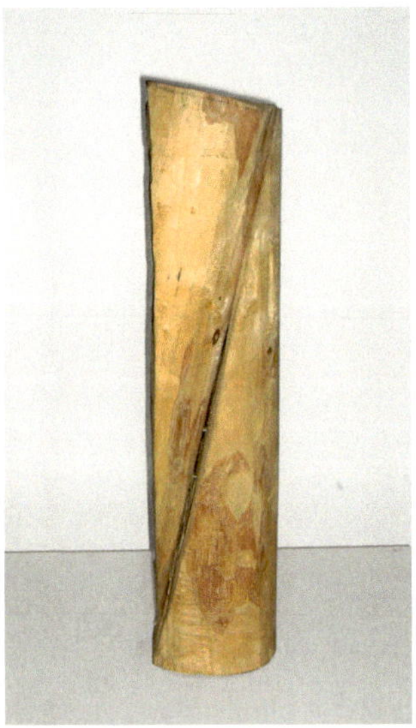

315
Stammskulptur
Um 1996
Pappel, 52 x 12,7 x 12,9, Unsigniert
Stadtmuseum im Schlössle, Weingarten

Modell für große Arbeit im öffentlichen Raum. So nicht ausgeführt.

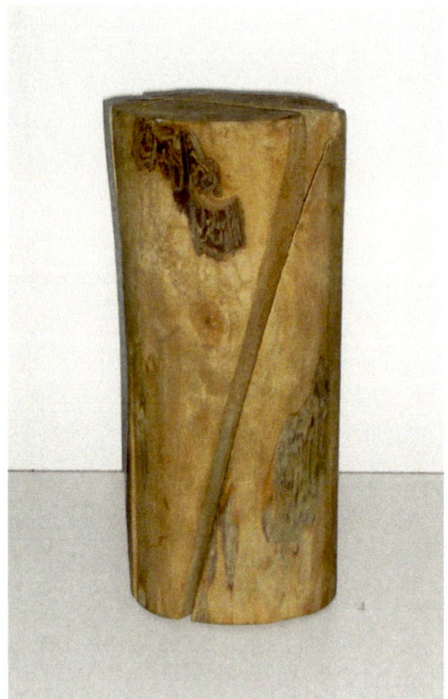

316
Stammskulptur
Um 1996
Holz, 35 x 14,7 x 14,5
Unsigniert
Stadtmuseum im Schlössle, Weingarten

Modell für große Arbeit im öffentlichen Raum. So nicht ausgeführt.

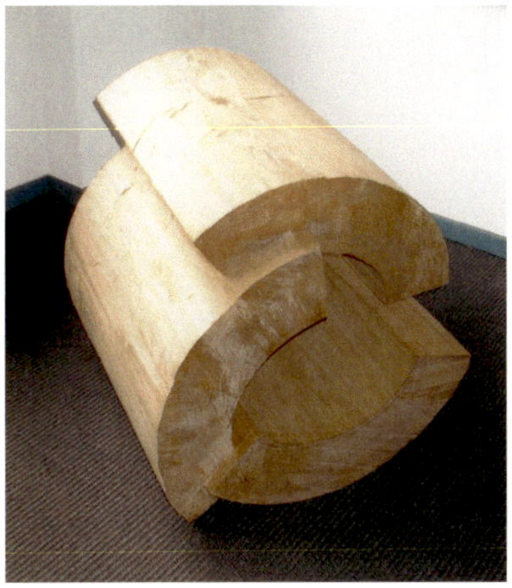

Foto: privat

317
Gebrochener Raum
1996
Pappel, 68 x 66 x 56, Signiert:
R. WACHTER © 1996
Privatsammlung

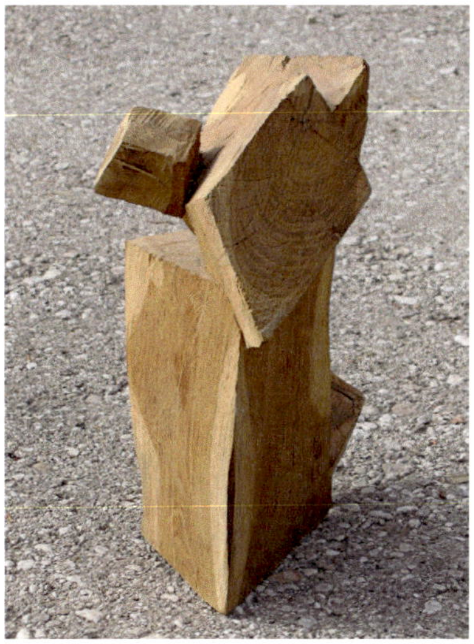

Foto: Lottmann

318
Kleinplastik (Torso)
1996
Eiche, 46 x 26 x 22, Signiert:
R. WACHTER 1996
Sammlung Lottmann

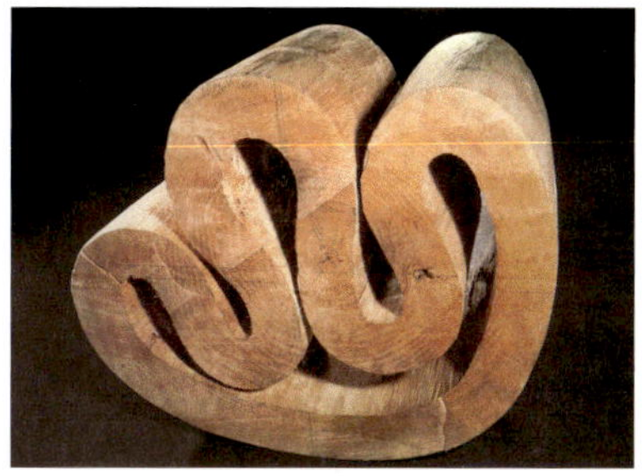

319
Newgrange XXIX
1996
Pappel, 90 x 70 x 110, Signiert: RUDOLF WACHTER, NEW GRANGE XXIX, 1996
Stadt Meran

Ausstellungen: Rudolf Wachter, München, 1997. Kunstverein Rosenheim Jahres-Ausstellung 1998. Rudolf Wachter, Woodhenge, Schwäbisch-Gmünd 2000. dreizehnmal Jetzt-Zeit-Kunst, Waldkraiburg 1997.

Literatur: Kranzfelder 1997, S. 13. Ausst. Kat. München 1997 I, S. 78. Ausst. Kat. Schwäbisch-Gmünd 2000, S. 47. Ausst. Kat. Wehr-Öflingen 1997, S. 170–171, Ausst. Kat. Ismaning 2000, S. 86–88.

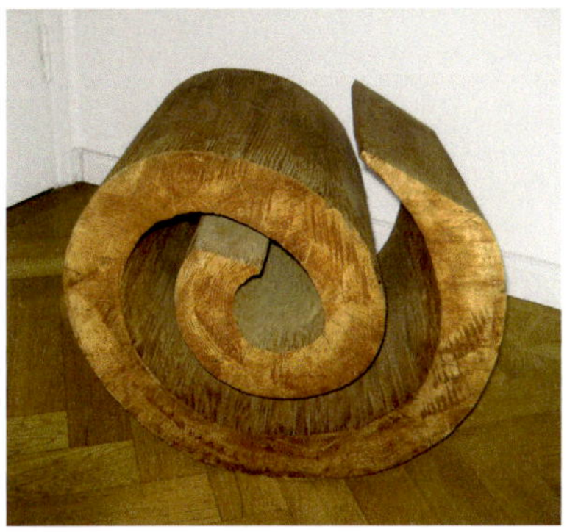

Foto: Merten

320
Newgrange XXVIII
1996
umbrische Kastanie, 50 x 60 x 48, Signiert: RUDOLF WACHTER © 1996 NG XXVIII
Sammlung Hannes Merten

Ausstellungen: Rudolf Wachter, München, 1997.

Literatur: Ausst. Kat. München 1997 I, S. 42.

Zunächst Newgrange OIII betitelt.

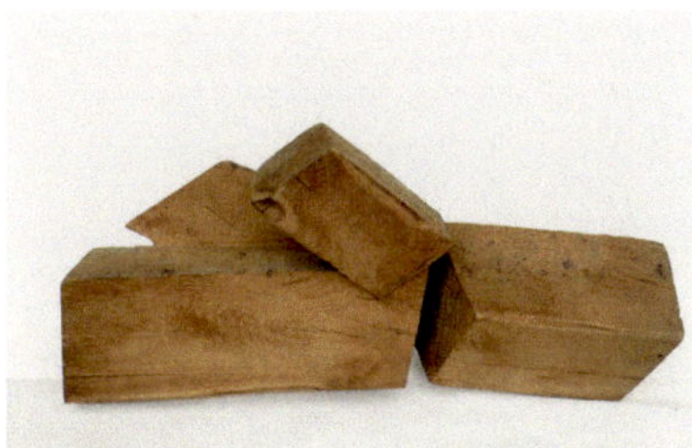

Foto: Gräb

321
Stammskulptur
1996
Holz, 67 x 30 x 20, Signiert:
R. WACHTER © 1996
Sammlung Dres. Hans Rudolf Gräb und Anna Elisabeth Gräb-Schmidt

Ausstellungen: Horizonte. Kunst und Kirche, Wehr 1997. Weder GUT noch BÖSE, 1997–1999, Wander-Ausstellung.

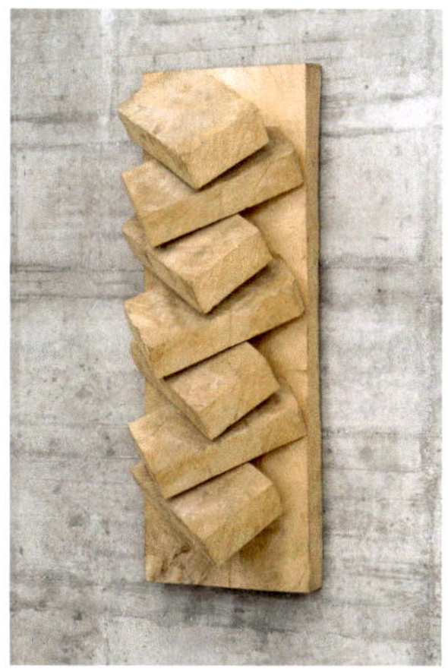

322
Station
1996
Pappel, 192 x 72 x 60,
Signiert: R:WACHTER 1996
Firmensammlung

Ausstellungen: Stationen, Neu-Ulm, 1997. Rudolf Wachter, München 1997. Rudolf Wachter, Thalheim 1998. Rudolf Wachter – Aus dem Stamm, 2003 (dort auch im Flyer).

Literatur: Ausst. Kat. München 1997 I, S. 15, 16, 26, 31, 32, 40, 41, 79. Ausst. Kat. Ravensburg, 1998, S. 3. Kranzfelder 1997, S. 6. Ausst. Kat. Schwäbisch Gmünd 2000, S. 31. Ausst. Kat. München 2001, S. 17, 20. Ausst. Kat. München 2003, S. 71. Döcker 2007, S. 87.

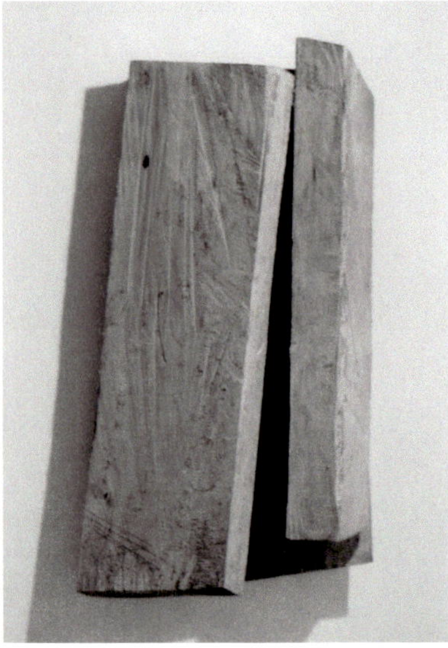

323
Station II
1996
Pappel, 145 x 48 x 88, Signiert:
R. WACHTER 1996 STATION II
Privatsammlung

Ausstellungen: Rudolf Wachter. Stationen, Museum Neu-Ulm, 1997.

Literatur: Ausst. Kat. München 1997 I, S. 28, 52. Ausst. Kat. Schwäbisch Gmünd 2000, S. 30.

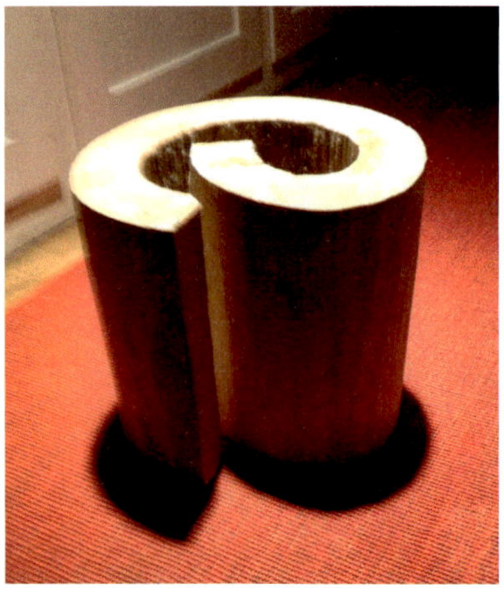

324
Newgrange (o. T.)
1993/1996
Pappel, 33 x 35 x 33, Signiert: R. WACHTER FÜR ELSE UND STEFAN C 1993
Sammlung Else Bechteler-Moses und Stefan Moses

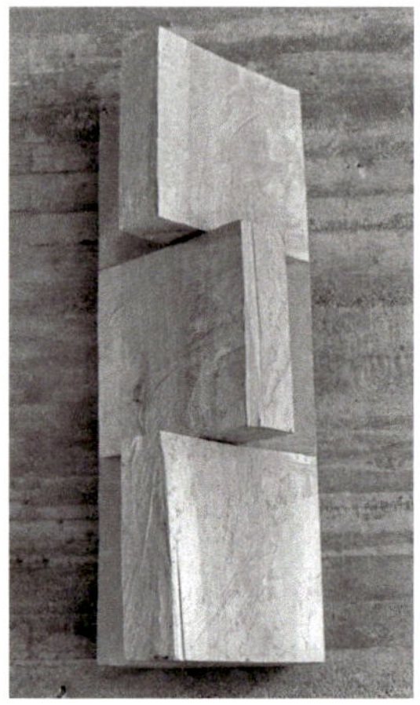

325
Station IV
1996
Pappel, 150 x 57 x 52, Unsigniert
Neues Schloss Kißlegg. Museum Rudolf Wachter

Ausstellungen: Rudolf Wachter, München 1997. Rudolf Wachter – Aus dem Stamm, München 2003. Rudolf Wachter im Neuen Schloss Kißlegg, seit 2005 (dort auch im Flyer abgebildet).

Literatur: Ausst. Kat. München 1997 I, S. 38. Ausst. Kat. Schwäbisch Gmünd 2000, S. 53. Bayerische Staatsoper 2003 S. 86–94. Ausst. Kat. München 2003, S. 70. Ausst. Kat. Kißlegg 2005, S. 36.

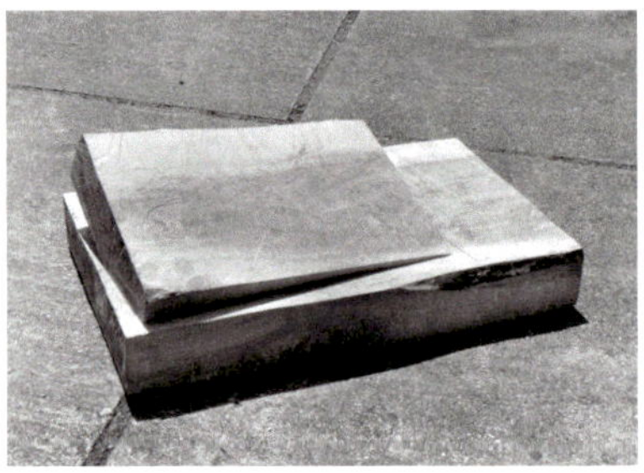

326
Station V
1996
Pappel, 105 x 62 x 40, Unsigniert
Sammlung Abt-Straubinger

Ausstellungen: Rudolf Wachter, München 1997. Wachter, Holzskulptur und Zeichnungen, Thalheim 1998. Rudolf Wachter. Woodhenge, Schwäbisch Gmünd 2000. Rudolf Wachter – Aus dem Stamm, München 2003.

Literatur: Ausst. Kat. München 1997 I, S. 36. Ausst. Kat. Schwäbisch Gmünd 2000, S. 27. Ausst. Kat. München 2003, S. 76.

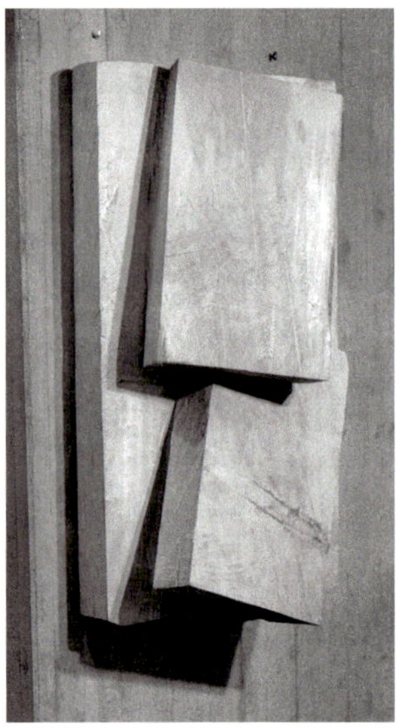

327
Station VI
1996
Pappel, 140 x 77 x 43, Unsigniert
Privatsammlung

Ausstellungen: Rudolf Wachter. Stationen, Neu-Ulm, 1997. Rudolf Wachter, München 1997. Rudolf Wachter Woodhenge, Schwäbisch Gmünd 2000.

Literatur: Ausst. Kat. München 1997 I, S. 25, 26, 27, 36, 41, 52. Ausst. Kat. Schwäbisch Gmünd 2000, S. 24, 26.

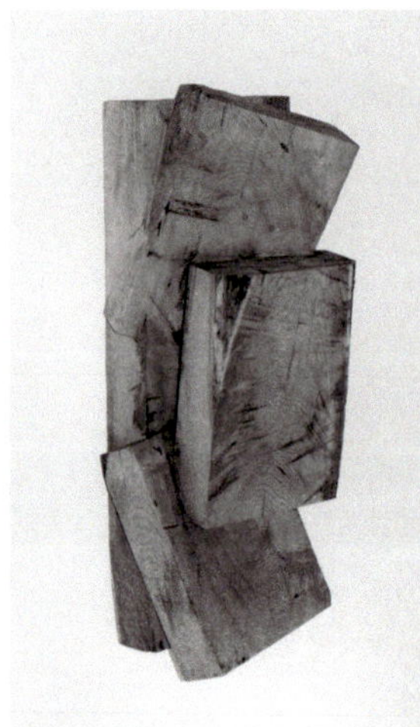

328
Station VII
1996
Umbrische Kastanie, 150 x 45 x 50, Unsigniert
Privatsammlung

Ausstellungen: Rudolf Wachter. Stationen, Neu-Ulm 1997. Rudolf Wachter, München, 1997. Rudolf Wachter Woodhenge, Schwäbisch Gmünd 2000. Rudolf Wachter – Aus dem Stamm, München 2003.

Literatur: Ausst. Kat. München 1997 I, Cover, S. 4, 15, 26, 31, 79. Ausst. Kat. Schwäbisch Gmünd 2000, S. 15. Ausst. Kat. München 2003, S. 72.

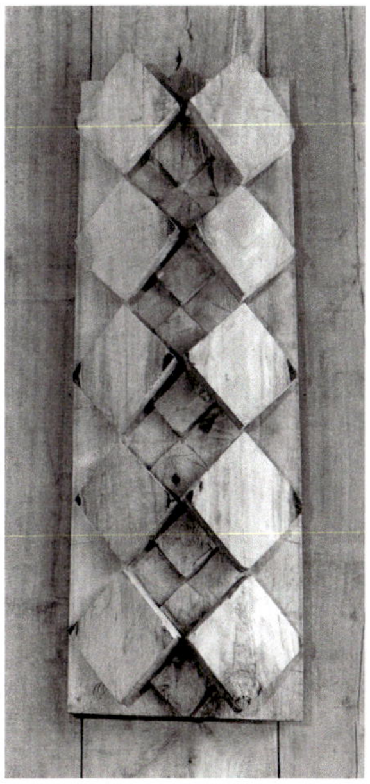

329
Station XI
1996
Pappel, 170 x 58 x 30, Unsigniert
Privatsammlung

Ausstellungen: Rudolf Wachter. Stationen, Neu-Ulm 1997. Rudolf Wachter, München 1997.

Literatur: Ausst. Kat. München 1997 I, S. 30.

Vgl. WVZ 330, Titel doppelt vergeben.

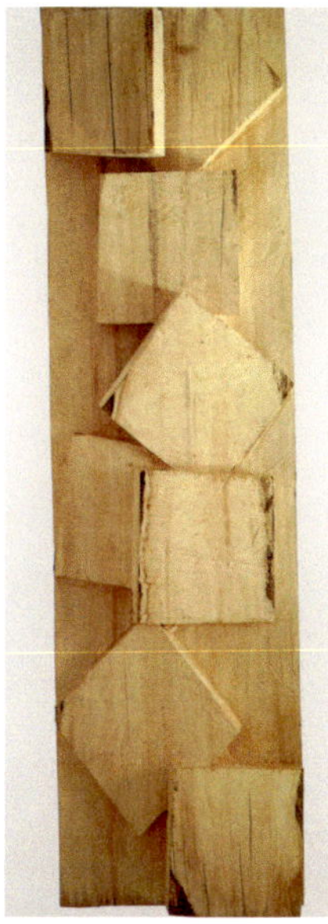

330
Station XI
1996
Pappel, 168 x 60 x 20,
Signiert: R. WACHTER, 1996
Stadt Pfarrkirchen

Ausstellungen: Rudolf Wachter, München, 1997.

Literatur: Ausst. Kat. München 1997 I, S. 20-21.

Vgl. WVZ 329, Titel doppelt vergeben.

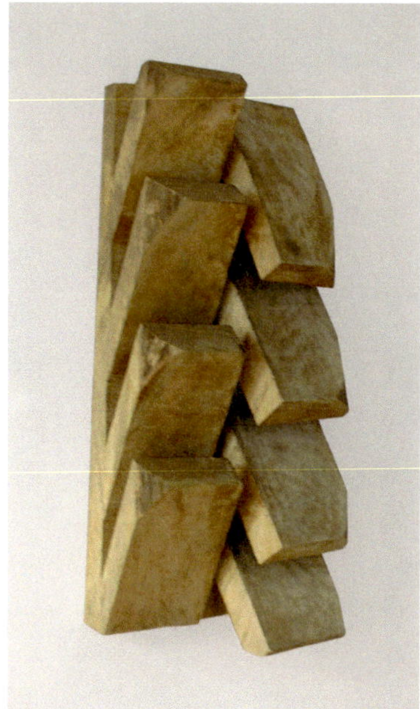

331
Station III
1996
Pappel, 180 x 70 x 60, Unsigniert
Neues Schloss Kißlegg. Museum Rudolf Wachter

Ausstellungen: Rudolf Wachter, München,1997.

Literatur: Ausst. Kat. München 1997 I, S. 27. 50
Ausst. Kat. Albstadt 2003, S. 29.

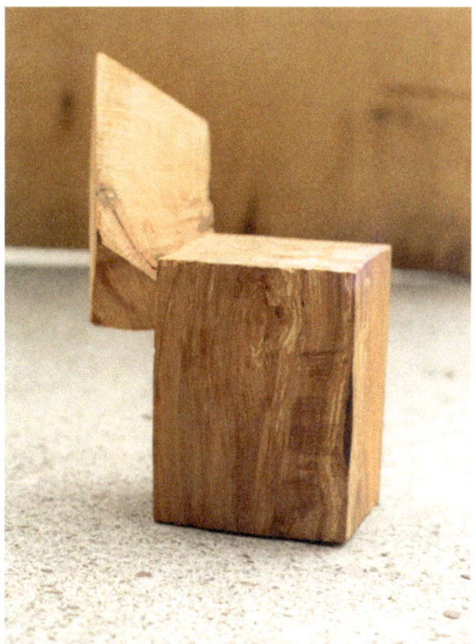

Foto: privat

332
Torso
1996
Birne, 30 x 20 x 15,
Signiert: R. WACHTER 1996
Privatsammlung

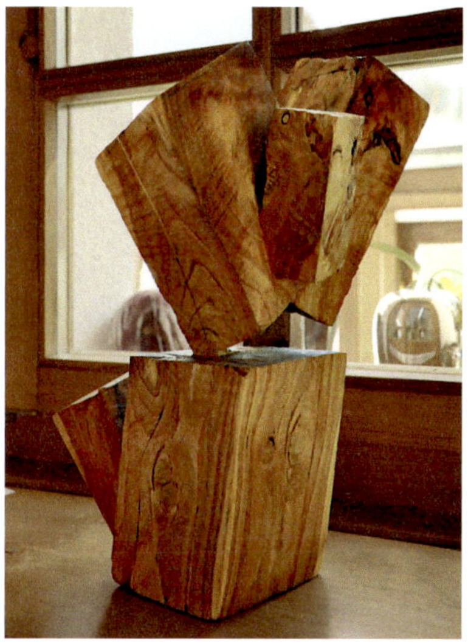

Foto: Becker

333
Torso
1996
Eiche, 51 x 36 x 28, Unsigniert
Sammlung Becker

Ausstellungen: Sommer-Ausstellung Galerie Wohlhüter, Thalheim 2006.

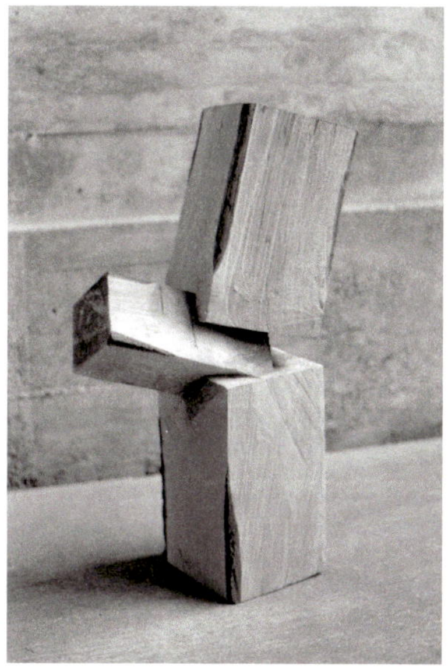

334
Torso
Um 1996
Pappel, 100 x 28 x 43, Unsigniert
Privatsammlung

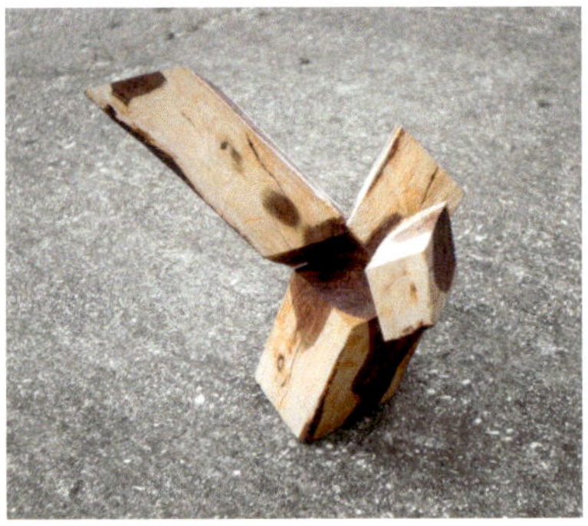

Foto: privat

335
Torso
Um 1996
Zwetschge, 35 x 38 x 22, Unsigniert
Privatsammlung

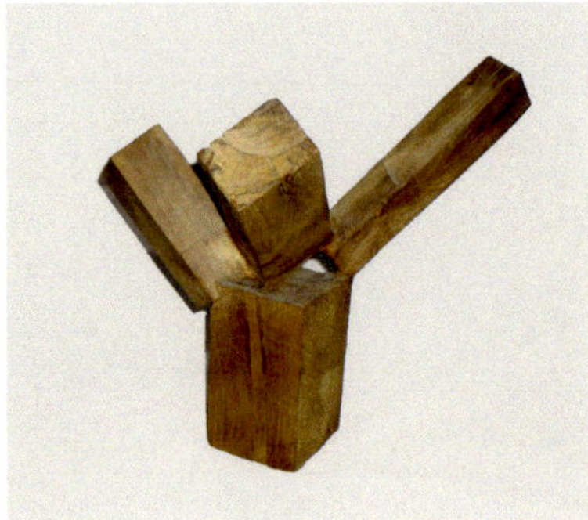

Foto: privat

336
Torso
Keine Datierung
Pappel, 24 x 29 x 29, Unsigniert
Privatsammlung

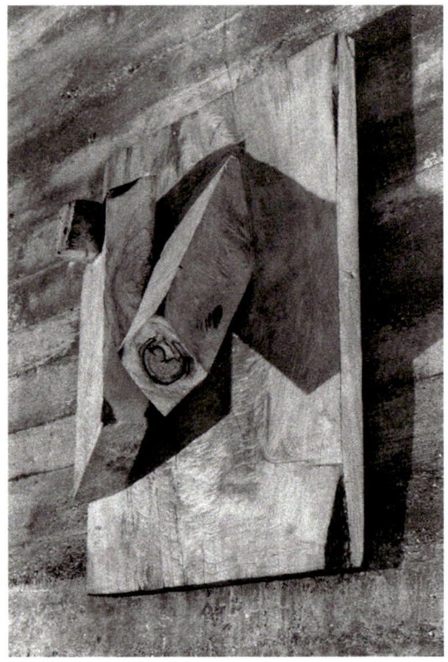

Foto: Edwin Scharff Museum

337
Hommage ... à Thalgott
Um 1996
Pappel, 83,5 x 63,3 x 27,5
Unsigniert
Städtische Sammlungen Neu-Ulm,
Edwin Scharff Museum

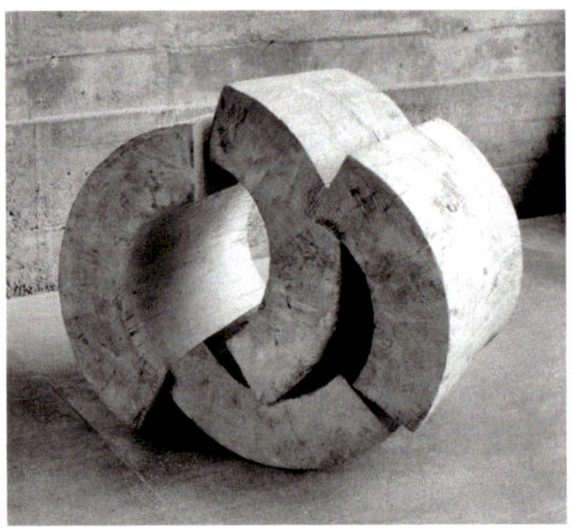

338
Gebrochener Raum o.N.
1997
Pappel, 70 x 92 x 78,
Signiert: R. WACHTER 1997

Ausstellungen: Rudolf Wachter, München, 1997. Große Kunst-Ausstellung München 1997. Rudolf Wachter – Aus dem Stamm, München 2003.

Literatur: Ausst. Kat. München 1997 I, S. 83. Ausst. Kat. München 1997 II, S. 227. Ausst. Kat. München 2003, S. 83. Bayerische Staatsoper 2003, S. 94. Lichtenstern 2004 I, S. 265.

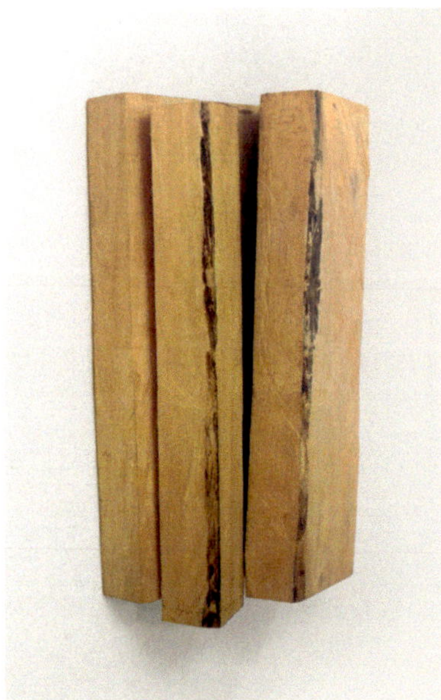

Foto: privat

339
Station III
1997
Pappel, 105 x 63 x 30, Unsigniert
Privatsammlung

Ausstellungen: Rudolf Wachter. Holzskulpturen und Zeichnungen, Thalheim 1998.

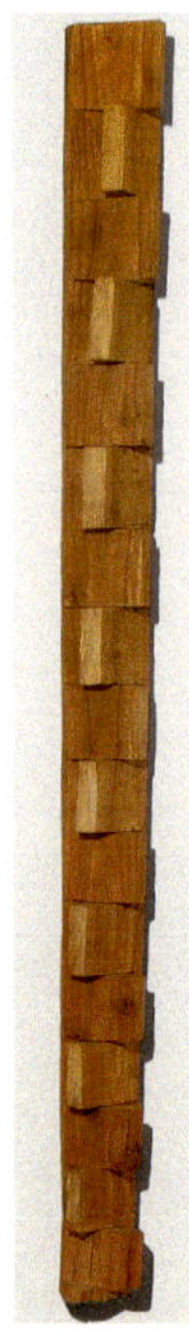

Foto: privat

340
Station
1997
Birne, 148 x 11,5 x 10,5
Unsigniert
Privatsammlung

Literatur: Ausst. Kat. Meran 2004, S. 169.

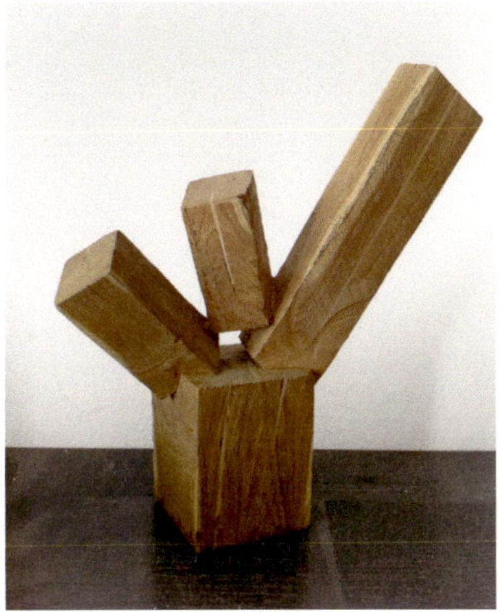

Foto: privat

341
Torso
1997
Pappel, 33,5 x 31 x 10, Signiert:
R. WACHTER©1997
Privatsammlung

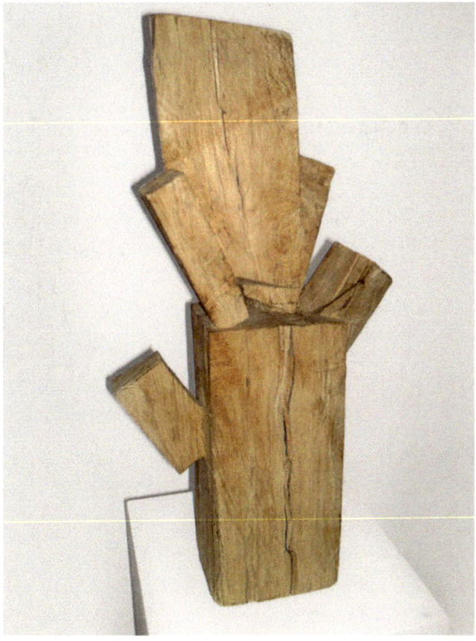

Foto: privat

342
Torso
1997
Pappel, 56 x 26 x 14, Signiert:
R. WACHTER 1997©
Privatsammlung

Ausstellungen: Rudolf Wachter. Skulpturen und Zeichnungen, Thalheim 2009.

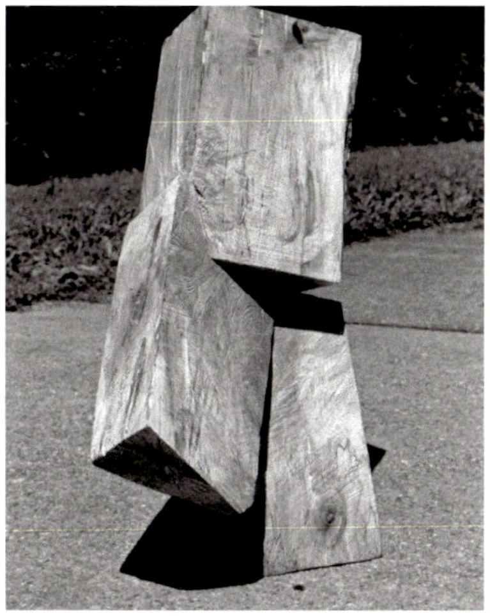

343
Torso
1997
Ahorn, 70 x 50 x 30,
Signiert: R. WACHTER 1997
Sammlung Swiss Life

Ausstellungen: Rudolf Wachter, München 1997.

Literatur: Ausst. Kat. München 1997 I, S. 8, 58, 59.

Zunächst ‚Kopf' betitelt.

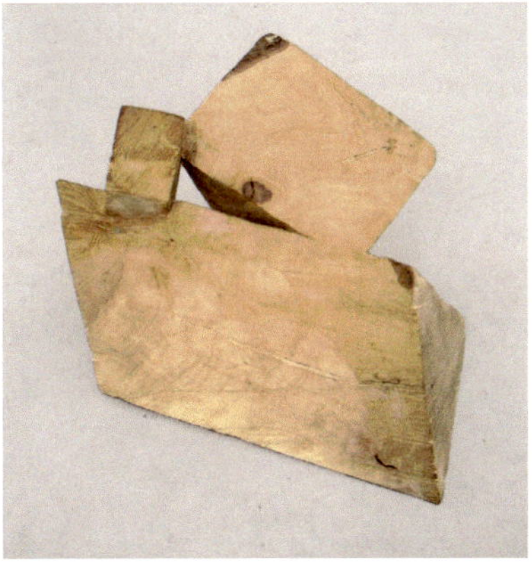

Foto: privat

344
Torso
1997
Birke, 46 x 40 x 28, Signiert:
R. WACHTER © 1997
Privatsammlung

Ausstellungen: Galerie Wohlhüter, Art Karlsruhe 2005. Sommer-Ausstellung Galerie Wohlhüter, Thalheim 2005. Galerie Wohlhüter, Art Karlsruhe 2006. Wachter Holz Skulptur, Schweinfurt 2008.

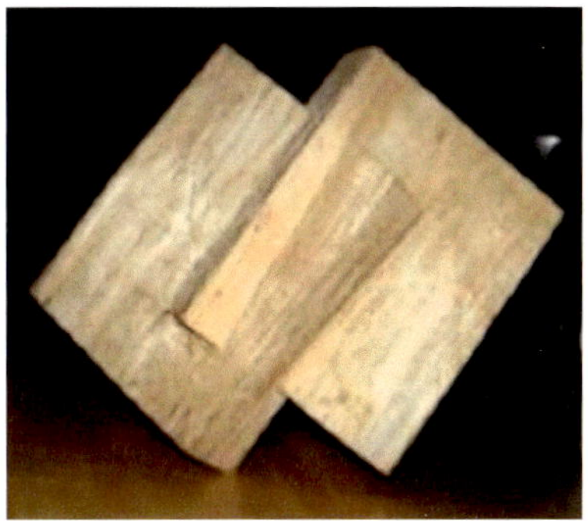

Foto: Wachsmann

345
Kleinskulptur
1997
Zwetschge, 26 x 21 x 22,
Signiert: R. WACHTER 1997 ©
Sammlung: Dr. Hans-Jochen Wachsmann

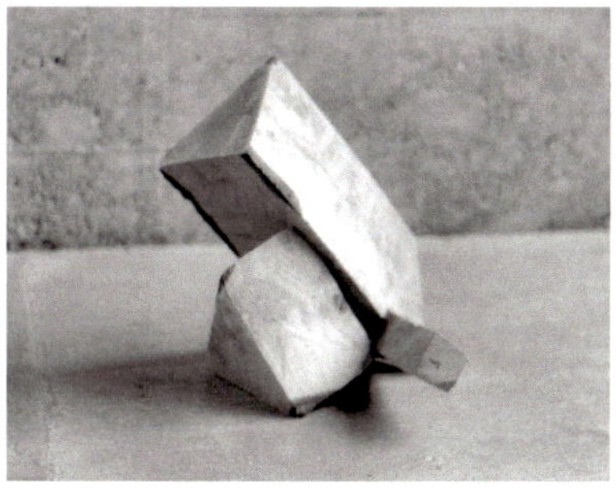

346
Torso
1997/1998
Pappel, 50 x 39 x 42, Unsigniert
Sammlung Wachter

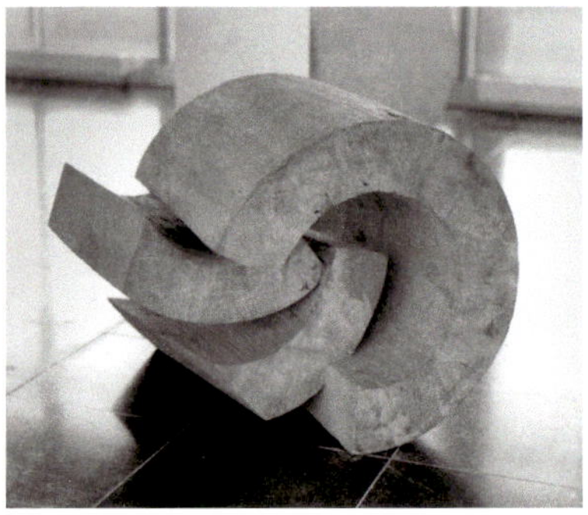

347
Gebrochener Raum
1998
Pappel, 46 x 62 x 50, Signiert:
R. WACHTER 1998
Privatsammlung

Größere Fassung WVZ 313.

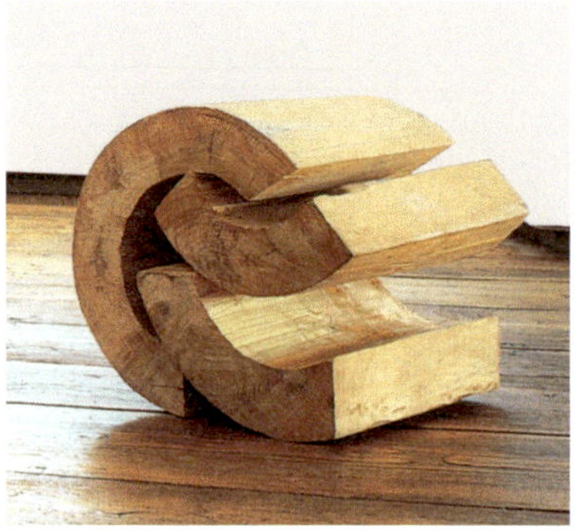

Foto: Ott

348
Gebrochener Raum
1998
Pappel, 47 x 45 x 50, Signiert:
R. WACHTER © 1998 GEBR. RAUM
Sammlung Eva Ott

Ausstellungen: unterHolz – Holz in der Gegenwartskunst, Schloss Achberg 2002.

Literatur: Ausst. Kat. Ravensburg 2002, S. 48, 54.

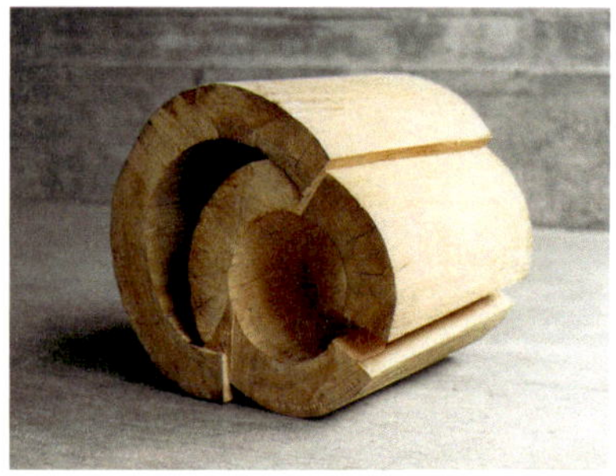

349
Gebrochener Raum X
1998
Pappel, 57 x 66 x 69, Signiert:
R. WACHTER GEBR. RAUM 1998 © X
Sammlung Dr. Adelung

Ausstellungen: Rudolf Wachter. Holzskulptur und Zeichnung, Thalheim 2002. Rudolf Wachter – Aus dem Stamm, München 2003. Galerie Wohlhüter, Kunst Köln 2003 (dort auf dem Cover des Flyers). Galerie Wohlhüter, art bodensee, Dornbirn 2003.

Literatur: Helm 2002, S.24.

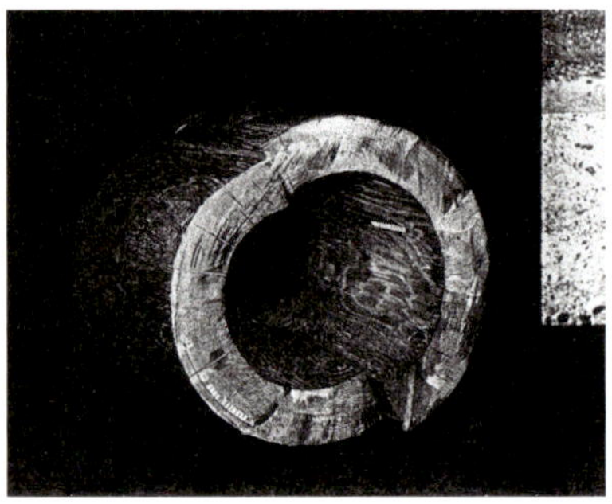

350
Gebrochener Raum XI
1998
Kastanie, 48 x 48 x 52, Signiert:
R. WACHTER GEBR. RAUM XI 98
Privatsammlung

Ausstellungen: Wachter Holz Skulptur, Schweinfurt 2008.

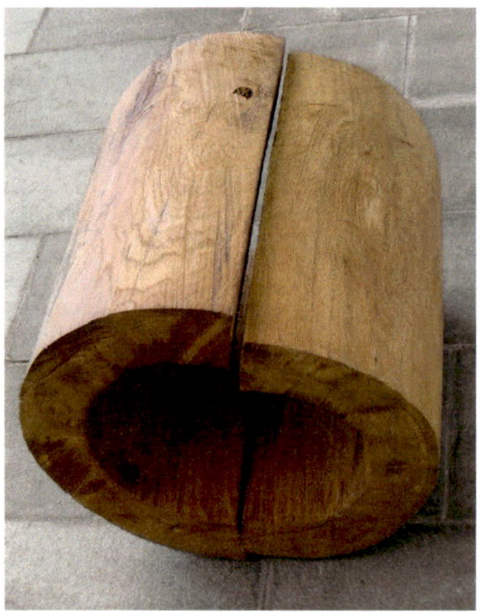

Foto: Albstadt

351
Gebrochener Raum XI
1998
Kastanie, 54 x 51 x 48, Signiert:
R. WACHTER 1998 © XI
Sammlung Albstadt

Ausstellungen: Sommer-Ausstellung Galerie Wohlhüter, Thalheim 2000.

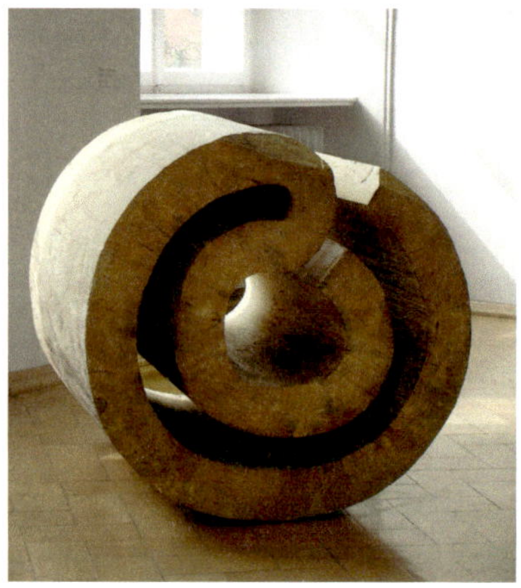

352
Newgrange XXXI
1998
Pappel, 90 x 83 x 83,
Signiert: R. WACHTER 1998 © NG XXXI

Ausstellungen: Rudolf Wachter im Neuen Schloss Kißlegg, seit 2005.

Literatur: Ausst. Kat. Kißlegg 2005, S. 37.

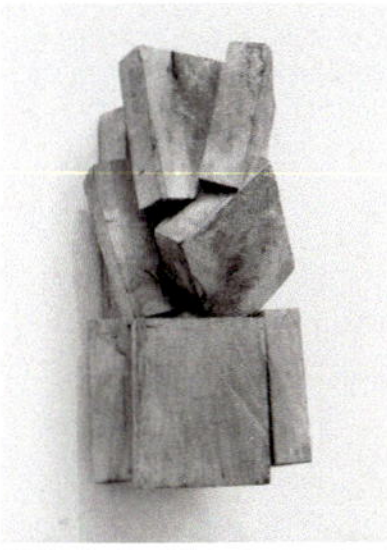

353
Station XII
1998
Schwarzpappel, 140 x 72 x 68, Signiert: R. WACHTER 1998 © STATION XII
Kulturgemeinschaft Neukirch, Schlosskapelle Tettnang

Ausstellungen: Rudolf Wachter. Stationen, Ulm 1997. Rudolf Wachter, Neunkirchen /Saar 1999. Rudolf Wachter Woodhenge, Schwäbisch Gmünd 2000. Rudolf Wachter Woodhenge, München 2001. unterHolz - Holz in der Gegenwartskunst, Schloss Achberg 2002. Rudolf Wachter - Aus dem Stamm, München 2003. Stationen. Monika Huber und Rudolf Wachter. Eine künstlerische Begegnung, Rosenheim und Dachau 2010.

Literatur: Ausst. Kat. Schwäbisch Gmünd 2000, S. 21. Ausst. Kat. München 2001, S. 9, 22. Ausst. Kat. Ravensburg 2002, S. 46, 47. Bayerische Staatsoper 2003, S. 87. Ausst. Kat. München 2003, S. 79. Ausst. Kat. Rosenheim 2010, S. 15.

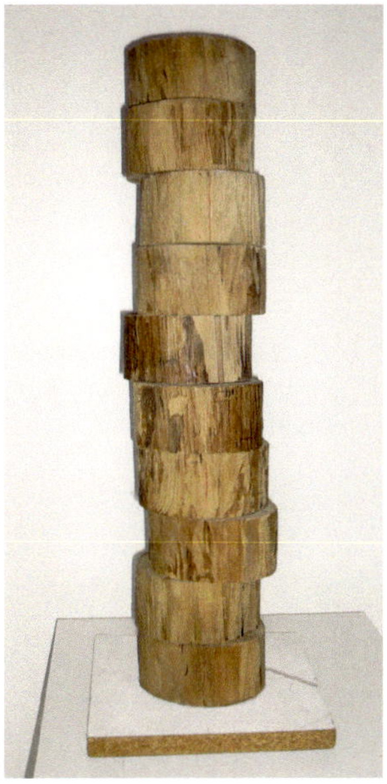

354
Stammskulptur
Um 1998
Pappel, 75,2 x 18 x 17,3
Signiert auf der Trägerplatte: Rudolf Wachter, Bildhauer, B. München 45, Wallnerstr. 9
Stadtmuseum im Schlössle, Weingarten

Modell für große Arbeit im öffentlichen Raum. Nicht ausgeführt.

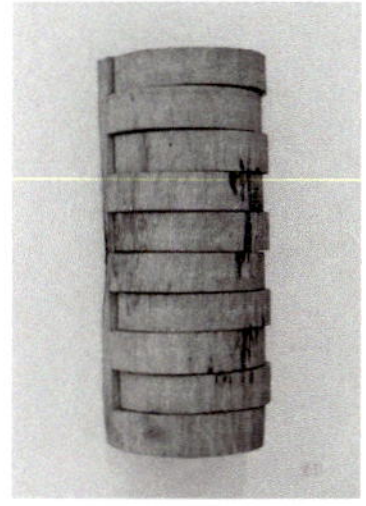

355
Station XIII, geomantische
1998
Pappel, 190 x 70 x 85, Unsigniert
Neues Schloss Kißlegg. Museum Rudolf Wachter

Ausstellungen: Rudolf Wachter. Neuburg an der Donau 1999. Rudolf Wachter Woodhenge, Schwäbisch Gmünd 2000. Rudolf Wachter Woodhenge, München 2001. 50 Jahre Oberschwäbischer Kunstpreis der Jugend, Albstadt, 2003. Rudolf Wachter - Aus dem Stamm, München 2003. Rudolf Wachter im Neuen Schloss Kißlegg, Kißlegg, seit 2005. Stationen. Monika Huber und Rudolf Wachter, Eine künstlerische Begegnung, Rosenheim und Dachau 2010.

Literatur: Ausst. Kat. Neuburg an der Donau 1999, o.S. Ausst. Kat. Schwäbisch Gmünd 2000, S. 29. Ausst. Kat. München 2001, S. 14. Ausst. Kat. Albstadt 2003, S. 29. Ausst. Kat. München 2003, S. 80. Ausst. Kat. Kißlegg 2005, S. 40. Döcker 2007, S. 93. Ausst. Kat. Rosenheim 2010, S. 14.

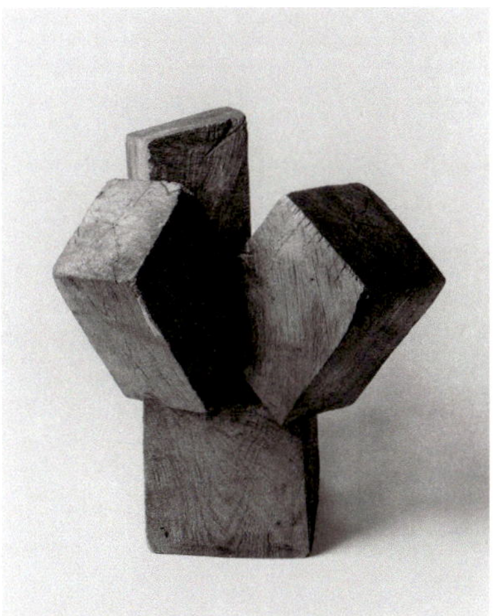

356
Torso
1998
Umbrische Kastanie, 46 x 42 x 36, Unsigniert
Sammlung Wachter

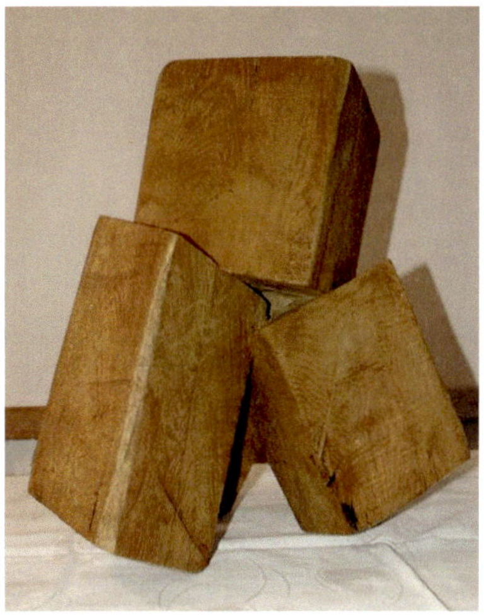

Foto: Sundheimer

357
Torso
1998
Zwetschge, 47 x 34 x 46,
Signiert: R. WACHTER 1998
Sammlung Florian Sundheimer

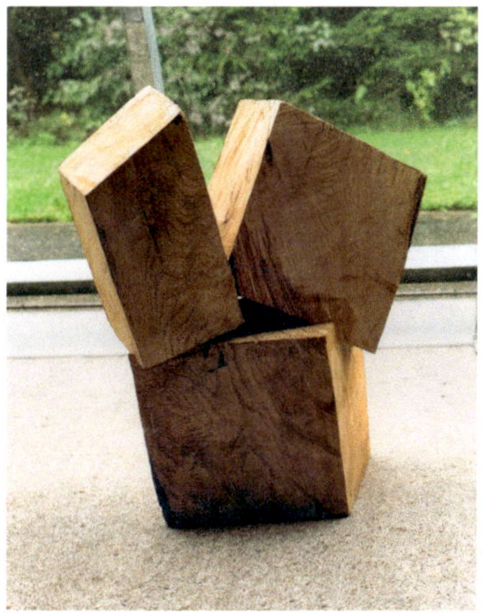

Foto: privat

358
Torso
1998
Pappel, 76 x 90 x 46,
Signiert: R. WACHTER 1998
Privatsammlung

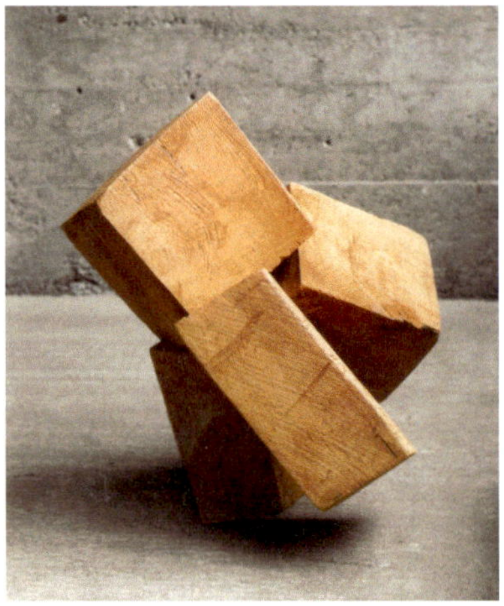

Foto: privat

359
Torso
1998
Pappel, 75 x 60 x 65, Unsigniert
Privatsammlung

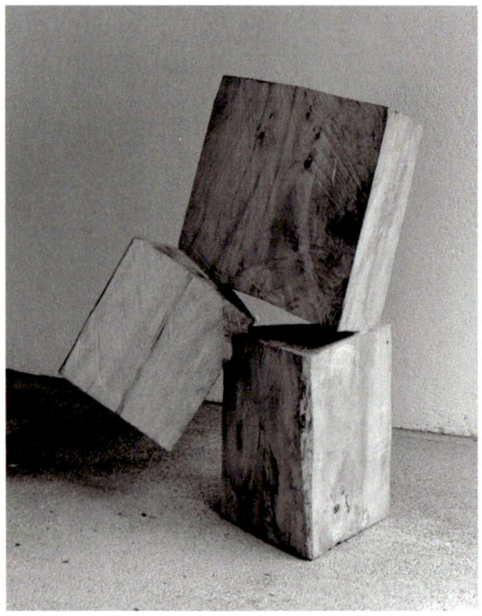

360
Torso
1998
Pappel, 115 x 90 x 80,
Signiert: R. WACHTER 1998 – TORSO
Neues Schloss Kißlegg. Museum Rudolf Wachter

Ausstellungen: Rudolf Wachter Woodhenge, Rudolf Wachter, München 2001. Rudolf Wachter – Aus dem Stamm, München 2003. Rudolf Wachter im Neuen Schloss Kißlegg, Kißlegg seit Mai 2005.

Literatur: Ausst. Kat. München 2001, S. 21. Ausst. Kat. München 2003, S. 26. Ausst. Kat. Kißlegg 2005, S. 31. Ausst. Kat. Osnabrück 2007, S. 201.

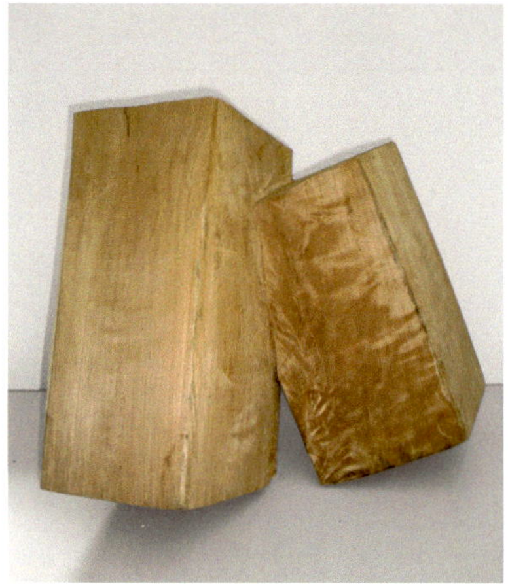

Foto: Faulhammer

361
Torso
1998
Pappel, 40 x 55 x 35, Unsigniert
Galerie im Petrushof, Obermarchtal

Ausstellungen: Rudolf Wachter. Holzskulptur und Zeichnung, Thalheim 2002.

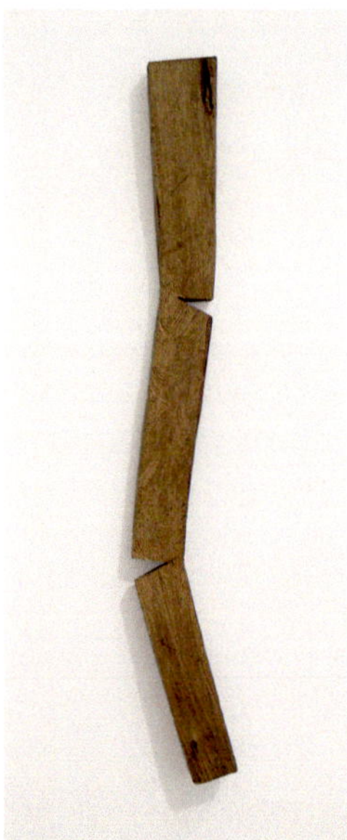

Foto: Werner Wohlhüter

362
Windbruch
1998
Birne, 100 x 10 x 3,
Signiert: R. WACHTER 1998
Wachterblock. Sammlung Gerlinde und Werner Wohlhüter

Ausstellungen: Rudolf Wachter Holzskulptur und Zeichnung, Thalheim 2007. Wachter. Holz. Skulptur, Schweinfurt 2008.

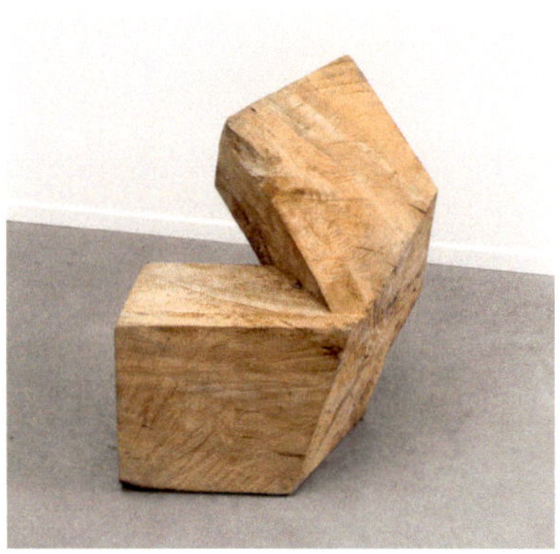

Foto: privat

363
Zwiesel
1998
Pappel, 95 x 45 x 55, Unsigniert
Sammlung Wachter

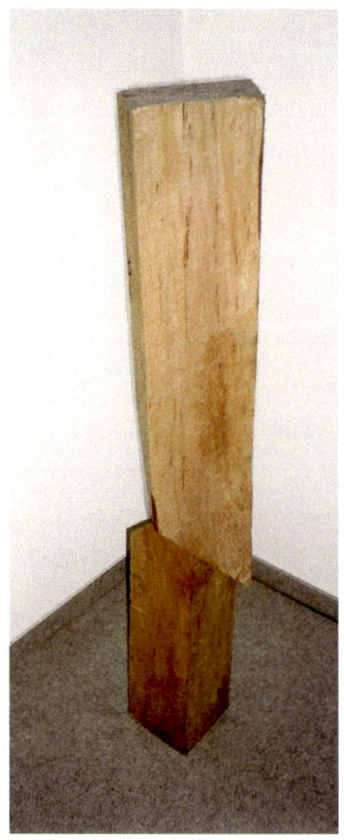

Foto: privat

364
ohne Titel
Um 1998
Pappel, 150 x 30 x 38, Unsigniert
Privatsammlung

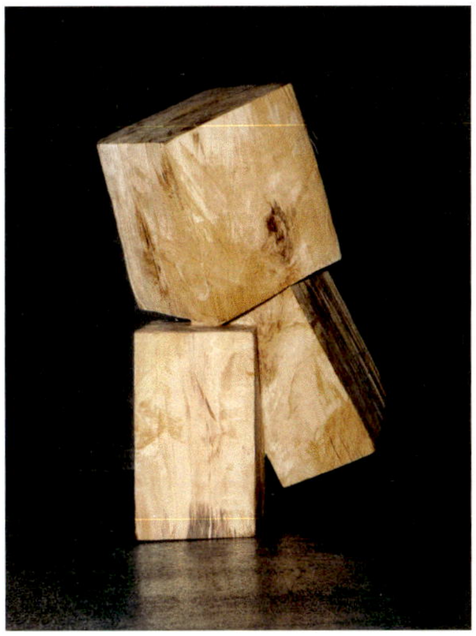

Foto: privat

365
Torso
1998/1999
Pappel, 72 x 60 x 30, Unsigniert
Privatsammlung

Ausstellungen: Rudolf Wachter Woodhenge, Schwäbisch Gmünd 2000.

Literatur: Ausst. Kat. Schwäbisch Gmünd 2000, S. 39.

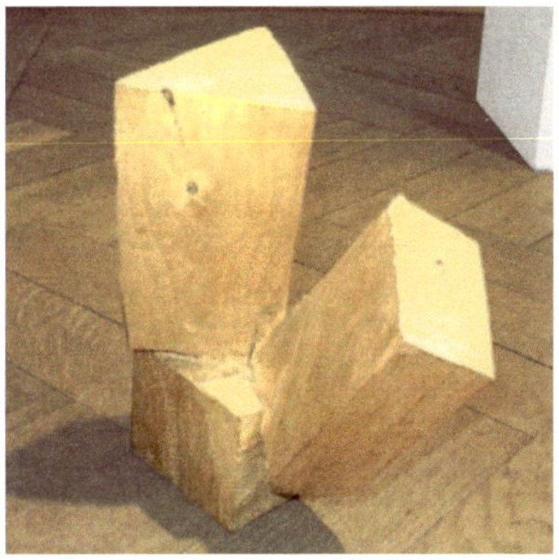

Foto: privat

366
Torso
1999
Pappel, Ca. 55 x 45 x 28,
Signiert: R. WACHTER 1999
Privatsammlung

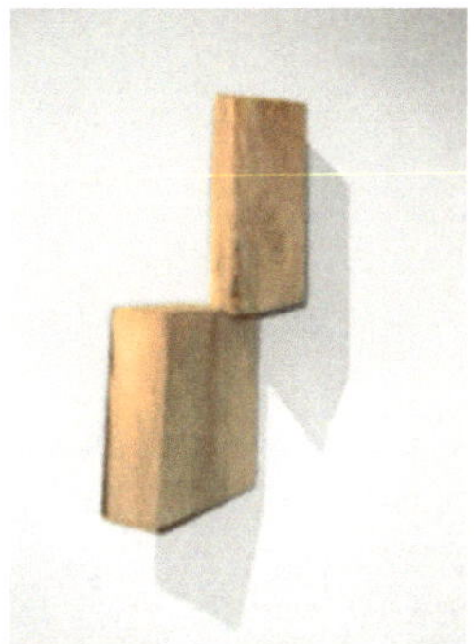

Foto: privat

367
Ohne Titel
1999
Pappel, 55 x 45 x 24, Unsigniert
Privatsammlung

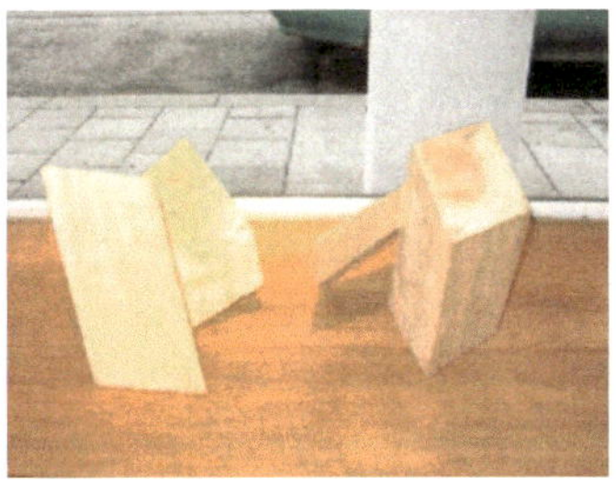

Foto: privat

368
Paraphrase
1999
Pappel, Zweiteilig, je 30 x 32 x 30,
Jeweils signiert: R. WACHTER 1999
Privatsammlung

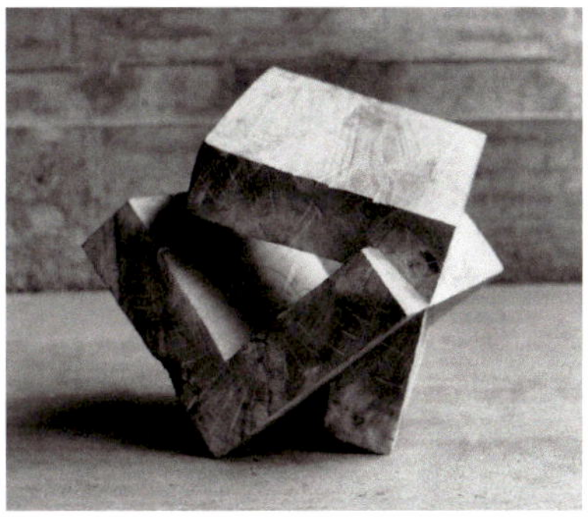

369
Entwicklung einer Kiste
1999
Pappel, 60 x 60 x 60, Signiert:
R. WACHTER © 1999
Privatsammlung

Ausstellungen: Rudolf Wachter Woodhenge, Schwäbisch Gmünd 2000.

Literatur: Ausst. Kat. Schwäbisch Gmünd 2000, S. 23.

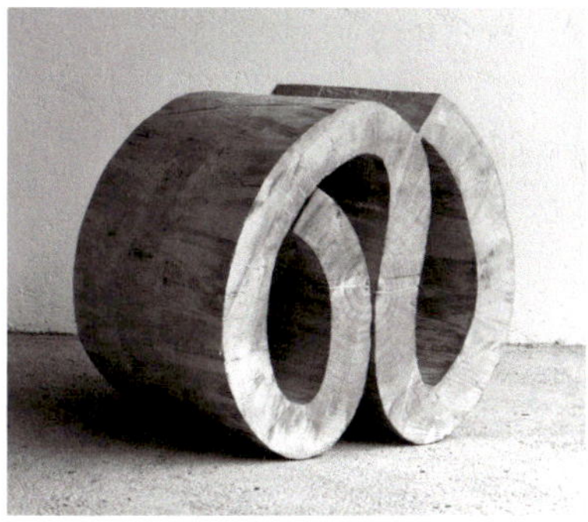

370
Newgrange XXXII, 2
1999
Pappel, 70 x 85 x 85, Signiert:
R. Wachter N.G. XXXII
Zusätzlich gestanzt: FÜR SYBILLE
Sammlung Sybille Wachter

Ausstellungen: Rudolf Wachter, Neuburg an der Donau, 1999. Rudolf Wachter Woodhenge. Schwäbisch Gmünd 2000.

Literatur: Ausst. Kat. Schwäbisch Gmünd 2000, S. 19.

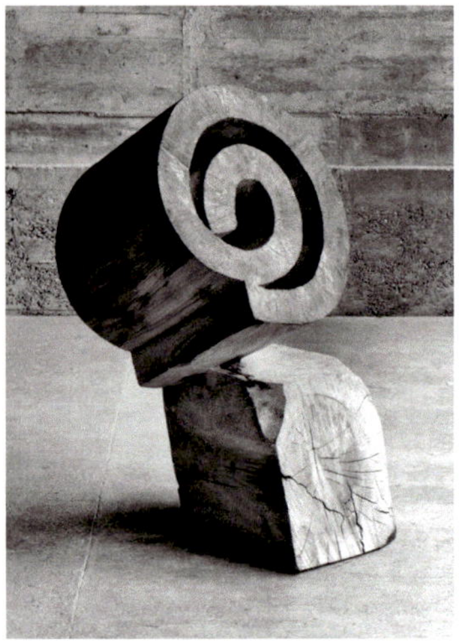

371
Newgrange XXXIII
1999
Pappel, 53 x 108 x 42, Unsigniert
Institutionssammlung

Ausstellungen: Kunstverein Rosenheim Jahres-Ausstellung 1999. Rudolf Wachter, Neunkirchen/Saar 1999. Rudolf Wachter, Neuburg an der Donau, 1999. Rudolf Wachter. Woodhenge, Schwäbisch Gmünd 2000.

Literatur: Ausst. Kat. Neunkirchen (Saar) 1999, o. S. Ausst. Kat. Neuburg an der Donau 1999, o. S. Ausst. Kat. Schwäbisch Gmünd 2000, S. 12.

Zunächst ‚Spirale am Ast' betitelt.

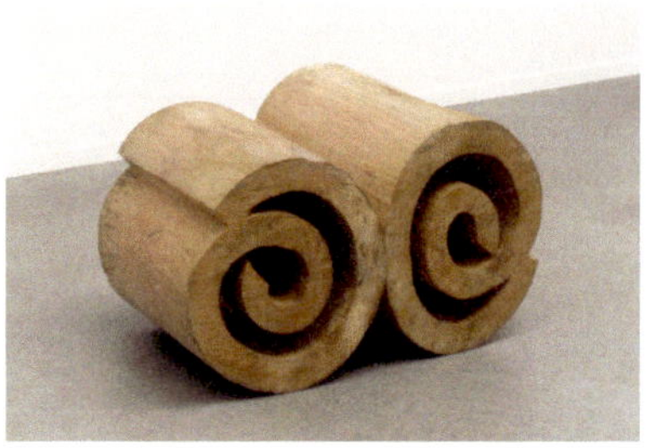

372
Newgrange XXXIIII
1999
Pappel, 50 x 86 x 51, Signiert:
R. WACHTER1999 NG XXXIIII
Sammlung Ursula Wachter und Dr. Karl-Klaus Madert

Ausstellungen: Rudolf Wachter, Neunkirchen / Saar 1999. Rudolf Wachter. Woodhenge, Schwäbisch Gmünd 2000. Rudolf Wachter. Holzskulpturen und Zeichnungen, Thalheim, 1988. Rudolf Wachter, Neuburg an der Donau 1999.

Literatur: Ausst. Kat. Schwäbisch Gmünd 2000. S. 20, Ausst. Kat. Neuburg an der Donau 1999, o.S.

Hochzeitsgeschenk an Tochter Ursula am 11.09.2004. Daher die Dopplung des Spiralenmotivs.

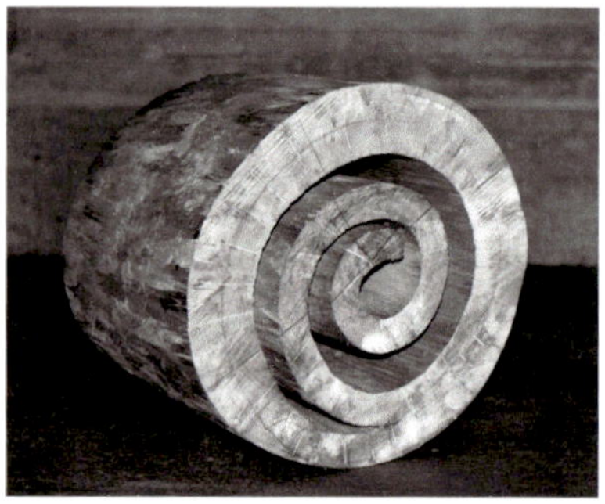

373
Newgrange XXXIV
1999
Pappel, 66 x 71 x 71, Signiert:
R. WACHTER 1999 © NG XXXIV
Neues Schloss Kißlegg. Museum Rudolf Wachter

Ausstellungen: Rudolf Wachter im Neuen Schloss Kißlegg, seit 2005.

Literatur: Ausst. Kat. Kißlegg 2005, S. 18.

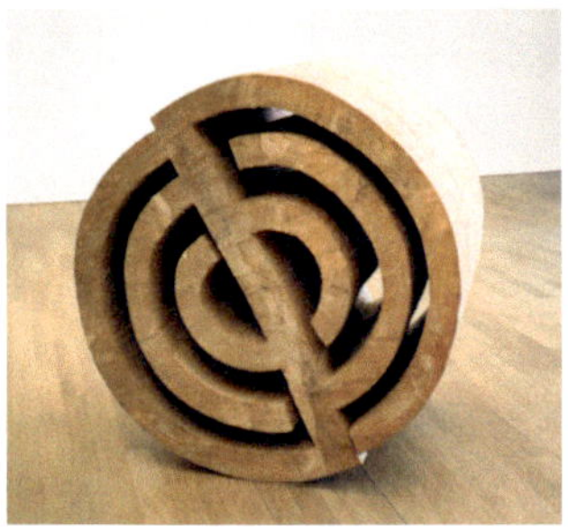

Foto: S. Weinmayr

374
Newgrange XXXIV
1999
Pappel, 95 x 130 x 140, Signiert:
R. WACHTER 1999 XXVI
Neues Schloss Kißlegg. Museum Rudolf Wachter

Ausstellungen: Skulpturenpark Ismaning 2000. Rudolf Wachter. Woodhenge, Schwäbisch Gmünd 2000. Kunstverein Rosenheim Jahres-Ausstellung 2001. Rudolf Wachter. Woodhenge, München 2001. Rudolf Wachter – Aus dem Stamm, München 2003. Art Karlsruhe 2005, Galerie Wohlhüter. Rudolf Wachter im Neuen Schloss Kißlegg, seit Mai 2005.

Literatur: Ausst. Kat. Ismaning 2000, S. 88 Ausst. Kat. Schwäbisch Gmünd 2000, S. 25, 55. Ausst. Kat. Rosenheim 2001 o.S. Ausst. Kat. München 2001, S. 13, 19, 25. Ausst. Kat. München 2003, S. 81. Ausst. Kat. Karlsruhe 2005, S. 333. Ausst. Kat. Kißlegg 2005, S. 37.

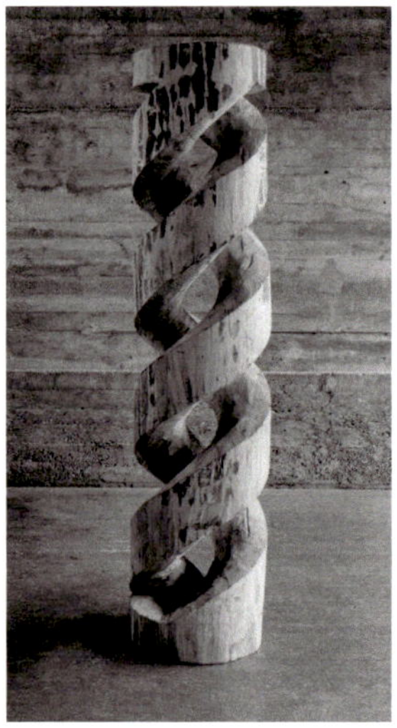

375
Newgrange XXXIX
1999
Pappel, 175 x 40 x 40, Unsigniert
Neues Schloss Kißlegg. Museum Rudolf Wachter

Ausstellungen: Rudolf Wachter. Woodhenge, Schwäbisch Gmünd 2000, S. 16. Rudolf Wachter im Neuen Schloss Kißlegg, Kißlegg, seit Mai 2005.

Literatur: Ausst. Kat. Neuburg an der Donau 1999, o.S. Ausst. Kat. Schwäbisch Gmünd 2000, S. 16.

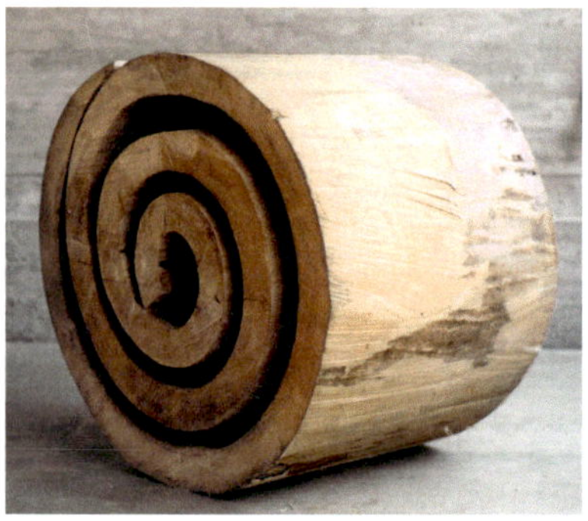

376
Newgrange XXXVIII
1999
Pappel, 95 x 120 x 120, Signiert:
R. WACHTER 1998 © XXXVIII
Neues Schloss Kißlegg. Museum Rudolf Wachter

Ausstellungen: Rudolf Wachter. Woodhenge, Schwäbisch Gmünd 2000. Rudolf Wachter. Woodhenge, München 2001. Rudolf Wachter – Aus dem Stamm, München 2003. Rudolf Wachter Stammskulpturen, Passau 2004 (dort im Flyer abgebildet). Rudolf Wachter im Neuen Schloss Kißlegg, seit 2005.

Literatur: Ausst. Kat. Schwäbisch Gmünd 2000, S. 4. Ausst. Kat. München 2001, S. 13, 19. Ausst. Kat. Fürstenfeldbruck 2001, S. 21. Ausst. Kat. München 2003, S. 82. Ausst. Kat. Kißlegg 2005, S. 30.

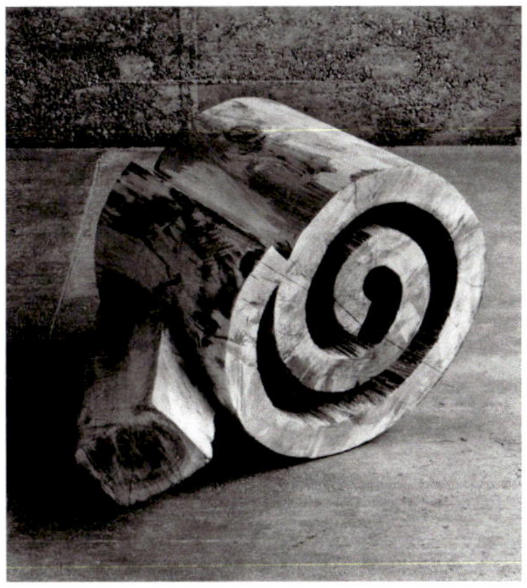

377
Newgrange XXXVIII mit Ast
1999
Pappel, 53 x 90 x 80, Signiert:
R. WACHTER NG XXXVIII
Privatsammlung

Ausstellungen: Rudolf Wachter. Woodhenge, Schwäbisch Gmünd 2000. Wachter Holz Skulptur, Schweinfurt, 2008.

Literatur: Ausst. Kat. Schwäbisch Gmünd 2000, S. 27. Ausst. Kat. Albstadt 2003, S. 29. Bayerische Staatsoper 2003, S. 86-94. Ausst. Kat. Schweinfurt 2008, S. 19.

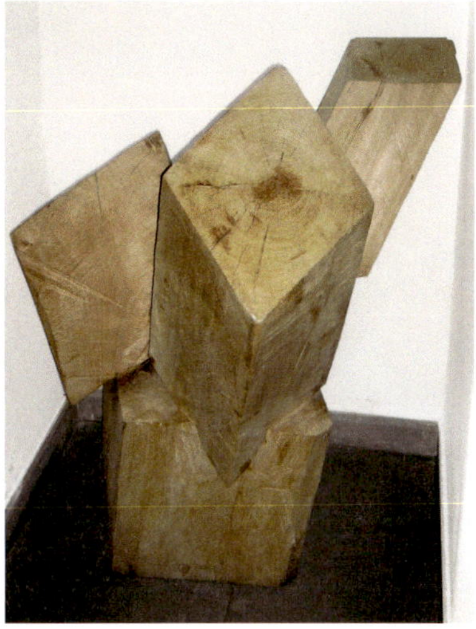

Foto: privat

378
ohne Titel
1999
Pappel, 98,5 x 81 x 70
Signiert: R. WACHTER 1999
Privatsammlung, als Dauerleihgabe Stadtmuseum im Schlössle, Weingarten

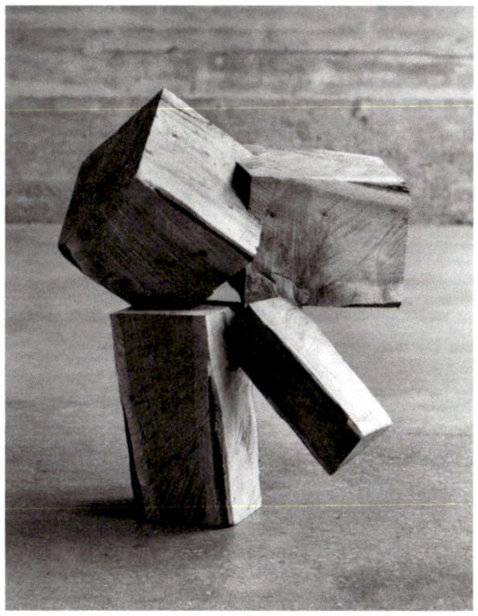

379
Torso
1999
Weide, 45 x 80 x 50, Unsigniert

Ausstellungen: Rudolf Wachter, Neuburg an der Donau 1999. Rudolf Wachter. Woodhenge, Schwäbisch Gmünd 2000.

Literatur: Ausst. Kat.Schwäbisch Gmünd 2000, S. 18.

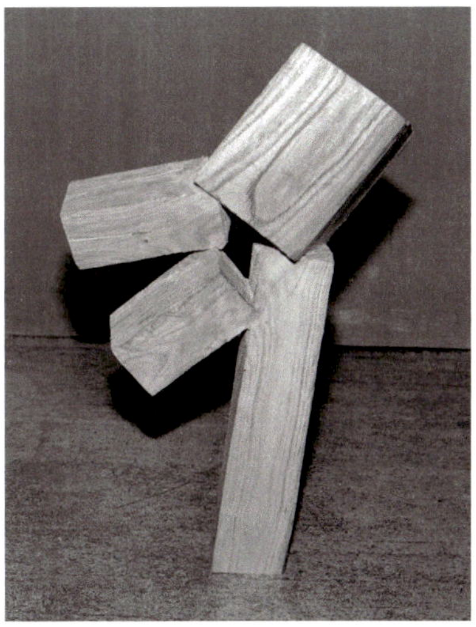

380
Torso
1999
Esche, 80 x 40 x 24, Unsigniert
Privatsammlung

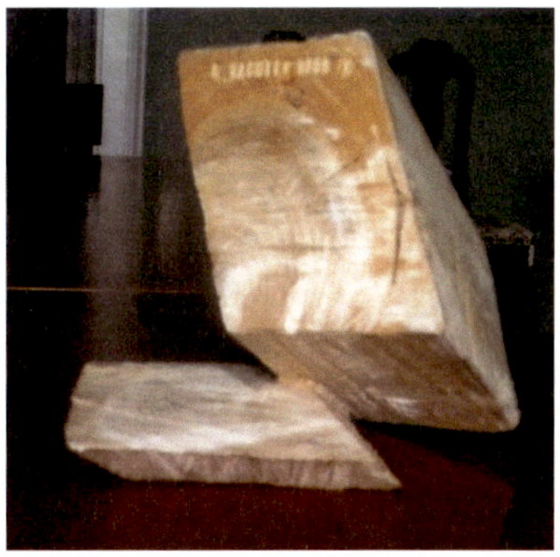

Foto: privat

381
Torso
1999
Pappel, 28 x 26,5 x 30, Unsigniert
Sammlung Dr. Johann Georg Prinz von Hohenzollern

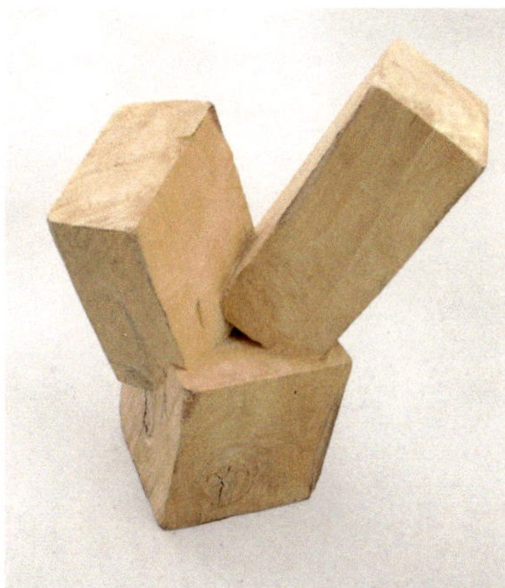

Foto: Lutz

382
Torso
1999
Pappel, 50 x 44 x 21, Signiert:
R. WACHTER 1999
Sammlung Lutz

Ausstellungen: Rudolf Wachter. Holzskulptur und Zeichnung, Thalheim 2002. Galerie Wohlhüter. Art Karlsruhe 2004. Kunst Köln, Galerie Wohlhüter, 2003. Wachter Holz Skulptur, Schweinfurt 2008.

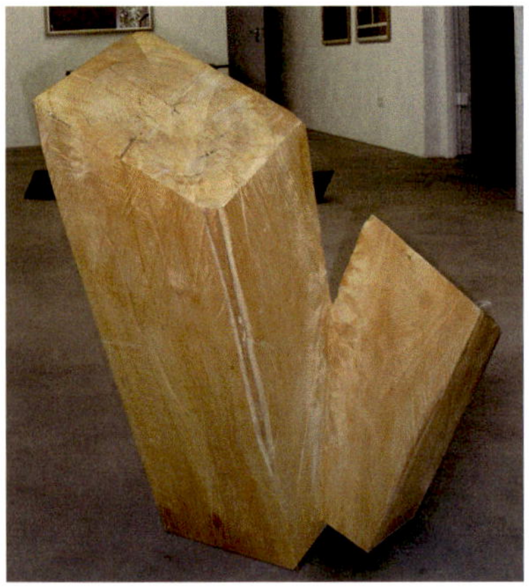

Foto: Faulhammer

383
Torso
1999
Pappel, 76 x 83 x 40, Unsigniert
Galerie im Petrushof, Obermarchtal

Ausstellungen: Rudolf Wachter. Holzskulptur und Zeichnung, Thalheim 2002.

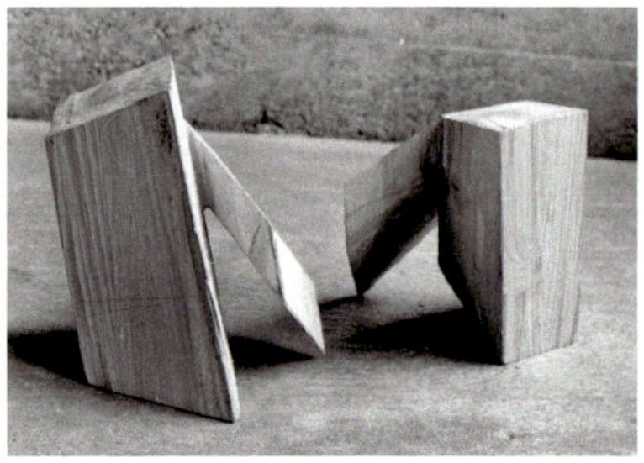

384
Zwei Paraphrasen
1999
Pappel
Zweiteilig, 30 x 20 x 15, 26 x 18 x 15,
Signiert: R. WACHTER © 2000
Privatsammlung

Literatur: Ausst. Kat. Schwäbisch Gmünd 2000, S. 52.

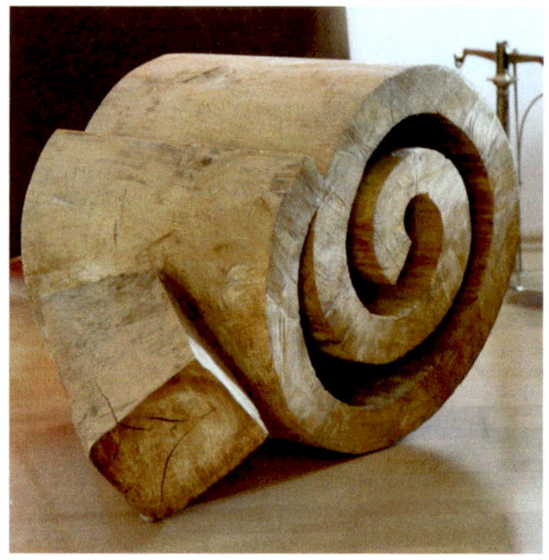

Foto: Wachsmann

385
Newgrange XXXV
1999
Pappel, 61 x 55 x 89,
Signiert: R. WACHTER © NG XXXV
Sammlung: Dr. Hans-Jochen Wachsmann

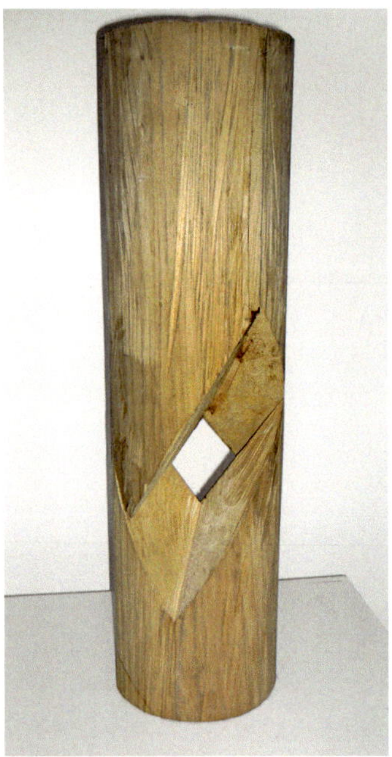

386
Stammskulptur
Um 2000
Holz, 64,5 x 16,8 x 17,6
Signiert: R. WACHTER
Stadtmuseum im Schlössle, Weingarten

Modell für große Arbeit im öffentlichen Raum. So nicht ausgeführt.

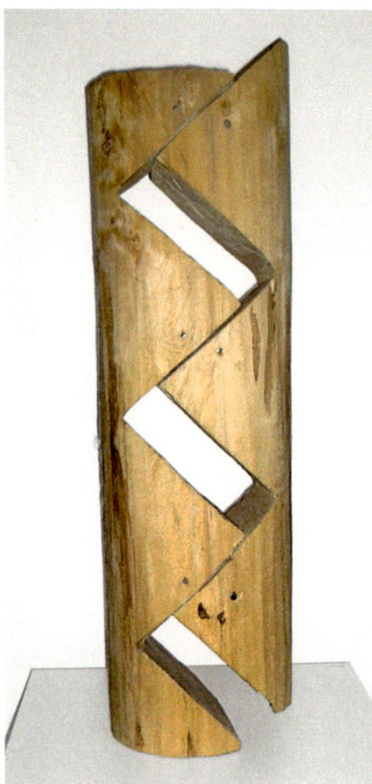

387
Stammskulptur
Um 2000
Holz, 83,4 x 22 x 19,2
Stadtmuseum im Schlössle, Weingarten

Modell für große Arbeit im öffentlichen Raum. So nicht ausgeführt.

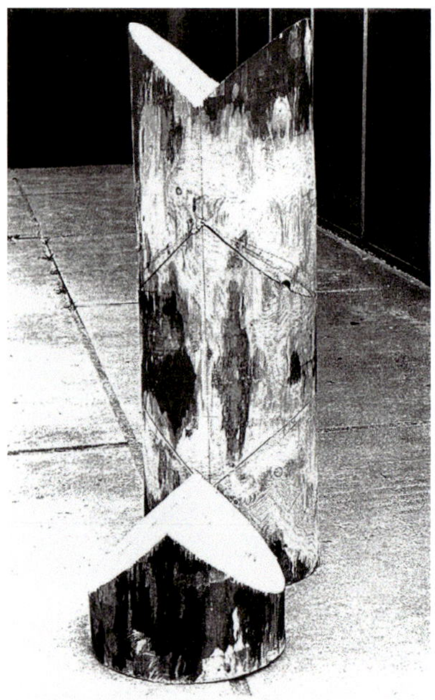

388
Stamm
Um 2000
Fichte, Maße unbekannt, Unsigniert
Privatsammlung

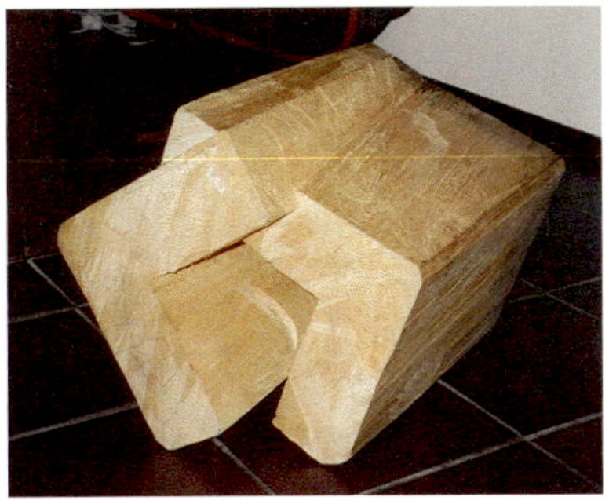

Foto: privat

389
Entwicklung einer Kiste
2000
Pappel, 38 x 46 x 38, Signiert:
R. WACHTER © 2000
Privatsammlung

Ausstellungen: Rudolf Wachter. Holzskulptur und Zeichnung, 2002.

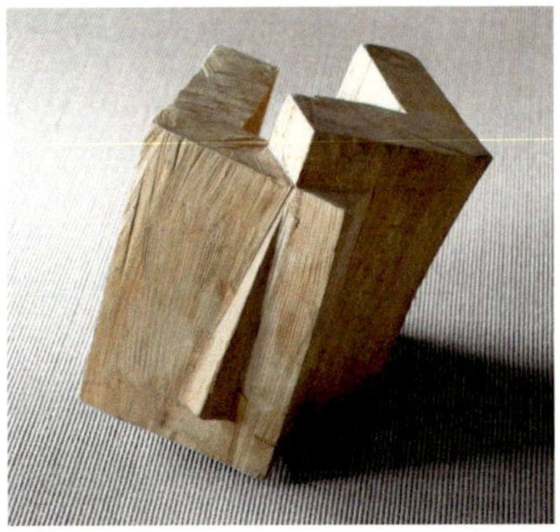

Foto: privat

390
Entwicklung einer Kiste
2000
Pappel, 53 x 40 x 40,
Signiert: R. WACHTER © 2000
Privatsammlung

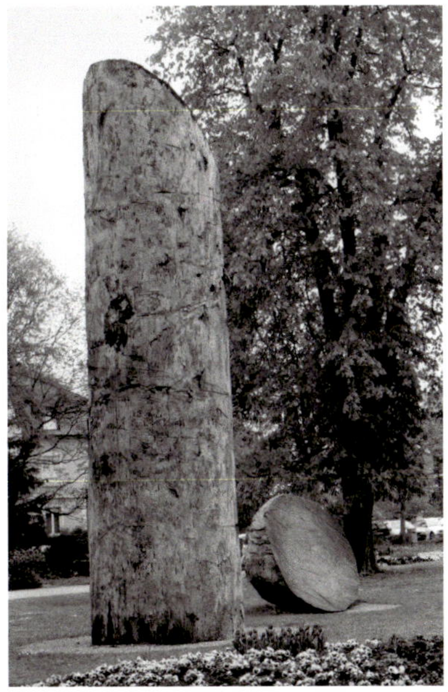

391
Geköpft
2000
Kambala, Zweiteilig,
800 x 200 x 200,
200 x 200 x 130
Stadt Weingarten

Literatur: Döcker 2007, S. 89.

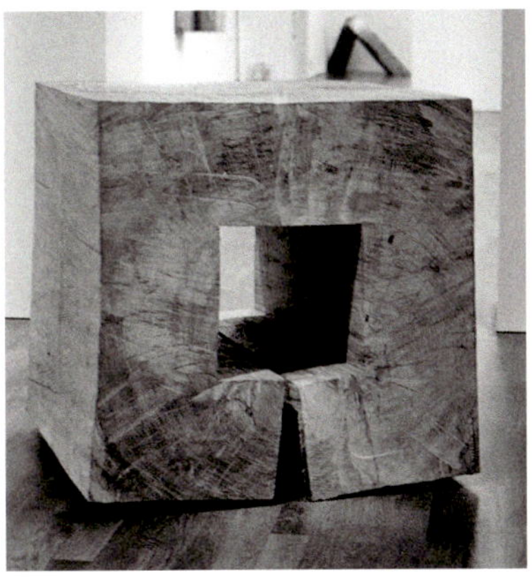

392
Mensa
2000
Pappel, 97 x 97 x 97, Signiert:
R. WACHTER © 2000
Evangelische Kirchengemeinde St. Lukas, Augsburg

Ausstellungen: Rudolf Wachter. Aus dem Stamm, München 2003 (auch im Flyer der Ausstellungen abgebildet). Rudolf Wachter. Skulpturen und Zeichnungen, Kardinal Wendel Haus, München 2008.

Literatur: Bayerische Staatsoper 2003, S. 86–94. Ausst. Kat. München 2003, S. 67. Lichtenstern 2004 I, S. 264. Ausst. Kat. München 2010, S. 19. Hübner/ Braun 2010, S. 91.

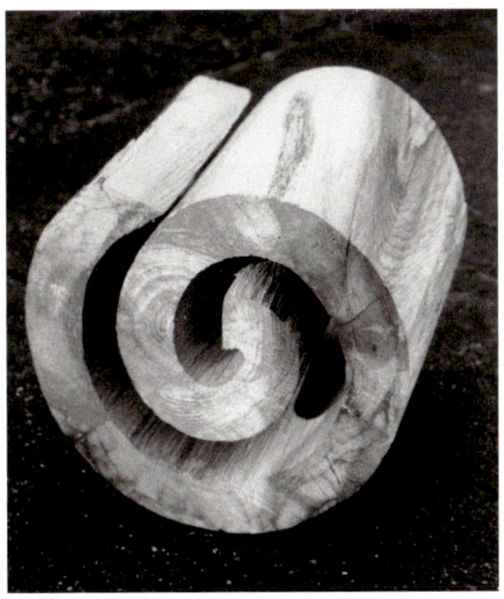

393
Newgrange 43
2000
Kastanie, 80 x 60 x 60, Unsigniert
Sammlung Fritz Dettenhofer

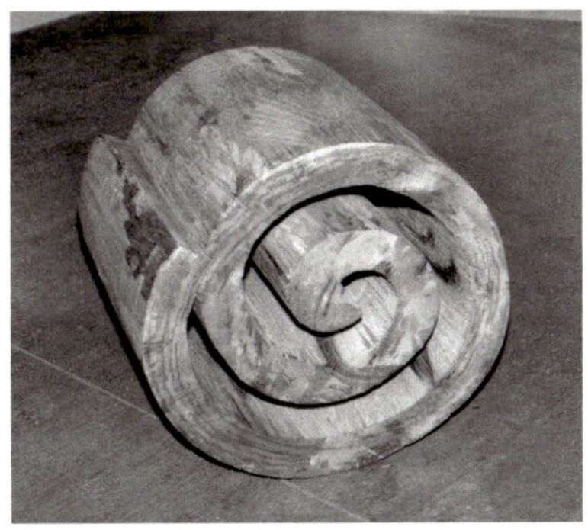

394
Newgrange XXVIII
2000
Kastanie, Maße unbekannt, Signiert:
R. WACHTER NG XXVIII
Privatsammlung

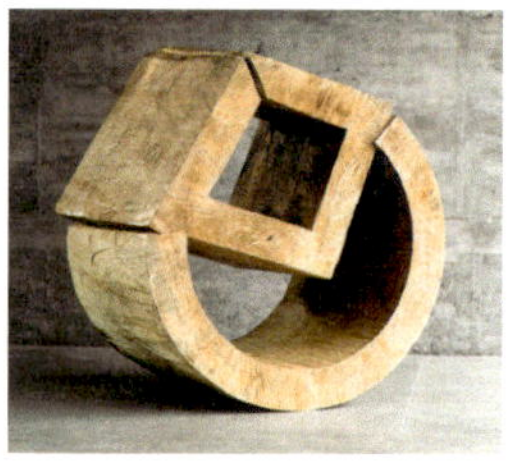

395
Newgrange XXXX
2000
Pappel, 90 x 150 x 135,
Signiert: R. WACHTER © NG XXXX 2000
Neues Schloss Kißlegg. Museum Rudolf Wachter

Ausstellungen: Rudolf Wachter. Woodhenge, Schwäbisch Gmünd 2000. Rudolf Wachter Woodhenge, München 2001. Kunstverein Rosenheim Jahres-Ausstellung 2002. Rudolf Wachter – Aus dem Stamm, München 2003. Rudolf Wachter. Stammskulpturen, Passau 2004. Große Kunst-Ausstellung München 2005. Rudolf Wachter im Neuen Schloss Kißlegg, seit 2005. Rudolf Wachter. Zeichnung und Objekt, Freising 2011.

Literatur: Ausst. Kat. Schwäbisch Gmünd 2000, S. 7. Ausst. Kat. München 2001, S. 13, 19, 25. Ausst. Kat. Rosenheim 2002, o.S. Ausst. Kat. München 2003, S. 85. Bayerische Staatsoper 2003, S. 86–94. Ausst. Kat. Albstadt 2003, S. 29. Ausst. Kat. München 2005, S. 86 (ohne Abb.). Ausst. Kat. Kißlegg 2005, S. 28.

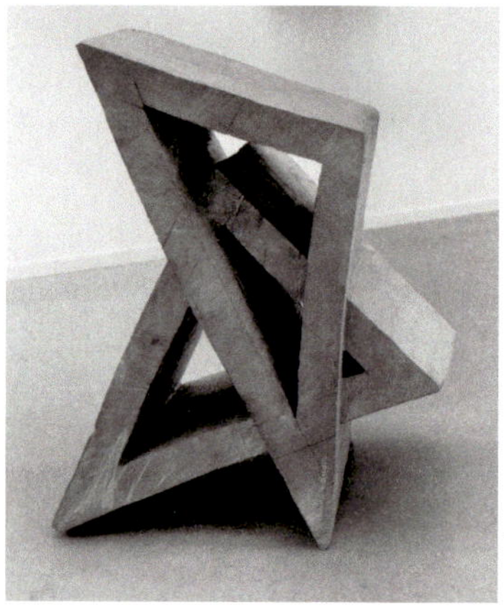

Foto: privat

396
Newgrange XXXXI
2000
Pappel, 90 x 80 x 110,
Signiert: R. WACHTER, N.G. XXXXI
Privatsammlung

Ausstellungen: Rudolf Wachter. Woodhenge, Schwäbisch Gmünd 2000. Rudolf Wachter Woodhenge, München 2001 (dort auch auf dem Cover der Einladungskarte). Malerei. Grafik. Plastik, Pfarrkirchen 2002 (dort auch im Flyer). Stathmoi-Stationen. Rudolf Wachter und Monika Huber, Athen 2011.

Literatur: Ausst. Kat. Schwäbisch Gmünd 2000, S. 35. Ausst. Kat. München 2001, S. 9, 11, 19, 23 (dort auch auf dem Cover der Einladungskarte). Ausst. Kat. Athen 2011, S. 41, 44.

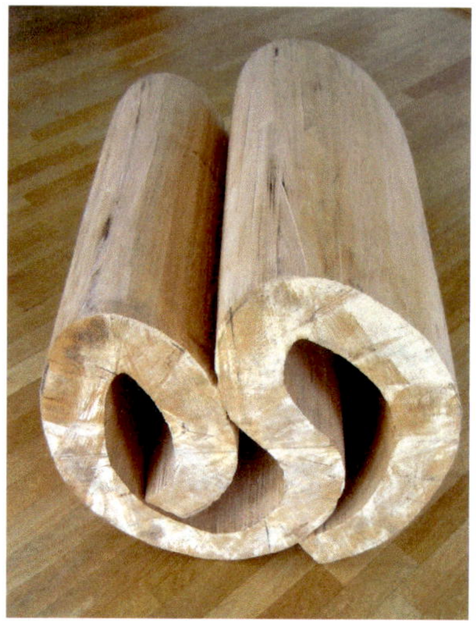

Foto: privat

397
Newgrange XXXXII
2000
Pappel, 68 x 70 x 63, Signiert:
R. WACHTER 2000 NG XXXXII
Privatsammlung

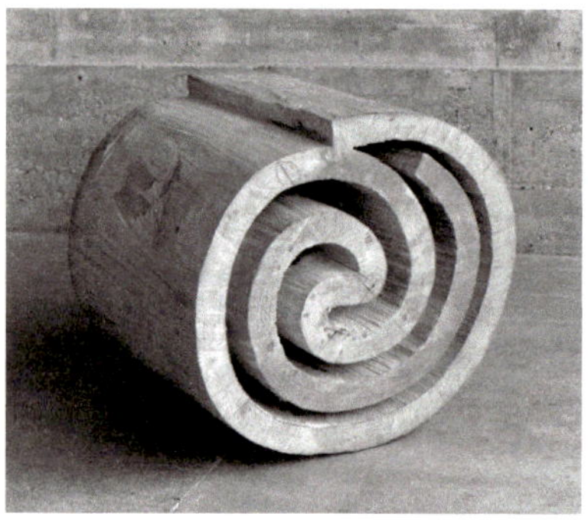

398
Newgrange XXXXIV
2000
Pappel, 65 x 75 x 69, Unsigniert
Benediktinerinnenabtei St. Erentraud, Kellenried

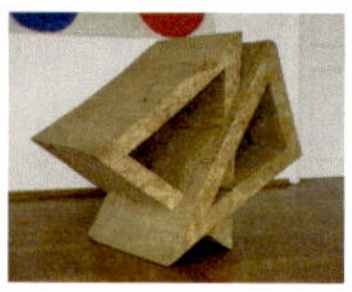

399
Newgrange XXXXV
2000
Pappel, 102 x 135 x 150,
Signiert: NEW GRANGE © 2000 XXXXV
Neues Schloss Kißlegg. Museum Rudolf Wachter

Ausstellungen: Rudolf Wachter Woodhenge, Schwäbisch Gmünd 2000. Rudolf Wachter Woodhenge, München 2001. Rudolf Wachter – Aus dem Stamm, München 2003. Rudolf Wachter im Neuen Schloss Kißlegg, Kißlegg, seit Mai 2005. Wachter. Holz. Skulptur, Schweinfurt 2008. Raum Schnitte. Rudolf Wachter in St. Paul, München 2010. Stathmoi-Stationen. Rudolf Wachter und Monika Huber, Athen 2011. Rudolf Wachter. Zeichnung und Objekt, Freising, 2011.

Literatur: Ausst. Kat. Schwäbisch Gmünd 2000, Abb. 11. Ausst. Kat. München 2001, Abb. 9, 11, 19, 23. Woodhenge – Holzskulpturen von Rudolf Wachter, München 2001, Abb. Einladung. Ausst. Kat. München 2003, Abb. 87. Lichtenstern 2004 I, 257–270, Abb. 263. Ausst. Kat. Kißlegg 2005, Abb. S. 46. Ausst. Kat. Schweinfurt 2008, S. 24/25. Ausst. Kat. München 2010, Abb. 48.

In der Literatur teils anders datiert, Datierung aber durch die Signatur gesichert.

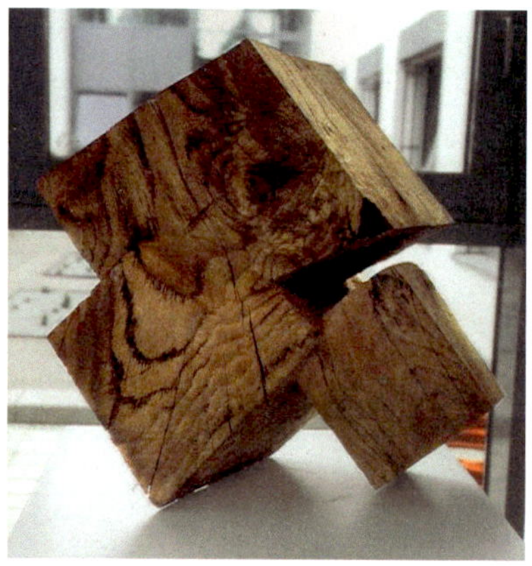

Foto: S. Weinmayr

400
ohne Titel
2000
Umbrische Eiche, 43 x 43 x 43, Unsigniert
Bayerische Treuhandgesellschaft AG, Regensburg

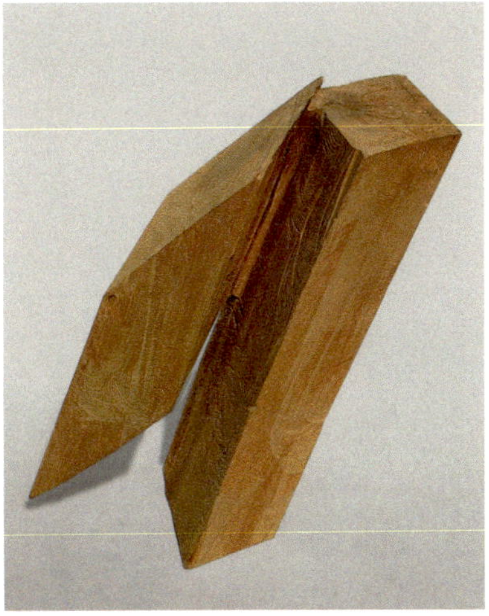

Foto: privat

401
Omaggio a Piero
2000
Apfel, 37 x 20 x 15, Signiert:
R. WACHTER © 2000
Privatsammlung
Ausstellungen: Galerie Wohlhüter, ART Karlsruhe 2004.

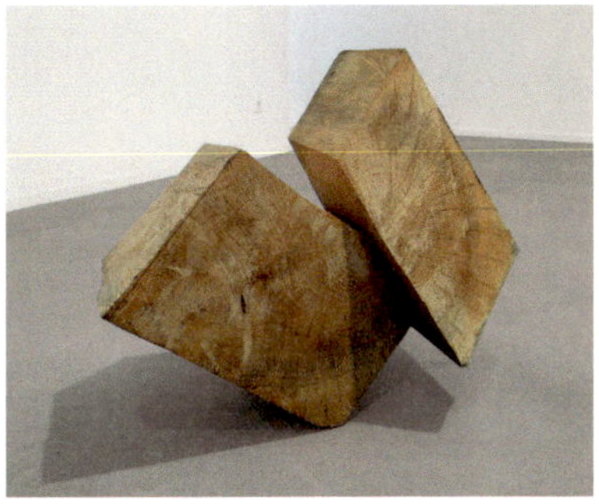

Foto: privat

402
Omaggio a Piero
Um 2000
Pappel, 65 x 60 x 55, Unsigniert
Privatsammlung
Ausstellungen: Wachter Holz Skulptur, Schweinfurt 2008.

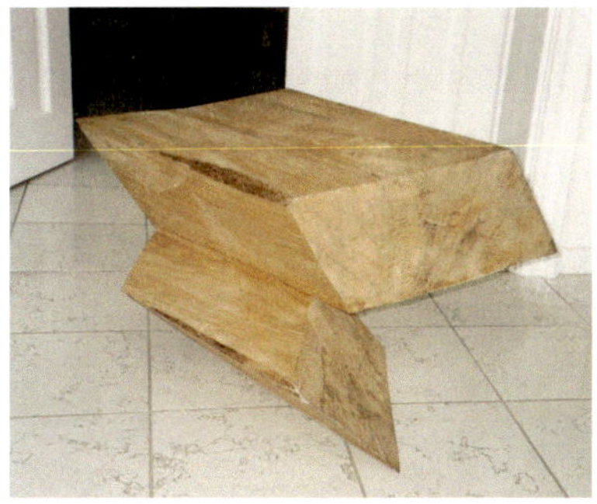

Foto: Drescher

403
Omaggio a Piero I
Um 2000
Schwarzpappel, 70 x 60 x 43,
Signiert: R. WACHTER FÜR PIERO I
Sammlung Drescher
Ausstellungen: Rudolf Wachter. Holzskulpturen und Zeichnungen, Thalheim 2003.

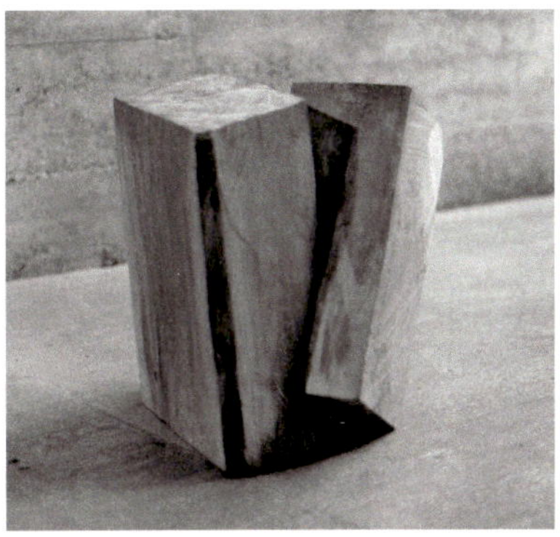

404
Omaggio a Piero
2000
Weide, Signiert: R. WACHTER © 2000
Privatsammlung

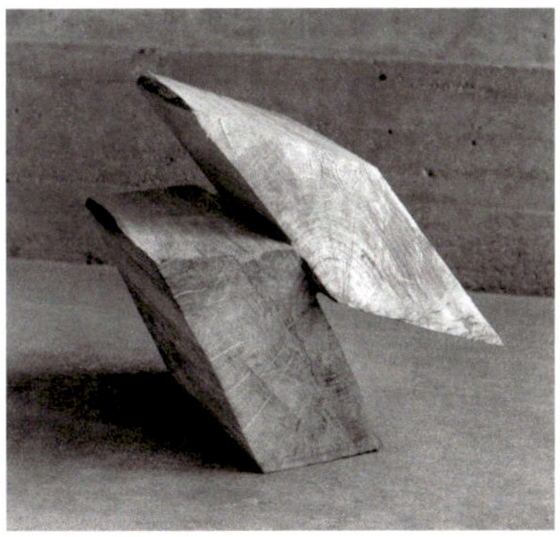

405
Omaggio a Piero
2000
Pappel, 50 x 60 x 55, Signiert:
R. WACHTER © 2000 AL PIERO
Privatsammlung

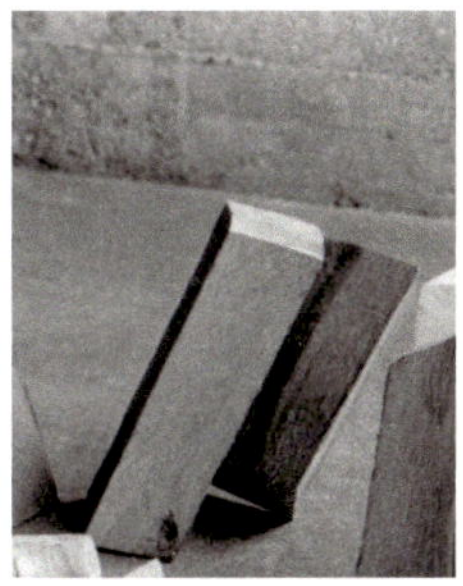

406
Omaggio a Piero
2000
Apfel, 27,5 x 23,5 x 20,5
Signiert: R. WACHTER © 2000
Privatsammlung

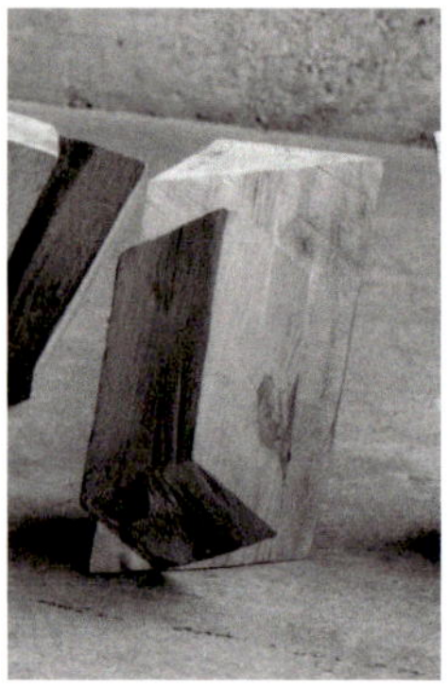

407
Omaggio a Piero
2000
Apfel, 27,5 x 23,5 x 20,5
Signiert: R. WACHTER © 2000.
Privatsammlung

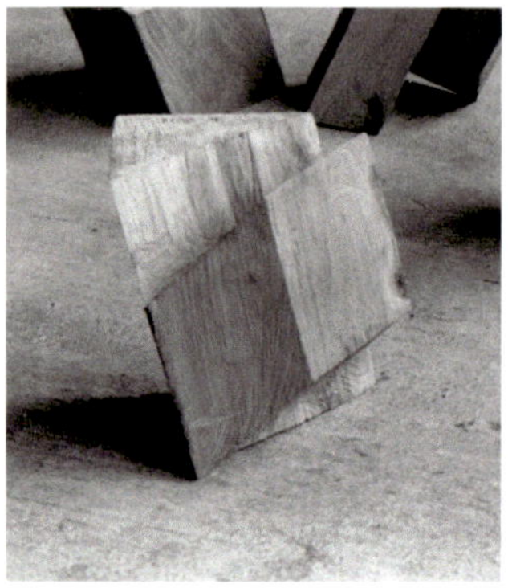

408
Omaggio a Piero 01
2000
Apfel, 27,5 x 20,5 x 23,5
Signiert: R. WACHTER © 2000.
Privatsammlung

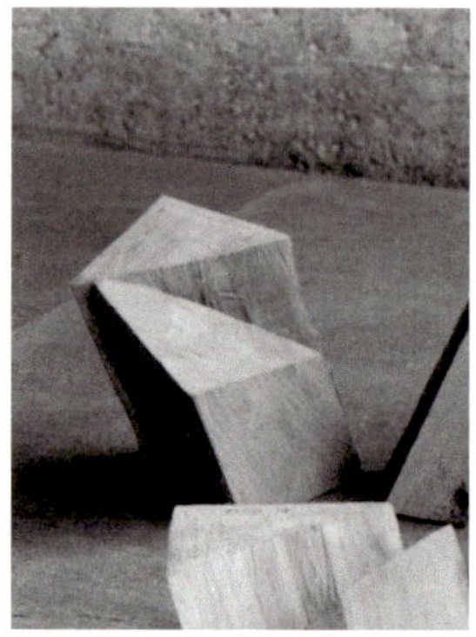

409
Omaggio a Piero 02
2000
Apfel, 27,5 x 20,5 x 23,5
Signiert: R. WACHTER © 2000.
Privatsammlung

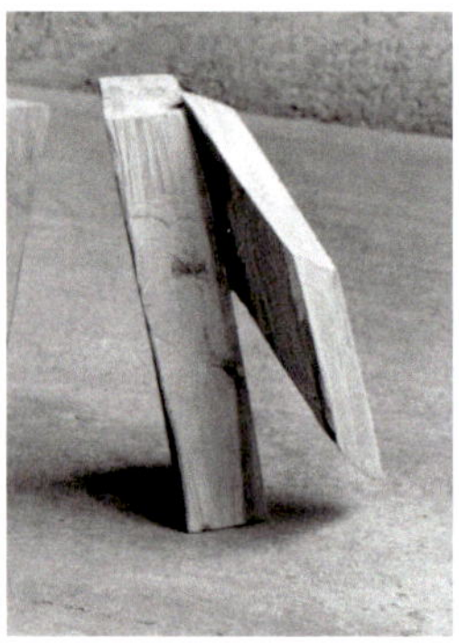

410
Omaggio a Piero 05
2000
Apfel, 27,5 x 23,5 x 20,5
Signiert: R. WACHTER © 2000.
Privatsammlung

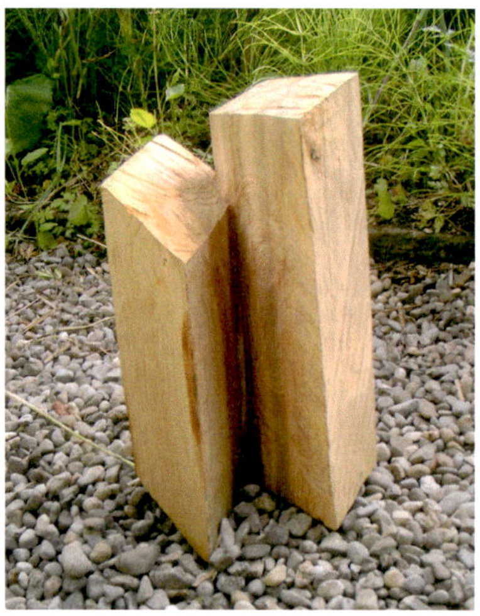

Foto: Mohr

411
Omaggio a Piero-OV
2000
Kastanie, 33 x 22 x 25
Signiert: R. WACHTER ©,
2000-PIERO-OV.
Sammlung Mohr

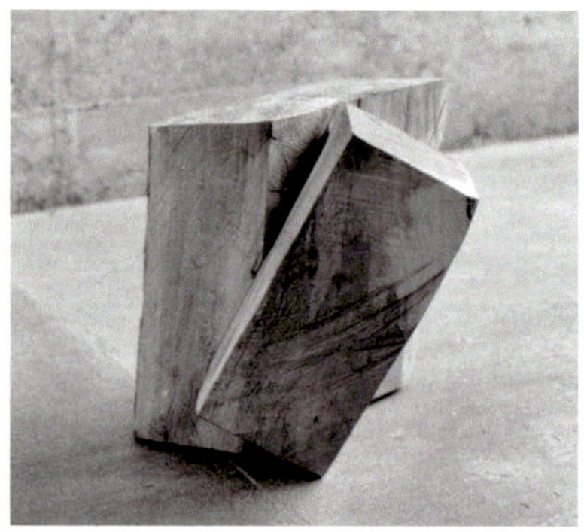

412
Paraphrase
2000
Weide, 33 x 20 x 40,
Signiert: R. WACHTER 2000
Galerie Marquardt
Literatur: Ausst. Kat. Schwäbisch Gmünd 2000, S. 40.

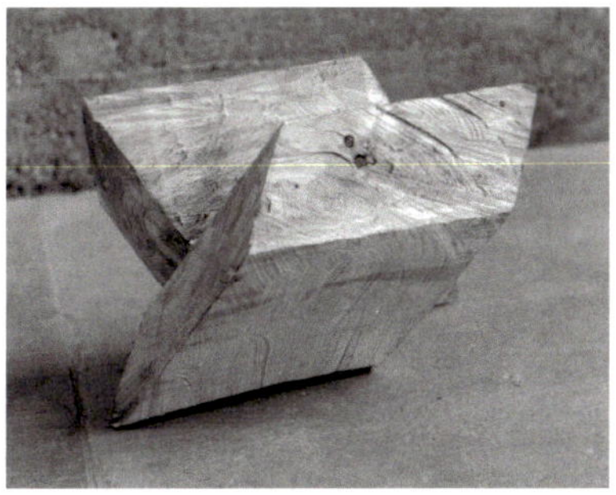

413
Paraphrase
2000
Weide, 60 x 35 x 37, Signiert:
R. WACHTER © 2000.
Privatsammlung

Ausstellungen: Rudolf Wachter Woodhenge, Schwäbisch Gmünd 2000. Rudolf Wachter Woodhenge, München 2001.

Literatur: Ausst. Kat. Schwäbisch Gmünd 2000, S. 42-43.

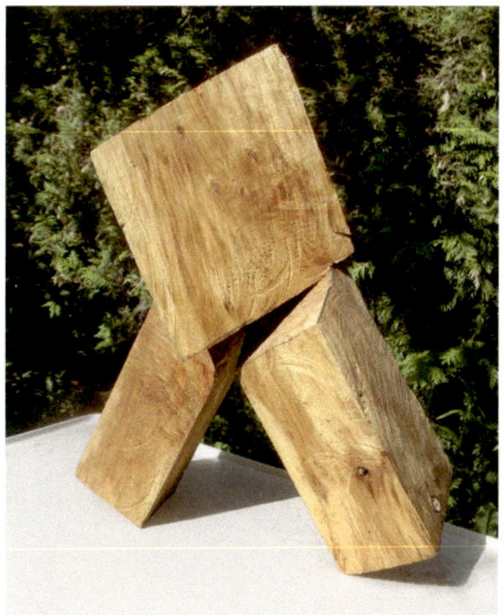

Foto: Eckstein

414
Torso
2000
Pappel, 30,5 x 27 x 15,
Signiert: R. WACHTER © 2000
Sammlung Eckstein

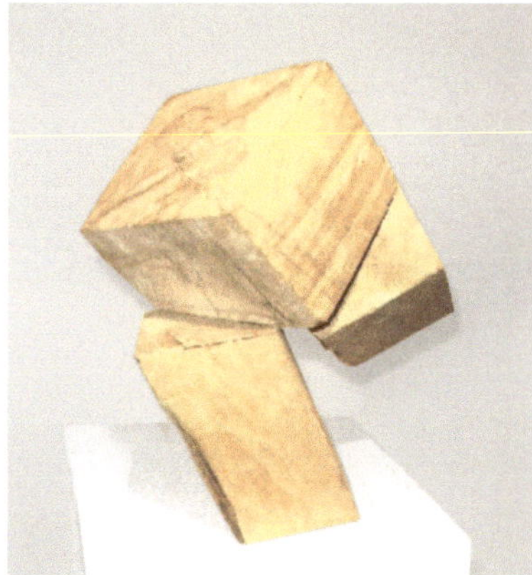

Foto: privat

415
Torso
2000
Pappel, 35 x 38 x 20, Signiert:
R. WACHTER 2000
Privatsammlung

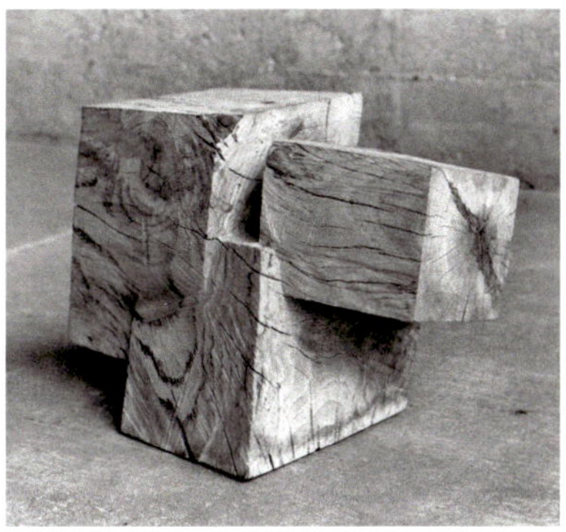

416
Torso
2000
Eiche, Maße unbekannt, Signiert:
R. WACHTER © 2000
Institutionssammlung

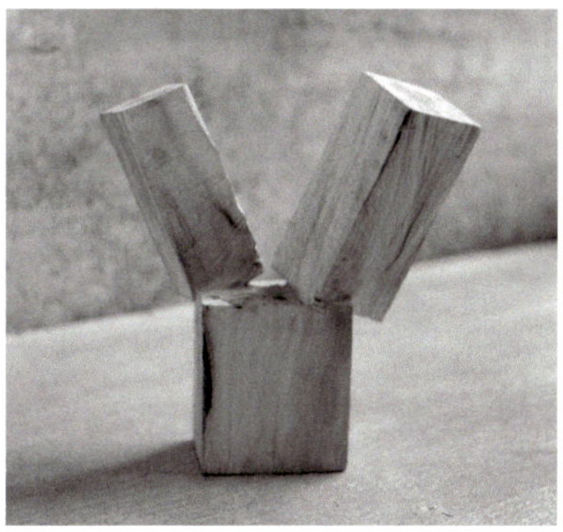

417
Torso
2000
Ahorn, 40 x 42 x 32, Unsigniert
Privatsammlung

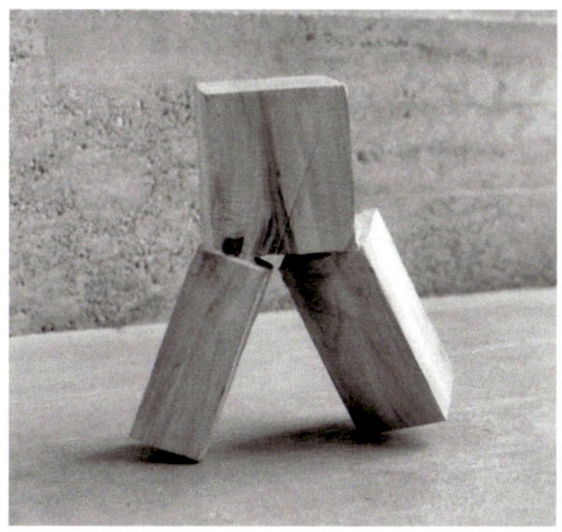

418
Torso
2000
Ahorn, 40 x 42 x 32, Unsigniert
Privatsammlung

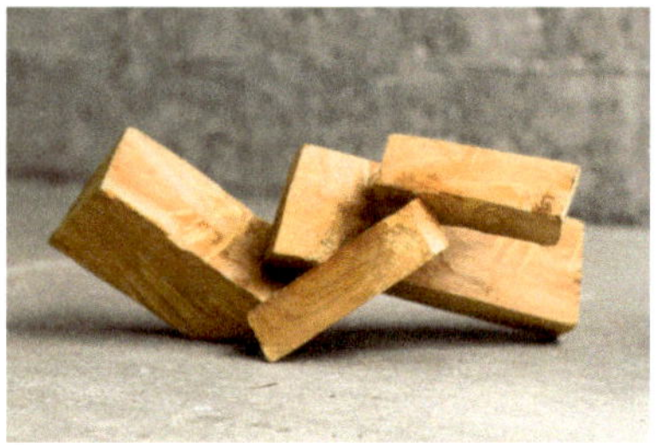

419
Torso
2000
Pappel, Maße unbekannt, Signatur unbekannt
Privatsammlung

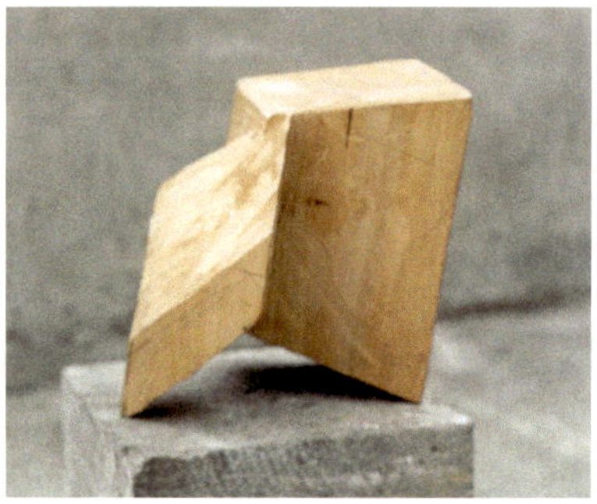

420
Torso
2000
Pappel, 50 x 52 x 48, Unsigniert
Privatsammlung

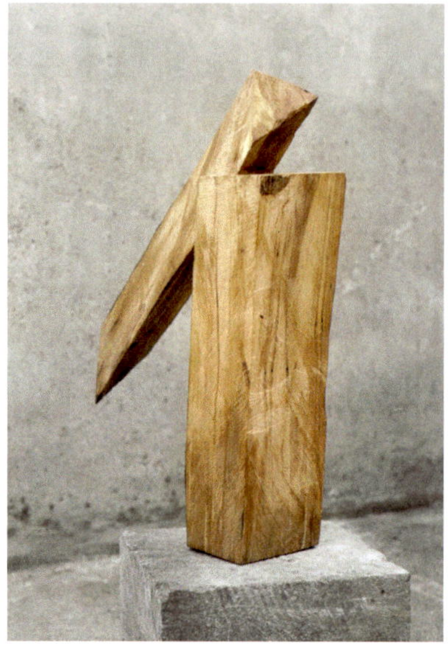

421
Torso
2000
Apfel, 70 x 22 x 49,
Signiert: R. WACHTER 2000

Ausstellungen: Rudolf Wachter. Bilder und Skulpturen, München 2005 (dort auch auf dem Cover der Einladungskarte).

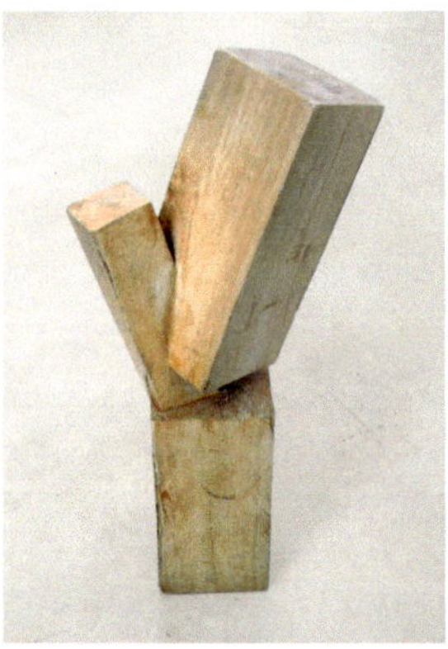

Foto: Werner Wohlhüter

422
Torso
2000
Pappel, 98 x 52 x 27, Signiert:
R. WACHTER © 2000
Wachterblock, Sammlung Gerlinde und Werner Wohlhüter

Ausstellungen: Galerie Wohlhüter, Art Karlsruhe 2005. Sommer-Ausstellung 2005, Galerie Wohlhüter Thalheim. BC Pro Arte Biberach 2007. Belaubt-Entlaubt. Baum und Bäume in der Kunst der Gegenwart, Ulm/Tübingen, 2007 (dort auf dem Cover der Einladung). Wachter Holz Skulptur, Schweinfurt 2008.

Literatur: Ausst. Kat. Ulm/Tübingen 2007, S. 59 und Cover. Ausst. Kat. Biberach 2007, S. 59.

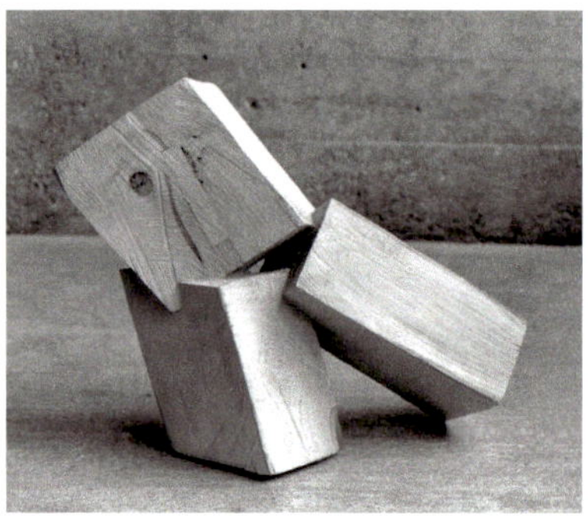

423
Torso
2000
Pappel, 50 x 30 x 35, Signiert:
R. WACHTER 2000
Privatsammlung

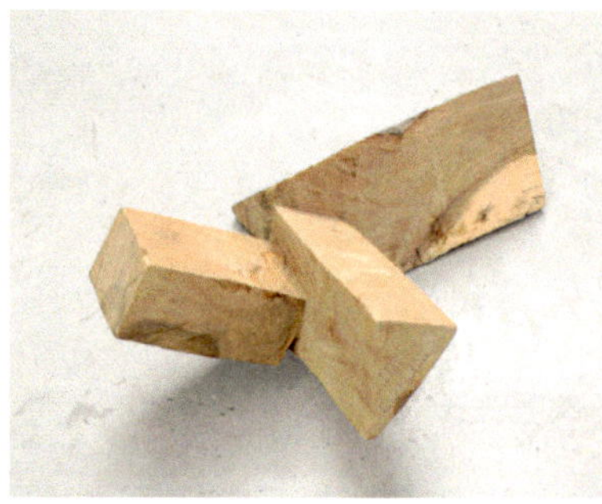

Foto: privat

424
Torso
2000
Apfel, 44 x 35 x 16,
Signiert: 2000 R. WACHTER
Privatsammlung

Ausstellungen: ‚Im kleinen Format', Meßkirch 2006 (dort auf dem Cover der Einladung). Sommer-Ausstellung 2005, Galerie Wohlhüter. Rudolf Wachter. Holzskulptur und Zeichnung, Thalheim 2007. Wachter Holz Skulptur, Schweinfurt 2008.

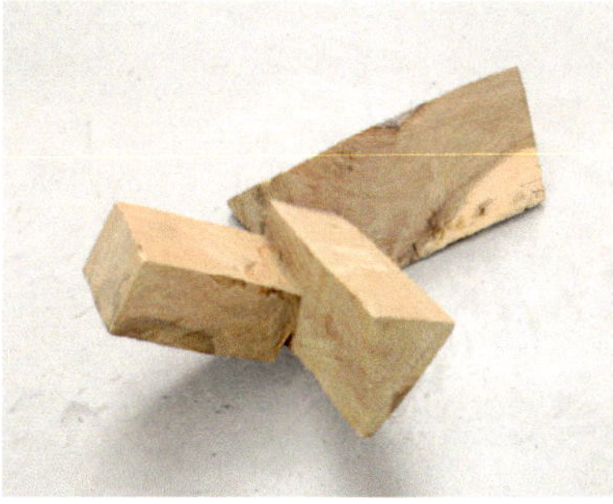

Foto: privat

425
Torso
2000
Weide, 36 x 31 x 23, Signiert:
R. WACHTER © 2000
Privatsammlung

Ausstellungen: Galerie Wohlhüter, Art Karlsruhe. Galerie Wohlhüter. Sommer-Ausstellung, Thalheim 2005. Wachter Holz Skulptur, Schweinfurt 2008.

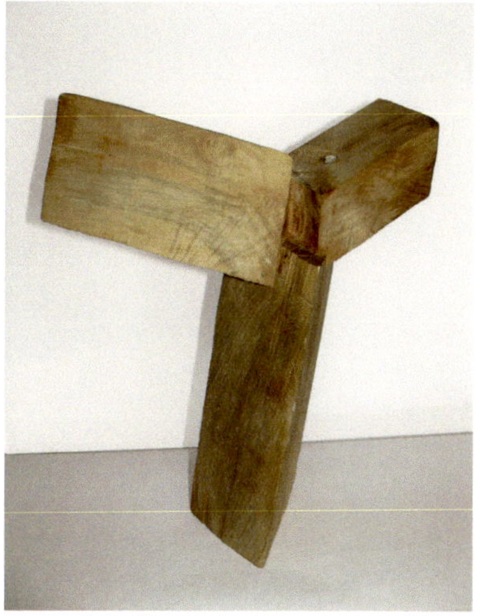

Foto: Fedder

426
Torso
2000
Birne, 38 x 33 x 14, Signiert:
R. WACHTER 2000
Sammlung Fedder

Ausstellungen: Galerie Wohlhüter, Art Karlsruhe 2005. Rudolf Wachter, Holzskulptur und Zeichnung, Thalheim 2007. Wachter Holz Skulptur, Schweinfurt 2008.

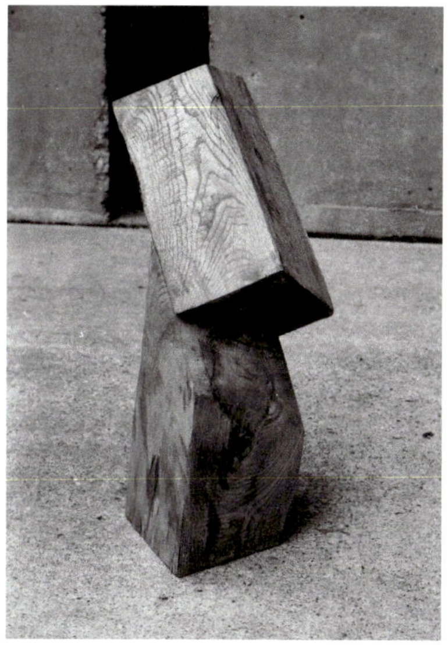

427
Torso
2000
Kastanie, 80 x 28 x 65,
Signiert: R. WACHTER 2000
Privatsammlung

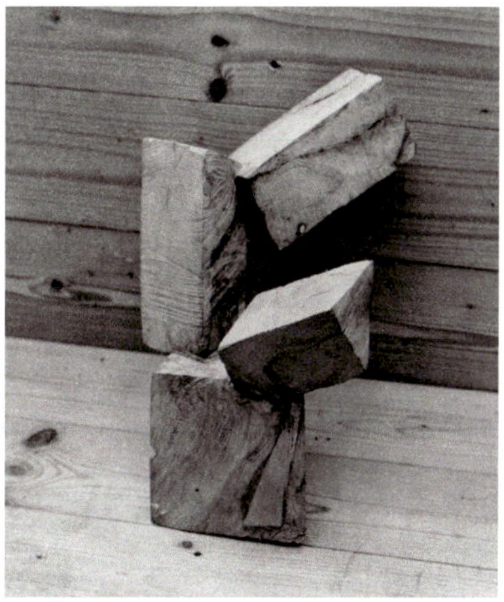

428
Torso
2000
Apfel, 45 x 26 x 20, Signiert:
R. WACHTER © 2000
Privatsammlung

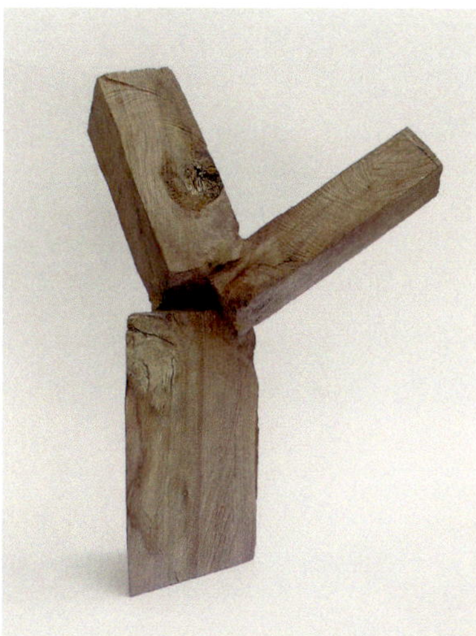

Foto: Wunderlich

429
Torso
2000
Birne, 31,3 x 23,5 x 11, Signiert: R. WACHTER 2000 (mit Bleistift ‚4')
Sammlung Wunderlich

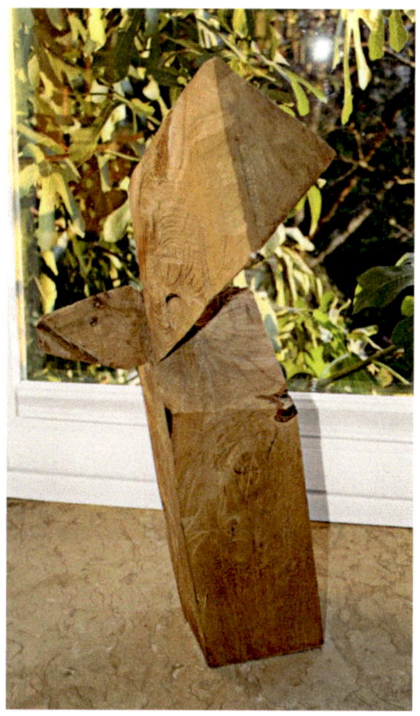

Foto: Schweizer

430
Torso
2000
Obstholz?, 62,5 x 29 x 25, Signiert:
R. WACHTER © 2000
Sammlung Schweizer

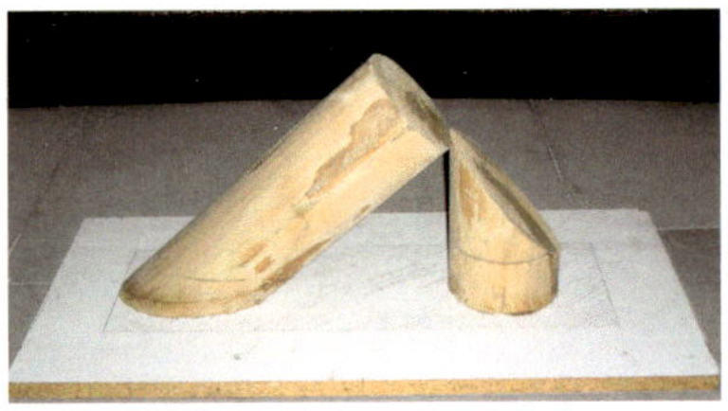

431
Skulptur für den Stadtpark Weingarten
Um 2000
Pappel?, 47 x 11,8 x 26
Stadtmuseum im Schlössle, Weingarten

Modell für große Arbeit im öffentlichen Raum. Nicht ausgeführt.

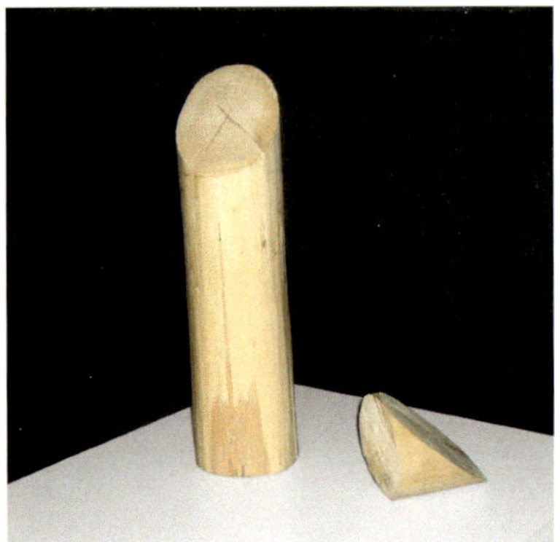

432
Stamm für Weingarten
Um 2000
Pappel, Zweiteilig,
10,5 x 10,2 x 39,4
10,1 x 9,4 x 10,8
Stadtmuseum im Schlössle, Weingarten

Modell für große Arbeit im öffentlichen Raum. Im Stadtgarten Weingarten verwirklicht. Siehe WVZ 433.

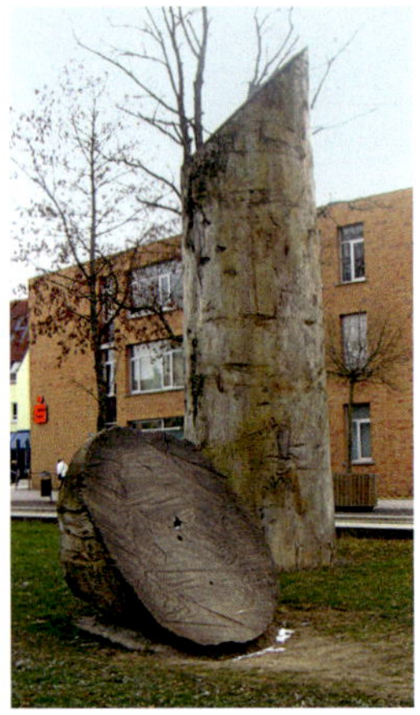

433
Woodhenge
2000
Mahagoni, Zweiteilig, 800 x 220 x 220, 210 x 220 x 220, Unsigniert
Stadtgarten Weingarten

Ausstellungen: Raum für Leben und Kunst. Robert Schad, Rudolf Wachter und Max Ackermann im Stadtgarten von Weingarten, 2008.

Literatur: Ausst. Kat. Schwäbisch Gmünd 2000, S. 57. Ausst. Kat. München 2003, S. 97, 99 (auch im Flyer der Ausstellungen). Ausst. Kat. Weingarten 2008, S.66-67, S 16, 20, 32, 33, 37, 87, 88, 89.

Siehe Modell WVZ 432.

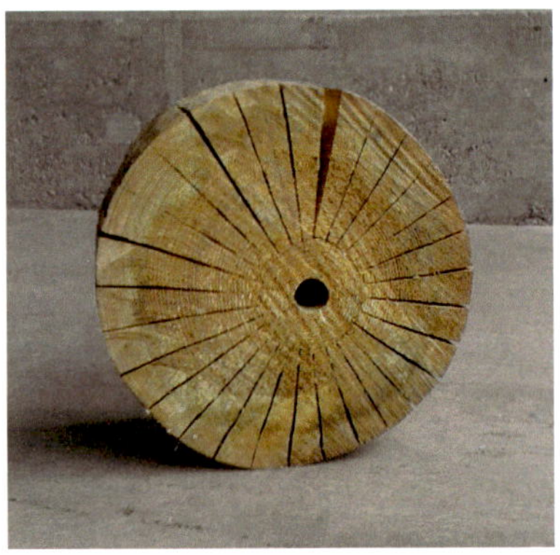

434
Zentral geschnitten
2000
Fichte, 18,5 x 34 x 34,5
Unsigniert
Privatsammlung

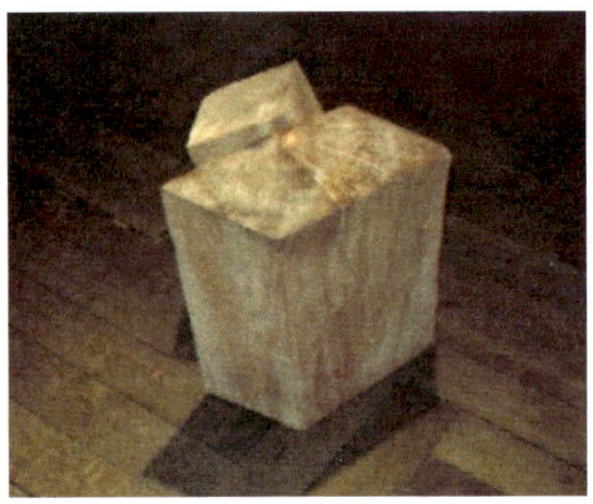

Foto: privat

435
Ohne Titel
2000
Obstholz?, Maße nicht bekannt,
Signiert: R. WACHTER 2000
Privatsammlung

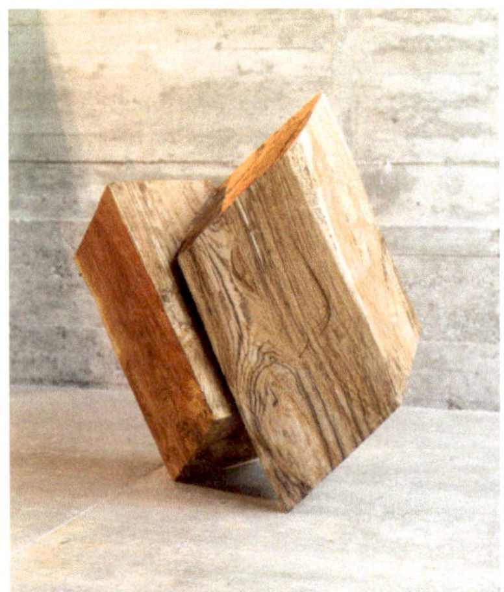

436
Omaggio a Piero
Um 2000
Eiche?, 70 x 60 x 50,
Signiert: R. WACHTER © 2000 AL PIERO
Privatsammlung

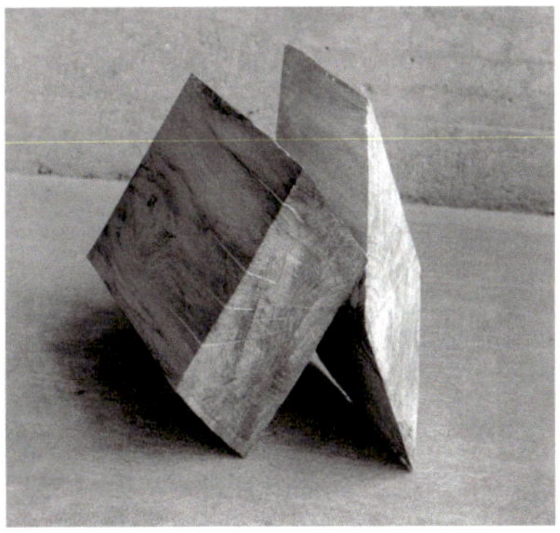

437
Omaggio a Piero
Um 2000
Pappel, 50 x 60 x 45,
Signiert: R. WACHTER 2000 AL PIERO
Privatsammlung

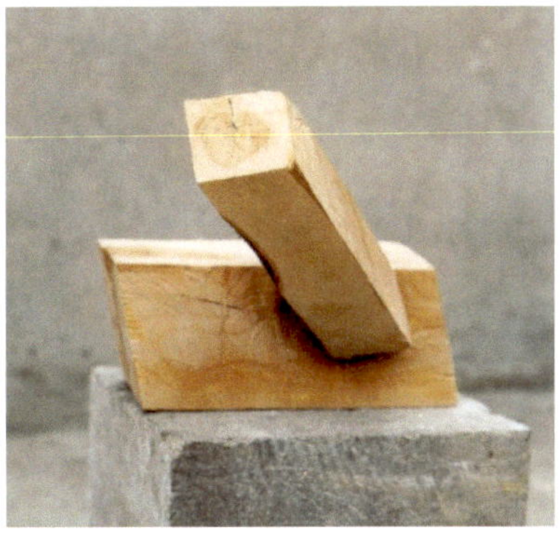

438
Figuration
2001
Kirschbaum, 30 x 32 x 29,
Signiert: R. WACHTER 2001
Literatur: Schmoll 2004, S. 39.

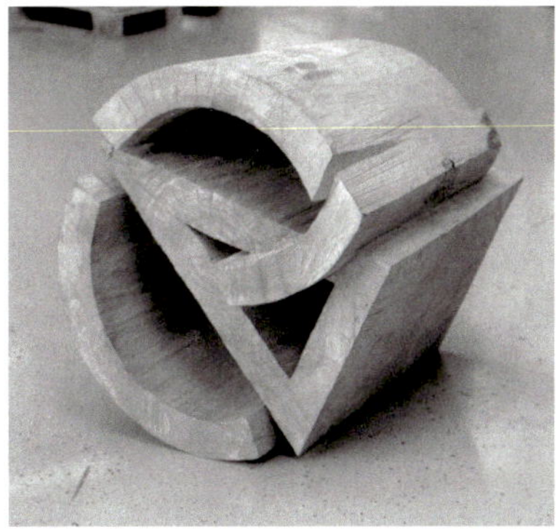

439
Gebrochener Raum XII
2001
Pappel, 80 x 80 x 80,
Signiert: R. WACHTER © 2001
GEBROCHENER RAUM XII
Neues Schloss Kißlegg. Museum Rudolf Wachter

Ausstellungen: Rudolf Wachter. Wodhenge, München 2001. Malerei, Grafik, Plastik, Stadt Pfarrkirchen 2002. Rudolf Wachter. Woodhenge, Freising 2002 (dort auf der Postkarte). Rudolf Wachter – Aus dem Stamm, München 2003. Rudolf Wachter im Neuen Schloss Kißlegg, seit Mai 2005.

Literatur: Ausst. Kat. München 2001, S. 26. Ausst. Kat. München 2003, S. 84. Ausst. Kat. Kißlegg 2005, S. 34. Döcker 2007, S. 88.

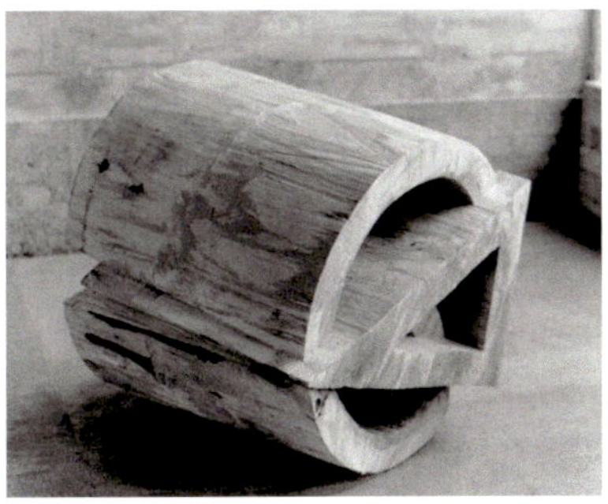

440
Gebrochener Raum XII
2001
Pappel, 90 x 80 x 85, Signiert:
R. WACHTER GEBR. RAUM XII 2001
Privatsammlung

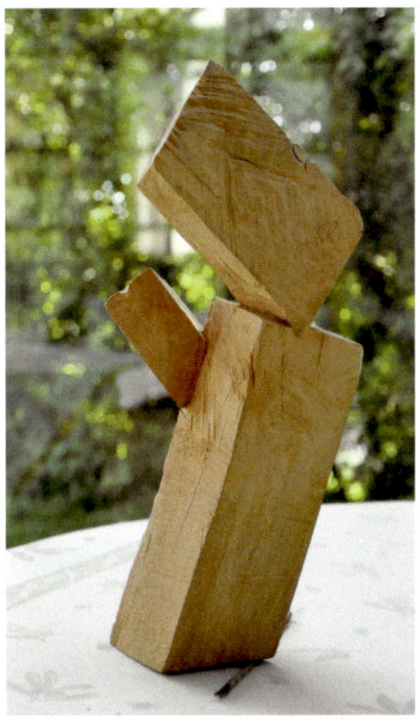

Foto: Becker

441
kleiner Torso
2001
Holunder, 39 x 15 x 15,
Signiert: R. WACHTER 2001
Sammlung Becker

Ausstellungen: Galerie Wohlhüter, Art Karlsruhe 2004.

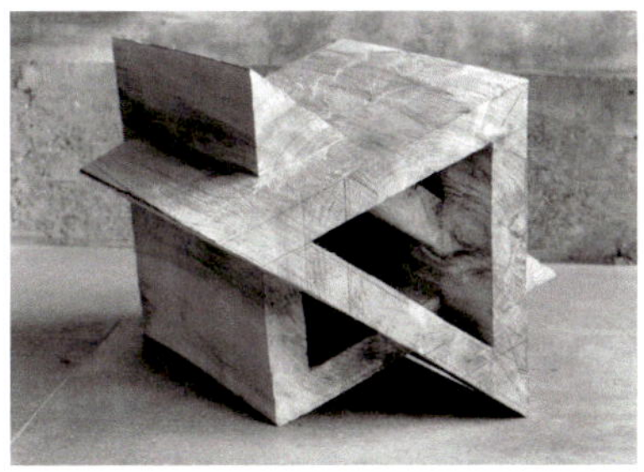

442
Newgrange XXXXV
2001
Pappel, 63 x 87 x 82, Signiert:
R. WACHTER © NG XXXXV 2001
Sammlung Wachter

Ausstellungen: Große Kunst-Ausstellung München, Haus der Kunst 2003. Raum Schnitte. Rudolf Wachter in St. Paul, München 2010. Rudolf Wachter. Zeichnung und Objekt, Freising 2011.

Literatur: Bayerische Staatsoper 2003, S. 87. Ausst. Kat. München 2003, S. 147. Ausst. Kat. München 2010, S. 34.

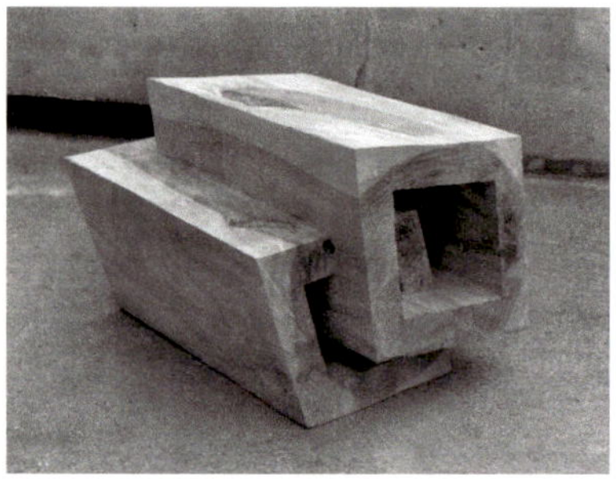

443
Newgrange XXXXVI
2001
Pappel, 80 x 70 x 73, Signiert:
R. WACHTER © N.G.XXXXVI 2001
Privatsammlung

Ausstellungen: Rudolf Wachter Woodhenge München 2001. Malerei, Grafik, Plastik, Pfarrkirchen 2002. Rudolf Wachter - Aus dem Stamm, München 2003.

Literatur: Ausst. Kat. München 2001, S. 24. Bayerische Staatsoper 2003, S. 86–94. Ausst. Kat. München 2003, S. 86.

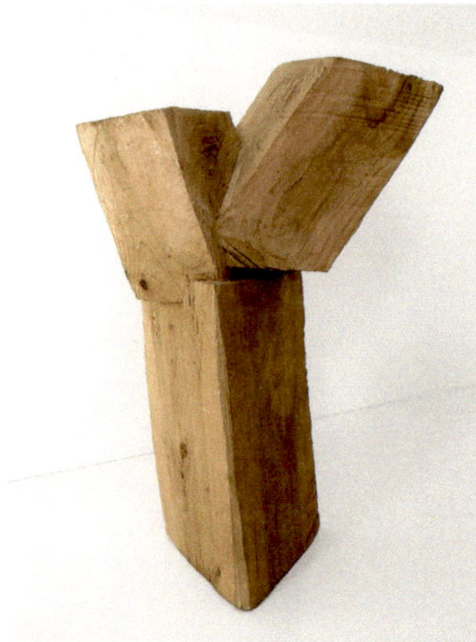

Foto: Dettenhofer

444
ohne Titel
2001
Douglasie, 31,5 x 21,5 x 11,
Signiert: R. WACHTER © 2001
Sammlung Fritz Dettenhofer

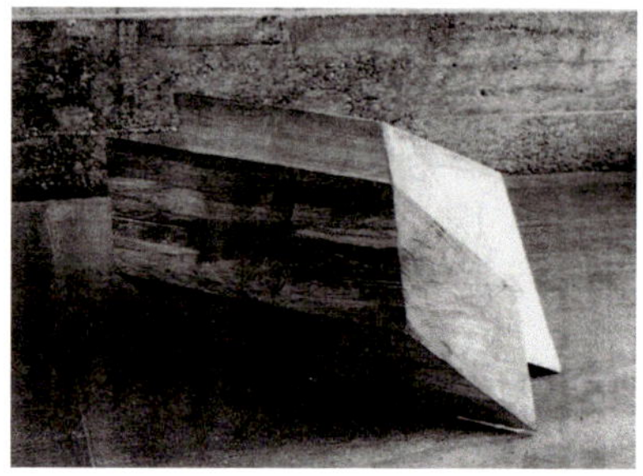

445
Omaggio a Piero
2001
Pappel, 52 x 37 x 35, Signiert:
R. WACHTER 2001 OMAGGIO A PIERO
Privatsammlung

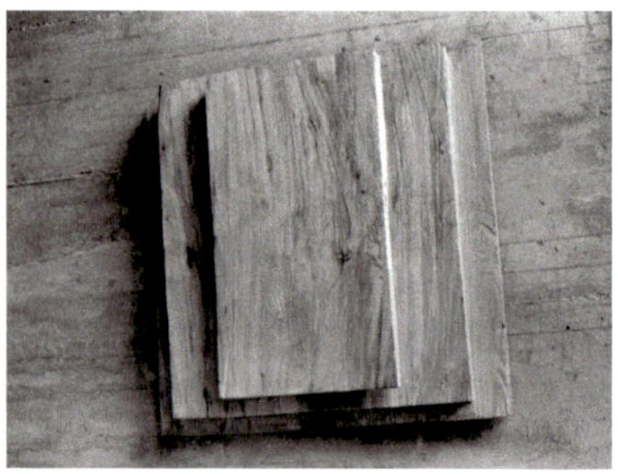

446
Station XIV
2001
Pappel, 105 x 105 x 35, Signiert:
R. WACHTER 2001 STATION XIV
Privatsammlung, Dauerleihgabe Stadtmuseum im Schlössle, Weingarten

Ausstellungen: Rudolf Wachter. Aus dem Stamm, München 2003.

Literatur: Ausst. Kat. München 2003, S. 77.

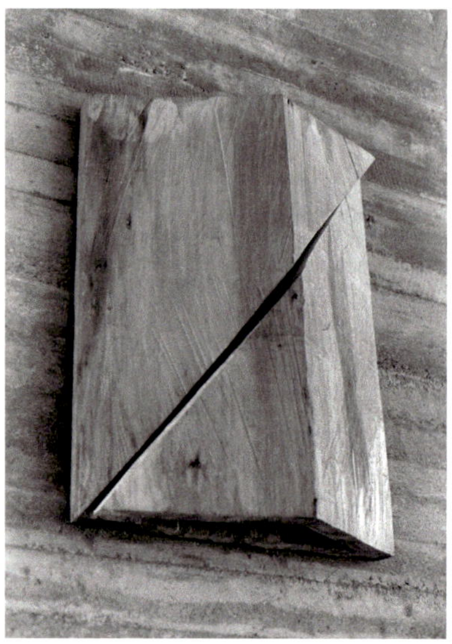

447
Station XV
2001
Pappel, 100 x 80 x 25, Signiert:
R. WACHTER © STATION XV
Ministerium für Wissenschaft, Forschung und Kunst, Baden-Württemberg

Ausstellungen: Rudolf Wachter. Aus dem Stamm, München 2003. Art Karlsruhe 2004, Galerie Wohlhüter.

Literatur: Ausst. Kat. München 2003, S. 74.

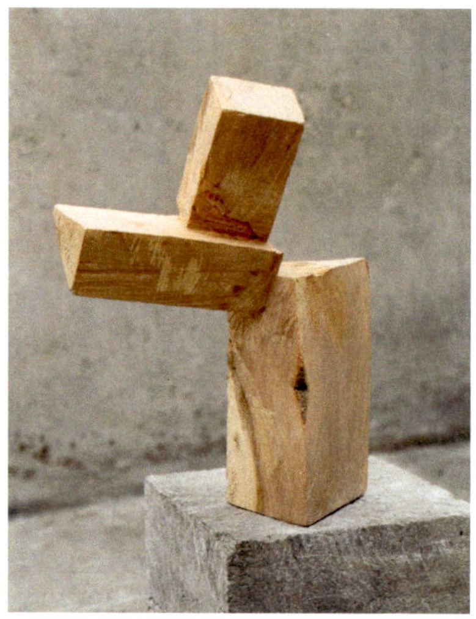

448
Torso
2001
Apfel, 32 x 30 x 15, Unsigniert
Sammlung Wachter

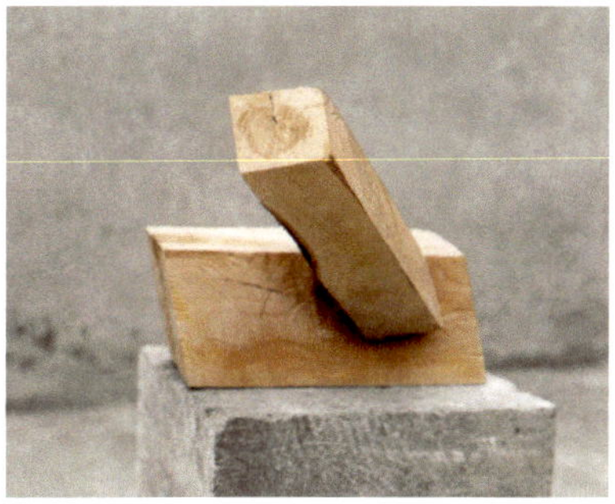

449
Torso
2001
Pappel, 25 x 26 x 26,
Signiert: R. WACHTER 2001
Privatsammlung

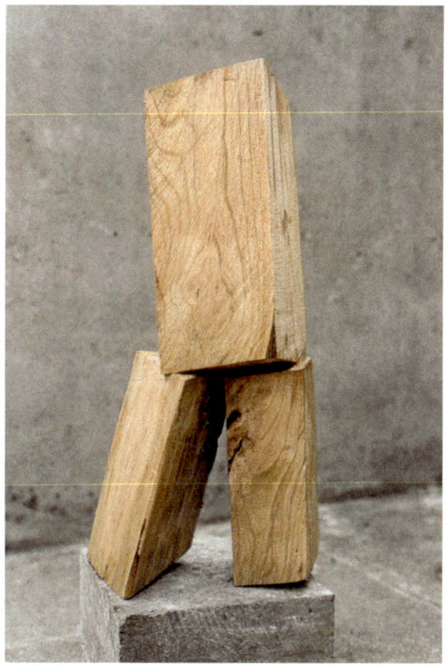

450
Torso
2001
Apfel, 38 x 14 x 18, Signiert:
R. WACHTER 2001
Privatsammlung

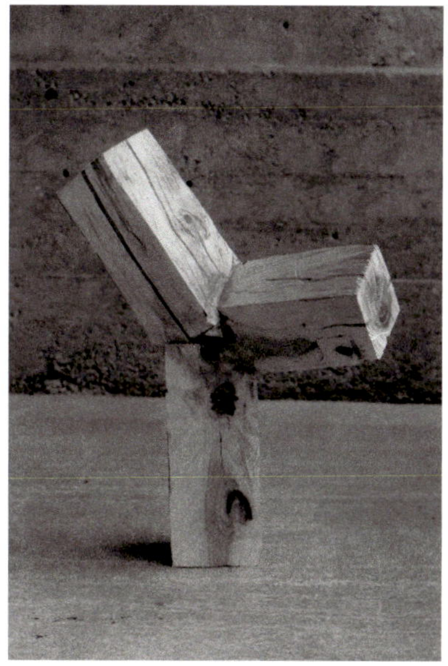

451
Torso
2001
Zwetschge, 50 x 40 x 25,
Signiert: R. WACHTER 2001
Privatsammlung

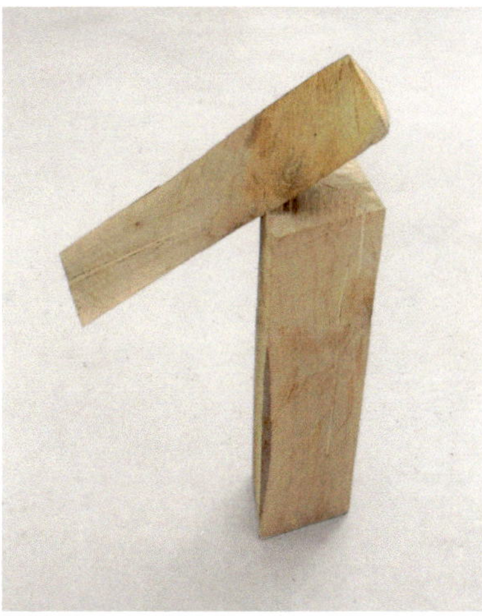

Foto: privat

452
Torso
2001
Birne, 60 x 40 x 20
SIGNIERT: R. WACHTER © 2001
Privatsammlung

Ausstellungen: Art Karlsruhe 2004, Galerie Wohlhüter. Rudolf Wachter, Holzskulptur und Zeichnung, Thalheim 2007. Wachter Holz Skulptur, Schweinfurt 2008.

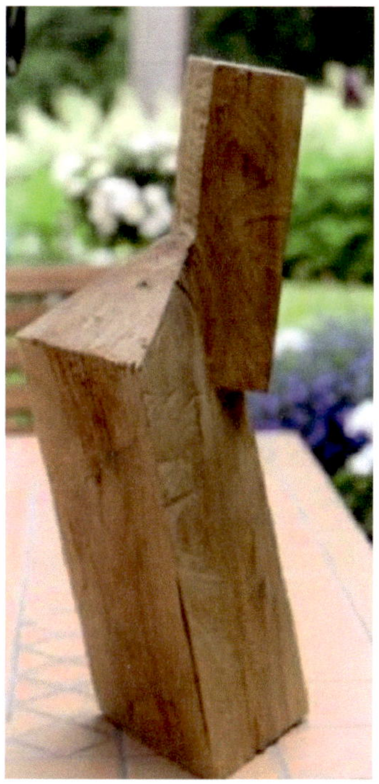

Foto: Wachsmann

453
Kleinskulptur
2001
Apfel, 42 x 16,5 x 21,
Signiert: R. WACHTER 2001 ©
Sammlung: Dr. Hans-Jochen Wachsmann

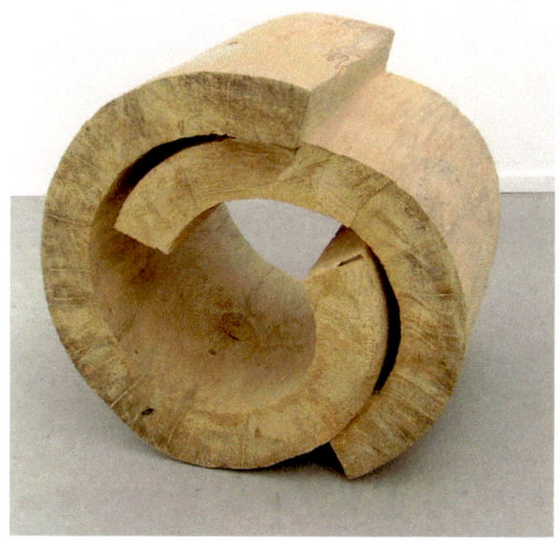

Foto: Wohlhüter

454
Gebrochener Raum XIII
2002
Pappel, 72 x 67 x 86,
Signiert: R. WACHTER 2002
Wachter Block. Sammlung Gerlinde und Werner Wohlhüter

Ausstellungen: Museum Villa Rot, Burgrieden-Rot 2007. Wachter Holz Skulptur, Schweinfurt 2008. art Karlsruhe 2011, Galerie Wohlhüter, 2011. In kunsttermine anderer Titel.

Literatur: Ausst. Kat. Karlsruhe 2006, 352-353, Abb. 353. Abb. Prospekt Ausstellungen ‚Künstler der Gegenwart' 29.10.06-21.01.07, Dathe 2011, Abb. 306.

Früher ‚broken space' betitelt. Erworben 2005 bei Rudolf Wachter.

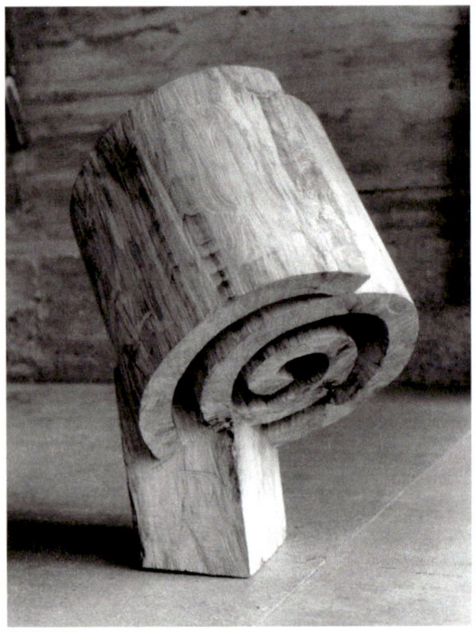

455
Newgrange XXXXVIII
2002
Pappel, 105 x 54 x 68, R. Wachter
NG XXXXX © 2002
Neues Schloss Kißlegg. Museum Rudolf Wachter

Ausstellungen: Rudolf Wachter im Neuen Schloss Kißlegg, Mai 2005.

Literatur: Ausst. Kat. Kißlegg 2005, Abb. 38 und Flyer.

Betitelung in der Literatur und Signatur unterschiedlich.

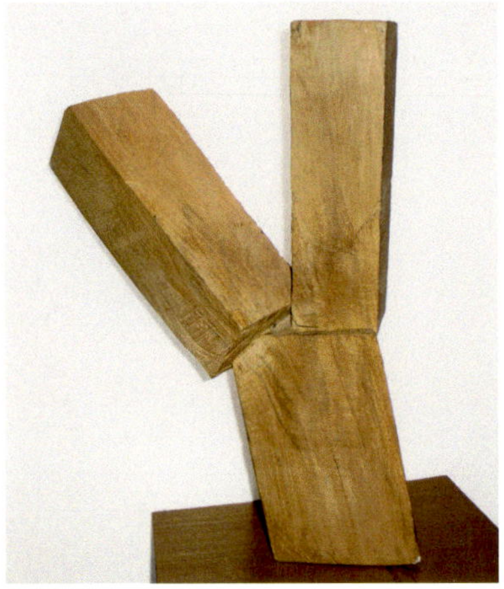

Foto: Faulhammer

456
ohne Titel
2002
Pappel, 38 x 28 x 19, Unsigniert
Galerie im Petrushof, Obermarchtal
Erworben bei Galerie Wohlhüter, 22.02.04. Ausstellungen: Weihnachts-Ausstellung, Galerie Wohlhüter, 2003.

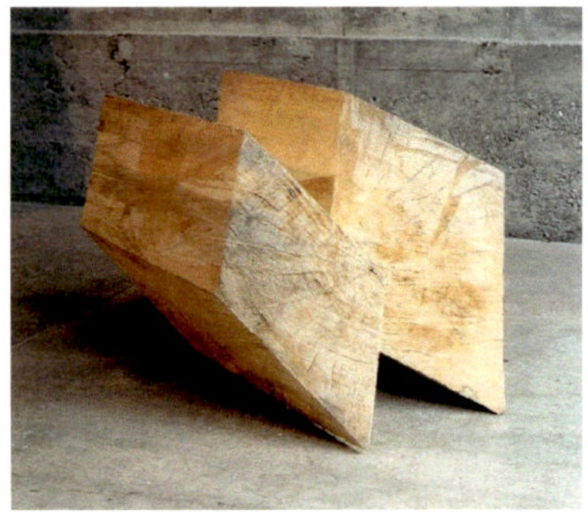

457
Omaggio a Piero
2002
Pappel, 100 x 55 x 60, Unsigniert
Privatsammlung

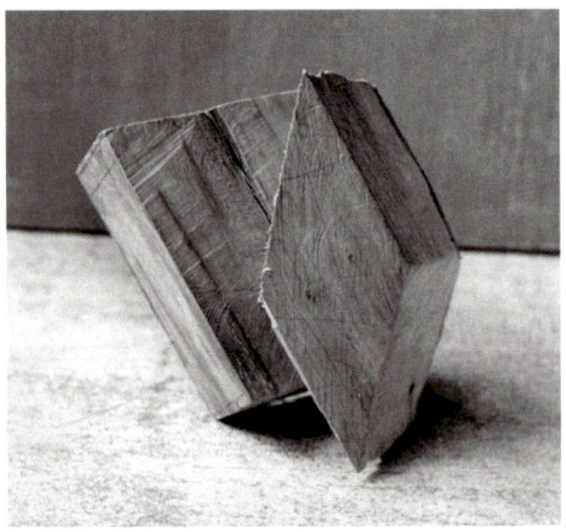

458
Omaggio a Piero
2002/2008
Apfel, 20 x 15 x 20, Signiert:
R. WACHTER
Sammlung Dr. Wachsmann

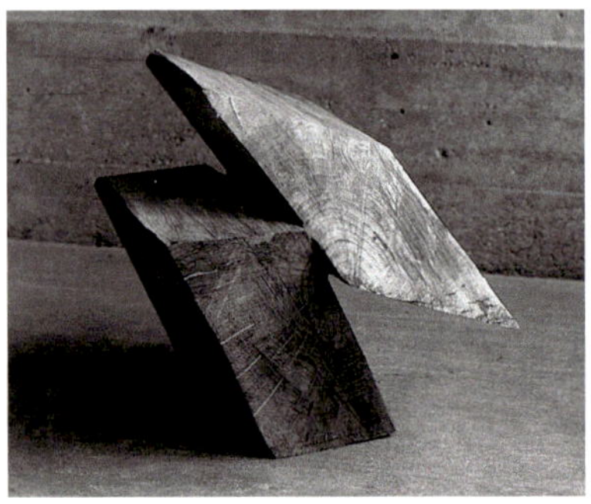

459
Omaggio a Piero
2002
Pappel, 70 x 70 x 70,
Signiert: R. WACHTER © Piero 2002
Sammlung Wachter

Ausstellungen: ‚Aus dem Stamm' – Die Sinnlichkeit des Materials – Holzskulptur heute, Kunstmuseum Singen 2009.

Literatur: Lichtenstern 2004 I, 257–270, Abb. S. 270. Ausst. Kat. Ettlingen 2009, S. 188–191.

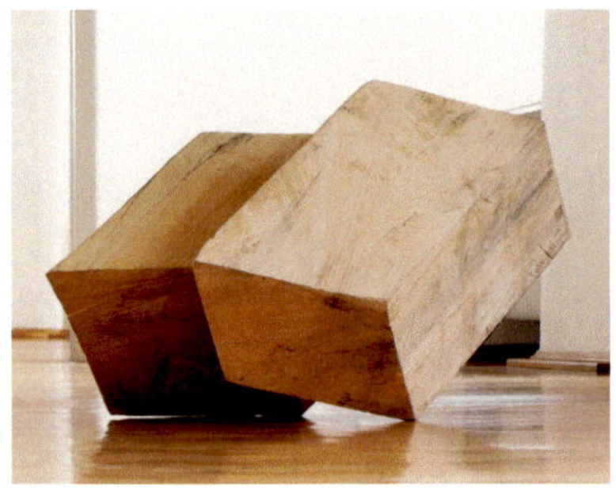

460
Omaggio a Piero
2002
Pappel, 100 x 65 x 60, Signiert:
R. WACHTER © 2002 PIERO III
Neues Schloss Kißlegg. Museum Rudolf Wachter

Ausstellungen: Rudolf Wachter im Neuen Schloss Kißlegg, Kißlegg, Mai 2005.

Literatur: Ausst. Kat. Kißlegg 2005, Abb. S. 32.

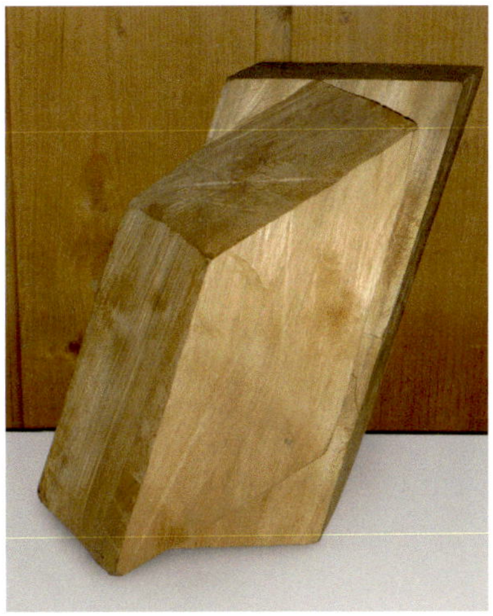

Foto: Faulhammer

461
Omaggio a Piero
2002
Schwarzpappel, 37 x 35 x 28, Unsigniert
Galerie im Petrushof, Obermarchtal

Ausstellungen: Sommer-Ausstellung Galerie Wohlhüter, Thalheim 2003.

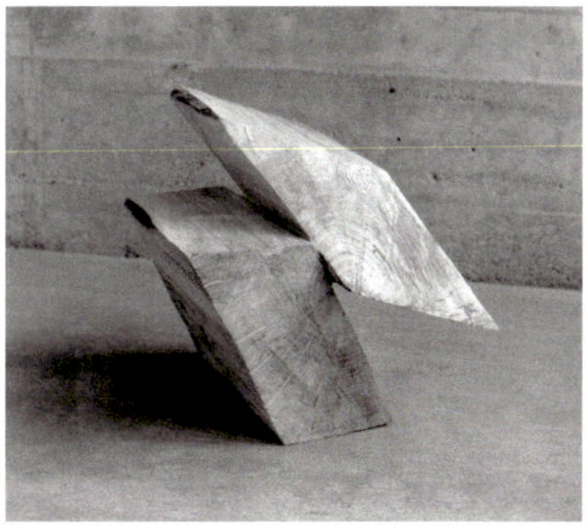

462
Omaggio a Piero II
2002
Pappel, 90 x 60 x 60,
Signiert: R. WACHTER © 2002 PIERO II
Sammlung Becker

Ausstellungen: Rudolf Wachter – Aus dem Stamm, Kunsthalle der Hypo-Kulturstiftung, München 2003 Art Karlsruhe 2005, 03.-06.03.05.

Literatur: Ausst. Kat. München 2003, Abb. S. 90, 91.

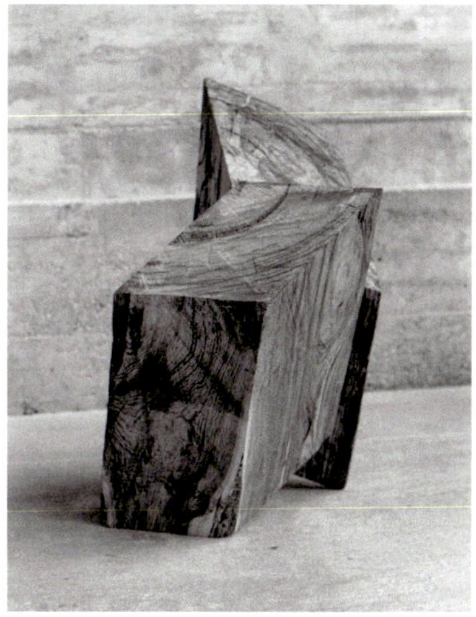

463
Omaggio a Piero IV
2002
Umbrische Kastanie, 90 x 70 x 55,
Signiert: R. WACHTER © 2002
Institutionssammlung

Ausstellungen: Rudolf Wachter – Aus dem Stamm, Kunsthalle der Hypo-Kulturstiftung, München, 2003, Abb. Im Flyer.

Literatur: Ausst. Kat. München 2003, Abb. S. 88, 89.

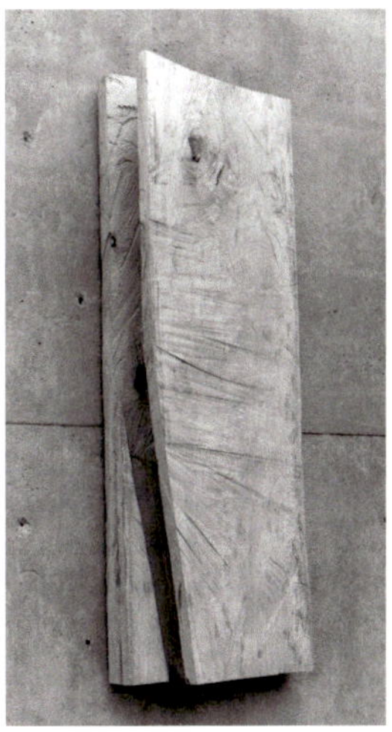

464
Station XVI
2002
Zitterpappel, 160 x 58 x 25, Unsigniert
Wachter Block. Gerlinde und Werner Wohlhüter

Ausstellungen: Rudolf Wachter-Aus dem Stamm, Kunsthalle der Hypo-Kulturstiftung, München 2003. Art Karlsruhe 2005, Galerie Wohlhüter. Art Karlsruhe 2006, Galerie Wohlhüter. Wachter Holz Skulptur, Schweinfurt 2008.

Literatur: Ausst. Kat. München 2003, Abb. S. 78. Ausst. Kat. Karlsruhe 2009, S. 271.

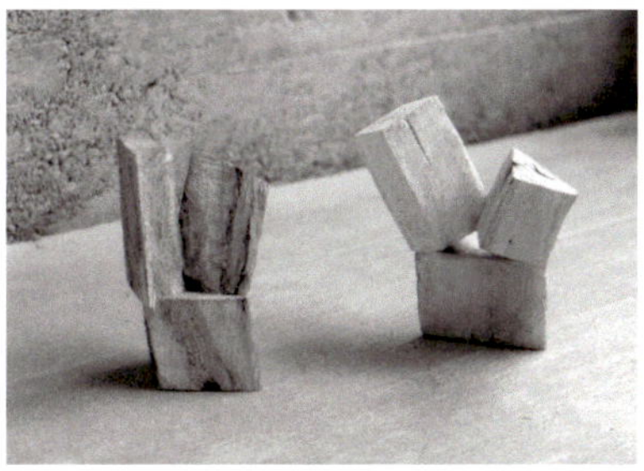

465
Torso
2002
Weide, 15 x 10 x 15,
Signiert: R.WACHTER 2002
Institutionssammlung

Auf dem Bild rechts.

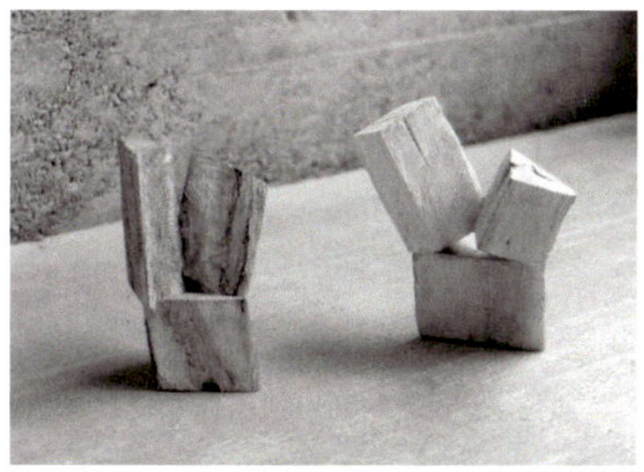

466
Torso
2002
Obstholz, 16 x 10 x 13,
Signiert: R.WACHTER 2002
Privatsammlung

Auf dem Bild links.

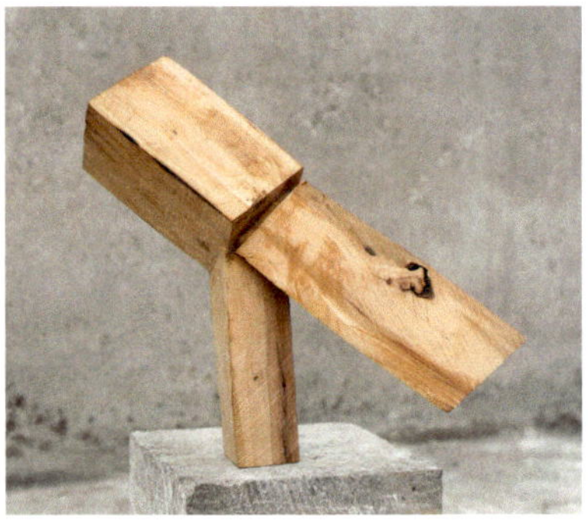

467
Torso
2002
Pappel, 68 x 35 x 23, Unsigniert
Privatsammlung

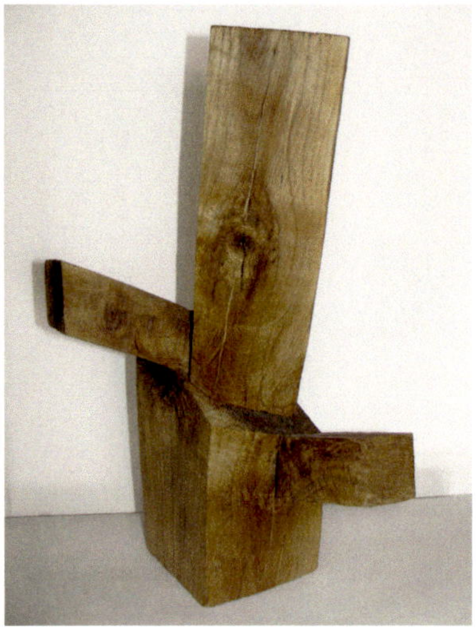

Foto: Fedder

468
Torso
2002
Pappel, 52 x 35 x 24, Signiert:
R. WACHTER © 2002
Sammlung Fedder

Erworben im Atelier Rudolf Wachter, November 2006.

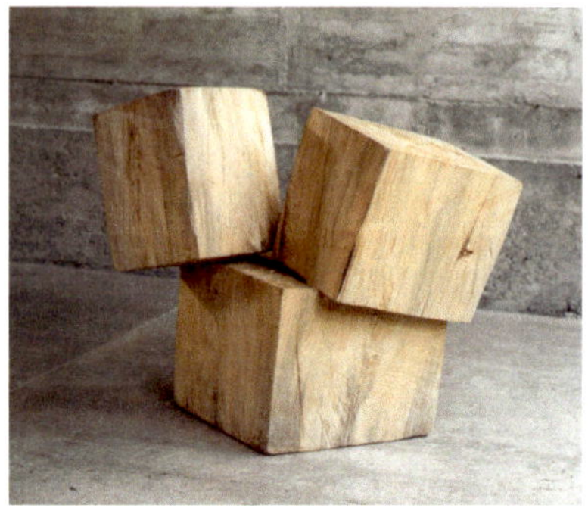

469
Torso
2002
Pappel, 60 x 45 x 100,
Signiert: R. WACHTER © 2002
Privatsammlung

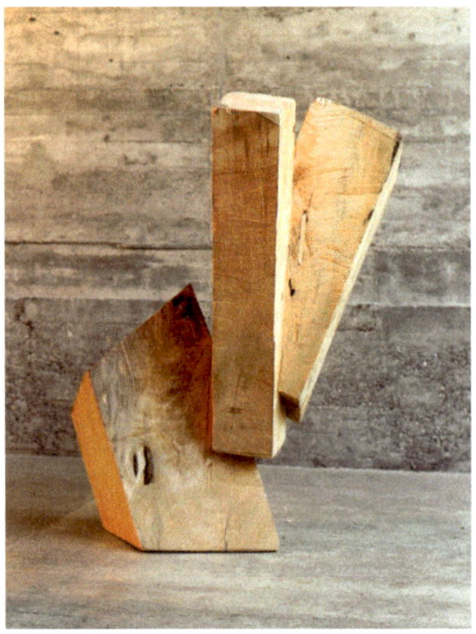

470
Torso
2002
Pappel, 100 x 60 x 45,
Signiert: R. WACHTER © 2002
Neues Schloss Kißlegg. Museum Rudolf Wachter

Ausstellungen: Rudolf Wachter im Neuen Schloss Kißlegg, Kißlegg, Mai 2005. Wachter Holz Skulptur. Stadt Schweinfurt, Rudolf Wachter, Schweinfurt 2008

Literatur: Ausst. Kat. Kißlegg 2005, Abb. S. 19. Ausst. Kat. Schweinfurt 2008, Abb. S. 9.

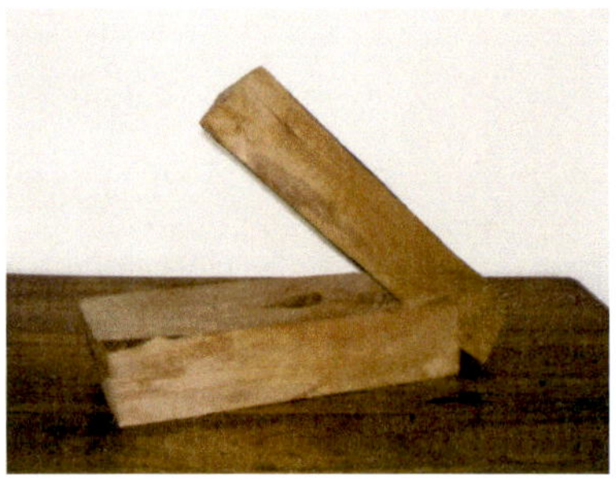

Foto: Riedl

471
Torso
2002
Birne, 60 x 45 x 22,
Signiert: R. WACHTER 2002
Sammlung Alois und Annerose Riedl

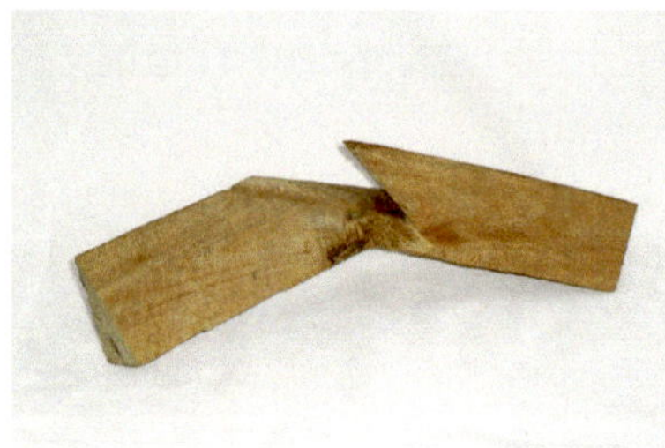

Foto: privat

472
Windbruch
2002
Esche, 31 x 10 x 13,
Signiert: R. WACHTER 2002
Privatsammlung

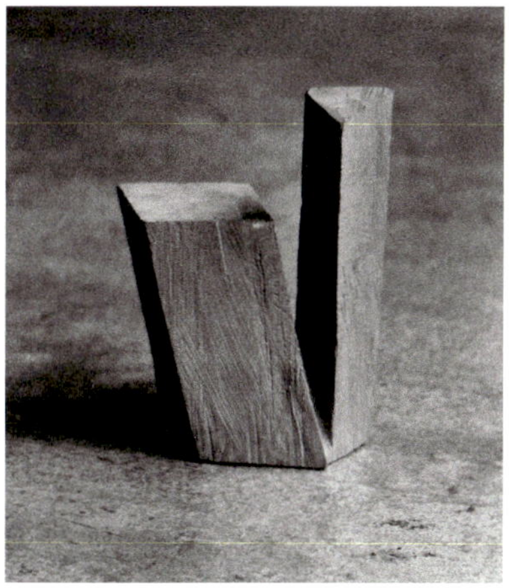

473
Zwiesel
2002
Pappel, 30 x 24 x 13,
Signiert: R. WACHTER, 2002
Privatsammlung

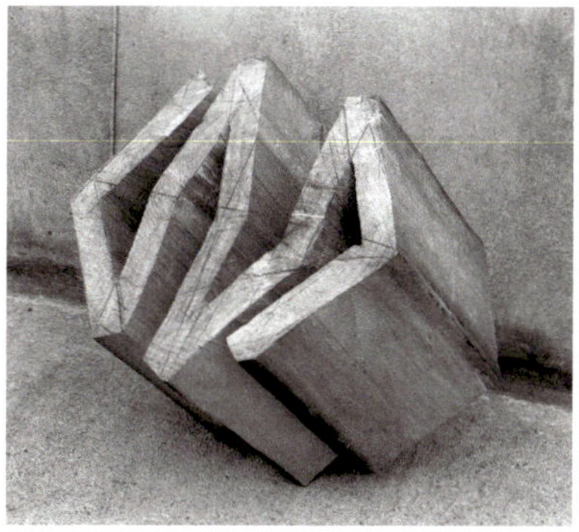

474
Entwicklung einer Kiste
2003
Pappel, 80 x 80 x 75,
Signiert: R. WACHTER © 2003
Sammlung Rebekka Wachter

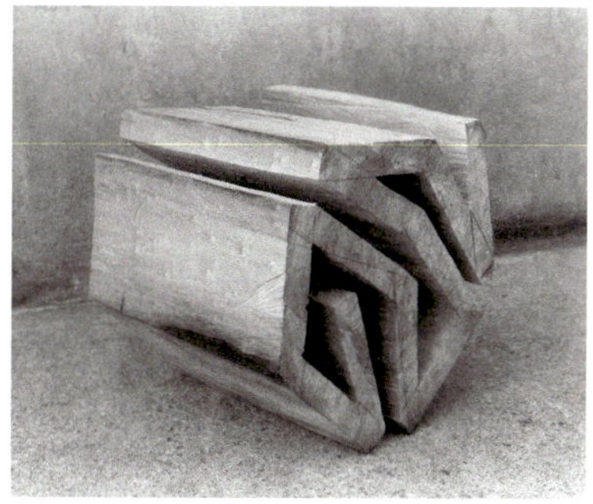

475
Entwicklung einer Kiste
2003
Pappel, 52 x 48 x 47, Signiert:
R. WACHTER © 2003
Privatsammlung

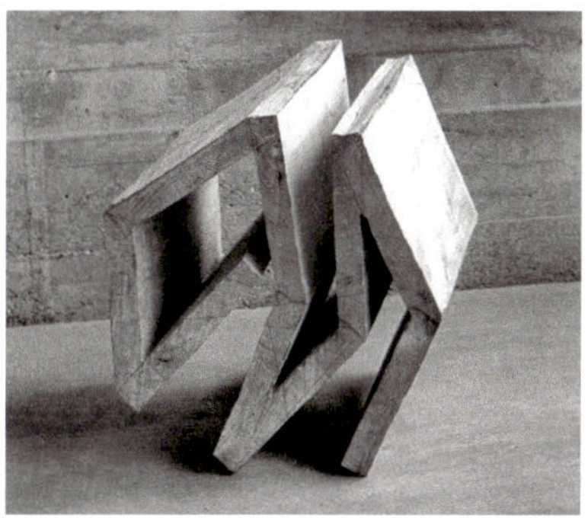

476
Entwicklung einer Kiste
2003
Schwarzpappel, 80 x 90 x 75,
Signiert: R. Wachter NG. 2000 XXXXV
Neues Schloss Kißlegg. Museum Rudolf Wachter

Ausstellungen: Rudolf Wachter – Aus dem Stamm, Kunsthalle der Hypo-Kulturstiftung, München 2003. Die dritte Dimension. Jahres-Ausstellung BBK, Haus der Kunst, München 2004. Rudolf Wachter im Neuen Schloss Kißlegg, 2005. Schwarzpappel.

Literatur: Bayerische Staatsoper 2003, S. 86–94.

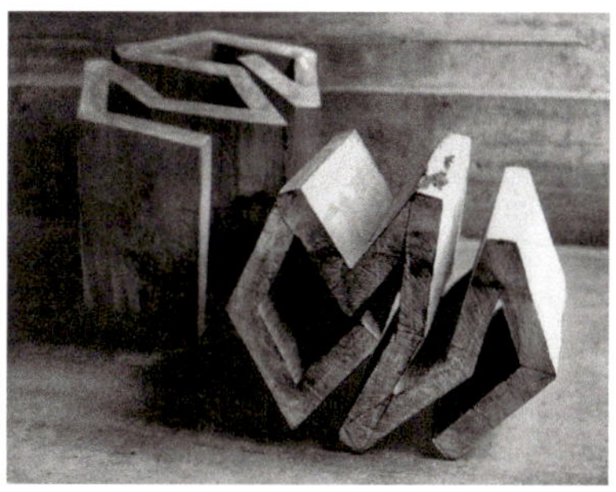

477
Entwicklung einer Kiste
2003
Pappel, 64 x 82 x 65, 62 x 73 x 62,
Unsigniert
Privatsammlung

Ausstellungen: 1904–2004 Hundert Jahre, Kunstverein Rosenheim, Jahres-Ausstellung 2004, Rosenheim. Wachter Holz Skulptur, Schweinfurt 2008.

Literatur: Ausst. Kat. Rosenheim 2004, Abb. S. 71. Ausst. Kat. Schweinfurt 2008, Abb. S. 21.

Zweiteiliges Ensemble.

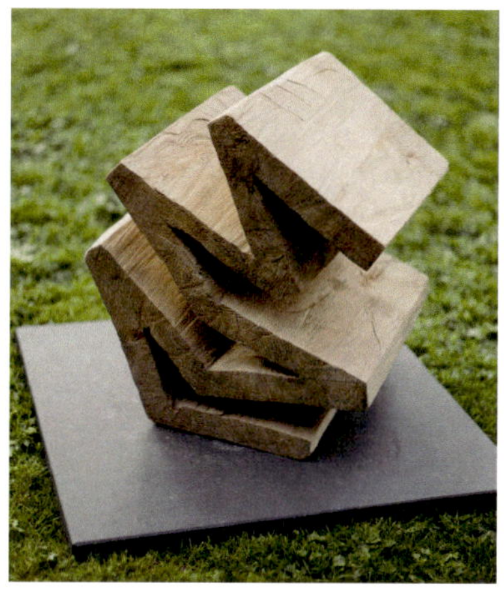

478
Entwicklung einer Kiste
2003
Pappel, 38 x 38 x 33,
Signiert: R. WACHTER 2003
Privatsammlung

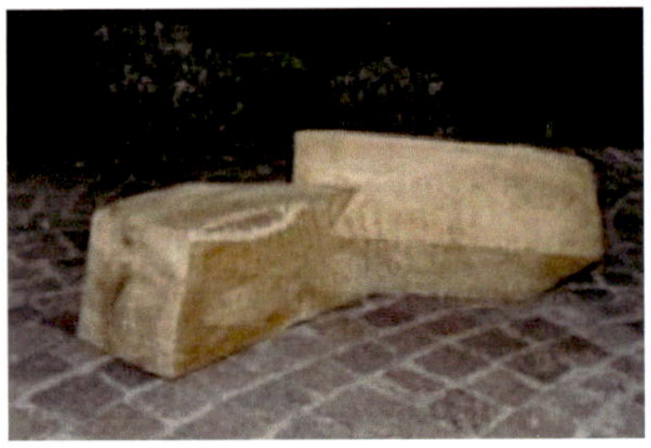

Foto: privat

479
Gebrochener Balken
2003
Umbrische Kastanie, 47 x 46 x 40
Privatsammlung

Ausstellungen: Rudolf Wachter Holzskulptur und Zeichnung, Galerie Wohlhüter Thalheim 2003.

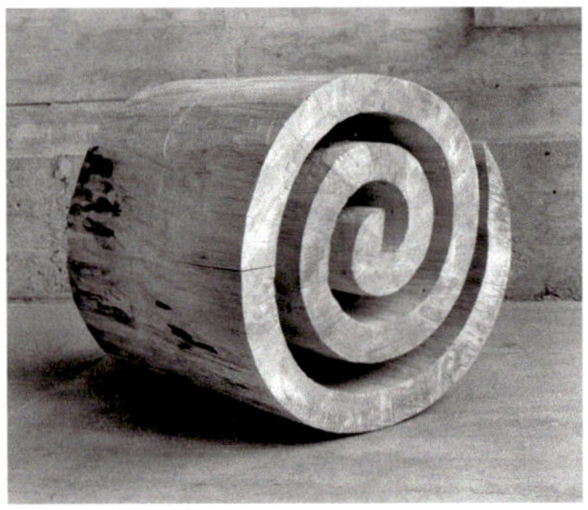

480
Newgrange 49
2003
Pappel, 75 x 78 x 72,
Signiert: R. WACHTER © N.G. XXXXVIIII
Landkreisamt Ravensburg

Literatur: Roßmann 2009, 12-13, Abb. S. 13.

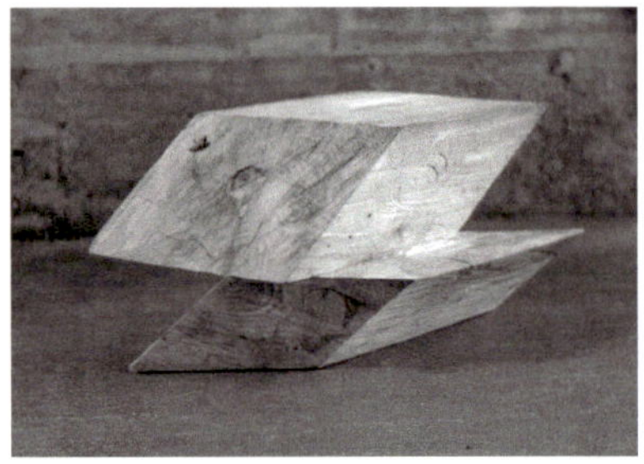

481
Omaggio a Piero
Um 2003
Pappel, 50 x 48 x 66, Signiert:
R. WACHTER © 2003
Privatsammlung

Ausstellungen: Wachter Holz Skulptur, Schweinfurt 2008.

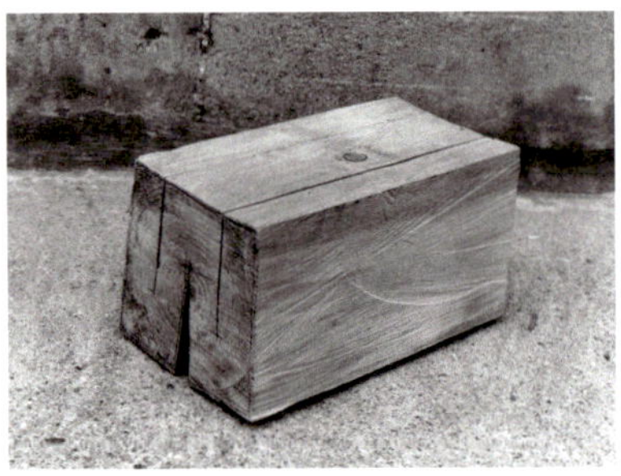

482
Schwundschnitt
Um 2003
Pappel, 38 x 20 x 19, Unsigniert
Sammlung Wachter

Modell im Wettbewerb für einen Volksaltar Tegernsee, Klosterkirche. Erster Preis, dann abgelehnt.

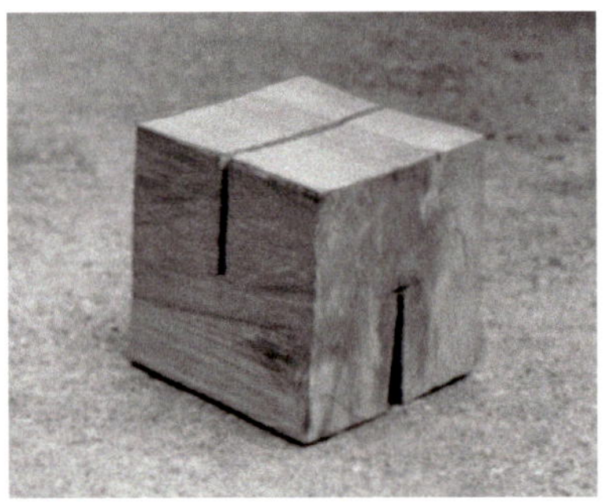

483
Schwundschnitt
Um 2003
Pappel, 20 x 21 x 20,5, Unsigniert
Sammlung Wachter

Modell im Wettbewerb für einen Volksaltar Tegernsee, Klosterkirche. Erster Preis, dann abgelehnt.

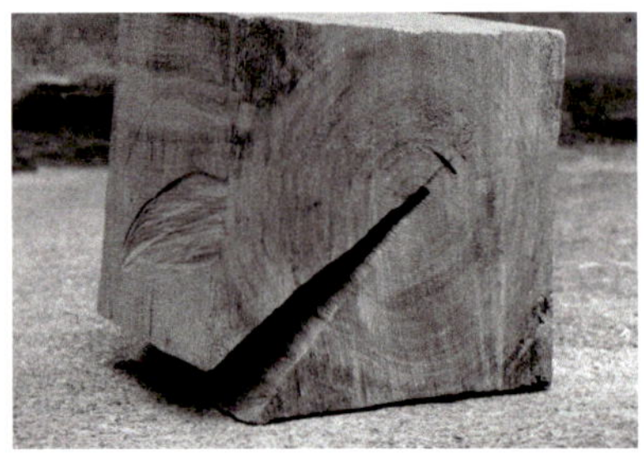

484
Schwundschnitt
Um 2003
Pappel, 19,5 x 20 x 22, Unsigniert
Sammlung Wachter

Modell im Wettbewerb für einen Volksaltar Tegernsee, Klosterkirche. Erster Preis, dann abgelehnt.

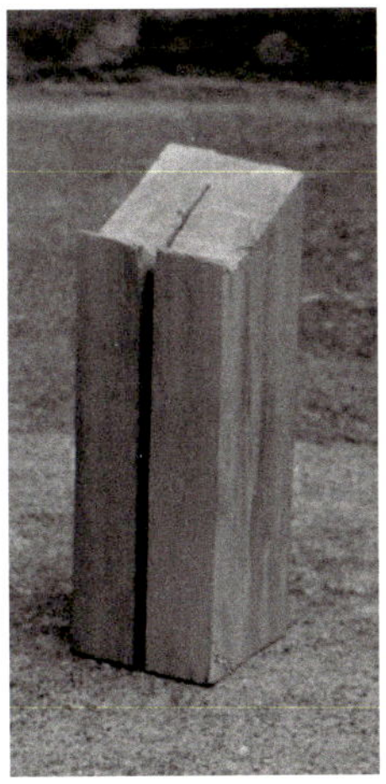

485
Schwundschnitt
2003/2004
Pappel, 28,5 x 9 x 9, Unsigniert
Sammlung Wachter

Modell Ambo im Wettbewerb für Klosterkirche Tegernsee. Erster Preis, dann abgelehnt.

Siehe auch WVZ 486.

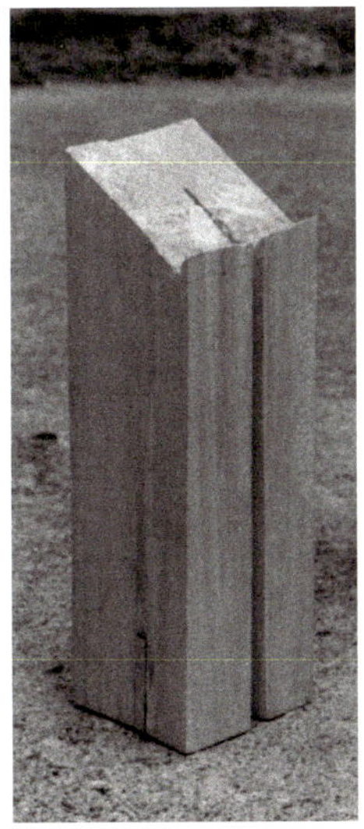

486
Schwundschnitt
2003/2004
Pappel, 24 x 8 x 8,5
Unsigniert
Sammlung Wachter

Modell Ambo im Wettbewerb für Klosterkirche Tegernsee. Erster Preis, dann abgelehnt.

Siehe auch WVZ 485.

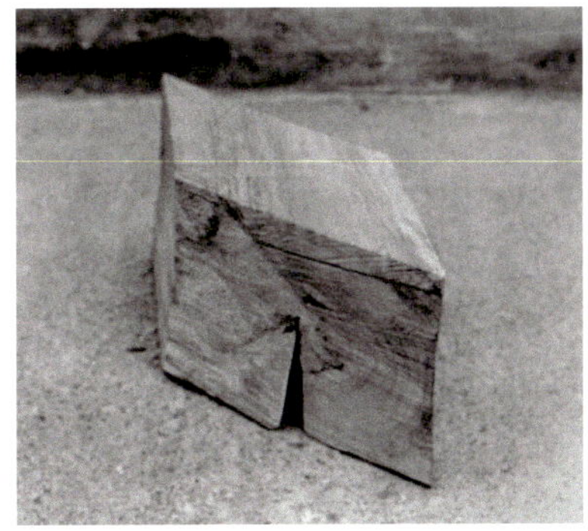

487
Schwundschnitt
2003/2004
Pappel, 19,5 x 19 x 42,5
Unsigniert
Sammlung Wachter

Modell im Wettbewerb für einen Volksaltar Tegernsee, Klosterkirche. Erster Preis, dann abgelehnt.

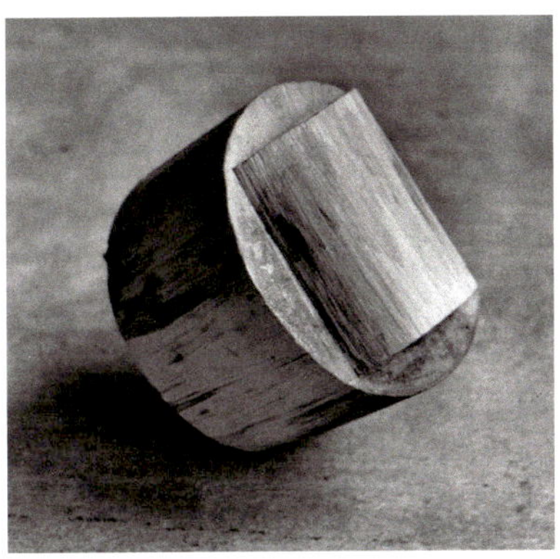

488
Baumscheiben verkreuzt
2004
Pappel, 36 x 30 x 37, Signiert:
R. Wachter-2004-
Sammlung Dr. Keck

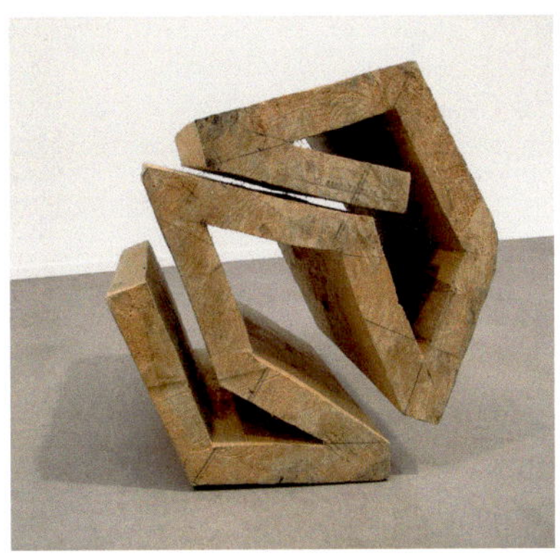

Foto: Abt-Straubinger

489
Entwicklung einer Kiste
2004
Pappel, 65 x 65 x 67,
Signiert: R. WACHTER 2004
Sammlung Abt-Straubinger

Ausstellungen: Holzskulpturen und Zeichnungen von Rudolf Wachter, Thalheim 2007. Wachter Holz Skulptur, Schweinfurt 2008.

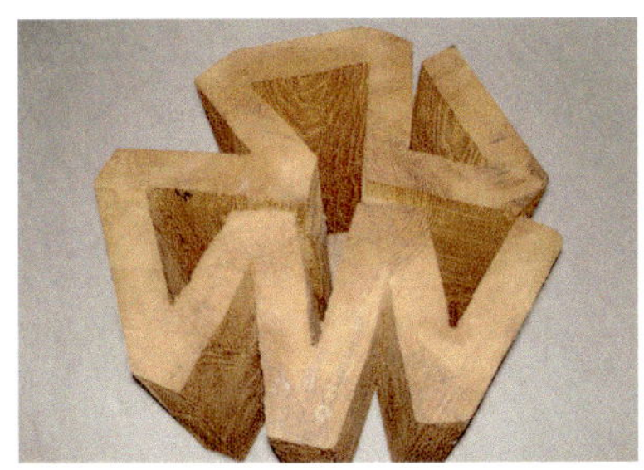

Foto: privat

490
Entwicklung einer Kiste
2004
Kastanie, 39,5 x 47 x 46, Signiert:
R. WACHTER
Sammlung Alois und Annerose Riedl

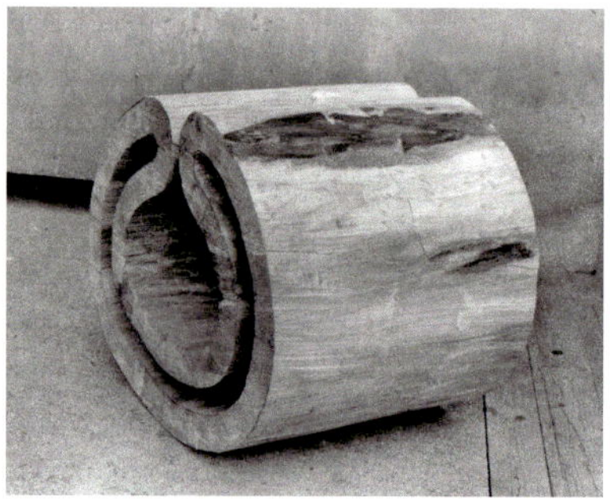

491
Gastrula
2004
Pappel, 80 x 95 x 72, Signiert:
R. WACHTER © Gastrula 2004
Neues Schloss Kißlegg. Museum Rudolf Wachter

Ausstellungen: Rudolf Wachter im Neuen Schloss Kißlegg, Kißlegg 2005.

Literatur: Ausst. Kat. Kißlegg 2005, S. 33.

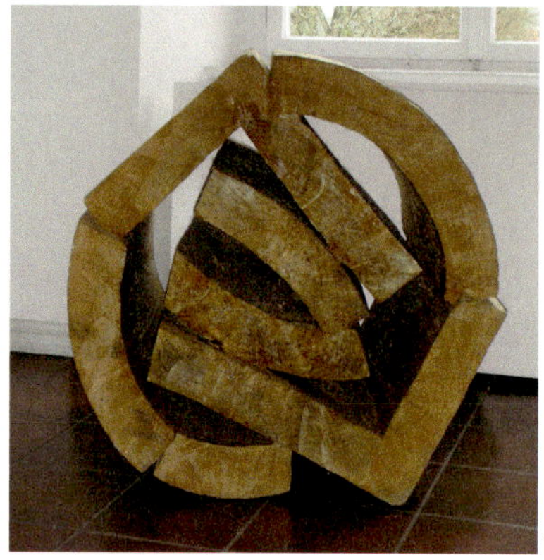

Foto: S. Weinmayr

492
Gebrochener Raum
2004
Pappel, 85 x 100 x 100, Signiert:
R. WACHTER . gebr. Raum - 2004
Neues Schloss Kißlegg. Museum Rudolf Wachter

Ausstellungen: Rudolf Wachter im Neuen Schloss Kißlegg, 2005.

Literatur: Ausst. Kat. Kißlegg 2005, S. 20.

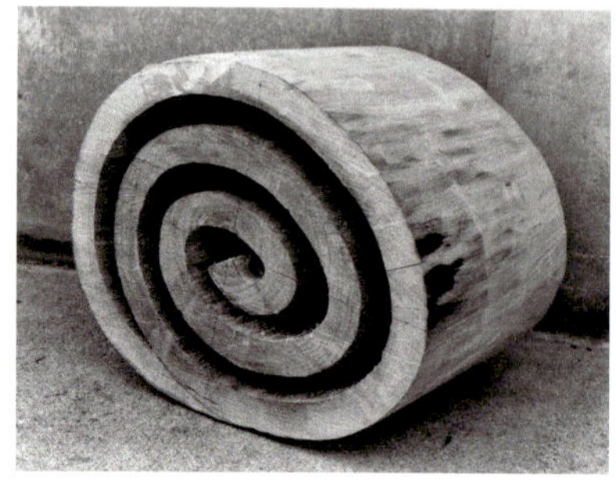

493
Newgrange XXXXX
2004
Pappel, 70 x 73 x 90, Signiert:
R. WACHTER © NG XXXXX 2004
Sammlung Ursula Wachter

Ausstellungen: Kunstverein Rosenheim Jahres-Ausstellung 2005, Rosenheim 2005. Rudolf Wachter im Neuen Schloss Kißlegg, 2005. ‚Aus dem Stamm' - Die Sinnlichkeit des Materials - Holzskulptur heute, Ettlingen und Singen 2009. Stationen, Monika Huber und Rudolf Wachter, Eine künstlerische Begegnung, Rosenheim und Dachau 2010. Raumschnitte. Rudolf Wachter in St. Paul, München, 2010. Stathmoi-Stationen. Rudolf Wachter und Monika Huber, Athen 2011. Rudolf Wachter. Zeichnung und Objekt, Freising 2011.

Literatur: Ausst. Kat. Rosenheim 2005, S. 70. Ausst. Kat. Ettlingen 2009, S. 191. Ausst. Kat. Rosenheim 2010, S. 46. Ausst. Kat. München 2010, S. 29. Und 2010, S. 8.

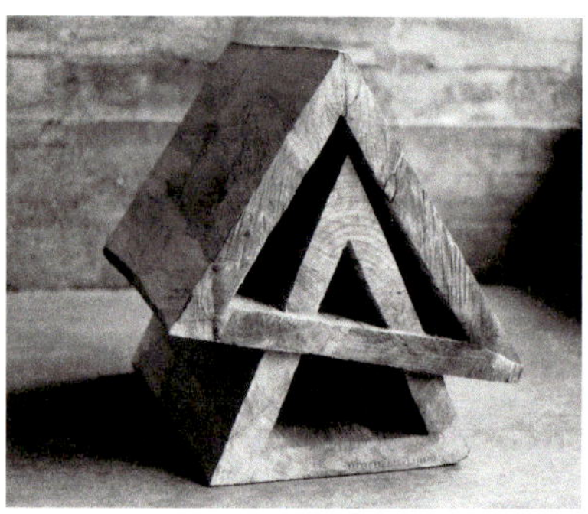

494
Newgrange XXXXXI
2004
Pappel, 77 x 76 x 70, Signiert:
R. WACHTER 2004 NG XXXXXI
Stiftung für Bildhauerei, Berlin

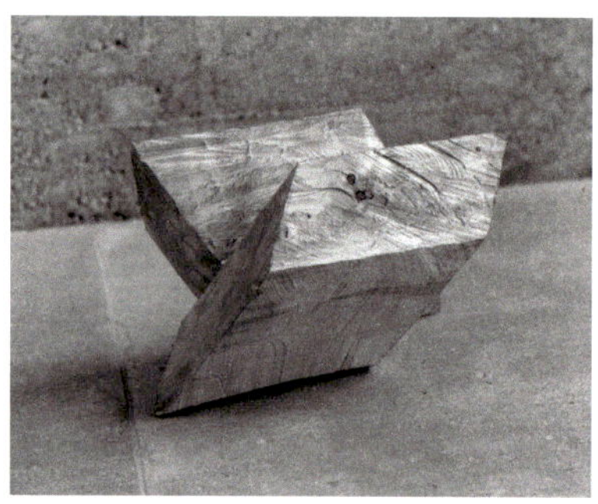

495
Omaggio a Piero
2004
Kastanie, 40 x 45 x 46, Signiert:
R. WACHTER OMAGGIO AL PIERO 2004
Privatsammlung

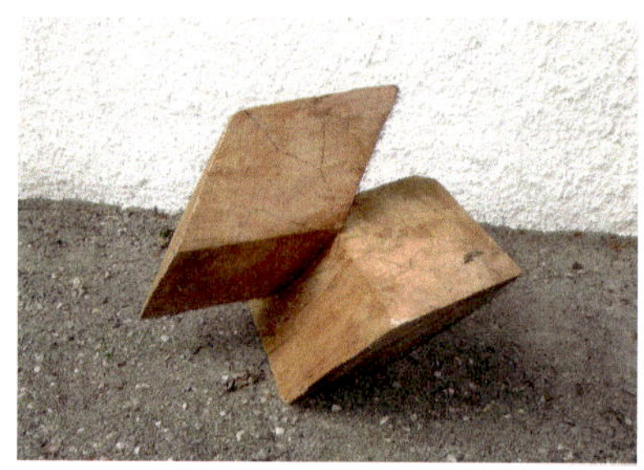

Foto: privat

496
Omaggio a Piero
2004
Robinie, 51 x 58 x 45, Signiert:
R. WACHTER OMAGGIO AL PIERO 2004
Privatsammlung

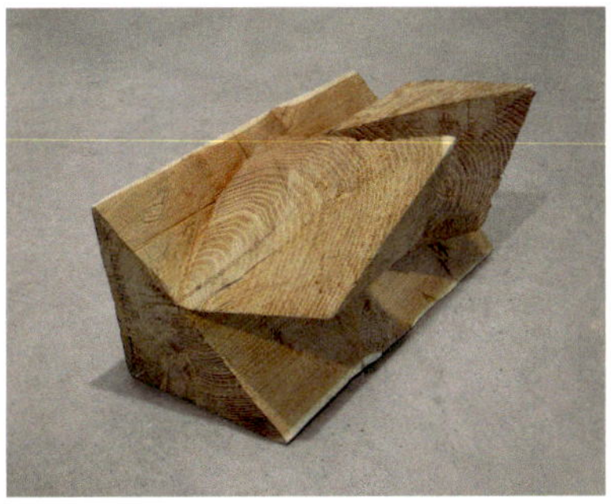

497
Omaggio a Piero
2004
Akazie, 40 x 40 x 30, Signiert:
R. WACHTER OMAGGIO AL PIERO 2004
Sammlung Abt-Straubinger

Ausstellungen: Rudolf Wachter Holzskulptur und Zeichnung, Thalheim 2007.

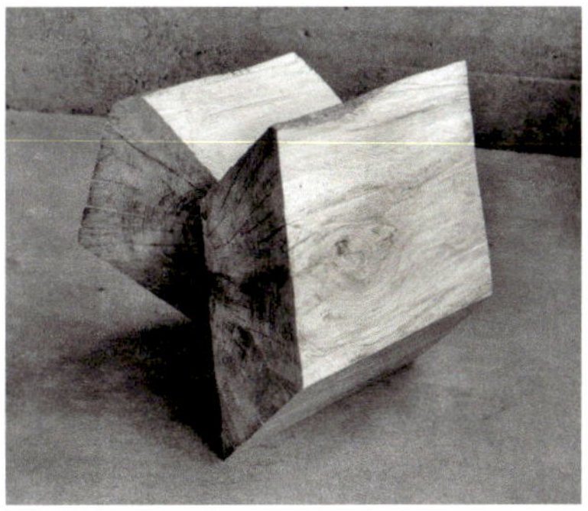

498
Omaggio a Piero I
2004
Umbrische Kastanie, 50 x 40 x 35, Signiert: R. WACHTER OMAGGIO AL PIERO I 2004
Privatsammlung

Literatur: Gräb/Wachter 2006, S. 308-309.

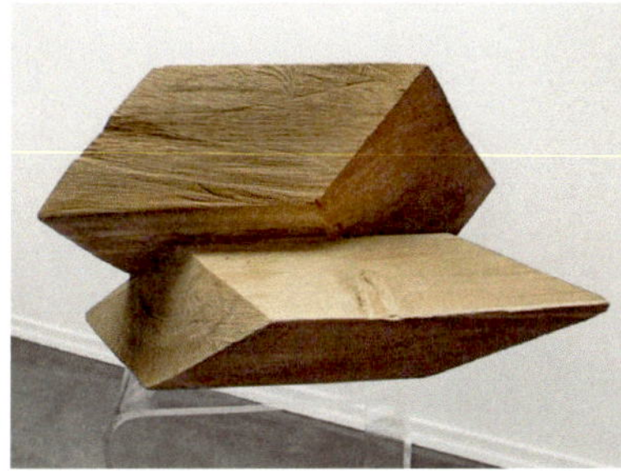

Foto: privat

499
Omaggio a Piero II
2004
Pappel, 75 x 50 x 40, Signiert:
R. WACHTER - OMAGGIO AL PIERO - 2004 II
Privatsammlung

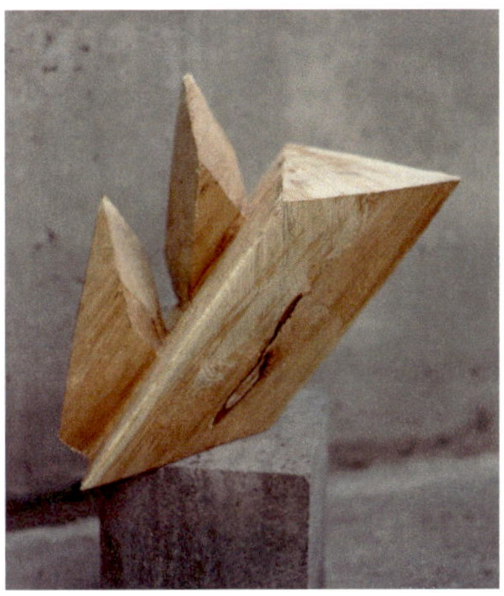

500
Omaggio a Piero V
2004
Akazie, 43 x 28 x 36, Signiert: OMAGGIO AL PIERO © R. WACHTER 2004

Ausstellungen: Rudolf Wachter. Zeichnungen und eine Skulptur, München 2005.

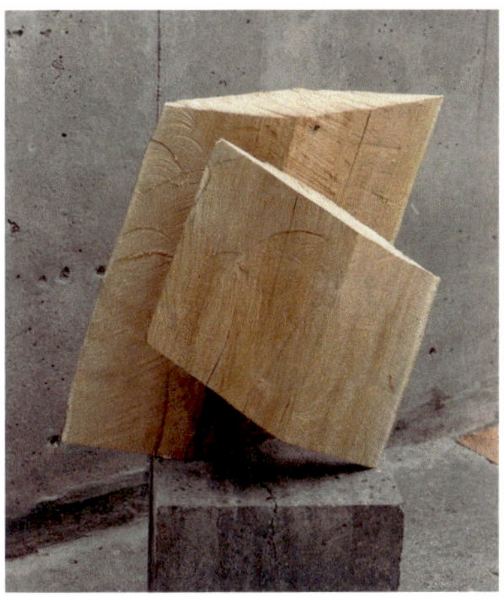

501
Omaggio a Piero VI
2004
Akazie, 40 x 33 x 28, Signiert: OMAGGIO AL PIERO 2004 © R. WACHTER
Privatsammlung

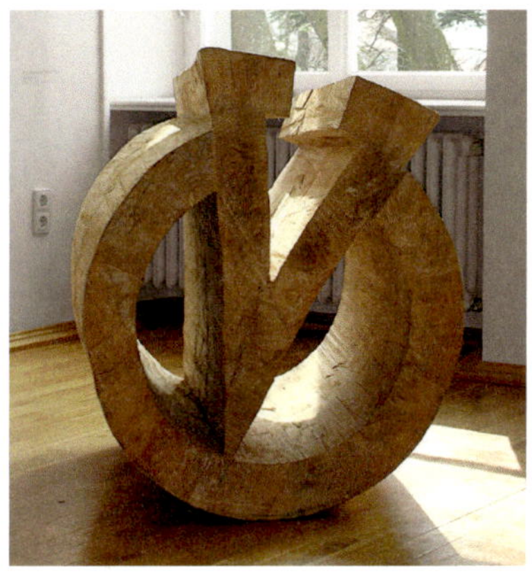

Foto: S. Weinmayr

502
Sich öffnender Raum
2004
Pappel, 72 x 70 x 75, Signiert:
R. WACHTER - 2004 -SICH ÖFFNENDER RAUM -
Neues Schloss Kißlegg. Museum Rudolf Wachter

Ausstellungen: Rudolf Wachter im Neuen Schloss Kißlegg, Kißlegg, seit 2005 (dort im Flyer).

Literatur: Ausst. Kat. Kißlegg 2005, S. 35.

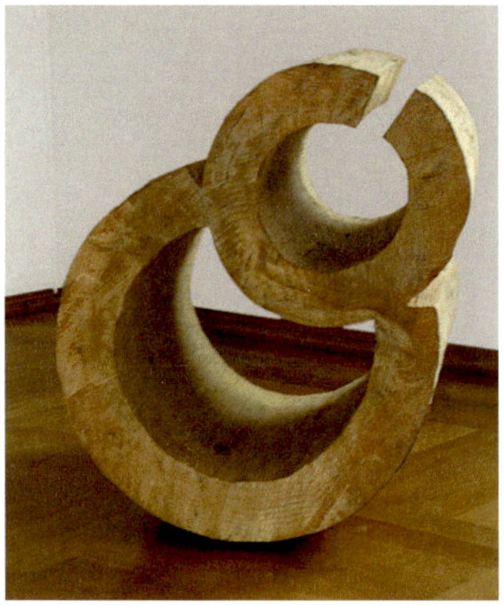

503
Sich öffnender Raum
2004
Pappel, 90 x 95 x 86, Signiert: SICH ÖFFNENDER RAUM - R. WACHTER © 2004
Neues Schloss Kißlegg. Museum Rudolf Wachter

Ausstellungen: Rudolf Wachter im Neuen Schloss Kißlegg, seit 2005.

Literatur: Ausst. Kat. Kißlegg 2005, S. 44.

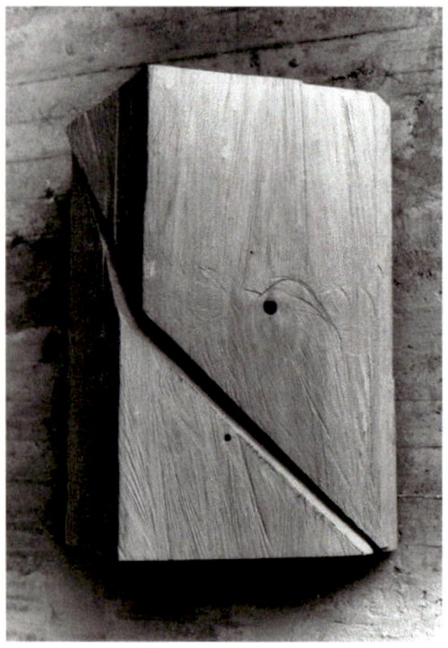

504
Station XVII
2004
Pappel, 80 x 40 x 65, Unsigniert
Landkreisamt Ravensburg, Leihgabe Neues Schloss Kißlegg. Museum Rudolf Wachter

Ausstellungen: Rudolf Wachter im Neuen Schloss Kißlegg, Kißlegg seit 2005. Wachter Holz Skulptur, Schweinfurt 2008.

Literatur: Ausst. Kat. Kißlegg 2005, S. 51. Ausst. Kat. Schweinfurt 2008, S. 7.

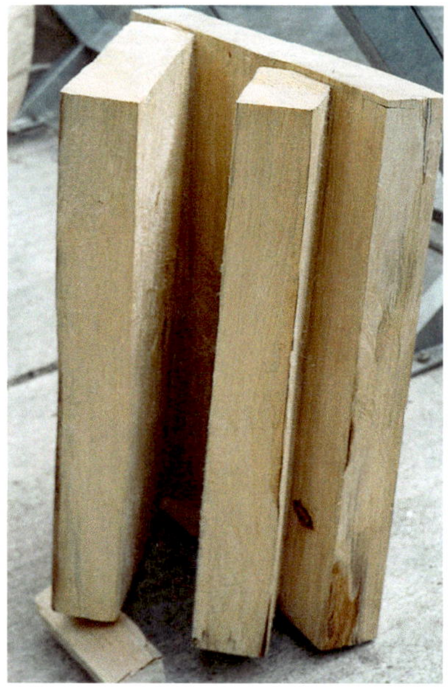

505
Station XVIII
2004
Pappel, 80 x 64 x 40, Unsigniert
Sammlung Parzich

Ausstellungen: Rudolf Wachter, Neuburg an der Donau 1999.

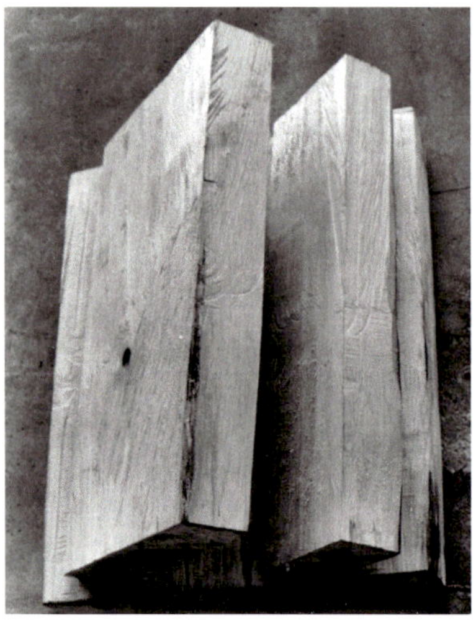

506
Station XVIIII
2004
Pappel, 103 x 84 x 60, Signiert: R. WACHTER- STATION XVIIII - 2004
Neues Schloss Kißlegg. Museum Rudolf Wachter

Ausstellungen: Rudolf Wachter im Neuen Schloss Kißlegg, 2005. Wachter Holz Skulptur, Schweinfurt, 2008.

Literatur: Ausst. Kat. Kißlegg 2005, S. 26. Ausst. Kat. Schweinfurt 2008, S. 6.

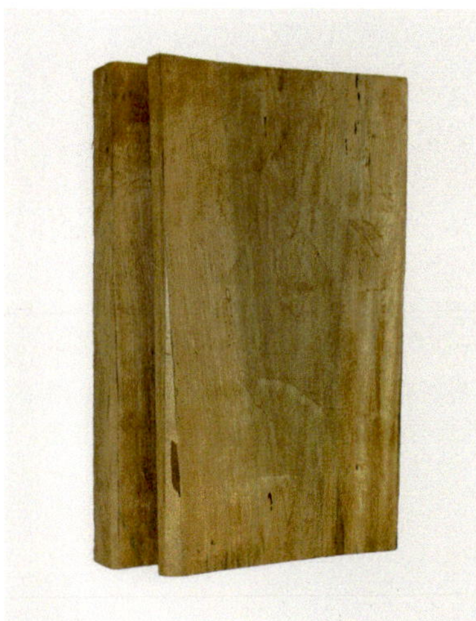

507
Station XX
2004
Pappel, 104 x 72 x 34, Signiert: R. WACHTER Station XX 2004
Neues Schloss Kißlegg. Museum Rudolf Wachter

Ausstellungen: Rudolf Wachter im Neuen Schloss Kißlegg, 2005.

Literatur: Ausst. Kat. Kißlegg 2005, S. 27.

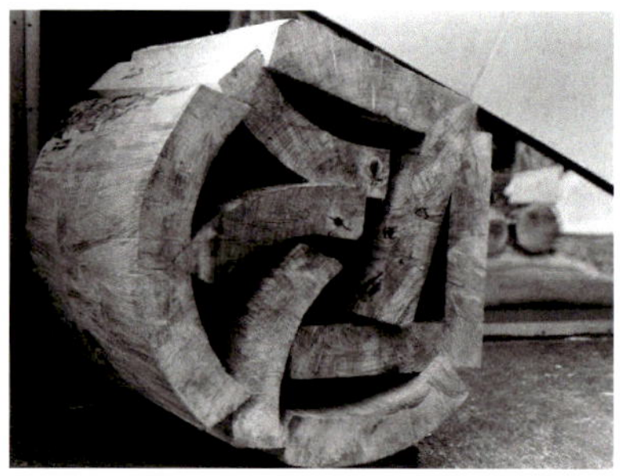

508
Gebrochener Raum
2005
Schwarzpappel, 90 x 97 x 85, Signiert: R. WACHTER 2005 ¸-Gebrochener Raum
Sammlung Wachter

Ausstellungen: Rudolf Wachter. Zeichnungen und eine Skulptur, München 2005. Wachter Holz Skulptur, Schweinfurt 2008. Stationen, Monika Huber und Rudolf Wachter, Eine künstlerische Begegnung, Rosenheim und Dachau 2010.

Literatur: Döcker 2007, S. 91. Ausst. Kat. Schweinfurt 2008, S. 27. Ausst. Kat. Rosenheim 2010, S. 37.

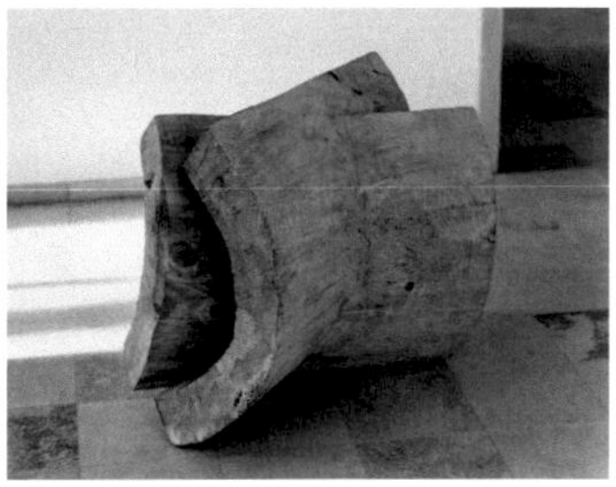

509
Gebrochener Raum I
2005
Pappel, 85 x 70 x 85, Signiert:
R. WACHTER-GEBROCHENER
RAUM-2005 I
Sammlung Wachter

Ausstellungen: Wachter Holz Skulptur, Schweinfurt 2008. Rudolf Wachter, Rupprecht Geiger, Armando, München 2009. Stationen, Monika Huber und Rudolf Wachter, Eine künstlerische Begegnung, Rosenheim und Dachau 2010 (dort auch jeweils auf dem Plakat). Raum Schnitte. Rudolf Wachter in St. Paul, München 2010. Stathmoi-Stationen. Rudolf Wachter und Monika Huber, Athen 2011. Rudolf Wachter. Zeichnung und Objekt, Freising 2011.

Literatur: Ausst. Kat. Schweinfurt 2008, S. 30. Ausst. Kat. Rosenheim 2010, S. 2. Ausst. Kat. München 2010, S. 40.

2005 entstanden aus einem Stamm sieben neue Arbeiten in Folge: WVZ 509–515.

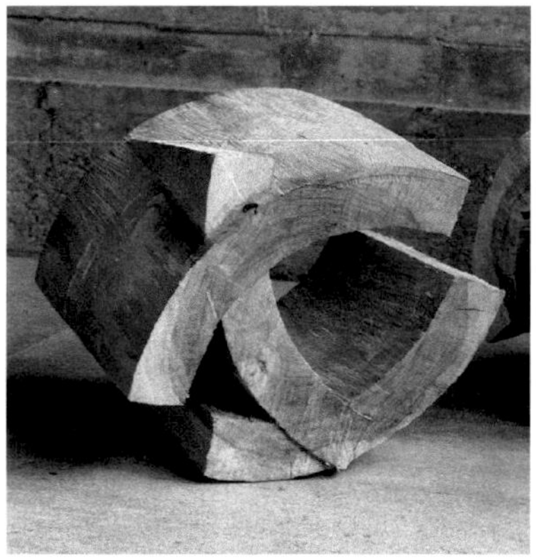

510
Gebrochener Raum II
2005
Pappel, 70 x 70 x 75, Signiert:
R. WACHTER-GEBROCHENER
RAUM -2005 II
Sammlung Wachter

2005 entstanden aus einem Stamm sieben neue Arbeiten in Folge: WVZ 509–515.

Titel ist mehrfach vergeben.

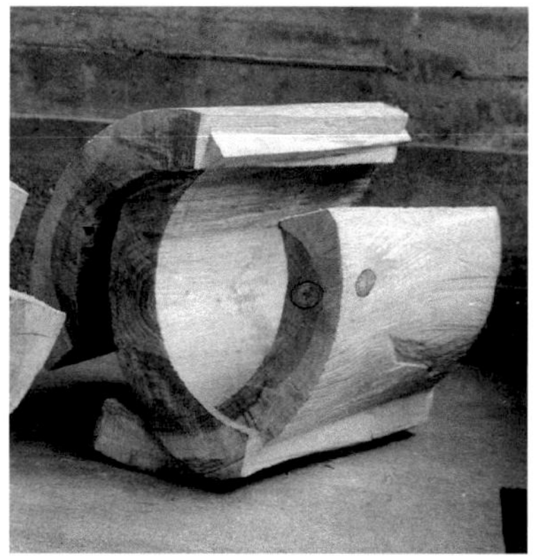

511
Gebrochener Raum III
2005
Pappel, 65 x 68 x 70, Signiert:
R. WACHTER-GEBROCHENER
RAUM -2005 III
Sammlung Wachter

Ausstellungen: Rudolf Wachter. Skulptur und Zeichnung, Freising 2006. Raum Schnitte. Rudolf Wachter in St. Paul, München 2010.

Literatur: Ausst. Kat. München 2010, S. 41.

2005 entstanden aus einem Stamm sieben neue Arbeiten in Folge: WVZ 509–515.

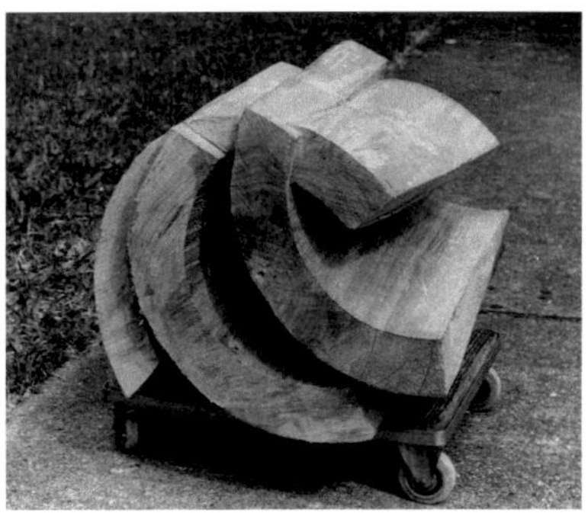

512
Gebrochener Raum IIII
2005
Pappel, 72 x 73 x 85, Signiert:
R. WACHTER-GEBROCHENER
RAUM-2005 © IIII
Privatsammlung

Ausstellungen: Transmontana, Weingarten, 2008. Wachter Holz Skulptur, Schweinfurt 2008. Rudolf Wachter, Rupprecht Geiger, Armando, München 2009. Stationen. Monika Huber und Rudolf Wachter. Eine künstlerische Begegnung, Rosenheim und Dachau 2010. Rudolf Wachter Holzskulptur Zeichnung, Thalheim 2011 (dort auch auf dem Cover).

Literatur: Ausst. Kat. Schweinfurt 2008, S. 28. Ausst. Kat. Rosenheim 2010, S. 34, 44. Und 2010, S. 34.

2005 entstanden aus einem Stamm sieben neue Arbeiten in Folge: WVZ 509–515.

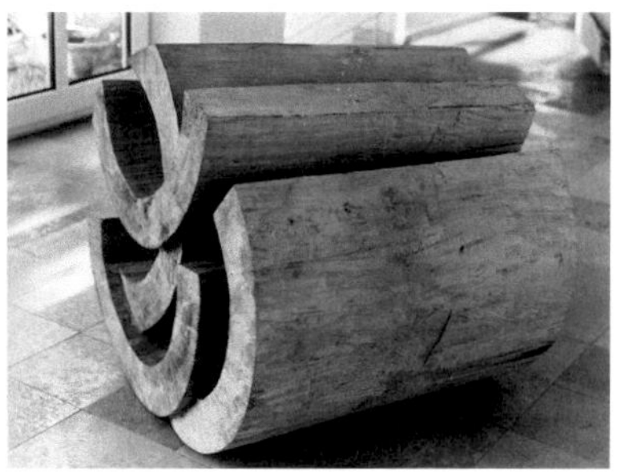

513
Gebrochener Raum IIIII
2005
Pappel, 80 x 85 x 90, Signiert:
R. WACHTER – GEBROCHENER
RAUM-2005 IIIII
Städtische Museen Biberach

Ausstellungen: Stationen. Monika Huber und Rudolf Wachter. Eine künstlerische Begegnung, Rosenheim und Dachau 2010. Belaubt-Entlaubt. Baum und Blume in der Kunst der Gegenwart, Ulm/Tübingen, 2007, S. 57. Döcker, Martina 2007, S. 92. Stationen, Monika Huber und Rudolf Wachter, Eine künstlerische Begegnung, Rosenheim 2010, Abb. S. 36.

2005 entstanden aus einem Stamm sieben neue Arbeiten in Folge: WVZ 509–515.

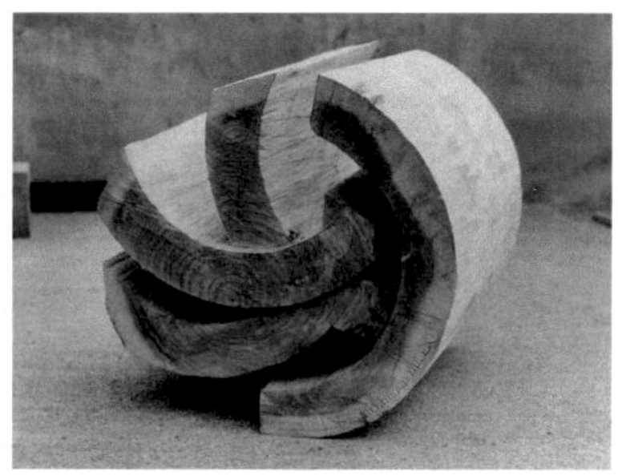

514
Gebrochener Raum VI
2005
Pappel, 72 x 85 x 75, Signiert:
R. WACHTER-GEBROCHENER-RAUM
-2005 IIIIII
Privatsammlung, Dauerleihgabe
Stadtmuseum im Schlössle, Weingarten

Ausstellungen: Wachter Holz Skulptur, Schweinfurt 2008.

Literatur: Ausst. Kat. Schweinfurt 2008, S. 33.

2005 entstanden aus einem Stamm sieben neue Arbeiten in Folge: WVZ 509–515.

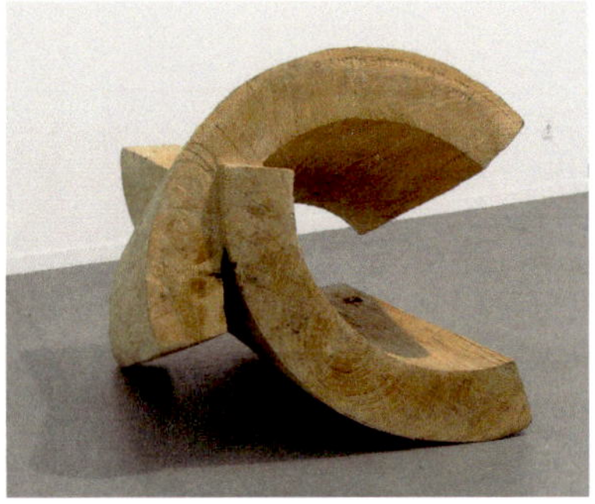

515
Gebrochener Raum VII
2005
Pappel, 65 x 62 x 85, Signiert:
R. WACHTER GEBROCHENER
RAUM IIIIIII
Sammlung Wachter

2005 entstanden aus einem Stamm sieben neue Arbeiten in Folge: WVZ 509-515.

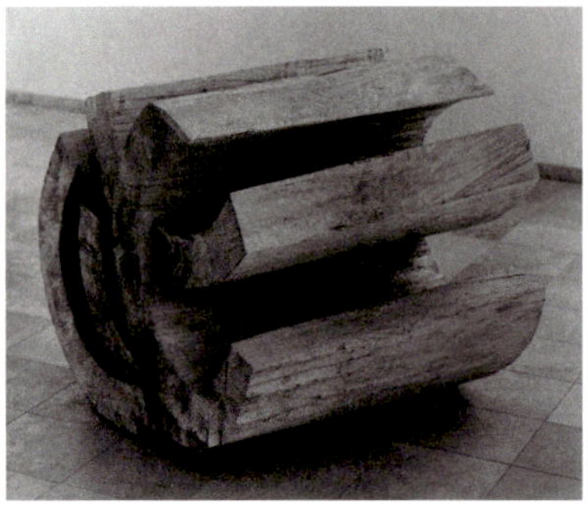

516
Gebrochener Raum V
2005
Pappel, 90 x 90 x 85, Signiert:
R. WACHTER © GEBROCHENER RAUM
2005 V
Sammlung Wachter

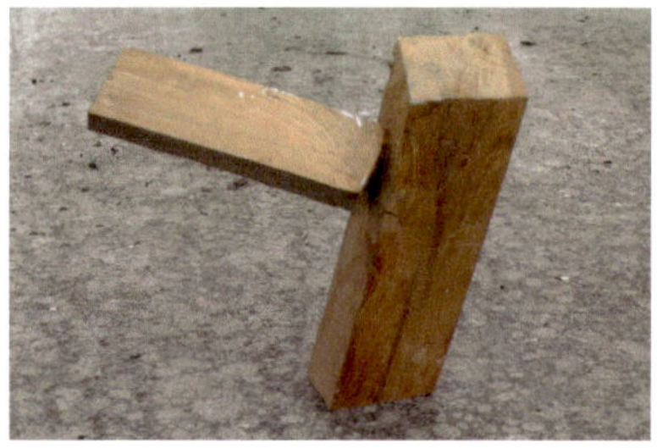

Foto: privat

517
ohne Titel
2005
Pappel, 31 x 30 x 31, Signiert:
R. WACHTER 2005
Privatsammlung

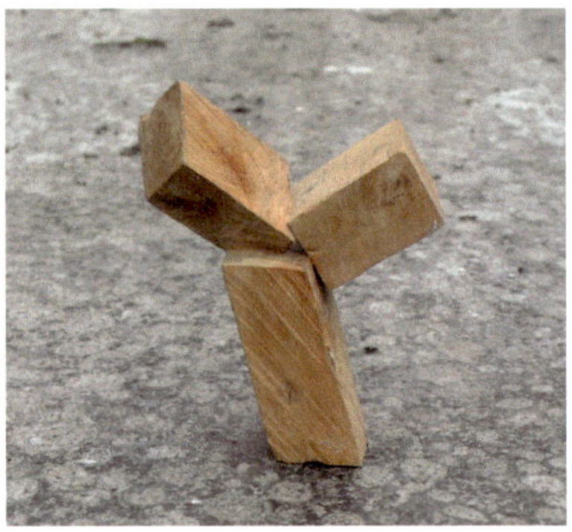

Foto: privat

518
ohne Titel
2005
Holz, 20 x 15 x 13, Signiert: R.W. © 05
Privatsammlung

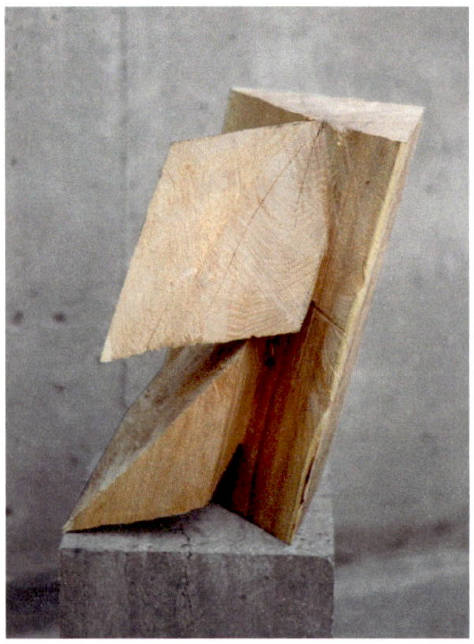

519
Omaggio al Piero
2005
Akazie, 60 x 37 x 35, Signiert: OMAGGIO
AL PIERO, R. WACHTER 2005
Privatsammlung

Ausstellungen: Wachter Holz Skulptur, Schweinfurt 2008.

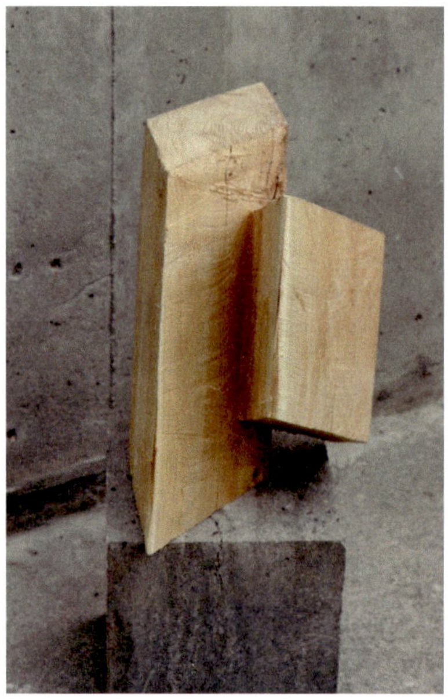

520
Omaggio al Piero
2005
Robinie, 40 x 28 x 38, Signiert:
R. WACHTER OMAGGIO AL PIERO 2005
Privatsammlung

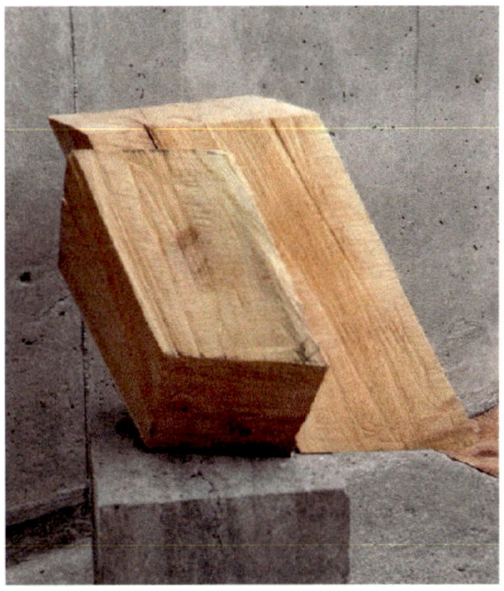

521
Omaggio al Piero
2005
Pappel, 57 x 30 x 30, Signiert:
R. WACHTER OMAGGIO AL PIERO 2005
Privatsammlung

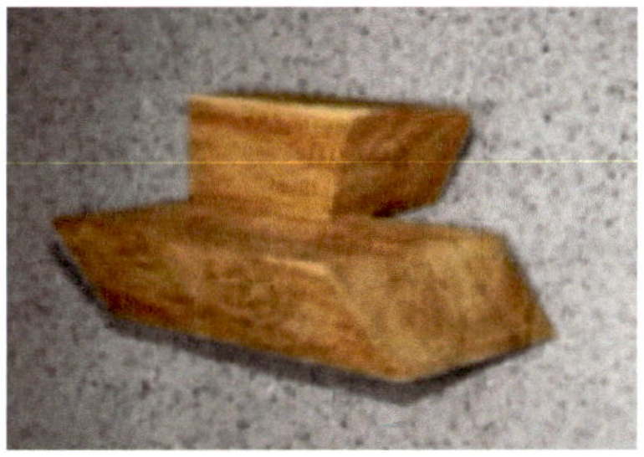

Foto: Keck

522
Omaggio al Piero
2005
Kastanie, 32 x 33 x 26, Signiert:
R. WACHTER -OMAGGIO AL PIERO-2005
Sammlung Dr. Keck

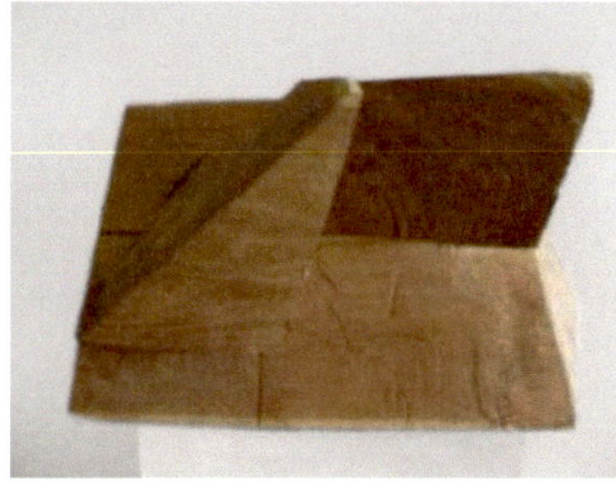

Foto: Fedder

523
Omaggio a Piero
2005
Umbrische Kastanie, 54 x 27,5 x 27,5
Signiert: R. WACHTER OMAGGIO A PIERO 2005
Sammlung Fedder

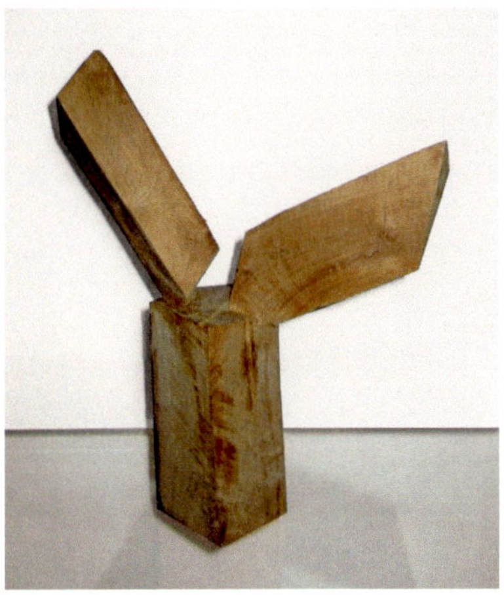

Foto: privat

524
Torso
2005
Apfel, 30 x 22 x 22, Signiert:
R. WACHTER¸ 05
Privatsammlung

Ausstellungen: Rudolf Wachter. Zeichnungen und eine Skulptur, München 2005.

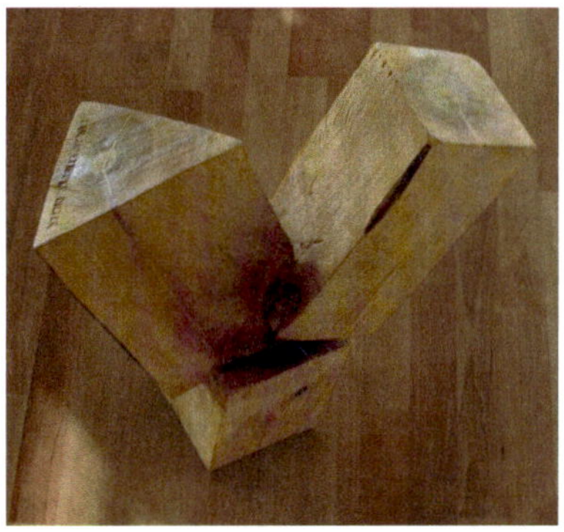

Foto: Krattenmacher

525
Torso
2005
Apfel, 70 x 40 x 20, Signiert:
R. WACHTER 2005
Sammlung Annette und Dieter Krattenmacher

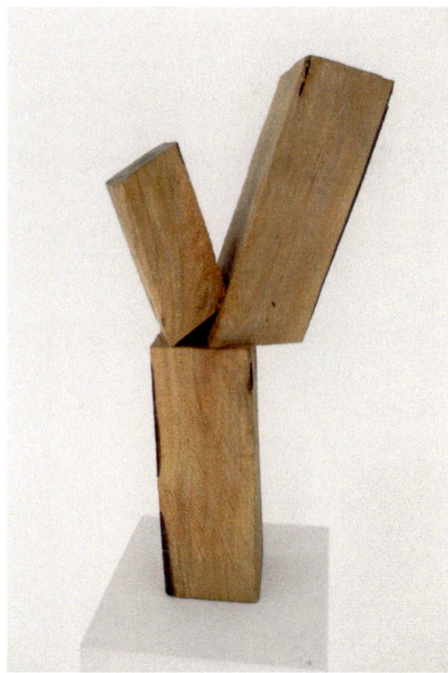

Foto: privat

526
Torso
2005
Pappel, 61 x 34 x 17, Signiert:
R. WACHTER – 2005
Privatsammlung

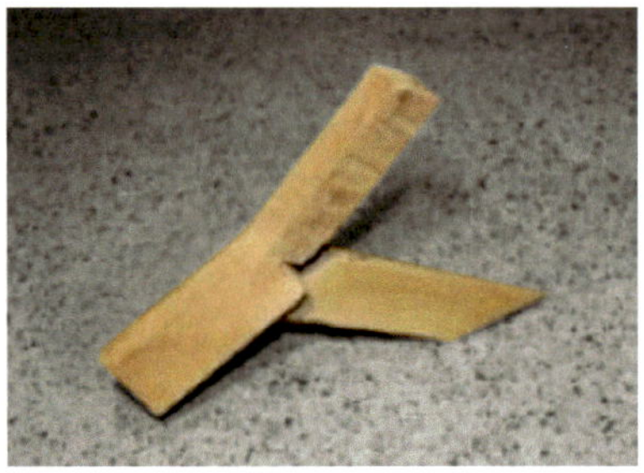

Foto: Keck

527
Torso
2005
Apfel, 39 x 33 x 11, Signiert:
R. WACHTER © 05
Sammlung Dr. Keck

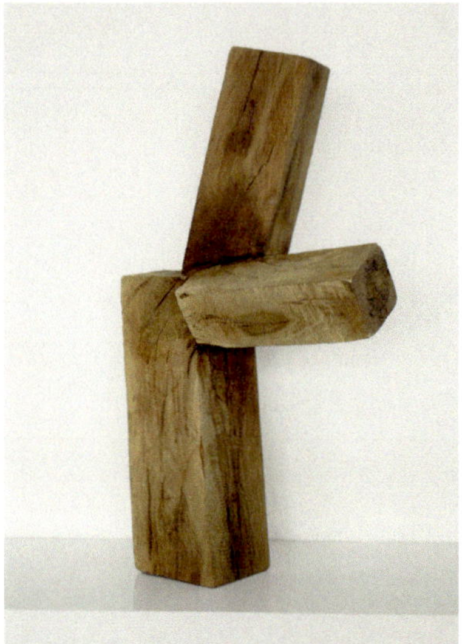

Foto: Kunstmuseum Singen

528
Torso
2005
Zwetschge, 48 x 15 x 41, Signiert:
R. WACHTER © 2005
Städtisches Kunstmuseum Singen

Ausstellungen: Rudolf Wachter. Holzskulptur-Zeichnung, Thalheim 2011.

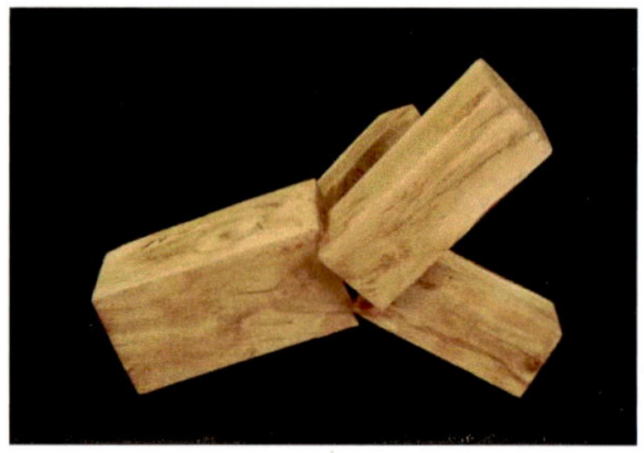

Foto: privat

529
Ohne Titel (Torso)
2005
Zwetschge, 63 x 40 x 50,
Signiert: R. WACHTER 2005
Europäisches Patentamt München

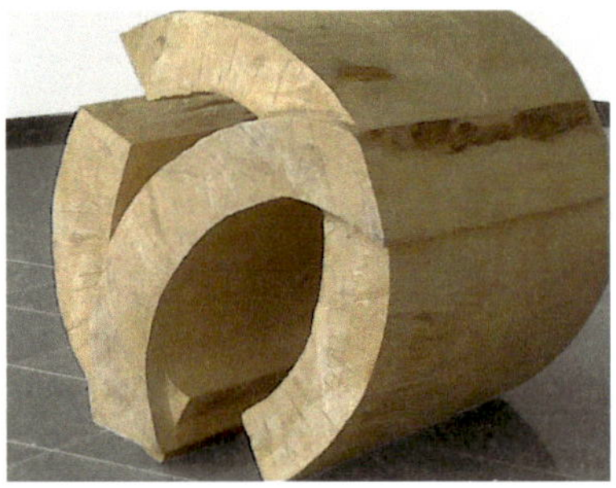

Foto: privat

530
Gebrochener Raum
2006
Pappel, 80 x 40 x 60, Signiert: RUDOLF WACHTER 2006 für S. CARRANO
Sammlung Nico Wachter

Ausstellungen: Rudolf Wachter, Rupprecht Geiger, Armando, München 2009.

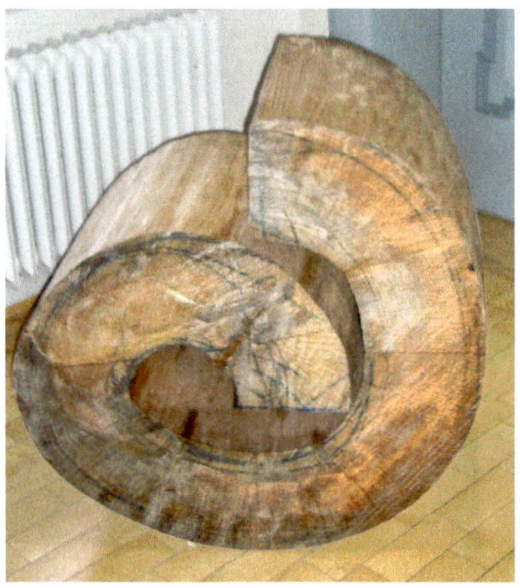

Foto: privat

531
Gebrochener Raum
2006
Pappel, Holz68 x 73 x 82, Signiert:
R. WACHTER-GEBROCHENER RAUM-2006
Privatsammlung, als Dauerleihgabe Stadtmuseum im Schlössle, Weingarten

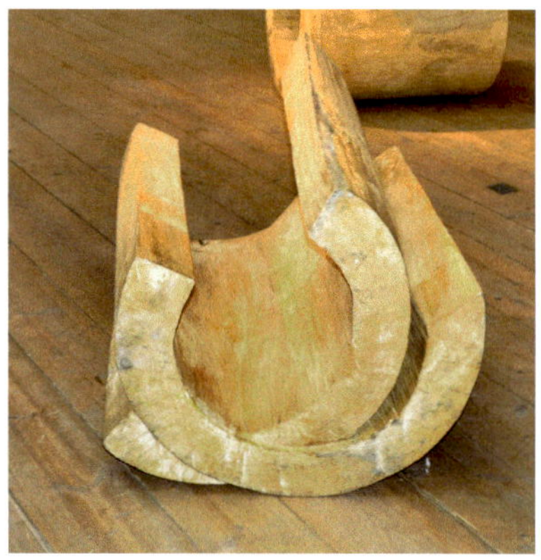

532
Gebrochener Raum
2006
Pappel, 80 x 70 x 85, Signiert:
R. WACHTER © 2006
Sammlung Wachter

Ausstellungen: Rudolf Wachter, Rupprecht Geiger, Armando, München 2009. Raum Schnitte. Rudolf Wachter in St. Paul, München 2010. Stationen, Monika Huber und Rudolf Wachter, Eine künstlerische Begegnung, Rosenheim und Dachau 2010. Rudolf Wachter. Zeichnung und Objekt, Freising, 2011.

Literatur: Ausst. Kat. Rosenheim 2010, S. 38. Ausst. Kat. München 2010, S. 41.

In beiden Katalogen auf 2007 datiert, Signatur allerdings 2006.

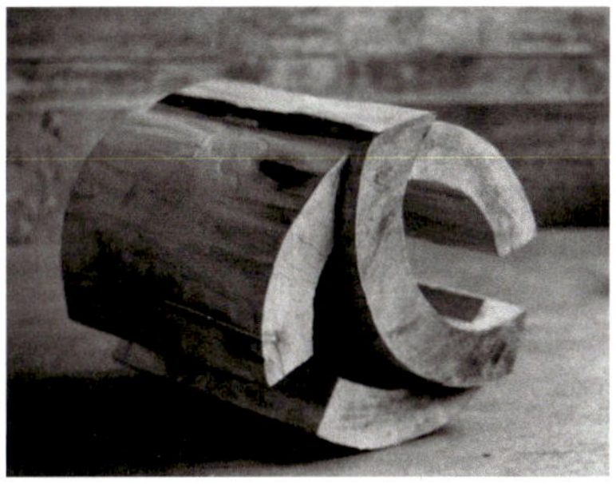

533
Gebrochener Raum 1
2006
Pappel, 80 x 70 x 72, Signiert:
R. WACHTER¸ GEBROCHENER RAUM 1, 2006
Privatsammlung

Ausstellungen: Stationen. Monika Huber und Rudolf Wachter. Eine künstlerische Begegnung, Rosenheim und Dachau 2010. Stathmoi-Stationen. Rudolf Wachter und Monika Huber, Athen 2011.

Literatur: Ausst. Kat. Rosenheim 2010, S. 45. Stathmoi-Stationen. Ausst. Kat. Athen 2011, S. 53.

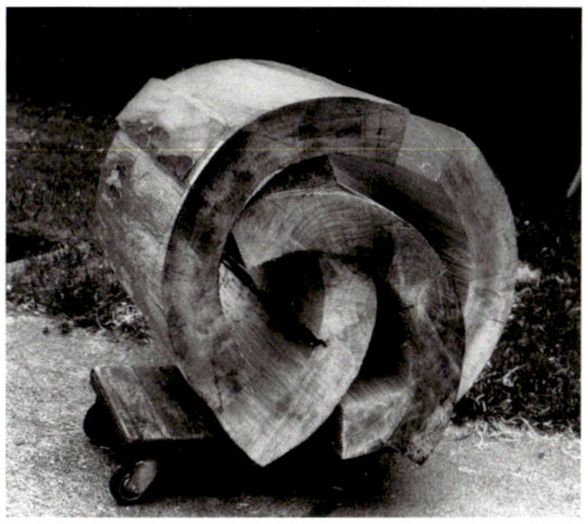

534
Gebrochener Raum 3
2006
Pappel, 80 x 80 x 80, Signiert:
R. WACHTER ¸ GEBROCHENER RAUM 3, 2006
Museen Schweinfurt

Ausstellungen: Wachter Holz Skulptur, Schweinfurt 2008. Diskurse. Deutsche Kunst nach 1945, Schweinfurt 2009.

Literatur: Ausst. Kat. Schweinfurt 2009, S. 284. Ausst. Kat. Schweinfurt 2008, S. 28.

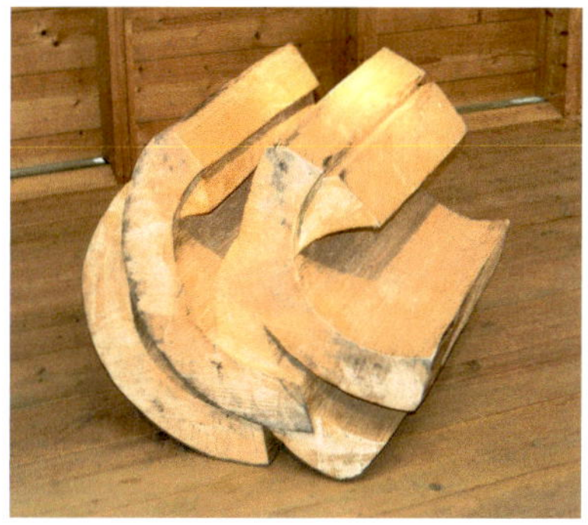

535
Gebrochener Raum 4
2006
Pappel, 90 x 80 x 80, Signiert:
R. WACHTER © Gebrochener Raum 4, 2006
Privatsammlung

Ausstellungen: art Karlsruhe, Galerie Wohlhüter, Karlsruhe 2009. Stationen. Monika Huber und Rudolf Wachter. Eine künstlerische Begegnung, Rosenheim und Dachau 2010 (in Rosenheim auf dem Plakat abgebildet). Raumschnitte. Rudolf Wachter in St. Paul, München 2010 (hier auf dem Cover der Einladungskarte). Rudolf Wachter. Zeichnung und Objekt, Freising, 2011.

Literatur: Ausst. Kat. Karlsruhe 2009, Abb. 271, S. 271. Ausst. Kat. Rosenheim 2010, S. 2, 16, 49. Ausst. Kat. München 2010, S. 24, Cover. Ausst. Kat. Athen 2011, S. 45.

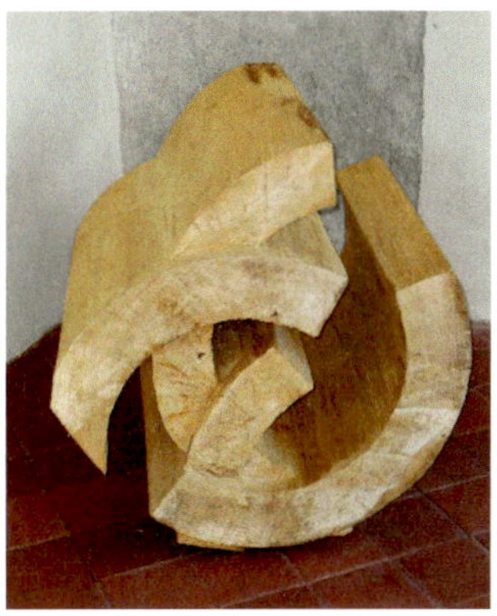

Foto: privat

536
Gebrochener Raum II
2006
Schwarzpappel, 75 x 80 x 75, Signiert:
R. WACHTER © GEBROCHENER RAUM II, 2006
Oberschwäbische Elektrizitätswerke OEW, Dauerleihgabe Schlosskapelle Tettnang

Titel mehrfach vergeben

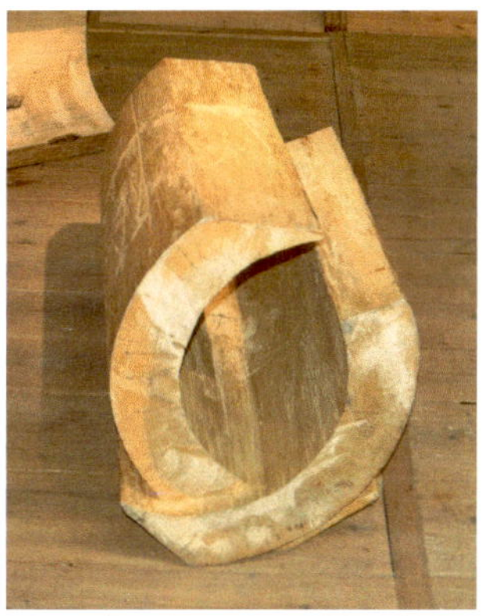

537
Gebrochener Raum V
2006
Pappel, 78 x 65 x 60,
Signiert: R. WACHTER GEBROCHENER RAUM V 2006
Privatsammlung

Ausstellungen: Wachter Holz Skulptur, Schweinfurt 2008. Rudolf Wachter, Rupprecht Geiger, Armando, München 2009. Raum Schnitte. Rudolf Wachter in St. Paul, München 2010. Stationen. Monika Huber und Rudolf Wachter. Eine künstlerische Begegnung, Rosenheim und Dachau 2010. Rudolf Wachter. Zeichnung und Objekt, Freising, 2011.

Literatur: Ausst. Kat. Schweinfurt 2008, S. 15. Ausst. Kat. Rosenheim 2010, S. 39. Ausst. Kat. München 2010, S. 46.

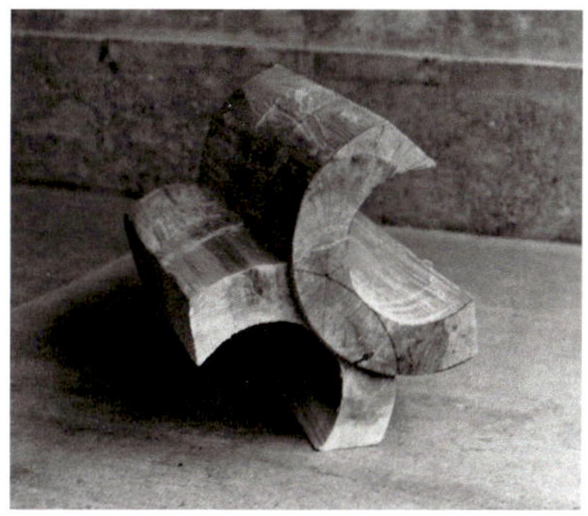

538
Gebrochener Raum VI
2006
Pappel, 80 x 58 x 58, Signiert:
R. WACHTER
Privatsammlung

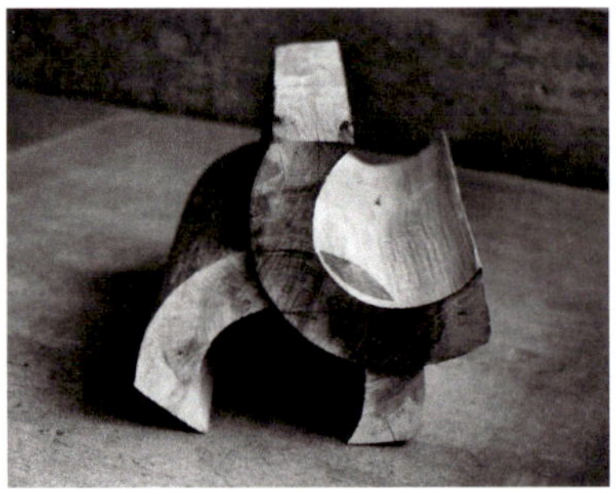

539
Gebrochener Raum VI
2006
Pappel, 83 x 60 x 60, Signiert:
R. WACHTER © Gebrochener Raum
2006 VI
Privatsammlung

Ausstellungen: Kunstmarkt Köln 2009, Galerie Rieder. Rudolf Wachter, Rupprecht Geiger, Armando, München 2009.

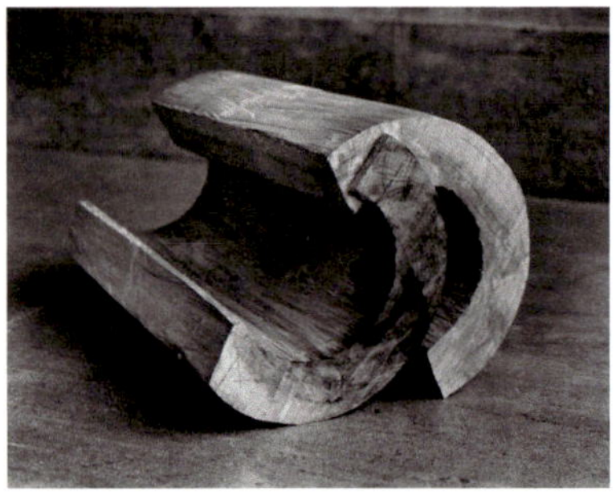

540
Gebrochener Raum VII
2006
Pappel, 82 x 65 x 65, Signiert:
R. WACHTER GEBROCHENER RAUM
2006 © VII
Sammlung Wachter

Ausstellungen: Rudolf Wachter, Rupprecht Geiger, Armando, München 2009. Stationen. Monika Huber und Rudolf Wachter. Eine künstlerische Begegnung, Rosenheim und Dachau 2010. Stathmoi-Stationen. Rudolf Wachter und Monika Huber, Athen 2011. Rudolf Wachter. Zeichnung und Objekt, Freising, 2011.

Literatur: Ausst. Kat. Rosenheim 2010, S. 39.

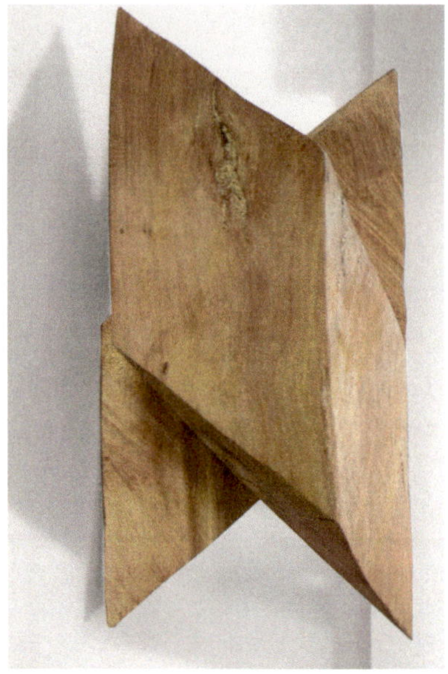

Foto: Maas

541
ohne Titel
2006
Apfel, 12 x 31 x 11, Signiert: R. WACHTER
2006
Sammlung Annette und Christoph Maas

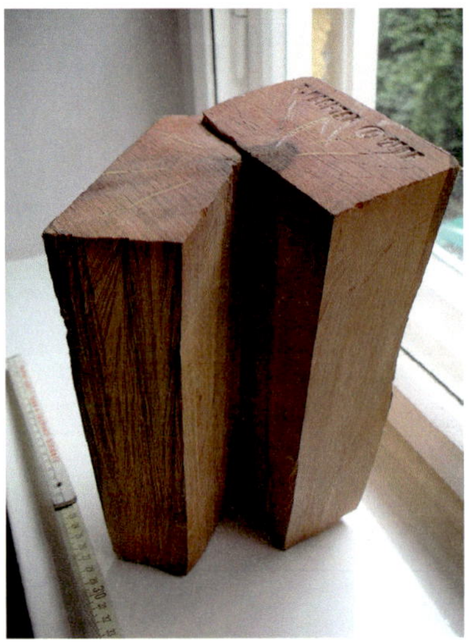

Foto: privat

542
ohne Titel
2006
Zwetschge, 27,5 x 16,5 x 13,5
Signiert: R. WACHTER © 2006
Privatsammlung

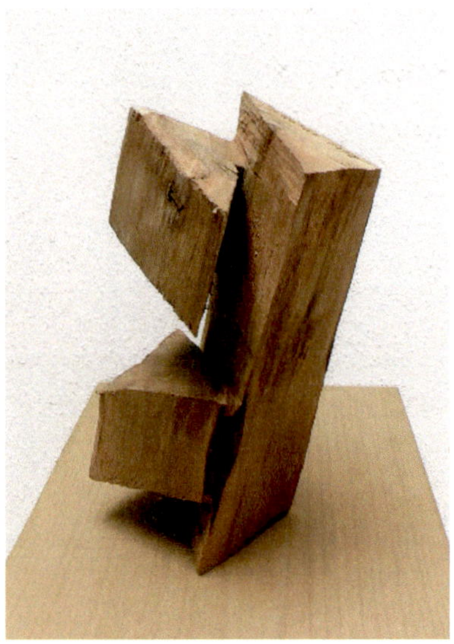

Foto: Rost

543
Omaggio a Piero
2006
Zwetschge, 28 x 16 x 16, Signiert:
R WACHTER © 2006
Sammlung Claus Rost

Ausstellungen: Gruppen-Ausstellung, galerie 13, Freising 2007.

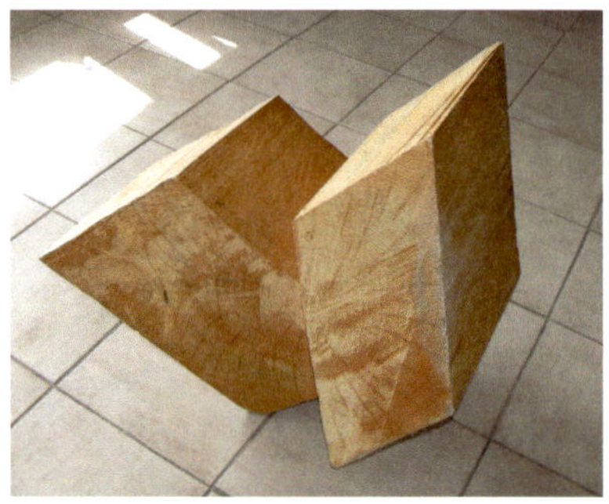

Foto: Werner Wohlhüter

544
Omaggio a Piero
2006
Pappel, 43 x 65 x 45, Signiert:
R WACHTER © 2006
Privatsammlung

Ausstellungen: art Karlsruhe 2011, Galerie Wohlhüter.

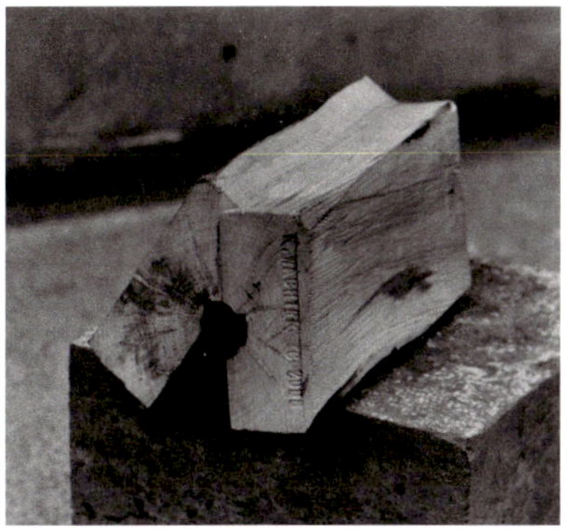

545
Schwundschnitt
2006
Apfel, 30 x 16 x 16, Signiert: R. WACHTER © 2006
Privatsammlung

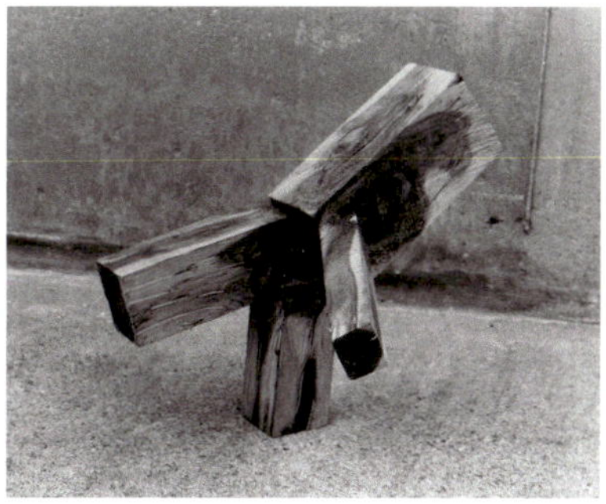

546
Torso
2006
Zwetschge, 65 x 50 x 40, Signiert: R. WACHTER 2006
Privatsammlung

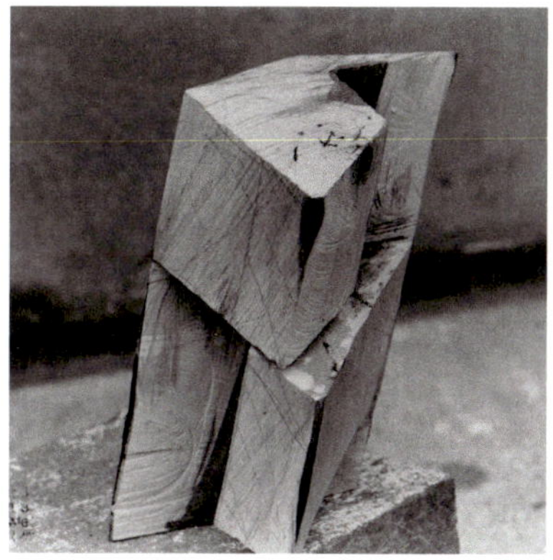

547
Torso
2006
Pappel, 32 x 12 x 14, Signiert: R. WACHTER © 2006
Privatsammlung

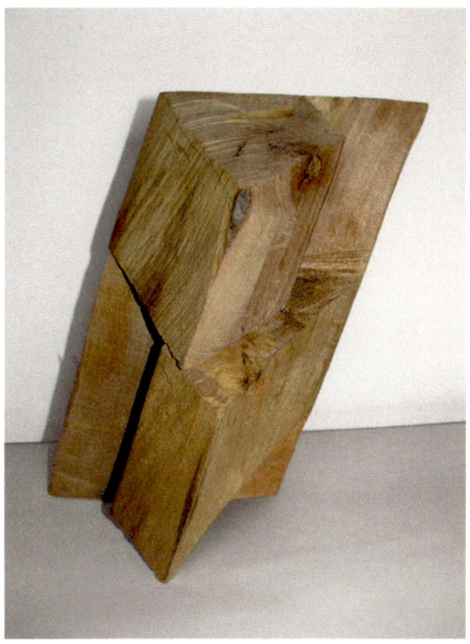

Foto: privat

548
Torso
2006
Pappel, 28 x 18 x 18, Signiert: R. WACHTER 2006
Privatsammlung

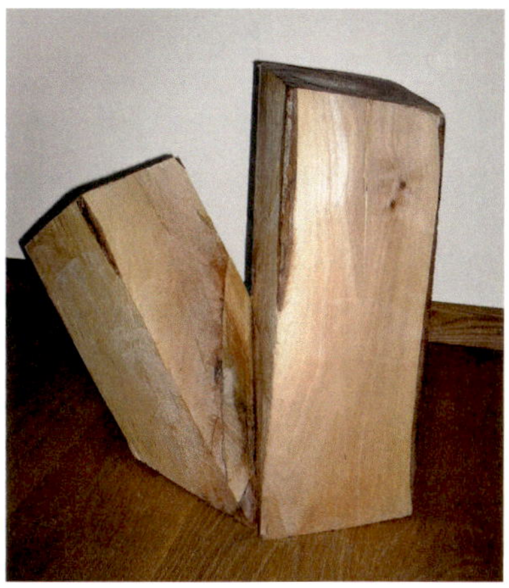

Foto: Schwarz-Kalkschmidt

549
Zwiesel
2006
Pappel, 38 x 40 x 40, Signiert: R. WACHTER – 2006
Sammlung Schwarz-Kalkschmidt

Ausstellungen: galerie 13, Freising 2006.

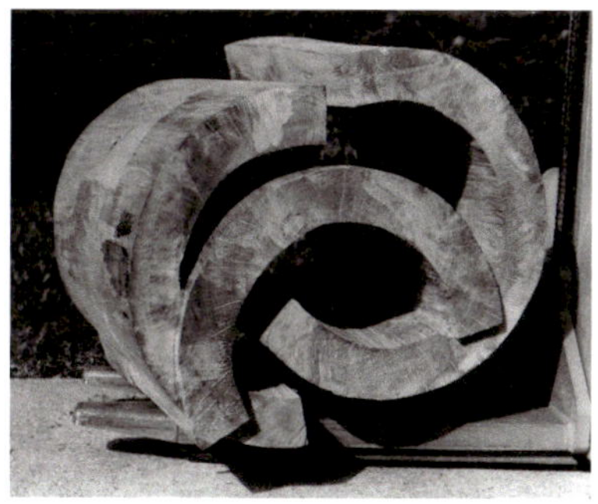

550
Gebrochener Raum
2007
Pappel, 85 x 95 x 110, Signiert: R. WACHTER © 2007 GEBROCHENER RAUM
Sammlung Wachter

Ausstellungen: Wachter Holz Skulptur, Schweinfurt 2008.

Literatur: Ausst. Kat. Schweinfurt 2008, S. 28, 34.

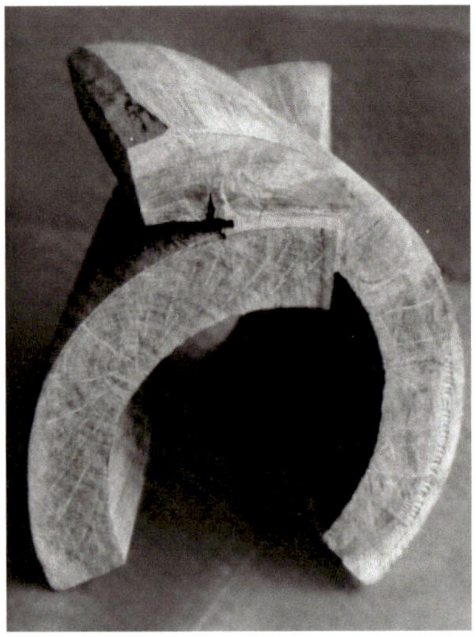

551
Gebrochener Raum
2007
Pappel, 75 x 85 x 70, Signiert:
R. WACHTER © 2007 GEBROCHENER RAUM
Privatsammlung

Ausstellungen: Wachter Holz Skulptur, Schweinfurt 2008.

Literatur: Ausst. Kat. Schweinfurt 2008, S. 35.

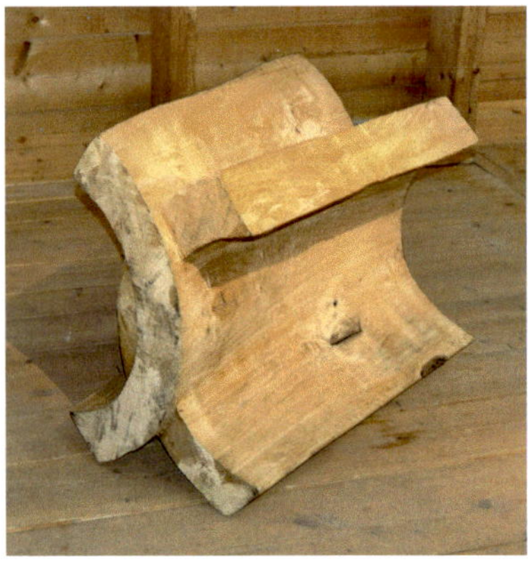

Foto: privat

552
Gebrochener Raum VI
2007
Pappel, 85 x 78 x 58, Signiert:
R. WACHTER © 2007 GEBROCHENER RAUM
Privatsammlung

Ausstellungen: Raumschnitte. Rudolf Wachter in St. Paul, München 2010. Stathmoi-Stationen. Rudolf Wachter und Monika Huber, Athen 2011. Rudolf Wachter. Zeichnung und Objekt, Freising 2011.

Literatur: Ausst. Kat. München, 2010, S. 23. Ausst. Kat. Athen 2011, S. 49, 53.

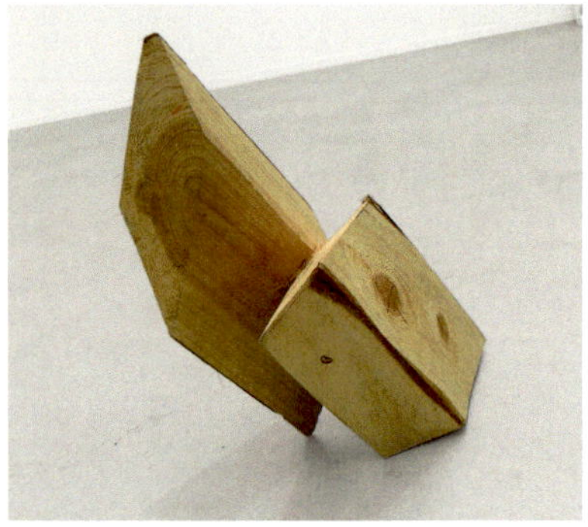

Foto: Hauser

553
Omaggio al Piero
2007
Weymouthkiefer, 67 x 27 x 21,
Signiert: R. WACHTER - 2007-AL PIERO
Sammlung Dr. Roland Hauser

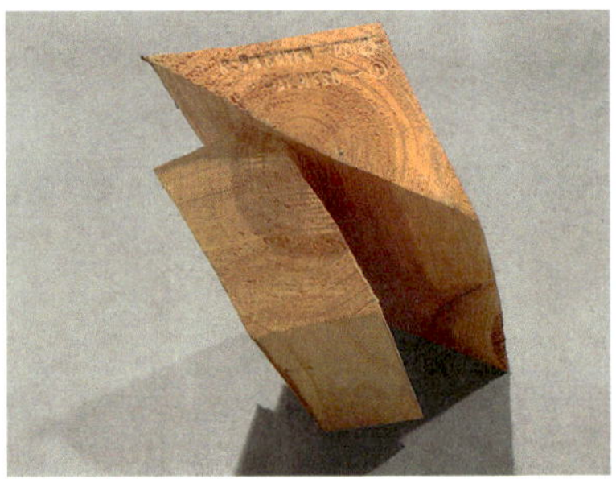

Foto: privat

554
Omaggio al Piero
2007
Weymouthkiefer, 45 x 19 x 19, Signiert:
R. WACHTER - 2007 - AL PIERO -
Privatsammlung

Ausstellungen: Rudolf Wachter. Skulpturen und Zeichnungen, Thalheim 2009.

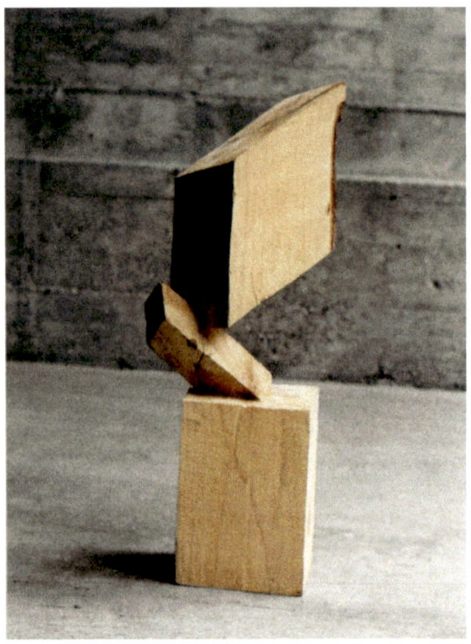

555
Omaggio al Piero
2007
Douglasie, 79 x 32 x 28, Signiert:
R. WACHTER 2007 - AL PIERO
Sammlung Wachter

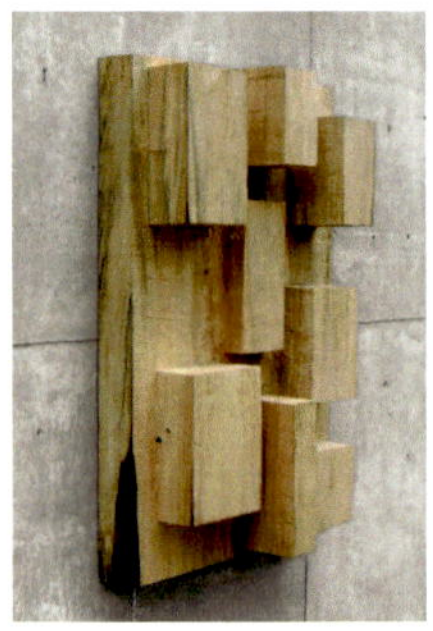

Foto: S. Weinmayr

556
Station XXII
2007
Pappel, 165 x 102 x 35, Signiert:
R. WACHTER © 2007 Station XXII
Katholische Kirchenstiftung St. Paul

Ausstellungen: Wachter Holz Skulptur, Schweinfurt 2008. ‚Aus dem Stamm'. Die Sinnlichkeit des Materials. Holzskulptur heute, Ettlingen und Singen 2009. Stationen, Monika Huber und Rudolf Wachter - eine künstlerische Begegnung, Rosenheim und Dachau 2010. Raumschnitte. Rudolf Wachter in St. Paul, München 2010.

Literatur: Ausst. Kat. Schweinfurt 2008, S. 16. Ausst. Kat. Ettlingen 2009, S. 190. Ausst. Kat. München 2010, S. 31.

Im Katalog ‚Aus dem Stamm'. Die Sinnlichkeit des Materials. Holzskulptur heute - lautet der Titel ‚Station 24'; im Katalog ‚Raumschnitte' ‚Station XXIV'.

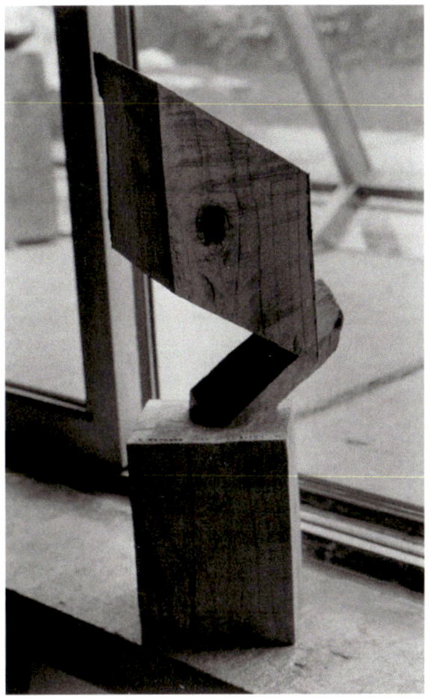

557
Torso
2007
Douglasie, 79 x 32 x 29, Signiert:
R. WACHTER Torso 2008,
Sammlung Wachter

Ausstellungen: Museum Oberammergau, Oberbayern 2008; ‚Aus dem Stamm'. Die Sinnlichkeit des Materials. Holzskulptur heute, Ettlingen und Singen 2009.

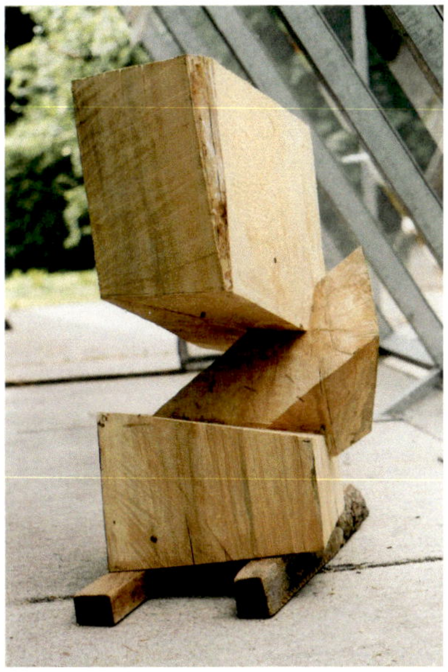

558
Ast
2008
Pappel, 120 x 70 x 60, Signiert:
Ast © R. WACHTER
Privatsammlung

Ausstellungen: Stathmoi-Stationen. Rudolf Wachter und Monika Huber, Athen 2011.

Literatur: Ausst. Kat. Athen 2011, S. 57.

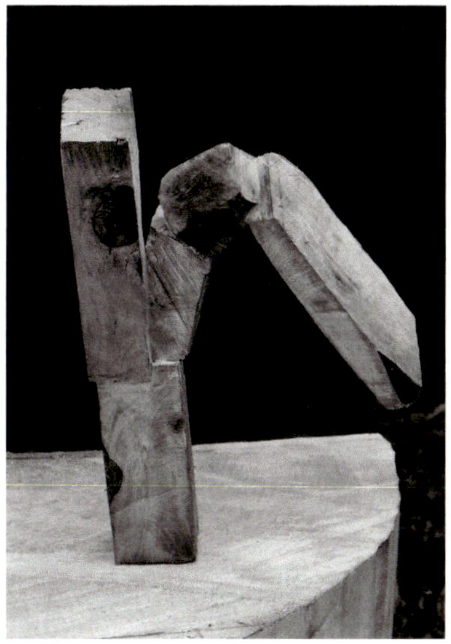

559
Ast
2008
Birne, 30 x 20 x 18, Signiert:
R. WACHTER © 2008
Sammlung Wachter

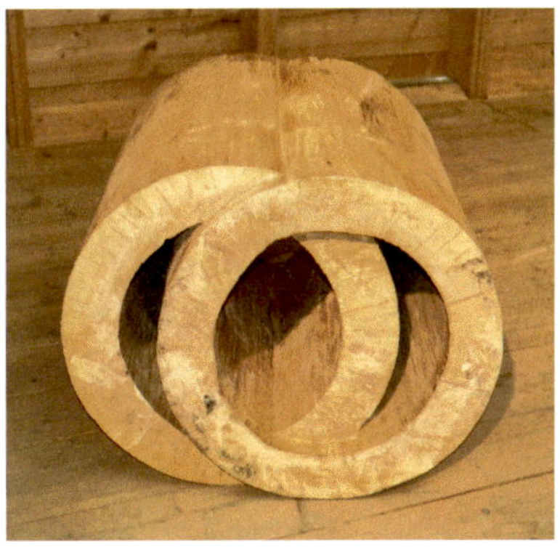

560
Durchdringung zweier Formen
2008
Pappel, 90 x 95 x 75, Signiert:
R. WACHTER 2008 ZWEIER FORMEN
Sammlung Wachter

Ausstellungen: Raum Schnitte. Rudolf Wachter in St. Paul, München 2010. Stathmoi-Stationen. Rudolf Wachter und Monika Huber, Athen 2011. Rudolf Wachter. Zeichnung und Objekt, Freising, 2011.

Literatur: Ausst. Kat. München 2010, S. 13.

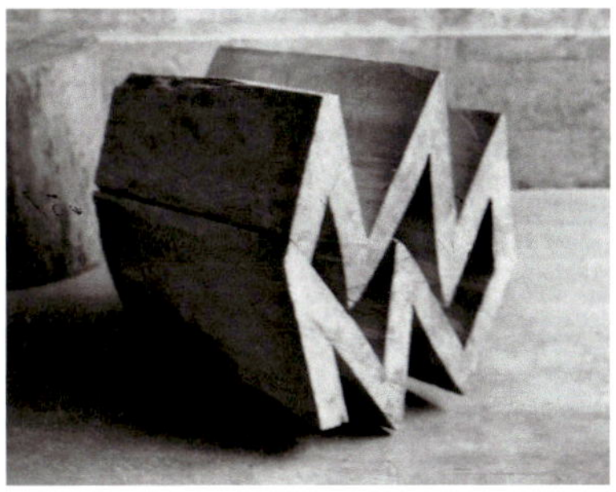

561
Entwicklung einer Kiste
2008
Pappel, 83 x 61 x 61, Signiert:
R. WACHTER PIERO -2008
Institutionssammlung
Ausstellungen: Raum Schnitte. Rudolf Wachter in St. Paul, München 2010.
Literatur: Ausst. Kat. München 2010, S. 42.

Titel und Signatur nicht übereinstimmend, von Rudolf Wachter nach eigener Aussage irrtümlich ‚Piero' gestanzt.

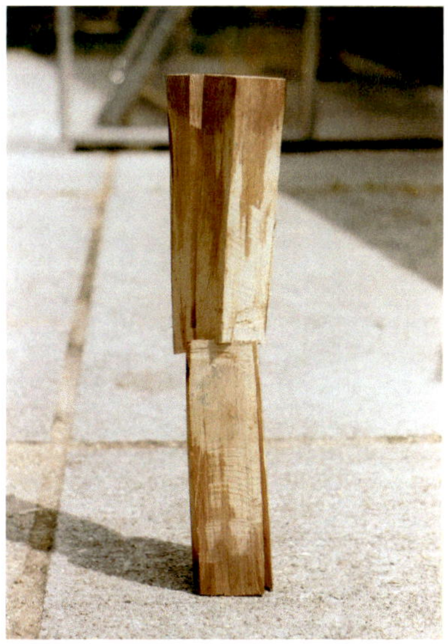

Foto: privat

562
Gespalten
2008
Nussbaum, 72 x 18 x 9,
Signiert: R. WACHTER © 2008
Privatsammlung

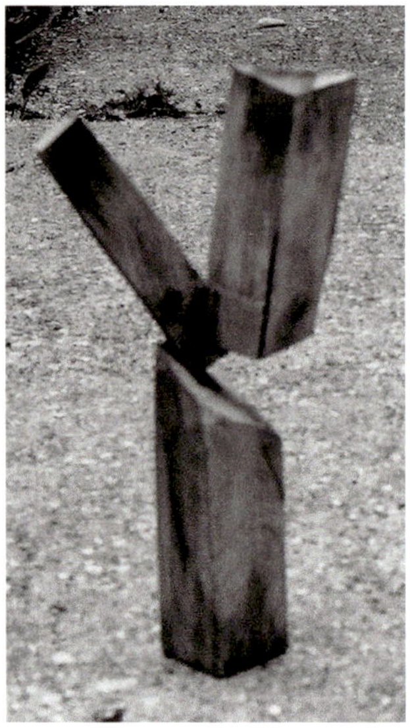

563
Kleinplastik
2008
Nussbaum?, 43 x 24 x 10,
Signiert: R. WACHTER © 2008
Privatsammlung

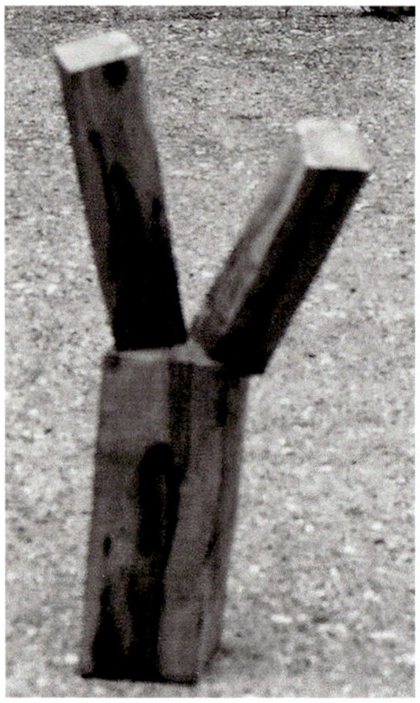

564
Kleinplastik
2008
Ahorn, 43 x 21 x 8, Signiert:
R. WACHTER 08
Sammlung Wachter

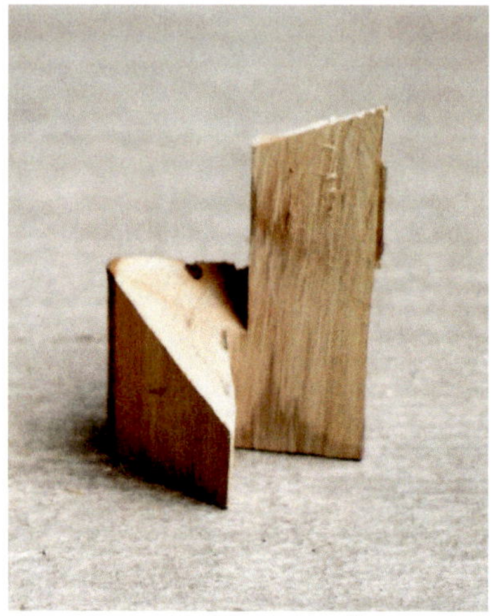

565
ohne Titel
2008
Nussbaum, 28 x 14 x 15,
Signiert: R. WACHTER © 2008
Sammlung Wachter

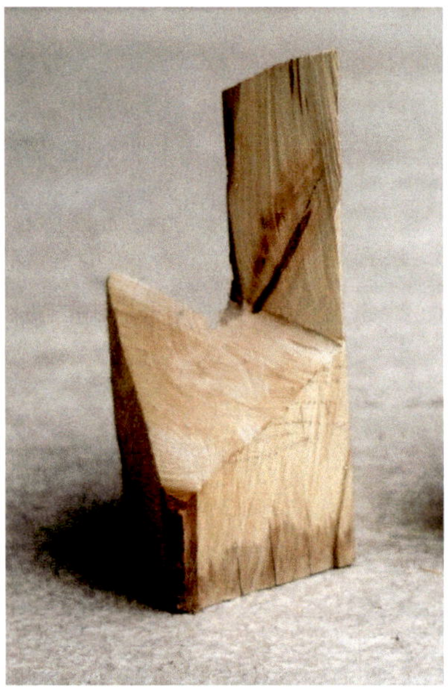

566
ohne Titel
2008
Nussbaum, 21 x 11 x 12,
Signiert: R. WACHTER © 2008
Sammlung Wachter

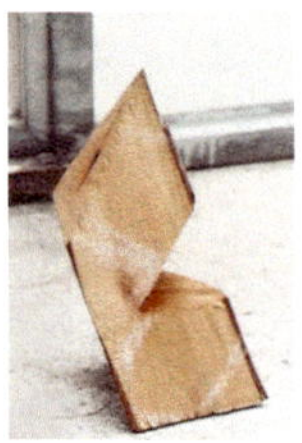

567
ohne Titel
2008
Douglasie, 31 x 14 x 31,
Signiert: R. WACHTER © 2008
Sammlung Wachter

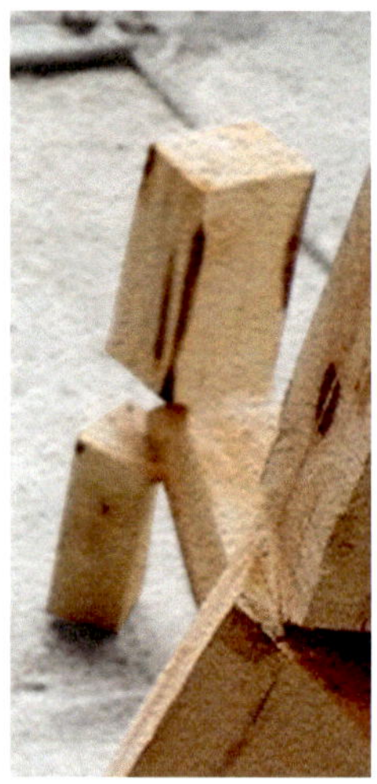

568
ohne Titel
2008
Ahorn, 23 x 7 x 16,
Signiert: R. WACHTER © 2008
Sammlung Wachter

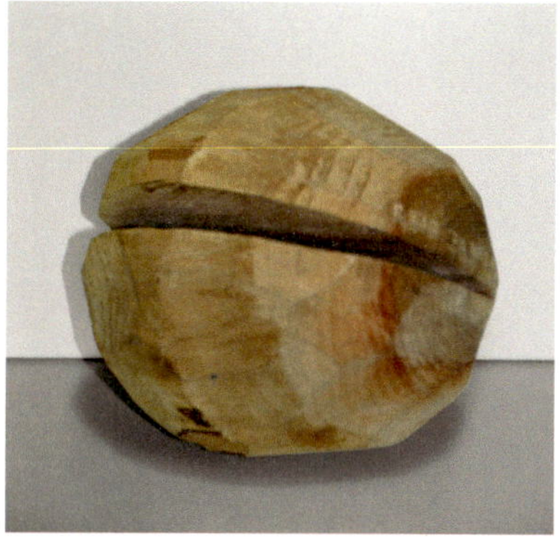

Foto: S. Weinmayr

569
ohne Titel (Ei)
2008
Pappel, 28 x 24 x 24, Signiert:
R. WACHTER 2008 © + CHRISTIANE 44
Privatsammlung

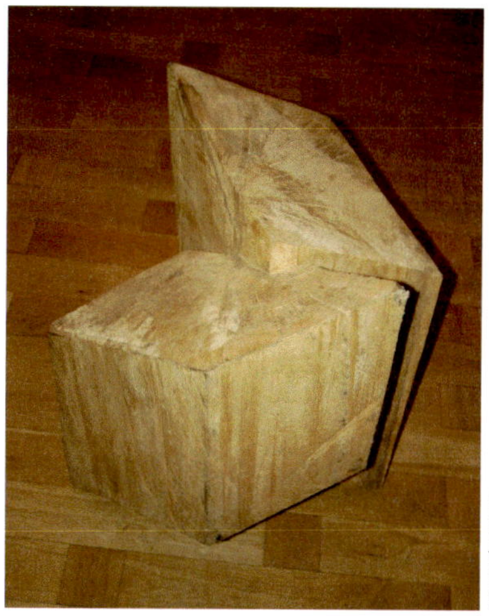

Foto: privat

570
Omaggio a Piero
2008
Pappel, 83 x 61 x 61, Signiert:
R. WACHTER OMAGGIO A PIERO 2008
Institutionssammlung

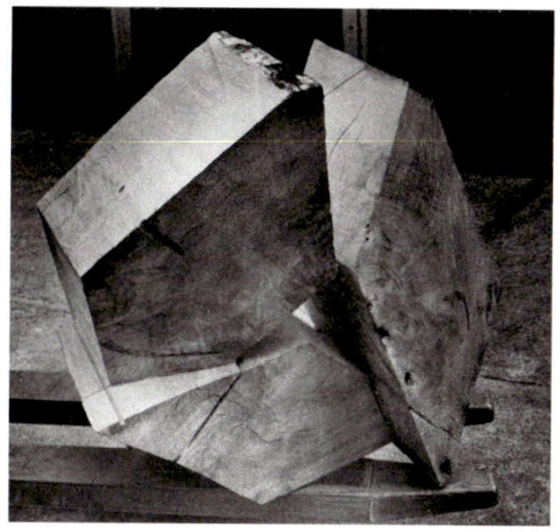

571
Omaggio a Piero
2008
Linde, 80 x 72 x 90, R. WACHTER 2008
Privatsammlung

Ausstellungen: Rudolf Wachter, München, 2008.

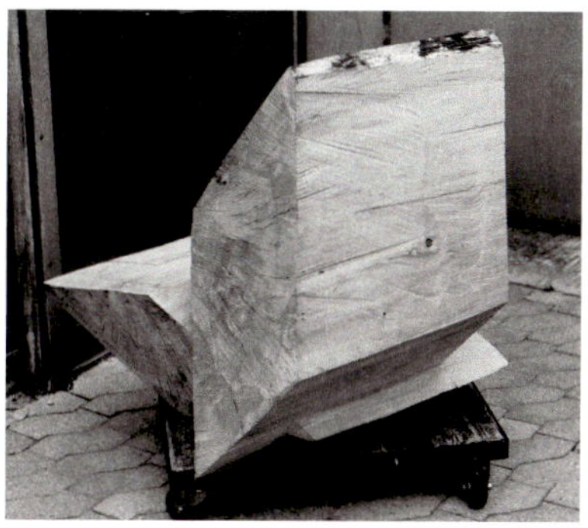

572
Omaggio a Piero
2008
Pappel, 65 x 90 x 90, Signiert:
R. WACHTER 2008 Omaggio a Piero
Sammlung Wachter

Ausstellungen: Raum Schnitte. Rudolf Wachter in St. Paul, München 2010. Stathmoi-Stationen. Rudolf Wachter und Monika Huber, Athen 2011. Rudolf Wachter. Zeichnung und Objekt, Freising 2011.

Literatur: Ausst. Kat. München 2010, S. 45. Ausst. Kat. Athen 2011, S. 57.

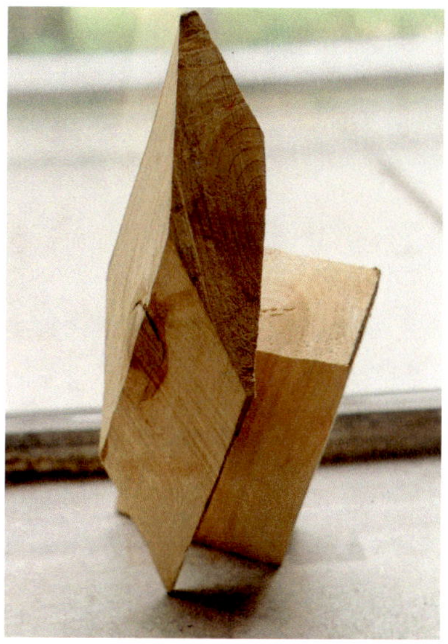

573
Omaggio a Piero
2008
Douglasie, 65 x 24 x 22, Signiert:
R. WACHTER 2001 OMAGGIO A PIERO
Sammlung Oels

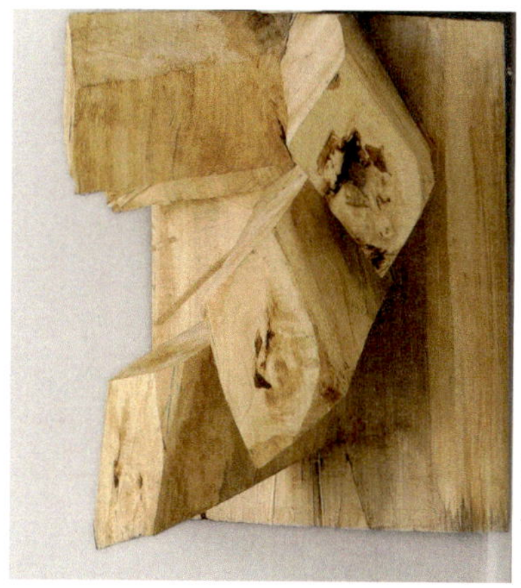

Foto: privat

574
Station
2008
Pappel, 63 x 65 x 58,
Signiert: R. WACHTER 2008
Privatsammlung

Ausstellungen: Raum Schnitte. Rudolf Wachter in St. Paul, München 2010.

Literatur: Ausst. Kat.München 2010, S. 38.

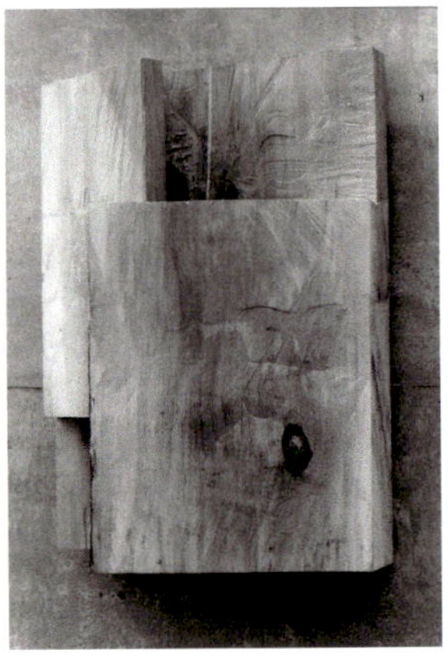

575
Station 23
2008
Pappel, 120 x 88 x 42,
Signiert: R. WACHTER 2008
Katholische Kirchenstiftung St. Paul

Ausstellungen: Stationen, Monika Huber und Rudolf Wachter- eine künstlerische Begegnung, Rosenheim und Dachau 2010. Raumschnitte. Rudolf Wachter in St. Paul, München 2010. Literatur: Stationen, Monika Huber und Rudolf Wachter - eine künstlerische Begegnung, Rosenheim 2010, S. 17. Raumschnitte. Rudolf Wachter in St. Paul, München 2010, S. 33.

Im Katalog ‚Stationen' lautet der Titel Station 28, in ‚Raumschnitte' Station XXVIII.

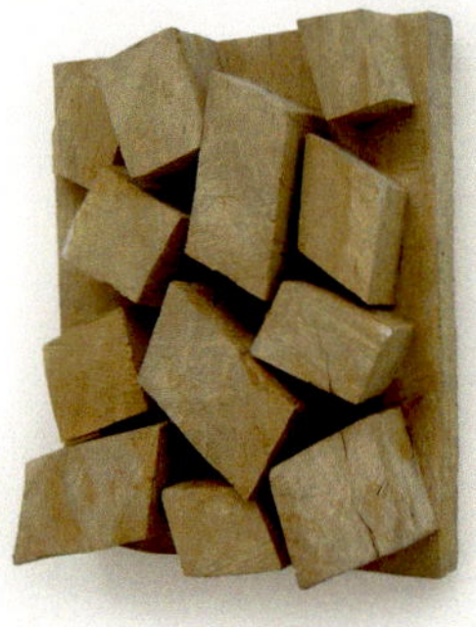

Foto: S. Weinmayr

576
Station XXII
2008
Pappel, 95 x 80 x 28,
Station XXII R. WACHTER 2008
Sammlung OEW, Inv.Nr. 812

Ausstellungen: Raumschnitte. Rudolf Wachter in St. Paul, München 2010. Stathmoi-Stationen. Rudolf Wachter und Monika Huber, Athen 2011. Rudolf Wachter. Zeichnung und Objekt, Freising, 2011.

Literatur: Ausst. Kat. München, 2010, S. 36. Ausst. Kat. Athen 2011, S. 47, 53. o.A. 2011, S. 4. Maurer /Rüth 2015, S. 117.

Im Katalog ‚Raumschnitte' und ‚Stathmoi-Stationen. Rudolf Wachter und Monika Huber' lautet der Titel Station XXII.

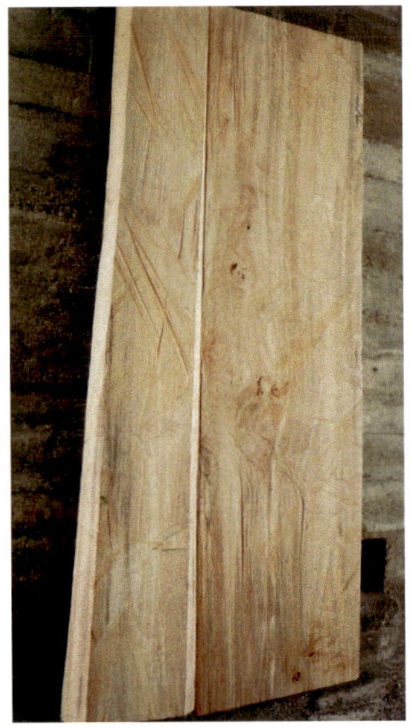

Foto: S. Weinmayr

577
Station 25
2008
Pappel, 152 x 68 x 15, Signiert:
R. WACHTER 2008 STATION 25
Katholische Kirchenstiftung St. Paul

Ausstellungen: Stationen, Monika Huber und Rudolf Wachter - eine künstlerische Begegnung, Rosenheim 2010. Raumschnitte. Rudolf Wachter in St. Paul, München 2010.

Literatur: Ausst. Kat. München 2010, S. 32.

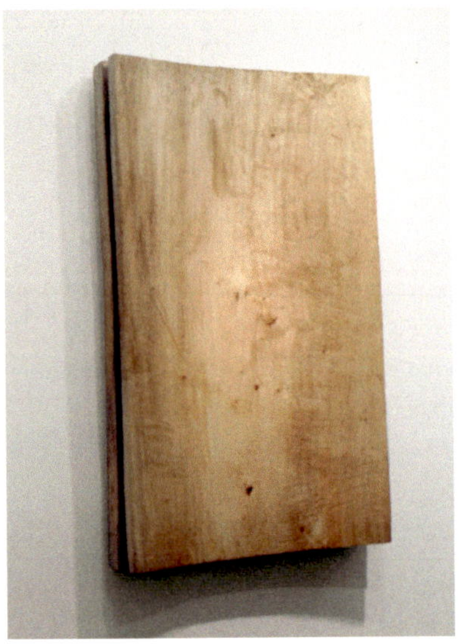

Foto: S. Weinmayr

578
Station XXIII
2008
Pappel, 156 x 92 x 17, Signiert:
R. WACHTER © STATION XXIII - 2008
Katholische Kirchenstiftung St. Paul

Ausstellungen: art Karlsruhe 2009, Galerie Wohlhüter. Stationen, Monika Huber und Rudolf Wachter - eine künstlerische Begegnung, Rosenheim 2010. Raumschnitte. Rudolf Wachter in St. Paul, München 2010.

Literatur: Ausst. Kat. München 2010, S. 33.

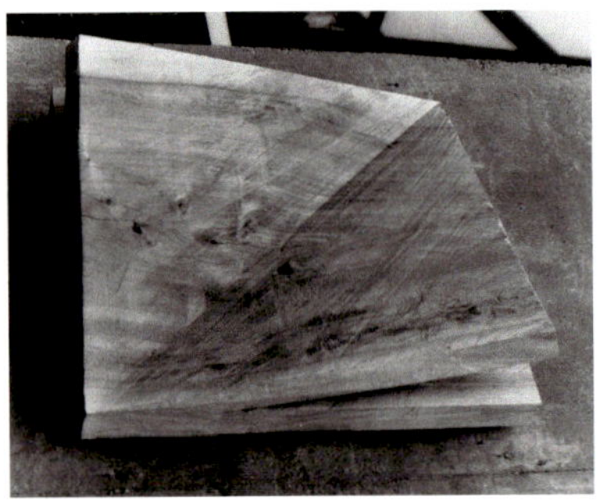

Foto: S. Weinmayr

579
Station XXVI
2008
Linde, 117 x 102 x 33, Signiert:
R. WACHTER © STATION XXVI - 2008
Katholische Kirchenstiftung St. Paul

Ausstellungen: Stationen, Monika Huber und Rudolf Wachter - eine künstlerische Begegnung, Rosenheim und Dachau 2010. Raumschnitte. Rudolf Wachter in St. Paul, München 2010. Literatur: Raumschnitte. Rudolf Wachter in St. Paul, München 2010, S. 30.

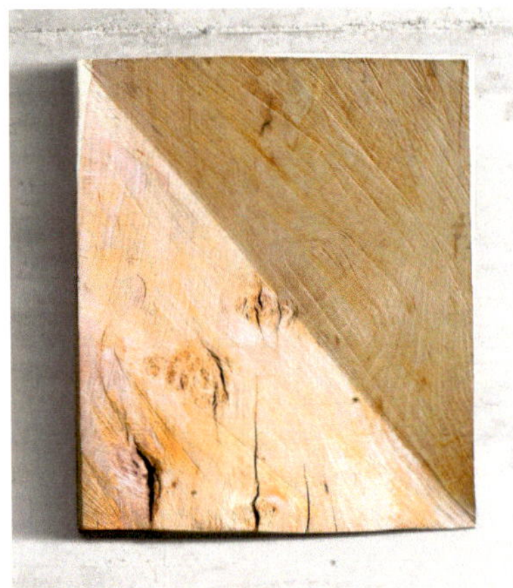

Foto: privat

580
Station XXVI A
2008
Linde, 95 x 79 x 25, Signiert:
R. WACHTER © STATION XXVI - 2008
Privatsammlung

Ausstellungen: Stationen. Monika Huber und Rudolf Wachter. Eine künstlerische Begegnung, Rosenheim und Dachau 2010.

Literatur: Ausst. Kat. Rosenheim 2010, S. 7.

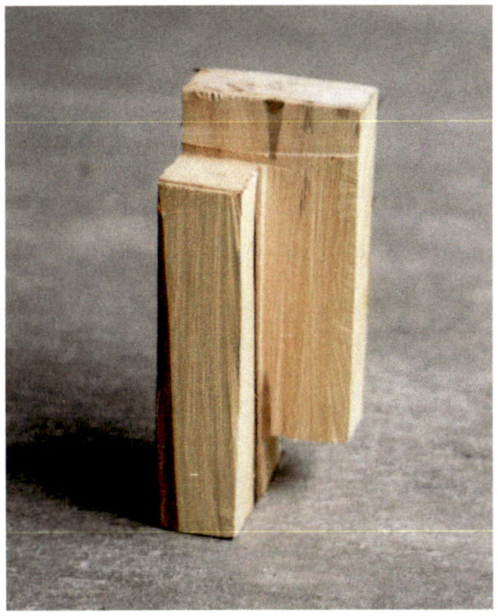

581
Torso
2008
Zwetschge, 24 x 11 x 10,5, Signiert:
R. WACHTER © 2008
Sammlung Wachter

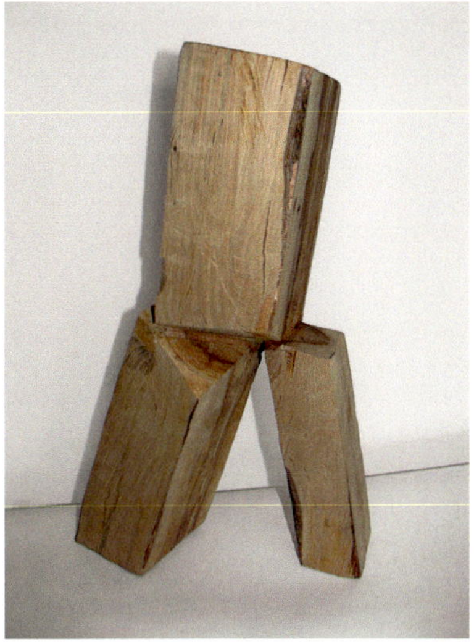

Foto: Fedder

582
Torso
2008
Zwetschge, 42 x 26 x 13, Signiert:
R. WACHTER 2008
Sammlung Fedder

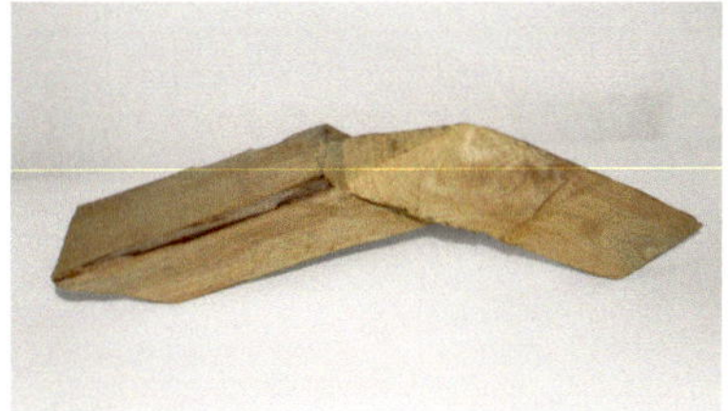

Foto: Fedder

583
Torso
2008
Zwetschge, 37 x 6 x 6, Signiert:
R. WACHTER © 2008
Sammlung Fedder

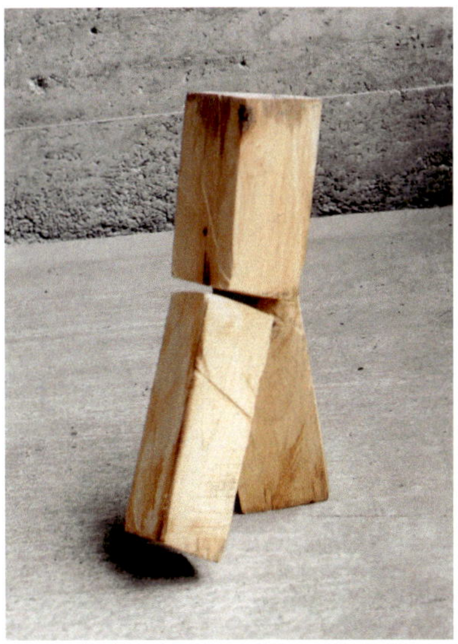

584
Torso
2008
Pappel, 42 x 28 x 10,5
Signiert: R. WACHTER 2008
Privatsammlung

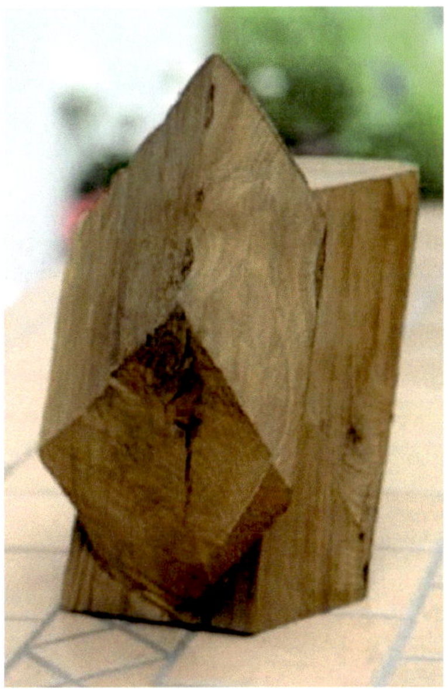

Foto: Wachsmann

585
Station XXVI A
2008
Linde, 95 x 79 x 26, Signiert:
R. WACHTER 2008 ©
Sammlung Dr. Hans-Jochen Wachsmann

Ausstellungen: Städtische Galerie Rosenheim 2010.

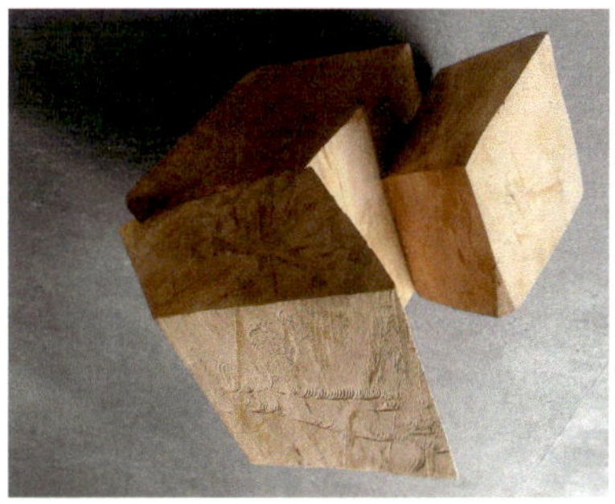

586
Omaggio a Piero
2008
Pappel, 76 x 78 x 48 cm, Signiert:
R. Wachter 2008
Sammlung Wachter

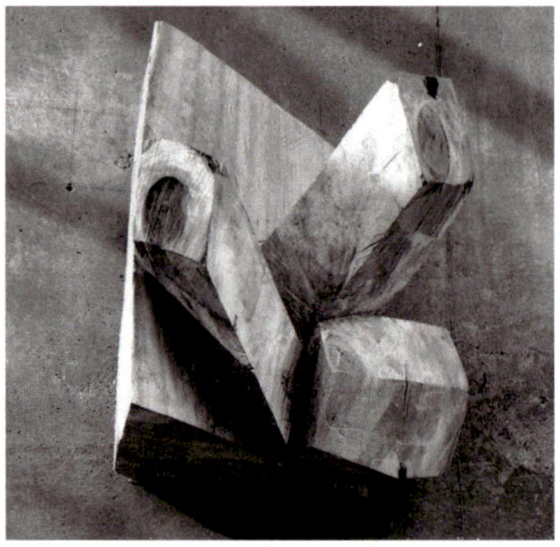

587
Ast im Stamm
2009
Pappel, 64 x 63 x 64, Signiert:
R. WACHTER © 2009
Privatsammlung

Ausstellungen: Raum Schnitte. Rudolf Wachter in St. Paul, München 2010.

Literatur: Ausst. Kat. München 2010, S. 38.

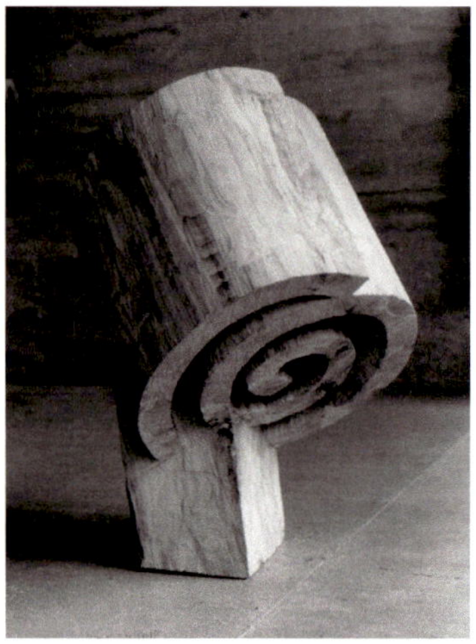

588
Ast im Stamm
2009
Pappel, 64 x 64 x 58, Signiert:
R. WACHTER © AST IM STAMM 2009.
Privatsammlung

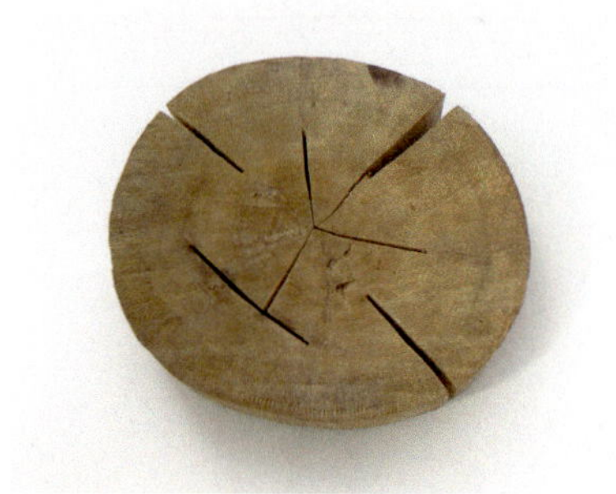

589
Baumscheibe. Schwundschnitt
2009
Pappel, 16 x 75 x 65, Signiert:
R. WACHTER SCHWUNDSCHNITTE 2009
Sammlung Wachter

Ausstellungen: Stationen. Monika Huber und Rudolf Wachter. Eine künstlerische Begegnung, Rosenheim und Dachau 2010. Raumschnitte. Rudolf Wachter in St. Paul, Rudolf Wachter, München 2010. Stathmoi-Stationen. Rudolf Wachter und Monika Huber, Athen 2011. Rudolf Wachter. Zeichnung und Objekt, Freising 2011.

Literatur: Ausst. Kat. Rosenheim 2010, S. 50. Ausst. Kat. München, 2010, S. 21, 26-27. Ausst. Kat. Athen 2011, S. 52, 54.

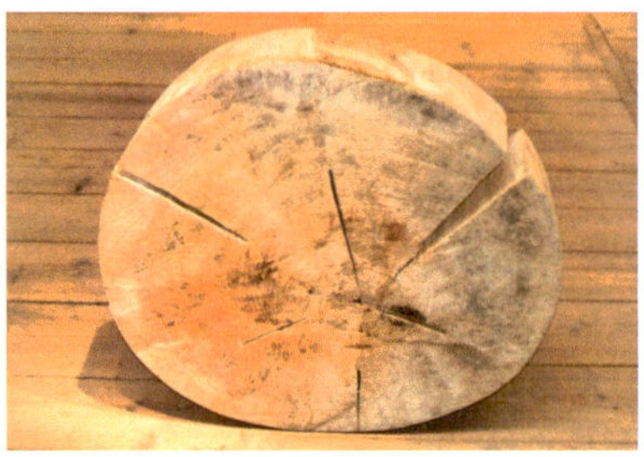

590
Baumscheibe. Schwundschnitt
2009
Pappel, 16 x 65 x 75, Signiert:
R. WACHTER SCHWUNDSCHNITTE 2009
Privatsammlung

Ausstellungen: Stationen. Monika Huber und Rudolf Wachter. Eine künstlerische Begegnung, Rosenheim und Dachau 2010. Raumschnitte. Rudolf Wachter in St. Paul, Rudolf Wachter, München 2010. Stathmoi-Stationen. Rudolf Wachter und Monika Huber, Athen 2011. Rudolf Wachter. Zeichnung und Objekt, Freising 2011.

Literatur: Ausst. Kat. Rosenheim 2010, S. 50. Ausst. Kat. München, 2010, S. 21, 26-27. Ausst. Kat. Athen 2011, S. 52, 54.

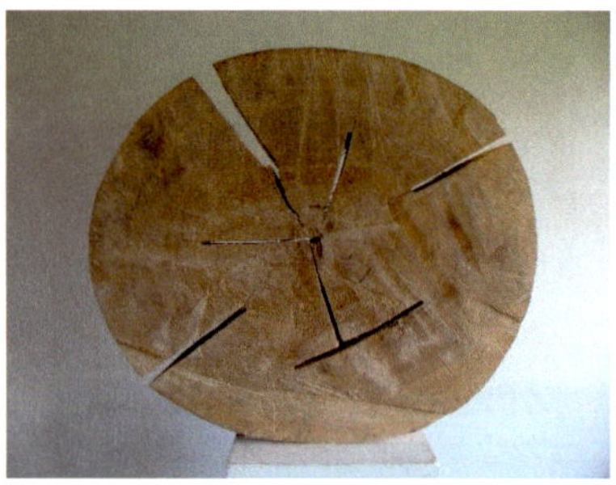

Foto: Fedder

591
Baumscheibe. Schwundschnitt I
2009
Pappel, 15 x 62 x 74, Signiert: R. Wachter
- SCHWUNDSCHNITT 2009 -
Sammlung: Uwe Fedder

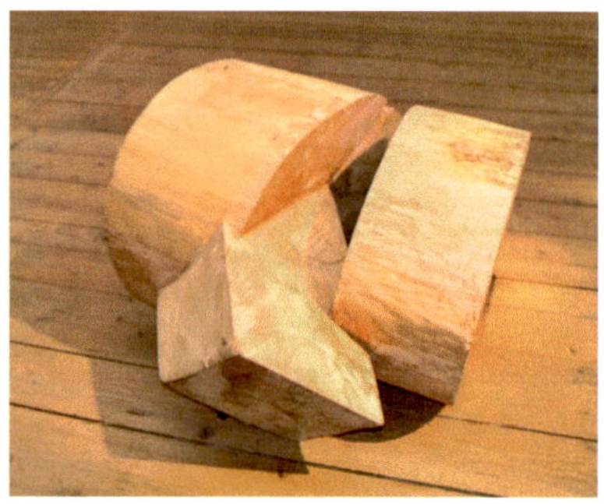

592
Im Raum
2009
Pappel, 100 x 85 x 66, Signiert:
R. WACHTER - IM RAUM 2009
Sammlung Wachter

Ausstellungen: Rudolf Wachter. Zeichnung und Objekt, Freising 2011.

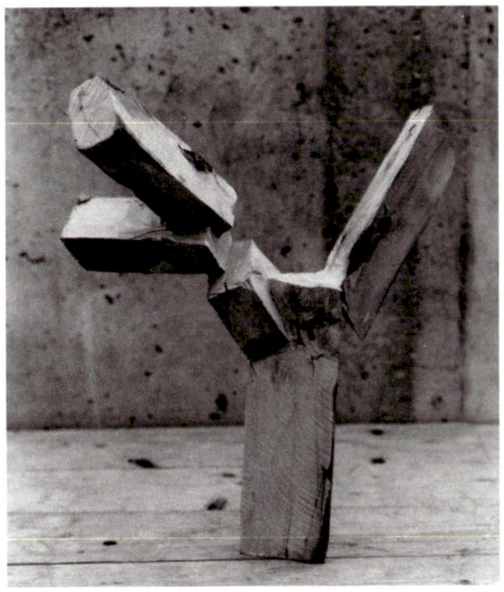

593
Kleinplastik
2009
Nussbaum, 45 x 35 x 10, Signiert:
R. WACHTER 2009
Privatsammlung

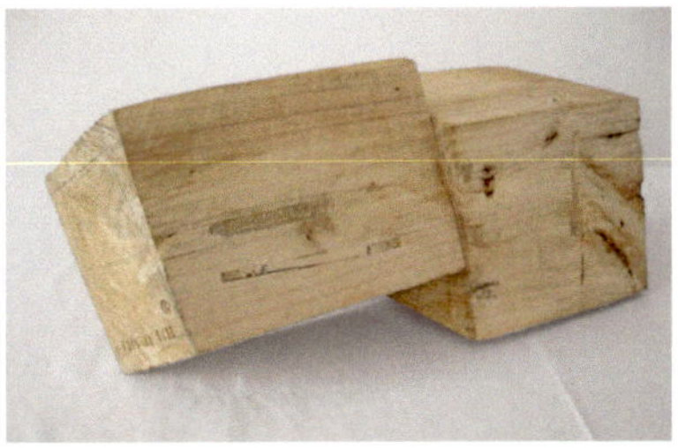

Foto: Sundheimer

594
ohne Titel
2009
Schwarzpappel, 60 x 26 x 32,
Signiert: R. WACHTER 2009
Galerie Florian Sundheimer

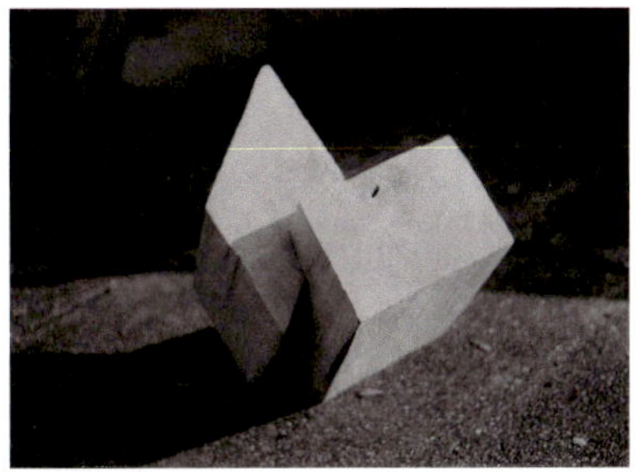

595
Omaggio a Piero
2009
Pappel, 55 x 65 x 45, Signiert:
R. WACHTER 2009
Wachter Block. Sammlung Gerlinde und Werner Wohlhüter

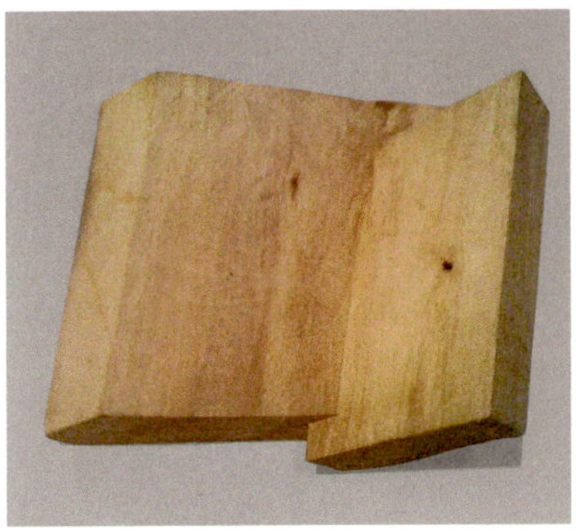

Foto: privat

596
Omaggio a Piero
2009
Pappel, 29 x 64 x 50,
Signiert: R. WACHTER A Piero 2009
Sammlung Jonas Wachter

Ausstellungen: Raumschnitte. Rudolf Wachter in St. Paul, München 2010. Stathmoi-Stationen. Rudolf Wachter und Monika Huber, Athen 2011.

Literatur: Ausst. Kat. München 2010, S. 39. Ausst. Kat. Athen 2011, S. 57.

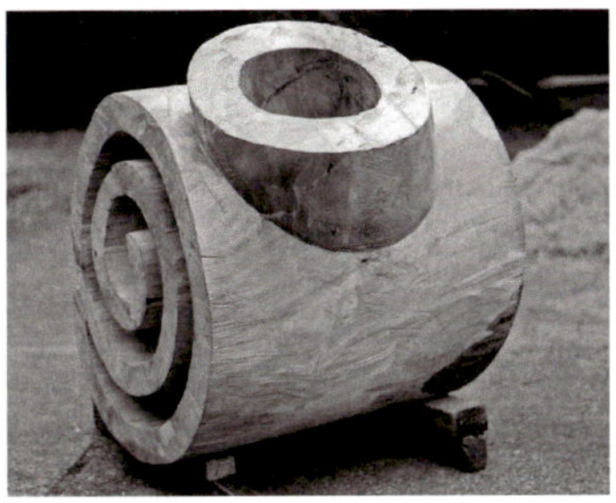

597
Spirale mit Ast
2009
Pappel, 87 x 80 x 124, Signiert:
R. WACHTER SPIRALE 2009
Privatsammlung

Ausstellungen: Raum Schnitte. Rudolf Wachter in St. Paul, München 2010.

Literatur: Ausst. Kat. München 2010, S. 49. Ausst. Kat. Athen 2011, S. 51.

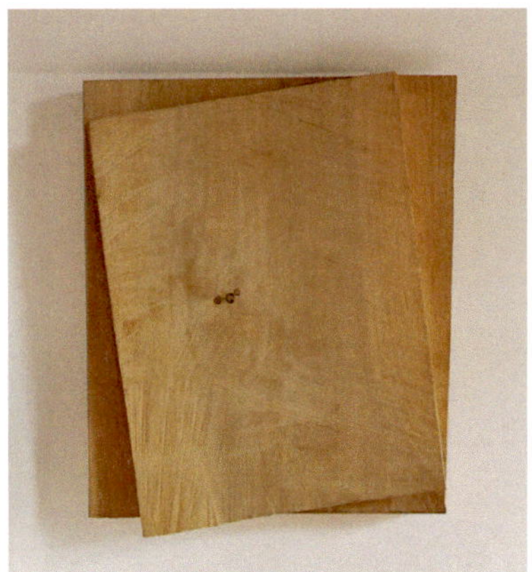

Foto: Becker

598
Station 24
2009
Pappel, 92 x 80 x 11, Signiert:
R. WACHTER 2009 XXIV
Sammlung Becker

Ausstellungen: Art Karlsruhe 2010, Galerie Wohlhüter.

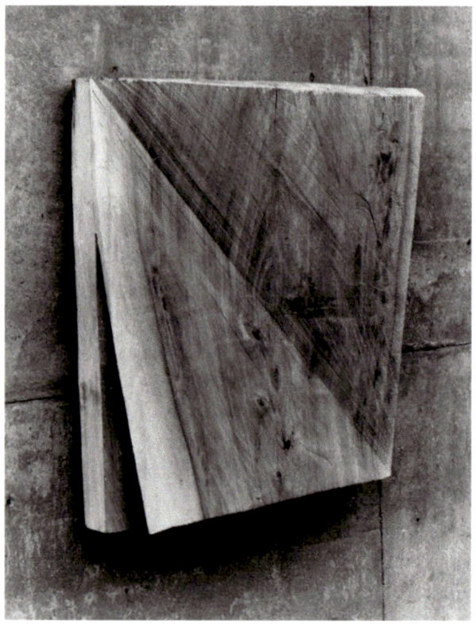

599
Station 26
2009
Pappel, 115 x 35 x 105, Signiert:
R. WACHTER 2009 XXVI
Privatsammlung

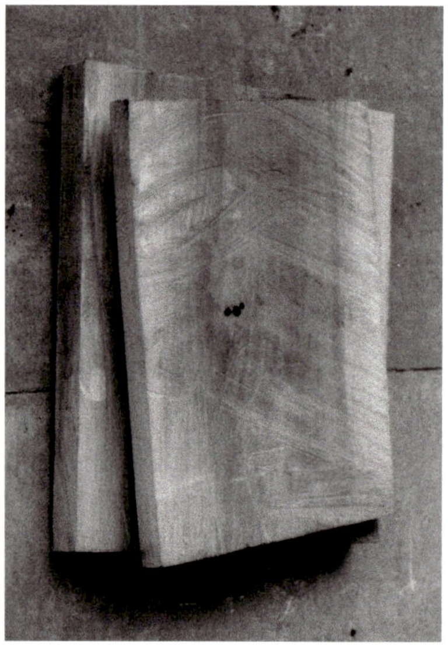

600
Station 28
2009
Pappel, 85 x 79 x 16, Signiert:
R. WACHTER 2009 XXIV
Privatsammlung

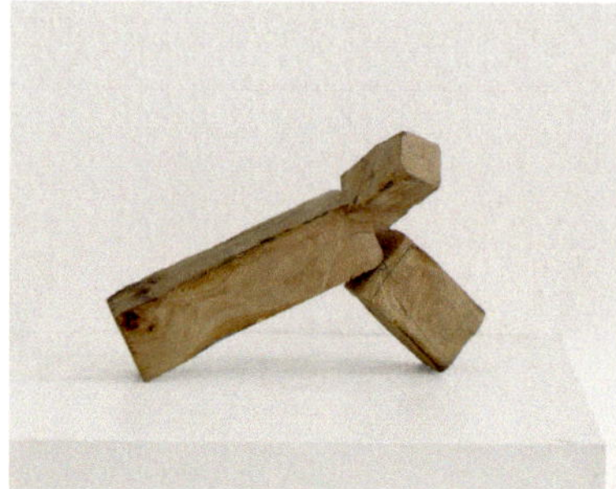

Foto: Werner Wohlhüter

601
Torso
2009
Pappel, 26 x 13 x 16,5, Signiert:
R. WACHTER 2009
Wachterblock. Sammlung Gerlinde und Werner Wohlhüter

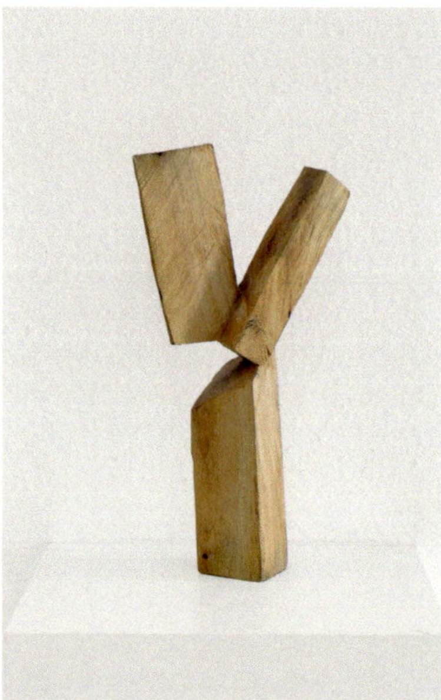

Foto: Werner Wohlhüter

602
Torso
2009
Pappel, 44 x 23 x 10, Signiert:
R. WACHTER 2009
Privatsammlung

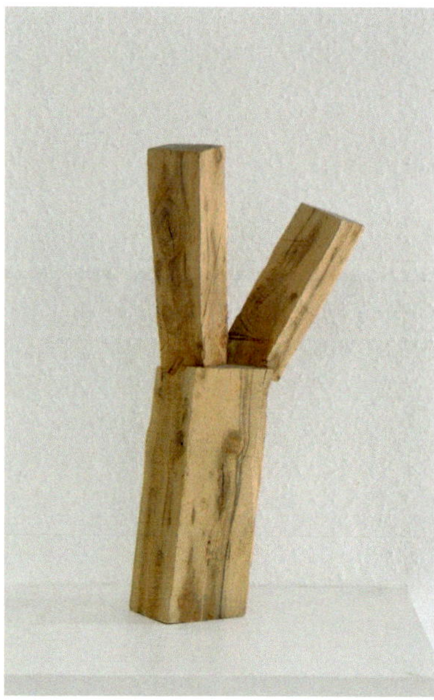

Foto: Werner Wohlhüter

603
Torso
2009
Pappel, 42 x 22 x 8,
Signiert: R. WACHTER 2009
Privatsammlung

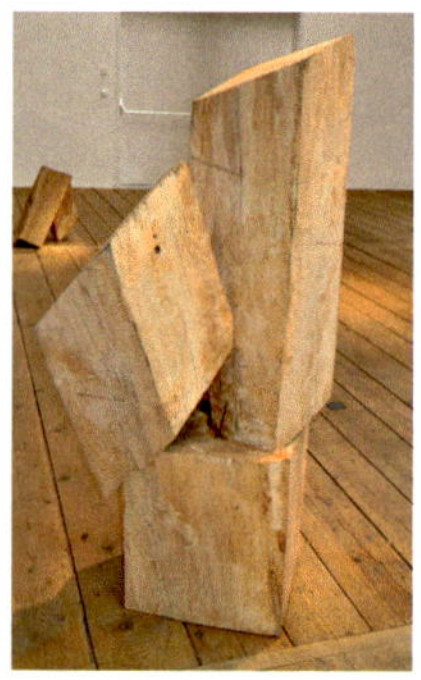

604
Zwirbel
2009
Pappel, 160 x 60 x 75,
Signiert: R. WACHTER - ZWIRBEL 2010
Privatbesitz

Ausstellungen: Raumschnitte. Rudolf Wachter in St. Paul, München 2010. Stationen. Monika Huber und Rudolf Wachter. Eine künstlerische Begegnung, Rosenheim und Dachau 2010. Stathmoi-Stationen. Rudolf Wachter und Monika Huber, Athen 2011. Rudolf Wachter. Zeichnung und Objekt, Freising 2011.

Literatur: Ausst. Kat. Rosenheim 2010, S. 27. Ausst. Kat. 2010, S. 4, 28. Ausst. Kat. Athen 2011, S. 9, 43. Knapp 2011, S. 12.

Im Katalog ‚Raumschnitte...' und ‚Stathmoi-Stationen...' lautet der Titel ‚Großer Zwiesel'. Datierung in Literatur und Signatur nicht übereinstimmend.

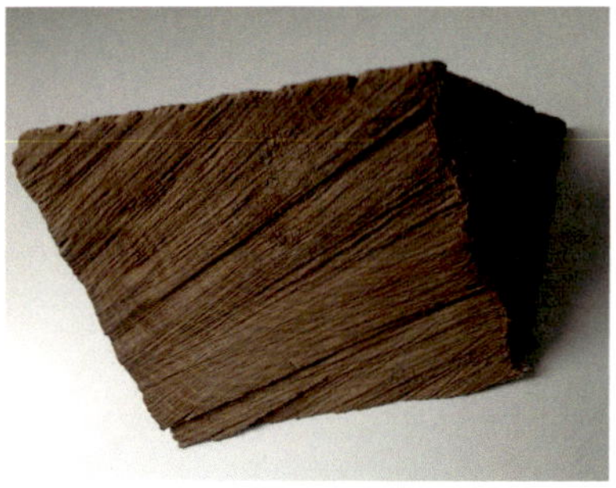

Foto: Wohlhüter

605
Ohne Titel
2009
Kastanie, 12 x 26 x 14, Signiert mit Bleistift: R. Wachter 2009
Sammlung Kirstin Wohlhüter

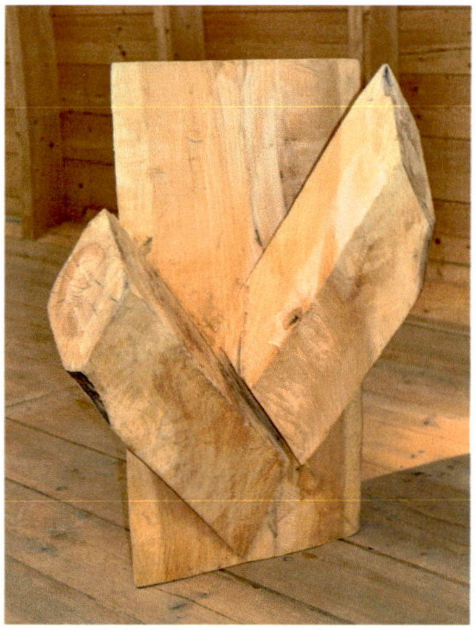

606
Ast im Stamm 2010
2010
Pappel, 95 x 50 x 70, Signiert: R. WACHTER - AST IM STAMM 2010
Privatsammlung
Ausstellungen: Rudolf Wachter. Zeichnung und Objekt, Freising 2011.

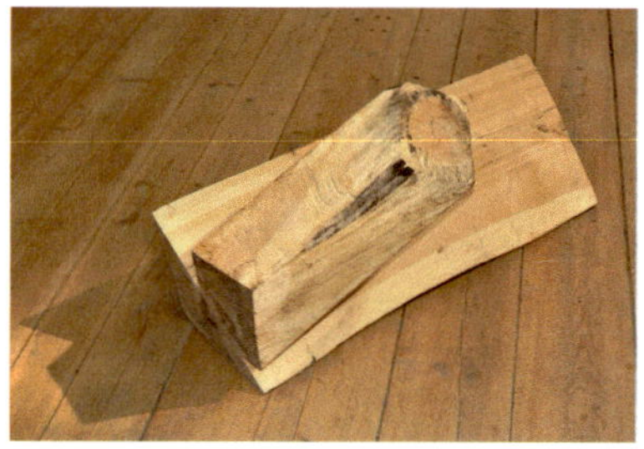

Foto: S. Weinmayr

607
Ast im Stamm 2010
2010
Pappel, 117 x 66 x 56, Signiert: R. WACHTER AST IM STAMM 2010
Sammlung Wachter
Ausstellungen: Rudolf Wachter. Zeichnung und Objekt, Freising 2011.

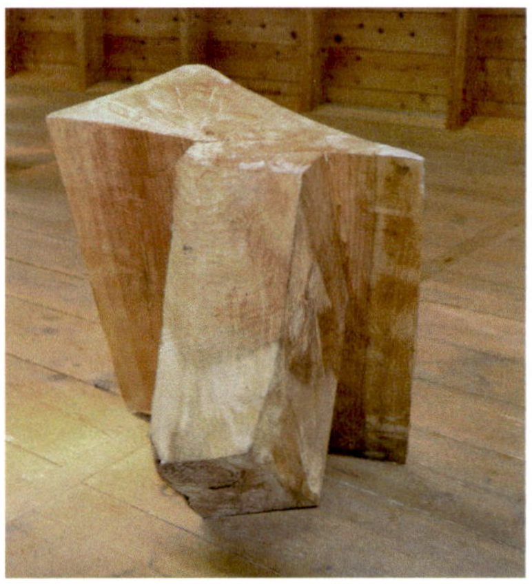

Foto: S. Weinmayr

608
Ast im Stamm 2010
2010
Pappel, 69 x 50 x 58, Signiert: R. WACHTER - AST IM STAMM 2010
Privatsammlung
Ausstellungen: Rudolf Wachter. Zeichnung und Objekt, Freising 2011.

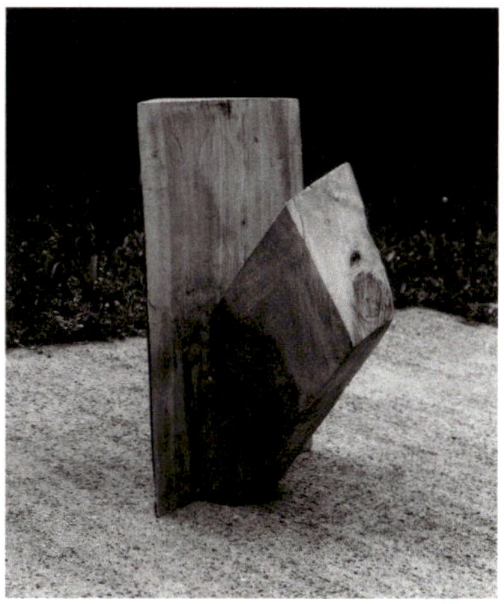

609
Ast im Stamm 2010
2010
Pappel, 94 x 65 x 40, Signiert: R. WACHTER - AST IM STAMM 2010
Privatsammlung
Ausstellungen: Rudolf Wachter. Zeichnung und Objekt, Freising 2011.

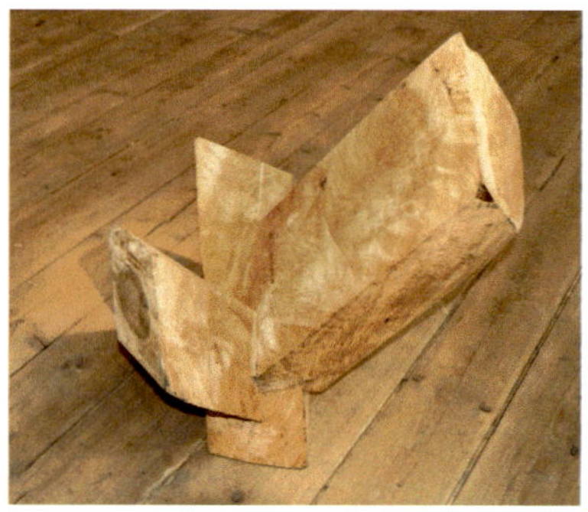

610
Drei Äste im Stamm
2010
Weide, 80 x 75 x 76, Signiert: Drei ÄSTE IM STAMM © R. WACHTER 2010
Privatsammlung
Ausstellungen: Rudolf Wachter. Zeichnung und Objekt, Freising 2011.

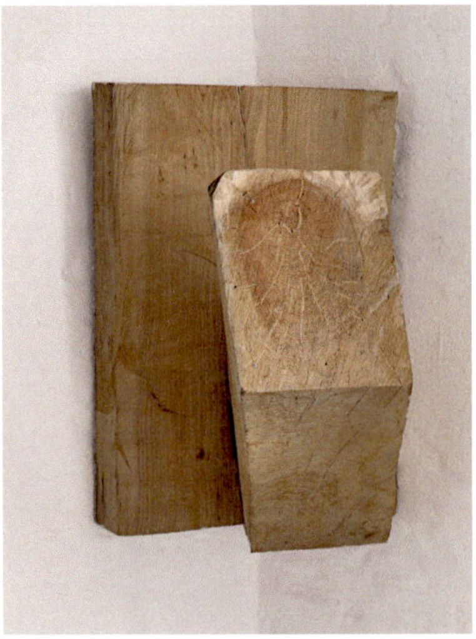

Foto: privat

611
Omaggio a Piero
2010
Pappel, 120 x 90 x 90, Signiert:
R. WACHTER – Omaggio a Piero 2010
Privatsammlung

Ausstellungen: Raum Schnitte. Rudolf Wachter in St. Paul, München 2010. Rudolf Wachter. Zeichnung und Objekt, Freising 2011.

Für die Positionierung in einer Ecke vorgesehen, von Rudolf Wachter ‚Eckplastik' betitelt.

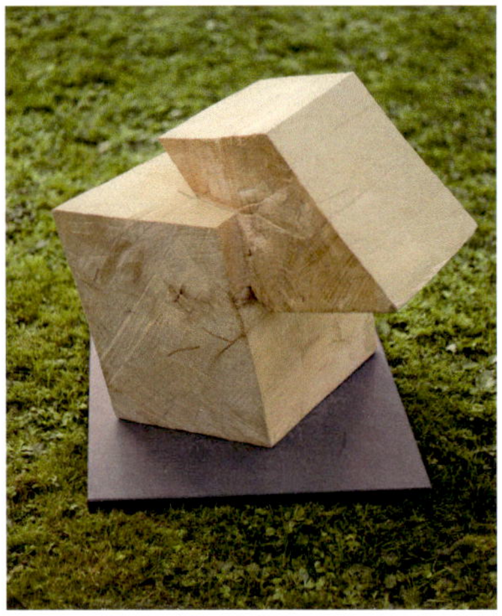

Foto: privat

612
Omaggio a Piero
2010
Pappel, 53 x 56 x 46, Signiert: FÜR CORNELIA+CHRISTIAN, R. WACHTER-OMAGGIO A PIERO-© 2010
Privatsammlung

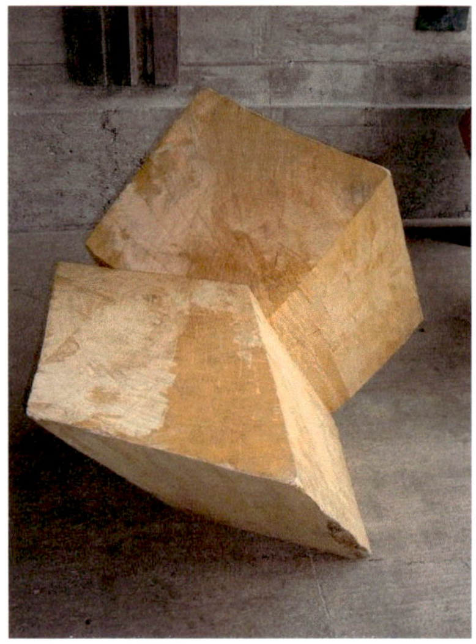

613
Omaggio a Piero
2011
Pappel, 90 x 105 x 85, Signiert:
R. WACHTER OMAGGIO A PIERO 2011
Sammlung Wachter

Letztes Werk des Bildhauers.

Biographische Daten

1923
geboren in Bernried/Bodensee

Lehre in der elterlichen Schreinerei

1944
Meisterprüfung in der Heeresfachschule Eselsberg

Soldat in Russland, Verlust eines Beines

1946-1949
Holzschnitzerschule Oberammergau

1949-1955
Studium der Bildhauerei an der Akademie der Bildenden Künste, München bei Josef Henselmann, Meisterschüler

1955
Entwurf und Bau eines Atelierhauses in München

1965/1967
Studienaufenthalt in Griechenland

1971
Stipendium für einen Aufenthalt in der Künstlerkolonie Mac Dowell, New Hampshire, USA

1977
Teilnahme am Bildhauersymposium Holz und Kunst, Freiburg i. B.

1978
Teilnahme am Symposium ‚Zwei Steine sind nie gleich', Neuenkirchen

1979
Teilnahme am Bildhauersymposium Holz und Kunst, Freiburg i. B.

2004
Eröffnung des Museums Rudolf Wachter, Neues Schloß Kißlegg

2011
Rudolf Wachter stirbt am 16. Juni in seinem Atelierhaus

Mitgliedschaften:

Mitglied im deutschen Künstlerbund

Mitglied der neuen Gruppe München

Ehrenmitglied der Akademie der Bildenden Künste München

ordentliches Mitglied der Bayerischen Akademie der Schönen Künste

Preise/Ehrungen:

1960
Oberschwäbischer Kunstpreis der Jugend

1974
Schwabinger Kunstpreis

1977
Förderpreis der Stadt München

1990
Kunstpreis der Stadt Rosenheim

1993
Kunstpreis der Stadt München

1995
Verdienstkreuz am Bande des Verdienstordens
der Bundesrepublik Deutschland

2002
Bayerischer Verdienstorden

2007
Oberschwäbischer Kunstpreis

Einzelausstellungen

1967
Goethe-Institut, Athen, Griechenland

1968
Galerie Appel & Fertsch, Frankfurt am Main

1969
Galerie Günther Franke, München

1970
Galerie Cubus, Köln

1971
Kunstverein Kassel

1972
Galerie Maerclin, Stuttgart

1975
Galerie Villa Wittgenstein, Starnberg

1976
Galerie Altes Theater, Ravensburg

1977
Galerie Rehklau, Augsburg

Galerie Villinger, Würzburg

1978
Galerie von Laar, München

1982
‚Rudolf Wachter Holz – Skulptur – Spiel', Kunstzentrum N. 66, München

1984/85
‚Rudolf Wachter – Stammskulpturen', Haus am Gasteig, München

1986
Goethe-Institut, Brüssel, Belgien

‚Botschaften – Rudolf Wachter', Lahr/Schwarzwald

1987
Rudolf Wachter, Blom & Dorn Gallery, New York, USA

1987/88
Citycorps Saint Peter, New York

1989
Ganserhaus, Wasserburg am Inn

1989/91
Rudolf Wachter. Newgrange, Galerie Karin Sachs, München

1991
Städtische Galerie im Cordonhaus, Cham

Rudolf Wachter – Skulpturen, Städtische Galerie Kunstverein Rosenheim

1992
Künstlerwerkstatt Lothringer Straße 13, München

‚Rudolf Wachter. Holzskulpturen', Skulpturenmuseum Glaskasten, Marl

Forum Kunst, Rottweil

Rudolf Wachter-Holzskulpturen, Heidelberger Kunstverein, Heidelberg

1993
Städtische Galerie Ravensburg

Galerie Jahnhorst & Preuss, Berlin

1994
Marquardt Ausstellungen, München

Stadthaus, Ulm,

1995
‚Diskurs. Rudolf Wachter. Tisch. Skulptur', Deutsche Gesellschaft für christliche Kunst, München

Allerheiligenhofkirche und St. Lukas, München

1996
Haus Orplid, Icking

1997
Rudolf Wachter. Stationen, Edwin-Scharff-Haus, Neu-Ulm

Haus der Kultur, Waldkraiburg

Temporeale, Associazione Culturale, Kulturverein Meran

Marquardt-Ausstellungen, München

1998
Galerie Klewan, München

Stadtbücherei Ravensburg

Rudolf Wachter. Holzplastiken, Kunst in der Erlöserkirche, München

Rudolf Wachter. Holzskulptur. Zeichnung, Galerie Wohlhüter, Thalheim

1999
‚Rudolf Wachter', Marstall, Neuburg an der Donau

Kunst Zürich 99, Galerie Marquardt Ausstellungen, München

‚Rudolf Wachter', städtische Galerie im Bürgerhaus, Neunkirchen/Saar

2000
‚Rudolf Wachter. Woodhenge', Städtische Galerie im Prediger, Schwäbisch Gmünd

2001
‚Rudolf Wachter', Marquardt Ausstellungen, München

‚Rudolf Wachter. Woodhenge', Maximiliansforum, München

Rudolf Wachter, Holzskulptur und Zeichnung, Galerie Wohlhüter, Thalheim

2002
Rudolf Wachter, Holzskulpturen und Zeichnungen, Galerie Wohlhüter, Thalheim

Rudolf Wachter. Skulpturen, Stadt Weingarten

Rudolf Wachter. Woodhenge, galerie 13, Freising

Galerie Karin Sachs, München

2003
‚Rudolf Wachter. Aus dem Stamm', Kunsthalle der Hypo-Kulturstiftung, München

2004
‚Rudolf Wachter. Stammskulpturen', Museum Moderner Kunst, Stiftung Wörlen, Passau

2005
Rudolf Wachter. Holzskulpturen und Zeichnungen, Galerie Wohlhüter, Thalheim

Rudolf Wachter. Bilder und Skulpturen, Oberste Baubehörde, München

Seit 2005
Neues Schloss Kißlegg. Museum Rudolf Wachter

2008
Katholische Akademie München

Halle Altes Rathaus, Städtische Museen, Schweinfurt

Rudolf Wachter. Woodhenge, Weingarten

2006
Rudolf Wachter. Skulptur und Zeichnung, galerie 13, Freising

2007
Rudolf Wachter. Holzskulptur und Zeichnung, Galerie Wohlhüter, Thalheim

2008
‚Wachter Holz Skulptur', Museen und Galerien der Stadt Schweinfurt

‚Rudolf Wachter', Katholische Akademie München

Rudolf Wachter. Skulpturen und Zeichnungen, Kardinal Wendel Haus München

Galerie Binder, Fügen, Österreich

2009
‚Rudolf Wachter', Galerie Florian Sundheimer, München

‚Rudolf Wachter. Skulpturen und Zeichnungen', Galerie Wohlhüter, Thalheim

2010
‚Raum Schnitte. Rudolf Wachter in St. Paul', St. Paul, München

2011
‚Rudolf Wachter. Zeichnung und Objekt', Schafhof, Europäisches Künstlerhaus Oberbayern, Freising

‚Rudolf Wachter. Holzskulptur. Zeichnung', Galerie Wohlhüter, Thalheim

2012
Rudolf Wachter, Schloss Meersburg

2014
Rudolf Wachter. Skulpturen, Studienkirche St. Joseph, Burghausen

2016
Rudolf Wachter, Galerie Rieder, München

2018
Rudolf Wachter, Galerie Wohlhüter, Leibertingen-Thalheim

Art Karlsruhe, Skulpturenplatz mit Galerie Wohlhüter

Ausstellungsbeteiligungen

1956
Malerei und Plastik aus Südwürttemberg/Hohenzollern, Tübingen

1970
Deutscher Künstlerbund, Prisma 70, Wismar u.a.

1971
Kunstverein Kassel

Deutscher Künstlerbund, Stuttgart

‚Junge Kunst', Schloss Kißlegg, Kunstverein Oberschwaben

1972
Deutscher Künstlerbund ‚Prisma 72', Bonn u.a.

Galerie St. Johann, Saarbrücken

1974
Deutsche Bildhauer der Gegenwart, Kunstverein Augsburg

1976
‚Kunst um den Bodensee', 29. Singener Kunstausstellung, Singen

1977
Holz + Kunst, Holzbildhauersymposium, Kunstverein Freiburg

Haus zum Cavazzen, Lindau

‚Wachter-Binder-Bindl', Kunstverein München

Jahresgabenausstellung, Kunstverein München

1978
‚Zwei Steine sind nie gleich', Galerie Falazik – Springerhornhof. Neuenkirchen/Lüneburger Heide

Galerie von Laar, München

Jahresgabenausstellung, Kunstverein München

1979
Europäischer Skulpturenpark Bundesrepublik Deutschland', Willebadessen

Holz + Kunst, II. Holzbildhauersymposium, Kunstverein Freiburg

‚Dimension 79. Plastische Arbeiten unserer Zeit', Stadtmuseum München

27. Jahresausstellung des deutschen Künstlerbundes, Kunstgebäude am Schlossplatz, Stuttgart

1980
Eröffnungsausstellung der Künstlerwerkstatt Lothringer Straße 13, München

‚Künstler machen Koffer für Rottweil', Forum Kunst, Rottweil

‚Münchner Künstler in Münchener Galerien', Rathaus München

Junge Kunst 1980, 25 Jahre Gesellschaft der Freunde junger Kunst, Baden-Baden

1981
Natur-Skulptur, Württembergischer Kunstverein Stuttgart

‚Situationen', Galerie der Künstler, München

‚Bayerische Kunst unserer Tage', Künstlerhaus Wien

Deutscher Künstlerbund, Nürnberg

1982
‚Hommage à Eva Pietsch', Kunstverein München

Jahresausstellung Kunstverein Wasserburg

‚Kontraste', Goetheinstitut Sofia, Bulgarien

‚Skulpturen im alten Botanischen Garten', München

1983
Internationale Gartenausstellung IGA, Westpark München

Große Sommerkunstausstellung, Schloss Dachau

Jahresausstellung Kunstverein Rosenheim

‚13 Bildhauer', Fachhochschule für Holztechnik, Rosenheim

Trostberger Skulpturenpark, Trostberg Eglsee

1984
Dreidimensional. Aktuelle Kunst aus der BRD, Institut für Auslandsbeziehungen, Stuttgart, Kunsthalle Mannheim, Lehmbruckmuseum Duisburg, Nationalmuseum für moderne Kunst Tokio u.a.

‚Kunst am Bau', TUM München

‚Bayerische Kunst unserer Tage', Künstlerhaus Wien

1985
Der Baum in Mythologie, Kunstgeschichte und Gegenwartskunst, Kunstverein Heidelberg

‚Drei Einzelgänger', Kunstverein Heidelberg

Große Kunstausstellung Künstlergemeinschaft Wasserburg am Inn

1986
25 Jahre Schwabinger Kunstpreis, Akademie der bildenden Künste, München

‚Bayerische Kunst unserer Tage', Haus der Kunst, München

Große Kunstausstellung Künstlergemeinschaft Wasserburg am Inn

1987
‚Brunnen. Ideen und Konzepte', Kunstbetrieb Dachau

Deutscher Künstlerbund, 25. Jahresausstellung, Berlin

‚Kunst-Landschaft', Neunkirchener Symposien 1974–1987

‚Münchner Künstler', Kunstverein München

‚Nur Rost...?', Skulpturenmuseum Glaskasten Marl, Marl

Große Kunstausstellung Haus der Kunst, München

1988
Deutscher Künstlerbund, 26. Jahresausstellung, Stuttgart

‚Mitten im Sommerloch', Rosenheimer Kunstverein, Graz, Österreich

‚Skulpturenweg' 1988, Wasserburg am Inn

Große Kunstausstellung, Haus der Kunst, München

1989
‚Durchsicht. 40 Jahre Bundesrepublik Deutschland und der Deutsche Künstlerbund', Kiel

‚Zeitgenössische Kunst in München', Galerie der Künstler, München

Kunstverein Graz

1990
Der deutsche Künstlerbund, Berlin

Große Kunstausstellung, Haus der Kunst, München

Kunstverein Rosenheim Jahresausstellung

‚Material und Raum', Galerie Heimeshoff, Essen

‚Skulptur', von der Heydt-Museum, Wuppertal

1991
‚Hölzer – Stämme – Körper'. Holzplastik in Baden-Württemberg, Reutlingen

‚Bildhauerszene München', städtische Galerie im Kornhaus, Kirchheim/Teck

Deutscher Künstlerbund, Darmstadt

Jahresausstellung Kunstverein Rosenheim

Galerie Krüper, Art Cologne, 26. Internationaler Kunstmarkt Köln1992.

1992
‚Bayerische Kunst unserer Tage', Nationalmuseum Breslau, Polen

Deutscher Künstlerbund, Aachen

‚Projekt A-Z', Galerie der Künstler, München

Große Kunstausstellung, Haus der Kunst, München

1994
Große Kunstausstellung, Haus der Kunst, München

Kunstverein Rosenheim 1904–1994, Kunstverein Rosenheim

Kunstverein Rosenheim Jahresausstellung

1995
‚Marchtaler Fenster', Kirchliche Akademie Obermarchtal

‚Bildhauer 95 in Deutschland', Kunstverein Augsburg

‚Föhn über Halle', Galerie Rataiczyk, Halle

Große Kunstausstellung, Haus der Kunst, München

‚Kunst in Deutschland. Werke zeitgenössischer Künstler aus der Sammlung des Bundes', Wanderausstellung

Kunstverein Rosenheim Jahresausstellung

‚Licht – Schachbrett', Die Hypobank in Neustadt/Weinstraße, Hypo Bank, München

1996
Kunstverein Rosenheim Jahresausstellung

‚Zeichnen. Der deutsche Künstlerbund in Nürnberg', Nürnberg

Horizonte. Kunst und Kirche, Wehr 1996

1997
dreizehnmal Jetzt-Zeit-Kunst, Haus der Kultur, Waldkraiburg

Große Kunstausstellung, Haus der Kunst, München

‚Horizonte', Wehr-Öflingen

‚Weder GUT noch BÖSE' Wanderausstellung 1997–1999 in Rathaus Galerie, München; evangelischer Oberkirchenrat, Karlsruhe; evangelischer Oberkirchenrat Darmstadt; Kunstverein Kronach

Deutscher Künstlerbund, St. Georg, Wismar

1998
1. Triennale zeitgenössischer Kunst Oberschwaben, Weingarten

'Bilder des Jahres', Ravensburg

'Bildhauerzeichnungen der Gegenwart', Sammlung der Stadt Rottweil

'Der ausgehöhlte Stamm. Kult- und Kunstobjekte aus Europa, Afrika und Ozeanien', Städtische Museen Heilbronn u.a.

'Dreizehnmal Jetzt-Zeit-Kunst', Haus der Kultur, Waldkraiburg

Große Kunstausstellung, Haus der Kunst, München

Holzbildhauer-Symposion, Skulptur in Freiburg, Freiburg

Kunstverein Rosenheim Jahresausstellung

Weihnachtsausstellung Galerie Wohlhüter, Thalheim

Heino Naujoks, Rudolf Wachter, Galerie Doris Wullkopf, Darmstadt

Hans Staudacher und Rudolf Wachter, Galerie Klewan, München

1999
Kunstverein Rosenheim Jahresausstellung

Holzwege, Städtische Galerie Die Fähre, Bad Saulgau

2000
Skulpturenpark Ismaning 2000, Ismaning

Weihnachtsausstellung Galerie Wohlhüter, Thalheim

Sommerausstellung Galerie Wohlhüter, Thalheim

2001
'Gästeliste. Künstler der Künstlervereinigung Fürstenfeldbruck und ihre Gäste', Kunstverein Rosenheim

2002
'unterholz – Holz in der Gegenwartskunst', Schloß Achberg, Weingarten

Kunstverein Rosenheim Jahresausstellung

'Malerei, Grafik, Plastik', Stadt Pfarrkirchen

'Pokorny. Die Holzskulpturen', städtische Museen Heilbronn u.a.

2003
Große Kunstausstellung, Haus der Kunst, München

'Junger Süden. 50 Jahre Oberschwäbischer Kunstpreis der Jugend', städtische Galerie Albstadt

Weihnachtsausstellung, Galerie Wohlhüter Thalheim 2003

2004
'1904–2004. 100 Jahre Kunstverein Rosenheim', Rosenheim

Art Karlsruhe, Galerie Wohlhüter

'Die dritte Dimension', Jahresausstellung des BBK, Haus der Kunst, München

'Dreidimensional. Plastik und Skulpturen aus den Landkreisen in Baden-Württemberg 1960–2004', Stuttgart u.a.

2005
Art Karlsruhe, Galerie Wohlhüter

'Dimension. Skulptur aktuell', Galerie der Künstler, München

Kunstverein Rosenheim Jahresausstellung

Große Kunstausstellung, Haus der Kunst, München

2006
Art Karlsruhe, Galerie Wohlhüter

'Über allen Türmen. 50 Jahre Kunstförderung der Kreissparkasse Ravensburg', Ravensburg

Im kleinen Format, Kreisgalerie Schloss Meßkirch

2007
BC pro Arte, Galerie Sparkassenstiftung Biberach

Art Karlsruhe, Galerie Wohlhüter

Kunstverein Rosenheim Jahresausstellung

'Belaubt – Entlaubt. Baum und Bäume in der Kunst der Gegenwart', Ulm, Tübingen u.a.

'Geometrie der Figur. Luca Cambiaso und die moderne Kunst', Osnabrück

2008
Kunstverein Rosenheim Jahresausstellung

'Raum für Leben und Kunst. Robert Schad, Rudolf Wachter und Max Ackermann', Stadtpark Weingarten

'Von Balkenhol bis Wachter', Museum Glaspalast, Staatsgalerie Moderne Kunst München, Augsburg

'Holzwege', städtische Galerie 'Die Fähre', Bad Saulgau

Transmontana, Weingarten

2009
Art Karlsruhe, Galerie Wohlhüter

'Die städtische Sammlung', Museum Kulturspeicher, Würzburg

'Diskurse. Deutsche Kunst nach 1945', Kunsthalle Schweinfurt

Kunstverein Rosenheim Jahresausstellung

'Aus dem Stamm. Die Sinnlichkeit des Materials. Holzskulptur heute', Kunstverein Wilhelmshöhe Ettlingen

Fläche und Raum, Neues Museum, Staatliches Museum für Kunst und Design Nürnberg

Rudolf Wachter, Rupprecht Geiger, Armando, Florian Sundheimer Kunsthandel, München

2010
'Stationen. Monika Huber und Rudolf Wachter – eine künstlerische Begegnung', städtische Galerien Rosenheim und Dachau

2011
'Stathmoi – Stationen. Rudolf Wachter und Monika Huber', Goethe-Institut, Athen

Kunstverein Rosenheim Jahresausstellung

2013/14
Faszination Holz, Museum Stiftung Gartenkultur Illertissen

2014
Rupprecht Geiger und Rudolf Wachter, Neues Schloss Kißlegg. Museum Rudolf Wachter

Rudolf Wachter. Holzskulptur. Zeichnung und Herrmann Waibel. Konkrete Strukturen. Raumlichtfarben, Galerie Wohlhüter, Thalheim

2017
Rupert Eder und Rudolf Wachter, Neues Schloss Kißlegg. Museum Rudolf Wachter

Rupprecht Geiger und Rudolf Wachter, galerie 13 Freising

2018
Hommage an den Raum. Rupert Eder und Rudolf Wachter

Galerie Ulf Larsson, Köln

Art Karlsruhe Skulpturenplatz

2018/19
Objekt. Plastik. Skulptur. Bildhauerei am Bodensee, Kunstmuseum Singen

2019
2:2, Gabi Streile, Werner Schmidt: Malerei, Jürgen Knubben, Rudolf Wachter: Skulptur, Galerie Abtart, Stuttgart

2020
50 Jahre Forum Kunst Rottweil, 50 Werke von 50 Künstlern, Rottweil

Sechs Orte - sechs Themen - ein Tisch, Deutsche Gesellschaft für Christliche Kunst, München (coronabedingt abgesagt)

Rudolf Wachter Literaturverzeichnis

1 Allgemein

Anonym 1987
Anonym: Brunnen. Ideen & Konzepte. Dachau, 1987, S. 44-45.

Anonym 1998
Anonym: Bilder des Jahres. Ravensburg, 1998

Anonym 1984
Anonym: Rudolf Wachter. in: bau intern. Zeitschrift der Bayerischen Staatsbauverwaltung für Hochbau, Städtebau, Wohnungsbau, Straßen- und Brückenbau, Wasserwirtschaft und Wasserbau, August 1984, 132-133 und Cover

Aristoteles 1995
Aristoteles: Physik. Vorlesung über die Natur, 84, 212 a. in: Aristoteles: Philisophische Schriften in 6 Bänden, Band 6, Hamburg 1995

Bauer/Stockmeier/Valenta 2003
Barbara Bauer, Johannes Stockmeier und Reinhard Valenta: Dialoge. Kronach, 2003, S. 163

Baureferat Landeshauptstadt München 1994
Baureferat Landeshauptstadt München: Hochbau. Generalinstandsetzung Grundschule und Fridtjof-Nansen-Realschule, München 1994

Bayerische Staatsbauverwaltung 1990
Universität Erlangen-Nürnberg. Bayerische Staatsbauverwaltung (Hrsg.): Neubau Biologikum und Physikum. Festschrift zu Einweihung des Physikums, 10. Mai 1990, Rudolf Wachter, Erlangen, 1990

Bayerische Staatsoper 2003
Bayerische Staatsoper (Hrsg.): Oper aktuell. Die Bayerische Staatsoper 2003/2004, München 2003, S. 86-94

Benjamin 1972-1989
Walter Benjamin, Gesammelte Schriften, hrsg. von Rolf Tiedemann und Herrmann schweppenhäuser, Bände I - VII, Frankfurt a.M.1972-1989

Besig 1995
Hans Michael Besig: Licht-Schachbrett. Die Hypo-Bank in Neustadt/Weinstraße, Neustadt, 1995

Böhm 2007
Dorothee Böhm, Sakrale Inszenierungen des Profanen. Die Rezeption des christlichen Reliquiars in der Kunst nach 1945, Hamburg 2007

Braun 2019
Helmut Braun (Hrsg.) (2019): Sieben mal Sieben. Kunst des 21. Jahrhunderts in der Evangelisch-Lutherischen Kirche in Bayern, Lindenberg i. Allgäu, 2019

Epting/Gräb 1988
Karl Christoph Epting und Paul Gräb (Hrsg.): Botschaften: Die Bedeutung der Kunst für die Kirche. 1988, 212-213

Esche-Braunfels 1993
Sigrid Esche-Braunfels: Adolf von Hildebrand (1847-1921). Berlin, 1993

Gercke 1991
Hans Gercke (Hrsg.): Kunst auf der Landesgartenschau Hockenheim 1991. Rudolf Wachter, Hockenheim, 1991, S. 17-19, 30-31

Giloy-Hirtz 1997
Petra Giloy-Hirtz: Wegweiser Kunst für München im öffentlichen Raum 1972-1997. München, 1997, S. 182/183

Goethe 1788
Johann Wolfgang von Goethe: Material der bildenden Kunst (1788) in: Goethes Werke, Band 47, Weimar 1887-1919

Guttmann 1990
Thomas Guttmann (Hrsg.): Giesing. Vom Dorf zum Stadtteil, München, 1990, S. 247-252

Hammacher 2004
Abraham M. Hammacher: Barbara Hepworth, Revised edition, reprinted, London 2004

Haffner 2005
Horst Haffner: Orte, Plätze, Räume. Vom Umgang mit der Stadt, Rudolf Wachter, München, 2005, S. 171-172

Harlan 1988
Volker Harlan: Was ist Kunst? Werkstattgespräche mit Beuys, Stuttgart 1988

Horaz
Horaz: Satiren I. S. 8

Hübner/Braun 2010
Hans Peter Hübner und Helmut Braun (Hrsg.): Evangelischer Kirchenbau in Bayern seit 1945. Berlin, 2010, S. 83-95

Jung 2011
Simone Jung, Back to the roots, in:

Back to the roots, Ausst.-Kat. Museum Biedermann, Freiburg 2011, S. 9–11

Kandinsky 1952
Wassily Kandinsky: Über das Geistige in der Kunst. 4. Aufl., Bern, 1952

Kierkegaard 1839/1948
Soren Kierkegaard, Die Tagebücher 1834–1855, 8. Feb. 1839, ausgewählt und übertragen von Theodor Haecker, München 1948

Klant 1998
Michael Klant (Hrsg.): Skulptur in Freiburg. Kunst des 20. Jahrhunderts im öffentlichen Raum, Rudolf Wachter, Bd 1, Freiburg im Breisgau, 1998, S. 95, 126–127, 208, 211, 235, Abb. S. 126

Knappe 1950
Karl Knappe: Das Gesetz heißt Wand, der Ausweg Plastik, hrsg. von Helmut Beck, Stuttgart 1950

Kulturreferat der Landeshauptstadt München 1995
Kulturreferat der Landeshauptstadt München (Hrsg.): Kunststadt München. Kunstförderung der Landeshauptstadt München 1995, Rudolf Wachter, München 1995, S. 24

Kunze 1984
Reiner Kunze. Gespräch mit der Amsel. Frühe Gedichte, Sensible Wege, Zimmerlautstärke, Frankfurt a.M. 1984

Le Corbusier 1979
Le Corbusier, Städtebau, Berlin 1979

Lützeler 1975
Heinrich Lützeler: Kunsterfahrung und Kunstwissenschaft. Bd. 2, Freiburg/München, 1975

Mayer 2017
Hartmut Mayer: Mimesis und moderne Architektur, Bielefeld 2017

Maurer/Rüth 2015
Michael C. Maurer und Bernhard Rüth: Plus/Minus, Einblick in die Kunstsammlung der Oberschwäbischen Elektrizitätswerke (OEW), Ravensburg 2015, S. 117

Maur 2003
Karin von Maur: Ernst Ludwig Kirchner. Sein Schaffen als Bildhauer, in: Ernst Ludwig Kirchner. Der Maler als Bildhauer, Ausst.-Kat. Staatsgalerie Stuttgart, Stuttgart 2003, S. 21

Netta 1999
Irene Netta u.a. (Hrsg.): Die Kunst der Gegenwart im Lenbachhaus. Stuttgart, 1999, S. 371

Oberste Baubehörde 1990
Oberste Baubehörde (Hrsg.): Festschrift zur Einweihung des Physikums 10. Mai 1990. Erlangen, 1990

OEW 2005
OEW (Hrsg.): Kunstankäufe der Universität der Oberschwäbischen Elektrizitätswerke OEW 1998–2005. Rudolf Wachter, Lindenberg im Allgäu, 2005, S. 149 und 159

Hulten/Domitrescu 1985
Pontus Hulten und Nathalie Domitrescu, Brancusi, Stuttgart 1986

Reese 2009
Beate Reese: Die Städtische Sammlung im Museum im Kulturspeicher Würzburg. Künstler, Themen und Geschichte(n), Würzburg, 2009, S. 142

Rehberg/Panzer/Völz 2015
Karl-Siegbert Rehberg, Gerhard Panzer und Franziska Völz: Beziehungsanalysen. Bildende Künste in Westdeutschland nach 1945. Akteure, Institutionen Ausstellungen und Kontexte, Wiesbaden 2015

Röttgen 2000
Steffi Röttgen (Hrsg.): Skulptur und Plastik auf Münchens Straßen und Plätzen. Kunst im öffentlichen Raum 1945–1999, Puchheim, 2000, S.106, 203, 230, 272

Rüth 1991
Uwe Rüth (Hrsg.): in Zusammenarbeit mit der Galerie Heimeshoff – Jochen Krüper: Material und Raum. Installationen + Projekte. Kunst im öffentlichen Raum, Essen, 1991, S. 26–27, 190–195

Schalhorn 1995
Andreas Schalhorn: Joseph Beuys. Das Ende des 20. Jahrhunderts, Theorie der Gegenwartskunst, Bd. 3, Münster, 1995

Scherer 2009
Claudia Scherer: Zungenfüßler. Gutach, 2009, S. 30

Schiller 1795/1963
Friedrich Schiller: Über die ästhetische Erziehung des Menschen, in einer Reihe von Briefen, 1795, in: Blumenthal, Liselotte/Wiese, Benno von (Hrsg.): Schillers Werke. Nationalausgabe, Philosophische Schriften, Bd. 20, Weimar, 1963, S. 382

Schmoll 2004
Schmoll, gen. Eisenwerth (Hrsg.): Mythen-Symbole – Metamorphosen in der Kunst seit 1800. Festschrift für Christa Lichenstern zum 60. Geburtstag, Berlin, 2004

Schneider 2007
Erich Schneider (Hrsg.): Soll und Haben. Schweinfurter Museumsschriften 14/2007, Schweinfurt, 2007

Sedlmayr 1955/1996
Hans Sedlmayr, Die Revolution der modernen Kunst, 1955, hrsg. von Friedrich Piel, Köln 1996

Semper 1852
Gottfried Semper: Wissenschaft, Industrie und Kunst. Vorschläge zur Anregung nationalen Kunstgefühls, Braunschweig, 1852, S. 35

Simm/Rainer/Rühl 1990
Franz Simm, Franz Rainer und Hermann Rühl (Red.): Bildwerk Bauwerk Kunstwerk. 30 Jahre Kunst und staatliches Bauen in Bayern, München, 1990, S.120–121, Abb. S. 120.

Trier 1992
Eduard Trier: Bildhauertheorien im 20. Jahrhundert. 4. überarbeitete und erweiterte Auflage, Berlin, 1992

Unger 1990
Achim Unger, Holzkonservierung: Schutz und Festigung von Holzobjekten, München 1990

Wagner 2001
Monika Wagner, Das Material der Kunst. Eine andere Geschichte der Moderne, München 2001

Wagner/Rübel/Hackenschmid 2002
Monika Wagner, Dietmar Rübel und Sebastian Hackenschmid (Hrsg.): Lexikon des künstlerischen Materials. Werkstoffe der modernen Kunst von Abfall bis Zinn, München 2002

Wimmer 1986
Hans Wimmer: Über die Bildhauerei. Erfahrungen bei der Arbeit. Notizen in der Werkstatt, 2. Aufl., München u. a., 1986, (Erstauflage 1961)

2 Aufsätze, Essays

Anonym 1983/84
Anonym: Rudolf Wachter. Städtische Galerie im Lenbachhaus, Jahresbericht 1983/84, S. 45

Anonym 1985
Anonym: Grosse Kunstausstellung Wasserburg, in: Arbeitskreis 68, 1985, S.44.

Anonym 1990 I
Anonym: Rudolf Wachter, in: Bildwerk, Bauwerk, Kunstwerk – 30 Jahre staatliches Bauen in Bayern, München 1990

Anonym 1990 II
Anonym: 2. Rundgang: Heilig-Kreuz-Kirch-Feldmüllersiedlung – Tegernseer Landstraße, in: Thomas Guttmann (Hrsg.): Giesing. Vom Dorf zum Stadtteil, München 1990, S. 247–252

Bandmann 1971
Günther Bandmann: Der Wandel der Materialbewertung in der Kunsttheorie des 19. Jahrhunderts, in: Schmoll gen. Eisenwerth, Adolf Josef und Helmut Koopmann (Hrsg.): Beiträge zur Theorie der Künste im 19. Jahrhundert, Bd. 1, Frankfurt a.M. 1971, S. 129–157

Barraud/Braun 2019
Barraud, Jean-Pierre und Braun, Helmut: Rudolf Wachter. Altar ‚Mensa' 2000, in: Braun, Helmut (Hrsg.) (2019): Sieben mal Sieben. Kunst des 21. Jahrhunderts in der Evangelisch-Lutherischen Kirche in Bayern, Lindenberg i. Allgäu, 2019, S. 54–55

Bauer/Schütz/Wuhrer 2009
Christoph Bauer, Helmut G. Schütz, Jörg Wuhrer: Holz in der Bildhauerei – zur Neurezeption eines Materials in der Kunst, in: Aus dem Stamm – Die Sinnlichkeit des Materials – Holzskulptur heute. Ausst. Kat. Wilhelmshöhe/Kunstmuseum Singen, Ettlingen 2009, S. 6–8

Bayer 1990
Bayer: Staatsministerium d. Innern (Hrsg.): Bildwerk, Bauwerk, Kunstwerk. 30 Jahre Kunst und staatliches Bauen in Bayern, Rudolf Wachter, München 1990, S.120–121

Berleant 1991
Arnold Berleant: Brancusi and the Phenomenology of Sculptural Space, in: Florence M. Hetzler (Hrsg.): Art and Philosophy, Brancusi, New York 1991, S. 51–59

Bluemler 1997
Detlef Bluemer: Arbeiten, wie die Natur es vorgibt – aus einem Gespräch mit Rudolf Wachter, in: Detlef Bluemler und Lothar Romain (Hrsg.): Rudolf Wachter. Künstler. Kritisches Lexikon der Gegenwartskunst, Ausgabe 37, Heft 8, München 1997, S. 14–15

Brandl 2007
Andrea Brandl: Linie zur Fläche wie Holz zu Eisen, in: Erich Schneider (Hrsg.), Soll und Haben, Schweinfurter Museumsschriften 14/2007, Schweinfurt 2007S. 67–69

Brandl 2008
Andrea Brandl: Der Weg der mir von der Natur angeboten wurde. Rudolf Wachter und sein Werk, in: Erich Schneider (Hrsg.): Wachter Holz Skulptur. Stadt Schweinfurt, Ausst.-Kat. Schweinfurt 2008, S. 5–11

Brandl/Wachter 2008
Andrea Brandl und Rudolf Wachter: Gebrochener Raum III 2006, in: Erich Schneider (Hrsg.): Diskurse. Deutsche Kunst nach 1945, Ausst.-Kat. Kunsthalle Schweinfurt, Schweinfurt 2008, S. 284–285

Brandt 1985
Ingrid Brandt: Bild des Kosmos und des Menschen. Der Baum in Kultur und Mythos China und Indiens, in: Hans Gercke (Hrsg.): Der Baum in Mythologie, Kunstgeschichte und Gegenwartskunst, Ausst.-Kat. Kunstverein Heidelberg, Heidelberg 1985, S. 52–80

Braun/Link 2010
Helmut Braun und Andreas Link: Kunst als spirituelle Gestaltung der Gegenwart, in: Helmut Braun und Hans-Peter Hübner: Evangelischer Kirchenbau in Bayern seit 1945, München 2010, S. 83–95

Brügel/Wachter 1998
Eberhard Brügel und Rudolf Wachter: Baumstamm, in den Wald zurückgekehrt, in: Michael Klant (Hrsg.): Skulptur in Freiburg. Kunst des 20. Jahrhunderts im öffentlichen Raum, Rudolf Wachter, Freiburg im Breisgau 1998, S. 95, 126–127, 208, 211, 235

Brunner 1991
Brunner Dieter, o.T., in: Bildhauerszene München, Ausstellungskatalog Städtische Galerie im Kornhaus, Kirchheim/Teck 1991, S. 5

Brunner 2002
Dieter Brunner: Die Ursprünge. Frühe Holzarbeiten von Werner Pokorny aus den 70er Jahren, in: Werner Pokorny: Die Holzskulpturen, Ausst.-Kat. Städtische Museen Heilbronn u.a., Heilbronn 2002, S. 53–79

Brunner 2009
Dieter Brunner, Von der Axt zur Kettensäge – Die Rennaissance des Naturmaterials Holz, in: Aus dem Stamm – Die Sinnlichkeit des Materials – Holzskulptur heute. Rudolf Wachter, Ausst. Kat. Wilhelmshöhe/Kunstmuseum Singen, Ettlingen 2009

Bühler 1995
Ulrike Bühler: ‚Holzstammabschnitte', in: Finanzministerium Baden-Württemberg (Hrsg.): Kunst an Staatlichen Bauten in Baden-Württemberg 1980–1995, Stuttgart 1995, S. 149

Bürgy 1985
Ingrid Bürgy: Wohnung der Götter und Weltenbaum, in: Hans Gercke (Hrsg.): Der Baum in Mythologie, Kunstgeschichte und Gegenwartskunst, Ausst.-Kat. Kunstverein Heidelberg, Heidelberg 1985, S. 82–85

Clemens 2011 I
Barbara Clemens: Rudolf Wachter – Stationen. Landkreis Ravensburg, Sigmaringen, Bodensee, in: kunsttermine – der Ausstellungsanzeiger, Neu-Isenburg 2011, S. 418

Clemens 2011 II
Barbara Clemens: Rudolf Wachter Museum. Neues Schloß Kißlegg, in: kunsttermine – der Ausstellungsanzeiger, Neu-Isenburg 2011, S. 419

Dathe 2002 I
Stefanie Dathe: Rudolf Wachter, in: unter Holz – Holz in der Gegenwartskunst, Ausst.-Kat. Schloss Achberg, Ravensburg 2002, S. 42–55

Dathe 2002 II
Stefanie Dathe: Einführung, in: unterHolz – Holz in der Gegenwartskunst 2002. Rudolf Wachter, Ausst. Kat. Schloss Achberg, Ravensburg 2002, S. 7–9

Dathe 2005
Stefanie Dathe: Von der Natur – zur Kunstform, in: Rudolf Wachter im Neuen Schloss Kißlegg, Ausst.-Kat. Kißlegg, 2005, S. 7–13

Dathe 2011
Stefanie Dathe: Von der Natur- zur Kunstforum. Zum Tode von Rudolf Wachter, in: kunsttermine – der Ausstellungsanzeiger, Neu-Isenburg 2011, S. 410–414

Dattenberge 1992
Simone Dattenberge: Täuschung der Augen. Ausstellung in Münchner Galerie der Künstler, in: im Bilde. Informationen aus dem Berufsverband Bildender Künstler Landesverband Bayern, München 1992, S. 10–11

Dittmar 1982
Peter Dittmar: Klötzchen nach Belieben, in: Kunstreport 3/4, 1982, S. 14

Döcker 2007
Martina Döcker: Die Kunst hat keinen anderen Zweck, als sich selbst zu genügen! in: die horen – Zeitschrift für Literatur, Kunst und Kritik, Bremerhaven 2007, S. 79–94

Eisele 1998
Jupp Eisele: Rudolf Wachter, in: Eisele, Jupp: Bilder des Jahres, Ravensburg 1998

Endl 1984
Edmund Endl: Sechs Kunstwettbewerbe, Polizeidirektion Ingolstadt, in: bau intern, August 1984, S. 131–133

Engel 1992
Jürgen Engel: über Rudolf Wachter, in: Suppe, Rudolf Wachter, Bremen, 1992, S. 12–13

Epting/Gräb 1993
Karl-Christoph Epting und Paul Gräb (Hrsg.): Wege, Rudolf Wachter, Karlsruhe 1993, S. 284–285

Ermel/Horinek Weber 1995
Horst Ermel, Leopold Horinek und Lutz Weber: Rudolf Wachter, in: Hans-Michael Besig und Rudolf Wachter: Licht-Schachbrett. Die Hypo-Bank in Neustadt/Weinstraße, Neustadt 1995

Fath 2004
Mandred Fath, Dreidimensional – Plastiken und Skulpturen aus den Sammlungen der Baden-württembergischen Landkreise, in: Dreidimensional. Plastik und Skulptur aus den Landkreisen in Baden-Württemberg 1960–2004, hrsg. vom Landkreistag Baden-Württemberg, Stuttgart 2004, S. 9–21

Firmenich 2004
Andrea Firmenich (Hrsg.): Natur-Schöpfung, Architektur und Kunst im Herbert-Quandt-Haus, Bad Homburg/Berlin 2004, S. 91, 155

Gabo 1959
Naum Gabo 1959 in: Of Divers Art. The A.W. Mellon Lectures in the Fine Arts, National Gallery of Art, Washington 1959

Gärtner 2001
Matthias Gärtner, O Topos, in: Rudolf Wachter. Woodhenge, Ausst.-Kat. Maximiliansforum, München 2001, S. 6–25

Gercke 1985 I
Hans Gercke: Zur Symbolik des Baumes und seiner Bedeutung in: Hans Gercke (Hrsg.): Der Baum in Mythologie, Kunstgeschichte und Gegenwartskunst, Ausst.-Kat. Kunstverein Heidelberg, Heidelberg 1985

Gercke 1985 II
Hans Gercke: Brücke zwischen Aktualität und Mythos: Der Baum in der Gegenwartskunst, in: Hans Gercke (Hrsg.): Der Baum in Mythologie, Kunstgeschichte und Gegenwartskunst, Ausst.-Kat. Kunstverein Heidelberg, Heidelberg 1985, S. 292–297

Gercke 1991
Hans Gercke: Integration und Kontrast. Zu den Großplastiken auf der Hockenheimer Landesgartenschau, Rudolf Wachter, Windbruch, in: Hans Gercke (Hrsg.): Kunst auf der Landesgartenschau Hockenheim 1991, Ausst.-Kat. Hockenheim 1991, S. 17–19, 30–31

Gercke 1992
Hans Gercke: Paradigma einer neuen Einheit, in: Skupturenmuseum Glaskasten Marl (Hrsg.): Rudolf Wachter, Holzskulpturen, Ausst.-Kat. Skulpturenmuseum Glaskasten Marl, Marl 1992

Gercke 1998
Hans Gercke (Hrsg.): Konstruktion und Zerlegung, Innen und außen – ein zentrales Thema skulpturaler Gestaltung in der gehöhlten Holzskulptur, in: Andreas Pfeiffer (Hrsg.): Der ausgehöhlte Stamm, Kunst- und Kunstobjekte aus Europa, Afrika und Ozeanien, Ausst.-Kat. Städtische Museen Heilbronn, Heidelberg 1998, S. 48–54

Gerz 1985
Jochen Gerz: Die Erfindung der Welt, Stadtgalerie Saarbrücken, Saarbrücken 1985

Giloy-Hirtz 1997
Petra Giloy-Hirtz: Wegweiser. Kunst für München im öffentlichen Raum 1972–1997, hrsg. von Helmut Friedel im Auftrag des Baureferates der Landeshauptstadt München, München 1997, S. 182–183

Goldbach 2013
Ines Goldbach, Guiseppe Penone, in: Kunstbulletin 7–8, 2013, zitiert nach: https://www.artlog.net/de/kunstbulletin-7-8-2013/giuseppe-penone

Gosztonyi 1976
Alexander Gosztonyi: Der Raum. Geschichte seiner Probleme in Philosophie und Wissenschaft, Bd. 2, Freiburg/München 1976

Gräb/Wachter 2006
Wilhelm Gräb und Rudolf Wachter: Omaggio al piero I, in: Valenta, Reinhard u. a.: Begegnungen, Maulburg 2006, S. 308–309

Grund 1985
Angelika Grund: Vom Zeichen zum Abbild, in: Hans Gercke (Hrsg.): Der Baum in Mythologie, Kunstgeschichte und Gegenwartskunst, Ausst.-Kat. Kunstverein Heidelberg, Heidelberg 1985, S. 132–151

Greiner 1991
Rudolf Greiner: Die Finger in der Holzplastik. Material, Prozeß, Gestalt, in: Hölzer, Stämme, Körper. Holzplastik in Baden-Württemberg, Ausst.-Kat. Reutlingen 1991, S. 21–29

Hartmann 2000
Wolfgang Hartmann: o.T. (Eröffnungsrede), in: Museum und Galerie im Prediger (Hrsg.): Rudolf Wachter. Woodhenge, Ausst.-Kat. Schwäbisch Gmünd 2000, S. 58–59

Hartle 2008
Johan Frederik Hartle: Die Räume, in: Andreas van Dühren: Text-Revue Zeitschrift, Heft 6, Berlin 2008, S. 30–59

Hassebrauk 1988
Marianne Hassebrauk: Rudolf Wachter, in: Botschaften, Ausst.-Kat. Lahr/Schwarzwald 1988, S. 212–213

Hegewisch 1995
Katharina Hegewisch: Das Eigenleben des Natürlichen. Holzskulpturen von Rudolf Wachter, in: Hans-Michael Besig und Rudolf Wachter: Licht-Schachbrett. Die Hypo-Bank in Neustadt/Weinstraße, Rudolf Wachter, München 1995, S. 8–11

Hegewisch 2000
Katharina Hegewisch: Rudolf Wachter (*1923), in: Kopplin, Bärbel: Sammlung HypoVereinsbank. Von der klassischen Moderne bis zur Gegenwart, Rudolf Wachter, München 2000, S. 202–205

Helfer 1987
Helfer Judith: Rudolf Wachter, in: Rudolf Wachter, Ausst.-Kat. Blom & Dorn Gallery, New York 1987

Henning 1985
Gustav-Adolf Henning: Das schwere Leben der Stadtbäume, in: Hans Gercke (Hrsg.): Der Baum in Mythologie, Kunstgeschichte und Gegenwartskunst, Ausst.-Kat. Kunstverein Heidelberg, Heidelberg 1985, S. 192

Hepler 2010
Rainer Hepler: Rudolf Wachter in St. Paul, Vorüberlegungen des Theologen, in: Raum Schnitte. Rudolf Wachter in St. Paul, Ausst.-Kat. München 2010, S. 6-17

Herold 2009
Inge Herold: Vom Baum zur Büste. Das Material Holz in der internationalen Kunst seit 1960, in: Aus dem Stamm – Die Sinnlichkeit des Materials – Holzskulptur heute. Rudolf Wachter, Ausst. Kat. Wilhelmshöhe/Kunstmuseum Singen, Ettlingen 2009, S. 18-23

Hildebrand 1918
Adolf von Hildebrand: Das Problem der Form in der Bildenden Kunst, Straßburg 1918

Hildebrand 1969
Adolf von Hildebrand: Gesammelte Schriften zur Kunst, bearbeitet von Henning Bock, Köln 1969

Holthuis 2000
Gabriele Holthuis: Rudolf Wachter. Woodhenge, in: Museum und Galerie im Prediger (Hrsg.): Rudolf Wachter. Woodhenge. Ausst.-Kat. Rudolf Wachter, Schwäbisch Gmünd 2000, S. 5-6

Humpert 1979
Klaus Humpert: Vorwort, in: Holz + Kunst, II. Holzbildhauer-Symposion, Ausst.-Kat. Freiburg im Breisgau, 1979, Freiburg 1979, o.S.

Jenderko 1976
Ingrid Jenderko: Zur Ausstellung ‚Holz= Kunst-Stoff', in: Holz = Kunst-Stoff, Ausst.-Kat. Staatliche Kunsthalle Baden-Baden und Gesellschaft der Freunde junger Kunst, Baden-Baden 1976, S. 20-23

Kemp 1976
Wolfgang Kemp, Holz – Figuren des Problems Material, in: Holz = Kunst-Stoff, Ausst.-Kat. Staatliche Kunsthalle Baden-Baden und Gesellschaft der Freunde junger Kunst, Baden-Baden 1976, S. 9-14

Kemp 2002
Wolfgang Kemp: Holz, in: Wagner/Rübel/Hackenschmid 2002, S. 145-152

Kerschner 2011
Johanna Kerschner: Abschied von Rudolf Wachter, in: und Das Münchner Kunstjournal, München 2011, S. 38

Kiby 1988
Ulrika Kiby: Der Baum lebt. Rudolf Wachter, in: Kunst in München, Hamburg 1988, S. 241-243

Kohl 1991
Ines Kohl: Wachstum und Verwandlung, in: Kunstverein Rosenheim Ausst.-Kat. Rudolf Wachter, Rosenheim 1991

Kranzfelder 1995 I
Ivo Kranzfelder: ‚Naturkenntnis als menschliche Bemühung', in: DG für Christliche Kunst und Kunstverein und Galerie an der Finkenstraße (Hrsg.): Diskurs. Rudolf Wachter. Tisch. Skulptur. Ausst.-Kat. DG München 1995, S. 44-45

Kranzfelder 1995 II
Ivo Kranzfelder: Rudolf Wachter, in: Lothar Romain und Detlef Bluemler (Hrsg.): Bildhauer'95 in Deutschland, Augsburg,1995

Kranzfelder 1997
Ivo Kranzfelder: Kunst, Technik und Natur. Rudolf Wachter, in: Lothar Romain und Detlef Bluemler (Hrsg.): Rudolf Wachter. Künstler. Kritisches Lexikon der Gegenwartskunst, München 1997, S. 3-13

Kranzfelder 2001
Ivo Kranzfelder: Rudolf Wachter, in: Künstlervereinigung Fürstenfeldbruck (Hrsg.): Gästeliste. Künstler der Künstlervereinigung Fürstenfeldbruck und Ihre Gäste, Ausst.-Kat. Kulturzentrum Fürstenfeld, Fürstenfeldbruck 2001, S. 20-21

Krellmann 2003
Hanspeter Krellmann: Stonehenge – hölzern. Zu Rudolf Wachter Bildmonumenten, in: Hanspeter Krellmann: Oper aktuell. Die Bayerische Staatsoper 2003/2004, München 2003, S. 86-94

Kühne 1997
Andreas Kühne: Ein Schlüssel zu den Chiffren der Natur. Die Holzplastiken von Rudolf Wachter, in: Marquardt Ausstellungen München (Hrsg.): Rudolf Wachter, Ausst.-Kat. München 1997

Kühne 1999
Andreas Kühne: Die Logik des Kernschnitts. Zu den Holzplastiken von Rudolf Wachter, in: Rudolf Wachter im Fürstlichen Marstall in Neuburg an der Donau, Neuburg an der Donau 1999

Kühne 2000
Andreas Kühne: Vom Diagonalschnitt zum rhythmisierten Relief. Überlegungen zum plastischen Werk von Rudolf Wachter, in: Museum und Galerie im Prediger (Hrsg.): Rudolf Wachter. Woodhenge, Ausst.-Kat. Schwäbisch Gmünd 2000, S. 8-10

Kühne 2003
Andreas Kühne: Rudolf Wachters Stammskulpturen und die Holzplastik im 20. Jahrhundert, in: Johann Georg Prinz von Hohenzollern und Christiane Lange (Hrsg.): Rudolf Wachter – Aus dem Stamm., Ausst.-Kat. Kunsthalle der Hypo-Kulturstiftung, München 2003, S. 10-31

Kühne 2009
Andreas Kühne, Die Freiheit von den regeln. Über Kunst und Natur in der Holzplastik der Moderne, in: Aus dem Stamm – Die Sinnlichkeit des Materials – Holzskulptur heute. Rudolf Wachter, Ausst. Kat. Wilhelmshöhe/Kunstmuseum Singen, Ettlingen 2009, S. 28-31

Kühne 2011
Andreas Kühne: Die Botschaft des Holzes. Überlegungen zu den Reliefs von Rudolf Wachter in der Münchner Kirche St. Paul, in: Jahrbuch Verein Ausstellungshaus für christliche Kunst 2007-2010, Bonn 2011, S. 176-183.

Kunze 1982
Reiner Kunze: Rudolf Wachter, in: Wolfgang Jean Stock (Hrsg.): Hommage à Eva Pietzsch, Ausst.-Kat. Kunstverein München, München 1982, S. 164-165

Lange 2003 I
Christiane Lange: Jeder Stamm hat ja ein Herz. Ein Gespräch mit Rudolf Wachter, in: Johann Georg Prinz von Hohenzollern und Christiane Lange (Hrsg.): Rudolf Wachter – Aus dem Stamm., Ausst.-Kat. Kunsthalle der Hypo-Kulturstiftung, München 2003, S. 30-57

Lange 2003 II
Christiane Lange: Rudolf Wachter – Stationen eines Lebens, in: Johann Georg Prinz von Hohenzollern und Christiane Lange (Hrsg.): Rudolf Wachter – Aus dem Stamm., Ausst.-Kat. Kunsthalle der Hypo-Kulturstiftung, München 2003, S. 92-99

Langer 1998
Heiderose Langer: Einbaum, Thron und Trog. Archaische Hohlformen und magisch-mythische Bezüge in Holzskulpturen und Aktionen zeitgenössischer Künstler, in: Ausst.-Kat. Heilbronn 1988, S. 31-47

Leopold 1997
Anne Leopold: Kernschnitte – Die Newgrange-Skulpturen, in: dreizehnmal Jetzt-Zeit-Kunst, Ausst.-Kat. Haus der Kultur, Rudolf Wachter, Waldkraiburg 1997

Lichtenstern 2004 I
Christa Lichtenstern: Natur-Idol-Traum. Rudolf Wachter, Lothar Fischer, Andreas Bindl, in: Bayerische Akademie der Schönen Künste (Hrsg.): Jahrbuch 18, München 2004, S. 257-270

Lichtenstern 2004 II
Christa Lichtenstern, Ernst Barlach im Dialog mit mittelalterlicher Kunst, in: Ingeborg Maas und Herbert Schneider (Hrsg.), Festschrift für Wolf Frobenius, Klön/Weinmar 2004

Lichtenstern 2008
Christa Lichtenstern: Zur Formidee durchdringen. Beobachtungen zur Münchner Bildhauerschule nach 1945, in: Volker Probst, Max Brunner und Adolf Hofstetter (Hrsg.): Gestalt Form Figur. Hans Wimmer und die Münchner Bildhauerschule, Passau 2008, S. 22, 23

Möckel 2002
Birgit Möckel: Komplexität und Einfachheit. Zu den Holzskulpturen von Werner Pokorny, in: Werner Pokorny: Die Holzskulpturen, Ausst.-Kat. Städtische Museen Heilbronn u.a., Heilbronn 2002, S. 15-52

Muschler 2008
Sabine Muschler: Rudolf Wachter. Skulpturen und Zeichnungen, in: Katholische Akademie in Bayern (Hrsg.): zur debatte, Rudolf Wachter, München 2008, S. 43-44

Nix 1999
Nicole Nix: Zur Arbeit Rudolf Wachters, in: Rudolf Wachter. Städt. Galerie im Bürgerhaus, Neunkirchen/Saar 1999

Penone 1999
Guiseppe Penone, in: Künstler. Kritisches Lexikon der Gegenwartskunst, Heft 12, II/1999, S. 2-18

Pöhlmann 1985 I
Wolfger Pöhlmann: Einschnitte – Ausschnitte. Rudolf Wachter und seine Skulpturen, in: Kunst + Handwerk, Heft 1, Düsseldorf 1985, S. 28-32

Pöhlmann 1985 II
Wolfger Pöhlmann: Einschnitte -Ausschnitte. Rudolf Wachter und seine Skulpturen, in: Rudolf Wachter. Stammskulpturen, München Gasteig 1985, S. 7-16

Pöhlmann 1991
Wolfger Pöhlmann: Rudolf Wachter, in: Bildhauerszene München, Städtische Galerie im Kornhaus, Rudolf Wachter, Kirchheim unter Teck 1991, S. 32-35

Pöhlmann 2011
Wolfger Pöhlmann, Einführung, in: Stathmoi-Stationen. Rudolf Wachter und Monika Huber, Ausst. Kat. Goethe-Institut, Athen 2011

Pohlen 1982
Annelle Pohlen: Lebendiges Bild des Vorhandenen, in: Kunstreport 3/4, 1982, S. 22

Pokorny 1988
Werner Pokorny: Material und Technik, in: Wolfgang Hartmann und Werner Pokorny: Das Bildhauersymposion – Entstehung und Entwicklung einer neuen Form kollektiver und künstlerischer Arbeit, Rudolf Wachter, Stuttgart 1988, S. 94

Raff 1994
Thomas Raff: Die Sprache der Materialien. Anleitung zu einer Ikonologie der Werkstoffe, München 1994

Renftle 2003
Barbara Regina Renftle: Rudolf Wachter 1955, in: Oberschwäbische Elektrizitätswerke OEW (Hrsg.): Junger Süden, 50 Jahre Oberschwäbischer Kunstpreis der Jugend, Ausst.-Kat. Städtische Galerie Albstadt, Rudolf Wachter, Albstadt 2003, S. 22-29

Renftle 2007
Barbara Regina Renftle: Rudolf Wachter, in: Josef Bücheler und Barbara Regina Renftle: Belaubt-Entlaubt. Baum und Bäume in der Kunst der Gegenwart. Ausst.-Kat. Ulm/Tübingen 2007, S. 11-19, 57-59, 66-67, 69

Roßmann 2009
Claudia Roßmann: Der Kreis – Symbol für Einheit und Bindung, in: Landratsamt des Landkreises Ravensburg (Hrsg.): Der Landkreis ganz persönlich, Rudolf Wachter, Ravensburg 2009, S. 12-13

Roth 1982 I
Juliane Roth: o.T., in: Das Kunstwerk – Zeitschrift für moderne Kunst, Heft 1, JG. XXXIV, 1981, S. 85

Roth 1982 II
Juliane Roth: Rudolf Wachter – Holz-Skulptur-Spiel, in: Das Kunstwerk – Zeitschrift für moderne Kunst, Heft 2, JG. XXXV, 1982, S. 75

Rottach 1995
Ilse Rottach: Tisch – Tafel – Mahl, in: DG für Christliche Kunst und Kunstverein und Galerie an der Finkenstraße (Hrsg.): Diskurs, Rudolf Wachter. Tisch. Skulptur. Ausst.-Kat. München 1995, S. 6- 10

Rühl 1989
Hermann Rühl: Kunstwerke im öffentlichen Raum. Das Beispiel Universität, in: Ekkehard Mai und Gisela Schmirber: Denkmal – Zeichen – Monument. Skulptur und öffentlicher Raum heute, München 1989, S. 149-158

Rühl 1990
Hermann Rühl: Arbeiten von Rudolf Wachter, in: Festschrift zur Eröffnung des Neubaus Biologikum und Physikum, Uni Erlangen, Nürnberg/Erlangen 1990, S. 13

Rüth 1991
Uwe Rüth: Material und Raum – Bemerkungen zur modernen Plastik, in: Material und Raum – Installationen und Projekte, Kunst im öffentlichen Raum, Essen 1991, S. 26

Rüth 1992
Uwe Rüth: Die Male des Waldes in der Welt des Menschen – Zu den Arbeiten von Rudolf Wachter, in: Skulpturenmuseum Glaskasten Marl (Hrsg.): Rudolf Wachter, Holzskulpturen, Ausst.-Kat. Skulpturenmuseum Glaskasten Marl, Marl 1992, S. 99-107

Rüth 1992/1993
Uwe Rüth, Bestandkatalog Skulpturenmuseum im Glaskasten, Marl 1992/1993, o.S.

Rüth 2004 I
Uwe Rüth: Ensembles und Auslöser, in: Skulpturenmusem Glaskasten Marl (Hrsg.): Werner Mally, Ausst.-Kat. Skulpturenmuseum Glaskasten Marl u.a., Marl 2004, S. 9-26

Rüth 2004 II
Uwe Rüth: Systeme und Interventionen, in: Skulpturenmusem Glaskasten

Marl (Hrsg.): Werner Mally, Ausst.-Kat. Skulpturenmuseum Glaskasten Marl u.a., Marl 2004, S. 27-43

Rüth 2004 III
Uwe Rüth: Werner Mally – Raum und Volumen oder: Das Viele in Einem, in: Skulpturenmuseum Glaskasten Marl (Hrsg.): Werner Mally, Ausst.-Kat. Skulpturenmuseum Glaskasten Marl u.a., Marl 2004, S. 5-8

Rundel 2008
Walter Rundel: ‚Der Stamm bestimmt meine Arbeiten von vornherein', in: Gerber, Gerd: Raum für Leben und Kunst, Robert Schad, Rudolf Wachter und Max Ackermann im Stadtgarten von Weingarten, Ausst.-Kat. Weingarten 2008, S. 66-67

Ruske 1971
Wolfgang Ruske: Holz im Aussenbereich, Stuttgart 1971.

Schäfert 2010
Ulrich Schäfert: Der Raum des Dialogs oder: Der Bildraum als Sakralraum, in: Katholische Pfarrei St. Paul (Hrsg.): Raum Schnitte. Rudolf Wachter in St. Paul, Ausst.-Kat. München 2010, S. 18-19

Schmalenbach 1989
Werner Schmalenbach: ‚Kraft und Maß – zur Ästhetik der schwarzafrikanischen Kunst'. in: Kunstverein Rosenheim (Hrsg.): Kunstverein Rosenheim im Forum Stadtpark Graz, Ausst.-Kat. Rosenheim 1989

Schmied 1990
Wieland Schmied: Kunst und Öffentlichkeit, in: Wieland Schmied: Kunst, Kunstgeschichte, Kunstakademie, München 1990, S. 55-66

Schmied 2005
Wieland Schmied: Doch der Schein trügt, in: Bayerische Akademie der Schönen Künste (Hrsg.): Jahrbuch 19, München 2005, S. 485-493

Schmid 1995
Bernd Schmid: Rudolf Wachter, in: Ausst.-Kat. Kirchliche Akademie Obermarchtal, Rottenburg 1995, S. 20

Schmidt 1987
Doris Schmidt: Rudolf Wachter, in: Rudolf Wachter, Ausst.-Kat. Blom & Dorn Gallery, New York 1987

Scholler 1988
Hanns Michael Scholler: Strafvollzug und Kunst am Bau – Beispiel Justizvollzugsanstalt St. Georgen, Bayreuth, in: Die Bauverwaltung, Heft 3, Jg. 61, 1988, S. 103-105

Schulz 2007
Heribert Schulz: Geometrie der Figur in der modernen Kunst. Rudolf Wachter, in: Geometrie der Figur. Luca Cambiaso und die moderne Kunst, hrsg. von Heribert Schulz, Ausst. Kat. Osnabrück 2007, S. 200-201

Sibilia 1997 I
Alessandro Sibilia: Rudolf Wachter Holzskulpturen, in: Temporeale, Annuario (Jahrbuch) 1996/97, Associazione Culturale (Kulturverein), Meran 1997, S. 40-46

Sibilia 1997 II
Alessandro Sibilia: Holzgedanken: rund um so manche Spirale von Rudolf Wachter (Pensieri di legno: intorno a qualche spirale di Rudolf Wachter), in: Marquardt Ausstellungen München (Hrsg.): Rudolf Wachter, München 1997, S. 85-88

Sibilia 1998
Alessandro Sibilia: Rudolf Wachter, in: Ausst.-Kat. 1. Triennale Zeitgenössischer Kunst Oberschwaben, Weingarten 1998, S. 84-85

Sprenger 2002
Kai Michael Sprenger, Vorwort, in: unterHolz – Holz in der Gegenwartskunst 2002. Rudolf Wachter, Ausst. Kat. Schloss Achberg, Ravensburg 2002, S. 42-55

Steigner 1985
Beate Steigner: Paradiesbaum und Kreuz, in: Hans Gercke (Hrsg.): Der Baum in Mythologie, Kunstgeschichte und Gegenwartskunst, Ausst.-Kat. Kunstverein Heidelberg, Heidelberg 1985, S. 86-101

Theil 1985
Harald Theil: Der Einzug der Bäume in die Stadt, in: Hans Gercke (Hrsg.): Der Baum in Mythologie, Kunstgeschichte und Gegenwartskunst, Ausst.-Kat. Kunstverein Heidelberg, Heidelberg 1985, S. 164

Thiel 1978
Heinz Thiel: Rudolf Wachter, in: Heinz Thiel und Andreas Vowinckel: – zwei Steine sind nie gleich –, Ausst.-Kat. Galerie Falazik, Springhornhof Neuenkirchen, Neuenkirchen 1978

Unger 1990
Achim Unger: Holzkonservierung, Leipzig 1990.

Wäcker-Babnik 2010
Erika Wäcker-Babnik (Hrsg.): ‚Stationen' Monika Huber und Rudolf Wachter, Eine künstlerische Begegnung, Ausst.-Kat. Städtische Galerie Rosenheim, Rosenheim 2010, S. 5

Wäcker-Babnik 2011
Erika Wäcker-Babnik: Choiroi. Zum Thema Raum im Werk von Rudlof Wachter und Monika Huber, in: Stathmoi-Stationen. Rudolf Wachter und Monika Huber, Ausst. Kat. Goethe-Institut, Athen 2011, S. 10-18

Wäcker-Babnik/Wachter 2011
Erika Wäcker-Babnik und Rudolf Wachter: 'Auch in der griechischen Plastik steckt das Menschliche, Unperfekte…' Ein Gespräch mit Rudolf Wachter, in: Stathmoi-Stationen. Rudolf Wachter und Monika Huber, Ausst. Kat. Goethe-Institut, Athen 2011, S. 23-34

Bibiana Wachter 2000
Bibiana Maria Wachter: Geomantie als Basis von Wachters Arbeiten, in: Museum und Galerie im Prediger (Hrsg.): Rudolf Wachter. Woodhenge, Ausst.-Kat. Rudolf Wachter, Schwäbisch Gmünd 2000, S. 54-56

Bibiana Wachter o.J.
Bibiana Maria Wachter, in: Wachter, Was ist Geomantie?, Rudolf Wachter, Chieming am Chiemsee, ohne Jahr

Wachter 1981
Rudolf Wachter: Über das Arbeiten in Holz, in: Kunstreport 1, 1981, S. 12-13

Wachter 1982
Rudolf Wachter: Einen Tagesablauf niederschreiben, in: Kunstreport 3/4, 1982, S. 35

Wachter 1979
Rudolf Wachter: Philosophie des Materials, in: Holz + Kunst. II. Freiburger Symposion 1979, Ausst.-Kat. Kunstverein Freiburg im Breisgau, Freiburg 1979, o.S.

Wachter 1985
Rudolf Wachter, o.T., in: Der Baum in Mythologie, Kunstgeschichte und Gegenwartskunst, Ausst.-Kat. Kunstverein Heidelberg, Heidelberg 1985, S. 418-419

Wachter 2010 I
Rudolf Wachter, o.T., in: Raum Schnitte. Rudolf Wachter in St. Paul, Ausst. Kat. St. Paul Kirche, München 2010, S. 5, 20, 30, 37, 44, 45

Welsch 1985
Wolfgang Welsch: Technik und Natur. Von der Aktualität der Holzplastiken Rudolf Wachters, in: Kulturreferat der Landeshauptstadt München (Hrsg.): Rudolf Wachter. Stammskulpturen,

München Haus am Gasteig 1985, S. 17–35

Welsch 1991
Wolfgang Welsch: Rudolf Wachter, in: Rudolf Greiner: Hölzer. Stämme. Körper. Holzplastik in Baden-Württemberg, Ausst.-Kat. Reutlingen 1991, S. 100–103

Welsch 1992
Wolfgang Welsch: Fremd, eigen, konsequent, in: Skulpturenmuseum Glaskaster Marl (Hrsg.): Rudolf Wachter, Holzskulpturen, Ausst.-Kat. Skulpturenmuseum Glaskasten Marl, Marl 1992, S. 21–23

Welsch 2003
Wolfgang Welsch: Mensch und Natur, in: Johann Georg Prinz von Hohenzollern und Christiane Lange (Hrsg.): Rudolf Wachter – Aus dem Stamm. Ausst.-Kat. Kunsthalle der Hypo-Kulturstiftung, München 2003, S. 58–91

Wimmer 1995
Markus Wimmer: Diskurs, in: DG für Christliche Kunst und Kunstverein und Galerie an der Finkenstraße (Hrsg.): Diskurs. Rudolf Wachter. Tisch. Skulptur. Ausst.-Kat. München 1995, S. 6–9

Wimmer 1999
Markus Wimmer: Rudolf Wachter. Hand im Kopf oder die Intelligenz der Hand, in: Rudolf Wachter. Städt. Galerie im Bürgerhaus, Neunkirchen/Saar 1999

Wühr 1997
Paul Wühr: Ob, in: Salver Res Publica Poetica, München 1997, S. 17–22

Wühr 1999
Paul Wühr: Daher, in: Rudolf Wachter. Fürstlicher Marstall in Neuburg an der Donau, Neuburg an der Donau 1999

Zanger 1998
Zanger Damaris: ‚Offene Werkstatt mit lebendiger Arbeitsatmosphäre‘, in: Michael Klant (Hrsg.): Skulptur in Freiburg. Kunst des 20. Jahrhunderts im öffentlichen Raum, Rudolf Wachter, Freiburg im Breisgau 1998, S. 95, 126–127, 208, 211, 235

3 Monografische Ausstellungskataloge

(in chronologischer Ordnung)

Ausst. Kat. Frankfurt 1968
Rudolf Wachter, Ausst. Kat.Galerie Appel & Fertsch, Frankfurt 1968

Ausst. Kat. München 1982
Rudolf Wachter. Holz - Skulptur - Spiel, Ausst. Kat. Kunstzentrum N 66, München 1982

Ausst. Kat. München 1985
Rudolf Wachter. Stammskulpturen, Ausst. Kat. Haus am Gasteig, München 1985

Ausst. Kat. Rosenheim 1991
Rudolf Wachter, Ausst.-Kat. Kunstverein Rosenheim, Rosenheim 1991

Ausst. Kat. Marl 1992
Rudolf Wachter. Holzskulpturen, Ausst. Kat. Skulpturenmuseum Glaskasten Marl u.a., Marl 1992

Ausst. Kat. München 1995 I
Rudolf Wachter. Diskurs. Tisch. Skulptur, Ausst. Kat. Deutsche Gesellschaft für christliche Kunst, München 1995

Ausst. Kat. München 1995 II
Rudolf Wachter. Licht-Schachbrett, Ausst. Kat. Die Hypo-Bank in Neustadt/Weinstraße, München 1995, S. 8–11

Ausst. Kat. Rottenburg 1995
Rudolf Wachter, Ausst. Kat. Kirchliche Akademie Obermarchtal, Rottenburg 1995

Ausst. Kat. München 1997 I
Rudolf Wachter, Ausst. Kat. Marquardt Ausstellungen München, München 1997

Ausst. Kat. München 1997 II
Rudolf Wachter. Anlass Kunstpreis der Landeshauptstadt München 1992, Ausst. Kat. Galerie Heimeshoff, München 1997

Ausst. Kat. Neuburg an der Donau 1999
Rudolf Wachter, Ausst. Kat. Fürstlicher Marstall in Neuburg an der Donau, Neuburg an der Donau 1999

Ausst. Kat. Neunkirchen (Saar) 1999
Rudolf Wachter, Ausst. Kat. Städt. Galerie im Bürgerhaus, Neunkirchen (Saar) 1999

Ausst. Kat. Schwäbisch Gmünd 2000
Rudolf Wachter. Woodhenge, Ausst. Kat. Städtische Galerie im Prediger, Schwäbisch Gmünd 2000

Ausst. Kat. München 2001
Rudolf Wachter. Woodhenge, Ausst. Kat. Maximiliansforum, hrsg. vom Kulturreferat der Stadt München, München 2001

Ausst. Kat. München 2003
Rudolf Wachter – Aus dem Stamm, Ausst. Kat. Kunsthalle der Hypo-Kulturstiftung, München 2003

Ausst. Kat. Kißlegg 2005
Rudolf Wachter, Ausst. Kat. im Neuen Schloss Kißlegg, Kißlegg 2005

Ausst. Kat. Schweinfurt 2008
Wachter. Holz. Skulptur, Ausst. Kat. Stadt Schweinfurt Museen und Galerien, hrsg. von Erich Schneider, Schweinfurt 2008

Ausst. Kat. Meran 1997
Tempo Reale, Kunstmesse Meran, Meran 1997, S. 40.

Ausst. Kat. München 2010
Raum Schnitte. Rudolf Wachter in St. Paul, Ausst. Kat. St. Paul Kirche, München 2010

Ausst. Kat. Karlsruhe 2018
Rudolf Wachter, Ausst.-Kat. Art Karlsruhe und Galerie Wohlhüter, Thalheim-Leibertingen

4 Ausstellungskataloge/ Ausstellungsbeteiligung

(in chronologischer Ordnung)

Ausst. Kat. Bonn 1970
Deutscher Künstlerbund, Prisma '70. Rudolf Wachter, Ausst. Kat. Bonn 1970

Ausst. Kat. Stuttgart 1971
Deutscher Künstlerbund 1971, Rudolf Wachter, Ausst. Kat. Stuttgart 1971

Ausst. Kat. Bonn 1972
Deutscher Künstlerbund, Prisma '72. Rudolf Wachter, Ausst. Kat. Bonn 1972

Ausst. Kat. Freiburg im Breisgau 1977
Holzbildhauer-Symposion. Rudolf Wachter, Ausst. Kat. Kunstverein Freiburg im Breisgau, Freiburg im Breisgau 1977

Ausst. Kat. Berlin 1978
Kunstreport Katalog 3'78. Rudolf Wachter, Ausst. Kat. Berlin 1978

Ausst. Kat. Neuenkirchen 1978
Zwei Steine sind nie gleich. Rudolf Wachter, Ausst. Kat. Springhornhof, Galerie Falazik, Neuenkirchen 1978

Ausst. Kat. Berlin 1979 I
Kunstreport Katalog 3'79. Rudolf Wachter, Ausst. Kat. Berlin 1979

Ausst. Kat. Berlin 1979 II
Kunstreport Sonderausgabe. Zeichen

im Freiraum. Rudolf Wachter, Ausst. Kat. Berlin 1979, S. 111

Ausst. Kat. Freiburg im Breisgau 1979
Holz und Kunst. II. Freiburger Symposion 1979. Rudolf Wachter, Ausst. Kat. Kunstverein Freiburg im Breisgau, Freiburg im Breisgau 1979

Ausst. Kat. München 1979
Dimension. Plastische Arbeiten unserer Zeit. Hrsg. von Staffan Gunnarsson u.a., Ausst. Kat. Stadtmuseum München, München 1979

Ausst. Kat. Willebadessen 1979
Europäischer Skulpturenpark. Bundesrepublik Deutschland, Ausst. Kat. Willebadessen 1979

Ausst. Kat. Berlin 1980
Kunstreport Katalog 3'80. Rudolf Wachter, Ausst. Kat. Berlin 1980

Ausst. Kat. Rottweil 1980
Künstler machen Koffer für Rottweil 1980. Rudolf Wachter, Ausst. Kat. Rottweil 1980, S. 41–42

Ausst. Kat. München 1981
Kunstreport Katalog 2'81. Rudolf Wachter, Ausst. Kat. München 1981

Ausst. Kat. Stuttgart 1981
Natur-Skulptur. Rudolf Wachter, Ausst. Kat. Württembergischer Kunstverein Stuttgart, Stuttgart 1981, S. 116-119

Ausst. Kat. München 1982 I
Hommage à Eva Pietzsch. Rudolf Wachter, Ausst. Kat. Kunstverein München, München 1982, S. 164-165

Ausst. Kat. München 1982 II
Skulptur II. Rudolf Wachter, Ausst. Kat. München 1982

Auss. Kat. München-Neuperlach 1982
Rudolf Wachter. Holz - Skulptur - Spiel, Ausst. Kat. Kunstzentrum No. 66, München 1982

Ausst. Kat. Berlin 1982
Kunstreport Katalog 2 '82. Rudolf Wachter, Ausst. Kat. Berlin 1982

Ausst. Kat. Wasserburg a. Inn 1982
Jahresausstellung 1982. Arbeitskreis 68, Künstlergemeinschaft Wasserburg am Inn e.V. Rudolf Wachter, Ausst. Kat. Wasserburg a. Inn 1982, S. 146

Ausst. Kat. München 1983
Große Kunst-Ausstellung, München, 1983, S. 89

Ausst. Kat. Berlin 1983
Kunstreport Katalog 3'83. Rudolf Wachter, Ausst. Kat. Berlin 1983, S. 344

Ausst. Kat. Rosenheim 1983
Kunstverein Rosenheim 1983. Rudolf Wachter, Ausst. Kat. Rosenheim 1983

Ausst. Kat. Bonn 1983
Dreidimensional. Aktuelle Kunst aus der Bundesrepublik Deutschland, Ausst. Kat. Hrsg. von Eduard Trier, Bonn 1983, S. 84-85, 112, 218-219

Ausst. Kat. Trostberg-Eglsee 1983
‚Trostberger Skulpturenpark'. Rudolf Wachter, Ausst. Kat. Trostberg-Eglsee 1983

Ausst. Kat. Dachau 1983
Große Sommer-Kunst-Ausstellung 1983, Schloss Dachau, Dachau 1983

Ausst. Kat. Frankfurt 1984
Kunstreport Katalog 2'84. Rudolf Wachter, Ausst. Kat. Frankfurt 1984, S. 250

Ausst. Kat. Tokyo 1984
Dreidimensional. Aktuelle Kunst aus der Bundesrepublik Deutschland. Rudolf Wachter, Ausst. Kat. Nationalmuseum für moderne Kunst Tokyo 1984, Tokyo 1984, S. 126-129

Ausst. Kat. Wien 1984
Bayerische Kunst unserer Tage. Rudolf Wachter, Ausst. Kat. Künstlerhaus Wien, Wien 1984, S. 131

Ausst. Kat. Düsseldorf 1985
Kunst + Handwerk, hrsg. von Verlagsanstalt Handwerk GmbH, Rudolf Wachter, Ausst. Kat. Düsseldorf 1985, 28-32, Abb. S. 31

Ausst. Kat. Heidelberg 1985
Der Baum in Mythologie, Kunstgeschichte und Gegenwartskunst. Rudolf Wachter, Ausst. Kat. Kunstverein Heidelberg, Heidelberg 1985, S. 418-419

Ausst. Kat. München 1985
Jahresbericht 1983-1984. Rudolf Wachter, Ausst. Kat. Lenbachhaus München, München 1985, S. 45

Ausst. Kat. Wasserburg am Inn 1985
Große Kunstausstellung 1985. Künstlergemeinschaft Wasserburg am Inn e.V. Rudolf Wachter, Ausst. Kat. Wasserburg am Inn 1985

Ausst. Kat. Brüssel 1986
Rudolf Wachter. Ausst. Kat. Goethe-Institut Brüssel, Brüssel 1986

Ausst. Kat. Marl 1986
‚Nur Rost ..?', Skulpturenmuseum Glaskasten Marl, Rudolf Wachter, Marl/Münster 1986

Ausst. Kat. München 1986
25 Jahre Schwabinger Kunstpreis. Rudolf Wachter, Ausst. Kat. München 1986, S. 248-249

Ausst. Kat. Wasserburg am Inn 1986
Große Kunstausstellung 1986. Künstlergemeinschaft Wasserburg am Inn e.V. Rudolf Wachter, Ausst. Kat. Wasserburg am Inn 1986

Ausst. Kat. Berlin 1987
Deutscher Künstlerbund, 35. Jahresausstellung 1987. Rudolf Wachter, Ausst. Kat. Berlin 1987, S. 156

Ausst. Kat. Dachau 1987
Brunnen. Ideen & Konzepte. Rudolf Wachter, Ausst. Kat. KunstBetrieb Dachau, Dachau 1987, S. 44-45

Ausst. Kat. München 1987
Große Kunstausstellung München 1987. Rudolf Wachter, Ausst. Kat. Haus der Kunst, München 1987, S. 203.

Ausst. Kat. Neunkirchen 1987
Kunst-Landschaft. Neunkirchener Symposien 1974–1987. Rudolf Wachter, Ausst. Kat. Neunkirchen 1987, S. 111

Ausst. Kat. Lahr/Schwarzwald 1988
Botschaften. Rudolf Wachter, Ausst. Kat. Lahr/Schwarzwald 1988, S. 212-213

Ausst. Kat. München 1988
Große Kunstausstellung München 1988. Rudolf Wachter, Ausst. Kat. Haus der Kunst, München 1988

Ausst. Kat. Rosenheim 1988
Kunstverein Rosenheim 1988. Rudolf Wachter, Ausst. Kat. Rosenheim 1988

Ausst. Kat. Stuttgart 1988
Deutscher Künstlerbund, 36. Jahresausstellung 1988. Rudolf Wachter, Ausst. Kat. Stuttgart 1988, S. 346

Ausst. Kat. Wasserburg a. Inn 1988
Skulpturen Weg 1988, Wasserburg a. Inn. Rudolf Wachter, Ausst. Kat. Wasserburg a. Inn 1988

Ausst. Kat. München 1989
Zeitgenössische Kunst in München 89/90. Rudolf Wachter, Ausst. Kat. München 1989, S. 182

Ausst. Kat. Kiel 1989
Durchsicht. 40 Jahre Bundesrepublik Deutschland und der Deutsche Künstlerbund. Rudolf Wachter, Ausst. Kat. Kiel 1989, S. 143

Ausst. Kat. Rosenheim 1989
Kunstverein Rosenheim zu Gast im Stadtpark in Forum Stadtpark Graz. Rudolf Wachter, Ausst. Kat. Rosenheim 1989

Ausst. Kat. Berlin 1990
Der Deutsche Künstlerbund in Berlin 1990. Rudolf Wachter, Berlin 1990, S. 239

Ausst. Kat. Erlangen 1990
Universität Erlangen-Nürnberg. Neubau Biologikum und Physikum. Festschrift zur Einweihung des Physikums 10. Mai 1990. Rudolf Wachter, Ausst. Kat. Erlangen 1990

Ausst. Kat. München 1990
Große Kunstausstellung München 1990. Rudolf Wachter, Ausst. Kat. Haus der Kunst, München 1990

Ausst. Kat. Rosenheim 1990
Kunstverein Rosenheim Jahresausstellung 1990. Rudolf Wachter, Ausst. Kat. Rosenheim 1990

Ausst. Kat. Wasserburg a. Inn 1990
Skulpturen Weg 1990, Wasserburg a. Inn. Rudolf Wachter, Ausst. Kat. Wasserburg a. Inn 1990

Ausst. Kat. Augsburg 1991
7. Nationale der Zeichnung Augsburg. Rudolf Wachter, Ausst. Kat. Augsburg 1991, S. 96-97

Ausst. Kat. Berlin 1991
Der Deutsche Künstlerbund in Darmstadt 1991. Rudolf Wachter, Ausst. Kat. Berlin 1991, S. 290-291

Ausst. Kat. Hockenheim 1991
Kunst auf der Landesgartenschau, Hockenheim 1991. Rudolf Wachter, Ausst. Kat. Hockenheim 1991, S. 17-19, 30-31

Ausst. Kat. Kirchheim unter Teck 1991
Bildhauerszene München. Rudolf Wachter, Ausst. Kat. Städtische Galerie im Kornhaus, Kirchheim unter Teck 1991, S. 32-35

Ausst. Kat. München 1991
Zeitgenössische Kunst in München 91/92. Rudolf Wachter, Ausst. Kat. München 1991, S. 236-237

Ausst. Kat. Reutlingen 1991
Hölzer. Stämme. Körper. Holzplastik in Baden-Württemberg. Rudolf Wachter, Reutlingen 1991, S. 100-103

Ausst. Kat. Rosenheim 1991
Kunstverein Rosenheim Jahresausstellung 1991. Rudolf Wachter, Ausst. Kat. Rosenheim 1991

Ausst. Kat. Aachen 1992
Der Deutsche Künstlerbund in Aachen 1992. Rudolf Wachter, Ausst. Kat. Aachen 1992, S. 208-209

Ausst. Kat. Breslau 1992
Bayerische Kunst unserer Tage. Rudolf Wachter, Ausst. Kat. Nationalmuseum Breslau, Breslau 1992

Slg. Kat. Marl 1992/1993
Rudolf Wachter, Slg. Kat. Skulpturenmuseum Glaskasten Marl, Marl 1992/1993, S. 190

Ausst. Kat. München 1992
Große Kunstausstellung München 1992. Rudolf Wachter, Ausst. Kat. Haus der Kunst, München 1992

Ausst. Kat. München 1994
Große Kunstausstellung München 1994. Rudolf Wachter, Ausst. Kat. Haus der Kunst, München 1994

Ausst. Kat. Rosenheim 1994
Kunstverein Rosenheim 1904-1994. Rudolf Wachter, Ausst. Kat. Rosenheim 1994, S. 43

Ausst. Kat. Augsburg 1995
Bildhauer ´95 in Deutschland, Ausst. Kat. Kunstverein Augsburg, Augsburg 1995

Ausst. Kat. Bonn 1995
Kunst in Deutschland. Werke zeitgenössischer Künstler aus der SAMMLUNG DES BUNDES. Rudolf Wachter, Ausst. Kat. Bonn 1995, S. 162

Ausst. Kat. München 1995 I
Kunst und Baukunst Hypo Bank. Rudolf Wachter, Ausst. Kat. München 1995, S. 102-106

Ausst. Kat. München 1995 II
Große Kunstausstellung München 1995. Rudolf Wachter, Ausst. Kat. Haus der Kunst, München 1995, S. 158

Ausst. Kat. Obermarchtal 1995
Marchtaler Fenster 1995. Kirchliche Akademie der Lehrer. Rudolf Wachter, Ausst. Kat. Obermarchtal 1995, S. 20-23

Ausst. Kat. Rosenheim 1995
Kunstverein Rosenheim Jahresausstellung 1995. Rudolf Wachter, Ausst. Kat. Rosenheim 1995

Ausst. Kat. Nürnberg 1996
Zeichnen. Der Deutsche Künstlerbund in Nürnberg 1996. Rudolf Wachter, Ausst. Kat. Nürnberg 1996, S. 192-193

Ausst. Kat. Rosenheim 1996
Kunstverein Rosenheim Jahresausstellung 1996. Rudolf Wachter, Ausst. Kat. Rosenheim 1996

Ausst. Kat. Berlin 1997
WAS IST. Der Deutsche Künstlerbund in Wismar und Rostock 1997. Rudolf Wachter, Ausst. Kat. Berlin 1997, S. 46

Ausst. Kat. München 1997 I
Wegweiser KUNST FÜR MÜNCHEN im öffentlichen Raum 1972-1997. Rudolf Wachter, Ausst. Kat. München 1997, S. 182 -183

Ausst. Kat. München 1997 II
Große Kunstausstellung München 1997. Rudolf Wachter, Ausst. Kat. Haus der Kunst, München 1997, S. 227

Ausst. Kat. Waldkraiburg 1997
Dreizehnmal Jetzt-Zeit-Kunst. Rudolf Wachter, Ausst. Kat. Haus der Kultur, Waldkraiburg 1997

Ausst. Kat. Wehr Öflingen 1997
Horizonte. Rudolf Wachter, Ausst. Kat. Wehr-Öflingen 1997, S. 170-171

Ausst. Kat. Freiburg im Breisgau 1998
Holzbildhauer-Symposion, Skulptur in Freiburg. Kunst des 20. Jahrhunderts im öffentlichen Raum. Rudolf Wachter, Ausst. Kat. Freiburg im Breisgau 1998, S. 126-127

Ausst. Kat. München 1998
Große Kunstausstellung München 1998. Rudolf Wachter, Ausst. Kat. Haus der Kunst, München 1998, S. 129

Ausst. Kat. Heidelberg 1998
Der ausgehöhlte Stamm, Kunst- und Kunstobjekte aus Europa, Afrika und Ozeanien. Rudolf Wachter, Ausst. Kat. Städtische Museen Heilbronn, Heidelberg 1998, S. 48-54

Ausst. Kat. Ravensburg 1998
Bilder des Jahres. Rudolf Wachter, Ravensburg 1998

Ausst. Kat. Rottenburg-Stuttgart 1998
1. Triennale zeitgenössischer Kunst Oberschwaben. Rudolf Wachter, Ausst. Kat. Galerie der Pädagogischen Hochschule Weingarten und Tagungshaus Weingarten der Akademie der Diözese Rottenburg-Stuttgart, Rottenburg-Stuttgart 1998, S. 84-85

Ausst. Kat. Rosenheim 1998
Kunstverein Rosenheim Jahresausstellung 1998. Rudolf Wachter, Ausst. Kat. Rosenheim 1998

Ausst. Kat. Rottenburg-Stuttgart 1998
1. Triennale zeitgenössischer Kunst

Oberschwaben, Ausst. Kat. Rottenburg-Stuttgart 1998, S. 84-85

Ausst. Kat. Rottweil 1998
Bildhauerzeichnungen der Gegenwart. Rudolf Wachter, Ausst. Kat. Sammlung der Stadt Rottweil, Rottweil 1998, S.182-183

Ausst. Kat. Rosenheim 1999
Kunstverein Rosenheim Jahresausstellung 1999. Rudolf Wachter, Ausst. Kat. Rosenheim 1999

Ausst. Kat. Ismaning 2000
Skulpturenpark Ismaning 2000. Rudolf Wachter, Ausst. Kat. Ismaning 2000, S. 86-88

Ausst. Kat. Fürstenfeldbruck 2001
Gästeliste. Künstler der Künstlervereinigung Fürstenfeldbruck und Ihre Gäste, Ausst. Kat. Fürstenfeldbruck 2001, S. 20-21

Ausst. Kat. Rosenheim 2001
Kunstverein Rosenheim Jahresausstellung 2001. Rudolf Wachter, Ausst. Kat. Rosenheim 2001

Ausst. Kat. Heilbronn 2002
Pokorny. Die Holzskulpturen, Ausst. Kat. Städtische Museen Heilbronn u.a., Heilbronn 2002, S. 15-52

Ausst. Kat. Pfarrkirchen 2002
Malerei, Grafik, Plastik, Stadt Pfarrkirchen. Rudolf Wachter, Ausst. Kat. Pfarrkirchen 2002

Ausst. Kat. Ravensburg 2002
unterHolz - Holz in der Gegenwartskunst 2002. Rudolf Wachter, Ausst. Kat. Ravensburg 2002, S. 42-55

Ausst. Kat. Rosenheim 2002
Kunstverein Rosenheim Jahresausstellung 2002. Rudolf Wachter, Ausst. Kat. Rosenheim 2002

Ausst. Kat. Albstadt 2003
Junger Süden. 50 Jahre Oberschwäbischer Kunstpreis der Jugend. Rudolf Wachter, Ausst. Kat. Städtische Galerie Albstadt, Albstadt 2003, S. 22-29

Ausst. Kat. München 2003
Große Kunstausstellung München 2003. Rudolf Wachter, Ausst. Kat. Haus der Kunst, München 2003, S. 147

Ausst. Kat. Baden-Württemberg 2004
Dreidimensional. Plastik und Skulptur aus den Landkreisen in Baden-Württemberg 1960-2004. Rudolf Wachter, Baden-Württemberg 2004, S. 164-165

Ausst. Kat. Karlsruhe 2004
art Karlsruhe 2004, Ausst. Kat. Galerie Wohlhüter, Karlsruhe 2004, S.188, 198

Ausst. Kat. Marl 2004
Werner Mally, Ausst. Kat. Skulpturenmuseum Glaskasten Marl u. a., Marl 2004

Ausst. Kat. Meran 2004
La collezione Fabio Boccagni, Ausst. Kat. Meran 2004, S. 168-169

Ausst. Kat. München 2004
Die dritte Dimension, Jahresausstellung BBK. Rudolf Wachter, Ausst. Kat. Haus der Kunst München 2004, München 2004

Ausst. Kat. Rosenheim 2004
1904-2004. 100 Jahre Kunstverein Rosenheim. Rudolf Wachter, Ausst. Kat. Rosenheim 2004, S. 71

Ausst.-Kat. Rottweil 2004
Dreidimensional. Plastik und Skulptur aus den Landkreisen in Baden-Württemberg 1960-2004, hrsg. vom Landkreistag Baden-Württemberg, Stuttgart 2004

Ausst. Kat. Karlsruhe 2005
art Karlsruhe 2005, Ausst. Kat. Galerie Wohlhüter, Karlsruhe 2005, S. 332-333

Ausst. Kat. München 2005
Große Kunstausstellung München 2005. III. Dimension. Skulptur aktuell. Rudolf Wachter, Ausst. Kat. Haus der Kunst, München 2005, S. 86

Ausst. Kat. Rosenheim 2005
Kunstverein Rosenheim Jahresausstellung 2005. Rudolf Wachter, Ausst. Kat. Rosenheim 2005, S. 70

Ausst. Kat. Karlsruhe 2006
art Karlsruhe 2006, Ausst. Kat. Galerie Wohlhüter, Karlsruhe 2006, S. 352-353

Ausst. Kat. Ravensburg 2006
Über allen Türmen. 50 Jahre Kunstförderung der Kreissparkasse Ravensburg. Rudolf Wachter, Ausst. Kat. Ravensburg 2006, S. 127

Ausst. Kat. Rottweil 2006
Viererbande - Der Beginn der Moderne im Kunstraum Rottweil, Ausst. Kat. Stadt Rottweil, 2006

Ausst. Kat. Karlsruhe 2007
art Karlsruhe 2007, Ausst. Kat. Galerie Wohlhüter, Karlsruhe 2007, S. 368, 444

Ausst. Kat. Osnabrück 2007
Geometrie der Figur. Luca Cambiaso und die moderne Kunst, hrsg. von Heribert Schulz, Ausst. Kat. Osnabrück 2007, S. 200-201

Ausst. Kat. Ulm/Tübingen 2007
Belaubt-Entlaubt. Baum und Bäume in der Kunst der Gegenwart. Rudolf Wachter, Ausst. Kat. Ulm/Tübingen 2007, S. 11-19, 57-59, 66-67, 69

Ausst. Kat. Schweinfurt 2007
Soll? und Haben. Wunschbilder, Ausst. Kat. Schweinfurt 2007, S. 67-69

Ausst. Kat. Biberach 2007
BC pro Arte (Hrsg.), Galerie Sparkassenstiftung Biberach, Biberach 2007, S. 59.

Ausst. Kat. Schweinfurt 2008
Wachter Holz Skulptur. Stadt Schweinfurt. Rudolf Wachter, Ausst. Kat. Schweinfurt 2008

Ausst. Kat. Weingarten 2008
Raum für Leben und Kunst. Robert Schad, Rudolf Wachter und Max Ackermann im Stadtgarten von Weingarten, Ausst. Kat. Weingarten 2008, S. 66-67

Ausst. Kat. Ettlingen 2009
Aus dem Stamm - Die Sinnlichkeit des Materials - Holzskulptur heute. Rudolf Wachter, Ausst. Kat. Wilhelmshöhe/Kunstmuseum Singen, Ettlingen 2009, S. 188-191, Abb. 189-191

Ausst. Kat. Karlsruhe 2009
art Karlsruhe 2009, Ausst. Kat. Galerie Wohlhüter, Karlsruhe 2009, S. 271, Abb. 271

Ausst. Kat. Nürnberg 2009
Fläche und Raum, Ausst. Kat. Neues Museum, Staatliches Museum für Kunst und Design in Nürnberg, Nürnberg 2009

Ausst. Kat. Schweinfurt 2009
Diskurse. Deutsche Kunst nach 1945, hrsg. Erich von Schneider, Ausst. Kat. Kunsthalle Schweinfurt, Schweinfurt 2009, S. 284-285

Ausst. Kat. Würzburg 2009
Künstler, Themen und Geschichte(n), Kurzführer, Ausst. Kat. Die Städtische Sammlung im Museum im Kulturspeicher Würzburg, Würzburg 2009, Abb. S. 142.

Ausst. Kat. Rosenheim 2010
Stationen. Monika Huber und Rudolf Wachter, Eine künstlerische Begegnung, Ausst. Kat. Städtische Galerie Rosenheim, Rosenheim 2010

Ausst. Kat. Athen 2011
Stathmoi-Stationen. Rudolf Wachter und Monika Huber, Ausst. Kat. Goethe-Institut, Athen 2011

Ausst. Kat. Bamberg 2012
Gegenüber. Moderne Kunst im Dom zum 1000-jährigen Domjubiläum, hrsg. von der Erzdiözese Bamberg, Veröffentlichungen des Diözesanmuseums Bamberg 23, Bamberg 2012, S. 77

5 Ausstellungskataloge ohne Beteiligung Rudolf Wachters

Holz = Kunst-Stoff, Baden-Baden 1976
Holz = Kunst-Stoff, Ausst.-Kat. Staatliche Kunsthalle Baden-Baden und Gesellschaft der Freunde junger Kunst, Baden-Baden 1976

Holz + Kunst, Ausst.-Kat. Freiburg 1983
Holz + Kunst. III. Freiburger Symposion 1983, Ausst.-Kat. Kunstverein Freiburg im Breisgau, Freiburg 1983

Magie der Bäume, Ausst. Kat. Basel/Ostfildern 1998
Magie der Bäume. Fondation Beyeler, Ausst. Kat. Basel/Ostfildern 1998

David Nash, Ausst.-Kat. Emden 2008
David Nash, Ausst.-Kat. Kunsthalle Emden, Emden 2008

Das Fundament der Kunst, Ausst.-Kat. Heilbronn 2009
Das Fundament der Kunst. Die Skulptur und ihr Sockel in der Moderne, Städtische Museen Heilbronn u.a., Berlin 2009

Waldeslust, Ausst. Kat. Schwäbisch Hall 2011
Waldeslust. Bäume und Wald in Bildern und Skulpturen der Sammlung Würth, Ausst. Kat. Schwäbisch Hall 2011

Back to the roots, Ausst.-Kat. Freiburg 2011
Back to the roots, Ausst.-Kat. Museum Biedermann, Freiburg 2011

6 Wissenschaftliche Arbeiten

Hölzl 1998
Eva Hölzl: Der Bildhauer Rudolf Wachter. Darstellung seiner Holzskulpturen unter besonderer Berücksichtigung und Analyse der Werke im öffentlichen Raum, Magisterarbeit Heidelberg 1998

Muschler 2004
Sabine Muschler: Der Schnitt in den Stamm: Rudolf Wachter und die Holzskulptur im 20. Jahrhundert, Magisterarbeit Stuttgart 2004

Schäfert 2012
Ulrich Christian Schäfert: Raum-Perspektive – Raumkonzepte im Werk Rudolf Wachters, Magisterarbeit München 2012

7 Videos, Internet, Radio

http://www.bildhauermuseen.de Hohenzollern, von 2003
Johann Georg Prinz von Hohenzollern u.a.: Eröffnung der Ausstellung ‚Rudolf Wachter. Aus dem Stamm' in der Kunsthalle der Hypo-Kulturstiftung, 11. September 2003, München

Kipphoff 1980
Petra Kipphoff, Die Lust an der Angst – der deutsche Holzweg, in: DIE ZEIT, Jahrgang 1980, Nr. 24, zitiert nach: https://www.zeit.de/1980/24/die-lust-an-der-angst-der-deutsche-holzweg

Lange 2003
Christiane Lange: ‚Jeder Stamm hat ja ein Herz..', Aufzeichnung eines Vortrags im Rahmen der Ausstellung in der Kunsthalle der Hypo-Kulturstiftung am 14. Oktober 2003, München

Warning 2008
Wilhelm Warning: Meister des Schwundschnitts. Der Bildhauer Rudolf Wachter, Feature in der Reihe ‚Land und Leute', 6. April 2008, Bayerischer Rundfunk

8 Zeitungen/ Zeitschriften

Anonym 1992
Neues aus dem Marler Museum: Kultur im Kreis in: Westfalen Allgemeine Zeitung 24.02.1992, S. 34

Auer 2009
Barbara Auer: ‚Pfarrer Rigam maßlos verärgert: Altarentscheidung gekippt', zitiert nach: https://www.merkur.de/lokales/regionen/pfarrer-rigam-masslos-veraergert-altarentscheidung-gekippt-226533.html

dpa 1995 I
dpa: ‚Baumskulptur soll Forum verschönern', in: Frankfurter Zeitung, Süddeutsche Zeitung, Marler Zeitung, Westdeutsche Allgemein Zeitung, Westfalen Rundschau, (08.03.1995)

dpa 1995 II
dpa: Skulptur aufgestellt', in: Frankfurter Zeitung, Süddeutsche Zeitung, Marler Zeitung, Westdeutsche Allgemein Zeitung, Westfalen Rundschau,(10.04.1995)

dpa 1995 III
dpa: ‚Vierhundert Jahre alter Baum schlägt in Marl neue Wurzeln', in: Frankfurter Zeitung, Süddeutsche Zeitung, Marler Zeitung, Westdeutsche Allgemein Zeitung, Westfalen Rundschau, (18.10.1995)

dpa 1996
dpa: ‚Die Würde des Baums erlebbar machen', in Frankfurter Zeitung, Süddeutsche Zeitung, Marler Zeitung, Westdeutsche Allgemein Zeitung, Westfalen Rundschau, Marl aktuell, (12.01.1996)

Ein Könner an der Kettensäge 2011
Ein Könner an der Kettensäge, in: Südkurier (11.10.2011), S. 36

Händler 2002
Ruth Händler: Kunst am Holz – sechs Künstler auf Schloß Achberg, in: Neue Züricher Zeitung (28.8.2002), S. 53

Harder 1990
Anita Harder: Unter dem Gesetz des Materials, in: Augsburger Allgemeine (7.4.1990)

Heise 1955
Carl Georg Heise: Picasso und kein Ende, DIE ZEIT, 1. Dezember 1955, zitiert nach: https://www.zeit.de/1955/48/picasso-und-kein-ende

Helfer 1987
Judith Helfer: Begegnungen mit Rudolf Wachter, in: Berliner Kunstblatt – Informationsmagazin über die Kunst in Berlin (1987), Nr. 55, S. 30-31

Helm 2002
Armin Heim: Materie und Raum, Schwere und Illusion – Galerie Wohlhüter stellt Skulpturen und Skizzen von Rudolf Wachter aus, in: Südkurier (6.9.2002), S. 24

Kas 1998
Kas: Die Kunst, Holz in Bewegung zu setzen, in: Schwäbische Zeitung (19.05.98)

Kerschner 1990
Johanna Kerschner: Wachters Entwicklung einer Kiste, in: UND. Das

Münchner Kunstjournal (1990), Heft 7, S. 20

Kiby 1987
Ulrika Kiby: Rudolf Wachter, in: NIKE, New Art in Europe (1987), Nr. 21, S. 4-5

Knapp 1989
Gottfried Knapp: Gewachsene Kunstformen, in: Süddeutsche Zeitung (17.7.1989), S. 26

Knapp 2003 I
Gottfried Knapp: Die Kraft der Natur sichtbar machen, in: Süddeutsche Zeitung (1.4.2003), S. 16

Knapp 2003 II
Gottfried Knapp: Die Seele des Holzes, in: Süddeutsche Zeitung (12.8.2003), S. 14

Knapp 2011
Gottfried Knapp: Zum Tod Rudolf Wachters, in: Süddeutsche Zeitung, Feuilleton, (11.03.2011), S. 12

Kranzfelder 1995
Ivo Kranzfelder: Kunst und Naturerkenntnis – Bemerkungen zu den Arbeiten von Rudolf Wachter, in: Laubacher Feuilleton (1995), Nr. 13, S. 8

Kühne 1991
Andreas Kühne: Spiralen und Obeliske – Rudolf Wachters Holzspiralen in Cham, in: Süddeutsche Zeitung (21.5.1991), S. 30

Kühne 1995
Andreas Kühne: Aktuell in Münchner Galerien, in: Süddeutsche Zeitung (12.4.1995), S. 15

Kunst mit der Kreissäge 1995
‚Kunst mit der Kreissäge', in: Bild Zeitung (18.10.1995), S. 8.

Längsfeld 1991
Wolfgang Längsfeld: Gelungene Balance zwischen Malerei und Plastik. Ausstellungen in Wasserburg und Rosenheim, in: Süddeutsche Zeitung (24./25. 8. 1991), S. 14

Lay 2002
Franz Josef Lay: Ganz schön viel Holz – Sommerausstellung mit Arbeiten von sechs Bildhauern auf Schloß Achberg, in: Südkurier (7.5.2002)

Leopold 1997
Anne Leopold u.a.: Kernschnitte. Ein Porträt über den Bildhauer Rudolf Wachter, in: artention! (München 1997), S. 4-5

Materialstruktur als primäres Formprinzip 1998
Die Materialstruktur als primäres Formprinzip. Termine, in: Heimatrundschau (21.04.1998)

Merke 2018
Anje Merke: Schnitt ins Herz des Stammes, in: Schwäbische Zeitung (05.04.2018)

Muschler 2008
Sabine Muschler: Rudolf Wachter, in: zur debatte (München 2008), S. 43-44

o.A. 2011
o.A.: Holzskulpturen des toten Künstlers beeindrucken, in: Schwäbische Zeitung (13.10.2011), S.4.

Pawlitschko 2004
Roland Pawlitschko, Filiakirche ‚Zur Heiligsten Dreifaltigkeit' in Wien-Mauer, 1974-1976', zitiert nach: https://www.db-bauzeitung.de/db-themen/schwerpunkt/wotruba-kirche-wien/

Pasternack 1987
Joe Pasternack: Rudolf Wachter und seine Stammskulpturen, in: Pazifische Rundschau (9.5.1987)

Schmidt 1969
Doris Schmidt: Rhythmus der Vorgänge, eine Ausstellung in der Galerie Franke, in: Süddeutsche Zeitung (26.6.1969), S. 15

Schmidt 1988
Doris Schmidt: Der schiefe Turm von Obergiesing, in: Süddeutsche Zeitung (30.8.1988), S. 12

Schmidt 1988
Peter T. Schmidt: Rudolf Wachter, erste Diskussion über moderne Kunst, in: Münchner Merkur (9.8.1988)

Und 2010
Und, in: Das Münchner Kunstjournal (Rosenheim Jan./Feb./März 2010), S. 34.

Voitländer 2003
Dorothea F. Voitländer: Aus der Zwiesprache mit dem Werkstoff Holz entwickelt, in: General Anzeiger (5./6.7.2003), S. 84

Vornbäumer 1988
Raimund Vornbäumer: Torre pendente, in: Neue Westfälische (31.10.1988)

Rudolf Wachter 1997
Rudolf Wachter, in: artention! (1997), S. 4-5.

Rudolf Wachter 1984
Rudolf Wachter, in: bau intern. Zeitschrift der Bayerischen Staatsbauverwaltung für Hochbau, Städtebau, Wohnungsbau, Straßen- und Brückenbau, Wasserwirtschaft und Wasserbau, (München August 1984), S.132-133

Rudolf Wachter 2010 II
Rudolf Wachter, in: Und. Das Münchner Kunstjournal, (Rosenheim Jan./Feb./März 2010), S. 34

Rudolf Wachter in Thalheim 2011
Rudolf Wachter in Thalheim, in: Südkurier (20.10.2011), S. 17

Wiedemann 1985
Christof Wiedemann: Allen Anfechtungen zum Trotz – Eine Ausstellung in der Münchner Galerie der Künstler, in: Süddeutsche Zeitung (22.1.1985), S. 10

9 Aufzeichnungen und Manuskripte unveröffentlicht

Korn o.J.
Matthias Korn: Für den Stamm. Die Gabe der Destruktion und die Formen des Glücks im Werk Rudolf Wachters, unveröffentlichtes Manuskript

Kranzfelder o.J.
Invo Kranzfelder: Im Einklang mit der Natur: Kunst als existentielle Erfahrung, o.J., unveröffentlichtes Manuskript

Riedl 2007
Peter Anselm Riedl: Eröffnungsrede Neues Schloss Kißlegg. Museum Rudolf Wachter

2007, Manuskript vorliegend.

Wachter 2004
Rudolf Wachter: Brief an Landrat Dr. Schürrle, 17. August 2004

Wachter 2006
Rudolf Wachter im Gespräch mit ‚schulfernsehen online', 2006, Archiv Kißlegg

Wachter/Weinmayr 2009
Interview im Mai 2009 im Atelier des Künstlers

Wachter o.J.
Rudolf Wachter: ‚Epigonen…', o.J., unveröffentlichtes Manuskript

Impressum

Erschienen im:
Hirmer Verlag
Bayerstraße 57–59
80335 München

Herausgegeben von
Stefanje Weinmayr

Projektmanagement:
Jürgen Kleidt, Hirmer Verlag

Wissenschaftliches Lektorat:
Dr. Simone Buckreus

Lektorat:
Martina Pahr

Gestaltung, Satz und Produktion:
Lucia Ott, Hirmer Verlag

Schrift:
Interstate

Papier:
GardaMatt Ultra, 150 g/m^2

Lithografie:
Reproline Genceller, München

Druck und Bindung:
Printer Trento, Trient

Printed in Italy

Bibliografische Information der Deutschen Nationalbibliothek

Die Deutsche Nationalbibliothek verzeichnet diese Publikation in der Deutschen Nationalbibliografie; detaillierte bibliografische Daten sind im Internet über http://www.dnb.de abrufbar.

ISBN 978-3-7774-3796-5

www.hirmerverlag.de

Bildnachweis

Umschlag:

Vorderseite: Stefanje Weinmayr
Rückseite: Stefan Moses

Stefan Moses:
2, 14, 81, 190

Rudolf Wachter:
6, 40, 55, 56, 57, 64, 65, 69, 70, 74, 75, 85, 86, 87, 88, 97, 101, 102, 103, 107, 108, 110, 111, 112, 113, 114, 115, 116, 117, 118, 119, 120, 121, 122, 123, 127, 128, 129, 130, 131, 132, 133, 134, 137, 138, 139, 140, 141, 143, 144, 145, 149, 150, 152, 153, 157, 160, 162, 163, 165, 171, 172, 173, 174, 177, 183, 184, 185, 186, 188

Ulla Wachter:
54, 58, 64, 65, 74, 181, 192

Privat:
22, 23, 24, 26, 30, 31, 32, 33, 34, 35, 36, 37, 38, 39, 67, 73, 76, 78, 97, 101, 104, 105, 106, 122, 123, 135, 147, 148, 168, 169, 170, 175, 176, 178, 179, 182

Stefanje Weinmayr:
20, 28, 29, 77, 79, 93, 94, 98, 124, 125, 130, 136, 138, 146

Florian Heine:
154, 156, 167

Henry Linder:
13, 52, 83, 196

Veronika Wachter:
15

Zweckverband Oberschwäbische Elektrizitätswerke OEW:
21

Paul Königer:
27, 28, 29

Störfix – selbst fotografiert, CC BY-SA 3.0, https://commons.wikimedia.org/w//index.php?curid=2594201:
48

EnBW AG:
49 oben

Eric Sander:
49 unten

Werner Mally:
50

Werner Pokorny:
51

Andrea Brandl:
95

Archiv Rupprecht Geiger:
107 oben

Dres. Gräb:
111 unten

Märkisches Museum Witten:
113 unten

Forum Kunst Rottweil:
151

Nikodemus Löffl:
161

Barbara Hinz:
187